Arno Görgen, Stefan Heinrich Simond (Hg.)
Krankheit in Digitalen Spielen

Medical Humanities | Band 6

Arno Görgen (Dr.), geb. 1977, ist wissenschaftlicher Mitarbeiter im SNF-Ambizione Forschungsprojekt »Horror – Game – Politics« der Hochschule der Künste Bern und zweitpromoviert dort zum Thema »Medikalisierung in digitalen Horrorspielen«. Als Kulturhistoriker promovierte er bereits zum Thema der medialen Repräsentation von Gewalt an Kindern in bundesdeutschen Printmedien. Seine Forschungsschwerpunkte sind u.a. Repräsentationen von Biomedizin, Bioethik und Krankheitsdiskursen in der Populärkultur (mit einem Schwerpunkt auf digitalen Spielen) sowie Politik und Geschichte in digitalen Spielen.
Stefan Heinrich Simond, geb. 1988, ist wissenschaftlicher Mitarbeiter am Institut für Medienwissenschaft der Philipps-Universität Marburg. Er unterrichtet überwiegend im Bereich der Game Studies und promoviert zur Konstruktion psychischer Krankheit in Computerspielen. Jenseits seiner akademischen Tätigkeit ist er im Spielejournalismus aktiv, u.a. als Chefredakteur bei pixeldiskurs.de.

Arno Görgen, Stefan Heinrich Simond (Hg.)

Krankheit in Digitalen Spielen

Interdisziplinäre Betrachtungen

[transcript]

Die Druckvorstufe dieser Publikation wurde publiziert mit Unterstützung des Schweizerischen Nationalfonds (SNF) zur Förderung wissenschaftlicher Forschung.

FNSNF
SCHWEIZERISCHER NATIONALFONDS
ZUR FÖRDERUNG DER WISSENSCHAFTLICHEN FORSCHUNG

Bibliografische Information der Deutschen Nationalbibliothek
Die Deutsche Nationalbibliothek verzeichnet diese Publikation in der Deutschen Nationalbibliografie; detaillierte bibliografische Daten sind im Internet über http://dnb.d-nb.de abrufbar.

Erschienen 2020 im transcript Verlag, Bielefeld

Umschlaggestaltung: Maria Arndt, Bielefeld
Umschlagabbildung: Arno Görgen – »Sickhead«
Satz: Francisco Braganca, Bielefeld
Druck: Majuskel Medienproduktion GmbH, Wetzlar
Print-ISBN 978-3-8376-5328-1
PDF-ISBN 978-3-8394-5328-5
EPUB-ISBN 978-3-7328-5328-1
https://doi.org/10.14361/9783839453285

Gedruckt auf alterungsbeständigem Papier mit chlorfrei gebleichtem Zellstoff.
Besuchen Sie uns im Internet: *https://www.transcript-verlag.de*
Unsere aktuelle Vorschau finden Sie unter *www.transcript-verlag.de/vorschau-download*

Inhalt

II. Wahn|Sinn – Psychische Krankheiten in digitalen Spielen

III. Bioschocker – Somatische Krankheiten in Games

Digitale Spiele für die Medical Humanities
Geleitwort

Heiner Fangerau

Medizin und Krankheit sind seit den Anfängen der Literatur beliebte Topoi im kulturellen Schaffen: Zum einen bieten Patient_innen und Ärzt_innen in ihrer (Nicht-)Interaktion oft unterhaltsame Paare oder Gruppen. Zum anderen dient dargestelltes Leiden selbst als symbolische Repräsentation unerwünschter Empfindungen oder Zustände, die aus Schuld, Schicksal, Zufall, Gotteswille, Konstitution etc. Menschen beeinträchtigen. Als solches soll seine Darstellung unter anderem lehrreich, packend, kurzweilig, anregend, sinnstiftend oder alles zusammen sein. Medizin als Bezugspunkt kulturellen Schaffens ist aber viel breiter als nur diese beiden Betrachtungswinkel von außen auf Patientinnen, Patienten, Ärztinnen und Ärzte. Da der Begriff der Medizin so unbestimmt ist, dass er auch ganze Gesundheitssysteme, Medikamente, Technik, Handlungen, Wissen, Haltungen und Praktiken umfasst, bietet die Medizin noch viel mehr Anknüpfungspunkte für kulturelles Schaffen. Nicht zuletzt ist sie ja selbst eine Form von Kultur sowohl im ergologischen Sinn, der das menschliche Wirken auf die Natur bezeichnet, als auch im interpretativen Sinn, der die symbolischen Produktionen und die jeweilige Interpretation ihrer Bedeutung in den Mittelpunkt rückt.[1]

Es verwundert also nicht, dass nach der sogenannten Hochkultur auch die Popkultur die Medizin aufgegriffen und das jeweilige Verständnis von ihr mitgeprägt hat.[2] Thomas Mann steht heute gleichberechtigt neben Comics und Graphic Novels, Chopins und Schumanns Musik wird ebenso in Relation zur Medizin gesetzt wie die der Rolling Stones. Etwas im Schatten der Analyse der Verbindung von Medizin und Kulturproduktion stand bis vor Kurzem das digitale Spiel. Als sogenannte »Serious Games« sind digitale Spiele zwar schon seit Längerem Gegenstand der Medizin selbst, z.B. im therapeutischen Einsatz. Me-

1 Albrecht Koschorke: Zur Epistemologie der Natur/Kultur-Grenze und zu ihren disziplinären Folgen. Deutsche Vierteljahrsschrift für Literaturwissenschaft und Geistesgeschichte 83/1 (2009): 9-25.

2 Görgen A, Nunez GA, Fangerau H (eds): Handbook of Popular Culture and Biomedicine. Knowledge in the Life Sciences as Cultural Artefact. Springer, Cham 2019.

dizin im Computerspiel fristete hingegen in der theoretischen Betrachtung ein Schattendasein, obwohl seit mindestens mehr als 20 Jahren medizinische Inhalte als Gegenstand der Spielewelt auf verschiedensten Plattformen in Erscheinung traten. Die Repräsentanz reichte bisher beispielsweise von Kleinstauftritten als aphrodisierende Droge, die der Spieler von *Leisure Suite Larry* 1 (Sierra 1987) suchen musste, über die spielerische Leitung eines Fantasiekrankenhauses, in dem fantastische Krankheiten behandelt werden (*Theme Hospital*, EA 1997) bis hin zur Herstellung von Pathogenen (*Plague Inc.*, Ndemic Creations 2012).

Trotz vielfältiger, sehr vielversprechender Ansätze ist die Zahl der Publikationen zu Medizin im Digitalen Spiel noch überschaubar. Personen, die sich wissenschaftlich mit der Thematik beschäftigen, haben oft noch mit Vorurteilen zu kämpfen, die darauf abzielen, dass ihre Beschäftigung keine ernsthafte sei. Öffentliche Geldgeber und Stiftungen tun sich noch schwer damit, Forschung zu diesem Thema zu fördern, von einigen innovativen Lehrprojekten, Tagungen, vereinzelten Forschungsprojekten oder Publikationsförderungen (wie in diesem Fall) einmal abgesehen. Das verwundert, verspricht die Erweiterung der Medical Humanities um das digitale Spiel doch ein ungeheures Potenzial, wenn es darum geht, aktuelle Interdependenzen zwischen Medizin und Gesellschaft zu analysieren oder die Spiele und ihre Wirkung im Sinne einer »narrative medicine« zu lesen, die Medizinstudierenden, Ärztinnen, Ärzten, Patientinnen und Patienten dabei hilft, für eine gute Medizin unabdingbare Erfahrungshorizonte zu erweitern.

Das vorliegende Buch betritt hier also das noch verminte Gelände der theoretischen Betrachtung eines Gegenstandes, der Spaß macht, und gleichzeitig ein hochrelevantes, aktuelles Forschungsfeld darstellt. Bei der Urbarmachung dieses Geländes zeigen die Beiträge des Buches eindrücklich, wie ernst der Spaß sein kann und dass ehrliche wissenschaftliche Arbeit und Freude am Spiel sich nicht ausschließen müssen. Das Buch gehört zu den ersten seiner Art und es ist den Herausgebern und Autorinnen und Autoren zu wünschen, dass es zum einen eine weite Verbreitung erfährt, zum anderen aber alle Kritikerinnen und Kritiker einer Beschäftigung mit Medizin im digitalen Spiel davon überzeugt, wie wichtig, relevant, fruchtbar und spannend die Beschäftigung mit der Thematik ist.

Heiner Fangerau, Februar 2020

Krankheiten in digitalen Spielen
Einleitung

Arno Görgen & Stefan Heinrich Simond

»There are no healthy people left in the world« – Diese profane Meldung weist im digitalen Krankheitssimulator *Plague Inc.* (Ndemic Creations 2012) darauf hin, dass das von der Spieler_in in filigraner Kleinarbeit zu tödlicher Infektiosität und damit Effektivität gezüchtete Pathogen die Welt erobert hat und die menschliche Zivilisation unumkehrbar vor dem Abgrund steht. Krankheit als Zerstörer_in der Welten – mit dieser Thematik stellt sich die Krankheit in *Plague Inc.* in eine Ahnenreihe mit zombifizierenden Viren, entstellten Bewohner_innen verlassener psychiatrischer Anstalten, Überlebenden von durch Biowaffen ausgelösten Genoziden oder halluzinierenden und traumatisierten Helden.

Die Repräsentation von Krankheiten in digitalen Spielen ist kein hermetisches Feld, das aus sich selbst heraus Wissen produziert. Die Darstellungsweisen fußen auf epistemischen Prozessen, in welchen Frames, Konzeptualisierungen, ihr Vokabular und ihre ästhetische und spielmechanische Wiedergabe sich als Teil einer epistemischen Kultur herausstellen, als deren Rezipienten und Interpreten digitale Spiele Wissen extrahieren und modifizieren. Wird das Verständnis von Gesundheit und Krankheit also als ein historisch sich veränderndes begriffen, werden die Repräsentationen von Krankheiten und ihren Institutionen in digitalen Spielen ein unbedingt zu analysierender Gegenstand. Ästhetik, Narration und Ludik partizipieren so an Kämpfen um Deutungshoheiten, der Perpetuierung stigmatisierender Krankheitsvorstellungen, aber auch an Dynamiken des selbstreflexiven Empowerments und der Identitätsarbeit von erkrankten Spieler_innen und Entwickler_innen.

Der vorliegende Sammelband nähert sich als erster Band überhaupt der »Krankheit im digitalen Spiel« aus einer interdisziplinären Perspektive, wobei nicht nur Beiträge aus den Medien- und Kulturwissenschaften, sondern auch aus der Medizin-, Wissenschafts- und Medienphilosophie, der Medizintheorie und -ethik, den Kulturwissenschaften und den Literaturwissenschaften, aber auch den medizinischen Fachrichtungen und schließlich auch aus dem Bereich der Produktentwicklung im Zentrum stehen.

Dieser Band ist als Einführung in eine facettenreiche Thematik konzipiert, deren Teilbereiche systematisch aufgeschlüsselt werden. So werden in der ersten Sektion (*Theorie*) in vier Einzelbeiträgen zentrale wissenschaftliche Aspekte dargelegt, ohne deren Kontext eine tiefergehende Beschäftigung mit Krankheit in Spielen fruchtlos bliebe. Grundsätzliche Fragen wie ›Was ist Krankheit?‹, ›Wie vermitteln digitale Spiele Wissen?‹, ›Welche Formen der künstlerischen Auseinandersetzung mit Krankheit gab es schon vor dem digitalen Spiel?‹ und schließlich ›Warum gibt es überhaupt Krankheiten in digitalen Spielen?‹ werden hier einführend bearbeitet. Dabei ist zu berücksichtigen, dass digitale Spiele teilweise exemplarisch angeführt werden, die theoretischen Überlegungen sich jedoch nicht ausschließlich auf digitale Spiele beziehen – insbesondere, wenn theoretische Aspekte von Krankheit allgemein im Vordergrund stehen. Viele der hier angestellten Überlegungen finden sich zugleich in den weiteren Beiträgen des Bandes wieder, sie legen somit einen Grundstein für deren Verständnis.

In der zweiten Sektion (*Wahn|Sinn – Psychische Krankheiten in Games*) werden in insgesamt sechs Beiträgen Phänomene und Probleme des Umgangs mit und der Darstellung von psychischen Krankheiten und Störungen perspektiviert. Im Vordergrund stehen hier Betrachtungen der Mental Health als Stigma und Stereotyp, psychiatrische Einrichtungen sowie pathographische und emanzipatorische Krankheitsdarstellungen. Auf ludischer, narrativer und ästhetischer Ebene sollen so die Bedeutungsebenen der Repräsentation von psychischer Krankheit und psychisch kranken Menschen für weiterführende Diskurse erschlossen werden.

Im dritten thematischen Abschnitt wird unter dem Titel *Bioschocker – Somatische Krankheiten in Games* in fünf Texten ein breites Spektrum an Darstellungen und Umsetzungen somatischer Krankheitsbilder in digitalen Spielen untersucht. Ebenso wie im vorherigen Segment spiegelt die Diversität der Perspektiven jene der ausgewählten Analysebeispiele. Von der Repräsentation von Krebserkrankungen, über Infektionskrankheiten und Pandemien bis zu den intrikaten Sphären des Okkultismus sind die kulturellen Inskriptionen auf den Körper und dessen vermeintliche Devianz von der gesellschaftlichen Norm körperlicher Funktionalität der zentrale Fokus dieses Abschnitts.

Um die Umsetzung und die kritische Auseinandersetzung mit digitalen Spielen in der Therapie und der Diagnostik geht es schließlich in den fünf Beiträgen des vierten und letzten Abschnitts. In *Games for Health* wird dabei sowohl der Prozess der interdisziplinären Umsetzung, aber auch der direkten Medienwirkungsforschung und der sozialen und kulturellen Folgen der Operationalisierung von digitalen Spielen für medizinische Zwecke betrachtet.

Deutlich wird in den Beiträgen, dass Krankheit in digitalen Spielen zum einen ein wichtiger Baustein in der Herstellung von Authentizitätsfiktionen für ein immersives, ›realistisches‹ Spielerlebnis dient, zum anderen aber auch als Metapher der menschlichen Vulnerabilität, als kraftvolle ästhetische Form funktioniert. Hierbei können Spiele als Artefakte nur in Rückkopplung an ihre soziokulturellen Produktions- und Rezeptionsbedingungen verstanden werden: Krankheit ist eben nicht nur Krankheit, sondern auch eine Aussage darüber, wie wir im Speziellen über Krankheit denken und welche Vorstellungen wir von ihr haben. Im Allgemeinen erlaubt das Denken über Krankheit in digitalen Spielen auch Rückschlüsse darauf, wie wir mit marginalisierten Gruppen in einer Gesellschaft umgehen und welche Vorstellungen wir von der Medizin, von ihren Praktiken und ihrem Einfluss auf die Gesellschaft haben.

I. Theorien

Zwischen Pathologisierung und Enhancement
Formen der Medikalisierung digitaler Spiele

Arno Görgen

Abstract: The term »medicalization« describes a process in which non-medical problems are explained and solved in medical terms. This often happens through the definition of disease categories. Medicalization as a multifactorial process leads to the pathologization of certain phenomena, to an associated expansion of social control and, in the context of the economization of medicine, to increased social inequality. The expansion of medical competence can take place as a primary medicalization on an institutional and structural level, or as a secondary medicalization on an epistemological level. The latter encompasses the circulation of all medical knowledge in society and (popular) culture.

Digital games are also implemented into this medical structure of integration, on the one hand in the form of serious games as a medicalized technology and their use as therapeutic, diagnostic, educational or research tools. On the other hand, commercial games are secondarily medicalized, if they use medical semantics to plausibilize their narrative or game mechanics. Thirdly, games can critically question medicalization as a process and thus provide a normative commentary on problems of medicalization.

The operationalization of the concept of medicalization for the analysis of digital games is carried out in the following steps: First, the concept of primary medicalization, its causes, characteristics and consequences are outlined. As a second step interfaces of media and cultural analysis regarding medicalization are identified in the context of the sociocultural circulation of medical knowledge (secondary medicalization). Thirdly, it will be shown to what extent one can speak of medicalization of digital games and which categories could form a meaningful analytical tool kit. Finally, by means of the games *Red Dead Redemption 2* (Rockstar Studios 2018) and *Spider-Man* (Insomniac Games 2018), the elaborated aspects are applied in two brief qualitative analyses.

Keywords: Medicalization; Pathologization; Social Control; Delimitation; Medical Theory

Schlagworte: Medikalisierung; Pathologisierung; Soziale Kontrolle; Entgrenzung; Medizintheorie

1. Einleitung

Die Zahl digitaler Spiele, die in irgendeiner Form medizinisches Wissen oder auch Wissen *über* Medizin in ihre Spielwelten, Narrative oder Spielmechaniken integrieren, ist Legion: In *Vampyr* (Dontnod Entertainment 2018) spielt man den Arzt Jonathan Reid, der seine Spielwelt auf schmalem Grat zwischen übernatürlichem Blutdurst einerseits und seinem ärztlichen Ethos andererseits durchschreitet/durchkämpft. Adam Jensen, Protagonist der Neuauflage der *Deus Ex*-Spiele (Eidos Montreal 2011-2016), hat einen biotechnologisch augmentierten Körper, der durch die Spieler_in immer wieder verbessert werden muss, um das Spiel erfolgreich zu bestehen. Im zweiten und dritten Teil der *Mass Effect*-Reihe (Bioware 2010; 2012) wird ein ganzes Volk als Folge der »Genophage«, einer Biowaffe, unfruchtbar – mit all den sozialen und kulturellen Konsequenzen, die eine solche biopolitische Extremsituation mit sich bringt. Im Strategiespiel *Plague Inc.* (Ndemic Creations 2012) muss die Spieler_in ein Pathogen züchten, dass die komplette Menschheit ausradieren soll, bevor es dieser gelingt, ein Gegenmittel zu generieren. Im *Surgeon Simulator* (Bossa Studios 2013) gilt es, mit Feingefühl und der Steuerung einzelner Glieder der Hand des ausführenden Arztes, komplizierte Transplantationen durchzuführen. In *Big Pharma* (Twice Circled 2015) ist es die Aufgabe der Spieler_in, möglichst gewinnträchtig ein Pharma-Unternehmen aufzubauen. Gleichzeitig gibt es Spiele, die entweder wie *Eyewire* (Seung 2012) in Form einer ›Citizen Science‹, also einer Wissenschaft, an der die Partizipation von Lai_innen zentraler Bestandteil der Forschung ist, reale biomedizinische Forschung unterstützen, oder wie in *Meister Cody* (Kaasa Health GmbH 2013) therapeutisch wirken.

Dieser kurze Einblick in den Kosmos von Spielen, die Medizin als Thema aufgreifen oder die als Teil der Medizin instrumentalisiert werden, soll an diesem Punkt das Augenmerk darauf lenken, dass Spiele ästhetisch, erzählerisch und spielmechanisch in einem Maße von (bio-)medizinischem Wissen durchflochten sind, dass man von einer *Medikalisierung digitaler Spiele* sprechen kann. Medikalisierung – »making things medical« (Correia 2017, 1) – ist ein Konzept, das bisher vor allem in der Medizinsoziologie und der Medizingeschichte Beachtung gefunden hat.

> The key to medicalization is definition. That is, a problem is defined in medical terms, described using medical language, understood through the adoption of a medical framework, or ›treated‹ with a medical intervention. […] The main point in considering medicalization is that an entity that is regarded as an illness or disease is not ipso facto a medical problem; rather, it needs to become defined as one. (Conrad 2007, 5-6)

Der Begriff der Medikalisierung beschreibt ausgehend von dieser Definition des amerikanischen Medizinsoziologen Peter Conrad zunächst wertfrei die Vereinnahmung nichtmedizinischer Probleme in den Wirkungs- und Rezeptionsbereich der Medizin. Hierbei stechen drei Aspekte heraus: Erstens ist das durch die Medizin behandelte Problem kein genuin medizinisches Problem. Zweitens wird es zu einem medizinischen Problem *gemacht*, d.h. es handelt sich um eine Verschiebung auf der Wahrnehmungs- und Wissensebene, die aber auch Folgen für die medizinische Praxis (aber auch für das Herkunftsfeld des Problems) haben kann/muss. Drittens muss es Akteur_innen geben, die ein Interesse an einer solchen epistemologischen Verschiebung haben oder zumindest an ihr beteiligt sind. D.h. es handelt sich letztlich auch um einen Prozess der Aushandlung sozialer Macht. Entlang dieser drei Vorannahmen lässt sich ein Medikalisierungsbegriff konturieren, der einerseits der wissenschaftstheoretischen und -historischen Entwicklung des Begriffes Rechnung trägt, andererseits bestimmte Interfaces offenlegt, die sich für eine medien- und kulturwissenschaftliche Operationalisierung anbieten.

Dieser Text unternimmt den Versuch einer solchen Operationalisierung des Begriffes im Hinblick auf die Analyse digitaler Spiele und versucht damit gleichzeitig, auf diese als derzeit noch unterentwickeltes Forschungsfeld der *Medical Humanities* hinzuweisen. Medikalisierung wird hierbei als ein multifaktorielles Problemfeld begriffen, dass zum einen als *primäre Medikalisierung* die strukturelle und institutionelle Ausweitung (bio-)medizinischer Praktiken, Handlungsfelder und Einflussbereiche bezeichnet. Unter dem Begriff der *sekundären Medikalisierung* wird die sich ausweitende Zirkulation medizinischen Wissens in der Gesellschaft verstanden. Dies schließt sowohl Wissen *aus* der als auch Wissen *über* die Medizin ein. Beide Felder der Medikalisierung sind ineinander verschränkt und können nicht ohne das jeweils andere Feld gedacht werden.[1]

Die Operationalisierung des Medikalisierungsbegriffes zur Analyse digitaler Spiele wird in folgenden Schritten vollzogen: Zunächst wird der Begriff der primären Medikalisierung, deren Ursachen, Ausprägungen und Folgen, skizziert. Hierbei werden ausgehend von frühen Konzeptionen der Medikalisierung als Form sozialer Kontrolle sowie der sich aus diesem Verständnis ableitenden Ausdifferenzierung des Medikalisierungsbegriffes zentrale Teilprozesse und Folgen der Medikalisierung beschrieben. Bereits hier wird deutlich werden, dass Kommunikation von Wissen ein zentrales Konstituens einer institutionalisierten Medikalisierung darstellt. Aus diesem Umriss werden in einem zweiten Schritt im Kontext der gesellschaftlichen Zirkulation medizinischen Wissens in Form der sekundären Medikalisierung Schnittstellen einer medien- und kulturwissen-

1 Eine ähnliche analytische Trennung zwischen empirischen und epistemologischen Formen der Medikalisierung schlägt auch Correia vor (2017, 1).

schaftlichen Untersuchung identifiziert sowie mögliche Probleme einer solchen Übersetzung adressiert. Drittens wird dargelegt, inwiefern man auch von einer Medikalisierung des Spiels sprechen kann und welche Typologie hier ein sinnvolles Instrumentarium einer Analyse bilden könnte. Schließlich werden exemplarisch anhand der Spiele *Red Dead Redemption 2* (Rockstar Studios 2018) und *Spider-Man* (Sony Interactive Entertainment 2018) die erarbeiteten Aspekte in zwei qualitativen Kurzanalysen angewandt.

2. Phänomenologie der primären Medikalisierung

Digitale Spiele, so die zentrale Hypothese dieses Textes, können auf verschiedene Art und Weise medikalisiert werden. Mit dem Ziel der analytischen Operationalisierung des Medikalisierungskonzeptes vor Augen ist es sinnvoll, ›Medikalisierung‹ als *umbrella term* auszudifferenzieren und zunächst, wie angedeutet, in primäre und sekundäre Medikalisierung zu unterscheiden. Im Folgenden soll zu diesem Zweck die primäre Medikalisierung in ihren Grundmerkmalen skizziert werden.

2.1 Medikalisierung als Instrument sozialer Kontrolle

Unter der *primären Medikalisierung* wird im Rahmen dieses Textes, wie eingangs erwähnt, die Vereinnahmung nicht-medikaler Gesellschaftsbereiche durch medizinische Akteure und Institutionen verstanden. Gemeint ist hier also eine strukturell und funktionalistisch zu verstehende Medikalisierung. Nichtsdestotrotz fußt diese Medikalisierung auch auf der Schaffung eines medizinischen Wahrheitsregimes, wonach Medizin als objektive Hüterin medizinwissenschaftlichen Wissens und Agentin ihres gesellschaftlich-moralischen Auftrages der Gesunderhaltung der Gesellschaft darüber bestimmt, welche Sachverhalte medizinisch relevant sind und somit durch die Medizin prozessiert werden müssen. Dass die vermeintliche und von der Medizin für sich postulierte Objektivität eigentlich Teil einer umfassenden sozialen Konstruktion von Wissen und Wahrheit ist und dieses Wissen ohne den historischen Kontext nicht umfänglich verstanden und eingeordnet werden kann, beschreibt Luhmann anhand von psychiatrischen Pathologisierungspraktiken:

Die Unterscheidung von normal und pathologisch sagt nicht deutlich, wo hier Grenzen zu ziehen sind. Die Labilität dieser Unterscheidung, ihre Verschiebbarkeit in immer neue Verdachtterrains, spiegelt genau die funktionsnotwendige Ambivalenz des Realitätsverständnisses wieder. Auch die Psychiatrie kann auf eine irgendwie durch Welt garantierte Realität nicht verzichten, sie müßte sonst ihre eigene Tätigkeit einstellen. Sie kann, anders gesagt, nicht wirklich akzeptieren, daß sie mit der Annahme von Pathologien nur ihren eigenen Projektionen folgt. Sie wird zumindest annehmen müssen, daß es schmerzlichere und weniger schmerzliche Pathologien gibt. (Luhmann 2017, 113)

Schon in ihren frühesten Betrachtungen wird Medikalisierung als inkludierender Prozess gedacht, bei dem nicht-medizinische zu medizinischen Problemen, abweichende Verhaltensformen zu Krankheiten umgedeutet werden. Conrad und Schneider (1992) betonen, dass durch die Pathologisierung devianter Verhaltensweisen – sie führen dies an den Beispielen des Alkoholismus, des Drogenmissbrauches, der Hyperaktivität von Kindern und der Homosexualität aus – eine Form der sozialen Kontrolle etabliert werde.[2] Im Zentrum der analytischen Auseinandersetzung mit Medikalisierung befinden sich zunächst die Fragen, welche Krankheiten behandelt oder von der Behandlung ausgenommen werden und wer mit welchen Mitteln medizinisch behandelt wird (Zola 1972, 489). Letztlich stehen also die Machtbeziehungen im Mittelpunkt, die mit der Macht, moralische Normen, soziale Verhaltensweisen, Emotionen und Gefühle innerhalb eines spezifisch medizinischen Deutungshorizontes zu definieren und zu kategorisieren, einhergehen (Olafsdottir 2013, 46; Bell und Figert 2015b, 21).

Erklären lässt sich die Medikalisierung, hier (noch) verstanden als sukzessive Ausweitung *ärztlicher* Kompetenz und Autorität, durch ihre Einbettung in Prozesse der Moderne. Dieser modernistische Ansatz betont, dass idealisierte Aspekte wie Fortschritt, Rationalisierung, Standardisierung, Präzision, Kontrolle über die Natur, Massenproduktion und Massenkonsumption zum einen zur Nachfrage nach einer effektiveren individuellen Ausnutzung des menschlichen Körpers in einer effizienzorientierten Welt geführt hätten. Zum anderen habe sich über medikale Überwachungspraktiken, einhergehend mit der oben beschriebenen ärztlichen Definitionsmacht, ein medikales Wahrheitsregime und eine Form der medikalen sozialen Kontrolle immer weiter verfestigt und verstetigt (Bell und Figert 2015b, 22).

Irving Zola, einer der ›Gründungsväter‹ des Medikalisierungsansatzes, beschreibt ›Medizin‹ schon 1972[3] wie folgt:

---

2 Spätere Betrachtungen der Medikalisierung umfassen zudem natürliche Lebensereignisse (Geburt, Menopause und Alterungsprozesse), Probleme des alltäglichen Lebens (Angst, Schüchternheit, erektile Dysfunktion etc.) und schließlich die Verbesserung bereits gesunder Menschen über den reinen Heilungsauftrag der Medizin hinaus, etwa durch kosmetische Chirurgie oder leistungssteigernde Pharmazeutika (Conrad 2013, 197-98).

3 Ebenso wie Zolas Perspektive sind auch Michel Foucaults (s.u.) und Ivan Illichs (1995) Ausführungen zur Medikalisierung in ihrer Genese lediglich zu verstehen, wenn man sie jeweils zeithistorisch rückkoppelt. So muss man beispielsweise Zola im Kontext der antipsychiatrischen Bewegung lesen, die sich zwischen 1955 und 1975 in Großbritannien, in Italien, den USA und in der Bundesrepublik Deutschland entwickelt hat.

> [Medicine] is becoming the new repository of truth, the place where absolute and often final judgments are made by supposedly morally neutral and objective experts. And these judgments are made, not in the name of virtue or legitimacy, but in the name of health. Moreover, this is not occurring through the political power physicians hold or can influence, but is largely an insidious and often undramatic phenomenon accomplished by ›medicalizing‹ much of daily living, by making medicine and the labels ›healthy‹ and ›ill‹ relevant to an ever increasing part of human existence. (Zola 1972, 487)

Medikalisierung ist entsprechend auch Foucaults Konzeption von Biomacht zuzuordnen, deren Eigenart v.a. darin besteht, nicht mehr über Leben und Tod der Untertanen zu entscheiden, sondern

> [im] Gegensatz zu traditionellen Herrschaftsformen wie Sklaverei und Leibeigenschaft gelingt es der Disziplin [bzw. der ›Biomacht‹], die Kräfte des Körpers zugleich zum Zwecke ihrer wirtschaftlichen Nutzung zu steigern und zum Zwecke ihrer politischen Unterwerfung zu schwächen. [...] Nicht Disziplinierung und Dressur, sondern Regulierung und Kontrolle sind die zentralen Instrumente, die hier zum Einsatz kommen. (Lemke 2007, Kindle-Pos. 601-617)

Es ist zu ergänzen, dass Medikalisierung nicht nur in verschiedenen Lebensbereichen eine auf medizinischem Wissen beruhende Disziplinierung und Kontrolle des Einzelnen etabliert. Durch unterschiedliche Akteur_innen (Ärzt_innen, Lai_innen, Pharmaindustrie, die Öffentlichkeit etc.) angestoßen, durchläuft sie zudem einen oftmals opaken, uneindeutigen Prozess, der sich dadurch auszeichnet, dass er als Kontinuum gedacht werden muss. Dabei gilt, dass ein Sachverhalt nicht entweder medikalisiert ist oder nicht, sondern ein Problem *in einem bestimmten Maße* medikalisiert wird (oder nicht). D.h. es handelt sich um elastische Kategoriebildungsprozesse, die, wie die historische Entwicklung der posttraumatischen Belastungsstörung (PTBS) zeigt (Görgen und Braune 2016), durch politisches, soziales oder kulturelles Framing die Etablierung von biopsychosozialen Konditionen als eigenständige Krankheit vorantreiben können. Medikalisierung ist aber auch bidirektional, d.h. Krankheiten können sich in einem Prozess der Akkulturation auch auflösen oder kriminalisiert werden und sich so in die Institutionen einschreiben, wie anhand der zeitgeschichtlichen Entwicklung der Homosexualität nachzuvollziehen ist (Conrad 2013, 197). Es handelt sich also um einen Prozess, der sich durch eine tiefe Historizität, eine umfassende Verankerung in den jeweiligen soziokulturellen Kontext, auszeichnet.

Spielt in den früheren Arbeiten zur Medikalisierung die soziale und individuelle ›Kontrolle‹ eine zentrale Rolle, wird dieser Ansatz sukzessive durch eine (damit in Verbindung stehende) Konzentration auf zunehmende Risikowahrnehmung und die Idee der spätmodernen Risikogesellschaft[4] ausgeweitet:

> Within the calculated rationality of risk this process happens through the discursive transformation wherein normal body functions become risk factors that subsequently become diseases that demand medical attention. So, rather than observing a pattern wherein people experience symptoms that lead them to see their doctor, we are witnessing a process wherein research findings indicate that people without symptoms are in need of help. (Skolbekken 2008, 17)

Risiken sind hier freilich nur indirekt erfahrbar. In Form von Potenzialen – etwa potenziellen Veränderungen des Blutzuckers, des Körperfettanteils und anderen zu Risikofaktoren umgedeuteten Körperfunktionen – wird eine dauerhafte Gefährdung und Vulnerabilität des Selbst vermittelt. In diesem Rahmen bietet die Medizin in Form einer omnipräsenten Überwachungsmedizin eine effektive Coping-Strategie, welche die Risiken als kontrollierbar erscheinen lässt, dabei aber auch einen Körper zurücklässt, der durch die Potenzialität des Pathologischen niemals gänzlich gesund sein kann (Skolbekken 2008, 17-20).

Die beschriebene Öffnung modernistischer hin zu risikoorientierten Perspektiven geht ab den 1980er Jahren mit einem Wandel in den institutionellen und infrastrukturellen Bedingungen medizinischer und medizinwissenschaftlicher Praxis und mit der Ausdifferenzierung des Medikalisierungsbegriffes auf weitere Felder und Akteure der Medizin einher. Dieser Wandel, von Conrad als »shifting engines of medicalization« umschrieben (Conrad 2013, 204), umfasst nicht nur eine Erosion ärztlicher Autorität, sondern auf struktureller Ebene auch den gesundheitspolitischen Wechsel von Fragen des Zuganges zu Medizin hin zu Fragen der Kostenkontrolle, der Privatisierung und zunehmender Wirtschaftsorientierung medizinischer Institutionen, sprich: die umfassende Umsetzung einer ›managed care‹[5] (Conrad 2007, 14-15). Auch ein zunehmender Einfluss durch Lai_innen/Patient_innen ist spürbar, vor allem, weil sie in Form von regelrechten Kampagnen politischen Handlungsdruck aufbauen können, aber auch, weil auch der moralische Druck auf die Medizin, den Patienten auch bei nicht originär medizinischen Problemen zu helfen, zunehme (Ballard und Elston 2005, 234). Medikalisierung wird auch hier nicht mehr als unilinear ausgerichtete Disziplinarmacht verstanden, sondern als komplexes multifaktorielles Netzwerk, in welchem mannigfaltige Akteur_innen ihre Partikularinteressen zur Geltung bringen möchten (Meyer 2012, 55).

---

4 Der Begriff ›Risikogesellschaft‹ wurde vom deutschen Soziologen Ulrich Beck geprägt (2003).

5 Als ›managed care‹ wird die Bürokratisierung und Lenkung des Gesundheitssystems, etwa durch Krankenkassen, bezeichnet: Es gilt als Krankheit, was von der Krankenkasse bezahlt wird.

Begleitet und verstärkt wird diese strukturelle Entwicklung durch Wandlungsprozesse in der Medizinwissenschaft, die etwa eine hegemoniale Stellung der Genetik und im Sinne einer Technikalisierung (Martin und Fangerau 2018, 241) die zunehmende Hybridisierung von Technologie und Wissenschaft zu einer *technoscience*[6], und als weitere Stufe der Ökonomisierung der Lebenswissenschaften die zunehmende pharmakologische Behandlung von Krankheiten und devianten Verhaltensweisen beinhalten. Der konzeptionelle Kern der Medikalisierung wird in der Folge ausdifferenziert in Genetisierung[7], Biomedikalisierung[8] und Pharmazeutikalisierung[9] (Bell und Figert 2015a, 2), in jüngster Zeit werden diesen Ergänzungen auch Konzepte wie Neurologisierung[10] oder die ›CAMization‹[11] hinzugefügt.

6 Dieser Neologismus ist ein Kompositum aus ›technology‹ und ›science‹ und beschreibt eine anwendungsorientierte Wissenschaft. Laut Carl Mitcham handelt es sich bei dessen Herausbildung in der Moderne um »a transformation of science from theory to practice and of practice from tacit-based skill to systematically pursued technics. [...] Although they remain distinctive cultural disciplines and social institutions, science and technology, thus conceived, begin to feed off of and to reinforce one another. Technology takes on the form of applied science (in engineering); science takes on the form of applied technology (from telescope and microscope to space probe and computer simulation). Commercialized, the new interactive phenomenon of technoscience reconstructs society in its image.« (Mitcham 1999, 129).

7 Darunter versteht man die Analyse der Hegemonie eines genetischen Determinismus und dessen Einfluss auf die Gesellschaft (Bell und Figert 2015b, 30-31).

8 Technowissenschaftliche Innovationen in der Molekularbiologie, Biotechnologie, Genomisierung und Transplantationsmedizin ermöglichen sowohl Kontrolle über den sowie auch die Transformation des menschlichen Körpers, die nicht nur therapeutisch gedacht wird, sondern auch hinsichtlich einer Optimierung des Körpers über das natürliche Maß hinaus (*enhancement*) (Clarke et al. 2003, 162). Dieser Prozess schließt die Entwicklung neuer Subjektivitäten und die Betrachtung des Körpers als Objekt und Effekt biomedizinischer Interventionen ein (Mamo und Fosket 2009, 927).

9 Unter Pharmazeutikalisierung wird der Prozess verstanden, in welchem Verhaltensweisen, körperliche und soziale Zustände durch Medikamente behandelt werden, die vorher zum Teil keine medizinischen Probleme waren (bspw. »social anxiety«). Dieser Prozess wird sowohl von Konsument_innen/Patient_innen und deren Interesse an einer Verbesserung ihrer jeweiligen Kondition als auch durch die ökonomischen Interessen der Pharmaindustrie angetrieben (Bell und Figert 2015b, 27-28).

10 Neurologisierung ist inhaltlich parallel zur Genetisierung positioniert, nur dass hier die neurologische Kondition des Menschen sein Sein prädeterminiert.

11 ›CAMization‹ bezieht sich auf einen Prozess, in dem Formen der komplementären und alternativen Medizin nach Legitimierung durch Staat, Patient_innen und Ärzt_innen streben (Kelner et al. 2006).

2.2 Medikalisierung als Entgrenzung

Die genannten analytischen Differenzierungen der Medikalisierung zeichnen sich konzeptionell dadurch aus, dass sie einer themen-, struktur- oder akteurspezifischen Transgressivität der Medikalisierung nachspüren und entsprechend gewissermaßen als Einzelfallstudien der Medikalisierung angelegt sind. Möchte man jedoch Medikalisierung als eine das Akteurs- und Institutionenhandeln *ordnende* Instanz verstehen, ist es ratsam, einen Schritt zurückzutreten und hier den Prozess selbst, die *Transgression, Expansion* oder *Entgrenzung* des Medizinischen als zentrales Charakteristikum der Medikalisierung zu identifizieren. Somit stehen zunächst nicht die Konsequenzen der einzelnen Handlungen, sondern die inneren Wirkkräfte der Medikalisierung im Mittelpunkt. Gleichzeitig ist, so viel ist aus den bisherigen Ausführungen deutlich geworden, die Bestimmung des Verhältnisses von gesund und krank und dessen soziokulturelle Wirkmacht das Zentrum der Grenzüberschreitung des Medizinischen.

Wehling et al. (2007) führen dazu aus, dass es spätestens seit Beginn der Moderne eine Akkulturation des Naturzustandes des Menschen gegeben habe, die zunächst von einer Heilung/Therapie und Wiederherstellung des *Normalzustandes* des Menschen ausgegangen sei. Zunehmend habe es aber eine Verschiebung von kulturellen Erwartungshorizonten gegeben, die entsprechend der sich immer weiter verbessernden mediko-technologischen Möglichkeiten der Manipulation des menschlichen Körpers hin zur Verbesserung und Optimierung der menschlichen Natur entwickelt habe (ebd., 549-50). Sie unterscheiden zwischen vier idealtypischen Formen und Dynamiken der Entgrenzung (ebd., 558). Im Einzelnen sind dies

- die Entgrenzung medizinischer Diagnostik (die Pathologisierung von sozialen und psychologischen Phänomenen wie bspw. Schüchternheit oder Hyperaktivität),
- die Entgrenzung medizinischer Therapie (die Anwendung medizinischer Praktiken in nicht-kurativen Kontexten),
- die Entzeitlichung von Krankheit (Erfassung der Wahrscheinlichkeiten von Krankheiten auch außerhalb von Phasen ihrer akuten Sichtbarkeit, etwa durch Gen-Analysen)
- und die Optimierung der menschlichen Natur (durch chemo-, nano-, neuro- und biotechnologische Enhancement-Technologien).

Eine solche Entgrenzung der Medizin kann nicht folgenlos bleiben: Aus der weitreichenden Pathologisierung (bzw. Optimierung) des Menschen erwächst laut Conrad eine Diffusion der Verantwortung für soziale Probleme von der Gesellschaft und der Politik zum Individuum, d.h. nicht die Gesellschaft, sondern der/

die Einzelne trägt eine moralische Verantwortung für seinen Krankheitszustand. Folglich definiert Medizin, was als medizinisch und als gesellschaftlich normal gilt, und im Umkehrschluss, wo soziale Devianz anfängt und aufhört. In dieser moralischen Verschiebung treten schließlich die erwähnten Prozesse sozialer Kontrolle zutage (Conrad 2007, 148-55; 2013, 207-8).

Auch eine zunehmende soziale Ungleichheit durch Medizin und eine Ökonomisierung der Medizin im Sinne einer zunehmenden Kosten-Nutzen-Abwägung durch die Krankheitsdefinition von Krankheiten könnten als Folge und Motor der Medikalisierung[12] sowie als Entgrenzungsdynamik zu verstehen sein. Medikalisierung unterliegt demnach einer kapitalistischen Logik, der zufolge soziale Ungleichheit (auch global) durch Medikalisierung verstärkt wird; erstens, weil die Pharmaindustrie ein größeres Interesse an der ökonomischen Erschließung von sogenannten Zivilisationskrankheiten der Ersten Welt als an der wirtschaftlich ineffizienten Behandlung von Infektionskrankheiten in Ditte-Welt-Ländern habe (Bell und Figert 2015b, 28; Skolbekken 2008, 27). Zweitens wird soziale Ungleichheit dadurch verstärkt, dass sich »neue Wahrnehmungs- und Bewertungskriterien für Individuen und individuelle Verhaltensformen etablieren und verfestigen« könnten, bei der »körperliche Attribute (Gesundheit, Jugendlichkeit, Schönheit etc.) auf neue Art an Bedeutung für soziale Hierarchiebildung, Distinktion und Diskriminierung gewinnen« und diejenigen, die diesen Idealzuständen nicht nahekommen, marginalisiert werden (Wehling et al. 2007, 559).

Es handelt sich bei der primären Medikalisierung, wie beschrieben, um einen multifaktoriellen, bidirektionalen Prozess der Verhältnisbestimmung zwischen Medizin und Gesellschaft, bei dem über die genannten Dynamiken der Entgrenzung – allen voran die Pathologisierung bzw. Optimierung des Menschen – und der damit verbundenen Handlungen Machtverhältnisse unterschiedlichster sozialer Akteure bestimmt und institutionalisiert werden. Im folgenden Kapitel soll nun die sekundäre Medikalisierung, mit ihr die Zirkulation medizinischen Wissens in der Gesellschaft und im Weiteren in der Populärkultur, identifiziert und ein erstes Raster für eine Medikalisierungsanalyse popkultureller Medien im Allgemeinen und digitaler Spiele im Speziellen entworfen werden.

12 Ein Beispiel sind hier die durch Lobbyismus vorangetriebenen Verschiebungen von Grenzwerten des Blutzuckerspiegels (Wolz und Weber 2017). Bell und Figert sehen den Prozess der Ökonomisierung gleichzeitig als Konsequenz der Pharmazeutikalisierung (2015b, 20). Dabei stünden v.a. Analysen des Verhältnisses des Grundrechts auf medizinische Grundversorgung und den ökonomischen Zwängen der Industrie, aber auch die Verschiebung im Public Health-Bereich weg von Prävention hin zu pharmazeutischer Intervention im Mittelpunkt akademischen Interesses.

3. Sekundäre Medikalisierung als Zirkulation medizinischen Wissens in Gesellschaft und (Populär-)Kultur

Im Mittelpunkt der sekundären Medikalisierung steht eine epistemologische Verschiebung, d.h. eine Umdeutung oder Neuzuschreibung eines sozialen Problems als medizinisches Problem. Für die Analyse der Medikalisierung der Populärkultur ist besonders die Frage zwingend, wie solches Wissen zirkuliert, wie es die Grenzen medizinischer Kommunikationsräume verlässt, in den gesamtgesellschaftlichen Raum der öffentlichen Kommunikation diffundiert und von dort als kulturelles Wissen[13] in kollektive Wissensbestände sedimentiert.

Das Potenzial des Medikalisierungsbegriffes besteht hierbei darin, dass er die Permeabilität und Elastizität von sozialen Subsystemen als zentrales Scharnier der Expansion der Medizin versteht. Hier sind es nicht die institutionalisierten Praktiken der primären Medikalisierung, sondern die Kommunikation und mediale Tradierung medikaler Episteme in den nicht-medizinischen Kommunikationsraum der Öffentlichkeit, die diesen Prozess ermöglichen. Wenn hier von der Diffusion des Medizinischen in die Populärkultur bzw. in das digitale Spiel gesprochen wird, ist entsprechend *nicht* gemeint, dass diese im Sinne der primären Medikalisierung Objekte medikalisiert, also einem spezifischen medizinischen Zweck zugeführt werden, sondern dass im Sinne der sekundären Medikalisierung der Raum der medialen Vermittlung und der Kommunikation durch medizinisches Wissen, medizinische Semantik und Wissen *über* die Medizin sowie ihre Stellung in Gesellschaft und Kultur durchsetzt wird. Unter Rückgriff auf Ute Frevert lässt sich sagen, dass sich die in der Medikalisierung verwirklichenden

13 Unter kulturellem Wissen versteht der Literaturwissenschaftler Michael Titzmann kollektive Wissensbestände, bzw. »die Gesamtmenge der Propositionen, die die Mitglieder der Kultur für wahr halten bzw. die eine hinreichende Anzahl von Texten der Kultur als wahr setzt […]. Zum Wissen gehören […] auch kulturelle Annahmen, von denen *wir* zu wissen glauben, dass sie falsch sind« (Titzmann 1989, 48). An anderer Stelle wird der Begriff weiter zugespitzt: »Das kulturelle Wissen kann […] ebenso Wissen über reale wie irreale Entitäten, ebenso über Individuen (Orte, Personen, Ereignisse) wie Klassen von Individuen, über Systeme und deren Regularitäten (seien es soziale, semiotische, ideologische, physikalische usw.), ebenso über eigenes Wissen (›der Christ weiß, daß der Christ glaubt, daß…‹) wie über fremdes Wissen (›der Christ glaubt, daß der Moslem glaubt, daß…‹) ebenso Alltagswissen wie hochspezialisierte Wissensmengen (z.B. theologischer, philosophischer, wissenschaftlicher Systeme) umfassen; wegen der besonderen Relevanz für die Literatur sei hervorgehoben, daß zum kulturellen Wissen auch das *anthropologische* (biologische, soziologische, psychologische) *Wissen* und die Kenntnis von *Wert- und Normensystemen*, aller kognitiven, affektiven, evaluativen Regulierungen gehört« (Richter et al. 1997, 13; Hervorhebungen im Original). Kulturelles Wissen umfasst hier also dezidiert kognitive, affektive und evaluative Wissensmengen (Wissenschaften, Glaubenssysteme, Annahmen über die Realität sowie Einstellungen gegenüber Sachverhalten). Der Wissensbegriff wird in diesem Band auch im Beitrag von Eugen Pfister und Arno Görgen vertieft.

und angestrebten Machtbeziehungen zwischen den Akteuren des medizinischen Gesellschaftsfeldes und der Gesellschaft

> dort konstituieren, wo es um die Begründung, Verteidigung und Ablehnung ungleicher sozialer Beziehungen geht; [Kulturwissenschaft, und im weiteren Sinne dieses Beitrags auch die *Medical Humanities*] entdeck[en] diese Machtbeziehungen in einer symbolischen Praxis, die Sinndeutungen sowohl vorgibt als auch kommunikativ verhandelt (2005, 23).

Die medikale Vereinnahmung dieser symbolischen Praxis bildet den Kern der sekundären Medikalisierung.

Zwar ist in gewisser Weise Bell und Figert zuzustimmen: Ein stetig expandierendes Konzept von Medikalisierung führt dazu, dass der Kern der Medikalisierung – das, was hier als primäre Medikalisierung bezeichnet wird – an analytischer Stringenz verlieren könnte (2015a, 3). Auch Davis bemängelt dies, wenn er sagt:

> ›medical terms‹, ›medical language‹, and ›medical framework‹ are no longer limited to those defined and used by the medical profession. Any group or individual's use of such terms/frameworks represents an instance of medicalization. This creates a peculiar and untenable situation, because, in the end, outside the sphere of medicine, we have no way to determine what constitutes a ›medical‹ term or framework. (Davis 2006, 54)

Daraus folgert er, dass die Nutzung von medizinischen Termini in nicht-medizinischen Kontexten keine Medikalisierung darstellen könne. Dem ist zu entgegnen, dass Medikalisierung zu kurz gefasst ist, wenn man sie essenzialistisch und exklusiv nur dem medikalen Wirkungsbereich und ihrer Institutionalisierung zugehörig, eben als primäre Medikalisierung, begreift. Vielmehr ist sie jedoch ein Teilaspekt der Medikalisierung, weil sich in Form der Institutionalisierung medikalisierte Felder verstetigen. Sie ist ein *strukturalistisches Symptom*, während in der sekundären Medikalisierung als analytischer Kategorie eher der Mechanismus der *epistemischen* Medikalisierung im Vordergrund steht. Eine Medikalisierung ohne Inklusion der Sphäre, die medikalisiert wird, kann keine Medikalisierung sein: ein Konzept, das auf eine Vereinnahmung des Außen durch ein Innen aufbaut, muss immer das Außen mitdenken, sonst ergibt es keinen Sinn – genau dies wird einerseits von den genannten Kritikern in Abrede gestellt, während andererseits genau dieser Aspekt im Konzept einer sekundären Medikalisierung als einer analytischen Kategorie, die sich mit der epistemischen Kultur und Prozessen der Wissensdiffusion des Medizinischen in die (Populär-)Kultur und Gesellschaft hinein beschäftigt, aufgefangen wird.

Medikalisierung findet nicht nur in Form von Interaktion und Kommunikation auf praktischer Ebene, etwa beim Ärzt_in-Patient_innen-Austausch, sondern auch in Interdiskursen (Link 2007) wie etwa im Rahmen der Distribution populärkultureller Medienartefakte statt. Über derart kommunizierte Episteme werden in nicht-medikalen Kontexten Sedimente medizinischen Wissens gebildet und, je nach Art der Kommunikation, Wahrheitsregime[14] hinterfragt oder gefestigt. Diese Sedimente sind somit in erster Linie als Reproduktion im Sinne einer intersystemischen Tradierung von Wissen, in zweiter Linie als Reflexion im Sinne einer kritischen Evaluierung dieses Wissens und dessen Kommentierung zu verstehen. Während Reproduktion eine notwendige Bedingung der Medikalisierung ist, ist ihre Kommentarfunktion lediglich ein möglicher Nebeneffekt der Tradierung.

Medikalisierung wird im Rahmen dieses Textes als epistemische Expansion verstanden. Somit wird hier direkt an den Ansatz Correias (2017, 2) angeknüpft, der eine wissensbasierte Ausrichtung der Medikalisierung vorschlägt u.a. da nur diese den unterschiedlichsten auch nicht-medizinischen Ausläufern, Formen und Produzenten medizinischen Wissens, ungeachtet ihres politischen oder wissenschaftlichen Status in der Gesellschaft, als Basis der Medikalisierung Rechnung trage, denn:

> For medicalization of society to exist, medical knowledge had to be accepted, produced, and reproduced by players beyond medical professionals per se, such as regulatory institutions (e.g., legal, political, and educational), other health professions more closely related to biomedicine (e.g., nursing), lay knowledge, and other actors in health not entirely related to the medical profession. (Correia 2017, 3)

Jegliches medizinisches Wissen, also auch das in populärkulturellen Kontexten produzierte und distribuierte medizinische Wissen, trägt zur Medikalisierung bei. Medizin ist demnach als Wissen unabhängig von ihrer praktischen Operationalisierung in der Medizin zu betrachten.

In Ergänzung hierzu kann man entsprechend mit Ziel auf die Analyse der Medikalisierung in populärkulturellen Kontexten medizinisches Wissen zunächst als ein nicht-exklusives Korpus der Informationen zur physischen wie psychischen Funktionalität des Menschen, biotechnologischen Optimierungs-/

14 Unter dem Begriff ›Wahrheitsregime‹ versteht man etablierte, hegemoniale und allgemein als ›wahr‹ akzeptierte Wissensordnungen. Das heißt in diesem Kontext, dass Popkultur medizinische Praktiken und medizinisches Wissen sowohl zementieren (etwa durch eine wissenschaftsoptimistische Darstellung) als auch kritisch beleuchten kann (etwa in Form von Science Fiction-Dystopien entgrenzter medizinischer Praxis und Forschung, siehe auch die Kurzanalyse zu *Spider-Man* in diesem Text).

Enhancement-Strategien, Krankheiten, ihren Mechanismen, ihrer Pathogenese, ihrer Diagnostik und Therapie, der praktischen Interaktionen, der Generierung, Ordnung und Anwendung medizinischen Wissens in der medizinischen Praxis, der öffentlichen Gesundheitspolitik und der Gesellschaft umreißen. Dieses Korpus wird in der interdiskursiven Auseinandersetzung mit Medizin ergänzt durch Wissen, das von außerhalb des medizinischen Systems auf die Medizin gewonnen wird, also Wissen *über* Medizin, das ihre Praktiken, Akteur_innen, Topografien sowie ihre soziale, politische und kulturelle Positionierung und Rolle als medizinisches Wissen einschließt.

Ohne das medizinische Wissen als zentralem Baustein ließen sich auch soziale Bedeutungszuschreibungen zu Krankheiten und deren Anwendungen und Translationen im soziokulturellen Alltag, wie sie etwa Olafsdottir (2013) aber auch Susan Sontag in ihrer 1978 erstpublizierten epochalen Arbeit zu »Illness as Metaphor« beschreiben, nicht umfänglich nachvollziehen.

In diesem Rahmen sind populärkulturelle Medienartefakte wichtige Seismografen und Impulsgeber einer Medikalisierung, die sich durch eine eigene rhetorische und ästhetische Programmatik auszeichnen, die die oben skizzierten Einzelaspekte der Medikalisierung ›zitieren‹ und reflektieren. Unterschiedliche Hintergründe der Medienproduktion und -rezeption führen so zu einer sich von medizinwissenschaftlichen Spezialdiskursen unterscheidenden rhetorischen Struktur der Darstellung von wissenschaftlichem und technologischem Wissen. Dahlström und Ho konnten im Bezug auf emergente Technologien (und implizit wissenschaftliches Wissen) nachweisen, dass Unterhaltungsmedien diese eher auf einer narrativen Ebene darstellen und dabei auf Probleme und Verwerfungen dieser Komplexe hinweisen, während bspw. rhetorische Strukturen des Wissenschaftsjournalismus (und der Wissenschaft selbst) eher evidenz- und zuversichtsorientiert seien. Während evidenzbasierte Argumentationen Abstraktionen nutzen, um deduktiv von diesen auf einzelne Beispiele zu schließen, würden Erzählungen angewandt, um induktiv vom Beispiel auf die Abstraktion zu verweisen. Dieser Unterschied erlaube beiden rhetorischen Vorgehensweisen trotz widersprüchlicher Schlussfolgerungen, das gleiche Maß an ›Wahrheit‹ für die jeweilige Ausführung zu beanspruchen (Dahlstrom und Ho 2012, 595). Gleiches lässt sich auch für die Medikalisierung sagen – wichtig ist hierbei, dass es sich um einen kommunikativen/medialen Akt der sozialen Konstruktion medizinischen Wissens handelt, in dessen Zentrum eine moralische und normative, nicht eine wissenschaftliche Evaluation der Medizin steht. Beide Seiten betrachten dasselbe Gebilde aus unterschiedlichen Perspektiven und dienen somit einem Anspruch der ›Wahrheitsfindung‹ (Miller 2006, 26-28).

Es ist nicht so, als seien solche medikalisierten Medienformate aus der Forschung gefallen. Vor allem die Frage der Wechselwirkung von medizinischem Wissen und bildlicher Darstellung medizinischen Wissens wurde anhand von

Einzelbetrachtungen verschiedentlich aufgegriffen, so etwa Peter Weingarts und Bernd Hüppaufs »Frosch und Frankenstein« (2007) oder auch Sven Stollfuß und Friedrich (2011). Ein weiterer großer Teil der meist filmbezogenen Forschung befasst sich mit der Frage nach bioethischen Problemfeldern im Film. Hier gibt es eine unüberschaubare Anzahl an kasuistischen Analysen die wiederum nur angerissen werden können. Der jüngst erschienene Sammelband »Clinical Ethics on Film« (Rosenthal 2018) ist etwa in diesem Bereich zu verorten. Auch der Frage nach dem Bezug der Populärkultur zur Visualisierung medizinischen Wissens (Ostherr 2013) wurde bereits ansatzweise nachgegangen. Krankheitsbegriffe im Film wurden u.a. erforscht von Shelton (2008) oder Pheasant-Kelly (2016). Einen etwas umfassenderen Überblick über das Themenfeld bietet auch das vom Autor dieser Zeilen mitherausgegebene »Handbook of Popular Culture and Biomedicine« (Görgen, Nunez und Fangerau 2019).

Deutlich wird anhand des Interesses der unterschiedlichsten Disziplinen an medizinischen Fragestellungen, dass Popkultur tatsächlich umfänglich medizinisches und biologisches Wissen aufgreift und problematisiert. Eine umfassende historische Einordnung dieser thematischen Ausrichtung, wie sie im Rahmen dieses Artikels unter dem Banner der Medikalisierung angestrebt wird, fehlt jedoch bislang.

4. Medikalisierung des Spiels

Während Repräsentationen (bio-)medizinischer Wissenschaft und Technologie im Bereich des Films bereits (in Teilen) erkundet sind, sind derartige Untersuchungen im Bereich des digitalen Spiels noch Neuland. So gibt es einige wenige Studien zur Wahrnehmung der Darstellung von Technoscience im digitalen Spiel (Dudo et al. 2014; Murdoch, Rachul und Caulfield 2011). Zudem wurde, insbesondere im Bereich der Bioethik, bereits von Schulzke (Schulzke 2013) auf das Potenzial ihrer Erforschung hingewiesen. Auch gibt es vereinzelte Studien etwa zur Macht des algorithmischen Prozesses in den Laboren des Computerspiels *Portal* (Burden und Gouglas 2012), zur ethischen Frage der Verwendung von historischen Patient_innenfotografien in *BioShock* (Biernoff 2012) oder zur Thematisierung von Enhancement und Behinderung (Ledder 2015).

Selbstverständlich sind auch digitale Spiele Teil einer umfassenden epistemischen Kultur[15], die als erinnerungskulturelle Wissenssysteme Wissen orga-

15 Knorr-Cetina bezeichnet als epistemische Kulturen »those amalgams of arrangements and mechanisms-bonded through affinity, necessity, and historical coincidence-which, in a given field, make up how we know what we know. Epistemic cultures are cultures that create and warrant knowledge« (Knorr-Cetina 1999, 1).

nisieren, verwalten und verändern und nur durch ihre zeitgeschichtliche Rückkopplung an die historischen Kontexte ihrer Entstehung nachzuvollziehen sind (Arbeitskreis Geschichtswissenschaften und Digitale Spiele 2018).

Dieser Prozess gilt insbesondere für medizinisches Wissen, das in den vergangenen Jahrzehnten zunehmend Eingang nicht nur in die Popkultur, sondern auch in digitale Spiele gefunden hat. D.h. digitale Spiele sind als vermittelnde und kommentierende Instanz ein Baustein der medialen Zirkulation medizinischen Wissens und der sekundären Medikalisierung.

Die besondere Beschaffenheit von Spielen als interaktivem Erzählformat im Sinne der Beeinflussung der Erzählung durch die Spieler und der prozeduralen Rhetorik[16], also einer Rhetorik, die sich besonders dazu eignet, systemisches Wissen zu vermitteln (Bogost 2010), führt dazu, dass Spiele mannigfaltig Repräsentationen (bio-)medizinischen Wissens implementieren. Die medikale Kultur funktioniert hier als diskursiver Knotenpunkt zwischen eigentlich disparaten Ideen und Wissenshorizonten (Rothe 2011, 4-5). Populärkulturelle Artefakte wie digitale Spiele stellen so einen eigenen politischen Kommunikationsraum dar, in dem gesellschaftliche Bedürfnisse (und Bedenken) mit Blick auf die Medizin verhandelt werden (Geisthövel und Mrozek 2014, 13).

Im Hinblick auf das bisher Gesagte lassen sich im Sinne einer Typologie drei mögliche Formen der Medikalisierung des digitalen Spiels identifizieren, wobei die letzteren beiden als Teil eines Kontinuums zu verstehen sind:

a. **Medikalisierung des Spiels im Sinne der primären Medikalisierung:** Spiele werden als eigentlich nicht-medizinische Technologie vereinnahmt und zu Zwecken der medizinischen Edukation (DeSmet et al. 2014), Therapie (Bean 2018), Diagnostik (Kazmi et al. 2014), und/oder Forschung (Curtis 2014) angewandt. Hier hat sich in den vergangenen Jahren unter dem Schlagwort *Games for Health* ein Markt entwickelt, der medizinische Praxis – zum Teil als Aspekt der Entwicklung des ›quantified self‹ – in Umgebungen der individuellen Freizeitgestaltung integriert. Da die Analyse dieser Form des medikalisierten Spiels nicht zentrales Anliegen dieses Textes ist und entsprechend nicht weiter ausgeführt wird, sei hier lediglich auf die letzte Sektion dieses Bandes (»Games for Health«) verwiesen.
b. **Medikalisierung im Spiel im Sinne der sekundären Medikalisierung als Implementierung medikaler Semantik im Spiel:** Hiermit ist die Nutzung medizinischen Wissens (wie oben beschrieben) als Teil der Spielwelt oder Spielmechanik gemeint. Diese Semantik abstrahiert und verzerrt oftmals

16 Die prozedurale Rhetorik bezeichnet eine Rhetorik, die sich besonders dazu eignet, systemisches Wissen zu vermitteln und vermittels der Modellierung systemischer Modelle Argumente zu formulieren (Bogost 2010).

medizinisches Wissen und dient weniger einer akkuraten Darstellung eines Sachverhaltes als vielmehr der Plausibilisierung von Erzählungen und Erzählfragmenten (Kirby 2003, 239). Auch die epidemische Verbreitung von Zombies in Spielen wird mittlerweile fast ausschließlich mit unterschiedlichsten Pathogenen begründet (bspw. *The Last of Us*, Naughty Dog 2013). Während sich auf der Ebene der ästhetischen Gestaltung einer Spielwelt also oft Replikationen bereits etablierter Tropen wiederfinden, werden auf spielmechanischer Ebene unterschiedliche Modelle, Prozesse, Handlungen und Praktiken aus dem Bereich der Medizin abstrahiert und beispielsweise in simplen epidemiologischen Berechnungen (Görgen 2016), quantifizierbaren individuellen Krankheitsmodellen (etwa in *Darkest Dungeon*, Redhook Studios 2016) oder devianten Verhaltensweisen (etwa der mittlerweile zu »erratic« umbenannte Charakterzug »insane« in *Die Sims 4*, The Sims Studio 2014) umgesetzt. Hypothetisch lässt sich sagen, dass sich der Prozess der epistemischen Ausweitung der Medizin in digitalen Spielen in einer gekoppelten Medikalisierung populärkultureller Erzählungen und einer medieninhärenten Ästhetisierung biomedizinischen Wissens äußert. Medikalisierung als Plausibilisierungsstrategie des Fantastischen und Imaginierten trägt hier in seiner einfachsten Form zu einer semantischen Umdeutung bei, an deren Ende das wissenschaftliche Wissen als ästhetisiertes Destillat seiner ursprünglichen epistemischen Ausformung bestehen kann.

c. **Medikalisierung im Spiel als Kommentar:** Dieser Typ umfasst Spiele, die sich einerseits, wie beschrieben, einer medikalen Semantik bedienen, andererseits noch einen Schritt weiter gehen und normativ aufgeladen sind und als Kritik der realitätsreferenziellen primären Medikalisierung zu verstehen sind. D.h. sie reproduzieren nicht nur Wissen über Medikalisierung, sondern sie reflektieren es auch kritisch. Beispiele hierfür sind unter anderem Spiele wie *Big Pharma* (Twice Circled 2015), in dem man ein gewinnträchtiges Pharma-Unternehmen aufbauen soll, oder *Fran Bow* (Killmonday Games 2016), das die Flucht eines Mädchens aus einer psychiatrischen Klinik erzählt. Es ist hervorzuheben, dass hier sowohl tradierte Formen der Medikalisierungskritik (etwa in Form des Narrativs übermächtiger Biotech-Unternehmen, wie sie bspw. das Cyberpunk-Genre schon seit den 1980er Jahren prägt) als auch genuin eigene, der Form des Computerspiels zuzurechnende Ausdrucksweisen dieser Kritik (das Diktat der steten ludischen Erfordernis einer biotechnologischen Selbstverbesserung wird bspw. in den eingangs genannten *Deus Ex*-Spielen problematisiert) angewandt und weiterentwickelt werden.

Es ist hier noch einmal darauf hinzuweisen, dass die Trennlinie zwischen affirmativen und kritischen Repräsentationen, wie sie in b) und c) dargelegt wird, eher zugunsten der analytischen Trennschärfe geführt wird, d.h. das Spiel als Medikalisierungskommentar ist üblicherweise eine dramaturgische Zuspitzung, der grundsätzlich bereits wie in b) skizziert eine medikale Semantik zugrunde liegt.

Wie lässt sich die Medikalisierung also für eine Analyse digitaler Spiele operationalisieren? Reduziert man Medikalisierung radikal auf ihre Grundkomponenten, so lässt sie sich einerseits als Aushandlung des Verhältnisses von gesund und krank, andererseits als expansiver, zuweilen invasiver Prozess der Ausweitung medizinischer Kompetenz (sowohl im Sinne einer institutionellen wie auch einer epistemischen Hegemonie) verstehen. Es ist in diesem Zusammenhang sinnvoll, die oben beschriebenen Entgrenzungsdynamiken Wehlings et al. (2007) heranzuziehen, da sie zentrale medikale Tropen des Spiels beschreibbar machen und gleichzeitig durch ihre thematische Offenheit weiteren Entgrenzungsdynamiken (etwa in Form der Ökonomisierung der Medizin oder thematischer Medikalisierungsteilprozesse wie der Neurologisierung) genügend Raum geben. Um die analytische Fallhöhe zu reduzieren und den Zugang zu erleichtern, werden in dieser abstrahierten Lesart gleichzeitig die Prozesse der Entgrenzung der Therapie und der Entzeitlichung von Krankheit in die Prozesse der Pathologisierung und Optimierung des Menschen integriert. Die Entgrenzung der Therapie im Sinne einer zunehmenden Nutzung therapeutischer Praktiken zu nicht-kurativen Zwecken wird hier als ein Phänomen der Optimierung verstanden, während die Entzeitlichung von Krankheit als ein Charakteristikum der Pathologisierung begriffen wird.

Diese Kategorien eignen sich für eine analytische Betrachtung, weil Entgrenzung gleichermaßen den Prozess der Medikalisierung, wie auch im digitalen Spiel einen wichtigen Mechanismus der ludonarrativen Entfaltung des Spiels beschreibt. Als Disruptionen des Normalen – im Kontext dieses Projektes also die radikale Zuspitzung, Störung oder gar Umkehrung medikaler oder biologischer Gewissheiten – bilden Entgrenzungen innerhalb des festgeschriebenen »ästhetischen Möglichkeitsraum[es]« (Koch und Nanz 2014, 97) digitaler Spiele ein multidimensionales Spannungsfeld, das als Topos einer Erzählung polysemische Eigenschaften aufweist: Die im Spiel *BioShock* (2K Boston 2007) durch entgrenzte Forschung dem Untergang geweihte Stadt Rapture und ihre dem Wahnsinn und physischen Verfall überlassenen Bewohner_innen lassen sich beispielsweise ebenso gut als epidemisches Katastrophenszenario wie auch als Kommentar auf einen entgrenzten Kapitalismus und eine deregulierte Forschung lesen (Görgen und Krischel 2019). Auf diese Weise stellt medikales und biologisches Wissen für die jeweiligen narrativen Konflikte inhaltsoffene Blaupausen zur Verfügung, mit deren Hilfe Fiktionen der Störung »als experimentelle Krisenerfahrung« (Koch und Nanz 2014, 99) monolithische Wissens-, Welt- und Geschichtsentwürfe vermitteln, aufbrechen und neu verhandeln können. Insofern sind Störungen der Normalität, Entgrenzungen/Grenzüberschreitungen im Kontext der medialen

Übersetzung auch ›funktionale‹ Störungen, denen im Rahmen der jeweiligen Erzählung zentrale Aufgaben zukommen (Görgen 2017, 224).

Die Analyse der Entgrenzungsdynamiken kann daher an zwei Themen gekoppelt werden, die im digitalen Spiel als Fixpunkt semantischer Medikalisierungsprozesse verstanden werden können:

Erstens erscheint es sinnvoll, die Entwicklung von Krankheitsverständnissen in Spielen zu erfassen. Unter diesem Schwerpunkt werden solche Spiele integriert, deren zentraler Erzählfokus auf pathogenen Dysfunktionalitäten von Subjekt und Gesellschaft liegt. Diese Perspektive versteht Entgrenzung auch als ästhetische Öffnung gegenüber biomedizinischen Kategorien, etwa indem mit der Entwicklung der popkulturellen Subgenres Bio- und Body-Horror die Metamorphose, Öffnung und die Zerstörung von menschlichen (und anderen) Körpern als zentrales erzählerisches und ästhetisches Mittel positioniert wird (Riedel 2004, 286). Gleichzeitig ist dies ein Aspekt der insbesondere in digitalen Spielen auch genreübergreifend zu finden ist, insbesondere weil durch die Verschiebung der Konsument_in von der reinen Rezeption hin zu einer Interaktion mit dem Spiel, die Rolle des Körpers über dessen Funktionalität und Zustand definiert wird: Ein kranker Körper ist als Störung eines flüssigen Spielablaufs direkter erfahrbar als die Darstellung eines kranken Körpers im Film oder in anderen Medienformaten.

Zum anderen kann der Prozess der Medikalisierung anhand der Darstellung *hyper*funktionaler Körper in digitalen Spielen betrachtet werden, also solcher Körper, deren Funktionen durch mediko-technologische Verfahren künstlich *verbessert* werden. Hier stehen vor allem Spiele mit einem Science Fiction-Setting im Vordergrund, in welchen vielfach die Verbesserung physischer und kognitiver Körperfunktionen eine zentrale Spielmechanik bildet, die oftmals zugleich zu sozialen Verwerfungen im Rahmen der Spielrealität bzw. der Spielwelt führen.

In beiden Schwerpunkten bildet die Normalfunktion des Körpers und ihre Anlage im Spiel den Fixpunkt der Analyse. Die positive oder negative Normabweichung birgt hier den Schlüssel zur Analyse des jeweilig soziokulturell Sagbaren und Akzeptierten und zum zeitgenössischen Verständnis dessen, was als biomedizinische Entgrenzung oder als Medikalisierung gilt. Spielmechanische, erzählerische und referenzielle Aspekte ergänzen sich somit in der dispositiven Implementation des Körpers in das Spiel. Anhand des Action-Adventures *Red Dead Redemption 2* (Rockstar Studios 2018) soll im Folgenden exemplarisch gezeigt werden, erstens, wie Medizin allgemein sowohl semantisch als auch strukturell ein Spiel durchdringen kann und zweitens, wie sich im Speziellen die Fixierung an die Funktionalität des Körpers und dessen Pathologisierung bzw. Optimierung im Spiel als Entgrenzung bzw. als Abweichung von Normalität zeigt.

4.1 Beispiel 1: *Red Dead Redemption 2*

Red Dead Redemption 2 (*RDR2*) ist ein Open World-Action-Adventure, das in einem Western-Setting im Jahr 1899 angelegt ist. Man spielt in Third-Person-Perspektive den Outlaw Arthur Morgan, der im Verlauf des Spiels als Mitglied der Gang Dutch van der Lindes auf der Flucht vor der Pinkerton-Agentur, einem bis heute auch real bestehenden privaten Sicherheitsdienst, unterschiedliche Verbrechen ausführen und Abenteurer bestehen muss. Im Verlauf des Spiels entfremdet sich Arthur zunehmend von van der Linde und der eskalierenden Gewalt des Verbrecherdaseins und beginnt, sich selbst und die moralischen Aspekte seines Handelns zu hinterfragen.[17] Dies kulminiert schließlich im Bruch mit seiner ehemaligen Vaterfigur und endet im Tod Arthurs. Zwar ist die Fähigkeit zur kritischen Selbstreflexion durchaus schon in der Frühphase ein wichtiger Teil des Spielercharakters Arthur Morgans; die durch die Flucht entstehenden Handlungszwänge und die enge emotionale Bindung an van der Linde überwiegen jedoch zunächst. In der Frühphase des Spiels infiziert sich Arthur unwissentlich mit Lungentuberkulose als er von einem kranken Farmer Schulden eintreibt und diesen mit körperlicher Gewalt einschüchtert. Die Infektion wird im späteren Spielverlauf zum zentralen Vehikel der Erzählung und wird sowohl auf der erzählerischen wie auch der spielmechanischen Ebene eingebunden.

Die Tuberkulose, unter diesem Namen seit 1839 bekannt und 1882 von Robert Koch als bakterielle Infektion identifiziert, ist eine Krankheit, die bis zu den ersten Impfstoffen vor allem in ländlichen Gebieten und in ärmeren Bevölkerungsschichten eine der Haupttodesursachen des 19. Jahrhunderts war. Ihre klassischen Symptome sind, v.a. bei fehlender Behandlung, Fieber, Müdigkeit, Nachtschweiß, Gewichtsverlust[18], später auch Husten mit blutigem Auswurf und Atemnot. Da Impfstoffe erst ab 1921 erfolgreich entwickelt und eingeführt wurden, war die Tuberkulose in den Vereinigten Staaten um 1900 immer noch die dritthäufigste Todesursache in der Bevölkerung, ihr Ausbruch kam somit zu diesem Zeitpunkt einem Todesurteil gleich (Murray 2004).

Durch die Infektion mit Tuberkulose unterwandert *RDR2* klassische Spielkonzepte der sukzessiven Selbstverbesserung: Ist Arthur zu Beginn des Spiels auf der Höhe seiner physischen Leistungsfähigkeit, raubt ihm die Krankheit zunehmend seine körperliche Integrität und Autonomie. Auf der Erzählebene ist es

---

17 Die Ausprägung dieser charakterlichen Transformation des Protagonisten hängt mithin von aggregierten Entscheidungen der Spieler_in ab; diegetisch wird dies als ›Reputation‹ Arthurs umgesetzt, die sich wiederum in unterschiedlichen Reaktion der sozialen Umwelt Arthurs auf sein Handeln widerspiegelt.

18 Wegen des körperlichen Zerfalls wurde die Krankheit lange auch als ›Schwindsucht‹ bzw. im Englischen ›consumption‹ bezeichnet.

besonders der Husten, der sich als Marker der Krankheit einschleicht. Über die Entwicklung von zunächst gelegentlich leichtem Husten bis zu den blutigen und starken Husten- und asthmatischen Anfällen in der Endphase von Arthurs Leben durchläuft dieses Symptom eine Entwicklung, die sich durch steigende Invasivität und Sichtbarmachung auszeichnet. In Kongruenz dazu zerfällt Arthur auch optisch immer mehr: das hypermaskuline Stereotyp, das Arthur zunächst verkörpert, wird zunehmend durch Blässe, blutunterlaufene Augen, eine verschwitzte Stirn und gerissene Lippen gezeichnet. Zudem zeigen eingefügte Cut-Scenes Arthur bei Zusammenbrüchen mit verzerrter und eingeschränkter Kognition und in Momenten totalen Autonomieverlustes über seinen Körper.

Immer größere Teile seiner Umwelt registrieren dies und erkundigen sich nach seinem Zustand. Den Tod vor Augen sucht Arthur nach Wiedergutmachung, indem er vergangenes Unrecht begradigen, durch ihn verursachten Schmerz lindern und durch Taten und Spenden den Notleidenden der Welt helfen will – dies ist zumindest dann der Fall, wenn man die »moral choice engine« (Schulzke 2009) des Spiels entsprechend einer ›moralisch guten‹ Doktrin betreibt. Somit stellt Arthur in gewisser Weise eine Antithese zu Oscar Wildes Dorian Gray (Wilde 2001) dar: Während Grays angestrebte immerwährende physische Jugend und Schönheit mit seiner moralischen Korruption einhergeht, ist Arthurs körperlicher Zerfall an eine immer stärker hervortretende moralische Integrität gekoppelt. Gleichzeit steht *RDR2* damit auch in einer Tradition der Wahrnehmung der ›Schwindsucht‹ als einer ›romantischen Krankheit‹, nach der dem Erkrankten eine erhöhte Sensibilität und, durch den langsamen Zerfall des Körpers, ein ›guter Tod‹ in dem Sinne zugesprochen wurde, dass die Tuberkulose genügend Zeit für Selbstreflexion und Vorkehrungen für den eigenen Tod ließe (Lawlor 2006; Bourdelais 2006). In *RDR2* ist besonders Arthurs Tagebuch ein wichtiges Zeugnis dieser Sensibilität und Selbstreflexion. Einer seiner Einträge lautet beispielsweise: »My whole code that I lived and killed by. Was it true? Or was there a bigger truth I was too dumb to ever see?« (Rockstar Studios 2018)

Auch in der Spielmechanik wird die Wirkmacht der Krankheit bzw. das medizinische Wissen zu dieser Krankheit umgesetzt. Zwei wichtige Variablen der Quantifizierung des physischen Zustandes des Spielercharakters sind Gesundheit und Ausdauer, die im User Interface als aufladbare Kerne erscheinen. Einerseits werden diese Charakteristika, wie dies in vielen Spielen üblich ist, sukzessive über den Spielverlauf verbessert. Negativ wirkt sich aber neben mittelfristig auftretenden Effekten wie Hunger oder kurzfristigen Einflüssen wie Gewalteinwirkung durch Kugeln, Fausthiebe oder Schlangenbisse im Verlauf auch die Tuberkulose aus: In gesundem Zustand braucht der Gesundheitskern so laut Nanjappa 90 Minuten gespielter Zeit, um sich vollständig zu entleeren (bevor der Spielercharakter also stirbt). Nach seiner Diagnose reduziert sich diese Zeit zunächst auf 85 und schließlich 75 Minuten (Nanjappa 2018). Dieser beschleunigten Verschlechterung kann man, sozusagen palliativ, durch die Einnahme bestimmter ›Arzneien‹ begrenzt entgegenwirken. Neben dieser offenen Verschlechterung von Arthurs Zustand gibt es weitere Körperfunktionen, die ursprünglich im Rahmen einer Black Box prozessiert werden und nur anhand Arthurs Erscheinungsbild geschätzt werden können. Dazu gehört neben Haar- und Bartwuchs vor allem das Körpergewicht. Die Entwicklung des Gewichtes hat wiederum Auswirkungen auf die Gesundheits- und Ausdauerkerne. Im Falle der Tuberkulose-Erkrankung erfolgt nach einer gewissen Zeit eine Meldung mit der Nachricht, dass das »Mindestgewicht erreicht« sei. Ein Gewichtsaufbau zum Normal- oder gar Übergewicht ist von nun an nicht mehr möglich. Dies wiederum führt dazu, dass der Charakter schneller Schaden nimmt.

Unter Rückgriff auf das von Görgen und Simond (2020) entwickelte Modell der Repräsentationsstrategien von Krankheiten[19] im digitalen Spiel lassen sich in *RDR2* zusammenfassend folgende Strategien identifizieren.

a. Der Blick auf die Tuberkulose ist ein introspektiver Blick, d.h. das *subjektive Erleben* der Krankheit ausschließlich aus Arthurs Sicht erhält eine tragende Rolle in der Erzählung des Spiels.
b. Diese Subjektivierung wird spielmechanisch implementiert, indem die Krankheit vor allem die Parameter Gesundheit, Ausdauer und Gewicht in einem mathematischen Ursachen-Wirkungsmodell (*Quantifizierung*) umsetzt, das Arthurs Gesundheitszustand und seine Handlungsmöglichkeiten zunehmend begrenzt (*aktionale Externalisierung*).
c. Die Krankheit wird zudem *somatisch externalisiert*, d.h. die Tuberkulose zeigt sich direkt im/am Körper Arthurs.

Mittels der genannten Strategien wird Krankheit in das Spiel integriert und auf physischer und psychischer Ebene erfahrbar gemacht. Über die Interaktion Arthurs mit seiner fiktionalen Umwelt findet gleichzeitig eine soziale Einbettung und Kommentierung der Tuberkulose statt, so dass man bei der Tuberkulose in *RDR2* von der Umsetzung eines biopsychosozialen Krankheitsmodelles (Egger 2005) sprechen kann, nachdem unterschiedlichste Stressoren die Pathogenese (und Pathographie) Arthurs beeinflussen.

19 Das Modell ist ursprünglich speziell in der Analyse psychischer Krankheiten entwickelt worden, lässt sich aber mit leichten Anpassungen auch für somatische Krankheiten sowie für Aspekte der Selbstverbesserung anwenden. Darin wird von verschiedenen Strategien und Aspekten der Repräsentation von Krankheiten ausgegangen: Die Krankheit wird entweder von außen, also objektivierend, oder aus einer Binnenperspektive, also subjektivierend, repräsentiert. Sie kann darüber hinaus quantifiziert werden, indem ihre Darstellung einer numerischen Logik folgt. Zudem gibt es verschiedene Strategien der Externalisierung, die den Binnenzustand der Erkrankten in der Anschauung nachvollziehbar machen.

Die Tuberkulose wird hier als eine nach innen gerichtete Entgrenzung von Körpernormalfunktionen inszeniert, die nach und nach die Handlungsfähigkeit des Spielercharakters sabotiert und somit die Entwicklung des Spiels und des Gameplays beeinflusst. Sie forciert damit eine antithetisch zu üblichen Modellen der ludischen Selbstoptimierung stehende Spielprogression. In diesem Sinne kann man hier von einer funktionalen Störung (Görgen 2017) sprechen: Die Medikalisierung in Form einer zielgerichteten künstlichen/programmierten Störung dient dabei einerseits der Entwicklung einer mitreißenden Geschichte, andererseits spielmechanisch der Erschwerung des Spielflusses. Die Dysfunktionalitäten werden medizinisch plausibilisiert, indem einerseits die Symptomatik der Tuberkulose nosologisch korrekt integriert und andererseits die soziokulturelle und historische Einpassung in ein US-amerikanisches rurales Setting des auslaufenden 19. Jahrhunderts adäquat und nachvollziehbar vollzogen wird.

Zwar kann man in *RDR2* von einer Medikalisierung sprechen, da medizinisches Wissen umfassend umgesetzt wurde. Als kritischer Kommentar zur Medikalisierung als Form einer ›medikalen Kolonisierung‹ kann *RDR2* jedoch nicht dienen. Die Krankheit ist hier eher narratives Vehikel der moralischen Läuterung Arthurs als Zielkonflikt im Sinne einer biopolitischen Vereinnahmung im Sinne einer Disziplinierung Arthurs. Es ist davon auszugehen (was jedoch im Rahmen dieser kurzen analytischen Skizze nicht vertieft werden kann), dass *RDR2* nicht nur das kollektive *Wissen* zu Tuberkulose, sondern auch die *Wahrnehmung* der Tuberkulose als eines stereotypen kollektiven Erinnerungsfragmentes reproduziert.

4.2 Beispiel 2: *Spider-Man*

Während *RDR2* in hohem Maße medizinisches Wissen in Spielmechanik und Erzählung des Spiels implementiert, stellt diese Nutzbarmachung des Wissens zwar eine Reproduktion, aber keinen Kommentar zu medizinischem Wissen oder medizinischer Praxis dar. Eine solche Kritik der Medikalisierung findet sich, vor allem in Form einer Kritik an medizinischer Forschung, jedoch in vielen Spielen wieder. Exemplarisch soll hier die Medikalisierungskritik des Action-Adventures *Spider-Man* dargelegt werden. Das Open World-Spiel wird aus einer Third-Person-Perspektive gespielt und umfasst ein topografisch als Insel imaginiertes New York.

Der titelgebende und von der Spieler_in gesteuerte Spider-Man/Peter Parker verfügt über eine umfassende Palette an Handlungsmöglichkeiten, Fähigkeiten und technologischen Gadgets, die dieser Figur im Rahmen ihrer literarischen und popkulturellen Überlieferung zugeschrieben werden, etwa ›Spider-Sinne‹, das Verschießen von Spinnennetzen, das Schwingen an Spinnfäden, das Krabbeln an Decken etc. Auch in der Art der Gewaltanwendung schließt das Spiel an den Comic an; so gibt es zwar reihenweise bewaffnete Gegner_innen, diese werden jedoch ausschließlich gefangengenommen oder kampfunfähig gemacht, jedoch niemals getötet.

Das Spiel entwickelt eine Geschichte entlang der ›Origin-Story‹ zweier Hauptantagonisten: Otto Octavius/Doctor Octopus und Martin Li/Mr. Negative: Octavius und Peter Parker arbeiten zu Beginn des Spiels gemeinsam in Octavius' Labor an biotechnologisch hochentwickelten Prothesen für Kriegsveteranen. Wird diese Arbeit zunächst durch staatliche Fördermittel finanziert, ist Octavius später durch die Einstellung dieser Förderung gezwungen, seine Arbeit im Rahmen des multinationalen Konzerns Oscorp fortzuführen. Octavius führt mit zunehmender Obsession die Forschung an den Prothesen fort, nunmehr nicht mehr nur mit dem Ziel der physischen *Wiederherstellung* der Patienten, sondern mit deren *Verbesserung*. Er entwickelt ein Exoskelett mit vier neurosensitiven mechanischen Tentakeln, die Octavius über ein neuronales Interface kontrolliert. Schließlich offenbart Octavius Peter Parker, dass er an einer degenerativen neuromuskulären Krankheit leide und daher in der prothetischen Erweiterung eine Möglichkeit sehe, seine Arbeit fortzusetzen. Parker warnt diesen vor unumkehrbaren neuronalen Schäden. Octavius setzt seine Arbeit im Geheimen fort, was schließlich zu seiner endgültigen Transformation zu Doctor Octopus führt.

Martin Li, der zweite Hauptantagonist, ist der Leiter einer sozialen Einrichtung und ebenfalls mit Peter Parker bekannt. In seinem Doppelleben als Mr. Negative stiehlt er mit seinen Schergen eine bei Oscorp entwickelte Biowaffe, den sogenannten Teufelsatem, und setzt diesen frei. Der Teufelsatem ist das Ergebnis der Suche Norman Osborns nach einer Heilung für die genetische Krankheit seines Sohnes Harry. Li musste als Kind als Testobjekt der Entwicklung des Teufelsatems dienen, was ihm seine Fähigkeiten verliehen hat. Diese Fähigkeiten führten zu einer Explosion, die Lis Eltern umbrachte. Ohne auf die Details der weiteren Geschichte einzugehen, reicht es an diesem Punkt zu sagen, dass der Schwerpunkt des Spiels auf der Suche und Anwendung eines Gegengiftes und somit der Rettung New Yorks vor Mr. Negative und Doctor Octopus liegt.

Aus den bisherigen Ausführungen wird deutlich, dass Medikalisierung, im Speziellen die Biomedikalisierung, also die durch technowissenschaftliche Entwicklung und kapitalistische Logiken bestimmte Ausweitung von Medizin als industriellem Komplex (Clarke et al. 2003), als plausibilisierendes Fundament der narrativen Entwicklung dient. Hierbei wird zunächst ein wissenschafts- und technologiefreundliches Bild gezeichnet, das sich zuweilen, im Gegensatz zu dessen Umkehrung ab etwa der Mitte des Spiels, auch in Spielmechaniken und Nebenquests niederschlägt. So gehören zu den wiederkehrenden Minispielen in *Spider-Man* Spektralanalysen unbekannter chemischer Stoffe, die Reparatur elektronischer Steuerungsplatinen oder das Überprüfen einer Reihe von kleinen Forschungsstationen und deren Reparatur. Auch die Ausgangssituation ist ursprünglich wissenschaftsoptimistisch geprägt. Sowohl in Lis wie auch Octavius'

Fall besteht ein Wille zur Entwicklung therapeutischer Instrumentarien, die im weitesten Sinne dem Wohlbefinden oder der Gesunderhaltung der Gesellschaft dienen sollen. Diese ›ideale‹ Wissenschaft wird jedoch durch wirtschaftliche und egoistische Interessen verschiedener Akteure korrumpiert, ethische Grenzen werden überschritten und die Technowissenschaft entmoralisiert und anderen Zwecken unterstellt.

Die Wissenschaft in *Spider-Man* ist zum einen zwar eine konsequente Fortsetzung eines iatrotechnischen Ingenieurideals aus dem 20. Jahrhundert, sie ist aber vor allem auch eine »post-normale Wissenschaft« (Funtowicz und Ravetz 1993); sie befindet sich in einem Stadium des Paradigmenwechsels (Kuhn 2007) und epochemachender Innovationsschübe. An diesem Punkt der Post-Normalität sind »facts uncertain, values in dispute, stakes high and decisions urgent« (Funtowicz und Ravetz 1993, 744). Diesen neuralgischen Punkt der Entwicklung emergenter und ethisch sensibler biomedizinischer Technowissenschaften erreicht die Wissenschaft in *Spider-Man*, als Technologie nicht mehr nur kurativ, sondern fortan in Form von *Enhancements*, oder wie im Falle des Teufelsatems in einer totalen moralischen Pervertierung ihres therapeutischen Ausgangspunktes als Biowaffe. Damit steht *Spider-Man* ganz in der Tradition seiner Comic-Ahnen, die ebenfalls präsente Wissenschaftsformen als Plausibilisierungstrategie aufgreifen und kommentieren (Locke 2019).

In einer letztlich schon in den Spider-Man-Comics und allgemein in der Populärkultur etablierten Kombination aus Mad Scientist-Narrativ und der Trope der neoliberalen und multinationalen ›Evil Corporation‹ werden hier zentrale Bedenken einer solchen Biomedikalisierung formuliert. Die Medizin dient in ihrer Mobilisierung wissenschaftlicher Rhetorik der narrativen Legitimierung und Plausibilisierung des Fantastischen – insbesondere der Geburt der posthumanen Antagonisten (Handtke 2014, 258). Beide, sowohl der Mad Scientist als auch die Evil Corporation, instrumentalisieren die Lebenswissenschaften und vereinnahmen diese zu ihren eigenen, außerhalb des medizinischen Ethos angelegten Zielen. Es sind reale Prozesse der Medikalisierung, insbesondere die Ökonomisierung der Medizin[20] wie auch die Entgrenzung der Therapie, die im Spiel reflektiert und im Rahmen der moralischen Topographie des Spiels hinterfragt werden. Zugleich muss auch hier betont werden, dass die tradierten Topoi der Medikalisierung nicht ausschließlich als Kommentar dienen, sondern ganz funktional zur zentralen, plakativen semantischen Unterscheidung der selbstermächtigten, moralisch guten Spieler_in einerseits und der *durch* Medikalisierung selbstermächtigten unmoralischen Antagonisten beiträgt: Medizin kann hier als Kulminationspunkt identifiziert werden, an dem der moralische Diskurs der Medika-

20 Hier verstanden als ein Motor der Medikalisierung, nicht als ein getrennt von ihr zu betrachtender Prozess.

lisierung an die Spielmechanik der Selbstoptimierung rückgebunden wird und zu einer reziproken Plausibilisierung von Geschichte *und* Spielmechanik beiträgt.

5. Fazit

Der Begriff der Medikalisierung beschreibt einen Prozess, bei dem in Form von Dynamiken der Entgrenzung nicht-medizinische Problembereiche medizinisch erklärt und dafür medizinische Problemlösungsstrategien angeboten werden. Dies geschieht oftmals durch die Generierung neuer oder die Verschiebung und Anpassung alter Krankheitskategorien und schließt einen Imperativ individueller biopsychosozialer Funktionalität und Effizienz bis über das natürliche Maß hinaus ein. Medikalisierung ist sowohl von seinen Akteur_innen wie auch seinen thematischen Ausrichtungen her multifaktoriell zu denken, führt aber letztlich immer zur Pathologisierung bestimmter Phänomene, zu dadurch ausgelösten Verschiebungen in der Legitimität bestimmter Verhaltensweisen und damit letztlich zur Zementierung oder Ausweitung sozialer Kontrolle durch medizinische Akteur_innen sowie im Rahmen einer Ökonomisierung der Medizin zu zunehmender sozialer Ungleichheit. Diese Ausweitung medizinischer Kompetenz kann als primäre Medikalisierung auf institutioneller und struktureller Ebene oder als sekundäre Medikalisierung auf epistemischer Ebene stattfinden. Letztere umfasst die Zirkulation allen medizinischen Wissens in der Gesellschaft: Neben den medizinischen Spezialdiskursen betrifft dies insbesondere auch die Interdiskurse der Popkultur, die medizinisches Wissen in der Gesellschaft, oftmals in abstrahierter und ästhetisierter Form, als populärkulturelle Medienartefakte distribuieren.

Auch digitale Spiele sind in diese Vereinnahmungsstruktur der Medizin eingebunden; erstens in Form von ›Serious Games‹ als medikalisierte Technologie und ihrer Nutzung als therapeutisches, diagnostisches, edukatives oder Forschungstool. Zweitens werden kommerzielle Spiele dann medikalisiert, wenn sie eine medikale Semantik zur Plausibilisierung ihrer Narrative oder Spielmechaniken verwenden. Auch hierbei steht vor allem die Frage der Funktionalität menschlicher Körper im Vordergrund. Digitale Spiele können einerseits in Form der spielmechanischen Integration von Krankheit anders strukturiert erzählen: Krankheit wird hier als System verschiedener sich gegenseitig beeinflussender Variablen verstanden. Gleichzeit wird trotz dieser neuen Form medizinischer Repräsentation auch altes Wissen, sowohl auf wissenschaftlicher als auch auf historischer, sozialer und kultureller Ebene vermittelt. Dies wurde eindrücklich am Beispiel von *RDR2* gezeigt.

Spiele können schließlich drittens, wie am Beispiel der Entgrenzung biotechnologischer Forschung in *Spider-Man* gezeigt, Medikalisierung als Prozess kritisch hinterfragen und so als normativer Metakommentar Probleme und Störungen der Medikalisierung identifizieren, alternative Positionen und Problemlösungsstrategien anbieten und so als mediales Korrigendum monolithische Wissensordnungen aufbrechen und im weitesten Sinne eine politische Bildung ihrer Rezipient_innen fördern – die respektive Ausrichtung dieser Bildung ist hierbei deutungsoffen und wird durch die Rückkopplung in Form zeitgenössischer Medikalisierungsdiskurse bestimmt.

Medikalisierte Spiele zeigen: Medikalisierung schließt *per definitionem* immer auch das Nicht-Medizinische als Potenzial und als Arena der medikalen Vereinnahmung ein. Die nicht-exklusive Unterteilung in primäre und sekundäre Medikalisierung, die Betonung, dass beide Teil eines größeren, und tatsächlich: *diffusen* Prozesses der Medikalisierung sind, sowie der Versuch, dieser Expansion medizinischen Wissens im Rahmen der Analyse von digitalen Spielen nachzuspüren, trägt diesem Gedanken Rechnung.

Ludographie

BIG PHARMA (Positech Games 2015, Twice Circled)
BIOSHOCK (2k Games 2007, 2K Boston)
DARKEST DUNGEON (Merge Games 2016, Redhook Studios)
DEUS-EX: HUMAN REVOLUTION (Square Enix 2011, Eidos Interactive)
DEUS EX: MANKIND DIVIDED (Square Enix 2016, Eidos Interactive)
EYEWIRE (Princeton University 2012, Sebastian Seung)
FRAN BOW (Killmonday Games 2016, Killmonday Games)
THE LAST OF US (Sony Interactive Entertainment 2013, Naughty Dog)
MASS EFFECT 2 (Electronic Arts 2010, Bioware)
MASS EFFECT 3 (Electronic Arts 2012, Bioware)
MEISTER CODY (Kaasa Health GmbH 2013, Kaasa Health GmbH)
PLAGUE INC. (Ndemic Creations 2012, Ndemic Creations)
RED DEAD REDEMPTION 2 (Rockstar Games 2018, Rockstar Studios)
THE SIMS 4 (Electronic Arts 2014, The Sims Studio)
SPIDER-MAN (Sony Interactive Entertainment 2018, Insomiac Games)
SURGEON SIMULATOR (Bossa Studios 2013, Bossa Studios)
VAMPYR (Focus Home Interactive 2018, Dontnod Entertainment)

Bibliographie

Arbeitskreis Geschichtswissenschaften und Digitale Spiele. 2018. »Manifest für geschichtswissenschaftliches Arbeiten mit Digitalen Spielen.« https://gespielt.hypotheses.org/manifest_v1-1, letzter Zugriff: 28.04.2020.

Ballard, Karen und Mary A. Elston. 2005. »Medicalisation: A Multi-dimensional Concept.« *Soc Theory Health* 3 (3): 228-41. doi:10.1057/palgrave.sth.8700053

Bean, Anthony M. 2018. *Working with Video Gamers and Games in Therapy: A Clinician's Guide*. New York, London: Routledge Taylor & Francis Group. doi: 10.4324/9781315173382

Beck, Ulrich. 2003. *Risikogesellschaft: Auf dem Weg in eine andere Moderne*. Sonderausg. Edition Suhrkamp 2432. Frankfurt a.M.: Suhrkamp.

Bell, Susan E. und Anne E. Figert. 2015a. »Introduction: Outlining Old Critiques and New Engagements.« In *Reimagining Biomedicalization, Pharmaceuticals, and Genetics: Old Critiques and New Engangements*, hg. v. Susan E. Bell und Anne E. Figert, 1-15. New York: Routledge. doi: 10.4324/9781315760926

———. 2015b. »Moving Sideways and Forging Ahead: Reimagining »-Izations« in the Twenty-First Century.« In Bell und Figert, *Reimagining Biomedicalization, Pharmaceuticals, and Genetics*, 19-40.

Biernoff, Suzannah. 2012. »Medical Archives and Digital Culture.« *Photographies* 5 (2): 179-202. doi: 10.1080/17540763.2012.702680

Bogost, Ian. 2010. *Persuasive Games: The Expressive Power of Videogames*. 1. MIT Press paperback ed., [Nachdr.]. Cambridge, Mass. MIT Press.

Bourdelais, Patrice. 2006. *Epidemics laid low: A history of what happened in rich countries*. Baltimore: Johns Hopkins University Press.

Burden, Michael und Sean Gouglas. 2012. »The Algorithmic Experience: Portal as Art.« *Game Studies* 12 (2). http://gamestudies.org/1202/articles/the_algorithmic_experience, letzter Zugriff: 28.04.2020.

Clarke, Adele E., Laura Mamo, Jennifer R. Fishman, Janet K. Shim und Jennifer R. Fosket. 2003. »Biomedicalization: Technoscientific Transformations of Health, Illness, and U.S. Biomedicine.« *American Sociological Review* 68 (2): 161-94. doi: 10.2307/1519765

Conrad, Peter. 2007. *The medicalization of society: On the transformation of human conditions into treatable disorders*. Baltimore: Johns Hopkins University Press.

———. 2013. »Medicalization: Changing Contours, Characteristics, and Contexts.« In *Medical Sociology on the Move*, hg. v. William C. Cockerham, 195-214. Dordrecht: Springer Netherlands. doi: 10.1007/978-94-007-6193-3_10

Conrad, Peter und Joseph W. Schneider. 1992. *Deviance and Medicalization: From Badness to Sickness : with a New Afterword by the Authors*. Expanded edition. Philadelphia: Temple University Press.

Correia, Tiago. 2017. »Revisiting Medicalization: A Critique of the Assumptions of What Counts As Medical Knowledge.« *Front. Sociol.* 2 (Art. 14): 1-9. doi:10.3389/fsoc.2017.00014

Curtis, Vickie. 2014. »Online Citizen Science Games: Opportunities for the Biological Sciences.« *Applied & translational genomics* 3 (4): 90-94. doi:10.1016/j.atg.2014.07.001

Dahlstrom, Michael F. und Shirley S. Ho. 2012. »Ethical Considerations of Using Narrative to Communicate Science.« *Science Communication* 34 (5): 592-617. doi:10.1177/1075547012454597

Davis, Joseph E. 2006. »How Medicalization Lost its Way.« *Society* 43 (6): 51-56. doi: 10.1007/BF02698486

DeSmet, Ann, Dimitri van Ryckeghem, Sofie Compernolle, Tom Baranowski, Debbe Thompson, Geert Crombez, Karolien Poels et al. 2014. »A Meta-Analysis of Serious Digital Games for Healthy Lifestyle Promotion.« *Preventive medicine* 69: 95-107. doi: 10.1016/j.ypmed.2014.08.026

Dudo, A., V. Cicchirillo, L. Atkinson und S. Marx. 2014. »Portrayals of Technoscience in Video Games: A Potential Avenue for Informal Science Learning.« *Science Communication* 36 (2): 219-47. doi:10.1177/1075547013520240

Egger, Josef W. 2005. »Das biopsychosoziale Krankheitsmodell: Grundzüge eines wissenschaftlich begründeten ganzheitlichen Verständnisses von Krankheit.« *Psychologische Medizin* 16 (2): 3-12.

Frevert, Ute. 2005. »Neue Politikgeschichte: Konzepte und Herausforderungen.« In *Neue Politikgeschichte: Perspektiven einer historischen Politikforschung*, hg. v. Ute Frevert und Heinz-Gerhard Haupt, 7-26. Historische Politikforschung 1. Frankfurt a.M.: Campus-Verl.

Funtowicz, Silvio O. und Jerome R. Ravetz. 1993. »Science for the post-normal age.« *Futures* 25 (7): 739-55. doi:10.1016/0016-3287(93)90022-L

Geisthövel, Alexa und Bodo Mrozek. 2014. »Einleitung.« In *Popgeschichte: Band 1: Konzepte und Methoden*, hg. v. Alexa Geisthövel und Bodo Mrozek, 7-32. Histoire 48. Bielefeld: transcript Verlag. doi: 10.14361/transcript.9783839425282

Görgen, Arno. 2016. »Chronisch krank: Zur medikalisierten Ästhetik des Temporalen in ›Plague Inc.‹.« In *Time to play: Zeit und Computerspiel*, hg. v. Stefan Höltgen und Jan C. van Treeck, 296-313. Game studies. Glückstadt: vwh Verlag Werner Hülsbusch Fachverlag für Medientechnik und -wirtschaft.

———. 2017. »Funktionale Störungen der Normalität: Krankheit in der Populärkultur.« In *Sprache und Medizin: Interdisziplinäre Beiträge zur medizinischen Sprache und Kommunikation*, hg. v. Sascha Bechmann, 215-38. Forum für Fachsprachen-Forschung, FFF Band 138. Berlin: Frank & Timme.

Görgen, Arno und Florian Braune. 2016. »PTSD: Zur politischen, medikalen und medialen Konvergenz eines Krankheitsbildes.« In *Nur Emotionen? Einblicke aus Medizin, Kunst und Geisteswissenschaften*, hg. v. Christian F. Hoffstadt, Melanie

Möller, Franz Peschke, Michael Nagenborg und Sabine Müller, 239-69. Aspekte der Medizinphilosophie Band 16. Bochum, Freiberg: Projektverlag.

Görgen, Arno und Matthis Krischel. 2019. »Autonomy, Heteronomy, and Bioethics in BioShock.« In *Handbook of Popular Culture and Biomedicine*. Bd. 5, hg. v. Arno Görgen, German A. Nunez und Heiner Fangerau, 283-300. Cham: Springer International Publishing. doi: 10.1007/978-3-319-90677-5_21

Görgen, Arno, German A. Nunez und Heiner Fangerau. Hg. 2019. *Handbook of Popular Culture and Biomedicine*. Cham: Springer International Publishing. doi: 10.1007/978-3-319-90677-5

Görgen, Arno und Stefan H. Simond. 2020. »Mental Health als Authentizitätsfiktion im digitalen Spiel. Eine Typologie.« In *Spielzeichen III: Kulturen des Computerspiels/Kulturen im Computerspiel*, hg. v. Hans Krah und Martin Hennig. 1. Auflage, 406-34. Glückstadt: Verlag Werner Hülsbusch.

Handtke, Steffen. 2014. »Science Fiction and Horror in the 1950s.« In *A Companion to the Horror Film*, hg. v. Harry M. Benshoff, 255-72. Chichester, UK: John Wiley and Sons Inc. doi: 10.1002/9781118883648.ch15

Hüppauf, Bernd-Rüdiger und Peter Weingart. Hg. 2007. *Science images and popular images of the sciences*. Routledge studies in science, technology and society 8. New York: Routledge.

Illich, Ivan. 1995. *Die Nemesis der Medizin: Die Kritik der Medikalisierung des Lebens*. 4., überarb. und erg. Aufl., München: C.H. Beck.

Kazmi, Sayed, Hassan Ugail, Valerie Lesk und Ian Palmer. 2014. »Interactive Digital Serious Games for the Assessment, Rehabilitation, and Prediction of Dementia.« *International Journal of Computer Games Technology* 2014 (1): 1-11. doi:10.1155/2014/701565

Kelner, Merrijoy, Beverly Wellman, Sandy Welsh und Heather Boon. 2006. »How Far Can Complementary and Alternative Medicine Go? the Case of Chiropractic and Homeopathy.« *Social science & medicine (1982)* 63 (10): 2617-27. doi:10.1016/j.socscimed.2006.07.005

Kirby, David A. 2003. »Science Consultants, Fictional Films, and Scientific Practice.« *Social Studies of Science* 33 (2): 231-68. doi:10.2307/3183078

Knorr-Cetina, Karin. 1999. *Epistemic Cultures: How the Sciences Make Knowledge*. Cambridge, Mass.: Harvard Univ. Press.

Koch, Lars und Tobias Nanz. 2014. »Ästhetische Experimente: Zur Ereignishaftigkeit und Funktion von Störungen in den Künsten.« *Zeitschrift für Literaturwissenschaft und Linguistik* 44 (1): 94-115. doi: 10.1007/BF03379707

Kuhn, Thomas S. 2007. *Die Struktur wissenschaftlicher Revolutionen*. 2., rev. und um das Postskriptum von 1969 erg. Aufl., [Nachdr.]. Frankfurt a.M.: Suhrkamp.

Lawlor, Clark. 2006. *Consumption and Literature: The Making of the Romantic Disease*. Basingstoke England, New York: Palgrave Macmillan. http://site.ebrary.com/lib/alltitles/docDetail.action?docID=10262337

Ledder, Simon. 2015. »Zur Konstruktion von ›Behinderung‹ und ›Human Enhancement‹ in Digitalen Spielen.« In *Selbstgestaltung des Menschen durch Biotechniken*, hg. v. Robert Ranisch, Sebastian Schuol und Marcus Rockoff, 253-69. Tübinger Studien zur Ethik – Tübingen Studies in Ethics v.4. Tübingen: Narr Francke Attempto.

Lemke, Thomas. 2007. *Biopolitik zur Einführung*. Hamburg: Junius.

Link, Jürgen. 2007. »Dispositiv und Interdiskurs: Mit Überlegungen zum Dreieck Foucault-Bourdieu-Luhmann.« In *Foucault in den Kulturwissenschaften: Eine Bestandsaufnahme; [Symposium im Februar 2003 (Essen)*, hg. v. Clemens Kammler und Rolf Parr, 219-38. Heidelberg: Synchron Wiss.-Verl.der Autoren.

Locke, Simon. 2019. »With Great Power Comes Changing Representations: From Radiation to Genetics in the Origin of Spider-Man.« In Görgen, Nunez und Heiner Fangerau, *Handbook of Popular Culture and Biomedicine*, 259-71. doi: 10.1007/978-3-319-90677-5_19

Luhmann, Niklas. 2017. *Die Realität der Massenmedien*. 5. Auflage. Neue Bibliothek der Sozialwissenschaften. Wiesbaden: Springer VS. doi: 10.1007/978-3-658-17738-6

Mamo, Laura und Jennifer R. Fosket. 2009. »Scripting the Body: Pharmaceuticals and the (Re)Making of Menstruation.« *Signs: Journal of Women in Culture and Society* 34 (4): 925-49. doi:10.1086/597191.

Martin, Michael und Heiner Fangerau. 2018. »Überwindung von Raum und Zeit? Digitale Technologien im Kontext moderner Gesundheitsdiskurse.« In *Technik als Motor der Modernisierung*, hg. v. Thomas Zoglauer, Karsten Weber und Hans Friesen. Originalausgabe, 224-46. Freiburg, München: Verlag Karl Alber.

Meyer, Peter C. 2012. »Gesellschaftliche Hintergründe der Medikalisierung.« *Bioethica Forum* 5 (2): 52-58.

Miller, Richard W. 2006. »Three Versions of Objectivity: Aesthetic, Moral, and Scientific.« In *Aesthetics and ethics: Essays at the intersection*, hg. v. Jerrold Levinson. [digital. Nachdr.], 26-58. Cambridge studies in philosophy and the arts. Cambridge: Cambridge Univ. Press. doi: 10.1017/CBO9780511663888.002

Mitcham, C. 1999. »Why Science, Technology, and Society Studies?«. *Bulletin of Science, Technology & Society* 19 (2): 128-34. doi:10.1177/027046769901900207

Murdoch, Blake, Christen Rachul und Timothy Caulfield. 2011. »Biotechnology and Science in Video Games: A Destructive Portrayal?«. *Health Law Review* 20 (1): 13-17.

Murray, John F. 2004. »A Century of Tuberculosis.« *American journal of respiratory and critical care medicine* 169 (11): 1181-86. doi:10.1164/rccm.200402-140OE

Nanjappa, Nikhil. 2018. »Red Dead Redemption 2: Cure for sickness.« https://medium.com/@kainikhil/red-dead-redemption-2-cure-for-sickness-2ad6ebadbc12

Olafsdottir, Sigrun. 2013. »Social Construction and Health.« In Cockerham, *Medical Sociology on the Move*, 41-59.

Ostherr, Kirsten. 2013. *Medical visions: Producing the patient through film, television, and imaging technologies*. Oxford, New York: Oxford University Press. doi: 10.1007/978-94-007-6193-3_3

Pheasant-Kelly, Frances. 2016. »Towards a Structure of Feeling: Abjection and Allegories of Disease in Science Fiction ›mutation‹ Films.« *Med Humanit* 42 (4): 238-45. doi:10.1136/medhum-2016-010970

Richter, Karl, Schönert, Jörg und Michael Titzmann. 1997. »Literatur – Wissen – Wissenschaft. Überlegungen zu einer komplexen Relation.« In*Die Literatur und die Wissenschaften 1770-1930*, hg. Von Karl Richter, Jörg Schönert und Michael Titzmann, 9-36. Stuttgart: M&P Verlag. doi: 10.1007/978-3-476-04286-6_1

Riedel, Peter. 2004. »It's nothing personal, babe. Andenken an den Horrorfilm.« *MEDIENwissenschaft* (3): 284-95.

Rosenthal, M. S. 2018. *Clinical Ethics on Film*. Cham: Springer International Publishing. doi: 10.1007/978-3-319-90374-3

Rothe, Anne. 2011. *Popular trauma culture: Selling the pain of others in the mass media*. New Brunswick, N.J. Rutgers University Press.

Schneider, Wolfgang. 2013. »Medikalisierung sozialer Prozesse.« *Psychotherapeut* 58 (3): 219-36. doi:10.1007/s00278-013-0977-5

Schulzke, Marcus. 2009. »Moral Decision Making in Fallout.« *Game Studies* 9 (2). http://gamestudies.org/0902/articles/schulzke, letzter Zugriff: 28.04.2020.

———. 2013. »The Bioethics of Digital Dystopias.« *International Journal of Technoethics* 4 (2): 46-57. doi: 10.4018/jte.2013070104

Shelton, Catherine. 2008. *Unheimliche Inskriptionen: Eine Studie zu Körperbildern im postklassischen Horrorfilm*. Film. Bielefeld: transcript. Zugl. Köln, Univ., Diss. doi: 10.14361/9783839408339

Skolbekken, John-Arne. 2008. »Unlimited medicalization? Risk and the pathologization of normality.« In *Health, Risk and Vulnerability*, hg. v. Alan R. Petersen und Iain Wilkinson, 16-29. London, New York: Routledge. doi: 10.1111/j.1365-2524.2008.811_3.x

Sontag, Susan. 1978. *Illness as metaphor*. New York: Farrar, Straus and Giroux.

Stollfuß, Sven und Kathrin Friedrich, Hg. 2011. *Blickwechsel: Bildpraxen zwischen Wissenschafts- und Populärkultur*. AugenBlick 50. Marburg: Schüren.

Titzmann, Michael. 1989. »Kulturelles Wissen – Diskurs – Denksystem. Zu einigen Grundbegriffen der Literaturgeschichtsschreibung.« In *Zeitschrift für französische Sprache und Literatur* 99 (1): 47-61.

Wehling, Peter, Willy Viehöver, Reiner Keller und Christop Lau. 2007. »Zwischen Biologisierung des Sozialen und neuer Biosozialität: Dynamiken der biopolitischen Grenzüberschreitung.« *Berliner Journal für Soziologie* 17 (4): 547-67. doi: 10.1007/s11609-007-0045-5

Wilde, Oscar. 2001. *Das Bildnis des Dorian Gray.* Vollst. Ausg., 18. Aufl. Hg. v. Siegfried Schmitz. dtv 12466. München: Dt. Taschenbuch-Verl.

Wolz, Lea und Nina Weber. 2017. »Niedriger Blutzucker, hohe Gewinne: Geschäfte mit Diabetes Typ 2.« www.spiegel.de/gesundheit/diagnose/diabetes-typ-2-wie-ein-pharmakonzern-fuer-niedrige-blutzucker-werte-lobbyiert-a-1151348.html

Zola, Irving K. 1972. »Medicine as an Institution of Social Control.« *The Sociological Review* 20 (4): 487-504. doi:10.1111/j.1467-954X.1972.tb00220.x

Politische Transferprozesse in digitalen Spielen
Eine Begriffsgeschichte

Eugen Pfister & Arno Görgen

Abstract: In digital games, we learn. On the one hand, transfer processes in digital games are no longer doubted, at least in research. On the other hand, however, there is a lack of generally accessible and concrete research results. That is, we assume that there are transfer processes without knowing how they work. In this chapter, starting with a theoretical definition of knowledge, the authors try to trace theories from different disciplines of research (history, political science, communication science, and sociology), which seem plausible for transfer processes in digital games. In a history of the concept of knowledge transfer, they examine the theoretical models of »knowledge transfer,« »cultivation,« »socialization,« and »collective identity« for their applicability and validity with regard to the supposed transfer processes in digital games. A critical history of these terms enables the reader to learn from the results, mistakes and debates of other media (especially film and television). By simultaneously acknowledging the special features of the medium of digital gameplay (interactivity, procedural character of the game etc.) it is the hope of the authors to support a better understanding of digital games as part of popular culture, in which knowledge is being communicated.

Keywords: Knowledge Transfer; Ideology Transfer; Socialization; Cultivation; Identification

Schlagworte: Wissenstransfer; Ideologietransfer; Sozialisation; Kultivation; Identifikation

1. Einleitung

In gewisser Hinsicht ist er fast schon zum Gemeinplatz geworden, der Verweis auf die vielfältigen und komplexen Transferprozesse in Medien im Allgemeinen und in digitalen Spielen im Speziellen. Dass es beim Filmschauen, beim Zeitungslesen, beim Musikhören und ja, auch beim Computerspielen zu ständigen, meist unbewussten, weil unbeobachteten Transferprozessen kommt, stellt heute kein_e Wissenschaftler_in ernsthaft in Frage. Entsprechend gehen auch viele Studien aus den Game Studies von Wechselwirkungen zwischen Spiel und Spieler_innen aus: »Video games, we suggest, are also informing and driving the very culture that determines our lifestyles, meanings and relationships«, liest man dazu etwa bei Daniel Muriel und Garry Crawford (2017, xi). Auch Miguel Sicart geht in seinen Überlegungen zur Ethik in digitalen Spielen von einer rhetorischen Wirkmacht von Spielen aus: »Computer games have the rhetorical and ethical power to address complex societal discussions, providing insights thanks to their rather unique interactive and simulative architecture« (Sicart 2009, 228; vgl. auch Schrape 2012, 17). Über das Ergebnis – potenzielle Wissens- und Ideologietransfers – herrscht zumindest in der Forschung Einigkeit, doch über den Prozess selbst wissen wir noch vergleichsweise wenig. Dabei hatte schon Anfang der 2000er Jahre der Erziehungswissenschaftler Jürgen Fritz im Rahmen des Forschungsschwerpunktes »Wirkung virtueller Welten« (heute FSP Medienwelten) an der Technischen Hochschule Köln prominent auf die vielfältigen Transferprozesse (i.e. Wirkungen) digitaler Spiele hingewiesen. Nach eigenen Angaben ging es Fritz um die Frage: »Wann übertragen wir Gefühle, Gedanken, Handlungen aus dem Spiel in die Wirklichkeit?« (Fritz 2005) Im Folgenden sollen ausgehend von einer Konzeptionalisierung des Wissensbegriffes, unterschiedliche Begriffe und Theoriemodelle zu diesem Thema vorgestellt und, ausgehend von diesen, Schlüsse über potenzielle Transferprozesse – manche würden auch von Lernprozessen sprechen (Deeg 2014, 17-24) – gezogen werden. Dabei zeigt sich rasch, dass viele geistes- und sozialwissenschaftliche Disziplinen im Prinzip ähnlichen Forschungsfragen nachgehen. Kommunikationswissenschaftler_innen untersuchen beispielsweise Kultivations- und Sozialisationsprozesse in Spielen/beim Spielen, während Politikwissenschaft und Gender Studies diese unter dem Gesichtspunkt kollektiver Identitäten und ihrer Konstruktion analysieren. (Post-)Strukturalistische Historiker_innen wiederum müssen das Individuum der Spieler_innen meist mangels aussagekräftiger Quellen ausblenden und ausgehend von Diskursen oder Ideen(-geschichten) dasselbe Phänomen untersuchen.

Die im Folgenden vorgestellten Phänomene werden häufig unter den Begriffen ›Medienwirkung‹ und ›Lernprozesse‹ subsumiert. Der im Rahmen dieses Textes bevorzugte Begriff des ›Transferprozesses‹ hat gegenüber den zwei vorgenannten gewichtige Vorzüge. Zum einen ist der Wechsel notwendig geworden, weil die Idee der Wirkung von Spielen in der jüngsten Vergangenheit vor allem von der Gewaltdebatte vereinnahmt wurde und in diesem Kontext eine starke normative Aufladung erfahren hat. Der Begriff des ›Transfers‹ ist demgegenüber bisher überwiegend wertfrei geblieben. Ein weiterer Vorteil des Begriffs ist aber auch, dass er im Gegensatz zum Konzept der ›Wirkung‹ die Rolle der Rezipient_innen eindrücklicher hervorhebt und daher keine unilaterale Wirkung suggeriert.

In Ergänzung dazu ist der Begriff des Transfers besser operationalisierbar, sofern es um die Analyse der Kommunikation und Konstruktion von Wissen und Ideologien in/durch digitale(n) Spiele(n) geht und in diesem Kontext bereits angewandt wird.

Zwar gehen viele Forscher_innen im Bereich der Game Studies von vielgestaltigen Transferprozessen aus, zugleich fehlt es nach wie vor an umfassenden empirischen Forschungsergebnissen. Im Folgenden werden wir, ausgehend von einer Definition des Wissensbegriffes selbst, eine Begriffsgeschichte der einschlägigen Termini ›Wissenstransfer‹, ›Medienwirkung‹, ›Kultivation‹, ›Sozialisation‹ und ›kollektive Identität‹ skizzieren. So soll das Fundament für die Annahme gelegt werden, dass Transferprozesse, die in anderen Medien festgestellt wurden, auch beim digitalen Spielen anzutreffen sind.

2. Wissen, Ideologie, Transfer

Dass über Massenmedien bedeutende Wissenstransferprozesse stattfinden, ist keine grundsätzlich neue Erkenntnis. In eine ähnliche Richtung dachte der deutsche Gesellschaftstheoretiker Niklas Luhmann: »Was wir über unsere Gesellschaft, ja über die Welt, in der wir leben, wissen, wissen wir durch die Massenmedien« (2009, 9). Der Pädagoge Stefan Wesener schreibt konkret auf Spiele angewandt: »Alle Informationen, die einer Person durch herkömmliche Sinneswahrnehmung nicht zugänglich sind, können zwangsläufig nur durch Medien erworben werden« (2004, 32). Um ein besseres Verständnis dafür zu entwickeln, wie solche Wissens- und Ideologietransfers funktionieren, ist es zunächst sinnvoll, die Begriffe ›Wissen‹ und ›Ideologie‹ zu umreißen und als Teil einer ›Wissenskultur‹ darzustellen. In diesem Rahmen wird eine (sozial-)konstruktivistische Perspektive vertreten, die das Entstehen und die Verbreitung von Wissen sowohl als individuellen wie auch als sozialen Prozess versteht. Das heißt, dass wir zwar im Sinne von Peter L. Berger und Thomas Luckmann ›Wissen‹ »als die Gewißheit [definieren], daß Phänomene wirklich sind und bestimmte Eigenschaften haben« (2003, 1). Dabei handelt es sich um eine individuelle Gewissheit, also eine Evaluation bestimmter Annahmen.[1]

1 Konstruktivistische Konzeptionen von Wissen stehen im Kontrast zu *kognitivistischen* Annahmen, nach welchen Wissen ein durch das Gehirn geleistetes Abbild einer Realität darstellt. Für die kognitivistische Perspektive gilt zum einen, je »genauer die wiedergegebene Abbildung der Realität, desto höher ist die Qualität des Wissens« (Thiel 2002, 10), zum anderen beinhaltet diese Vorstellung auch, dass zwischen zwei kognitiven Systemen ein identisches Wissen entwickelt werden kann (Thiel 2002, 11).

Die konstruktivistische Perspektive betrachtet »Wissen als Konstruktion des Individuums auf Basis seiner Wahrnehmung der ihn umgebenden Welt« (Thiel 2002, 11). Das Individuum repliziert in diesem Fall nicht ein genaues Abbild seiner Umwelt, sondern verarbeitet den Input zur Konstruktion seiner individuellen Umwelterfahrung. Wissen wird hier als fluide Struktur und In-Zusammenhang-Setzung von Informationen verstanden, die durch einen stetigen (Zu-)Fluss neuer Informationen erweitert, ergänzt, hinterfragt oder bestärkt wird (Thiel 2002, 14-15).

Die Gewissheit und Validität des Wissens – ihr ›Wahrheitsgehalt‹ – resultiert nicht aus dem Grad der Übereinstimmung (Detailtreue) von repräsentierendem Wissen und existierender Realität, sondern richtet sich pragmatisch an dessen Nützlichkeitsgrad aus: »Wissen wird solange als wahr empfunden, solange es sich in der Umwelt erfolgreich anwenden lässt, andernfalls wird es angepasst« (Thiel 2002, 12). Zudem bedeutet die konstruktivistische Perspektive für den Transfer von Wissen, welches auf der individuellen Verarbeitung und Konstruktion von Wissen basiert, dass dieses nicht identisch weitergegeben werden kann: »Durch verschiedene Biografien bzw. Erfahrungshorizonte der Individuen werden die Eindrücke der Umwelt selektiert und mit verschiedenen Erfahrungen verknüpft. Somit entsteht ein unterschiedliches ›Wissen‹ über die Umwelt, da jedes Gehirn über spezifische (idiosynkratische) Gedächtnisspuren und -muster verfügt« (Thiel 2002, 12). Natürlich ist trotz der Unmöglichkeit eines ›perfekten‹ Wissenstransfers die Weitergabe von Wissen möglich und sinnvoll. Dabei gilt: je ähnlicher der Erfahrungs- und Sozialisationshorizont von Sender und Empfänger ist, umso leichter fällt ein Wissenstransfer. »Ein Wissenstransfer kann im konstruktivistischen Sinne als erfolgreich betrachtet werden, wenn das transferierte Wissen dem Empfänger ähnlich effektives Handeln ermöglicht wie dem Sender« (Thiel 2002, 12).

In der Wissenssoziologie unterscheidet man dabei verschiedene Typen des Wissens, die überwiegend als Begriffspaare verstanden werden:

- **Theoretisches/deklaratives und praktisches/prozedurales Wissen:**
  Diese Unterscheidung wird häufig auch unter den Begriffen ›knowledge that‹ und ›knowledge how‹ zusammengefasst. Während ›knowledge that‹ oder theoretisches Wissen hierbei das Wissen darüber bezeichnet, *dass* etwas der Fall ist, wahrgenommene Phänomene also mit Sinn versieht, bezeichnet ›knowledge how‹, praktisches/prozedurales Wissen, das Wissen darüber, *wie* etwas zu tun ist (Thiel 2002, 17). Günter Abel fasst diese Begriffe auch unter den Termini »conceptual knowledge« und »non-conceptual knowledge« (2014, 22) zusammen.
- **Individuelles und kollektives Wissen:**
  Während individuelles Wissen jenes einzigartige Wissen bezeichnet, welches von jedem Menschen (für sich) erfahren und konstruiert wird, bezeichnet das

kollektive Wissen die Schnittflächen und Teilmengen von Wissenskorpora zwischen den Individuen. Kollektives Wissen ist demnach individuelles Wissen, das auf der Kombinationsfähigkeit von Wissensbestandteilen und Wissensträgern innerhalb eines Kollektivs basiert (Thiel 2002, 18). Die Konsensfähigkeit dieses Wissens wird laut Thiel durch kollektive Programme (also bestimmte gemeinsam eingeübte Verhaltensweisen und -anweisungen) und kollektive Deutungsmuster (also auf gemeinsamen Erfahrungen, Deutungen, Mentalitäten und Werten aufbauenden Interpretationsschemata und Handlungsorientierungen) erhöht (Thiel 2002, 19; Bohnsack 2003, 191; Bogner 2003, 211).

- **Explizites und implizites Wissen:**
  Explizites Wissen ist unmittelbar begreifbar und kommunizierbar, implizites Wissen wiederum ist kontextabhängig, schwer zu formalisieren und zu kommunizieren. Beide Begriffe sind dabei als Endpunkte eines Kontinuums zu verstehen, da explizites Wissen im Grunde ursprünglich implizites Wissen war, das aber auf der Grundlage von Zeichen kommuniziert werden kann (Thiel 2002, 21; Abel 2014, 25). Explizites Wissen kann also artikuliert werden, jedoch nur unter der Voraussetzung, dass der Transferpartner die Zeichenhaftigkeit der Artikulation nachvollziehen kann, also mit den artikulierten Begriffen einen identischen Bedeutungsinhalt versteht. Wichtig ist hierzu also auch im weitesten Sinne ein gemeinsames Vokabular (Thiel 2002, 23; Abel 2014, 25; Traue 2014, 440).

Um verstetigt werden zu können, muss Wissen legitim sein, d.h. seine Validität wird beständig individuell und im sozialen Austausch überprüft. Solange das Wissen seine jeweilige Funktion erfüllt, wird dessen Wahrheitsgehalt im Allgemeinen nicht angezweifelt (Berger und Luckmann 2003, 45). Diese Legitimation und Rechtfertigung des Wissens kann wiederum mit Bezug auf seine Kohärenz und Glaubwürdigkeit zu anderen damit verbundenen Annahmen (*coherentism*), in Bezug auf die Paradigmen und andere wissensstrukturierende ›Glaubenssysteme‹, Vorannahmen und Prämissen (*foundationalism*), in Bezug auf dessen Operationalisierbarkeit und Umsetzbarkeit (*pragmatism*) und schließlich auf dessen Grad der Übereinstimmung mit der (wahrgenommenen) Wirklichkeit (*naturalism*) überprüft werden (Abel 2014, 33-34).

Diese soziale Konstruktion des Wissens findet in Wissenskulturen statt. Der Begriff »Wissenskultur« bezeichnet, dass »kognitive Leistungen und Wissen in Kontexte komplexer kultureller – epistemischer und praktisch-sozialer – Netzwerke eingebunden sind. Alternativ wird auch von ›Wissensordnungen‹ oder ›Wissenskonstellationen‹ gesprochen. Der Begriff bezieht sich in erster Linie auf die Genesis von Wissen, zieht aber auch Konsequenzen hinsichtlich der Geltung von Wissen mit sich« (Sandkühler 2014, 59). Karin Knorr-Cetina versteht darunter zudem

> not simply a society of more experts, more technological gadgets, more specialist interpretations. It is a society permeated with knowledge cultures, the whole set of structures and mechanisms that serve knowledge and unfold with its articulation. The traditional definition of a knowledge society puts the emphasis on knowledge seen as statements of scientific belief, as technological application, or perhaps as intellectual property. (Knorr-Cetina 1999, 7-8)

Hans Jörg Sandkühler betont, dass Wissenskulturen auf analytischer Ebene immer im Plural gedacht werden sollten und so zum einen als »Absage an Hegemonieansprüche allein *einer* epistemischen Kultur« (2014, 60) dienen, zum anderen auf die Heterogenität in der Genese und Perpetuierung des Wissen als Folge einer systemischen, sozialen und kulturellen Ausdifferenzierung der Gesellschaft hinweisen (2014, 60).

Sandkühler bietet dazu folgende Definition an:

> Wissenskulturen sind aufgrund ihrer Besonderheiten unterscheidbare, systemisch verfasste, holistisch zu rekonstruierende Ensembles epistemischer und praktischer Kontexte von Repräsentationen. Sie sind bei der Entstehung und in der Dynamik von Wissen wirksam, und in ihrem Rahmen werden Geltungsansprüche und Standards der Rechtfertigung von Wissen artikuliert. In sie eingeschlossen sind ein bestimmter epistemischer Habitus, bestimmte Evidenzen, Perspektiven und von Weltbildern abhängige Präsuppositionen, bestimmte Überzeugungen, sprachliche, semiotische und semantische Konventionen, besondere Auffassungen zu möglichen epistemischen Zielsetzungen (in welchen Grenzen können wir etwas erkennen), Fragestellungen, die als sinnvoll oder nicht sinnvoll gelten, und entsprechende Problemlösungen, kulturspezifische Praktiken und Techniken und in diesem Kontext anerkannte Werte, Normen und Regeln. (2014, 60)

Wissenskulturen bestimmen die Regeln, nach welchen Wissen generiert, legitimiert und kommuniziert wird (Sandkühler 2014, 61-62). Sie werden durch kulturspezifische »[e]pistemische Traditionen, Denk-, Argumentations- und Repräsentationsstile sowie kulturelle Eigen- und Fremdbilder – u.a. gender-spezifischer Art« (Sandkühler 2014, 63), sowie die Teilhabe an implizitem Wissen oder normativen und vorurteilenden Wahrheitsansprüchen geprägt. Wäre man sich dieses artifiziellen Charakters des Wissens bewusst, würden die Wahrheitsansprüche des Wissens allerdings gefährdet (Sandkühler 2014, 63) – ein Problem, dass sich beispielsweise in der populistischen Fake News-Polemik und der daran angebundenen Inanspruchnahme ›alternativer Fakten‹ bei mit eigenen Überzeugungen inkohärentem Wissen zeigt.

Die Annahme, dass Wissen im Rahmen einer Wissenskultur sozial vermittelt und verhandelt wird, führt entsprechend dazu, dass Wissen als soziales Konstrukt immer der Gefahr unterliegt, zum Produkt bestimmter Weltanschauungen und ideologischer Interessenvertreter zu werden.

Wissen ist somit in Ideologien eingebettet. Als Ideologien bezeichnet man »Anschauungen, die auf soziale Positionen zurückgeführt werden können. [...] Die Ideologie wird dabei nicht mehr einer wissenschaftlichen Weltanschauung entgegengesetzt; ihr wird sogar ein klassen- und interessengebundener Erkenntniswert zugebilligt«, der so auf die Gestaltung gesellschaftlicher Verhältnisse einwirkt (Traue und Pfahl 2014, 189). Man könnte Ideologien somit aber auch als Manifestationen einer bestimmten Wissenskultur verstehen, die das Handeln und die Interessen einzelner sozialer Gruppen mittels ihrer Ideen, Erkenntnisse, Kategorien und Wertvorstellungen legitimieren und die zur Festigung ihrer kollektiven Identität beitragen. Man kann Ideologien zugleich auch als Diskursphänomene begreifen, »denn es geht um den konkreten Sprachgebrauch einzelner Personen, die damit spezifische Effekte erzielen wollen. Ohne Kenntnis des diskursiven Kontexts kann man nicht feststellen, ob ein Satz ideologisch ist oder nicht« (Eagleton 2000, 16). Die Idee der Ideologie als ein interessengebundener Diskurs wird bspw. besonders im Hinblick auf Krankheit in digitalen Spielen interessant, weil über Prozesse der Pathologisierung (siehe den Beitrag von Arno Görgen zu Medikalisierung in diesem Band) auch soziale Kontrolle ausgeübt wird. Indem im sozialen Feld der Medizin und im Rahmen ihrer epistemischen Kultur neues Wissen zu Krankheit generiert und kommuniziert wird, dieser Prozess im Weiteren aber auch durch soziale Akteure und ihre Interessen beeinflusst wird, überlagern sich epistemische und ideologische Aussagen. Dies ist insbesondere dann der Fall, wenn dieses Wissen wie in digitalen Spielen ästhetisch funktionalisiert und der Logik der Erzählung oder der Spielmechanik eines Spiels unterworfen wird. In *Outlast* (Red Barrels 2013) muss man sich beispielsweise gegen Insassen einer psychiatrischen Institution durchsetzen.[2] Diese werden durchweg als ›wahnsinnige Mörder‹ charakterisiert, welche die geordnete Welt des Protagonisten ins Chaos stürzen. Obwohl diese Darstellung im Rahmen der Erzählung durchaus Sinn macht, wird doch vor allem suggeriert, dass die als monolithische Masse verstandenen psychiatrischen Patienten potenziell einer durch staatliche oder anderweitig institutionalisierte Gewalt erreichten Anleitung und Kontrolle bedürfen. Das – zumindest *idealiter* auf Kognition und Empirie fundierte – referenzielle Wissen der Medizin verändert sich also dahingehend, dass es im Vorgang seiner sozialen Zirkulation, »unterschwellig ›emotiv‹ (Ausdruck der erlebten

2 Siehe auch den Beitrag von Stefan Heinrich Simond in diesem Band.

Wirklichkeit menschlicher Subjekte) oder ›konativ‹ (d.h. auf bestimmte Wirkungen zielend)» (Eagleton 2000, 27) angewandt werden kann. Gerade digitale Spiele integrieren in ihrer Funktion als Interdiskurs (Link 1996, 49ff.) in ihrer medialen Produktion mannigfaltige Aneignungen und Neuinterpretationen biologischen und medizinischen Wissens und bieten sich somit in der medien- und ideengeschichtlichen Auseinandersetzung und Kontextualisierung als Quellenkorpus sehr gut für die Untersuchung einer sich ausweitenden Einflusssphäre der Medizin und Biomedizin in der Populärkultur an. Populärkultur ist in diesem Rahmen entsprechend kein hermetisches Gebilde, das in einem Prozess reiner Selbstreferenzialität neue Unterhaltungsprodukte wie Filme, Comics oder eben auch digitale Spiele erzeugt, sondern es befindet sich in einem stetigen Austausch mit der Gesellschaft und anderen Wissensproduzent_innen. Dieser Prozess schließt hypothetisch epistemologische Umdeutungen ein, als deren Effekt Episteme nicht nur umfassend ästhetisiert, sondern auch durchaus kritisch (auch: ideologisch) zu den ursprünglichen Bedeutungszusammenhängen positioniert werden können (Huck und Zorn 2007, 22-37). Solche populärkulturellen diskursiven Repräsentationen von Wissen zeichnen sich durch eine Überlagerung von ästhetischem und epistemischem Erkenntnisinteresse aus (Boehm 1999, 216). Digitale Spiele sind in diesem Kontext entsprechend Bestandteil einer Wissenskultur (s.o.), eines wechselhaften Geflechtes sozialer Institutionen, Praktiken und Kommunikationsweisen, in welchen um Deutungshoheit gerungen und Wissen vermittelt wird.

3. Eine kurze Begriffsgeschichte der Medienwirkungsforschung

So komplex wie der Wissensbegriff ist auch die Frage danach, wie Wissen durch Medien kommuniziert wird. Im Folgenden wird deshalb versucht, diese oft unüberschaubare Forschungslandschaft chronologisch zu ordnen und so in einen historischen Zusammenhang zu stellen. Es ist dabei wichtig sich zu vergegenwärtigen, dass es nie um eine unilaterale Wirkungsbeziehung nach dem Schema ›Sender → Empfänger‹ geht, sondern immer um einen wechselseitigen und komplexen Austausch zwischen Spieler_innen und Medium (Gerbner 2009, 48 f).

Gerade in Fragen von Ideologie- und Wissenstransfers ist – abseits von der Forschung – nach wie vor eine veraltete Vorstellung gefährlicher und unkontrollierter Propagandamomente verbreitet, was sich besonders an der immer noch prävalenten und normativ aufgeladenen Debatte um Gewalt in Spielen zeigt (Nauroth et al. 2014, 81-102). Trotzdem macht es Sinn, sich kurz an Ideen von Medienwirkung abzuarbeiten, da sich hinter diesem Begriff eines der spannendsten sozialwissenschaftlichen Forschungsfelder des vergangenen Jahrhunderts befindet: Die ursprüngliche Propagandatheorie war Anfang des 20. Jahrhunderts mit dem russischen Biologen und Soziologen Sergei Stepanowitsch Tschachotin noch davon ausgegangen, dass ein Großteil der Bevölkerung anfällig für Propaganda sei und durch diese in »lebende Roboter« oder »psychische Sklaven« verwandelt werden könne, wobei aber angemerkt sei, dass sich Tschachotins zu seiner Zeit sehr erfolgreiches Buch »Dreipfeil gegen Hakenkreuz« weniger als theoretische Grundlage und vielmehr als politische Handlungsanweisung gegen den Nationalsozialismus verstand (zit.n. Derville 2006, 8-9). Die Auffassung einer übermächtigen unkontrollierbaren Propaganda, insbesondere in Bezug auf den Film, entsprach dem Zeitgeist. Sie war Reaktion auf den für viele nicht nachvollziehbaren Siegeszug des Faschismus und Nationalsozialismus. So zitierte Walter Benjamin 1935 in seinem filmkritischen Aufsatz »Das Kunstwerk im Zeitalter seiner technischen Reproduzierbarkeit« Georges Duhamel mit: »Ich kann schon nicht mehr denken, was ich denken will. Die beweglichen Bilder haben sich an den Platz meiner Gedanken gesetzt« (Benjamin 2010, 67). Auf Massenmedien – insbesondere dem Film – lastete seither der Verdacht, die Gefühle des Publikums zu manipulieren. Eine tatsächliche Untersuchung dieser Wirkung setzte erst mit dem Zweiten Weltkrieg ein (siehe unten). Lange Zeit begründete allein eine »psychologische Alltagstheorie« diesen Verdacht (Hediger 2006, 42f.). Von der nationalsozialistischen Propaganda und ihrem vermeintlichen Erfolg beeindruckt, übernahmen viele vorbehaltlos das Modell einer omnipotenten Propaganda. In dieser Vorstellung handelt es sich um einen einseitigen Kommunikationsprozess, in welchem der/die einzelne Rezipient_in passiv und wehrlos Botschaften aus den Medien übernahm (vgl. Korte 2010, 21).

Der Soziologe Paul Felix Lazarsfeld relativierte dieses Modell jedoch bereits in den 1940er Jahren, als er das Paradigma einer *begrenzten Wirkung* einführte und in seinen Studien zeigte, dass die Wirkung von Propaganda stark vom sozialen Umfeld des Rezipienten abhing (Derville 2006, 10f.). Anhand seiner Untersuchungen zur Wahlwerbung in den Vereinigten Staaten wies er nach, dass nur diejenigen besonders aufnahmebereit für Wahlwerbung/Propaganda waren, die sich bereits im Vorfeld besonders für dieses Thema interessierten, während sich bei politisch Uninteressierten keine signifikanten Effekte zeigten (Derville 2006, 12). Des Weiteren betonte Lazarsfeld die Bedeutung von *Opinion Leaders* – heute würde man wohl eher im Geiste des Marketings von Stakeholder_innen und Influencer_innen sprechen (Derville 2006, 21).

Von einer allmächtigen Wirkung der Medien auf ein passives Publikum konnte also nicht länger die Rede sein. Stattdessen wurde von einem mehrstufigen (*multistep flow*) Kommunikationsprozess ausgegangen, in welchem *Opinion Leaders* und *Peer Groups* von größerer Bedeutung waren. Auch psychosoziologische Untersuchungen kamen zu vorsichtigeren Schlüssen: Der französische Soziologe Jean-Noël Kapferer spricht von ›Wegen der Überzeugung‹ (*Chemins de Persuasions* nach Derville 2006, 23). Demnach hätte jeder mediale Inhalt mehrere Hürden zu überwinden, bevor überhaupt die Möglichkeit bestünde, dass der/die Medienkonsument_in aufgrund dieses Inhaltes seine/ihre Überzeugung veränderte. So ist es die erste Hürde auf dem Weg zur Überzeugung, das Individuum überhaupt *zu erreichen*. Vereinfacht gesagt muss ein spezifischer Inhalt überhaupt erst seinen Weg zu den Rezipient_innen finden. In unserem Fall erreichten die Inhalte zum Beispiel nur jene Menschen, die auch regelmäßig spielen und hier, abhängig von Genre, Plattform usw., wiederum unterschiedliche Personengruppen. Eine zweite nicht zu unterschätzende Hürde ist es, die *Aufmerksamkeit des Individuums zu erwecken*, denn Menschen tendieren dazu, Informationen selektiv aufzunehmen (Derville 2006, 23). Das heißt, auf Spiele angewandt, dass die einzelnen Aussagen wahrgenommen werden müssen. Das betrifft zum einen optionale Spielinhalte wie zum Beispiel die Audiotagebücher in *Bioshock* (Irrational Games 2007) oder die mehreren Tausend Seiten intradiegetischer Literatur in Rollenspielen wie zuletzt *Pillars of Eternity* (Obsidian Entertainment 2015), aber auch optionale Sidequests. Zum anderen heißt das aber auch, dass nicht unbedingt jeder (politische) Inhalt auch als solcher wahrgenommen wird. Haben alle Spieler_innen von *Bioshock* das Spiel als Kritik an einem entfesselten Laissez-Faire-Kapitalismus verstanden? In diesem Sinne wäre es der nächste Schritt, dass die Rezipient_innen das Gesehene und Gehörte ›richtig‹ *interpretieren* (Derville 2006, 24; siehe auch Wissenstransfer weiter oben). Zuletzt gilt es, nach Jean-Noël Kapferer, die Rezipient_innen zu *überzeugen*, denn diese können sich natürlich dazu entscheiden, ein Argument nicht zu akzeptieren (Derville 2006, 24f.; vgl. auch Maletzke 1978, 196).[3] Wird eine Botschaft akzeptiert, muss sie noch *erinnert* werden (Derville 2006, 25). Verkompliziert wird das Ganze dadurch, dass diese Prozesse nicht unbedingt bewusst geschehen (implizites vs. explizites Wissen, siehe oben), denn die *Chemins de Persuasion* gelten auch für unbewusste Transfers (vgl. auch Luhmann 2009, 131 f).

Und selbst wenn all diese Hürden genommen sind, stellt sich noch immer die Frage, ob das Individuum in Folge dieser Kommunikation sein eigenes (politisches) Handeln verändert (Derville 2006, 25). Die Frage lautet deshalb nicht, was die Medien mit den Menschen machen, sondern was die Menschen mit den Medien machen (Katz 1959, 2). Es wird nun vermehrt davon ausgegangen, dass sich Menschen selektiv – nach dem Modell der *uses and gratifications* – ihre Informationen nach eigenen Wünschen aus den Medien extrahieren (Derville 2006, 27f.; Bösch und Borruta 2006, 28; Korte 2010, 21). Es kann also davon ausgegangen

---

3 Maletzke zitiert eine Studie D. Cartwrights: 1. Die Aussage muss von der Person wahrgenommen werden, 2. Muss sie von dieser als Bestandteil der eigenen kognitiven Struktur akzeptiert werden, 3. Muss die zu veranlassende Verhaltensweise beim Rezipienten von diesem als Weg zu einem im eigenen Interesse liegenden Ziel angesehen werden, 4. Muss dies adäquat motiviert sein. (Maletzke 1978, 196).

werden, dass Spieler_innen nicht aufgrund einzelner konkreter Medieninhalte ihre Einstellung grundsätzlich verändern. Viel häufiger dürften Medieninhalte hingegen eine bestärkende Funktion einnehmen. Rezent wurde dieser Gedankengang in der Medienforschung konsequent weiterentwickelt und führte zum Modell der ›kommunikativen Aneignung‹. Durch kulturell erlernte Aneignungspraktiken nähmen demzufolge die Nutzer_innen bzw. Spieler_innen Spiele gewissermaßen in Besitz und machen sie so zu ihrem kulturellen Eigentum (Hahn 2017, 37f.). Dieser Weg der Überzeugung ist also ein hochkomplexer und keinesfalls immer erfolgreicher Prozess und somit Welten von den allmächtigen Propagandainstrumenten eines Tschachotin entfernt.

4. Von Polysemie und Normalrezeption

Die Kommunikationswissenschaftlerin Marion G. Müller verlagert ihr Augenmerk neben der Wirkungsanalyse aus den oben genannten Gründen vermehrt auf die Rezeptionsanalyse (2003, 16). Dabei fragt sie nicht mehr, wie Kommunikate auf ein Publikum wirken, oder dieses beeinflussen, sondern, wie dieses Publikum die Kommunikate wahrnimmt und begreift. Diese Zugangsweise, die der Polysemie (Mehrdeutigkeit) von Kommunikaten Rechnung trägt, relativiert weiter die Wirkungsmacht der Medien (Korte 2010, 25). Die Polysemie, also die Vielfalt von unterschiedlichen Interpretationsmöglichkeiten eines Zeichens, bedeutet aber auch, dass unterschiedliche Publika einzelne Spielinhalte prinzipiell unterschiedlich interpretieren können (aber nicht notwendigerweise müssen). In dieser Logik wies der englische Soziologe Stuart Hall 1994 darauf hin, dass ein Publikum nicht unbedingt die vom Produzenten intendierten Mitteilungen herauslesen muss (Korte 2010, 32). Dass ein Produzent eine gewisse Wirkung intendiert, heißt nicht zwingend, dass das Publikum den medialen Text auch dementsprechend liest. Je nach Geschlecht, sozialer Herkunft und Wertegemeinschaft, können Bild und Text gegebenenfalls anders interpretiert werden. Sergei Eisenstein brachte in einem Essay dazu ein schönes Beispiel, indem er behauptete, dass sowjetische Arbeiter_innen amerikanische Filmkomödien – die vor allem im Uper Class-Milieu spielten – gar nicht im Sinne der Produzent_innen verstehen könnten. Wir können plausibel postulieren, dass ein Großteil einer kulturell ähnlich aufgewachsenen Gruppe Kommunikate ähnlich begreift. Kommunikation beruht darauf, dass wir darauf vertrauen können, dass ein avisiertes Gegenüber auch unsere Botschaft versteht. Nehmen wir dazu nochmals das Beispiel des First Person-Shooters *Bioshock*. Dieser bietet sich als Beispiel an, da dessen Entwickler_innen sich offen zu einer politischen Aussage bekannt haben (Ha 2013). Wir können davon ausgehen, dass der Großteil der Spieler_innen, die mit ähnlichen dystopischen Bildern in Film und Serien aufgewachsen sind, die erzählte und dargestellte Spielwelt als Ergebnis eines katastrophal gescheiterten sozialen Experiments versteht. Der Historiker Jens Jäger spricht in diesem Zusammenhang von »Normalrezeption«, die darauf beruht, dass zum Beispiel in der westlichen Welt ein Großteil der Bilder, wenn schon nicht gleich, so doch ähnlich begriffen werde (Jäger 2011). Analog dazu weist Helmut Korte auf den Film bezogen nach, dass »durch Einbeziehung der relevanten gesellschaftlichen und (film-)historischen Entwicklung, Bezüge zwischen den im Film thematisierten Problemstellungen mit den angebotenen Lösungen und den realen Alltagsproblemen des Publikums, Vergleiche mit inhaltlich und intentional ähnlichen oder konträr orientierten Filmen und anderen Medien« im Rahmen der Kontext- und Produktanalyse die Rekonstruktion einer »zeitgenössisch dominanten Botschaft« ermöglichen (Korte 2010, 29). Anhand vorherrschender gesellschaftlicher und politischer Diskurse, aufbauend auf kollektiven Wissensbeständen, gemeinsamen Erfahrungen und dominanten Narrativen – Jens Eder spricht in diesem Zusammenhang auch von »Brückenhypothesen« (Eder 2005, 117) – lassen sich also gängige Leseweisen rekonstruieren. Zusammengefasst können wir uns zwar nicht darauf verlassen, dass alle Rezipient_innen ein Spiel völlig gleich verstehen und aneignen, aber wir können zugleich davon ausgehen, dass nicht alle Medieninhalte von allen Rezipient_innen zu jedem Zeitpunkt unterschiedlich verstanden und angeeignet werden.

5. Spielend lernen

Diese Wissensaneignung können wir auch als Lernprozess begreifen: Wer nicht Mediävistik studiert hat, sammelt sein Wissen über das Mittelalter abgesehen von seiner Schulbildung, die hier die Basis bildet, oft überwiegend aus Büchern wie Ken Follets *Säulen der Erde* (Follet 1989), Filmen wie *Kingdom of Heavens* (Scott 2005) und Spielen wie *Kingdom Come: Deliverance* (Warhorse Studios 2018). Das an sich ist kein Fehler. Eine Aufgabe der Populärkultur ist es, als Vermittler von kollektiven Wissensbeständen zu funktionieren (Pfister 2018). Der deutsche Medienwissenschaftler Jürgen Fritz[4] spricht von »wissenskulturellen Transferebenen« im digitalen Spiel (Wesener 2004, 25-27). Es wäre aber im Prinzip auch nicht falsch, von (bewusstem und unbewusstem) Lernen zu sprechen. Abseits des Erlernens von Handlungsroutinen (zur Meisterung des Spiels), werden in Spielen immer auch Faktenwissen, Sprachbilder und Denkschemata vermittelt (Wesener 2004, 26). Fritz unterscheidet hier fünf Transferebenen: Die »Fact Ebene« (Wesener 2004, 26) bezeichnet inhaltliches Wissen, also historische Entwicklungen, wirtschaftliche Grundkenntnisse usf. Die »Skript Ebene« (Wesener 2004, 26) bezeich-

4 Nicht zu verwechseln mit dem gleichnamigen rechtspopulistischen Autor.

net eingelernte Handlungsabläufe wie die Steuerung eines Autos oder Flugzeugs. Die »Printebene« (Wesener 2004, 26) bezeichnet konkrete Handlungen und Reaktionen, wie zum Beispiel das Verschanzen bei virtuellen Feuergefechten. Die »metaphorische Ebene« (Wesener 2004, 26) bezeichnet das Erlernen und Übersetzen von Symbolen aber auch allgemeiner von Atmosphären und die »dynamische Ebene« stellt übergeordnet Bezüge zwischen der Alltags- und der Spielwelt der Spieler_innen her, wenn es zum Beispiel darum geht ›gut‹ und ›böse‹ zu unterscheiden (Wesener 2004, 26). Bei Letzteren handelt es sich also um nichts anderes als kommunizierte und konstruierte Wertvorstellungen, die sich nach Fritz in »tiefenpsychologischen Vorgängen«, also unbewussten Transfers, übertragen. Diese werden naturgemäß nie 1:1 übernommen, sondern müssen von den Spieler_innen angeeignet werden. »Rudimentär erworbene Schemata werden beständig eingeübt und ›systemintern‹ auf ihre Gültigkeit und Funktionalität hin überprüft. Gewonnene Schemata entwickeln sich mit der Zeit zu einer ›schematischen Ganzheit‹« (Wesener 2004, 30).

Man kann mit Fug und Recht sagen, dass man, genauso wie man nicht nicht kommunizieren kann, auch nicht nicht lernen kann. Durch Eltern, Schule, Peer Groups und Medien häufen wir praktisches, theoretisches, subjektives, kollektives, implizites und explizites Wissen an (s.o.), das einerseits, insbesondere wenn es nicht sofort und regelmäßig im Alltag aktiviert wird, keiner Prüfung unterzogen wird (Wesener 2004, 162). Andererseits werden Wissensbestände im Regelfall aber auch nicht unkritisch aufgenommen, insbesondere, wenn dieses Wissen medial vermittelt wurde. Niklas Luhmann weist in diesem Zusammenhang darauf hin, dass »wir so viel über die Massenmedien [wissen], daß wir diesen Quellen nicht trauen können« (2009, 9). Einzelne Teilaspekte aus Spielen können so durchaus als plausibel eingestuft werden, wenn es sich zum Beispiel um Darstellungen der Milchstraße, von Gasnebeln oder schwarzen Löchern, das interaktive Erleben des Trägheitsmoments im All, oder das virtuelle Erfahren der Gravitationskraft handelt. Solche Lernprozesse finden in der einen oder anderen Form in jedem Spiel statt. Hier wird meist unbewusst neues Wissen mit einem bereits bestehenden Wissenstand (und gemäß der Rahmungskompetenz) auf seine Plausibilität (nicht seinen faktischen ontologischen Status) hin abgeglichen. Dieses aus Massenmedien bezogene Wissen schließt sich nach Luhmann, »wie von selbst zu einem selbstverstärkenden Gefüge zusammen« (Luhmann 2009, 9). Und: »Man wird alles Wissen mit dem Vorzeichen des Bezweifelbaren versehen – und trotzdem darauf aufbauen, daran anschließen müssen« (Luhmann 2009, 9). Das gesammelte Wissen funktioniert wie eine Grundierung, wie ein Rahmen für späteres Wissen.

6. Von der politischen Sozialisation und Kultivation der Spieler_innen

Die Untersuchung dieser Transferprozesse in digitalen Spielen griff bisher vor allem auf Methoden und Theorien der Soziologie, Kommunikations- und Politikwissenschaft zurück. In der Kommunikationswissenschaft wird zum Beispiel mittels Inhaltsanalysen von Spielen einer »sozialen Wirklichkeit« nachgeforscht, die »kognitive Spuren in den Wertvorstellungen ihrer Nutzer [hinterlassen]« und so zum Beispiel auch »moralische Werturteile« beeinflussen können (Klimmt 2009, 68). Der deutsche Kommunikationswissenschaftler Christoph Klimmt spricht in diesem Zusammenhang explizit von »Kultivationseffekten« (Klimmt 2009, 68), wenn es um das Übernehmen von Weltbildern in Spielen geht. Darüber hinaus haben Ergebnisse der »narrative persuasion theory« (Klimmt 2009, 68) gezeigt, dass auch Einstellungen über digitale Spiele beeinflusst werden können:

> Gerade die Fiktionalität von Unterhaltungsangeboten (zu denen grundsätzlich auch Computerspiele zählen müssen) [stellt] ein Einfallstor für persuasive Medienwirkungen [dar], unter anderem weil die Rezipient/inn/en gar nicht auf einen medialen Persuasionsversuch eingestellt sind und entsprechend keine einstellungsverteidigende kognitive Haltung einnehmen (Klimmt 2009, 68).[5]

Die Kultivationshypothese geht auf ein Forschungsprojekt des Kommunikationswissenschaftlers George Gerbner und seiner Kolleg_innen zurück, in welchem sie in den 1970er Jahren die Rolle des Fernsehens in der Vermittlung von Werten und Weltbildern in den USA untersucht haben bzw. »the cultivation of shared conceptions of reality among otherwise diverse publics« (Gerbner 2002, 44). Die Überrepräsentation von Männern und dadurch bedingt die geringere Rollenvielfalt von Frauen im Fernsehen führte laut Gerbner bei massivem Medienkonsum dazu, dass die Antworten von Zuseher_innen deutlich sexistischer ausfielen (2002, 54). Im Zuge eines weiteren Forschungsprojektes konnte Gerbner nachweisen, dass »heavy television viewers« während des Golfkrieges sehr vertraut mit militärischen Fachbegriffen waren und stärker den Militäreinsatz der USA unterstützten, zugleich weniger gut über die Hintergründe des Krieges informiert waren (2002,

5 Vergleiche auch Fromme und Biermann: »Es kann angenommen werden, dass eine Distanzierung von derart beiläufig vermittelten ›heimlichen‹ Botschaften schwieriger ist als von expliziten Inhalten.« (2009, 120)

57).[6] Es fand demnach in beiden Fällen ein Wissenstransfer statt, der sich direkt auf die Haltungen der Rezipienten auswirkte.

Im Bereich der Soziologie gehen vergleichbare Überlegungen davon aus, dass das Erlernen gesellschaftlicher Normen und Regeln nicht nur im Elternhaus, der Ausbildung und im sozialen Umfeld stattfindet, sondern auch mittels der Medien (Schulz 2011, 165; Fromme und Biermann 2009, 115). Bereits in den Überlegungen des französischen Soziologen Emile Durkheim geschieht das maßgeblich einerseits durch »Erziehung, die für Durkheim methodische Sozialisation war und andererseits durch beiläufige und weitgehend unbewußte Lern- und Anpassungsprozesse«, wie sie etwa durch Medien gegeben sind (Fromme und Biermann 2009, 113).

Im Rahmen kritischer Modernisierungstheorien wird die These vertreten, dass die tradierten sozialen Institutionen und damit die sozialen Einbindungen der Einzelnen in westlichen Gesellschaften in den letzten Jahrzehnten an Kraft und Verbindlichkeit verloren hätten, während gleichzeitig die Mediensozialisation zusätzlich an Bedeutung gewonnen hätte (Fromme und Biermann 2009, 114f.). Allerdings ist es schwierig bis unmöglich, die unterschiedlichen Sozialisationsinstanzen (Familie, Schule, Peer Group, Medien usf.) sauber voneinander zu trennen, da sich diese Lebensbereiche gegenseitig durchdringen (Fromme und Biermann 2009, 117). Die Frage der Transferprozesse in digitalen Spielen befindet sich dabei nach wie vor im Anfangsstadium und empirische Studien, welche die Theorien anhand digitaler Spiele belegen und ausführen, bleiben die Ausnahme, beziehungsweise beschränkten sich bisher vor allem auf die Frage der Gewaltdarstellungen (Klimmt 2009, 69).[7] Es wäre allerdings notwendig, Untersuchungen der politischen, gesellschaftlichen und kulturellen ›Wirkung‹ von digitalen Spielen nicht alleine auf die Frage der Gewaltbereitschaft zu reduzieren, sondern allgemein die Konstruktion von Machtbeziehungen und Weltbildern in Spielen zu hinterfragen (Klimmt 2009, 69).

7. Kollektive Identitäten spielen

Neben *Sozialisation* und *Kultivation* weist das Theoriemodell der *Identifikation* Berührungspunkte mit den angesprochenen Wissenstransfers auf, vor allem bezüglich der Übernahme von Weltbildern. Der in seiner derzeitigen Verwendung ursprünglich aus der Psychologie und Soziologie stammende Identitätsbegriff

6 Gerbner prägte zudem den Begriff des »Mean World Syndromes«, dem zufolge Personen, die oft Krimis schauen, die Kriminalitätsrate im Durchschnitt und die Wahrscheinlichkeit, einem Verbrechen zum Opfer zu fallen, höher einschätzen als Kontrollgruppen.

7 Eine spannende Ausnahme bildet hier Daniel Gieres rezente Monographie (2019).

bezeichnet dabei die affektive Bindung von Menschen zu einer sozialen Bezugseinheit (Pfetsch 2005, 125). Das heißt, dass Menschen diese Bezugseinheit zu ihrer Eigendefinition, zu ihrer Identifikation benutzen, und implizit auch, um sich von anderen Individuen zu unterscheiden. Kollektive Identitäten dienen vor allem der Kohäsion von sozialen Gruppen (von Dorfgemeinden bis zu Nationen) und funktionieren vor allem systemerhaltend. Soziolog_innen sehen Identität als Resultat sozialer Interaktionen, durch die Individuen auf Grundlage gemeinsamer Erfahrungen Gruppen bilden (Thiesse 2009, 33). In diesem Verständnis müssen sich mehrere Identitäten nicht gegenseitig ausschließen, womit auch multiple Identitäten möglich sind. So kann ein und dieselbe Person gleichzeitig Katalane, Spanier und Europäer sein (Hooghe und Marks 2004, 416). Laut der Sozialphilosophin Carolin Emcke können »[k]ollektive Identitäten oder kulturelle Lebensformen [...] als Problemlösungsmechanismen verstanden werden, weil sie neben dem Moment der Selbstverständigung die Funktion der Handlungs- und Wissenskoordinierung erfüllen« (2000, 206). Der deutsche Soziologe Gerd Datler ergänzt: »Kollektive Identitäten werden nicht entdeckt, sie werden erfunden« (2012, 60). Kollektive Identitäten sind nie etwas ›Natürliches‹, sondern immer eine Konstruktion und als solche davon abhängig ständig kommuniziert und reproduziert zu werden. Die Idee der kollektiven Identität ist zugleich extrem verbreitet wie auch schwer zu fassen: Lutz Niethammer hat bereits seit Mitte der 1980er Jahre eine massive Inflation des »Plastikworts« Identität festgestellt (2000, 23) und darauf hingewiesen, dass diese »wissenschaftsförmige magische Formel« fast immer strukturlos bleibt und nur einen festen Kern aufweist: die Abgrenzung vom Anderen (2000, 625). In der Politikwissenschaft werden vor allem Nationen als kollektive Identitäten untersucht. Hier zeigen sich Stärke und Schwächen des Identitätsbegriffs zur Beschreibung der in Spielen stattfindenden Transferprozesse. Auf der einen Seite basieren viele Spiele auf Konflikten und antagonisieren entsprechend ein bedrohliches ›Anderes‹, seien es Aliens, Zombies, Psychiatrieinsassen oder russische Terrorist_innen. Durch die Abgrenzung vom Fremden (mittels Zuschreibung von unehrenhaftem Verhalten, Brutalität, Aggression, Dehumanisierung) wird in Umkehrung die eigene kollektive Identität samt aller Zuschreibungen und Welterklärungsmodelle gefestigt. Auf der anderen Seite fehlt es aber in den meisten Spielen an starken *nationalen* Bezugseinheiten. Schon allein aufgrund des gemeinsamen Absatzmarktes sind echte nationalistische Untertöne selten. Am ehesten findet man noch eine – auch aus Filmen und Serien gewohnte – Bekräftigung der US-amerikanischen Identität, die der Logik des Mediums gehorchend auch von nicht-amerikanischen Entwickler_innen bespielt wird (Stichwort Amerikanisierung vgl. de Grazia 2010). Noch häufiger wird eine schwer fassbare und in gewisser Weise auch grenzenlose westlich-demokratische kollektive Identität bespielt, die sowohl von amerikanischen, europäischen als auch japanischen und koreanischen Spieler_innen akzeptiert werden kann.

Fassen wir zusammen: Alle drei genannten Gedankenmodelle (Kultivation, politische Sozialisation und kollektive Identität) beschreiben zwar nicht dasselbe Phänomen, weisen aber beträchtliche Schnittmengen auf. Kultivation bezeichnet am Allgemeinsten das Erlernen von Weltbildern und Wertungen aus Massenmedien bzw. korrekter: die Aneignung von Weltbildern. Die politische Sozialisation bezeichnet ähnliche bis identische Aneignungsprozesse. Ein Unterschied zur Kultivation nach Gerbner ist vor allem, dass hier der Prozess nicht grundsätzlich kritisch aufgefasst wird, sondern als Voraussetzung für das Funktionieren von Gesellschaft verstanden wird. Die Idee einer kollektiven Identität wiederum geht einen Schritt weiter, in dem sie davon ausgeht, dass manche der erlernten Werte Teil unserer Identität werden. Sie verbinden uns zeitgleich mit einer unbekannten Zahl anderer Menschen, die sich auch mit diesen Werten identifizieren. Die auf andere Medien angewandten Theorien der Kultivation, der politischen Sozialisation und der kollektiven Identität lassen es plausibel erscheinen, dass auch in digitalen Spielen ideologische und epistemische Wissenstransfers stattfinden. Es fehlen aber vielfältige empirische Studien zu digitalen Spielen – neben der Gewaltfrage ist nur die Frage der Genderkonstruktion etwas besser in Spielen untersucht. Wir vermuten, dass digitale Spiele ein (immer wichtigerer) Einflussfaktor in der Konstruktion unserer Weltbilder werden, ohne dies befriedigend nachweisen zu können, weil es in der Natur dieser Weltaneignungsprozesse liegt, dass verschiedene Einflussfaktoren nie hinreichend voneinander getrennt werden können. Eine wichtige unbeantwortete Frage ist nach wie vor, ob und wie sich diese Transferprozesse in digitalen Spielen qualitativ von anderen Medien unterscheiden. Zwar postulieren viele Forscher_innen, dass digitale Spiele im Vergleich zu klassischen Medien prägender auf das Verhalten wirken, »weil sie ein weit größeres Ausmaß an Aktivität der Nutzerinnen und Nutzer voraussetzen« (Sabine Trepte und Leonard Reinecke, zitiert in Hahn 2017, 34). Dem könnte man aber entgegenhalten, dass sich Spieler_innen sehr wohl dessen bewusst sind, dass sie spielen – weil sie freiwillig Huizingas »Zauberkreis« (Huizinga 2009, 18-19) betreten. Der Filmpsychologe Christian Metz hat Ende der 1970er Jahre schon darauf hingewiesen, dass Kinobesucher_innen sich willentlich, in vollem Bewusstsein (»*not unaware*«) darüber, was sie erwartet, in diesen Zustand begeben (Metz 1976, 85). Dasselbe gilt für Spieler_innen. Trotz der erhöhten Interaktivität des Mediums, und damit verbunden einer vermeintlich intensiveren Immersion in die Spielwelt, sind sich die meisten Spieler_innen ständig der Virtualität des Erlebnisses bewusst. Den dumpfen, leicht beeinflussbaren Roboter von Tschachotin gibt es nicht. Wir müssen also auch hier von einer begrenzten Wirkung ausgehen. Eventuell kann aber argumentiert werden, dass aufgrund der weitaus längeren Dauer einzelner Spiele (ca. 10-40 Stunden, in Einzelfällen aber auch 100 Stunden und mehr) im Vergleich zum Film (ca. 1,5 bis 3 Stunden) einfach mehr Zeit für Transferprozesse innerhalb eines fixen Spielsettings zur Verfügung steht. Schon im Vergleich zum Schauen von Serien und dem Lesen von Romanen gleicht sich das aber wieder aus.

8. Ausblick und Zusammenfassung

Wenn sich also im Augenblick nicht mit Bestimmtheit sagen lässt, ob der interaktive Prozess des Spielens im Vergleich zum Filmsehen oder Buchlesen automatisch ›stärkere‹ Transferprozesse bewirkt, so können wir doch von einem qualitativen Unterschied zu anderen Medien ausgehen, und zwar der Medienlogik des Spiels, dem Spielen selbst. Trotz unzähliger transmedialer Einflüsse zwischen Film, Literatur, Musik und Spiel unterscheiden sich letztere nämlich grundsätzlich von anderen Medien dadurch, dass sie zum einen gespielt werden müssen, und zum anderen nicht oder weniger linear verlaufen, sondern vielmehr prozedural. Aber wie wollen wir diese Besonderheit von digitalen Spielen fassbar und beschreibbar machen? Eine Untersuchung von Epistemen und Ideologemen in digitalen Spielen sollte neben einer klassischen Inhaltsanalyse der Story, einer ikonographischen Analyse der Bildsprache und einer Analyse der Spielmechanik – i.e. das rhetorische Design oder die prozedurale Rhetorik nach Bogost (2010) – auch korrespondierende Aussagen in anderen Medien (Nachrichten, Film, Musik usf.) berücksichtigen. In der Tradition der historischen Diskursanalyse erlaubt vor allem ein diachroner Vergleich die Rekonstruktion dominanter, akzeptierter Deutungen. Wieder interessieren hier besonders Kontinuitäten bzw. Transformationen und Brüche. Ein interessantes Beispiel hierfür ist der aktuelle (und scheinbar nicht abebben wollende) populärkulturelle Zombie-Hype, den einige Forscher mit dem Terroranschlag 9/11 beginnen lassen wollen, den man in der aktuellen Ausprägung aber weitaus überzeugender auf die schon zuvor populären *Resident Evil*-Spiele (Capcom 1996-)und deren Epigone zurückverfolgen kann, während sich vorhergehende Zombie-Spiele sowohl narrativ als auch ästhetisch und in der Spielmechanik grundsätzlich davon unterschieden (Platts 2013). Besonders spannend ist die Frage, ob die Medienlogik von digitalen Spielen gewisse diskursive Aussagen nachhaltig verändern kann, bevor sie wiederum von anderen Medien übernommen werden. Zwar kann nicht eindeutig nachgewiesen werden, wie die politischen Kommunikate auf Einzelne wirken, sie lässt aber Rückschlüsse über die Rezeption immer dann zu, wenn eine Aussage dominant wird. Wir können also die Transfers innerhalb der Medien selbst nachzeichnen. Ein Zombie allein lässt noch keine Rückschlüsse auf die Gesellschaft zu, wenn wir es aber plötzlich mit Tausenden von Zombie-Spielen, -filmen und -romanen zu tun haben, können wir plausibel postulieren, dass diese Vermehrung als Erfolg dieser Figur gewertet werden kann. Das wiederum lässt den Schluss zu, dass die Figur auch bei den Spieler_innen auf eine gewisse Resonanz trifft – sie spricht etwas in ihnen an. Im

Sinne der kommunikativen Aneignung (s.o.) könnten wir dann vermuten, dass diese Inhalte gezielt von den Spieler_innen gesucht werden.[8]

Eine ideenhistorische Untersuchung digitaler Spiele ermöglicht einen ersten Einblick in dominante Weltbilder und kollektive Identitäten in Spielen, sie erlaubt aber keine Rückschlüsse auf ihren Ursprung. Wir können nur feststellen, welche Weltbilder sich finden lassen und nachweisen wie diese im Spiel argumentiert werden, aber nicht, ob sie ursprünglich aus Spielen kommen oder nur von diesen reproduziert werden. Nehmen wir hierzu wieder das Beispiel des Zombies. So lässt sich mit dieser Methode zwar nachweisen, dass der Zombie-Mythos in Spielen zeitgleich mit einer zunehmenden populistischen Instrumentalisierung von Flüchtlingen (oder wahlweise des Islam als abstraktes ›Anderes‹) als Bedrohung einer konstruierten westlichen Identität an Popularität gewinnt. Hier lassen sich Transfers bis zur Ikonographie der Pressefotografie nachweisen (Pfister 2019). Das heißt aber nicht, dass Zombie-Spiele *bewusst* und *intentional* mit dieser politischen Aussage produziert wurden. Trotzdem entsprechen sie in Story, Ikonographie und allgemein in der Inszenierung der bedrohlichen entindividualisierten fremden Masse dem Narrativ einer überforderten Gemeinschaft (Regierung) angesichts einer externen Bedrohung. Wir müssen also zumindest von einer Korrelation ausgehen. Ein solcher ideenhistorischer Zugriff wäre insofern der erste Schritt, weil die Kenntlichmachung von Trends und Brüchen und das Nachzeichnen transmedialer Trends der Hypothesenbildung dient und somit in einem nächsten Schritt konkrete Untersuchungen ermöglicht.

Zusammenfassend kann man folgendes festhalten:

- Wissen, egal ob praktisches oder theoretisches Wissen, ist vermittelbar, wenn eine Konsensfähigkeit dieses Wissens besteht, die über gemeinsame Frames (Goffman 1976; siehe auch Individuelles vs. Kollektives Wissen weiter oben) und gemeinsame Praktiken der Kommunikation, allgemein ein gemeinsames Vokabular, erreicht wird. Wissen ist dabei funktional, es erfüllt jeweils einen situations-, kontext- und akteursabhängigen Zweck. Solange Wissen diese Funktion erfüllt, und dabei nicht mit hegemonialen Wissensordnungen und -kulturen kollidiert, wird es im Allgemeinen nicht angezweifelt.
- Wissen ist sozial konstruiert und immer in eine bestimmte Kultur eingebettet, die sich durch einen spezifischen Umgang mit Wissen und eine jeweils eigene Art der Wissenslegitimierung, kurz: eine eigene ideologische Struktur, auszeichnet. Im Prozess der Kommunikation von Wissen verändert sich

8 Das heißt nicht, dass nur ökonomisch erfolgreiche Spiele untersuchenswert seien. Bei diesen lässt sich aber relativ einfach die Relevanz ihrer Untersuchung für die Zeit- und Ideengeschichte nachdrücklich argumentieren.

dieses entsprechend der Bedingungen der epistemischen Kultur, in die es eingebettet ist. Wissen wird (auch) über Medien kommuniziert, wobei dieser Prozess nicht einseitig ist und vom sozialen Umfeld und den Interessen, der Umwelt und der Sozialisation des Empfängers abhängt.

- Zur Fluidität des Wissens trägt nicht nur sein Konstruktcharakter bei, sondern auch, dass Wissen oftmals mehrdeutig ist, was wiederum zu unterschiedlichen Interpretationen führen kann. Dies ist insbesondere dann der Fall, wenn Produzent_innen und Empfänger_innen von Wissen aus unterschiedlichen sozialen und Sozialisationskontexten stammen und somit nicht über das gleiche zum Verständnis des Textes nötige ›Vokabular‹ verfügen. Demgegenüber gibt es in ähnlich kulturalisierten Regionen einen Modus der Normalrezeption, der eine intersubjektive Interpretation eines Inhaltes erwarten lässt.
- Wissen wird ständig, ein Leben lang erweitert, auch über Medien. Obwohl man sich des medialisierten und konstruierten Charakters des Medienwissens bewusst ist, wird auch dieses in das subjektive und kollektive Wissenskorpus übernommen. Zentrale Aspekte sind neben der Sozialisation und Kultivation die Identifikation bzw. der Einfluss, mit dem sich Wissen auf individuelle und kollektive Identitätsbildungsprozesse auswirkt und umgekehrt.

Wir sind im Grunde in einer schwierigen Situation. Auf der einen Seite wird die Valenz von Transferprozessen in digitalen Spielen zumindest in der Forschung nicht länger angezweifelt. Zugleich fehlt es aber an allgemein zugänglichen und konkreten Forschungsergebnissen. Das heißt, wir gehen davon aus, *dass* es Transferprozesse gibt, ohne zu wissen, *wie* sie funktionieren. Was es im Augenblick vor allem braucht, sind nicht nur soziologische Fallstudien, die solche Prozesse auf individueller Ebene erforschen, sondern ganz allgemein intensivere Untersuchungen ideologischer und epistemischer Transfers auf der Makro- und Mesoebene. Auch wenn wir heute noch nicht mit Bestimmtheit sagen können, inwiefern sich Transferprozesse in Spielen qualitativ von anderen Medien unterscheiden, so können wir doch feststellen, dass digitale Spiele kein Randphänomen unserer Zeit sind. Sie haben Filme, Musik und noch allgemeiner: Sprache beeinflusst und – ebenso wie in seiner Pionierzeit der Film – eine eigene Sprache entwickelt. Als Teil der Populärkultur funktionieren sie als Mittler gesellschaftlicher Teilsysteme, denn sie sind einer der Orte, an denen gemeinsame Werte und Tabus sowie kulturelle Grundlagen vermittelt und verhandelt werden.

Ludographie und Filmographie

BIOSHOCK (2K Games 2007, IRRATIONAL GAMES)
KINGDOM COME: DELIVERANCE (Deep Silver 2018, Warhorse Studios)

KINGDOM OF HEAVENS (USA 2005, Ridley Scott)
OUTLAST (Red Barrels 2013, Red Barrels)
PILLARS OF ETERNITY (Paradox Interactive 2015, Obsidian Entertainment)

Bibliographie

Abel, Günter. 2014. »Systematic Knowledge Research: Rethinking Epistemology.« in *Wissen: Wissenskulturen und die Kontextualität des Wissens*, hg. von Hans Jörg Sandkühler, 17-38. Frankfurt a.M.: Peter Lang Edition.

Benjamin, Walter. 2010. *Das Kunstwerk im Zeitalter seiner technischen Reproduzierbarkeit*. 1. Aufl., Sonderausg. Suhrkamp Taschenbuch 4196. Berlin: Suhrkamp.

Berger, Peter L. und Thomas Luckmann. [1969] 2003. *Die gesellschaftliche Konstruktion der Wirklichkeit: Eine Theorie der Wissenssoziologie*, 19. Aufl. Frankfurt a.M.: Fischer Taschenbuch-Verl.

Bogner, Alexander. 2003. »Unsere Aufgabe ist es halt, ganz klare Grenzen zu ziehen: Gestaltungszwänge und professionelle Handlungsorientierungen in der Humangenetik.« in *Sinnformeln: Linguistische und soziologische Analysen von Leitbildern, Metaphern und anderen kollektiven Orientierungsmustern*, hg. von Susan Geideck und Wolf-Andreas Liebert, 199-224, Linguistik – Impulse & Tendenzen.

Bogost, Ian. 2010. *Persuasive games: The expressive power of videogames*, 3. [print.]. Cambridge Mass.u.a.: MIT Press.

Boehm, Gottfried. 1999. »Zwischen Auge und Hand: Bilder als Instrumente der Erkenntnis.« in *Konstruktionen Sichtbarkeiten*, hg. von Jörg Huber, Martin Heller und Gottfried Boehm, 215-228, Interventionen 8. Zürich, Wien, New York: Hochschule für Gestaltung und Kunst: Ed. Voldemeer.

Bohnsack, Ralf. 2003. *Rekonstruktive Sozialforschung: Einführung in qualitative Methoden*, 5. Aufl. Opladen: Leske + Budrich. doi: 10.1007/978-3-322-89614-8

Bösch, Frank und Manuel Borutta. 2006. »Medien und Emotionen in der Moderne. Historische Perspektiven.« in *Die Massen bewegen: Medien und Emotionen in der Moderne*, hg. von Frank Bösch und Manuel Borutta, 13-41. Frankfurt a.M., New York: Campus-Verl.

Datler, Gerd. 2012. »Das Konzept der »europäischen Identität« jenseits der Demos-Fiktion: Essay.«. www.bpb.de/apuz/59774/das-konzept-der-europaeischen-identitaet-jenseits-der-demos-fiktion-essay, letzter Zugriff: 28.04.2020.

Deeg, Christoph. 2014. *Gaming und Bibliotheken*. Berlin: De Gruyter. doi : 10.1515/9783110312836

Derville, Grégory. 2006 *Le pouvoir des médias: Mythes et réalités*. Grenoble: Presses Universitaires de Grenoble.

Eagleton, Terry. 2000. *Ideologie: Eine Einführung.* Metzler Reprint. Stuttgart: Metzler. doi: 10.1007/978-3-476-02761-0

Eder, Jens. 2005. »Affektlenkung im Film: Das Beispiel ›Triumph des Willens‹.« in *Mediale Emotionen: Zur Lenkung von Gefühlen durch Bild und Sound ; [ein Projekt der Arbeitsgruppe Repräsentation der Jungen Akademie an der Berlin-Brandenburgischen Akademie der Wissenschaften*, hg. von Oliver Grau und Andreas Keil, 107-148. Frankfurt a.M.: Fischer-Taschenbuch-Verl.

Emcke, Carolin. 2018. *Kollektive Identitäten: Sozialphilosophische Grundlagen*, 1. Auflage. Frankfurt a.M.: Fischer Taschenbuch Verlag.

Follett, Ken. 2010. *Die Säulen der Erde: Roman.* Unter Mitarbeit von Gabriele Conrad (Übersetzung), vollst. Taschenbuchausg., 78. Aufl. Bastei Lübbe Taschenbuch Allgemeine Reihe 11896. Bergisch Gladbach: Lübbe.

Fritz, Jürgen. 2005. »Wie virtuelle Welten wirken.«. www.bpb.de/gesellschaft/digitales/computerspiele/63699/wie-virtuelle-welten-wirken, letzter Zugriff: 28.04.2020.

Fromme, Johannes und Ralf Biermann. 2009. »Identitätsbildung und politische Sozialisation.« in *Wie wir spielen, was wir werden: Computerspiele in unserer Gesellschaft*, hg. von Tobias Bevc und Holger Zapf, 113-138. Konstanz: UVK Verl.-Ges.

Gerbner, George, Larry Gross, Michael Morgan, Nancy Signorelli und James Shanahan. 2002. »Growing up with Television: Cultivation Processes.« in *Media effects: Advances in theory and research*, hg. von Jennings Bryant und Mary Beth Oliver, 43-67, Communication series. Communication theory and methodology. New York: Routledge.

Giere, Daniel. 2019. *Computerspiele – Medienbildung – historisches Lernen: Zu Repräsentation und Rezeption von Geschichte in digitalen Spielen.* Forum Historisches Lernen. Frankfurt a.M.: Wochenschau Verlag.

Goffman, Erving. 1976. *Frame Analysis: An Essay on the Organization of Experience.* Cambridge, Mass.: Harvard Univ. Press.

Grazia, Victoria de. 2010. *Das unwiderstehliche Imperium: Amerikas Siegeszug im Europa des 20. Jahrhunderts.* Transatlantische historische Studien 41. Stuttgart: Franz Steiner Verlag.

Ha, Anthony. 2013. »BioShock Infinite Creator Ken Levine Says He Doesn't Believe In Utopias (Including Peter Thiel's).«. https://techcrunch.com/2013/03/27/bioshock-infinite-ken-levine-interview/, letzter Zugriff: 28.04.2020.

Hahn, Sabine. 2017. *Gender und Gaming: Frauen im Fokus der Games-Industrie.* Bielefeld: transcript. doi: 10.14361/9783839439203

Hediger, Vinzenz. 2006. »Gefühlte Distanz. Zur Modellierung von Emotion in Film- und Medientheorie.« in *Die Massen bewegen: Medien und Emotionen in der Moderne*, hg. von Frank Bösch und Manuel Borutta, 42-62. Frankfurt a.M., New York: Campus-Verlag.

Hooghe, Liesbet, and Gary Marks. 2004. »Does Identity or Economic Rationality Drive Public Opinion on European Integration?« *PS: Political Science and Politics* 37 (3): 415-20.

Huck, Christian und Carsten Zorn. 2007. »Das Populäre der Gesellschaft. Zur Einleitung.« in *Das Populäre der Gesellschaft: Systemtheorie und Populärkultur*, hg. von Christian Huck und Christian Zorn. 1. Aufl., 7-41. Wiesbaden: VS Verl. für Sozialwiss. doi: 10.1007/978-3-531-90750-5_1

Huizinga, Johan. 2009 (1930). *Homo Ludens: Vom Ursprung der Kultur im Spiel*. Reinbek: Rowohlt.

Jäger, Jens. 2011. »›Quellen trotz allem‹: Vom Umgang mit Bildern in historischen Diskursanalysen.« Vortrag, Wien, 29. September 2011.

Katz, Elihu. 1959. »Mass Communications Research and the Study of Popular Culture: An Editorial Note on a Possible Future for This Journal.«. *Studies in Public Communication*, 2: 1-6.

Klimmt, Christoph. 2009. »Empirische Medienforschung: Kommunikationswissenschaftliche Perspektiven auf Computerspiele.« in *Wie wir spielen, was wir werden: Computerspiele in unserer Gesellschaft*, hg. von Tobias Bevc und Holger Zapf, 65-74. Konstanz: UVK Verl.-Ges.

Knorr-Cetina, Karin. 1999. *Epistemic cultures: How the sciences make knowledge*. Cambridge, Mass.: Harvard Univ. Press.

Korte, Helmut. 2010. *Einführung in die systematische Filmanalyse: Ein Arbeitsbuch*, 4., neu bearb. und erw. Aufl. ESV basics. Berlin: Erich Schmidt.

Link, Jürgen. 1996. *Versuch über den Normalismus: Wie Normalität produziert wird*. Historische Diskursanalyse der Literatur. Opladen: Westdeutscher Verlag. doi: 10.1007/978-3-322-87532-7

Luhmann, Niklas. 2009. *Die Realität der Massenmedien*, 4. Aufl. Neue Bibliothek der Sozialwissenschaften. Wiesbaden: VS, Verl. für Sozialwiss.

Maletzke, Gerhard. 1978. *Psychologie der Massenkommunikation: Theorie und Systematik*, Neudr. Hamburg: Verl. Hans-Bredow-Inst.

Metz, Christian, and Alfred Guzzetti. »The Fiction Film and Its Spectator: A Metapsychological Study.« *New Literary History* 8, no. 1 (1976): 75-105. doi:10.2307/468615

Müller, Marion G. 2003. *Grundlagen der visuellen Kommunikation: Theorieansätze und Analysemethoden*, 1., Aufl. Konstanz: Universitätsverlag.

Muriel, Daniel und Garry Crawford. 2018. *Video games as culture: Considering the role and importance of video games in contemporary society*. Routledge advances in sociology 241. London, New York: Routledge Taylor & Francis Group. doi: 10.4324/9781315622743

Nauroth, Peter, Jens Bender, Tobias Rothmund und Mario Gollwitzer. 2014. »Die ›Killerspiel‹-Diskussion: Wie die Forschung zur Wirkung gewalthaltiger Bildschirmspiele in der Öffentlichkeit wahrgenommen wird.« in *Neue Medien und deren Schatten: Mediennutzung, Medienwirkung und Medienkompetenz*, hg. von Torsten Porsch und Stephanie Pieschl, 81-100. Göttingen et al.: Hogrefe.

Niethammer, Lutz und Axel Doßmann. 2000. *Kollektive Identität: Heimliche Quellen einer unheimlichen Konjunktur*, Orig.-Ausg. Rororo Rowohlts Enzyklopädie 55594. Reinbek bei Hamburg: Rowohlt-Taschenbuch-Verl.

Pfetsch, Frank R. 2005. *Die Europäische Union: Geschichte, Institutionen, Prozesse*, 3., erw. und aktualisierte Aufl. Paderborn, München: Fink.

Pfister, Eugen. 2018. »Politische Kommunikation in digitalen Horrorspielen.« https://hgp.hypotheses.org/176, letzter Zugriff: 28.04.2020.

Pfister, Eugen. 2019. »Zombies Ate Democracy: The Myth of a Systemic Political Failure in Video Games« in: The Playful Undead and Video Games. Critical Analyses of Zombies and Gameplay, hg. v. Stephen J. Webley und Peter Zackariasson. London: Routledge.

Platts, Todd K. 2013. »Locating Zombies in the Sociology of Popular Culture.« *Sociology Compass*, 7(7): 547-60. doi:10.1111/soc4.12053

Sandkühler, Hans Jörg. 2014. »Wissenskulturen.« in *Wissen: Wissenskulturen und die Kontextualität des Wissens*, hg. von Hans Jörg Sandkühler, 59-72. Frankfurt a.M.: Peter Lang Edition. doi: 10.3726/978-3-653-04485-0

Schrape, Niklas. 2012. *Die Rhetorik von Computerspielen: Wie politische Spiele überzeugen*. Frankfurt a.M.: Campus Verlag.

Schulz, Winfried. 2011. *Politische Kommunikation: Theoretische Ansätze und Ergebnisse empirischer Forschung*, 3., überarbeitete Auflage. Wiesbaden: VS Verlag.

Sicart, Miguel. 2009. *The ethics of computer games*. Cambridge, Mass.: MIT Press. doi: 10.7551/mitpress/9780262012652.001.0001

Thiel, Michael. 2002. *Wissenstransfer in komplexen Organisationen: Effizienz durch Wiederverwendung von Wissen und Best Practices*. Wiesbaden: Springer Fachmedien.

Thiesse, Anne-Marie. 2009. »Die europäische Identität: Erbe der Vergangenheit oder Konstruktion für die Zukunft« in *Europäische Identität als Projekt*, hg. v. Thomas Meyer und Johanna Eisenberg. Wiesbaden: VS Verlag für Sozialwissenschaften, 31-46. doi: 10.1007/978-3-531-91348-3_2

Traue, Boris. 2014. »Wissen.« in *DiskursNetz: Wörterbuch der interdisziplinären Diskursforschung*, hg. von Daniel Wrana et al. 1. Aufl., Orig.-Ausg, 440-441, Suhrkamp-Taschenbuch Wissenschaft 2097. Berlin: Suhrkamp.

Traue, Boris und Lisa Pfahl. 2014. »Ideologie.« in *DiskursNetz: Wörterbuch der interdisziplinären Diskursforschung*, hg. von Daniel Wrana et al. 1. Aufl., Orig.-Ausg, 189-190. Berlin: Suhrkamp.

Wesener, Stefan. 2004. *Spielen in virtuellen Welten: Eine Untersuchung von Transferprozessen in Bildschirmspielen*. doi: 10.1007/978-3-322-80655-0

Vulnerabilität und Verantwortung
Ethische Implikationen der Produktion und Rezeption von Pathographien

Katharina Fürholzer

Abstract: For thousands of years, artists have been fascinated by illness and pain. However, representing the life of the sick in a work of art raises specific ethical challenges – regardless of whether this pathography (i.e. a biography focused on a person's illness) is composed as a literary text, a movie or a computer game. To convey an understanding of its ethical dimensions, the article at hand is meant as a short introduction into the conceptual history, definition, and mediality of the genre of pathography. Subsequently, I will discuss the effects pathographies may have on patients, health care providers, and society. The article concludes with an outlook on the ethical implications pathographic processes of production and reception may have with regard to digital games.

Keywords: Pathography; Medical Humanities; Narrative Based Medicine; Ethics in Pathography

Schlagworte: Pathographie; Medical Humanities; Narrative Medizin; Ethik der Pathographie

1. Einführung

Wenn wir krank sind, sind wir in besonderem Maße verletzbar; wer mit einem kranken Menschen zu tun hat, trägt daher eine besondere Verantwortung. Auf die besonderen Bedürfnisse von kranken, sterbenden oder trauernden Menschen Rücksicht zu nehmen, gilt in unserem heutigen Gesundheitswesen als Selbstverständlichkeit: Der Patientenschutz[1] ist – zumindest idealiter – oberstes Gebot, die ärztliche Verantwortung steht außer Diskussion, die ethische Reflexion der

1 Zur einfachen Lesbarkeit wird im vorliegenden Beitrag das generische Maskulinum verwendet. Insofern nicht explizit anderweitig angemerkt, sind jedoch alle Geschlechter gemeint.

Patient-Arzt-Beziehung und -Kommunikation ist zentraler Teil des professionellen Selbstverständnisses. Als Grunderfahrungen des menschlichen Lebens sind Fragen von Gesundheit und Krankheit nicht beschränkt auf die Medizin, sondern betreffen einen jeden Einzelnen von uns. Geht man in einem Buchladen die verschiedenen Abteilungen entlang, wundert es daher auch nicht, dass die Regale voll sind mit Werken über Krankheit, Sterben und Tod. Gattungsgrenzen scheinen dabei aufgehoben: Medizinische Fach- und Sachbücher sind ebenso zu finden wie Werke mit literarischem Anspruch, etwa Romane, Gedichtbände und Biographien. Hinzu kommt eine umfassende Reihe von Filmen und Serien, die wesentlich auf Fragen von Krankheit, Therapie und Gesundheitswesen rekurrieren. Auch im Kontext des Computerspiels sind Verhandlungen von Kranken und Krankheit inzwischen kaum mehr wegzudenken, sei es als Unterhaltungsmotiv, sei es im Rahmen des Serious Gaming. Liegt der Fokus solcher Werke nicht primär auf der Krankheit, sondern vielmehr auf dem Kranken selbst, dann bietet sich hierbei der Gattungsbegriff der Pathographie als verbindender Sammelbegriff an. Denn stets steht ein Mensch im Vordergrund, der durch seine physische oder psychische Verfasstheit in besonderem Maße vulnerabel, sprich: verletzlich und schutzbedürftig ist. Doch wie steht es in der Pathographie um den Schutz des kranken Menschen? Inwiefern hat es zu kümmern, in welcher Weise sich in Pathographien mit vulnerablen Personen auseinandergesetzt wird – unabhängig davon, ob dies nun in einem medizinischen Kontext oder in Literatur, Film oder Computerspiel geschieht?

2. Zur Gattung der Pathographie

Die Aneinanderreihung stark unterschiedlicher Medien mag auf den ersten Blick etwas unbedarft oder voreilig erscheinen. Ehe man sich der Frage einer postulierten ›gemeinsamen‹ beziehungsweise konkreter: pathographischen Ethik annähern kann, ist daher zunächst zu bestimmen, was genau unter einer Pathographie überhaupt zu verstehen ist.

2.1 Gattungsbegriff

Auseinandersetzungen mit Krankheit, Schmerz und Sterben finden sich in unterschiedlicher Form und Ausprägung zu allen Orten und Zeiten. Vorformen dessen, was in der heutigen Forschung als Pathographie definiert wird, sind bereits in den antiken Epidemienbüchern des *Corpus Hippocraticum* festzustellen (Engelhardt 2002, 200). Der Begriff ›Pathographie‹ wurde allerdings erst Ende des 19. Jahrhunderts geprägt. Zugeschrieben wird er dem deutschen Psychiater Paul Julius Möbius (Podoll 2006, 325), dessen pathographische Studien über beispielsweise

Johann Wolfgang von Goethe und Friedrich Nietzsche einen Wandel einläuteten. Im Vordergrund stand nun nicht länger die abstrakte Krankheit, sondern der individuelle Kranke (Podoll 2006, 325). In der Regel verfasst aus der Perspektive von Autoren aus Medizin, Psychiatrie, Psychologie und Psychoanalyse, lag das Interesse primär auf Personen des öffentlichen Lebens und dem Verhältnis von Kunst und Krankheit, von Genie und Wahnsinn (Anz 2002, 88; Bernhardsson 2010, 32-33; Bormuth, Podoll und Spitzer 2007; Hilken, Bormuth und Schmidt-Degenhardt 2007).[2] Ende des 20. Jahrhunderts öffnete sich die Gattung zunehmend Privatpersonen: Wie jeder Mensch krank werden kann, kann heute auch jeder Mensch Gegenstand einer Pathographie werden. Ein ähnlicher Wandel lässt sich für die in Pathographien verhandelten Krankheiten feststellen: Standen lange Zeit überwiegend psychiatrische Erkrankungen im Fokus der Pathographen, finden sich inzwischen auch Erfahrungsberichte zu somatischen Volkskrankheiten wie Krebs und Schlaganfall bis hin zu seltenen Erkrankungen wie etwa bestimmten Stoffwechsel- oder Erbkrankheiten. Nicht zuletzt durch die Arbeiten der Narrativen Medizin (›narrative based medicine‹) gerieten zunehmend Erzählungen in den Blick, die von Kranken und Angehörigen selbst verfasst wurden.[3] Solche ›illness narratives‹ bieten Betroffenen eine Plattform für ihre subjektiven Erfahrungen und Empfindungen von Krankheit und erlauben es ihnen, diesen Erfahrungen durch den Vorgang des Erzählens Kohärenz, Sinn und Ausdruck zu verleihen (Kleinman 1988, 49). In der entsprechenden Forschung werden solche subjektiven Krankheitserfahrungen in der Regel von ›objektiv‹ berichtenden Textsorten wie medizinischen Fallberichten abgegrenzt (Hawkins 1993/1999, 1):

> The subject of the case report is a particular biomedical condition, the individual reduced to a body and the body reduced to its biophysical components (›the disease in the body in the bed‹), while the true subject of pathography is illness and treatment as experienced and understood by the ill person who is its author. The purpose of the case report is to record diagnosis and treatment; the purpose of pathography is to draw out the meaning of the author's experience. The medical report is usually composed of brief factual statements about present symptoms and body chemistry, whereas a pathography is an extended narrative situating the illness experience within the author's life and the meaning of that life. The ideal medical report disavows any authorship at all (the first person pronoun is almost

2 Repräsentativ hierfür sind etwa Wilhelm Lange-Eichbaum *Genie und Wahnsinn* (1928) und Ernst Kretschmer *Geniale Menschen* (1929).

3 Für die Auseinandersetzung mit den ethischen Dimensionen der pathographischen Gattung sind in diesem Kontext neben der Narrativen Medizin auch die Ansätze der Narrativen Ethik zu beachten.

> never used); on the other hand, the authorship of a pathography is never in question. (Hawkins 1999, 12-13)[4]

So deutlich die Unterschiede zwischen den hier verglichenen Textsorten sind, haben alle diese Texte dennoch eine Gemeinsamkeit, ist ihre Existenz doch jeweils dadurch legitimiert, dass in ihnen ein kranker, sich also in einer Grenzsituation befindender Mensch im Fokus steht – unabhängig davon, ob es sich nun um ein medizinisches oder literarisches, berichtendes oder erzählendes, fiktionales oder faktuales (also nichtfiktionales) Werk handelt. Versteht man die Pathographie in einem wörtlichen Sinne, trägt die Gattung diesem Aspekt durch die kompositorische Brücke zwischen den Begriffen der ›Pathologie‹ und der ›Biographie‹ bereits im Namen Rechnung: Denn Pathographie ist Beschreibung des kranken Lebens – also nicht nur der Krankheit, sondern gerade auch der kranken Person. Im Unterschied zur Biographie, der allgemeinen Lebensbeschreibung, steht also die Leidensbeschreibung im Vordergrund.[5] Die Pathographie, so der Medizinhistoriker Dietrich von Engelhardt, ist dabei immer zugleich die Geschichte einer Krankheit als auch eines Kranken. Dabei ist die Krankheitsgeschichte zu verstehen als »die äußere oder psychische Seite des Leidens wie die somatopsychischen Folgen,« wohingegen in der Krankengeschichte »die Empfindungen, Vorstellungen und das Verhalten des kranken und leidenden Menschen« im Vordergrund stehen (Engelhardt 2002, 203). Der Psychiater Hermann Pohlmeier warnt dabei davor, die Pathographie als von der Biographie abgetrennte Entität zu verstehen, da eine solche Trennung »der verheerenden, weitverbreiteten Ansicht Vorschub [leistet], daß Krankheit nichts mit Biographie zu tun hat und auch nicht mit Vergangenheit und gegenwärtiger Lebenssituation.« (Pohlmeier 1995, 297)

Als Verzahnung von Lebens- und Leidensgeschichte muss die Sensibilität für die Bedürfnisse des im Fokus stehenden vulnerablen Menschen in der pathographischen Arbeit eine Selbstverständlichkeit sein; die Gattung ist daher nicht loszulösen von ethischen Fragestellungen. Die in der Forschung vorherrschende Abgrenzung von medizinischen und literarischen Werken greift vor einem solchen, an ethischen Dimensionen orientierten Hintergrund nicht mehr. Vielmehr würden entsprechende Grenzziehungen den Blick dafür versperren, dass es eine Vielzahl von Werken gibt, die aufgrund der inhärenten Vulnerabilität ihres

4 Es zeigt sich an dieser Stelle abermals die Spannbreite von Definitionen, die sich in der pathographischen Forschung finden. So beschränkt Hawkins den Begriff der Pathographie hier auf autobiographische Formen, während andere Ansätze auch die Perspektive indirekt von Krankheit Betroffener (Angehörige, Ärzte, Pflegende …) oder auch unbeteiligter Pathographen (Biographen, Wissenschaftler …) einschließen.

5 Vgl. etymologisch griech. ›bio‹ = ›Leben‹, griech. ›graphie‹ = ›(Be)schreibung‹ sowie griech. ›patho‹ = ›Leiden‹.

Gegenstands in grundlegenden Aspekten des Personenumgangs vor vergleichbaren Anforderungen stehen. Folgt man einer solchen gattungsethischen Definition, dann lassen sich unter dem Begriff der Pathographie sowohl narrative als auch berichtende Formate verstehen, sowohl fiktionale als auch faktuale, sowohl fremd- als auch auto-pathographische, und sowohl medizinische als auch literarische, filmische, theatrale oder (computer-)spielerische Formate, um nur einige zu nennen. Analog zur Breite des hier gewählten Pathographie-Verständnisses wird der Terminus des ›Pathographen‹ im Folgenden als Sammelbegriff für all jene Personen genutzt, die ihre Erfahrung und Bewertung eigenen oder fremden Krankseins zum Ausdruck bringen. Nicht die fachliche Disziplin, sondern die spezifische Ethik der Pathographie wird zum verbindenden Element. Ein ärztlicher Autor kann folglich ebenso zum Pathographen werden wie zum Beispiel ein Schriftsteller, Drehbuchautor, Regisseur oder Entwickler eines Computerspiels.

2.2 Medialität

Der Blick in die Geschichte der Pathographie und ihrer Vorformen zeigt, dass Kranken- und Krankheitsgeschichte für lange Zeit nicht von den Betroffenen selbst, sondern vielmehr aus der Perspektive von Dritten wie Ärzten, Psychiatern und Biographen verfasst wurden. Gerade in der Medizin lässt sich in diesem Kontext trotz der Bestrebungen der Narrativen Medizin nach wie vor eine Prädominanz feststellen von beschreibenden Experten und beschriebenen Patienten. Dank des im heutigen Gesundheitswesen geforderten Respekts vor der Selbstbestimmung des Patienten wurde dem hierarchischen Gefälle zwischen dem ärztlichen Experten, der in paternalistischer Manier gegebenenfalls gegen den Willen des Patienten entscheidet, zumindest in Teilen Einhalt geboten. Dennoch ist das Patient-Arzt-Verhältnis nach wie vor durch ein asymmetrisches Machtverhältnis gekennzeichnet, was nicht zuletzt durch massenkulturelle Repräsentationen wie beispielsweise dem Kinofilm *One Flew Over the Cuckoo's Nest* (Forman 1975) zu einem fest integrierten soziokulturellen Topos geworden ist. Die Hierarchie zwischen Arzt und Patient ist nicht zuletzt sprachlichen Faktoren geschuldet – man denke rein exemplarisch an die Herausforderungen der lexikalisch-sprachlichen Besonderheiten der medizinischen Fachsprache, die dem medizinischen Laien ein Patient-Arzt-Gespräch auf Augenhöhe erschweren und für eine adäquate Aufklärung oder eigenständige Informierung ein Hindernis darstellen können. Diese Hierarchie scheint sich auch auf medialer Ebene widerzuspiegeln. So lässt sich postulieren, dass Patienten in der Medizin in aller Regel ›mündlich‹ gedacht werden, wohingegen der Zugriff auf das Medium der Schrift den ärztlichen bzw. medizinischen Experten vorbehalten ist. Um die Notwendigkeit der hier geforderten pathographischen Achtsamkeit gegenüber dem kranken und damit vulnerablen Menschen zu erkennen, ist vor diesem Hintergrund zunächst ein tiefergreifendes Bewusstsein für die medialen Unterschiede von Kommunikation und, darauf aufbauend, ein Verständnis für Autorschaft, Werk und Gattungen, Rezeptionsprozesse und die verschiedenen Bedeutungs- und Wirkungsebenen eines Werks vonnöten. In der Medizin scheint das Bewusstsein für diese Dimensionen von Kommunikation vergleichsweise gering ausgeprägt. Antworten können hier stattdessen die text- und kommunikationsorientierten Wissenschaften bieten, in welchen Fragen rund um Medialität, Text und Autor zentrale Untersuchungsgegenstände darstellen.

Die Merkmale von Mündlichkeit und Schriftlichkeit sind zunächst rein neutral beschreibbar: Mündliche Kommunikation erlaubt Gesprächspartnern einen unmittelbaren Austausch. Dialektismen, Umgangssprache, Fehler im Satzbau, Flexionsbrüche oder Auslassungen, die allesamt das Verständnis erschweren können, verzeihen wir unserem Gesprächspartner eher als in einem schriftlichen Text, da wir fehlende Informationen durch den Kontext ausgleichen oder zur Not einfach nachfragen können. Was und wie ich etwas sage, kann ich daher relativ spontan entscheiden, und – je nach Reaktion – unmittelbar und individuell an mein Gegenüber anpassen. Im Unterschied dazu ist schriftliche Kommunikation räumlich und zeitlich entkoppelt. Hat mein Gesprächspartner einen Einwand oder eine Nachfrage, kann er nicht direkt intervenieren, weshalb ich etwaige Bedürfnisse bereits im Vorfeld antizipieren muss. Das erfordert ein hohes Maß an Planung und Reflexion und macht eine präzise und explizite Ausdrucksweise notwendig. Im Unterschied zu einem flüchtigen mündlichen Gespräch, bei dem unsere Aufnahmekapazität begrenzt ist, kann ein schriftlicher Text jedoch immer wieder nachgelesen werden, was dem Schreibenden eine höhere Informationsdichte, Kompaktheit, Komplexität und Elaboriertheit erlaubt.[6] Bei genauerem Hinsehen sind diese medialen Unterschiede zwischen Mündlichkeit und Schriftlichkeit jedoch nicht neutral, sondern mit wertenden Assoziationen verbunden: Schriftlichkeit wird in der Regel ein höherer Grad an Wahrheit, Endgültigkeit und Wissen zugeschrieben als dem von Flüchtigkeit geprägten Medium der Mündlichkeit (Ehlich 2002, 92; Ehlich 1994, 18). Wie die Linguisten Peter Koch und Wulf Oesterreicher hervorheben, wird geschriebene Sprache aus der Perspektive unserer (Schrift-)Kultur als ›eigentliche‹ Sprache wahrgenommen, welcher die gesprochene Sprache als ›defiziente‹ Form untergeordnet wird (Koch und Oesterreicher 1985, 25).

Diese Implikationen von Schriftlichkeit und Mündlichkeit sind im Kontext der Pathographie zu einem gewissem Grad auch für andere Medien relevant und auf sie übertragbar. Denn ob in Form von schwarzer Schrift auf weißem Papier,

6 Vgl. für die hier zusammengefassten Merkmale von Mündlichkeit und Schriftlichkeit primär Koch und Oesterreicher 1985, 19-23 sowie ferner Koch und Oesterreicher 1994; Koch und Oesterreicher 2007; Ehlich 1994; Raible 1994; Dürscheid 2006.

einer Zelluloid-Rolle, einer Zeichnung oder im digitalen Datenraum – in allen Fällen werden Ansichten und Aussagen über Kranke und Krankheiten dauerhaft[7] fixiert und können mit den mit Schriftlichkeit verbundenen Implikationen und Assoziationen wie Wahrhaftigkeit, Endgültigkeit und Wissen einhergehen. Zu einer Frage der Ethik wird dies, wenn diese medialen Implikationen und Assoziationen Auswirkungen auf realweltliche Fremd- und Selbstverständnisse haben. Im Kontext von Kranken und Krankheit ist etwa zu bedenken, dass die mit dem jeweiligen Medium verknüpften Assoziationen die Vulnerabilität des kranken Menschen zusätzlich erhöhen können. Folgt man oben angeführtem Postulat, dass Patienten (als medizinische Laien) gemeinhin mit Mündlichkeit, Ärzte (als medizinische Experten und Repräsentanten von Wissenschaft und Forschung) hingegen mit Schriftlichkeit assoziiert werden, dann besteht die Gefahr, dass die soziokulturell verbundenen Wertungen von Schriftlichkeit und Mündlichkeit auf die Wahrnehmung des mit dem jeweiligen Medium verknüpften Menschen übertragen werden: der ›mündliche‹ Patient entsprechend mit Unbeständigkeit, Flüchtigkeit und einer generellen Defizienz, der ›schriftliche‹ Arzt mit Endgültigkeit, Wahrhaftigkeit, Wissen und einer generellen Superiorität. Ein solches durch Medialität verursachtes Gefälle kann die Hierarchie verstärken, von welcher die Patient-Arzt-Beziehung nach wie vor geprägt ist, mit Ärzten in der überlegenen und Patienten in der untergeordneten Position (Fürholzer 2019, 93-100).

3. Zur Perspektive des Pathographen

Auch wenn diese mediale Asymmetrie im Gesundheitswesen nach wie vor dominant erscheint, lässt sich inzwischen eine allmähliche Loslösung des medizinischen Vormachtanpruchs auf das Medium der Schriftlichkeit erahnen. So ist die Instanz des Autors nicht länger nur ärztlichen oder wissenschaftlichen Experten vorbehalten, vielmehr finden sich ebenso Pathographien, die aus der Perspektive Betroffener – seien es Kranke, seien es Angehörige – verfasst sind.

3.1 Autopathographie

Auf Ebene der Patientenversorgung ist beispielsweise mit der Patientenverfügung ein wichtiges Instrument geschaffen worden, mit welchem der Patient im Voraus schriftlich festlegen kann, welche gesundheitsbezogenen Maßnahmen im Falle eines späteren Verlusts seiner Einwilligungsunfähigkeit ergriffen oder unterlassen werden sollen. Als schriftliche Fixierung von Selbstbestimmung ermöglicht es die Patientenverfügung auf diese Weise, Einfluss auf die zukünftige

7 Natürlich ein relativer Begriff, bei dem prinzipiell Vorsicht geboten ist.

Leidens- und damit Lebensgeschichte zu nehmen.[8] Mit Blick auf Textsorten, die das enthaltene Krankenporträt einer breiten Öffentlichkeit zugänglich machen, lässt sich auch bei der Textsorte des medizinischen Fallberichts eine graduelle Stärkung der Patientenstimme feststellen. Funktion dieser Textsorte ist die wissenschaftliche Vorstellung eines Behandlungsfalls, der etwa durch ungewöhnliche Nebenwirkungen, neue oder seltene Erkrankungen oder ungewöhnliche Formen bekannter Erkrankungen von bislang vertrautem medizinischem Wissen abweicht. Geschrieben werden Fallberichte aus der Perspektive der behandelnden Ärzte. Mehrere Fachjournale fordern inzwischen jedoch, dass in Fallberichten auch die beschriebenen Kranken zu Wort kommen. Das *Journal of Medical Case Reports* spricht sich beispielsweise dafür aus, dass Patienten in einem gesonderten Abschnitt in eigenen Worten erläutern, weshalb sie sich ursprünglich in ärztliche Behandlung begeben haben, wie sie ihre Symptome empfanden, ob sich die Symptome zu bestimmten Zeitpunkten verbesserten oder verschlechterten, wie sie auf Tests und Behandlungen reagierten und wie es ihnen seit ihrer Entlassung geht (Journal of Medical Case Reports o.J.; Gagnier et al. 2013, 40). Durch die Integration der Patientenstimme sind Ärzte nicht länger die alleinigen Fürsprecher der Kranken. Vielmehr kann die Perspektive von Betroffenen der ärztlichen Wahrnehmung und Interpretation einen Kommentar oder, wenn nötig, auch ein Korrektiv entgegensetzen und hat damit für die medizinische Wissenschaft ihren spezifischen Eigenwert. Bleibt sie hingegen aus, dann kommt dem ärztlichen Pathographen die alleinige Deutungs- und Repräsentationshoheit zu.

Wird die subjektive Auseinandersetzung von Betroffenen mit Fragen von Krankheit, Gesundheit und Gesundheitswesen in narrativer Form fixiert, eröffnet dies – unabhängig von der Textsorte des Fallberichts – zudem eine eigene Form des Wissens. Zu verweisen ist in diesem Kontext auf Rita Charons Abgrenzung narrativer und logico-szientistischer Sprach- und Wissensebenen. Mit dem Begriff des Logico-Szientistischen zielt Charon, eine der wegweisenden Wissenschaftlerinnen auf dem Gebiet der Narrativen Medizin, auf objektives Wissen, durch welches aus dem Kontext losgelöste und austauschbare Beobachter reproduzierbare und generalisierbare Daten und Ergebnisse begreifen oder selbst hervorbringen. Der epistemische Aspekt des Narrativen rekurriert hingegen auf das kognitive, symbolische und affektive Verständnis der Bedeutung und Relevanz von Geschichten, welche das lokale und partikulare Erfassen einer Situation

8 So das theoretische Modell. Für eine kritische Analyse der Vor- und Nachteile dieses Instruments siehe Verrel und Simon 2010. Für die patho- und biographischen Dimensionen dieses Instruments siehe Fürholzer 2019, 231–258. Die Herausforderungen, die die implizierte Endgültigkeit schriftlich fixierter Patientenverfügungen für Patienten und Angehörige mit sich bringen kann, werden eindrücklich durch Tilman Jens' Pathographie *Demenz. Abschied von meinem Vater* (2009) und den darauffolgenden Medienaufschrei illustriert.

begünstigt (Charon 2001, 1898):[9] »Logicoscientific knowledge«, so Charon, »attempts to illuminate the universally true by transcending the particular; narrative knowledge attempts to illuminate the universally true by revealing the particular.« (Charon 2001, 1898) Im Kontext medizinischer Kommunikation vermag die Patientenerzählung in diesem Sinne die Komplexität des Sachverhalts und konsekutiv die Notwendigkeit hermeneutischer Deutung mithilfe verbaler und non-verbaler Mittel zu Bewusstsein zu bringen, wie Literatur und Künste an die Dialektik von Wissen und Nicht-Wissen[10] zu erinnern und da, wo Wissenschaft an ihre Grenzen stößt, alternative Sprach- und Verstehensprozesse freizusetzen.[11]

Die Wertschätzung der Narrativen Medizin ebenso wie die heutige Offenheit des pathographischen Genres gegenüber der Stimme und Perspektive von Betroffenen leisten einen wichtigen Beitrag dazu, einer durch Medialität verstärkten Vulnerabilität des kranken Menschen entgegenzuwirken. Überhaupt eine Stimme zu finden, um die eigenen Erfahrungen vor sich und vor anderen zum Ausdruck zu bringen, kann jedoch eine Herausforderung sein. Denn: »Seriously ill people are wounded not just in body but in voice«, konstatiert der Soziologe Arthur W. Frank (Frank 1995/1997, xii). Autopathographische Formen erlauben es Betroffenen, ihre möglicherweise im Verlauf der Krankheit verlorene oder neu zu definierende Stimme (wieder)zufinden und sich von einer ansonsten womöglich primär ›mündlichen Rolle‹ zu lösen. Schreibend, filmend, spielend lässt sich die eigene Stimme und Position vor sich und vor anderen behaupten und Kontrolle über das aus den Fugen geratene Leben zurückerhalten. Im heutigen Zeitalter gewinnen für Kranke zudem Formate wie Blogs, Vlogs oder Facebook-Seiten zunehmend an Bedeutung – auch für Schriftsteller wie Wolfgang Herrndorf oder Henning Man-

9 Im Terminus des Narrativen wird der epistemische Aspekt des Erzählens bereits etymologisch ankündet, leitet sich der ursprüngliche Begriff ›gnarus‹ doch von ›gna‹, derselben Wurzel des Wortes ›gnosis‹, sprich: ›Wissen‹, ab (vgl. Marcum 2008, 161).

10 Mit Blick auf die komplexen Verschränkungen von Wissen, Nicht-Wissen und Literatur konstatieren Michael Bies und Michael Gamper: »Da Literatur keinen eigenen Wissensgegenstand besitzt, sondern vielmehr durch ihre sprachliche Form und eine spezielle modale, oft narrative und fiktionale Zugangsweise zu den von ihr repräsentierten Gegenständen definiert ist, zeichnet sie sich in wissenshistorischer Hinsicht vor allem dadurch aus, dass sie ungewöhnliche Kombinationen von Wissensbeständen herstellen und in von den Wissenschaften vernachlässigte Gebiete vordringen kann. Aufgrund dieser starken Affinität zum Nicht-Wissen kann Literatur eine wissensgeschichtlich prominente strategische Position einnehmen: Sie verwandelt Grenzen des Wissens in Schwellen des Wissens; sie positioniert sich an Orten, wo Wissenschaften keine exakten Ergebnisse erzielen können oder dürfen; sie erzählt fiktionale Geschichten über Problembereiche gegenwärtigen Wissens mit Bezügen zu vergangenem und zukünftigem Wissen; und sie stößt vor in Bereiche, in denen ein verifizierbares Wissen nicht zu erlangen ist.« (Bies und Gamper 2012, 14-15).

11 Entsprechend betont die Narrative Medizin die Notwendigkeit, Patienten als Text aufzufassen, den es zu interpretieren gilt (vgl. Marcum 2008, 167).

kell, die ihre Krebserkrankungen nicht (nur) in Buchform festhielten, sondern digital dokumentierten.[12] Unabhängig vom jeweiligen Format gilt: In einem von Krankheit fremdbestimmten Moment verspricht das Autopathographische, die eigene Selbstbestimmung und -definition zumindest teilweise aufrechtzuerhalten. In der therapeutischen Arbeit mit Kranken werden diese Möglichkeiten in sogenannten poesietherapeutischen Ansätzen gezielt genutzt und Patienten ermutigt, sich möglichst frei von äußeren Einflüssen in der individuell erforderlichen Zeit und Form mit ihren subjektiven Krankheitserfahrungen auseinanderzusetzen und diese möglicherweise sogar ein Stück weit zu verarbeiten.[13]

3.2 Fremdpathographie

Diese Auseinandersetzung mit den subjektiven Wahrnehmungen und Empfindungen von Krankheit ist nicht nur dem Kranken vorzubehalten. Schließlich betrifft Krankheit nicht nur den Kranken selbst, sondern eine Vielzahl weiterer Menschen, seien es Angehörige oder behandelnde Ärzte und Pflegende, um nur einige zu nennen. Sich eines leidenden Menschen anzunehmen, kann die bisherigen Überzeugungen, Haltungen, Normen und Werte beeinflussen. Den subjektiven Krankseins- und Krankheitserfahrungen Ausdruck zu verleihen, kann nicht nur den Kranken, sondern auch betroffenen Dritten dabei helfen, diese Erfahrungen zu strukturieren, zu systematisieren, und die Auswirkungen einer fremden Krankheit auf die eigene Lebens-, Berufs- und Selbstkonzeption reflektierend besser zu verstehen.

Zugleich bietet die fremdpathographische Arbeit Potenziale für die durch die Krankheitserfahrung geprägte – und im Falle von Angehörigen gegebenenfalls veränderte – Beziehung des Pathographen zum porträtierten Kranken. Die finnlandschwedische Schriftstellerin und Literaturwissenschaftlerin Merete Mazzarella konstatiert so etwa in der Einleitung zu *Heimkehr vom Fest* (Mazzarella 1996) (Original: *Hem från festen*, Mazzarella 1992), ihrer Pathographie über ihre an Krebs verstorbene Mutter: »[D]as Wissen um ihren bevorstehenden Tod [ließ] mich noch bewußter als zuvor danach fragen [...], wer sie war, und zu versuchen, einen Zug zum anderen zu fügen.« (Mazzarella 1996, 8)

12 Sowohl Herrndorfs Blog »Arbeit und Struktur« (https://www.wolfgang-herrndorf.de/) als auch Mankells autopathographische Kolumnen bei *Göteborgs Posten* wurden später dennoch in Buchform übertragen, siehe Herrndorf 2013 sowie Mankell 2014 und 2015.

13 Wegweisend für den deutschsprachigen Raum sind die Arbeiten von Ilse Orth und Hilarion Petzold; vgl. hierzu insbesondere den 1985 erstmal edierten und 2009 neu aufgelegten Sammelband *Poesie und Therapie. Über die Heilkraft der Sprache. Poesietherapie, Bibliotherapie, Literarische Werkstätten*.

Fremdpathographien erlauben jedoch nicht nur eine subjektive Auseinandersetzung mit dem porträtierten Kranken und der eigenen Rolle im Kontext der fremden Erkrankung, sondern sind zudem ein Instrument, um die Öffentlichkeit über Krankheit, Gesundheit und Gesundheitswesen aufzuklären. Subjektive Reflexionen des eigenen Seins im Kranken und Krankheitsumgangs, der negativen und positiven Erfahrungsmomente lassen einen realitätsnahen Einblick zu in Alltag und Alltagsempfinden von Ärzten, Pflegenden, Angehörigen und allen weiteren Personen, die tagtäglich mit Kranken und Krankheit konfrontiert sind. Den teils lebenswendenden Einfluss von Angehörigen auf Kranke lässt sich etwa nachempfinden über den fiktionalen Film *The Hours* (Daldry 2002) – die filmische Adaptation von Michael Cunninghams 1998 erschienenem gleichnamigen Roman –, in welchem die Entscheidung der an Depressionen bzw. AIDS leidenden Protagonisten für oder gegen Suizid wesentlich durch Familienmitglieder und Partner bestimmt wird. Die Bedeutung, die wiederum Behandler auf selbst schwerst kommunikationsbeeinträchtigte Patienten haben können, zeigt sich eindrücklich in der Autopathographie *Schmetterling und Taucherglocke* (Bauby 1997a; Original: *Le scaphandre et le papillon*, Bauby 1997b), die 2007 unter selbem Titel von Julian Schnabel verfilmt wurde. Verfasser der Autopathographie ist der französische Journalist Jean-Dominique Bauby, der nach einem Schlaganfall am Locked-In-Syndrom litt und nur noch über die Bewegung seines linken Augenlides mit seiner Außenwelt kommunizieren konnte. Trotz seiner massiven körperlichen Einschränkungen schaffte es Bauby mithilfe seiner Logopädin und Physiotherapeutin, seine Lebens- und Leidensgeschichte mit seinen Augen Buchstabe für Buchstabe zu diktieren und für die Nachwelt festzuhalten. Der Film lässt sich vor diesem Hintergrund zugleich als Hommage an den therapeutischen Berufsstand und die Beziehung zwischen einem Patienten und seinen Behandlern verstehen.

Die subjektive Erfahrungsperspektive von Betroffenen oder Angehörigen kann Lesern in ähnlichen Situationen ein zugänglicheres Identifikationspotenzial bieten als fachlich-objektive Krankheitsbeschreibungen der Medizin. Dazu trägt nicht zuletzt bei, dass subjektive Beschreibungen in aller Regel sprachlich leichter zugänglich sind als Fach- oder Sachbücher in medizinischer Fachsprache, deren griechisch-lateinische Wurzeln und Affinität zu Abkürzungen für das Gros der Leser eine Hürde darstellen können. Als laiengerechte Medien können literarische, filmische, digitale Pathographien und dergleichen gesellschaftliche Ängste und Unsicherheiten verstärken – in Kombination mit einer entsprechenden Vermittlung bzw. Aufklärung können sie im Gegensatz aber auch gezielt dazu genutzt werden, selbige abzubauen. Rein beispielhaft sei hier an aktuelle Repräsentationen körperlicher Behinderung erinnert: Komödien wie *Verstehen Sie die Béliers?* (Original: La famille Bélier. Lartigau 2014) oder die Serie *Switched at Birth* (Weiss et al. 2011-2017) erlauben etwa Einblick in das alltägliche Leben mit

Hörschädigung bzw. Taubheit, während zugleich Vorstellungsklischees des ›Betroffenen‹ infrage gestellt und implizit (über den Film) als auch explizit (durch paratextuelles Begleitmaterial wie Pressehefte, Bonusmaterial etc.) über die Unterschiede gesellschaftlicher vs. körperlicher Behinderung aufgeklärt wird. Eine Pathographie mag so auch all jenen Betroffenenkollektiven zum Vorteil gereichen, die selbst an und unter der im Werk verhandelten Krankheit leiden, etwa dann, wenn mithilfe eines Films, Buches oder Spiels zur Enttabuisierung und Entstigmatisierung von Krankheiten und zu einer positiven Einwirkung auf öffentliche Krankheits-, Kranken- und Angehörigenwahrnehmungen beigetragen wird.

3.3 Autorschaft und Autorität

Wenngleich die Stimme und Perspektive von Krankheit betroffener Dritter – seien es die behandelnden Ärzte, Pflegenden oder Angehörigen – ihren je eigenen Selbst- und Fremdzweck hat, bringen die Besonderheiten der fremdpathographischen Arbeit dennoch spezifische Herausforderungen mit sich. So handelt es sich bei pathographischen Repräsentationen von Kranken und Krankheit in aller Regel um subjektive Perspektiven und Zuschreibungen. Dabei scheint es nur bedingt relevant, ob es sich dabei um einen ärztlichen, wissenschaftlichen oder künstlerischen Pathographen handelt. So wird bei jeder Bio- oder Pathographie eine spezifische Auswahl, Anordnung und Gewichtung der Ereignisse getroffen, mit welchen das (öffentliche) Porträt einer womöglich vulnerablen Person gestaltet bzw., im Falle eines Computerspiels, der Rahmen der zugestandenen ›pathographischen‹ Welt und ihrer Charaktere gesteckt wird.

Die Art und Weise, wie Kranker und Krankheit wahrgenommen und beschrieben werden, beeinflussen unsere Lebenswelt: Je nach Textsorte und Leserkreis haben Pathographien Auswirkungen auf die Krankheitskonzeptionen der Medizin wie auch die öffentlichen Reaktionen, die auf die Erfüllung oder Verletzung erwarteten Rollenverhaltens folgen. Pathographien transportieren dabei ein breites Spektrum an Vorstellungen und Werten, die eine Person, eine Berufsgruppe oder auch eine Gesellschaft mit Krankheit und Kranksein verbinden. Krankheit und Interpretation sind hierbei eng verzahnt. Dabei ist weniger das

> Haben einer, sondern das Wissen von einer Krankheit [...] interpretatives, also in Deutungsakten gewonnenes und in Akten des Verstehens sich realisierendes Wissen. Aus einer poetologischen Perspektive sind Krankheiten als Gegenstände des Wissens daher stets gedeutete Prozesse, die den Körper oder auch den Geist in ihren jeweiligen Funktionen beeinträchtigen – in der Regel zum Nachteil, gelegentlich aber, wie schon bemerkt, auch zum Nutzen derer, die sie befallen. Weil eben Krankheiten in literarischer/epistemischer Hinsicht nur als gedeutete körperliche oder seelische Prozesse und Beeinträchtigungen existieren, die eine be-

stimmte Geschichte und einen bestimmten Verlauf haben, müssen sie als solche erst gefunden, d.h. diagnostiziert werden. (Degler und Kohlroß 2006, 17)

Ähnliches gilt für die Medizin: Fallberichte oder Arztbriefe gelten gemeinhin als Inbegriff des Objektiven – doch genau darin liegt die Gefahr. Denn auch wenn diese Texte zu großen Teilen objektiv messbare Wirklichkeiten beschreiben, ist ein auf äußerste Objektivität angelegter Bericht letztlich das Resultat subjektiver Interpretation und Konstruktion, denn: »Ohne ein Minimum an kompositorischer Freiheit kommt [...] auch der treueste Faktenbericht nicht aus, wenn er elementare Anforderungen an Stimmigkeit und Sinn zu erfüllen versucht.« (Koschorke 2013, 334) Solche subjektiven Interpretationen und Kompositionen müssen sich nicht explizit in ein Werk einschreiben, sondern können unausgesprochen zwischen den Zeilen mitschwingen. Pathographien können dabei auch normativ wirken, spiegeln und beeinflussen sie doch Vorstellungen von Gesundheit, Krankheit und Therapie, was dazu führen kann, dass sich in der Pathographie »Seins- und Werturteile [...] vermischen« (Engelhardt 2002, 200, 212).

Handelt es sich bei dem Rezipienten eines Werkes um einen Betroffenen, kann all dies auch dessen Eigenwahrnehmung beeinflussen, sei es, weil sich das Werk explizit auf ihn bezieht, wie im Falle von Arztbriefen, medizinischen Fallberichten oder Angehörigenpathographien, sei es, weil sich der Rezipient mit der Situation einer fremden Figur identifiziert. Bleibt dann eine Markierung subjektiver Interpretationsprozesse und soziokulturell bedingter Norm- und Wertvorstellungen aus, die sich explizit und implizit in die festgehaltene Krankenidentität einschreiben, besteht die Gefahr, dass der Kranke des Interpretations- und Konstruktionscharakters dieser Identität nicht gewahr wird – und sich die zugeschriebene Identität in einem nächsten Schritt ein Stück weit zu eigen macht und in nachfolgenden Gesprächen weiter stabilisiert, ohne alternative Wahrnehmungen und Interpretationen zu bedenken (Fürholzer 2019, 183).[14]

14 Der Blick auf die Rezeptionswirkungen der Pathographie soll natürlich nicht bedeuten, dass nun gar nicht mehr geschrieben werden sollte. Schließlich lässt sich dem kranken Rezipienten durchaus auch eine gewisse Eigenverantwortung zuschreiben und die Forderung nach stärkerer Transparenz interpretativer und normativer Einflüsse als paternalistisch kritisieren. Darüber hinaus gilt das gesetzlich verankerte Recht auf freie Rede und Äußerung der eigenen Haltung auch für die pathographische Arbeit der von Krankheit betroffenen Dritten.

4. Versuch eines Ausblicks: Pathographie und Computerspiel

Wie verhält sich all dies nun für das Medium des Computerspiels? Genauer: für Ludopathographien, die Krankheit nicht (nur) auf der Motivebene verhandeln, sondern die vielmehr als Ausdrucksraum subjektiver Krankheitserfahrungen fungieren, sei der Betroffene nun auf Seite der Produktion oder der Rezeption. Um sich dieser Frage zumindest annähern zu können, sei an dieser Stelle ein abschließender Ausblick gewagt, welche Bedeutung den gattungstheoretischen und -ethischen Dimensionen des Pathographischen im Kontext des Computerspiels zukommen kann.

4.1 Pathographische Produktion

Man stelle sich hypothetisch einen Spieleentwickler vor, der persönlich (als Kranker oder Angehöriger) von Krankheit betroffen ist und diese Erfahrungen zum Gegenstand eines von ihm entwickelten Computerspiels macht – gewissermaßen also zum (Auto-)Pathographen wird. Wie die Narrative Medizin hervorgehoben hat, bringt es für Betroffene wie auch für das Gesundheitswesen einen spezifischen Mehrwert mit sich, wenn Kranke ihren subjektiven Erfahrungen frei von äußeren Beeinflussungen in der ihnen individuellen Form Ausdruck verleihen können. Autopathographische Formen sind in diesem Sinne zu verstehen als Möglichkeit der Selbstbestimmung – im doppelten Sinne des Wortes: Einerseits ermöglichen sie es, das eigene Selbstverständnis zum Ausdruck zu bringen, andererseits können sie der Haltung und dem Willen des Kranken öffentlich Nachdruck verleihen (Fürholzer 2019, 186). Überhaupt eine Plattform und die notwendige Aufmerksamkeit für die eigene Stimme und Perspektive zu finden, ist jedoch keine Selbstverständlichkeit. Denn wie der Theologe Matthias Zeindler kritisiert, ist Aufmerksamkeit eine »ungleich verteilte Ressource« (Zeindler 2009, 285).

Was bedeutet das nun für den oben genannten hypothetischen Fall eines selbst betroffenen Spieleentwicklers? Wie manch andere Medien auch – man denke hier etwa an den Film –, sind Computerspiele das Ergebnis kollaborativer Autorschaft. Als Gemeinschaftswerk eines Studios, also in Zusammenarbeit des Spieleentwicklers mit beispielsweise Programmierern, Produzenten, Autoren und Grafikdesignern, ist die autorschaftliche Kontrolle über die zum Ausdruck gebrachte Krankheitserfahrung im Vergleich zu einem linearen, auf singulärer Autorschaft beruhendem Medium wie dem Buch zu gewissem Grad geteilt.

Daran schließt sich zwangsläufig der Blick auf den Spieler selbst an: Schließlich handelt es sich bei Computerspielen, mit Espen Aarseth (1997) gesprochen, um ergodische Texte. Rezeption und Produktion des (Cyber-)Texts fallen also zusammen: »Der Nutzer des elektronischen Mediums wird nicht nur verstehend und interpretierend tätig, sondern konstruiert den Text zumindest stellenweise selbst.« (Backe 2008, 107) Auch wenn die Entscheidungs- und Handlungsfreiheit eines Spielers durch die vom Entwickler definierten Grenzen der erzählten Welt und den darin definierten Regeln beschränkt wird, kann die – zum Gelingen des Computerspiels unerlässliche – aktive Einbindung des Spielers in das Handlungsgeschehen eine gewisse Akzeptanz gegenüber einer geteilten Erzählinstanz suggerieren. Gesetzt den hypothetischen Fall, das von einem selbst betroffenen Spieleentwickler kreierte Spiel würde eine Erweiterung von Funktionen und Erlebnissen durch Modifikationen (›Mods‹) erlauben, ließe sich in gewissem Sinne sogar von einer pathographischen Ko-Autorschaft zwischen Entwickler und Spieler sprechen.

Nicht zu vergessen ist auch die Rolle, die der Technik im Kontext pathographischer Produktion zukommt: Schließlich ist die Diskussion, welche Auswirkungen Technik auf unsere Krankheitswahrnehmung hat, aus dem Zeitalter der Apparatemedizin nicht wegzudenken und auch von ludopathographischer Forschung nicht zu trennen. Insbesondere die das Computerspiel kennzeichnende Mensch-Maschine-Interaktion wirft etwa die Frage auf, inwiefern nicht nur Menschen, sondern auch eine Engine zum (Ko-)Erzähler oder Autor von Krankheit werden kann. Bejaht man diese Frage, hat dies auch Implikationen für die Medizin im Allgemeinen: So lassen sich in einem nächsten Denkschritt auch medizinische Geräte wie z.B. Elektrokardiographen, Magnetresonanztomographen oder sonstige Formen von ›Krankheitsschreibern‹ als technische Pathographen verstehen.

Welchen Einfluss haben nun letztlich die verschiedenen Formen geteilter Erzähler- und Autorschaft, die sich für das Computerspiel ausmachen lassen, auf die Wahrnehmung und möglicherweise auch Verarbeitung von Krankheit? Sind sie ihr zu- oder abträglich? Wie wirkt sich der Aspekt der prozeduralen Rhetori – also das Erfahren und Lernen von im Spiel verankerten Regeln und Prozessen – auf die autopathographische Arbeit aus?[15] Inwiefern lässt sich einem ergodischen Medium wie dem Computerspiel, das dem Rezipienten zumindest einen gewissen Grad an Einfluss- und Mitspracherecht erlaubt bzw. dieses sogar einfordert, eine Affinität zum Gemeinschaftsdenken zusprechen, die im Kontext von Krankheit als Solidarität, wenn nicht gar als prinzipielle Offenheit für die Bildung von Leidensgemeinschaften verstanden werden kann? Durch die langjährige Fokussierung auf das Medium des Buchs ist die Abgrenzung kollektiver vs. singulärer Autorschaft in der pathographischen Forschung nach wie vor unterrepräsentiert. Ein auf Kollaboration basierendes Medium wie das Computerspiel macht entsprechend die Notwendigkeit bewusst, die technischen und psychologischen Implikationen kollektiver Autorschaft auf die Wahrnehmung und möglicherweise auch Verarbeitung von Krankheit gezielt in den Blick zu nehmen. Daran schließt sich

15 Zum Begriff der prozeduralen Rhetorik siehe Bogost (2007). Ich danke Arno Görgen für diesen Hinweis.

auch die Frage an, welche (ethische) Bedeutung dem medialen Normen- und Wertesystem des Computerspiels für den pathographischen Kontext zukommt.[16] Die Frage, inwiefern Entwicklern pathographischer Spiele auch ein spezifisches Ethos zugeschrieben werden kann, lässt sich in diesem Kontext nicht beantworten; gesonderte Forschung schiene hier jedoch lohnend.

4.2 Pathographische Rezeption

Neben pathographischen Produktionsprozessen, in welchen der Spielentwickler selbst zum Pathographen wird, stellt sich zugleich die Frage nach pathographischen Rezeptionsprozessen, in denen also nicht (nur) der Produzent – beispielsweise der Spieleentwickler – von Krankheit betroffen ist, sondern (auch) der Spieler selbst. Die Sensibilität für die Effekte, die ein Medium auf den Rezipienten haben kann, ist bei Computerspielen stark ausgeprägt.[17] Man denke hier insbesondere an die Diskussionen um potenzielle Verbindungen zwischen gewalthaltigen Spielen – Stichwort ›Killerspiele‹ – auf die Gewaltbereitschaft des Spielenden (Media Violence Commission 2012). Die potenzielle Wirkmacht von Computerspielen, die sowohl ins Positive als auch ins Negative ausschlagen kann, ist auch im Kontext von Krankheit von Bedeutung. Nicht nur im digitalen Lernspiel lässt sich dieser Rezeptionseffekt etwa zur Vermittlung medizinischen Wissens nutzen. Das an Kinder gerichtete Online-Game *KEMO-KASPER* (UOVO 2013) lässt den Spieler beispielsweise aus der Perspektive eines Patienten gegen Krebszellen kämpfen und informiert dabei en passant über Krankheit und Therapie.[18] Der erfolgreiche Kampf gegen die – anthropomorphisierten, und damit (an-)greifbaren – Zellen kann zugleich den durch die Krankheit erfahrenen Empfindungen von Ohnmacht und Kontrollverlust entgegenwirken.

Der Blick auf die potenziellen Rezeptionswirkungen des Computerspiels lässt zugleich aber auch die Frage zu, inwiefern die ergodische Erzählweise als ein Kernmerkmal des Mediums im Kontext von Krankheit zu unerwünschten Rezeptionseffekten führen kann. Wie oben angeschnitten, erlaubt die Auseinandersetzung des Betroffenen mit seinen subjektiven Krankheitserfahrungen die Bildung eines individuellen Krankheitsnarrativs, in welchem Sein und Haben von Krankheit reflektiert und diesen Dimensionen qua Narration Sinn, Platz und Wert in der bisherigen Leidens- und Lebensgeschichte zugewiesen werden. Frei von externen Einflüssen stellt der autopathographische Prozess in seiner Doppelung aus Selbstbestimmung und Selbst-Bestimmung dabei eine Möglichkeit

---

16 Zur Bedeutung von Bio- und Medizinethik siehe auch Görgen (2011).

17 Eine solche Wirkmacht kann freilich auch an anderen Medien beobachtet werden; vgl. exemplarisch für die Risiken und Nebenwirkungen von Literatur Frisch und Fürholzer (2019).

18 Siehe in diesem Kontext auch den Beitrag von Vanessa Platz in diesem Band.

dar, sich von krankheitsbedingten Ohnmachtserfahrungen zu lösen und Kontrolle zurückzuerlangen. Was bedeutet das für das Medium des Computerspiels, dessen ergodische Struktur eine Diffusität der Grenzen zwischen Produktion und Rezeption suggerieren kann? Man stelle sich einen Spieler vor, der in seinem Alltag krankheitsbedingt beständig mit Erfahrungen von Kontrollverlust, Ohnmacht und Fremdbestimmung konfrontiert wird. Inwiefern kann das Medium des Computerspiels diese Erfahrungen spiegeln oder gar verstärken, wenn im Prozess des Spiels die Grenzen des eigenen Entscheidungs- und Handlungsrahmens erfahren werden? Die Erfahrung also, nur zwischen vorselektierten Handlungsoptionen A und B wählen zu können, ohne Möglichkeit einer gewünschten, aber im Spiel nicht vorgesehenen Option C? Und was bedeutet es für einen von Krankheit betroffenen Spieler, der möglicherweise im Rahmen der eigenen Patientenversorgung ärztlichen Paternalismus erfahren hat, und sich dadurch mit einer Trias aus krankheitsbedingter, ärztlicher und medialer Fremdbestimmung konfrontiert sieht?[19]

Das Spannungsfeld zwischen spielerischer Entscheidungs- und Handlungsfreiheit und -begrenzung als Strukturmerkmal des Computerspiels und die dadurch evozierte Konfrontation mit einem möglichen medialen Paternalismus muss nicht zwangsläufig negative Auswirkungen haben. So kann die Konfrontation mit Heteronomien im spielerischen Raum auch zur Chance werden, wenn der Betroffene hierdurch für realweltliche Erfahrungen sensibilisiert wird und ihm im geschützten Rahmen des Spiels zugleich die Möglichkeit eröffnet wird, diese nicht passiv hinzunehmen, sondern sich aktiv mit seiner krankheitsbedingten Lebenssituation auseinanderzusetzen – und die tatsächliche Notwendigkeit fremder (etwa ärztlicher) Grenzsetzungen gezielt neu auszuloten. In dieser Potenzialität der Ludopathographie zeigt sich zugleich ein Vorteil gegenüber linearen Werken, bei welchen die Rolle des Rezipienten deutlich passiver angelegt ist als bei ergodischen Medien.

5. Schlussbemerkungen

Ob in medizinischen Fallberichten oder Arztbriefen, ob in literarischen Texten, digitalen Blogs, Filmen, Serien oder Computerspielen: Wann immer in einem Werk Fragen von Krankheit und Gesundheit zum Thema gemacht werden, kann dies

---

19 Auch bei diesen Fragen kann an dieser Stelle nicht der Versuch einer Antwort unternommen und stattdessen auf Anschlussforschungen gehofft werden. Methodisch scheint hier beispielsweise eine Fragebogenstudie im klinischen Setting zielführend, in welcher ein Patientenkollektiv ein krankheitsbezogenes Computergame spielt und anschließend seine Haltung gegenüber Dimensionen von Selbst- und Fremdbestimmung untersucht wird.

Einfluss nehmen auf Vorstellungen und Bewertungen von Krankheit und Kranksein, von Schmerz, Sterben und Tod – und nicht zuletzt auf unsere Selbst- und Fremdwahrnehmung. Genauso, wie es pathographische Schreibarten gibt, gibt es pathographische Lesarten, in denen Rezipienten die fremde Perspektive auf die eigene Lebens- und Leidensgeschichte übertragen. Pathograph(i)en können einen Einfluss darauf haben, wie andere Menschen ihre eigene, personelle Identität vor sich und vor anderen definieren. Die Konfrontation mit einer schweren Krankheit ist jedoch ein massiver Einschnitt in die bisherige Biographie. In diesem sensiblen Moment ist Identität nichts Gefestigtes, sondern in hohem Maße fragil. Auch diese Fragilität macht vulnerabel. Oberstes Gebot für Produzenten ebenso wie für Rezipienten eines pathographischen Werks sollte es daher sein, ein Verständnis für die komplexe Vulnerabilität kranker, sterbender und leidender Personen zu entwickeln und hierauf angemessen zu reagieren. Dazu gehört auch, dass Pathographen und Rezipienten gleichermaßen gewahr machen, in welcher Weise diese Vulnerabilität mit Dimensionen wie Medialität, Autorschaft, Produktions- und Rezeptionsprozessen korrelieren, und welche Herausforderungen diese Korrelationen an einen jeden von uns stellen.

Ludographie

KEMO-KASPER (N.A. 2013).

Filmographie

LA FAMILLE BÉLIER (FR 2014, Éric Lartigau).
LE SCAPHANDRE ET LE PAPILLON (FR, USA 2007, Julian Schnabel).
ONE FLEW OVER THE CUCKOO'S NEST (USA 1975, Miloš Forman).
SWITCHED AT BIRTH (USA 2011-2017, Lizzy Weiss et al.).
THE HOURS (USA 2002, Stephen Daldry).

Bibliographie

Aarseth, Espen. 1997. *Cybertext. Perspectives on Ergodic Literature*. Baltimore: Johns Hopkins University Press.

Anz, Thomas. 2002. »Autoren auf der Couch? Psychopathologie, Psychoanalyse und biographisches Schreiben.« In *Grundlagen der Biographik. Theorie und Praxis des biographischen Schreibens*, hg. von Christian Klein, 87-106. Stuttgart und Weimar: Metzler. doi: 10.1007/978-3-476-02884-6_6

Backe, Hans-Joachim. 2008. *Strukturen und Funktionen des Erzählens im Computerspiel. Eine typologische Einführung.* Würzburg: Königshausen & Neumann.

Bauby, Jean-Dominique. 1997a. *Schmetterling und Taucherglocke.* Übersetzt von Uli Aumüller. Wien: Zsolnay.

Bauby, Jean-Dominique. 1997b. *Le scaphandre et le papillon.* Paris: Laffont.

Bernhardsson, Katarina. 2010. *Litterära Besvär. Skildringar av sjukdom i samtida svensk prosa.* Lund: Ellerström.

———. 2007. *Persuasive Games: The Expressive Power of Videogames.* Cambridge, MA: The MIT Press.

Charon, Rita. 2001. »Narrative Medicine: A Model for Empathy, Reflection, Profession, and Trust.« *Journal of the American Medical Association* 286 (15): 1897-1902. doi: 10.1001/jama.286.15.1897

Couser, G. Thomas. 2004. *Vulnerable Subjects. Ethics and Life Writing.* Cornell: Cornell University Press.

Cunningham, Michael. 1998. *The Hours.* New York: Farrar, Straus, Giroux.

Degler, Frank und Christian Kohlroß. 2006. »Einleitung: Epochenkrankheiten in der Literatur.« In *Epochen/Krankheiten. Konstellationen von Literatur und Pathologie,* hg. von Frank Degler und Christian Kohlroß, 15-20. St. Ingberg: Röhrig.

Dürscheid, Christa. 2002/2006. *Einführung in die Schriftlinguistik.* Göttingen: Vandenhoeck & Ruprecht. doi: 10.1007/978-3-322-92514-5

Ehlich, Konrad. 1994. »Funktion und Struktur schriftlicher Kommunikation.« In *Schrift und Schriftlichkeit/Writing and Its Use. Ein Interdisziplinäres Handbuch internationaler Forschung/An Interdisciplinary Handbook of International Research.* 1. Halbbd., hg. von Hartmut Günther und Otto Ludwig, 18-41. Berlin u. New York: de Gruyter.

Ehlich, Konrad. 2002. »Schrift, Schriftträger, Schriftform. Materialität und semiotische Struktur.« In *Materialität und Medialität von Schrift,* hg. von Erika Greber, Konrad Ehlich und Jan-Dirk Müller, 91-111. Bielefeld: Aisthesis.

Engelhardt, Dietrich von. 2002. »Pathographie – historische Entwicklung, zentrale Dimensionen.« In *Wahn Welt Bild. Die Sammlung Prinzhorn. Beiträge zur Museumseröffnung,* hg. von Kai Brodersen und Thomas Fuchs, 199-212. Berlin und Heidelberg: Springer. doi: 10.1007/978-3-642-55719-4_14

Frank, Arthur W. 1995/1997: *The Wounded Storyteller. Body, Illness, and Ethics.* Chicago: University of Chicago Press. doi: 10.7208/chicago/9780226260037.001.0001

Frisch, Katrin und Katharina Fürholzer. 2019. »Zu Risiken und Nebenwirkungen … Literatur zwischen Instrumentalisierung und Indexierung.« *Kritische Ausgabe* 36 (Themenheft: Macht) (im Druck).

Fürholzer, Katharina. 2019. *Das Ethos des Pathographen. Literatur- und medizinethische Dimensionen von Krankenbiographien.* Heidelberg: Winter.

Gagnier, Joel J. u.a. 2013. »The CARE Guidelines. Consensus-Based Clinical Case Reporting Guideline Development.« *Global Advances in Health and Medicine* 2 (5): 38-43. doi: 10.7453/gahmj.2013.008

Görgen, Arno. 2011. »An introduction to medical ethics and bioethics in computer games.« In *Vice city virtue. Moral issues in digital game play*, hg. von Karolien Poels und Steven Malliet, 325-346. Leuven und Den Haag: Acco Academic.

Hawkins, Anne Hunsaker. 1993/1999. *Reconstructing Illness. Studies in Pathography.* West Lafayette: Purdue University Press.

Herrndorf, Wolfgang. 2013. *Arbeit und Struktur.* Berlin: Rowohlt.

Hilken, Susanne, Matthias Bormuth und Michael Schmidt-Degenhard. 2007. »Psychiatrische Anfänge der Pathographie.« In *Kunst und Krankheit. Studien zur Pathographie*, hg. von Matthias Bormuth, Klaus Podoll und Carsten Spitzer, 11-26. Göttingen: Wallstein.

Jens, Tilman. 2009. *Demenz. Abschied von meinem Vater.* Gütersloh: Gütersloher Verlags-Haus.

Journal of Medical Case Reports.o.J. »Instructions for authors.« www.jmedicalcasereports.com/authors/instructions/casereport, letzter Zugriff: 28.04.2020.

Kleinman, Arthur. 1988. *The Illness Narratives. Suffering, Healing, and the Human Condition.* New York: Basic Books.

Koch, Peter und Wulf Oesterreicher. 1985. »Sprache der Nähe – Sprache der Distanz. Mündlichkeit und Schriftlichkeit im Spannungsfeld von Sprachtheorie und Sprachgeschichte.« *Romanistisches Jahrbuch* 36 (85): 15-43.

Koch, Peter und Wulf Oesterreicher. 1994. »Schriftlichkeit und Sprache.« In *Schrift und Schriftlichkeit/Writing and Its Use. Ein Interdisziplinäres Handbuch internationaler Forschung/An Interdisciplinary Handbook of International Research.* 1. Halbbd., hg. von Hartmut Günther und Otto Ludwig, 587-604. Berlin u. New York: de Gruyter.

Koch, Peter und Wulf Oesterreicher. 2007. »Schriftlichkeit und kommunikative Distanz.« *Zeitschrift für germanistische Linguistik* 35 (3): 346-375. doi: 10.1515/zgl.2007.024

Koschorke, Albrecht. 2013. *Wahrheit und Erfindung. Grundzüge einer allgemeinen Erzähltheorie.* Frankfurt a.M.: Fischer.

Kretschmer, Ernst. 1929. *Geniale Menschen.* Berlin: Springer. doi: 10.1007/978-3-662-05517-5

Lange-Eichbaum, Wilhelm. 1956. *Genie, Irrsinn und Ruhm: Genie-Mythos und Pathographie des Genies.* München und Basel: E. Reinhard.

Marcum, James A. 2008. *An Introductory Philosophy of Medicine: Humanizing modern medicine.* Berlin: Springer. doi: 10.1007/978-1-4020-6797-6

Mankell, Henning. 2014. *Kvicksand.* Stockholm: Leopard förlag.

Mankell, Henning. 2015. *Treibsand. Was es heißt, ein Mensch zu sein.* Übersetzt von Wolfgang Butt. Wien: Zsolnay.

Mazzarella, Merete. 1992. *Hem från festen*. Jyväskylä: Gummerus.

Mazzarella, Merete. 1996. *Heimkehr vom Fest*. Übersetzt von Verena Reichel. Reinbek bei Hamburg: Rowohlt.

Media Violence Commission, International Society for Research on Aggression (ISRA). 2012. »Report of the media violence commission.« *Aggressive Behavior* 38 (5): 335-341. doi: 10.1002/ab.21443

Orth, Ilse und Hilarion Petzold, Hg. 1985/2009. *Poesie und Therapie. Über die Heilkraft der Sprache. Poesietherapie, Bibliotherapie, Literarische Werkstätten*. Bielefeld: Ed. Sirius.

Podoll, Klaus. 2006. »Kunst und Krankheit.« In *Entwicklungen der Psychiatrie. Symposium anlässlich des 60. Geburtstages von Henning Sass*, hg. Frank Schneider, 325-333. Heidelberg: Springer. doi: 10.1007/3-540-30100-3_34

Pohlmeier, H[ermann]. 1995. »Pathographie und Biographie. Hintergründe der Fälle Schreber und Klug.« *Fortschritte der Neurologie und Psychiatrie* 63 (8): 297-302. doi: 10.1055/s-2007-996630

Raible, Wolfgang. 1994. »Allgemeine Aspekte von Schrift und Schriftlichkeit/General Aspects of Writing and Its Use.« In *Schrift und Schriftlichkeit/Writing and Its Use. Ein Interdisziplinäres Handbuch internationaler Forschung/An Interdisciplinary Handbook of International Research*. 1. Halbbd., hg. von Hartmut Günther und Otto Ludwig, 1-17. Berlin u. New York: de Gruyter.

Verrel, Torsten und Alfred Simon. 2010. *Patientenverfügungen. Rechtliche und ethische Aspekte*. Freiburg i.Br. und München: Karl Alber.

Zeindler, Matthias. 2009. »Auf Erzählungen hören. Zur Ethik der Aufmerksamkeit.« In *Ethik und Erzählung. Theologische und philosophische Beiträge zur narrativen Ethik*, hg. von Marco Hofheinz, Frank Mathwig und Matthias Zeindler, 275-301. Zürich: Theologischer Verlag Zürich.

Äskulap im Wandel
Konzepte von Gesundheit und Krankheit

Nils Löffelbein

Abstract: Regardless of their increasing relevance in contemporary social discourse, binding definitions for crucial concepts such as health and illness are either continuously contested or absent altogether. This paper highlights central concepts of health and illness in the 20th century in order to argue that the ascription of health or illness is subject to constant change. Health and illness are thus historically and culturally complex terms that are interpreted differently by each scientific discipline. They must further be considered as individual phenomena, encompassed by intersubjectively varying perceptions. In recent decades, a development from a biomedical model based on natural sciences to a holistically oriented biopsychosocial model has nonetheless emerged.

Keywords: Health; Illness; Biomedical Model; Biopsychosocial Model

Schlagworte: Gesundheit; Krankheit; Biomedizinisches Modell; Biopsychosoziales Modell

1. Einführung

Wir leben fraglos in einer gesundheitsbesessenen Zeit. Wurde das Thema Gesundheit zu Beginn der 1980er Jahre von der Öffentlichkeit noch kaum wahrgenommen, so ist das Interesse mittlerweile explodiert: Themen der Ernährung, Fitness und Vorsorge erzielen eine enorme öffentliche Aufmerksamkeit und die Medien überbieten sich mit Berichten über schwere, seltene oder auch kuriose Krankheiten – kaum ein Tag vergeht zudem ohne eine aufsehenerregende Studie, die den gesundheits- oder krankheitsfördernden Einfluss bestimmter Nahrungsmittel, Lebensstile und Verhaltensweisen nachzuweisen versucht. Auch in der Politik sind gesundheitsrelevante Themen zu einem herausstechenden Streitpunkt geworden: Pflegenotstand und Gesundheitsreform sind in aller Munde und werden auch von der Öffentlichkeit als zentrale gesellschaftliche Gegenwarts- und Zukunftsfelder wahrgenommen. Und die Public-Health-Bewegung ist mittlerweile zu einer mächtigen und finanzstarken Akteurin im globalen Gesundheitssystem aufgestiegen (Schwarz 2012; Wolff 2010).

Gerade die politischen Diskussionen um Krankenversicherungen, Krankengeld oder Rentenleistungen zeugen jedoch zugleich von einer ökonomischen Verengung der Debatten, bei denen es letztlich ausschließlich um Fragen der Verantwortlichkeit, Finanzierung und Kostensenkung im Gesundheitswesen geht. Zugrunde liegt diesen zumeist ein naturwissenschaftliches Verständnis von Gesundheit und Krankheit, das auf einer diagnostisch eindeutig feststellbaren Unterscheidung zwischen ›krank‹ und ›gesund‹ basiert. Gesundheit und Krankheit sind demnach primär auf biologische Ursachen zurückzuführen und es ist unsere individuelle Lebensführung, die den Ausschlag dafür gibt, wie lange und wie gesund wir leben (Franke 2012). Zugleich scheint für die meisten Menschen jedoch auch festzustehen, dass Gesundheit einen individuellen Zustand darstellt, den jeder anders empfindet und der stark von der wissenschaftlichen Fachmeinung abweichen kann.

Doch was Gesundheit und Krankheit genau bedeuten, von welchem Verständnis von Gesundheit bzw. Krankheit eigentlich die Rede ist, bleibt zumeist im Dunkeln. Dabei erscheint die Frage nach der Natur von Krankheit zunächst einfacher zu beantworten zu sein als die Definition von Gesundheit: Dem allgemeinen Verständnis nach manifestieren sich Krankheiten als physische oder psychische Störungen, die in Form spezifischer Symptome auftreten. Krankheitsbilder und Krankheitsverläufe gelten zudem als beschreibbar und lassen sich medizinisch kategorisieren. Definitionen von Gesundheit hingegen sind rar: Bezeichnenderweise wird im *Lexikon für Ethik* im Artikel »Gesundheit« auf die Begriffsbestimmung von »Krankheit« verwiesen (Höffe 2008). Doch ist der einfache Umkehrschluss zulässig, Krankheit lediglich als Negativfolie oder Abwesenheit von Gesundheit zu interpretieren?

Unbestritten ist sicherlich, dass Gesundheits- und Krankheitskonzepte im Laufe der Geschichte vielfache Brüche und Wandlungen erfahren haben und auch heute noch erheblichen länderspezifischen und kulturellen Unterschieden unterworfen sind. Es nimmt daher nicht wunder, dass die Frage, wer eigentlich als gesund und wer als krank zu gelten hat, auch in der Gegenwart stark umstritten ist und weltweit, aber auch national, eine Vielzahl heterogener Definitionen und Auffassungen parallel existieren. Wie im Folgenden gezeigt werden soll, liegt die Unmöglichkeit einer verbindlichen Definition jedoch gerade in dem Umstand begründet, dass die Sicht auf Gesundheit und Krankheit stark davon abhängt, ob die Diskussion auf einer medizinischen, psychologischen, juristischen oder soziologischen Ebene geführt wird (Schmidt 1998). Die Forschungs- und Populärliteratur zum Thema Gesundheit/Krankheit füllt mittlerweile Bibliotheken und ist kaum noch zu überblicken (Schramme 2012; Fangerau und Martin 2011, 51-67;

Coggon 2012; Kreßner 2019). Hier sollen deshalb lediglich einige zentrale Ansätze zur Beschreibung und Erklärung von Gesundheit und Krankheit thematisiert und die jeweiligen Konsequenzen für die Gesundheitsversorgung diskutiert werden. Welche Sichtweise die Agenda einer Gesellschaft bestimmt, ist, so wird argumentiert, demnach immer das Ergebnis eines diskursiven Aushandlungsprozesses der beteiligten Akteure und der jeweils wirksamen Werte, Normen und Wissensbestände. Die zu beobachtende Entwicklung von einem von medizinischen Expert_innen dominierten biologisch-somatischen Modell hin zu biopsychosozialen Gesundheits- und Krankheitsdefinitionen seit den 1970er Jahren spiegelt dabei sowohl die gesellschaftlichen Liberalisierungstendenzen als auch die zunehmende interdisziplinäre Verschränkung im globalen Wissenschaftsbetrieb.

2. Das biologisch-somatische Krankheitsverständnis und seine Kritiker_innen

Die Frage nach dem Wesen und der Bedeutung von Krankheit und Gesundheit beschäftigt die Menschen bereits seit Tausenden von Jahren und alle klassischen Wissenschaftsdisziplinen wie Jura, Medizin, Philosophie und später die Soziologie haben sich intensiv mit der Thematik beschäftigt (Bergdolt 2004, 16-32). So galten etwa dem römischen Arzt Galen (129 – 199 v. Chr.) und seinen Zeitgenoss_innen Krankheitszustände als ein Phänomen, bei dem das fein austarierte Beziehungsgeflecht zwischen Mensch und kosmischem Ordnungssystem aus dem Gleichgewicht geraten war. Die Menschen der Renaissance waren hingegen überzeugt vom machtvollen Einfluss der Gestirne auf das menschliche Wohlbefinden, während der christliche Glaubenshorizont von der Gewissheit um die göttliche Allmacht für alle körperlichen und seelischen Leiden und Gebrechen bestimmt war: Selbst der/die gute Ärzt_in konnte ohne göttliche Zustimmung keine Heilung erwirken, da Gesundheitsstörungen in der christlichen Tradition immer auch durch menschliche Schuld bedingt waren. Krankheiten galten daher immer auch als das Werk des Teufels und seiner Dämon_innen (Bergdolt 2004 (2), 71-109).

An der Schwelle zur Neuzeit setzte sich im Zuge der Aufklärung schließlich eine biologisch-somatische Sichtweise durch, die durch die Erkenntnisse der Bakteriologie im 19. Jahrhundert neue Einsichten in die Ursachen von Krankheiten ermöglichte und vor allem dank der Erfolge bei der Bekämpfung von Infektionskrankheiten nie da gewesene Möglichkeiten der Therapie schuf (Rothschuh 1978; Steger 2004). Der rein naturwissenschaftliche Erklärungsansatz von Gesundheit und Krankheit besaß zur Zeit seiner Entstehung zweifellos ein hohes Maß an Plausibilität, da sich erstmals ein eindeutiger Zusammenhang von der Ursache und der oftmals tödlichen Wirkung von Infektionskrankheiten nachweisen ließ.

(Berger 2009, 23). Diese Kausalität trug in der Folge maßgeblich dazu bei, dass konkurrierende Theorien sukzessive verdrängt wurden.

Bis heute stellt das sogenannte ›biomedizinische Modell‹ sowohl in der medizinischen Praxis als auch in der gesellschaftlichen Wahrnehmung das einflussreichste Konzept dar. Im Kern leitet es sich aus der Annahme ab, dass jeder Mensch mittels eines diagnostischen Prozesses eindeutig der Kategorie ›gesund‹ oder ›krank‹ zugeordnet werden kann, wobei vor allem biochemische, mechanische oder genetische Erklärungen herangezogen werden, während soziale und psychologische Faktoren kaum Berücksichtigung finden. Krankheit gilt als Abweichung von einem nicht näher spezifizierten gesunden Naturzustand des Organismus, Aufgabe der Medizin ist demnach die Wiederherstellung des gesundheitlichen Normalwerts. Der menschliche Körper wird in diesem Modell im Grunde mit einer Maschine gleichgesetzt, in der alle Funktionsstörungen durch eine genaue Analyse erkannt und somit auch wieder behoben werden können (Bengel, Strittmatter und Willmann 2004, 16) Feststehende Normwerte wie Laborparameter, Blutdruck und Körpergewicht vermitteln einen streng naturwissenschaftlichen Zugang.

Die große Überzeugungskraft des biomedizinischen Modells bis in die Gegenwart gründet sich insbesondere auf der weithin geteilten Gewissheit, für jede Erkrankung eine klar definierbare Ursache identifizieren und mittels einer ebenso eindeutigen Behandlung Heilung oder zumindest Linderung des Leidens herbeiführen zu können. Nicht zuletzt die enormen physikalischen, biochemischen, immunologischen, molekularbiologischen, genetischen und pharmazeutischen Möglichkeiten der heutigen Medizin verstärken den Eindruck einer Allmacht von Diagnostik und Therapie (Seger und Ellis 2017). Die heutige Schulmedizin basiert daher ganz wesentlich auf den Prämissen der Biomedizin; ebenso grundlegend bildet sie die wissenschaftstheoretische Grundlage unseres Gesundheitswesens (Ziegelmann 2013, 149-152). Verschiedentlich wird angenommen, dass das Modell in den Gesundheitswissenschaften und in der medizinischen Versorgungspraxis derzeit sogar noch weiteren Auftrieb erfährt, und zwar sowohl seitens der Wissenschaftler_innen als auch der Politik. So werden in der aktuellen gesundheitspolitischen Diskussion dieser Annahme zufolge die Grenzen von Gesundheit und ihrem Gegenstück Krankheit zunehmend enger gezogen. Dies wird insbesondere mit Blick auf die sogenannte ›evidenzbasierte Medizin‹ (EbM) deutlich, die mittlerweile die Grundlage für vielfältige Leitlinien im Umgang mit bestimmten Krankheiten bildet und Eingang in diverse Gesundheitsprogramme gefunden hat (Weßling 2001). Der Leitgedanke der EbM besteht ganz im Sinne des biomedizinischen Modells darin, dass die Behandlung von Patient_innen auf der Basis von empirisch belegter Wirksamkeit getroffen werden soll. Patient_innendaten werden so zu statistischen Variablen aggregiert, die auf Vergleichsbasis checklistenartig abgearbeitet werden – u.a. mit der Konsequenz einer zunehmenden

Bürokratisierung der Behandlungsprozesse. Einer weiteren These folgend wird im Sinne einer ›neoliberalen‹ Gesundheitspolitik ganz gezielt versucht, die Ursachen von Gesundheit und Krankheit zu individualisieren und soziale sowie gesellschaftliche Faktoren als Krankheitsursache zu negieren. Von hier aus sei es dann kein weiter Weg, die Verantwortung für Gesundheit und deren Finanzierung zu einem individuell zu lösenden Problem zu machen (Franke 2012, 125).

Das biomedizinische Modell ist daher bereits seit Jahrzehnten stark in die Kritik geraten: So hat die Weltgesundheitsorganisation (WHO) bereits im Jahr 1946 eine sehr weitreichende Gesundheits-Definition vertreten, die sich erstmals deutlich von einem rein biologisch-somatischen Verständnis distanzierte. Demnach ist »Gesundheit [...] ein Zustand des vollständigen, körperlichen, geistigen und sozialen Wohlergehens und nicht nur das Fehlen von Krankheit und Gebrechen.« (WHO 1946) Gesundheit ist dieser Lesart zufolge also erstens in ihrer psycho-somatischen Ganzheit zu betrachten, beschränkt sich zweitens nicht nur auf den Menschen an sich, sondern ist stets als ein Wechselspiel zwischen Einzelwesen und Umwelt zu verstehen und berücksichtigt drittens auch das individuelle Wohlbefinden. Wenngleich die WHO-Klassifizierung nicht nur Befürworter_innen gefunden hat und bis heute von vielen als zu idealistisch und subjektiv bezeichnet wird (Spijk 2011), ist die Kritik am biomedizinischen Gesundheitsverständnis seitdem nicht mehr abgerissen. So wird am traditionellen Modell vor allem die einseitige Ausrichtung auf biologische Faktoren bemängelt, die Konzentration auf die in der Person liegenden Defekte und Dysfunktionen, die nur einen Teil der Krankheitsursachen erfassen könnten. Demzufolge ist das Modell bei der Erklärung zahlreicher Erkrankungen, insbesondere bei psychosomatischen Leiden wie ›Magersucht‹ oder Depressionen erkennbar an seine Grenzen gestoßen (Trabert 2017). Praktiziert werde, so Flatscher und Liem, in der klassischen Schulmedizin vor allem eine reine ›Reparaturmedizin‹ im Sinne der Wiederherstellung einer auf statistischen Mittelwerten basierenden Ordnung (Flatscher und Liem 2012).

Einen weiterer Kritikpunkt besteht darin, dass der medizinische Befund keineswegs deckungsgleich sein muss mit dem subjektiven Befinden der Betroffenen. Ein/Eine Patient_in kann etwa unter Gesundheitsproblemen leiden oder über ein schlechtes Allgemeinbefinden klagen, obgleich sich trotz aufwendiger fachlicher Diagnostik kein oder nur ein unerheblicher Befund ausmachen lässt. Im umgekehrten Fall zeigen empirische Studien auch, dass selbst Menschen mit ernsthaften Leiden, wie etwa einer schweren Tumorerkrankung, in ihrem Gesundheitserleben nicht unbedingt beeinträchtigt sein müssen, weil sie entweder von ihrer Erkrankung nichts wissen oder sich diese in einem frühen Stadium befindet. Ein weiteres Beispiel sind Bluthochdruck und Diabetes, beides Erkrankungen, die ein hohes Risikopotenzial bergen, im Einzelfall jedoch nicht als Problem oder Einschränkung erlebt werden müssen (Myrtek 1998).

Auch hinsichtlich der Krankheitsbewältigung wird das Konzept von Kritiker_innen als überholt betrachtet: So hat der britische Historiker und Mediziner Thomas McKeown bereits in den 1980er Jahren anhand statistischer Erhebungen die These vertreten, dass für die bedeutendsten Verbesserungen des Gesundheitssystems im 20. Jahrhundert zuvorderst umwelt-, ernährungs- und verhaltensbedingte Gründe verantwortlich zu machen sind und weniger individuelle Therapiemaßnahmen (McKeown 1988). Eine überwiegend somatische, auf das Individuum fokussierte Krankheitssicht versperre den Blick auf externe, außerhalb des Menschen liegende Faktoren – weite Bereiche der Prävention, Verhütung, aber auch der Rehabilitation von Krankheit blieben somit ausgespart. Und auch das wirkmächtigste Argument der traditionellen Biomedizin, die global zu beobachtende Steigerung der Lebenserwartung in den letzten 100 Jahren, wird von einigen Autor_innen eher dem kontinuierlichen Ausbau des Gesundheitswesens und dem sozioökomischen Wandel zugeschrieben als dem naturwissenschaftlich-medizinischen Fortschritt in der Einzelfall-Behandlung (McKeown 1975, 391-422).

In den autoritätskritischen 1970er Jahren wurde gegen das biomedizinische Paradigma aus systemtheoretischer Sicht schließlich der Einwand vorgebracht – prominent vertreten wurde diese Position etwa von dem amerikanischen Philosophen Ivan Illich – es zementiere die Allmacht der medizinischen Experten im Gesundheitssystem, die durch ihre zentrale Stellung immer neue Krankheiten produzierten und als Folge eine zunehmende Medikalisierung der Gesellschaft forcierten. Diese führe jedoch nicht zu einer Lösung des Problems, sondern zu einer zunehmenden Abhängigkeit jedes/jeder Einzelnen von den Ärzten, die im Gegenzug immer mächtiger würden (Illich 1982). Einen aktuellen Widerhall findet diese Theorie vor allem im virulenten Vorwurf des sogenannten ›Disease Mongerings‹, worunter der Versuch verstanden wird, gesunden Menschen zu suggerieren, dass sie krank sind, oder leicht Erkrankten die Schwere ihres Leidens übertrieben darzustellen. Als Hauptakteur_innen dieser Praxis werden die Pharmaunternehmen ausgemacht, aber auch andere Akteur_innen mit ökonomischen Zielen im Gesundheitssystem. Die Pharmaindustrie hat demnach ein profitorientiertes Interesse daran, für ihre Arzneimittel einen möglichst großen Markt zu schaffen oder diesen zu erweitern. Der Autor und Psychiater Manfred Lütz hat diese gesundheitspolitische Tendenz vor diesem Hintergrund mit dem sarkastischen Ausspruch bedacht: »Gesund ist, wer nicht ausreichend untersucht wurde.« (Payer 1992; Lütz 2007, 35) Als Beispiele werden oft die Wechseljahre des Mannes, die Menopause der Frau oder die unverhältnismäßig häufige Diagnose der Aufmerksamkeitsdefizit-Störung bei Kindern genannt (Moynihan 2002, 886-891).

3. Krankheit, eine soziale Fiktion? – Soziokulturelle Perspektiven

Der wirkmächtigste Widerspruch zum rein somatisch orientierten Modell der Biomedizin kommt seit jeher aus der Soziologie (Hurrelmann und Richter 2013; Wendt 2006). So ist von den Sozialwissenschaften seit den 1970er Jahren zunehmend der Nachweis erbracht worden, dass gerade bei chronischen Erkrankungen externe Faktoren wie Lebensführung, Umwelteinflüsse und Risikoverhalten eine zentrale Rolle für den Gesundheitszustand spielen. Soziologen bestreiten zwar heute (mehrheitlich) keineswegs, dass Krankheit durchaus das Produkt von erblicher Veranlagung und persönlicher Lebensführung sein kann – ein einseitiger Determinismus von der Natur und Biologie über das Individuum zur Gesellschaft wird jedoch abgelehnt. Eine derartige Sichtweise vernachlässigt aus gesundheitssoziologischer Perspektive in sträflicher Weise die gesellschaftlichen Einflussfaktoren, die als Entstehungshintergrund für Gesundheit und Krankheit von tragender Bedeutung sind. Ihre zentrale Aufgabe sieht die Gesundheits-Soziologie deshalb darin, das Bündel aus »politischen, wirtschaftlichen, finanziellen, kulturellen, technischen und ökologischen Determinanten« zu analysieren, das auf das Gesundheitsverhalten jedes Individuums mit einwirkt (Richter und Hurrelmann 2016).

Der Zusammenhang zwischen Lebensbedingungen und Krankheitsrisiko wurde bereits im 19. Jahrhundert, also lange vor der Etablierung der Soziologie als wissenschaftlicher Disziplin, von Denkern wie dem Philosophen Friedrich Engels und den Sozialmedizinern Rudolf Virchow und Salomon Neumann thematisiert. Unter dem Eindruck seines England-Aufenthalts in den 1840er Jahren beschrieb Engels in seinem Erstlingswerk detailliert die negativen Auswirkungen der Industrialisierung auf die arbeitende Bevölkerung, darunter vor allem Kinderarbeit, katastrophale hygienische Bedingungen und die Verarmung breiter Bevölkerungsschichten. Und auch Rudolf Virchow untersuchte in seinen Arbeiten früh die ›sozialhygienischen‹ Effekte der gesellschaftlichen Lebensbedingungen auf die Gesundheit. Virchow und andere Vertreter seines Fachs konnten sich mit ihrem Ansatz einer ›sozialen Medizin‹ jedoch nicht gegen die immer stärker werdenden naturwissenschaftlichen Strömungen innerhalb der Medizin durchsetzen (Schönholz 2013; Wittern-Sterzel 2003, 150-157). Dennoch erwiesen sich die Erkenntnisse über die Kausalität von Industriearbeit, wirtschaftlicher Verelendung und Krankheitsfolgen langfristig als durchaus folgenreich; legislativ schlugen sich diese etwa bei der Einführung der Bismarck'schen Sozialgesetzgebung – allen voran der gesetzlichen Krankenversicherung – nieder (Manow 1998, 145-166). Aktuelle Theoretiker verstehen das sozio-kulturelle Paradigma hingegen als Ergänzung zum rein biologischen Blick auf den Menschen: Erst beide Sichtweisen zusammen ergeben demnach ein vollständiges Bild von der Entstehung von Gesundheit und Krankheit (Richter und Hurrelmann 2016, 4).

Soziologische Modelle gehen zudem davon aus, dass körperliche und seelische Leiden abhängig vom gesellschaftlichen Kontext unterschiedlich erfahren, therapiert und gedeutet werden. So ist dieser Sichtweise zufolge etwa die Vorstellung, dass eine bipolare Depression in Sibirien Anfang des 21. Jahrhunderts die gleichen Ursachen und Symptome aufweise wie im Kuba des Jahres 1896 und dem Phänomen daher stets mit identischen Behandlungsmethoden zu begegnen sei, ein Trugschluss, da Krankheit immer auch ein Produkt der sozialen und kulturellen Umwelt darstelle (White 2009). Krankheitszustände sind also nicht abzulösen aus ihrem sozialen und historischen Kontext, der die gesellschaftliche Wahrnehmung von dessen Ursachen, des Verlaufs und der Therapie maßgeblich vorstrukturiert (Shelton 2008, 226). Auf die Kulturgebundenheit des Krankheitsbegriffs hatte bereits Michel Foucault in seinem zentralen Werk über Geisteskrankheiten und die bürgerliche Gesellschaft »Wahnsinn und Gesellschaft« aufmerksam gemacht: »Vielleicht spricht man nach einem Jahrhundert mit einem anderen Namen von denselben Krankheiten; aber es handelt sich grundsätzlich nicht um dieselbe Krankheit.« (Foucault 1961, 212)

Die Konzentration auf überindividuelle soziale und kulturelle Strukturen hat der Soziologie freilich immer auch den Vorwurf eingebracht, sie behandele Krankheiten ausschließlich als soziales Konstrukt und bestreite generell, dass Gesundheit in irgendeiner Weise medizinisch definiert und gemessen werden könne (Ayden 2009). Dennoch lässt sich wohl kaum abstreiten, dass zahlreiche Krankheiten tatsächlich in hohem Maß historisch und kulturell gebunden sind. So wird etwa ein niedriger Blutdruck in England auch heutzutage zwar als gesundheitliche Anomalie bewertet, ein Krankheitswert wird dem Phänomen anders als in Deutschland jedoch nicht zugesprochen. Das Blutdruckproblem hat daher bezeichnenderweise als »german disease« Eingang in den englischen Sprachgebrauch gefunden (Scheibler-Meissner 2004, 144). Zudem werden in vielen Ländern Krankheitsbilder medizinisch anerkannt und behandelt, die hier gänzlich unbekannt sind. Zu den historischen und heute fast ›vergessenen‹ Krankheiten gehört hingegen die Homosexualität, die am 15. Dezember 1973 aus der Diagnose-Kompilation der American Psychiatric Association und in der Folge auch sukzessive aus den relevanten Lehrbüchern gestrichen wurde. Bis zu diesem Zeitpunkt war die Homosexualität pathologisiert und als behandlungswürdig eingestuft worden. Zumindest in Westeuropa ist die gleichgeschlechtliche Liebe mittlerweile eine anerkannte Lebensform, die trotz widerstreitender Meinungen mehrheitlich nicht mehr als ›krankhaft‹ eingestuft wird (Franke 2012, 20).

Insgesamt wird aus Sicht der Soziologie Krankheit primär als soziale Abweichung von der Norm aufgefasst, zu deren Behandlung Prozesse der sozialen Kontrolle wirksam werden. In diese Richtung argumentiert vor allem das strukturfunktionalistische Modell, welches in den 1950er Jahren vom US-Amerikaner Talcott Parsons entwickelt wurde und der Medizin eine soziale Kontrollfunktion unterstellt (Fehmel 2014, 4). Demnach übt das medizinische System ähnlich anderen gesellschaftsstabilisierenden Institutionen wie Kirche oder Verwaltung sozial-kontrollierende Funktionen aus, indem die vom System legitimierten Ärztinnen und Ärzte über soziale Schlüsselfunktionen wie etwa die Arbeitsfähigkeit oder -unfähigkeit entscheiden oder ein bestimmtes Verhalten als gesundheitsgefährdend und damit sozial abweichend kategorisieren. Die Aufgabe der Mediziner_innen besteht dieser Lesart zufolge darin, den kranken Menschen einerseits für seinen Zustand zu entlasten, andererseits aber auch dafür zu sorgen, dass dieser seine ihm zugedachte Rolle in der Gesellschaft nach erfolgter Rekonvaleszenz möglichst bald wieder ausfüllen kann (Parsons 1951). Gesundheit gilt nach Parsons dementsprechend als »Zustand optimaler Leistungsfähigkeit eines Individuums für die wirksame Erfüllung von Rollen und Aufgaben, für die es sozialisiert worden ist« (Parsons 1967, 57-87). Die ›Schutzfunktion‹ der Arzt_innen hat sicherlich nichts von ihrer Aktualität verloren, kritisiert wird der Ansatz allerdings mittlerweile dafür, dass er ganze Bevölkerungsgruppen, die keine ›Leistung‹ erbringen, etwa alte Menschen und Kinder, aus seiner Betrachtung ausschließt und darüber hinaus die steigende Anzahl chronisch Kranker außer Acht lässt, bei denen eine dauerhafte Heilung nicht möglich erscheint.

Im Gegensatz zum strukturfunktionalistischen Modell betont die soziologische Konflikttheorie dagegen den antagonistischen Gegensatz zwischen Individuum und Gesellschaft bei der Krankheitsgenese. Krankheit wird hier als eine gesundheitliche Störung als Folge gesellschaftlicher Strukturen verstanden, demzufolge jeder Mensch für eine gesunde Lebensführung auf ein stabiles Set von Normen, Strukturen und Regeln angewiesen ist. Wird dieses gesellschaftliche Gleichgewicht gestört, ist das individuelle Dasein in der Gemeinschaft unsicher und prekär, so reagiert die/der Einzelne mit Verwirrung, psychischer Störung, Aggression und letztlich mit Krankheit (Bonacker 2008, 12-14).

4. Von Quantität zur Qualität – das biopsychosoziale Modell

Die zunehmende Kritik an dem vorherrschenden biomedizinisch geprägten Blick auf Gesundheit und Krankheit führte in den 1970er Jahren zur Erweiterung des medizinwissenschaftlichen Konzepts zum biopsychosozialen Modell. Dessen Leitidee wurde wesentlich durch die Theorien des amerikanischen Medizinsoziologen Aaron Antonovsky (1923 – 1994) beeinflusst, der zu den schärfsten Kritikern einer rein patho-genetischen Betrachtung des Menschen zählte (Steffers und Credner 2015, 4). Nach Antonovsky ist jedes Individuum im Laufe seines Lebens mit einer ganzen Reihe belastender und risikohafter Faktoren konfrontiert, denen allerdings schützende und entlastende Anteile entgegengesetzt werden können (Bengel, Strittmatter und Willmann 2004, 23). Diese Grundgedanken führten langfristig zu einer neuen Sichtweise im Gesundheitswesen: Neben der Einbeziehung externer, außerhalb des menschlichen Körpers liegender Faktoren berücksichtigt die biopsychosoziale Medizin daher verstärkt auch die psychische Dimension von Gesundheit und Krankheit. Psychische, soziale und somatische Faktoren werden zu einer ›Körper-Seele-Einheit‹ verbunden. Konkret wird die Gleichzeitigkeit psychologischer und physiologischer Abläufe betont, die ihrerseits unter dem Einfluss sozio-kultureller und ökologischer Makro-Parameter stehen. Die verschiedenen Ebenen existieren jedoch nicht isoliert voneinander, sondern sind miteinander verbunden und beeinflussen sich gegenseitig (Egger 2017).

Die wirklich wegweisende Neuerung des Modells besteht allerdings in der Grundannahme, dass Krankheiten, Leiden und Tod reguläre Phänomene der menschlichen Existenz darstellen und keine schlichte Abweichung von der Normalität. Gesundheit ist demnach als ein »dynamischer Prozess« zu verstehen, der »immer wieder neu erreicht, wiederhergestellt und aufrechterhalten« werden muss (Lippke und Renneberger 2007, 8). Das Ideal des biopsychologischen Gleichgewichtszustands stellt demzufolge nicht den Normalzustand dar, sondern Krankheit und Gesundheit stellen zwei Pole eines gemeinsamen Kontinuums dar, innerhalb dessen die Position der/des Einzelnen jederzeit neu zu bestimmen bleibt (Egger 2005, 3-12). In der biopsychosozialen Medizin geht es daher letztlich vorrangig darum, den Menschen innerhalb des Kontinuums von Gesundheit und Krankheit möglichst nah zum gesunden Pol zu bewegen. Diese Wahrnehmungsverschiebung spiegelt sich auch in der Ottowa-Charta zur Gesundheitsförderung von 1986 wider, die Gesundheit ebenfalls nicht mehr als statischen Zustand beschreibt, sondern deren Prozesshaftigkeit und Dynamik betont (Rosenbrock 1998, 12).

Maßgeblich popularisiert wurde das biopsychosoziale Krankheitsmodell 1977 von George Engel, einem amerikanischen Arzt und Psychoanalytiker (Engel 1977, 129-136). Mittlerweile orientieren sich Gesellschaft, Gesetzgebung und Sozialversicherung immer stärker am biopsychosozialen Erklärungsansatz und es ist wohl kein Zufall, dass dem biopsychosozialen Krankheitsmodell gerade in Zeiten einer alternden Gesellschaft eine erhöhte Relevanz zugesprochen wird. So ist ein höheres Lebensalter nachweislich mit dem erhöhten Auftreten verschiedener gesundheitlicher Einschränkungen verbunden, wie etwa dem Nachlassen des Seh- und Hörvermögens, körperlicher Verschleißerscheinungen sowie der Reduktion des persönlichen Wohlbefindens. Dennoch ist das Schwinden der Lebenskraft nicht als ein krankhafter Vorgang zu begreifen, dem es medizinisch entgegenzuwirken gilt – das Ziel besteht lediglich in der Aufrechterhaltung der Funktionsfähigkeit und der Lebensqualität der Betroffenen (Zank 2000, 44-48).

Insgesamt zeichnet sich das biopsychosoziale Konzept also dadurch aus, dass es wesentliche Elemente der traditionellen Modelle in einem ganzheitlichen und mehrdimensionalen Ansatz zusammenfasst, nach dem Krankheiten sowohl biologische, psychologische, umweltbedingte und soziale Ursachen haben können. Eine weitere Komponente des biopsychosozialen Paradigmas besteht darin, dass auch die subjektive Dimension von Krankheit und Gesundheit berücksichtigt wird, die persönlichen Erfahrungen und Wahrnehmungen der Patient_innen also einen zentralen Beitrag zu Diagnose, Behandlungserfolg und Versorgung darstellen. Eine direkte Folge einer solchen ›Demokratisierung‹ der Gesundheitsdiskussion ist etwa die Nutzung des stark empirisch geprägten Forschungsfelds der Gesundheitsindikatoren-Forschung, die durch repräsentative Umfragen in der Öffentlichkeit nach dem Gesundheitsverständnis ganzer Bevölkerungsteile fragt oder deren gesundheitlichen Zustand kollektiv zu messen versucht (Spijk 2011, 55). Im Versorgungsalltag führt die neue Paradigmenvielfalt zudem zunehmend dazu, dass ein und derselbe/dieselbe Ärzt_in einerseits einen traditionell-schulmedizinischen Ansatz praktizieren kann, zugleich aber auch über alternative, ganzheitlich orientierte Behandlungsangebote verfügt. So hat sich das althergebrachte Selbstverständnis der medizinischen Wissenschaft als das einer exakten Naturwissenschaft mittlerweile gewandelt: Viele Mediziner_innen verstehen ihre Profession heute nicht mehr als reine »Erkenntniswissenschaft«, sondern als eine »Erfahrungswissenschaft« oder praktische »Handlungswissenschaft«, die sich in immer größerem Maße auf die Wissensbestände der Psychologie, der Ingenieurwissenschaften, der Sozialwissenschaften, der Kommunikationswissenschaften oder der Geisteswissenschaften stützt (Hoppe 2005).

Dennoch hat der neue Ansatz auch zahlreiche Kritiker_innen auf den Plan gerufen, die insbesondere die wissenschaftstheoretische Lückenhaftigkeit des Modells monieren, das in der Tat noch über kein einheitliches Begriffssystem verfügt, um die psychologische mit der physiologischen Dimension von Krankheit zu verbinden (Egger 2015, 64). Mit dem neuen Konzept habe man sich definitorisch vielmehr erneut der ›utopischen‹ WHO-Agenda von 1946 angenähert, insbesondere die propagierte Einheit von ›Körper und Seele‹ sei nichts weiter als eine Worthülse ohne echte Aussagekraft. Denn wie könne ein physisch nicht nachweisbarer Vorgang wie ein Gedanke, so ein Kritikpunkt, Einfluss nehmen auf die stoffliche Materialität des Gehirns, ohne dabei die grundlegende Annahme der Physik von der Erhaltung der Masse und Energie zu umgehen? Widerspruch hat das biopsychosoziale Konzept auch aufgrund der in den Augen seiner Gegner_innen vagen, fließenden und definitorisch kaum mehr greifbaren Krankheitsbestimmung erfahren, auf deren Grundlage immer mehr Menschen als krank bezeichnet werden müssten und als Konsequenz Krankheiten ›erfunden‹ würden. Der vermeintlich positive Gesundheitsbegriff werde so im Grunde in sein Gegenteil verkehrt, da in seinem Namen »alles Gesunde in unseren Lebenswelten in Krankes und damit Behandlungswürdiges« verwandelt würde, so der Psychiater Klaus Dörner. Damit werde das Medizinsystem zwar zur stärksten aller Wirtschaftsbranchen gemacht, der Nutzen für den Einzelnen bleibe aber fraglich (Dörner 2007, 3). Aus einer politisch diametral entgegengesetzten, sozialstaatskritischen Richtung wird hingegen gefragt, ob eine derart umfassend verstandene »positive Gesundheit« der Bevölkerung nicht unweigerlich zu einer immer expansiveren staatlichen Gesundheitsförderung führen muss (Huster 2015). Da das utopische Ideal eines vollkommenen sozialen, mentalen und physischen Wohlbefindens jedes/jeder Einzelnen wohl kaum je erreichbar sein wird, sind demnach auch die aufzuwendenden Finanzmittel zur Erreichung dieses Ziels als potenziell unbegrenzt anzusehen.

5. Fazit

Insgesamt zeigt sich, dass das Verständnis von Gesundheit und Krankheit immer Ausdruck der jeweils gesellschaftlich verhandelten Wertvorstellungen und Normen ist, die ihrerseits in hohem Maße raum- und zeitgebunden sind. Was jeweils als Krankheit bewertet wird, ist historisch kontingent und hängt stark vom sozialen und kulturellen Kontext ab. Da den jeweils dominierenden Definitionen in jeder Gesellschaft eine immanent ordnungspolitische Funktion zukommt, kraft welcher Ansprüche, Rechte und Pflichten jedes Individuums innerhalb der Gesellschaft ausgehandelt und entschieden werden, waren und sind Gesundheits- und Krankheitsbegriffe stets massiv umstritten. Bereits der deutsche Medizinhistoriker Karl Eduard Rothschuh hat deshalb richtigerweise darauf hingewiesen, dass »es nie das letzte Konzept von Medizin geben kann«, sondern »verschiedene Zeiten« stets auch »verschiedene Denkansätze als brauchbar empfanden« (Rothschuh 1978, 11). Auch das biopsychosoziale Modell stellt daher keineswegs den Endpunkt einer linear verlaufenden historischen Entwicklung von Gesundheits- und Krankheitsvorstellungen dar, sondern ist ständigen Veränderungen und Transformationen unterworfen und wird möglicherweise eines Tages von neuen Konzepten und Vorstellungen verdrängt und überformt werden.

Bibliographie

Ayden, Yaşar. 2009. Topoi des Fremden: Zur Analyse und Kritik einer sozialen Konstruktion. Hamburg: IVK-Verlags-Gesellschaft.

Bengel, Jürgen, Regine Strittmatter und Hildegard Willmann. 2004. Was erhält Menschen gesund? Antonovskys Modell der Salutogenese – Diskussionsstand und Stellenwert: Eine Expertise. Köln: BZgA.

Bergdolt, Klaus. 2004. »Zur Kulturgeschichte des Gesundheitsbegriffs.« In Grenzen der Gesundheit: Beiträge des Symposiums vom 27. bis 30. September 2003

in Cadenabbia, herausgegeben von Volker Schumpelick, 16-32. Freiburg i. B.: Herder.
Bergdolt, Klaus. 2004. Das Gewissen der Medizin. Ärztliche Moral von der Antike bis heute. München: C.H. Beck.
Berger, Silvia. 2009. Implizite strikte Trennung von Leib und Seele. Eine Geschichte der medizinischen Bakteriologie in Deutschland 1890 – 1933. Göttingen: Steiner Verlag.
Bonacker, Thorsten. 2008. Sozialwissenschaftliche Konflikttheorien. Eine Einführung. Wiesbaden: Verl. für Sozialwiss.
Büttner, Lothar und Bernhard Meyer. 1984. Gesundheitspolitik der Arbeiterbewegung. Vom Bund der Kommunisten bis zum Thälmannschen Zentralkomitee der KPD. Berlin: Volk und Gesundheit.
Coggon, John. 2012. What Makes Health Public? A Critical Evaluation of Moral, Legal, and Political Claims in Public Health. Cambridge: Cambridge University Press. doi: 10.1017/CBO9781139061032
Dörner, Klaus. 2003. Die Gesundheitsfalle. Woran unsere Medizin krankt. Zwölf Thesen zu ihrer Heilung. München: Econ.
Egger, Josef W. 2017. Theorie und Praxis der biopsychosozialen Medizin. Körper-Seele-Einheit und sprechende Medizin. Wien: Facultas.
Egger, Josef W. 2015. Integrative Verhaltenstherapie und psychotherapeutische Medizin: Ein biopsychosoziales Modell. Wiesbaden: Springer Fachmedien. doi: 10.1007/978-3-658-06803-5
Egger, Josef W. 2005. »Das biopsychosoziale Krankheitsmodell. Grundzüge eines wissenschaftlich begründeten ganzheitlichen Verständnisses von Krankheit.« In Psychologische Medizin 16, no. 2: 3-12.
Engel, George L. 1977. »The Need for a New Medical Model. A Challenge for Biomedicine.« In Science Vol. 196, no. 4286: 129-136. doi: 10.1126/science.847460
Fangerau, Heiner und Michael Martin. 2011. »Konzepte von Gesundheit und Krankheit. Die Historizität elementarer Lebenserscheinungen zwischen Qualität und Quantität.« In Entgrenzung der Medizin. Von der Heilkunst zur Verbesserung des Menschen?, hg. von Willy Viehöver, 51-67. Bielefeld: transcript Verlag.
Fehmel, Thilo. 2014. »Gesellschaftsbildung. Europäische Integration durch soziale Konflikte, Leipzig.« In Systemzwang und Akteurswissen: Theorie und Empirie von Autonomiegewinnen, hg. von Thilo Fehmel, 133-157. Frankfurt: Campus. doi: 10.1007/978-3-658-09231-3_8
Flatscher, Matthias und Torsten Liem. 2012. »Was ist Gesundheit? Was ist Krankheit? Überlegungen zu einem Problemkomplex.« Osteopathische Medizin 13, no. 2: 18-21. doi: 10.1016/j.ostmed.2012.05.001
Foucault, Michel. 2013 (1961). Wahnsinn und Gesellschaft: Eine Geschichte des Wahns im Zeitalter der Vernunft. 20. Aufl. Frankfurt: Suhrkamp.

Franke, Alexa. 2012. Modelle von Gesundheit und Krankheit. Bern: Hogrefe AG.

Höffe, Otfried (Hg.). 2008. Lexikon der Ethik. 7. neubearb. und erw. Aufl. München: Beck.

Hoppe, Jörg-Dietrich 2005. »Statt Programm-Medizin: Mehr Vertrauen in die ärztliche Urteilskraft.« In Deutsches Ärzteblatt 102, no. 14.

Hurrelmann, Klaus und Matthias Richter. 2013. Gesundheits- und Medizinsoziologie. Eine Einführung in sozialwissenschaftliche Gesundheitsforschung. 8. überarb. Aufl. Weinheim: Beltz Juventa.

Huster, Stefan. 2015. Selbstbestimmung, Gerechtigkeit und Gesundheit. Normative Aspekte von Public Health. Baden-Baden: Nomos. doi:10.5771/9783845268064

Illich, Ivan. 1982. Medical Nemesis. The Expropriation of Health. New York: Pantheon Books.

Kreßner, Maximilian. 2019. Gesteuerte Gesundheit: Grund und Grenzen verhaltenswissenschaftlich informierter Gesundheitsförderung und Krankheitsprävention. Baden-Baden: Nomos. doi: 10.5771/9783845293257

Lippke, Sonia und Babette Renneberger. 2007. »Konzepte von Gesundheit und Krankheit.« In Konzepte von Gesundheit und Krankheit, hg. von Sonia Lippke and Bebette Renneberger, 7-12. Heidelberg: Springer. doi: 10.1007/978-3-540-47632-0_2

Lütz, Manfred. 2007. Lebenslust. Wider die Diät-Sadisten, den Gesundheitswahn und den Fitness-Kult. 10. Aufl. München: Pattloch Verlag.

Manow, Philip. 1998. »Der historische der sozialen Krankenversicherung. Von der sozialen Not zur umfassenden Daseinsvorsorge – ein umgekehrter Weg.« In Gesundheit – unser höchstes Gut? Vorgelegt in der Sitzung vom 27.06.98, hg. von Heinz Häfner, 145-166. Berlin: Springer. doi: 10.1007/978-3-642-60166-8_8

McKeown, Thomas. 1988. The Origins of Human Disease. Oxford: Oxford University Press.

McKeown Thomas, Record RG und Turner RD. 1975. »An Interpretation of the Decline of Mortality in England and Wales during the Twentieth Century.« Population Studies 29, no. 3: 391-422. doi: 10.1080/00324728.1975.10412707

Moynihan Ray, Iona Heath und David Henry. 2002. »Selling Sickness. The Pharmaceutical Industry and Disease Mongering.« BMJ 2002: 886-891. doi: 10.1136/bmj.324.7342.886

Myrtek, Michael. 1998. Gesunde Kranke – kranke Gesunde. Psychophysiologie des Krankheitsverhaltens. Bern: Huber.

Parsons, Talcott. 1951. The Social System. New York: Alexander Street Press.

Parsons, Talcott. 1967. »Definition von Gesundheit und Krankheit im Lichte der Wertebegriffe und sozialen Struktur Amerikas.« In Der Kranke in der modernen Gesellschaft, edited by Alexander Mitscherlich, 57-87. Köln: Kiepenheuer.

Payer, Lynn. 1992. Disease-mongers. How Doctors, Drug Companies, and Insurers are Making You Feel Sick. New Jersey: Wiley & Sons.

Richter, Matthias und Klaus Hurrelmann (Eds.). 2016. Soziologie von Gesundheit und Krankheit. Wiesbaden: Verl. für Sozialwissenschaften. doi: 10.1007/978-3-658-11010-9

Rosenbrock, Rolf. 1998. Die Umsetzung der Ottawa Charta in Deutschland. Prävention und Gesundheitsförderung im gesellschaftlichen Umgang mit Gesundheit und Krankheit. Berlin: Springer.

Rothschuh, Karl Eduard. 1978. Konzepte der Medizin in Vergangenheit und Gegenwart. Stuttgart: Hippokrates-Verlag.

Scheibler-Meissner, Petra. 2004. Soziale Repräsentationen über Gesundheit und Krankheit im europäischen Vergleich. Frankfurt a.M.: Lang.

Schmidt, L.R. 1998. »Dimensionen von Gesundheit (und Krankheit): Überblicksarbeit.« Zeitschrift für Gesundheitspsychologie 6, no. 5: 161-178.

Schönholz, Christian. 2013. Rudolf Virchow und die Wissenschaften vom Menschen. Wissensgenerierung und Anthropologie im 19. Jahrhundert. Würzburg: Königshausen & Neumann.

Schramme, Thomas (Ed.). 2012. Krankheitstheorien. Berlin: Suhrkamp Verlag.

Schwarz, Wilhelm. 2012. Public Health: Gesundheit und Gesundheitswesen. 3. völlig neu bearb. und erw. Aufl. München: Urban & Fischer Verlag.

Seger, Wolfgang und Maik Ellis. 2017. »Krankheitsmodell für die Versorgung im 21. Jahrhundert: Psychosoziales Umfeld einbeziehen.« Deutsches Ärzteblatt 114, no. 10.

Shelton, Catherine. 2008. Unheimliche Inskriptionen. Eine Studie zu Körperbildern im postklassischen Horrorfilm. Bielefeld: transcript. doi: 10.14361/9783839408339

Spijk, Piet van. 2011. Was ist Gesundheit? Anthropologische Grundlagen der Medizin. Freiburg i.Br.: Alber.

Steffers, Gabriele und Susanne Credner. 2015. Allgemeine Krankheitslehre und Innere Medizin für Physiotherapeuten. 133., aktual. Aufl. Stuttgart: Thieme. doi: 10.1055/b-003-117819

Steger, Florian und Kay Peter Jankrift (Hg.). 2004. Gesundheit – Krankheit. Kulturtransfer medizinischen Wissens von der Spätantike bis in die frühe Neuzeit. Köln: Böhlau.

Trabert, Gerhard und Heiko Waller 2013. Sozialmedizin: Grundlagen und Praxis. 7. aktualisierte und erw. Aufl. Stuttgart: Kohlhammer.

Wendt, Claus (Hg.). 2006. Soziologie der Gesundheit, Wiesbaden: Verl. für Sozialwissenschaften.

Weßling, Heinrich. 2001. Theorie der klinischen Evidenz: Versuch einer Kritik der Evidenzbasierten Medizin, Wien: LIT.

White, K. 2009. An Introduction to the Sociology of Health and Illness. Los Angeles: Sage.

WHO. 1946. Satzung der WHO (Weltgesundheitsorganisation). Präambel zur Satzung, Genf.

Wittern-Sterzel, Renate. 2003. »›Die Politik ist weiter nichts, als Medicin im Großen.‹ Rudolf Virchow und seine Bedeutung für die Entwicklung der Sozialmedizin« Verhandlungen der Deutschen Gesellschaft für Pathologie 87: 150-157.

Wolff, Eberhard. 2010. »Moderne Diätetik als präventive Selbsttechnologie. Zum Verhältnis heteronomer und autonomer Selbstdisziplinierung zwischen Lebensreformbewegung und heutigem Gesundheitsboom.« In Das präventive Selbst. Eine Kulturgeschichte moderner Gesundheitspolitik, hg. von Martin Lengwiler, 169-205. Bielefeld: transcript Verlag.

Zank, S. 2000. »Gesundheit und Krankheit.« In: Angewandte Gerontologie in Schlüsselbegriffen, hg. von Hans-Werner Wahl, 44-48. Stuttgart: Kohlhammer.

Ziegelmann, Jochen Phillip. 2013. »Gesundheits- und Krankheitsbegriffe.« In Gesundheitspsychologie A bis Z. Ein Handwörterbuch, hg. von Ralf Schwarzer, 149-152. Göttingen: Hogrefe, Verl. für Psychologie.

II. Wahn|Sinn – Psychische Krankheiten in digitalen Spielen

Psychiatrische Kliniken als totale Institutionen in digitalen Spielen

Stefan Heinrich Simond

Abstract: Time and time again derelict psychiatric institutions and rogue inmates serve as settings and antagonists in cultural narratives, and digital games are no exception. The eeriness of exploring what Erving Goffman calls ›total institutions‹ and the tension of being confronted with the mentally ill orchestrate a persistent conflict between madness and reason. How this conflict is constructed on a narrative, aesthetic, and ludic level is the central focus of this article. The perspective applied leans heavily on discourse analysis to give a brief overview of contemporary ideas on mental illness and psychiatric institutions. Theoretically founded in Erving Goffman's concept of total institutions, *Outlast* (Red Barrels, 2013) and *The Town of Light* (LKA, 2016) are comparatively interpreted, concluding in the assumption that the perspective of both titles, while differing considerably, construct mirroring glances on psychiatric institutions and the madness within

Keywords: Mental Illness; Total Institution; Psychiatry; Digital Games; Game Studies

Schlagworte: Psychische Krankheit; Totale Institution; Psychiatrie; Digitale Spiele; Game Studies

1. Einleitung

Die schier endlosen Korridore psychiatrischer Institutionen sind ein etabliertes Setting kultureller Erzählungen.[1] Das Horror-Genre scheint aus dem Unbehagen der Psychiatrie und ihrer Geschichte stets neue Inspiration zu ziehen, weshalb die Texte – seien sie literarisch, filmisch, theatralisch oder spielerisch – ein umfangreiches Korpus bilden. Während die akademische Auseinandersetzung mit der

1 Allein die Filme *One Flew Over the Cuckoo's Nest* (1962), *Asylum* (1972), *American Horror Story: Asylum* (2010) und *Shutter Island* (2010) sollten als Beispiele hinreichend sein, um die Prominenz der Horror-Psychiatrie in medialen Texten zu unterstreichen.

Konstruktion psychischer Krankheiten[2] und ihrer Institutionen in Literatur und Film reichhaltig ist, fliegen digitale Spiele bislang überwiegend unter dem Radar analytischer Aufmerksamkeit.

Dieser Beitrag begegnet jenem Desiderat mit einer qualitativen, komparativen Textanalyse. Vor dem Hintergrund theoretischer Ansätze von Erving Goffman und Michel Foucault, welche die kulturphilosophische und soziologische Auseinandersetzung mit psychischen Krankheiten und ihren Institutionen maßgeblich vorantrieben, wende ich mich den Titeln *Outlast* (Red Barrels, 2013) und *The Town of Light* (LKA, 2016) zu, um die nachfolgenden Fragen zu beantworten: Wie werden psychische Krankheiten und psychiatrische Institutionen in beiden Titeln konstruiert und worin unterscheiden sich jene Konstruktionen? Welchen Anteil haben spezifisch ludische Elemente an der Konstruktion psychischer Krankheit? Und welche Schlussfolgerungen lassen sich anhand der Konstruktion psychiatrischer Kliniken für das gesellschaftliche Bild der Institutionen und ihrer Insassen ziehen? Wie aus den Fragen augenscheinlich hervorgeht, sind die beiden Titel bewusst gewählt, um den Kontrast zwischen verschiedenen Perspektiven auf psychiatrische Institutionen im Kontext digitaler Spiele herauszuarbeiten.

Zum Zwecke der theoretischen Vorarbeit werden zunächst das zugrunde liegende Krankheitsbild und die Relevanz der Moral für jenes erläutert. Anschließend folgt ein Überblick über den Forschungsstand zur medialen Konstruktion psychischer Krankheiten und über den Anti-Stigma-Diskurs. Ein Blick auf die Praxis der Psychiatrie in der Moderne dient sodann der Illustration des historischen Kontextes. In einer Auseinandersetzung mit dem Konzept der ›totalen Institution‹ von Erving Goffman werden Begriffe und Annahmen für die anstehende Analyse geschärft. Im Zuge der Analyse werden zunächst die narrativen, ästhetischen und ludischen Spezifika der beiden Titel *Outlast* und *The Town of Light* hinsichtlich ihrer Konstruktion psychiatrischer Institutionen herausgearbeitet und im abschließenden Fazit zur Beantwortung oben aufgeführter Fragen zusammengeführt.

2 Im allgemeinen Sprachgebrauch hat sich der Begriff ›psychische Störungen‹ etabliert. So werden psychische Störungen in der *International Classification of Diseases* (ICD) und im Diagnostischen und statistischen Manual Psychischer Störungen (DSM) klassifiziert, wobei ein kurzzeitiges Auftreten von Symptomen nur in Ausnahmefällen als Störung gilt. Alexa Franke (2012, 82-86) folgend habe ich mich jedoch entschieden, von ›psychischen Krankheiten‹ anstatt von ›psychischen Störungen‹ zu sprechen, da der Begriff ›Störung‹ durch seine Distanz zur Krankheit die Stigmatisierung psychisch kranker Menschen verschleiert, aber nicht diskutiert.

2. Die (Un-)Trennbarkeit von Krankheit und Moral

Von der vermeintlichen Versündigung kranker Menschen im Mittelalter über die strafende Internierung des 19. Jahrhunderts bis zur Selbstverantwortlichkeit der Gesunderhaltung im Neoliberalismus erscheint eines evident: Krankheit und Moral sind voneinander nicht zu trennen (Góralczyk 2014; Franke 2012, 16, 68; Foucault 1961/2015, 130). Ob Gesundheit als religiöse Pflicht gegenüber Gott, moralische Pflicht gegenüber sich selbst oder als soziale Pflicht gegenüber der Gemeinschaft gedacht wird; ihr Gegenteil bleibt stets ein soziales Ereignis (Franke 2012, 55-56; Dross und Metzger 2018; Jaspers 1920, 4ff.). Diese normativistische Position geht davon aus, dass Gesellschaften diejenigen Phänomene als ›krank‹ attribuieren, welche den Norm- und Idealvorstellungen nicht entsprechen, die ihrerseits Teil und Ergebnis diskursiver Prozesse sind[3] (Dross und Metzger 2018; Franke 2012, 27; Boorse 1975, 50-51). Somit ist Krankheit kaum rein medizinisch oder gar quantitativ-empirisch, sondern stets auch als soziales, kulturelles, historisches und nicht zuletzt moralisches Phänomen denkbar (Dross und Metzger 2018; Franke 2012, 35).

Ein biopsychosoziales Krankheitsmodell, welches auch diesem Beitrag zugrunde liegt, integriert deshalb das komplexe Zusammenwirken verschiedener Faktoren: Die funktionalistischen Operationen des Organismus, die subjektive Krankheitserfahrung und die sozialen Kontexte (Franke 2012, 130-132; Egger 2015). In der anhaltenden Debatte um Medikalisierungsprozesse[4] kommt psychischen Krankheiten dabei eine besondere Rolle zu, insofern diese unmittelbar die Persönlichkeit im Verhältnis zu ihrer sozialen Umwelt und damit den Ursprung moralischer Verantwortung betreffen (Boorse 1975, 66). Demnach wird über das Instrument medikaler Diagnostik und Therapie eine Form biopolitischer Kontrolle über Formen der Devianz ausgeübt (Conrad und Schneider 1992). So attestiert etwa Michel Foucault den Frühformen psychiatrischer Diagnostik im 18. Jahrhundert eine Definition des Wahnsinns[5] als »[...] psychologische Wirkung eines

3 So abstrakt der Gedanke zunächst erscheinen mag, so deutlich wird er anhand eines Beispiels. Im Dezember 2017 entflammte etwa eine Debatte aufgrund des Beschlusses der *World Health Organisation* (WHO) die sogenannte ›Gaming Disorder‹ in das Spektrum der nicht-stoffgebundenen Süchte aufzunehmen (ICD-11 6C51.0). Mitsamt der Diskussion rund um potenzielle Machtinteressen, Stigmatisierung und letztlich das Hilfebedürfnis Abhängiger ist hier ein Paradebeispiel der Aushandlung von nosologischer Klassifizierung bzw. Pathologisierung zu beobachten. Siehe exemplarisch Leonard (2018), Sarkar (2018) und Phalin (2018).

4 Siehe etwa Conrad (2013).

5 Der Begriff ›Wahnsinn‹ mag zunächst pejorativ erscheinen, wird hier jedoch als deutsche Übersetzung von ›madness‹ komplementär zu ›psychische Krankheit‹ verwendet. ›Wahnsinn‹ ist ebenso wie ›Irre‹ im Anti-Stigma-Diskurs zum Zwecke des Reclaimings durch identitätspolitisches Engagement gebräuchlich (Harper 2016, 462-463). Wird also nachfolgend von ›Wahnsinn‹

moralischen Fehlers« (Foucault 1961/2015, 306). Aus der Annahme, dass psychische Krankheit und Moral historisch in besonders engen Bezug zueinander gestellt wurden, ergeben sich Konsequenzen für die Analyse medialer Konstruktionen, die im Zuge einer Eruierung des Forschungsstandes im nächsten Abschnitt beleuchtet werden.

3. Mediale Konstruktionen und der Anti-Stigma-Diskurs

Seit den 1990er Jahren ist eine zunehmende Sensitivität gegenüber stigmatisierenden Konstruktionen psychischer Krankheit in den Medien zu beobachten. Dies ist eine Entwicklung, die sowohl dem Einsatz von Awareness-Kampagnen Betroffener als auch der analytischen Aufmerksamkeit seitens des akademischen Feldes zu verdanken ist (Harper 2016, 460-461). Da sich die Stigmatisierung psychisch kranker Menschen beträchtlich auf deren Umgang mit der Krankheit niederschlagen kann,[6] ist von einer moralischen Verantwortung der Gesellschaft auszugehen, Stigmatisierung zu vermeiden und zu dekonstruieren, um den Leidensdruck Betroffener zu mindern (Klein und Lemish 2008, 434-435, 444; Mahar 2013). Während die Errungenschaften bisheriger Auseinandersetzungen mit der Konstruktion psychischer Krankheiten in den Medien keinesfalls gering geschätzt werden sollen, gilt es dennoch initial die Ergebnisse und Prämissen des Anti-Stigma-Diskurses aufzugreifen und zu modifizieren.

Die negativen und positiven Stereotype psychischer Krankheiten, die seitens zahlreicher fiktionaler Erzählungen in verschiedenen Medien reproduziert werden, sind reichhaltig beschrieben. Zwischen dem ›homicidal maniac‹ und dem ›specially gifted genius‹ entfaltet sich ein breites Spektrum von Oberflächlichkeiten, denen folgend die fiktionalen Figuren zuvorderst psychisch krank sind und, wenn überhaupt, nur sekundär eine differenziertere Charakterzeichnung aufweisen.[7] Die spezifische Auseinandersetzung mit digitalen Spielen ist dabei selten

gesprochen, so ist damit kein individuelles Phänomen gemeint, sondern eine Idee und ihre praktische Umsetzung.

6 Die Stigmatisierung psychisch Kranker in den Medien und die Auswirkungen der medialen Konstruktionen auf die Betroffenen sind hinreichend untersucht. So geben Betroffene das Bild psychischer Krankheit in den Medien, nach interpersonellen Konsequenzen, als zweithäufigsten Faktor für Diskriminierung an (Holzinger et al. 2003, 395). Dabei ist jedoch, wie Angermeyer (2003, 358) herausstellt, unbedingt zu unterscheiden zwischen tatsächlich erfahrener Stigmatisierung und antizipierter Stigmatisierung. Insbesondere ein hohes Maß an antizipierter Stigmatisierung kann dazu führen, dass Betroffene sich für ihre Krankheit schämen und somit weder freundschaftliche, familiäre noch professionelle Hilfe in Anspruch nehmen.

7 Die Typologie, der die Begriffe ›homicidal maniac‹ und ›narcissistic parasite‹ entspringen, stammt von Hyler et al. (1991). Frühe einschlägige Studien zur Konstruktion psychisch kranker Menschen

und erst in den letzten Jahren zu verzeichnen.[8] Sowohl für digitale Spiele als auch für das erweiterte Korpus der Konstruktion psychischer Krankheit in den Medien ist augenscheinlich, dass psychische Krankheiten besonders häufig mit gewalttätigem Verhalten korrelieren: »The media in all of their forms often present the mentally ill as violent.« (Harper 2016, 466; vgl. auch Signorielli 1989) Prototypisch wird dies anhand des/der wahnsinnigen Antagonist_in deutlich (Mahar 2013).

Doch es sind beileibe nicht nur psychisch kranke Menschen, die von stigmatisierenden Repräsentationen betroffen sind, sondern auch deren soziales Umfeld, insbesondere im Kontext psychiatrischer Institutionen. Auf die kulturelle Ubiquität der Horror-Psychiatrie wurde eingangs bereits hingewiesen und es ist aufgrund der Geschichte der Psychiatrie (vgl. Kapitel 4) wenig verwunderlich, dass das Horror-Genre die Psychiatrie als Setting stetig wiederkehrend aufgreift (Mahar 2013). Von stigmatisierenden Konstruktionen betroffen sind in diesem Zuge sowohl die Mitarbeiter_innen psychiatrischer Institutionen – zuvorderst Psychiater_innen[9], die nicht selten als sadistisch und ›pervers‹ figuriert sind – als auch diverse Therapieformen wie die Elektrokonvulsionstherapie[10] (EKT) und die transorbitale Lobotomie, deren therapeutischer Zweck hinter ihre Funktion als Straf- und Folterinstrument zurücktritt (Klein und Lemish 2008, 439, 441).

Im Zuge analytischer Auseinandersetzungen neigt der Anti-Stigma-Diskurs allerdings nicht selten dazu, die Diversität der Popkultur zu unterschätzen. Besonders deutlich wird dies immer dann, wenn Realismus – unmittelbar gekoppelt an normative Urteile – zur leitenden analytischen Kategorie wird. Konkret ist die Annahme gemeint, dass die fiktionalen Konstruktionen psychischer Krankheiten in kulturellen und künstlerischen Texten letztlich daran zu messen sind, wie sehr sie dem Kenntnisstand der psychiatrischen Forschung bzw. dem alltäglichen Erleben von Betroffenen entsprechen. Die Fixation auf ›realistische Repräsentationen‹ hat zweifelsohne ihre Berechtigung; letztlich sind es oftmals Miss-

---

in den Medien finden sich bei Otto Wahl (1995) und der Glasgow Media Group (1996). Neuere Auseinandersetzungen von Klein und Lemish (2008), Middleton (2016) und Stollfuß (2018) knüpfen an jene Ergebnisse an.

8 Siehe etwa die quantitative Studie von Shapiro und Rotter (2016) sowie den zugehörigen kritischen Kommentar von Sendler (2017); für qualitative Analysen siehe Görgen (2014, 2016). Im journalistischen Diskurs ist die Kritik an der Konstruktion psychischer Krankheiten in digitalen Spielen lebhaft; siehe exemplarisch Lacina (2017), Lindsey (2014) oder Walker (2013).

9 Das generische Maskulinum kommt hier bewusst zum Einsatz. Der Tatsache entgegen, dass weibliche Personen eine starke Präsenz im Berufsfeld haben, überwiegen mediale Darstellungen männlicher Ärzte und Psychiater; kontrastiert von der weiblichen Konnotation des Pflegepersonals (Klein und Lemish 2008, 439).

10 Bezüglich der medialen Konstruktion der EKT siehe Sienaert (2016) und Matthews et al. (2016); für eine Auseinandersetzung mit dem Wissen über die EKT und deren gesellschaftlicher Akzeptanz in Deutschland siehe Wilhelmy et al. (2018).

repräsentationen und Mythen, welche zur Stigmatisierung psychisch Kranker beitragen (Harper 2016, 461). Die Kunst kann sich aber auch Überformungen und Abstraktionen bedienen, deren Bedeutungsebenen vielfältig sind. Realismus als Maßstab anzulegen, kommt dann einer Verkürzung gleich, welche die Polysemie fiktionaler Texte vernachlässigt (Middleton 2016, 185; Stollfuß 2018; Harper 2016, 460, 476-477).

Aus jener Kritik resultiert ein Desiderat, zu dessen Aufarbeitung dieser Artikel beitragen soll. Klein und Lemish (2008, 437, 444) stellen etwa heraus, dass es auffallend wenige Produktionsstudien zur Konstruktion psychischer Krankheiten in den Medien gibt. Um der Limitierung des Textumfanges gerecht zu werden, entfallen jene Anteile jedoch für diesen Beitrag. Middleton (2016, 187) und Harper (2016, 475) unterstreichen überdies die Notwendigkeit, spezifische ästhetische Aspekte der Konstruktion psychischer Krankheit in der Analyse zu berücksichtigen: »In considering media images of madness, it may be time for critics to consider more detailed and tightly focused studies of media texts that seek to reveal their narrative, generic and formal complexities.« (Harper 2016, 478)

Diesen Überlegungen folgend geht die hier vorgestellte Analyse den Realitätsbezügen der Texte nur nach, insofern sie explizit sind. Realismus und Authentizität werden nicht als normativer Indikator für ›gelungene‹ Konstruktionen angelegt. Überdies wird nachfolgend darauf verzichtet, fiktionalen Figuren Diagnosen zuzuschreiben, insofern diese nicht im Text selbst expliziert werden. Die fiktionalen Konstruktionen entsprechen realen Krankheiten nicht unbedingt und sie müssen es auch nicht, um ihr Bedeutungspotenzial zu entfalten.

4. Die Praxis der modernen Psychiatrie

Auf den wenigen Seiten dieses Beitrages ist es selbstredend unmöglich, die facettenreiche und mithin diffuse Geschichte der psychiatrischen Internierung zu illustrieren. Sowohl für das Verständnis der nachfolgenden Beobachtungen von Goffman als auch für die komparativen Analysen sind jedoch einige Anmerkungen erforderlich, welche die historische Situation der Psychiatrie im 20. Jahrhundert verdeutlichen. Nicht umsonst zeigt sich an den Internierungshäusern, so Foucault, wie die Moral zu einem Akt staatlicher Verwaltung wird (Foucault 1961/2015, 94-95).

Die Psychiatrie als Institution blickt auf eine lange Geschichte zurück, etwa mit der Eröffnung des Bethlehem Hospital in London im Jahre 1247; eine Institution, die als »longest continuing mental hospital in Europe« bezeichnet wird (Braddock und Parish 2001, 19). Von der Isolierung und Kriminalisierung psychisch kranker Menschen[11] im Zuge der Umfunktionierung leerstehender Leprosorien in der Renaissance bis zur Straf- und Konditionierungsanstalt im 18. Jahrhundert ist zu berücksichtigen, dass die medizinische Fürsorge lange kein primäres Anliegen psychiatrischer Institutionen war. »Die ärztliche Pflege ist der Internierungspraxis aufgepfropft, um bestimmte Wirkungen auszuschließen. Sie bildet weder ihren Sinn noch ihre Ursache.« (Foucault 1961/2015, 19-23, 104; Dross/Metzger 2018; Franke 2012, 70) Erst im 19. Jahrhundert, in welchem die Praxis der Internierung ihren vorläufigen Höhepunkt erreicht, entwickelt sich die naturwissenschaftliche Psychiatrie als Disziplin, drängt den religiösen Impetus der mittelalterlichen und frühneuzeitlichen Institutionen zurück und zieht mitsamt ihres medizinischen Blickes zahlreiche diagnostische Differenzierungen ein, die zu einer Vereinnahmung des Wahnsinns durch die Wissenschaft führen[12] (Franke 2012, 70-72; Häfner 2016, 120-121).

In der ersten Hälfte des 20. Jahrhunderts ist es dann vor allem die Eugenik, die als ideologische Grundlage zur Internierung psychisch Kranker dient. Drastischer als in jedem anderen Land setzt sich die Eugenik mit der Machtergreifung durch die Nationalsozialisten im Rahmen ihrer Ideologie der Rassenhygiene als Prinzip in Deutschland durch, mitsamt der Annahme, psychisch Kranke seien eine Bedrohung für die gesunde Gesellschaft, ihre Internierung erforderlich und ihre Reproduktion inakzeptabel. Psychisch Kranke werden zwangssterilisiert oder direkt getötet. Die psychiatrischen Institutionen, welche gerade erst im Begriff sind, von Strafe und Verwahrung zu einer Praxis der Fürsorge überzugehen, betätigten sich unter nationalsozialistischer Herrschaft an der sorgsam orchestrierten Vernichtung psychisch kranker Menschen (Häfner 2016, 124-125; Carlson 2015, 110; Franke 2012, 72-73). »Eine Psychiatrie als ärztliche Disziplin zur Heilung oder zur Hilfe bei Krankheit und ihren Folgen schien mit diesen grauenhaften Verbrechen untergegangen zu sein. Die psychiatrischen Anstalten hatten das Vertrauen der Kranken und der Angehörigen verloren.« (Häfner 2016, 125)

Nach dem Zweiten Weltkrieg ist die psychiatrische Struktur – auch, aber nicht nur in Deutschland – dringend reformbedürftig. Den überfüllten Psychiatrien mangelt es nicht nur an sozialem Rückhalt, sondern auch an Personal und Ressourcen. Im Laufe der 1960er Jahre zeichnen sich erste Bestrebungen einer grundsätzlichen Reform der psychiatrischen Fürsorge ab. Gekoppelt an ein humanistisches Ideal wird die Forderung nach einem Rückbau der Institutionen lauter und schließlich unüberhörbar. Die 68er-Bewegung trägt die Forderung nach einer Psychiatrie-Reform, welche vorwiegend in akademischen Kreisen entwickelt wird, mit Nachdruck in den öffentlichen Diskurs (Schaarschmidt 2018; Häfner

11 Es wurde zu dieser Zeit wenig differenziert: Obdachlose, Arme, Kranke, Homosexuelle und Straftäter fielen gleichsam in den Einzugsbereich der Institutionen (Foucault 1961/2015, 109-112).

12 Zur Genealogie der Klassifikation im 18. Jahrhundert siehe Foucault (2016, 169-214).

2016, 119; Franke 2012, 74). Als Vorbild für die Umsetzung gelten ähnliche Bestrebungen, die sich in Europa und den USA bereits etablieren. So wird bereits 1945 im Rahmen des *National Health Service Acts* in Großbritannien eine weitreichende psychiatrische Reform durchgeführt. 1954 entschließen sich die USA zu einer radikalen Enthospitalisierung psychisch kranker Menschen, was jedoch zu einer sozialpolitischen Katastrophe führt, da den Entlassenen keine Anschlussversorgung zukommt und sie stattdessen sich selbst überlassen werden (Schaarschmidt 2018; Häfner 2016, 131-133; Franke 2012, 76-77). In den 1970er Jahren tragen die sozialpsychiatrischen Reformen auch in (West-)Deutschland Früchte: Abgelegene Psychiatrien werden aufgelöst und durch Spezialabteilungen in lokalen Krankenhäusern ersetzt; Rehabilitation und Resozialisierung werden als allgemeine Ziele festgesetzt und lösen das Verwahrungsprinzip ab (Carlson 2015, 110; Franke 2012, 76-77). Die sogenannte ›Psychiatrie-Enquête‹, ein im Auftrag des Bundestages in den Jahren 1971-1975 erhobener »Bericht über die Lage der Psychiatrie in der Bundesrepublik Deutschland«, trägt ihr Übriges dazu bei, die sozialpsychiatrischen Reformen[13] voranzutreiben. »Einer der bedeutendsten Erfolge der Enquête war jedoch immaterieller Natur: Ein tiefgreifender Mentalitätswandel bei der Mehrzahl der in der psychiatrischen Krankenversorgung Tätigen und im Zusammenhang damit ein grundlegend veränderter Umgang mit den psychisch Kranken.« (Häfner 2016, 140)

5. Psychiatrische Kliniken als totale Institutionen

In der frühen Phase der fundamentalen Kritik an psychiatrischer Internierung führt Erving Goffman eine Reihe von teilnehmenden Beobachtungen in den USA durch, deren Ergebnisse er 1961 unter dem Titel *Asyle – Über die soziale Situation psychiatrischer Patienten und anderer Insassen* zusammenfasst.[14] Goffman beschreibt – wie auch Ivan Belknap (1956) wenige Jahre zuvor – die Lebensrealität von Patient_innen psychiatrischer Kliniken, die er als ›totale Institutionen‹ be-

13 Die institutionellen Reformen wurden von einer antipsychiatrischen Bewegung flankiert. Mitunter auf den Arbeiten von Michel Foucault basierend brachte der antikapitalistische Protest der 1970er Jahre fundamentalen Widerstand gegen psychiatrische Institutionen mit sich; so weit gehend, die Existenz psychischer Krankheiten selbst in Abrede zu stellen. Die Selbstbestimmung der ›Irren‹ steht im Fokus, wohingegen ihre Symptome als Ergebnis gesellschaftlicher Zwänge gedacht werden. Die sogenannte ›Irren-Offensive‹ ist auch gegenwärtig noch aktiv (Schaarschmidt 2018; Franke 2012, 74-75).

14 *Wahnsinn und Gesellschaft* von Michel Foucault erschien ebenso im Jahre 1961. Während die exakte Überschneidung einem Zufall geschuldet sein mag, wird daraus dennoch ersichtlich, dass sich Ende der 1950er und Anfang der 1960er Jahre die kritisch-analytische Auseinandersetzung mit der Geschichte psychischer Krankheiten und ihren Institutionen intensivierte.

zeichnet. Die Ausführungen Goffmans sind für die nachfolgenden Analysen aus zwei Gründen besonders einschlägig: (1) Goffman bezieht bewusst das Alltagsleben der Patient_innen ein; (2) die Beschreibungen Goffmans beziehen sich auf die 1950er und die frühen 1960er Jahre. Der zweite Aspekt ist insofern von Interesse, da die Konstruktionen psychiatrischer Kliniken in den hier analysierten digitalen Spielen direkte Bezüge zu der Internierungspraxis vor der sozialpsychiatrischen Reform herstellen.

Den Begriff ›totale Institution‹ definiert Goffman wie folgt: »Eine totale Institution läßt sich als Wohn- und Arbeitsstätte einer Vielzahl ähnlich gestellter Individuen definieren, die für längere Zeit von der übrigen Gesellschaft abgeschnitten sind und miteinander ein abgeschlossenes, formal reglementiertes Leben führen.« (1961/2016, 11) Innerhalb totaler Institutionen werden Bedürfnisse von Menschen verwaltet und deren Leben entsprechend gesetzter Ziele organisiert (ebd., 18). Totale Institutionen erwarten nicht nur eine gewisse Hingabe seitens aller Beteiligten, sondern streben durch ihre strukturelle Organisation einen Zugriff auf das Wesen der Insass_innen an; eine Beobachtung, die insbesondere in Bezug auf psychiatrische Kliniken nicht zu überschätzen ist (ebd., 173). Ein essenzialistisches Verständnis totaler Institutionen weist Goffman zurück und verweist stattdessen auf die Beobachtung gewisser Gemeinsamkeiten im Sinne Wittgenstein'scher Familienähnlichkeiten (ebd., 17). Die Psychiatrie ist dabei nur einer von fünf nicht zwangsläufig erschöpfenden Typen.[15] Als prototypische Eigenschaften führt Goffman dabei die folgenden auf:

1. Alle Angelegenheiten des Lebens finden an ein und derselben Stelle, unter ein und derselben Autorität statt.
2. Die Mitglieder der Institution führen alle Phasen ihrer täglichen Arbeit in unmittelbarer Gesellschaft einer großen Gruppe von Schicksalsgenossen aus, wobei allen die gleiche Behandlung zuteilwird und alle die gleiche Tätigkeit gemeinsam verrichten müssen.
3. Alle Phasen des Arbeitstages sind exakt geplant, eine geht zu einem vorher bestimmten Zeitpunkt in die nächste über, und die ganze Folge der Tätigkeit wird von oben durch ein System expliziter formaler Regeln sowie durch einen Stab von Funktionären vorgeschrieben.

15 Die fünf Typen sind die folgenden: (1) Fürsorge für unselbstständige oder harmlose Menschen (e.g. Altersheime, Waisenhäuser); (2) Fürsorge für potenziell, wenngleich unbeabsichtigt gefährliche Menschen (e.g. Irrenhäuser, Leprosorien); (3) Absonderung von Menschen, die für bewusst gefährlich gehalten werden (e.g. Gefängnisse, Konzentrationslager); (4) Arbeitsinstitutionen mit rein funktionalem Wert (e.g. Kasernen, Schiffe); (5) Zufluchts- und Ausbildungsorte (e.g. Klöster, Abteien) (Goffman 1961/2016, 16).

4. Die verschiedenen erzwungenen Tätigkeiten werden in einem einzigen rationalen Plan vereinigt, der (vermeintlich) dazu dient, die offiziellen Ziele der Institution zu erreichen (ebd., 17).

Eine wesentliche Eigenschaft, die hier besonders hervorzuheben ist, findet sich in dem Versuch des Zugriffs auf das Selbst der Insass_innen: »Jede dieser Anstalten ist ein natürliches Experiment, welches beweist, was mit dem Ich des Menschen angestellt werden kann.« (ebd., 23) Totale Institutionen stellen demnach Annahmen über die Identität derjenigen Menschen an, die in ihnen verweilen. Diese Annahmen betreffen nicht nur das Handeln des Menschen, sondern auch dessen Sein.[16] Wenn etwa psychiatrische Kliniken im Rahmen eines Privilegiensystems[17] die Verhaltensweisen der Patient_innen vermittels Bestrafung und Belohnung zu regulieren versuchen, so steht hinter jenem Privilegiensystem die Annahme, dass die Patient_innen Bestrafungen und Belohnungen benötigen, um das gewünschte Verhalten an den Tag zu legen. Im Foucault'schen Sinne wäre jener Prozess des Zugriffes auf das Selbst als Form der Disziplinierung zu betrachten und unter dem Begriff des ›dozilen Subjekts‹ gefasst (Foucault 2016, 837ff.). In der Kombination aller Annahmen, die totale Institutionen über ihre Insass_innen anstellen, entwickeln die Institutionen eine Theorie über das Wesen der Insassen, oder präziser: »[...] eine Verpflichtung, einen bestimmten Charakter zu haben und in einer bestimmten Welt zu leben« (Goffman 1961/2016, 184). Goffman schreibt dieser Theorie des Seins innerhalb der totalen Institutionen eine frappierende Ähnlichkeit zu einer funktionalistischen Moralauffassung zu (ebd., 90). Entsprechend ist davon auszugehen, dass diejenigen Verhaltens- und Seinsweisen eines Insass_innen genau dann als moralisch zu befürworten gedeutet werden, wenn sie der Funktion der Institution, ihren Zielen und ihren strukturellen Abläufen entsprechen. Kurzum: Der/die Patient_in zeigt in Gefügsamkeit seinen/ihren guten Charakter.

Nun ist im Kontext psychiatrischer Kliniken auf einen Umstand hinzuweisen, der auch für andere totale Institutionen – etwa das Gefängnis – gelten mag. Sollte der/die Patient_in sich deviant verhalten und sein/ihr Charakter nicht fügsam

16 ›Sein‹ als Begriff bleibt in *Asyle* (1961) zwar unterbestimmt, doch legen die vorherigen und nachfolgenden Arbeiten von Erving Goffman nahe, dass nicht etwa eine essenzialistische Kernidentität bezeichnet wird, sondern eine Rollenzuweisung im Sinne der Selbstinszenierung; siehe diesbezüglich etwa Goffman (1959/2016, 230-233).

17 Als ›Privilegiensystem‹ bezeichnet Goffman die Struktur der Disziplinierung in totalen Institutionen. Auf einem behavioristischem Konditionierungsmodell basierend werden dabei Rechte, die im Zuge der Internierung entzogen wurden, bei guter Führung bedingt wiederhergestellt – unter der Voraussetzung, dass sie als Bestrafung jederzeit wieder entzogen werden können (Goffman 1961/2016, 177). Der Entlassungstermin ist oftmals in das Privilegiensystem integriert (ebd., 54-57).

sein, kann eben dieser renitente Widerstand gegen die Erwartungen der Klinik als legitimierendes Symptom seiner/ihrer Hospitalisierung gedeutet werden (ebd., 292-293). Da das offizielle Ziel der modernen Psychiatrie die Heilung der Patient_innen ist und, wie bereits beschrieben, alle Maßnahmen, mit denen die Patient_innen sich konfrontiert sehen, diesem Ziel unterstehen, entspricht der Widerstand gegen die Maßnahmen gleichsam dem Unwillen zur Heilung.[18]

Als zentrales Element der totalen Institution identifiziert Goffman überdies den Prozess der ›Diskulturation‹. Den Begriff entlehnt Goffman bei Robert Sommer (1959) und bezeichnet so ein Phänomen, das eintritt, wenn Menschen von der Außenwelt in die totale Institution und somit in die Unfähigkeit mit den Gegebenheiten der Außenwelt umzugehen eintreten (Goffman 1961/2016, 24). Im weiteren Sinne ließe sich auch von ›Entfremdung‹ sprechen. Die Diskulturation von Patient_innen psychiatrischer Kliniken erfolgt auf zweierlei Weise: erstens durch die Separation von der Außenwelt und zweitens durch die Erfahrung der Erniedrigung innerhalb der Institution.

Wie bereits erläutert, strebt die psychiatrische Klinik den Zugriff auf das Selbst der Patient_innen an. Um diesen Zugriff zu erlangen, werden die Patient_innen zunächst von dem, was sie ausmacht – ihrem Selbst, welches sich durch ihre Positionierung innerhalb der Alltagswelt manifestiert – abgetrennt: »Die Schranke, die totale Institutionen zwischen dem Insassen und der weiteren Welt errichten, bezeichnet die erste Beschränkung des Selbst.« (Ebd., 25) Das formale Aufnahmeprozedere in eine psychiatrische Klinik gewährleistet dabei die Separation von der Außenwelt (ebd., 27). Die Verletzung der persönlichen Grenze beginnt mit dem Aufnahmegespräch, in welchem intime Empfindungen mit Fremden geteilt werden und führt über die Entkleidung und Untersuchung bis hin zu diversen Formen der Erniedrigung während des Aufenthalts; e.g. die Verweigerung persönlicher Habseligkeiten, hygienische Verunreinigung, Zwang zur Auf- bzw. Einnahme von Nahrung und Medikamenten, stete Überwachung und erzwungene Demut gegenüber dem Personal (ebd., 29-52). Eine fundamentale Erniedrigung ergibt sich zudem aus dem Bewusstsein, dass für die physische Sicherheit keine Garantie besteht.[19] So besteht bei Widerständigkeit die Möglichkeit der Fixierung. Zu therapeutischen Zwecken kommt die EKT oder die transorbitale Lobotomie in Frage; Methoden, die aufgrund von Gerüchten und Erzählungen unter den In-

18 In milderer Form findet sich diese Idee kontemporär im Begriff ›Compliance‹; siehe zur Bedeutung exemplarisch Chakrabarti (2014).

19 Die Ausführungen Goffmans, so ist abermals zu unterstreichen, beziehen sich auf die 1950er und die frühen 1960er Jahre. Die psychiatrische Praxis hat seither erhebliche Reformen durchlaufen. Dennoch spricht Goffman zentrale Aspekte an, die im kontemporären kulturellen Gedächtnis präsent sind und entsprechend Eingang in popkulturelle Narrative finden, wie die nachfolgenden Analysen verdeutlichen.

sassen bereits für beträchtliche Verunsicherung sorgen können. Nicht zuletzt besteht die Gefahr von sexuellen Übergriffen und Vergewaltigungen, die Goffman als Modellfall zwischenmenschlicher Verunreinigung versteht (ebd., 37).

6. Analyse

Nachdem nun die besondere Relevanz der Moral für die Perspektive auf psychische Krankheiten herausgestellt ist sowie der Hintergrund der Psychiatrie und einige Kernbegriffe des Konzeptes der totalen Institutionen erarbeitet sind, richtet sich der Fokus nachfolgend auf fiktionale Konstruktionen psychiatrischer Institutionen in digitalen Spielen. Exemplarisch wird das Survival-Horror-Spiel *Outlast* dem Horror-Adventure *The Town of Light* gegenübergestellt. Besondere Berücksichtigung kommt dabei folgenden Aspekten zu: (1) die Ästhetik der Institution in Form ihrer Architektur samt nicht-diegetischer Referenzen; (2) die narrative und ludische Einbettung des Protagonisten/Avatars und der Antagonisten sowie (3) die Perspektivierung der psychischen Krankheit entlang des Spektrums von Objektifizierung und Subjektivierung.

6.1 Analyse: *Outlast*

Outlast erzählt die Geschichte von Miles Upshur, einem investigativen Journalisten, der, einem Tipp folgend, die abgelegene psychiatrische Institution Mount Massive Asylum infiltriert. Nach der anfänglichen Begegnung mit einem sterbenden SWAT-Offizier ist klar, dass der anonyme Informant recht behält: Die Trägerorganisation Murkoff Corporation nimmt Experimente an den (ausschließlich männlichen) Insassen vor. Aufgrund einer nicht näher bezeichneten Eskalation jedoch sind die Insassen frei und fallen sowohl über die Belegschaft als auch übereinander her. Als Miles den Weg nach draußen abgeschnitten findet, versucht er, lediglich mit einer Kamera inklusive Nachtsichtfunktion ausgerüstet, zu fliehen. Die Umstände verkomplizieren sich jedoch: Ein erratischer Priester verhindert die Flucht von Miles und treibt ihn tiefer in die Institution, stets bezugnehmend auf das mysteriöse Projekt ›Walrider‹. Miles schleicht durch die Korridore, den animalischen Insassen wehrlos ausgeliefert. Flucht und Verstecken sind die einzigen Optionen, den augenblicklichen Tod bei Kontakt mit den Insassen zu verhindern. Zur Orientierung im Dunkeln verwendet Miles die Nachtsichtfunktion seiner Kamera, deren Batterielaufzeit jedoch beschränkt ist und so das stetige Aufsuchen neuer Batterien beziehungsweise einen bedachten Umgang mit der Nachtsichtfunktion erfordert. Miles wird unter anderem von einem wahnsinnigen Doktor gefoltert und verstümmelt, von kannibalistischen Zwillingen bedroht und von monströsen Insassen gejagt. Im Zuge einer weiteren Begegnung mit dem Priester erfährt er die Hintergründe von Walrider: Das Projekt wurde von Dr. Rudolf Gustav Wernicke, einem Wissenschaftler aus Nazi-Deutschland, initiiert. Der Walrider ist ein Nanoroboter-Schwarm, welcher von den luziden Träumen eines traumatisierten Patienten gesteuert wird. Nachdem Miles den erratischen Priester gekreuzigt vorfindet, führt das abschließende Kapitel der Erzählung in ein geheimes Labor. Miles trifft dort Dr. Wernicke, welcher die außer Kontrolle geratenen Experimente eingesteht. Der traumatisierte Patient, welcher den Walrider kontrolliert, ist an eine Maschine angeschlossen, die Miles, von dem Poltergeist stets verfolgt, abschaltet. Zwar gelingt dies, doch wird Miles selbst vom Walrider besessen. Als ein SWAT-Team in das Labor vordringt und auf Miles schießt, folgen eine Schwarzblende, Schüsse und panische Schreie.[20]

Exposition & Architektur

Wenige Minuten nach Spielbeginn bereits ragt das Mount Massive Asylum (siehe Abb. 1) in den Nachthimmel. Die Architektur, das Interieur und deren Bedeutungspotenziale verdienen jedwede Aufmerksamkeit, doch zuvor ist herauszustellen, dass zwischen dem Protagonisten und dem Hauptgebäude ein verlassener Sicherheitsposten gelegen ist. Ein metallenes Tor schließt sich hinter dem Protagonisten und ein weiteres muss auf dem Weg zum Gebäude durchschritten werden. Sowohl hinsichtlich der ästhetischen Inszenierung als auch der ludischen Bewegung – wortwörtlich die ersten Schritte in *Outlast* – scheint die Separation räumlicher Grenzen überdeutlich. Der symbolische Prozess der Diskulturation beginnt, sobald Protagonist und Spieler gleichermaßen eine Grenze überschreiten, die sie von alltäglichen Erfahrungen wegführt, ihnen die Sicherheit der Umkehr nimmt und sie auf die Konfrontation mit dem Wahnsinn vorbereitet. Besonders bemerkenswert ist hier, dass Miles trotz der Tatsache, dass er kein Patient ist, einen Prozess der Diskulturation erfährt. Allein das Überschreiten der topographischen Grenze durch das Betreten der psychiatrischen Institution initiiert in *Outlast* den Prozess einer ›Besitzergreifung‹ des Protagonisten. Die Heterotopie der psychiatrischen Institution wird also durch den transitiven Nicht-Ort des Wachpostens erfahrbar.[21]

---

20 Die Erzählung des Hauptspieles wurde durch den *downloadable content* (DLC) *Whistleblower* ergänzt, welcher die Perspektive des Informanten erzählt, sich überwiegend simultan zur Erzählung um Miles Upshur zuträgt und letztlich impliziert, dass der Informant am Ende vor Miles – zu diesem Zeitpunkt bereits vom Walrider besessen – flieht und alle Informationen über die Vorgänge im Mount Massive Asylum veröffentlicht. Der DLC fügt der Erzählung eine weitere Ebene an Komplexität hinzu, ändert jedoch nichts an der Konstruktion der psychiatrischen Institution und wird daher in die nachfolgende Analyse nicht einbezogen.

21 Zum Begriff der Heterotopie siehe Foucault et al. (2008); zum Begriff des Nicht-Ortes siehe Augé (2014).

Abb. 1: Außenansicht des Mount Massive Asylums bei Spielbeginn von Outlast

Architektonisch ist das Mount Massive Asylum dem real existierenden Richardson Olmsted Complex in Buffalo, New York nachempfunden. (siehe Abb. 2) Das gegenwärtig als Hotel, Konferenzzentrum und Campus genutzte Kulturerbe wurde im 19. Jahrhundert erbaut und fungierte von 1881 bis 1975 als psychiatrische Klinik. Der neuromantische Stil bedarf kaum einer spezifischen Beschreibung, denn der assoziative Gedankenschritt in eine Zeit vor der sozialpsychiatrischen Reform genügt, um dem Unbehagen zuträglich zu sein.[22] Es ist weder ein Einzel- noch ein Zufall, dass ein solch historischer Bezugsrahmen die Exposition von *Outlast* durchzieht. Zum Topos der Horror-Psychiatrie gehört oftmals deren Verortung in einer Zeit vor den 1960er Jahren; also in einer Zeit vor der sozialpsychiatrischen Revolution, vor der Psychiatrie-Enquête und vor den antipsychiatrischen Kampagnen (Görgen 2017, 232-233). Die Psychiatrie als Institution ist in *Outlast* noch ganz dem Paradigma des experimentierfreudigen Strafens, der Konditionierung und der Willkür verschrieben.

22 In Anlehnung an Felix Zimmermann (2018) ließe sich hier von einer Vergangenheitsatmosphäre sprechen.

Abb. 2: Außenansicht des Richardson Olmsted Complexes

Exploration und Wehrlosigkeit

Von eben dieser Vergangenheitsatmosphäre macht *Outlast* Gebrauch, um eine Konfrontation zwischen dem Wahnsinn der Psychiatriegeschichte einerseits und der modernen Rationalität andererseits zu orchestrieren. Es ist hier bemerkenswert, dass Miles Upshur dezidiert kein kampferprobter Held, sondern als Journalist einer rationalen, empirisch gesicherten Welterfahrung verpflichtet ist. Während seiner Ankunft mit dem Auto fokussiert die Kamera bereits den von seinem Rückspiegel hängenden Presseausweis. Eben jene diegetische Kamera – ein Camcorder mit Nachtsichtfunktion – ist die einzige ›Waffe‹, die Miles im Zuge seiner Erkundungen zur Verfügung steht. Zuvorderst ist sein Ziel nicht, das Unheil zu bezwingen, sondern es zu dokumentieren. Die dunklen Räume der verfallenen Psychiatrie werden vermittels des Blicks durch Miles' Kamera wortwörtlich ans Licht gebracht. Dies gilt sowohl für die optionalen Geheimnisse als auch für die Notwendigkeit der Orientierung in nahezu vollständiger Dunkelheit. Das *Chiaroscuro*[23] ist im Horror-Genre längst etabliert und im Kontext von *Outlast* wird

23 Der Begriff ist der Malerei der Spätrenaissance entliehen und bezeichnet das Spiel mit drastischen Hell/Dunkel-Kontrasten. Bereits der klassische *film noir* machte in der ersten Hälfte des 20. Jahrhunderts exzessiv Gebrauch von jener Technik, die sich bis in die kontemporäre Ästhetik des Horrors fortschreibt (Manon 2007).

sowohl narrativ und ästhetisch als auch ludisch von der investigativen Enthüllung eines Geheimnisses Gebrauch gemacht, welches dann diskursiv eingeordnet werden kann und muss.

Dabei ist Miles gleichwohl eine fragile Figur. Er ist das sehende Auge, welches die Konfrontation ertragen und dabei einen kühlen Kopf bewahren muss. Die Berührung mit einem der Insassen, im nächsten Abschnitt genauer beschrieben, endet zumeist augenblicklich tödlich für Miles. Als Manifestation moderner Rationalität hat Miles dem Wahnsinn keine physische Kraft entgegenzusetzen – er ist der entfesselten Gewalt ausgeliefert. Seine Handlungsmöglichkeiten sind, entsprechend seiner symbolischen Rolle der Rationalität, auf intellektuelle Überlegenheit zurückzuführen. Miles flieht, wenn es nötig ist, doch hauptsächlich besteht der ludische Fortschritt im Schleichen sowie im geschickten Verstecken unter Betten und in Schränken. Kurzum: Die moderne Rationalität ist physisch schwächer als die entfesselte Gewalt des Wahnsinns, doch sie ist klüger, vorausschauender und berechnender.

Konstruierte Monster

Ein genauerer Blick auf die Antagonisten in *Outlast* erlaubt es, die Theorie, welche die psychiatrische Institution von ihren Insassen hat, zu rekonstruieren. Dabei ist zunächst anzumerken, dass die gezogenen Register der Überformung und Metaphorik fiktionaler Texte zu berücksichtigen sind. Wie bereits beschrieben, ist es kein Anliegen dieses Beitrages einen ›Fakten-Check‹ durchzuführen, weshalb mitunter auf die Diagnostizierung fiktiver Figuren verzichtet wird.

Miles begegnet im Verlaufe des Spieles immer wieder sogenannten ›Variants‹. Es handelt sich dabei um vormalige Insassen der psychiatrischen Institution, die ihrerseits Subjekte kruder Experimente sind. In der Bezeichnung ›Variant‹ findet sich dabei eine erste Form der Dehumanisierung. Wenngleich einige der Insassen durch die Nennung ihres eigentlichen Namens herausgestellt werden – so etwa Chris Walker, der allerdings auch als ›Big Fucking Guy‹ bezeichnet wird (siehe Abb. 3) –, verfügen die meisten Insassen über keine Namen oder nennenswerte menschliche Eigenschaften.

Die zweite und wohl eindringlichste Form der Dehumanisierung ist die monströse Entstellung der Insassen.

Abb. 3: Chris Walker a.k.a. ›Big Fucking Guy‹ in Outlast

Oben bereits angesprochener Chris Walker ist einer der ikonischen Antagonisten in *Outlast*. Walker zeichnet sich durch eine mächtige Statur aus; er ist ungewöhnlich groß, übergewichtig und zugleich muskulös. Sein Körper ist von Narben überzogen, die auf vorangegangene Konfrontationen verweisen. Eine ebenso ikonische Cutscene – und mithin der erste *Jumpscare* des Spieles – lässt Miles in den gewaltigen Händen von Walker zappeln. Ein Blick auf die Details seines Designs offenbart beträchtliche Verstümmelungen des Gesichtes, die diegetisch erklärt werden.[24]

Obgleich es aber diegetische Erklärungen geben mag, welche die ästhetischen Eigenschaften der ›Variants‹ narrativ legitimieren, so ist doch augenfällig, dass mehr noch dahintersteckt. Zunächst erscheint bemerkenswert, dass die psychischen Erkrankungen der Insassen eine somatische Externalisierung erfahren. Da audiovisuelle Medien im Gegensatz zu literarischen Texten die Gedankenwelt ihrer Figuren indirekt nur repräsentieren können, liegt eine solche Form der Externalisierung nahe. Die psychische Krankheit ist ästhetisch nicht unmittelbar erfahrbar; ihre Präsenz als Phänomen wird also nicht selten durch körperliche Deformationen unterstrichen. Die Inszenierung der Deformation ist ebenso konfrontativ: Das Grauen von *Outlast* liegt in der Sichtbarmachung des entstellten Körpers und in der Tatsache, dass aufgrund der Limitationen der diegetischen

24 Die Verstörung eines solchen Anblicks lässt sich mit dem Begriff ›abjection‹ fassen. Siehe dazu ursprünglich Kristeva/Roudiez (2010) und gegenwärtig Pheasant-Kelly (2016) sowie Schetsche/Biebert (2016); weiterführend zu monströsen Körpern in den Medien Shelton (2008, 165ff.).

Kamera jene Sichtbarmachung nie vollständig möglich ist. Die Notwendigkeit, durch die Linse der Kamera zu schauen und zugleich nie vollends ihr Motiv erhellen zu können, amplifiziert die Furcht.

Assoziative Historizität

Hinter all dem Unheil, welches sich im Mount Massive Asylum zuträgt, steht ein Stereotyp des Bösen: der wahnsinnige Wissenschaftler aus Nazi-Deutschland.[25] Anknüpfend an die Gräuel unmenschlicher Experimente, wie sie etwa aus den Konzentrations- und Vernichtungslagern überliefert sind, findet sich eine weitere Konfrontation mit der Vergangenheit: Die prähumanistische Psychiatrie geht unmittelbar mit der Entmenschlichung im Nationalsozialismus einher.

Überhaupt scheint es in *Outlast* kaum Anzeichen für eine therapeutische Betreuung der Insassen zu geben. Die vormalige Psychiatrie ist lange vor Miles' Ankunft ein Deckmantel für paramilitärische Experimente geworden. Dies verdoppelt das Unbehagen: Erstens erfüllt die Psychiatrie ihre Funktion als Heilanstalt nicht, was auf ein fundamentales Defizit der Institution verweist. Wer hier eingeliefert wird, hat keine Hilfe zu erwarten. Zweitens ist die Fassade der neuromantischen Architektur vom schlechten Gewissen vergangenen Unrechts durchzogen. Was längst in Geschichtsbüchern sorgsam aufgearbeitet schien, bricht sich in den unbestreitbaren Aufzeichnungen eines investigativen Journalisten erneut Bahn. Die moderne Rationalität, welche der Arbeit von Miles zugrunde liegt, fußt auf eben jenem Unrecht und es ist darum nur konsequent, dass der Walrider letztendlich von Miles Besitz ergreift.

Die Theorie der psychiatrischen Institution in Outlast

Das Mount Massive Asylum in *Outlast* ist beträchtlich aufgeladen als historischer Ort. In Architektur und Interieur manifestiert sich ein Rauschen der Vergangenheit, einer Zeit vor der sozialpsychiatrischen Revolution. Die Institution ist vollständig von der Alltagswelt abgegrenzt und das Überschreiten der Schwelle überdeutlich. Die Insassen der Institution werden sowohl als Opfer unmenschlicher Experimente als auch als Täter repräsentiert. Sie müssen weggesperrt werden und ihr Ausbruch ist eine Katastrophe. Die Insassen sind gleichsam Gefangene und ihr Streben nach Autonomie eskaliert in archaische Gewalt. Ihre psychische Krankheit ist anhand ihrer körperlichen Deformationen somatisch externalisiert. Die dehumanisierten Patienten und die psychiatrische Institution gerinnen zu einer monolithischen Schreckensmaschine. Als Manifestationen vergangenen Unrechts werden deren Geheimnisse von der Kamera des Protagonisten ›ans Licht

25 Zum ›mad scientist‹ im digitalen Spiel siehe Pfister (2017).

gebracht‹ und dokumentiert. Die psychiatrische Institution erfüllt keine Funktionen einer Heilanstalt, sondern verfolgt ganz andere Ziele: experimentelle Forschung zwischen entfesselter Rationalität und Okkultismus.

Insgesamt ist die Konstruktion psychischer Krankheit und der psychiatrischen Institution in *Outlast* daher als objektifizierend zu beschreiben. Narrativ sind die Insassen der psychiatrischen Klinik heteronome Kreaturen, ästhetisch bricht sich die psychische Krankheit durch somatische Externalisierung anhand körperlicher Deformationen Bahn und ludisch wird ihre unbändige Gewaltbereitschaft anhand der Notwendigkeit deutlich, dass die Insassen um jeden Preis zu umgehen und nicht selten Ursache von Angst und Schrecken sind. Der rationale Protagonist blickt, vermittelt durch die diegetische Kamera, auf die Insassen und er tut dies nicht als Teilhaber an der Institution oder als Betroffener psychischer Krankheit, sondern als externer Beobachter.

6.2 Analyse: *The Town of Light*

The Town of Light erzählt die Geschichte von Renée. Im Jahr 2016 betritt sie das zu diesem Zeitpunkt verfallene *Ospedale Psichiatrico di Volterra*; eine real existierende psychiatrische Anstalt, in welcher Renée im Italien der 1940er Jahre interniert war. Renées psychiatrische Internierung erfolgte aufgrund von Promiskuität, Depressionen und renitentem Verhalten gegenüber ihrer Mutter, wobei ein vorausgehendes Trauma durch sexuellen Missbrauch impliziert wird. Während Renée das verfallene Gebäude erkundet und gelegentlich Umgebungsrätsel löst, wird vermittels Analepsen ihre Geschichte aufgearbeitet.[26] Flashbacks in Form animierter Zeichnungen thematisieren verschiedene Formen der Erniedrigung, welche Renée im Zuge ihrer Internierung erleidet. Ein zentraler Punkt der Erzählung dreht sich um Renées romantische Beziehung zu einer anderen Patientin namens Amara. Das Personal jedoch trennt die beiden und anhand ärztlicher Dokumente wird impliziert, dass Amara Renées Fantasie entsprungen sei. Im Laufe ihrer Erkundung der verfallenen Institution findet Renée jedoch Beweise für Amaras Existenz. Zudem wird Renée mehrfach von einem Angestellten vergewaltigt. Aufgrund von Renées zunehmend erratischem und aggressivem Verhalten wird sie sediert, fixiert und einer EKT unterzogen. Während sich die Ereignisse im Laufe der Erkundung in der Gegenwart zunehmend zusammenfügen, wird deutlich, dass das Personal die Kommunikation zwischen Renée und ihrer Mutter strikt untersagt; sowohl gesendete als auch empfangene Briefe werden einbehalten. Erst im Kontext einer bevorstehenden Entlassung erfährt Renée, dass ihre Mutter

26 Im weitesten Sinne ließe sich *The Town of Light* als Adventure bezeichnen. Da der zu durchschreitende Raum jedoch überwiegend handlungsentlastet ist, erscheint die Attribuierung als *Ambience Action Game* zutreffender; siehe Zimmermann/Huberts (2017).

bereits vor einigen Jahren verstarb. Renée versucht daraufhin mehrfach, sich das Leben zu nehmen und wird schließlich einer transorbitalen Lobotomie unterzogen. Die Erzählung endet mit einer Verschmelzung der zeitlichen Ebenen. Renée sitzt apathisch und nunmehr schwerbehindert auf einer Bank vor dem Hospital. Das Voice-Over eines behandelnden Arztes verkündet ernsthafte Zweifel an ihrer Regeneration.[27]

Subjektivierung

Im Gegensatz zu *Outlast*, in welchem der Zugriff auf das Selbst des Protagonisten erst am Ende der Erzählung eintritt, subjektiviert *The Town of Light* die Erfahrung der psychischen Krankheit von Beginn an radikal. Die Perspektive der Protagonistin ist hier keine, die mit der monströsen, somatisch-externalisierten Gestalt einer psychischen Krankheit konfrontiert wird, sondern die Protagonistin/der Avatar selbst leidet an einer psychischen Erkrankung. Obgleich das Sujet und mitunter die Ästhetik der beiden Titel einige Gemeinsamkeiten teilen – so etwa die psychiatrische Institution als Setting und der Rückgriff auf Konventionen des Horrors –, ist doch ihre Perspektivierung völlig verschieden.

So ist der Dreh- und Angelpunkt von *The Town of Light* das Verhältnis von Renée zur Institution und zu den Erfahrungen, die sie in ihr machte. Das verfallene Hospital durchschreitet Renée als Ort des Erinnerns und jeder explorative Schritt wird als Reise in die Erfahrung ihrer Krankheit verdoppelt. Der konstante Sprung zeitlicher Ebenen, diegetisch als Flashback gerahmt, unterstreicht dabei einerseits das Trauma der Internierung und andererseits die stetig tiefer führende Reise in das Selbst, gekoppelt an die Bemühung, aus dem Erlebten eine kohärente Geschichte zu formen. Das Geheimnis, welches in *Outlast* als externalisiertes Unheil im Herzen der Institution schlummert, findet sich im Falle von *The Town of Light* in der Erinnerung der Protagonistin.[28]

---

27 Die Erzählung von *The Town of Light* lässt sich vermittels von Entscheidungen marginal beeinflussen. Obgleich der hier geschilderte übergreifende Handlungsstrang linear bleibt, lassen sich Handlungsstränge im Detail individualisieren, indem Spieler etwa verschiedene Antworten bezüglich Renées Krankheitsgeschichte auswählen.

28 Es ist mithin unklar, welchen Status der Avatar zum Zeitpunkt der Begehung der verfallenen Institution hat. Einerseits gibt es einen eindeutigen Bezug zwischen der Renée der Gegenwart und der Renée der Vergangenheit, welcher sowohl narrativ durch Analepsen evoziert wird aber auch durch ästhetische Merkmale wie den inneren Monolog der Protagonistin als Voice-Over. Allerdings findet die abschließende Sequenz in einem Flashback und somit im Jahre 1944 statt; Renée, so der behandelnde Arzt, sei zum gegenwärtigen Zeitpunkt 23 Jahre alt. Daraus folgt, dass Renée im Jahre 2016 ein stolzes Alter von 95 Jahren erreicht haben müsste, was nicht nur aufgrund der durchschnittlichen Lebenserwartung unwahrscheinlich erscheint, sondern auch

So rekonstruiert Renée mitunter in dem verfallenen Hospital sensorische Eindrücke, welche sie mit ihren vergangenen Erfahrungen in Beziehung bringt. Eines der Umgebungsrätsel besteht etwa darin, dass Renée die Fenster und Türen eines Krankenzimmers verschließen muss, um es abzudunkeln. An diesem spezifischen Ort gelingt vermittels der artifiziell herbeigeführten Sinneseindrücke die assoziative Evokation eines Flashbacks. Eine Zwischensequenz, die zugleich als narrative Belohnung des ludischen Aufwandes fungiert, erlaubt einen Einblick in die Zustände der dunklen überfüllten Zimmer, hinter deren verschlossenen Türen Patienten litten.

Die Institution

Die beschriebene Form der Subjektivierung erlaubt einen Blick auf die psychiatrische Institution – oder genauer: auf die Theorie, welche die totale Institution von ihren Insass_innen hat – aus der Perspektive der Patient_innen. Dazu gehört, wie in der Inhaltsangabe beschrieben, eine Diskulturation der Patient_innen; eine strikte Separation von der Alltagswelt. So wird Renée ihrer Kleidung entledigt, abgeduscht und anschließend widerwillig in eine unförmige Kutte gekleidet. Das für Renée erkennbar schmerzhafte Prozedere entspricht der regulären Aufnahme in die totale Institution. Um den Zugriff auf das Selbst der Protagonistin zu gewährleisten bedarf es zunächst dessen Separation von allem Bisherigen. Dabei setzen sich die Gemeinsamkeiten mit *Outlast* beständig fort, denn auch Renée durchschreitet zu Beginn des Spieles ein Tor auf dem Weg zur verfallenen psychiatrischen Institution.

Ein weiteres Beispiel dieser Art ist die Trennung von Renée und Amara. Dem historischen Setting entsprechend ist die homoerotische bzw. homosexuelle Beziehung pathologisiert. Allein die physische Trennung der beiden – sie werden beim Liebesspiel unter der Dusche auseinandergerissen – genügt dem Imperativ der Institution nicht. Renée soll nicht nur der Kontakt mit Amara untersagt, die Homosexualität ausgetrieben werden. So veräußert sich der Zugriff der Institution auf das Selbst von Renée darin, dass diese von der Nicht-Existenz von Amara – und somit der Nicht-Existenz ihres homosexuellen Begehrens – überzeugt werden soll.

Zudem verdeutlicht *The Town of Light* die Konsequenzen des Handlungszieles der psychiatrischen Institution. Wo in *Outlast* die Bedrohung einer externen Person durch den umgreifenden Wahnsinn entsteht, liegt die eigentliche Tragik der Geschichte von Renée in dem fehlgeleiteten Anspruch der Heilung. Von der Fixierung und Sedierung über die EKT bis zur transorbitalen Lobotomie unter-

aufgrund der Tatsache, dass die Renée der Gegenwart scheinbar keine Beeinträchtigungen durch die transorbitale Lobotomie hat.

stehen die Maßnahmen der psychiatrischen Institution gänzlich dem Imperativ, die Patientin heilen zu wollen. Die Institution wird in diesem Sinne nicht als bösartig porträtiert; ihr geht das Monströse ab und gerade aufgrund dessen wirkt sie umso bedrohlicher. Hinter ihr steht kein ›mad scientist‹, dessen Geheimnis zu lüften ist, sondern eine banale Instanz zwischen medizinischem Vorsatz und administrativem Pragmatismus.

Dies bedeutet jedoch nicht, dass keine unbeabsichtigten Erniedrigungen mit den Notwendigkeiten der Institution einhergehen. So erinnert sich Renée, wie sie, selbst ans Bett fixiert, mit ansehen muss, wie eine Frau fixiert wird, da sie beständig masturbiert. Als sich die Frau freizumachen versucht, übergibt sie sich, aspiriert das Erbrochene und erstickt daran. Ein weiteres Beispiel ist der sexuelle Missbrauch, welcher Renée im Zuge ihrer Internierung widerfährt. Zwar bleiben die Details unklar, doch wird deutlich, dass es Konsequenzen für den Angestellten gab. Dergleichen Erfahrungen exemplifizieren drastische Erniedrigungen, welche Renée im Zuge der Internierung widerfahren. Da sie jedoch kein Teil des eigentlichen Imperatives der Institution sind, müssen sie entsprechend von der Institution verarbeitet werden; etwa durch die Bestrafung eines Angestellten oder durch die Optimierung der Fixation zum Schutz vor Aspiration.

Dokumentarischer Gestus

Deutlicher als in *Outlast* resultiert die Immanenz des Unheils in *The Town of Light* aus der Tatsache, dass eine real existente psychiatrische Institution als Setting dient. Das Ospedale Psichiatrico di Volterra in der Toskana wurde 1888 eröffnet und 1978 im Zuge einer großflächigen Enthospitalisierung psychiatrischer Patienten geschlossen. Mit großem Aufwand wurde das Gelände samt der Architektur aufbereitet und digital erfahrbar gemacht. In Paratexten wird dieser dokumentarische Gestus weiter unterstrichen; etwa in Form eines Trailers, der tatsächliche Aufnahmen der verfallenen Institution beinhaltet.[29] Weiterhin berichten Lorenzo Conticelli und Luca Dalcò von LKA, dass zum Zwecke der authentischen Repräsentation psychischer Krankheiten ein Experte der klinischen Psychiatrie in den Produktionsprozess eingebunden wurde.[30]

---

29 Jener Trailer ist unter folgendem Link zu finden: https://youtu.be/oUJvzrsSHns

30 Das Interview mit Lorenzo Conticelli findet sich auf dem YouTube-Kanal von Wired Productions unter folgendem Link: https://www.youtube.com/watch?v=4mlTgnDZCiM; das Interview mit Luca Dalcò findet sich auf dem YouTube-Kanal von Gamereactor unter folgendem Link: https://www.youtube.com/watch?v=uSLgyIGcYZQ. Der erhellende Rückgriff auf jenes Interview-Material unterstreicht abermals die Notwendigkeit, die Produktionsebene in den Analyse-Prozess einzubeziehen.

Innerhalb des Spieles wird der dokumentarische Gestus bereits zu Beginn mit einem Disclaimer klar herausgestellt. Dazu gehört der obligatorische Verweis auf das historisch-reale Setting und den vom Entwicklerstudio betriebenen Rechercheaufwand: »The Town of Light is based on real events, places and research concerning mental illness and the life of patients in lunatic asylums from the beginning of the 20th Century until their closure.« (*The Town of Light*, 2016) Gekoppelt wird jener Disclaimer nicht nur an eine Triggerwarnung, sondern auch an den Hinweis, dass das System psychiatrischer Fürsorge seit Mitte des 20. Jahrhunderts eine signifikante Verbesserung durchlaufen habe und sich daher niemand durch die Dramatik der Erzählung davon abhalten lassen solle, psychiatrische Behandlung in Anspruch zu nehmen, so sie denn erforderlich sei: »Please note that mental health services have radically improved around the world. If you think you may have psychological problems, please speak to a local doctor or specialist.« (Ebd.) Anhand des Disclaimers wird deutlich, dass hinter *The Town of Light* ein Bewusstsein sowohl für die Relevanz der historischen Authentizität steht als auch für die potenziell problematischen Implikationen der dramatischen Konstruktion einer psychiatrischen Klinik und ihrer Praktiken.

Ebenfalls diegetisch eingebunden finden sich Dokumente und Fotografien, welche den historischen Bezug des Titels unterstreichen. So wird das Flashback, welches Renée im verfallenen Speisesaal der Psychiatrie erlebt, nicht nur von einer digitalen Animation des Zustandes begleitet, sondern auch anhand einer Fotografie verdeutlicht. Weitere Dokumente sind etwa Abbildungen von Verwaltungsformularen, Auszüge aus Patientenakten etc. Die Verwendung von Archivmaterial bezeugt die Authentizität der Konstruktion und macht zugleich deutlich, dass digitale Spiele auch eine Funktion des kulturellen Gedächtnisses erfüllen können.

Zu berücksichtigen ist dabei, dass die Geschichte der Protagonistin Renée fiktiv ist. Sie steht jedoch exemplarisch für ein breites Korpus an Erfahrungen, die sich so oder so ähnlich zugetragen haben mögen. Obgleich die Geschichte selbst eine fiktive ist, wird sie von den dokumentarischen Bemühungen, welche die Institution betreffen, authentifiziert. Die Kenntnis der institutionellen Struktur erlaubt den Rückschluss auf Erfahrungen, die innerhalb der Institution gemacht werden. Zudem erlaubt die Fiktionalität der Erzählung einen Schritt in das Bewusstsein der Protagonistin. Während die Erzählung von *Outlast* durch den Rückgriff auf die menschenverachtenden Experimente der Nazis die Vergangenheit in die Gegenwart holt, funktioniert die narrative Bewegung in *The Town of Light* umgekehrt: Anhand der Flashbacks wird die Gegenwart in die Vergangenheit geführt; manifestiert durch die subjektive Erinnerung Renées. So lassen sich die Rekonstruktionen, basierend auf historiographischer Recherche, mit den teils surrealistischen Sequenzen zusammenbringen, ohne sich in Inkonsistenzen zu verlieren.

7. Fazit

Die untersuchten Konstruktionen psychiatrischer Institutionen in *Outlast* und *The Town of Light* weisen einige frappierende Ähnlichkeiten auf. So sind etwa beide Institutionen, das Mount Massive Asylum und das Ospedale Psichiatrico di Volterra, architektonisch realen Institutionen nachempfunden. Überdies greifen beide Titel mit den Stilmitteln des Horror-Genres auf die mitunter verstörende Geschichte der Psychiatrie zurück. Zwar sind die sich vollziehenden Bewegungen entgegengesetzt – in *Outlast* wird die Vergangenheit in die Gegenwart geholt, in *The Town of Light* verhält es sich umgekehrt – doch der Bezugsrahmen ist derselbe. Im beständigen Rückgriff auf die Geschichte der Psychiatrie zeigt sich, so ließe sich hypothetisch für künftige Untersuchungen formulieren, ein anhaltender Prozess der gesellschaftlichen Auseinandersetzung mit dem Unrecht, welches den Insass_innen jener Institutionen zugefügt wurde. Sind jene psychiatrischen Institutionen zu weiten Teilen jenseits des Alltagslebens und also jenseits der Normalität alltäglicher Erfahrung angesiedelt, ermöglichen Titel wie *Outlast* und *The Town of Light* eine kontrollierte Konfrontation mit einer historischen Schuld.

Fundamental unterscheiden sich beide Titel dabei in der Perspektivierung psychischer Krankheit. In *Outlast* findet eine Objektifizierung statt, da der Protagonist als externer Beobachter mit dehumanisierten Insassen konfrontiert wird, die ihm eine existenzielle Bedrohung sind. Die somatische Externalisierung der psychischen Krankheit sowie die Ermangelung jedweder Rationalität ermöglicht ihre Entmenschlichung. *The Town of Light* subjektiviert psychische Krankheit hingegen. Als betroffene Person erfahren Spieler_in/Protagonistin die Erniedrigungen der psychiatrischen Internierung unmittelbar. Entsprechend vollziehen sich die Prozesse der Diskulturation und des Zugriffes auf das Selbst in beiden Titeln; jedoch auf verschiedene Weise.

Dabei ist der reflexive Modus in *The Town of Light* stärker ausgeprägt als in *Outlast*, wie bereits anhand des Disclaimers zu Beginn des Spieles deutlich wird. Die von Goffman beschriebenen Eigenschaften der totalen Institution sind in *The Town of Light* überwiegend dem Ziel unterstellt, ein bedächtiges und emotional ergreifendes Bild von psychischer Krankheit aus der Perspektive einer betroffenen Person zu zeichnen. *Outlast* hingegen zieht das Setting der totalen Institution heran, um das Spektakel des Wahnsinns als effektives Horror-Szenario zu konstruieren. Im Zuge dessen nimmt *Outlast* eine Stigmatisierung psychisch kranker Menschen in Kauf, die bereits nach der Veröffentlichung erster Trailer kritisiert wurde.[31]

Bei aller Verschiedenheit fällt jedoch auf, dass ein dialektisches Verhältnis zwischen Wahnsinn und Vernunft zu bestehen scheint. In *Outlast* führt sowohl

31 Siehe exemplarisch etwa den offenen Brief von Thrower (2013).

die Erzählung als auch die ludische Bewegung von der Rationalität eines externen Beobachters über den somatisch externalisierten Wahnsinn der Insassen bis zur dahinterliegenden entfesselten Rationalität naturwissenschaftlicher Experimente. In *The Town of Light* hingegen findet sich aus der Perspektive der psychischen Krankheit vermittels der Rationalität der Institution ein dahinterliegender Wahnsinn verdeutlicht. Wahnsinn und Vernunft existieren in beiden Titeln nur in ihrem wechselseitigen Bezug aufeinander. Drastischer noch wird hier eine fundamentale Angst menschlicher Erfahrung demonstriert: dass die Unterscheidung zwischen Wahnsinn und Vernunft keine kategorische ist, sondern lediglich eine Frage der Perspektive.

Ludographie

OUTLAST (Red Barrels 2013, Red Barrels)
THE TOWN OF LIGHT (LKA 2016, LKA)

Filmographie

ASYLUM (UK 1972, Roy Ward Baker)
AMERICAN HORROR STORY: ASYLUM (USA 2012-2013, Brad Falchuck und Ryan Murphy)
ONE FLEW OVER THE CUCKOO'S NEST (USA 1975, Miloš Forman)
SHUTTER ISLAND (USA 2010, Martin Scorsese)

Bibliographie

Angermeyer, Matthias C. (2003): Das Stigma psychischer Krankheit aus der Sicht der Patienten – Ein Überblick. In: *Psychiatrische Praxis* 30 (7), 358-366. doi: 10.1055/s-2003-43243

Augé, Marc (2014): Nicht-Orte. Unter Mitarbeit von Michael Bischoff. 4. Auflage. München: C.H. Beck.

Belknap, Ivan (1956): Human problems of a state mental hospital. New York: McGraw-Hill.

Boorse, Christopher (1975): On the Distinction between Disease and Illness. In: *Philosophy & Public Affairs* 5 (1). 49-68.

Braddock, David und Parish, Susan. (2002): An Institutional History of Disability. 11-68. doi: 10.4135/9781412976251.n2

Carlson, Licia (2015): Institutions. In: Rachel Adams, Benjamin Reiss und David Harley Serlin (Hg.): Keywords for disability studies. New York, London: New York University Press. 109-112.

Chakrabarti, Subho (2014): What's in a name? Compliance, adherence and concordance in chronic psychiatric disorders. In: *World Journal of Psychiatry* 4 (2). 30-36. doi: 10.5498/wjp.v4.i2.30

Conrad, Peter; Schneider, Joseph W. (1992): Deviance and Medicalization. From Badness to Sickness. Expanded Edition. Philadelphia: Temple University Press.

Conrad, Peter (2013): Medicalization. Changing Contours, Characterstics, and Contexts. In: William C. Cockerham (Hg.): Medical Sociology on the Move. New Directions in Theory. Dordrecht: Springer. 195-214. doi: 10.1007/978-94-007-6193-3_10

Dross, Fritz und Metzger, Nadine (2018): Krankheit als Werturteil. Eine kleine Geschichte des Umgangs mit Krankheit und Kranken. In: *Aus Politik und Zeitgeschichte* (24). www.bpb.de/apuz/270305/krankheit-als-werturteil-eine-kleine-geschichte-des-umgangs-mit-krankheit-und-kranken?p=all zuletzt geprüft am 22.07.2018.

Egger, Josef W. (2015): Das biopsychosoziale Krankheits- und Gesundheitsmodell. In: Josef W. Egger (Hg.): Integrative Verhaltenstherapie und psychotherapeutische Medizin. Wiesbaden: Springer Fachmedien Wiesbaden. 53-83. doi: 10.1007/978-3-658-06803-5_3

Foucault, Michel (1961/2015): Wahnsinn und Gesellschaft. Eine Geschichte des Wahns im Zeitalter der Vernunft. 21. Aufl. Frankfurt a.M.: Suhrkamp (Suhrkamp-Taschenbuch Wissenschaft, 39).

Foucault, Michel (2016): Die Hauptwerke. Unter Mitarbeit von Axel Honneth und Martin Saar. 4. Auflage. Frankfurt a.M.: Suhrkamp Verlag.

Foucault, Michel; Bischoff, Michael und Defert, Daniel (2008): Die Heterotopien. Zwei Radiovorträge. Frankfurt a.M.: Suhrkamp.

Franke, Alexa (2012): Modelle von Gesundheit und Krankheit. Bern: Huber.

Goffman, Erving und Dahrendorf, Ralf (1959/2016): Wir alle spielen Theater. Die Selbstdarstellung im Alltag. 16. Aufl. München, Berlin: Piper.

Goffman, Erving (1961/2016): Asyle. Über die soziale Situation psychiatrischer Patienten und anderer Insassen. 20. Auflage. Frankfurt a.M.: Suhrkamp.

Góralczyk, Agata (2014): Verrückt spielen. Lone Survivor. Unter Mitarbeit von Rainer Sigl. Online verfügbar unter http://videogametourism.at/content/verrueckt-spielen-lone-survivor, letzter Zugriff: 29.04.2020.

Görgen, Arno (2014): Zwischen funktionalem und fiktionalem Raum. Krankenhäuser in digitalen Spielen. In: Arno Görgen und Thorsten Halling (Hg.): Verortungen des Krankenhauses. Stuttgart: Steiner. 233-245.

Görgen, Arno (2016): PTSD. Zur politischen, medikalen und medialen Konvergenz eines Krankheitsbildes. In: Christian F. Hoffstadt, et al. (Hg.): Nur Emotionen? Einblicke aus Medizin, Kunst und Geisteswissenschaften. Bochum, Freiberg: Projektverlag. 239-272.

Görgen, Arno (2017): Funktionale Störungen der Normalität. Krankheit in der Populärkultur. In: Sascha Bechmann (Hg.): Sprache und Medizin. Interdisziplinäre Beiträge zur medizinischen Sprache und Kommunikation. Unter Mitarbeit von Hermann Gröhe, Dietrich Grönemeyer und Eckart von Hirschhausen. Berlin: Frank & Timme. 215-238.

Häfner, Heinz (2016): Psychiatriereform in Deutschland. Vorgeschichte, Durchführung und Nachwirkungen der Psychiatrie-Enquête. Ein Erfahrungsbericht. Heidelberger Jahrbücher Online, Bd. 1. 119-145.

Harper, Stephen (2016): Media, Madness and Misrepresentation. Critical Reflections on Anti-Stigma Discourse. In: *European Journal of Communication* 20 (4). 460-483. doi: 10.1177/0267323105058252

Holzinger, Anita et al. (2003): Das Stigma psychischer Krankheit aus der Sicht schizophren und depressiv Erkrankter. In: *Psychiatrische Praxis* 30 (7). 395-401. doi: 10.1055/s-2003-43251

Hyler, Steven E.; Gabbard, Glen O. und Schneider, Irving (1991): Homicidal Maniacs and Narcissistic Parasites. Stigmatization of Mentally Ill Persons in the Movies. In: *PS* 42 (10). 1044-1048. doi: 10.1176/ps.42.10.1044

Jaspers, Karl (1920): Allgemeine Psychopathologie für Studierende, Ärzte und Psychologen. Berlin, Heidelberg: Springer VS. doi: 10.1007/978-3-662-26726-4

Klin, Anat und Lemish, Dafna (2008): Mental Disorders Stigma in the Media. Review of Studies on Production, Content, and Influences. In: *Journal of Health Communication* 13 (5). 434-449. doi: 10.1080/10810730802198813

Kristeva, Julia und Roudiez, Leon S. (2010): Powers of Horror. An Essay on Abjection. New York: Columbia Univ. Press.

Lacina, Dia (2017): What Hellblade: Senua`s Sacrifice gets wrong about mental illness. Online verfügbar unter https://www.polygon.com/2017/9/15/16316014/hellblade-senuas-sacrifice-mental-illness, letzter Zugriff: 28.04.2020.

Leonard, Jayne (2018): What is gaming disorder? Online verfügbar unter https://www.medicalnewstoday.com/articles/322478.php, letzter Zugriff: 28.04.2020.

Lindsey, Patrick (2014): Gaming's favorite villain is mental illness, and this needs to stop. Online verfügbar unter https://www.polygon.com/2014/7/21/5923095/mental-health-gaming-silent-hill, letzter Zugriff: 28.04.2020.

Mahar, Ian (2013): Nobody Wins When Horror Games Stigmatize Mental Illness. Online verfügbar unter https://kotaku.com/nobody-wins-when-horror-games-stigmatize-mental-illness-912462538, letzter Zugriff: 28.04.2020.

Manon, Hugh S. (2007): X-Ray Visions. Radiography, »Chiaroscuro«, and the Fantasy of Unsuspicion in »Film Noir«. In: Film Criticism 32 (2). 2-27.

Matthews, Avery Madeleine; Rosenquist, Peter B. und McCall, William Vaughn (2016): Representations of ECT in English-Language Film and Television in the New Millennium. In: *The Journal of ECT* 32 (3). 187-191. doi: 10.1097/YCT.0000000000000312

Middleton, Craig (2016): The Use of Cinematic Devices to Portray Mental Illness. In: *eTropic* 12 (2). doi: 10.25120/etropic.12.2.2013.3341

Pfister, Eugen (2017): »Doctor nod mad. Doctor insane.«. Eine kurze Kulturgeschichte der Figur des mad scientist im digitalen Spiel. Hg. v. Arno Görgen und Rudolf Inderst. Online verfügbar unter www.paidia.de/?p=10074 zuletzt aktualisiert am 27.07.2017, zuletzt geprüft am 04.01.2018.

Phalin, Mike (2018): The Psychology of Gaming Disorder. Online verfügbar unter http://platinumparagon.info/psychology-of-gaming-disorder/, letzter Zugriff: 28.04.2020.

Pheasant-Kelly, Frances (2016): Towards a structure of feeling. Abjection and allegories of disease in science fiction ›mutation‹ films. In: *Medical Humanities* 42 (4). 238-245. doi: 10.1136/medhum-2016-010970, letzter Zugriff: 28.04.2020.

Sarkar, Samit (2018): ›Gaming disorder‹ classified as a mental health condition, but is the move premature? Online verfügbar unter https://www.polygon.com/2018/6/19/17475632/video-game-addiction-gaming-disorder-who-icd-11, letzter Zugriff: 28.04.2020.

Schaarschmidt, Theodor (2018): Ich bin nicht verrückt, ich bin Revoluzzer! Antipsychiatrie. zeit.de. Online verfügbar unter www.zeit.de/wissen/gesundheit/2018-01/antipsychiatrie-psychiatrien-psychologie-patienten, letzter Zugriff: 28.04.2020.

Schetsche, Michael und Biebert, Martina (2016): Theorie kultureller Abjekte. Zum gesellschaftlichen Umgang mit dauerhaft unintegrierbarem Wissen. In: *BEHEMOTH A Journal on Civilisation* 9 (2). 97-123.

Sendler, Damian J. (2017): Commentary on Shapiro S, Rotter M. Graphic depictions: Portrayals of mental illness in video games. In: *Journal of forensic sciences* 62 (3). 831. doi: 10.1111/1556-4029.13482

Shapiro, Samuel; Rotter, Merrill (2016): Graphic Depictions. Portrayals of Mental Illness in Video Games. In: *Journal of forensic sciences* 61 (6). 1592-1595. doi: 10.1111/1556-4029.13214

Shelton, Catherine (2008): Unheimliche Inskriptionen. Eine Studie zu Körperbildern im postklassischen Horrorfilm. Zugl.: Köln, Univ., Diss. Bielefeld: transcript-Verl. doi: 10.14361/9783839408339

Sienaert, Pascal (2016): Based on a True Story? The Portrayal of ECT in International Movies and Television Programs. In: *Brain Stimulation* 9 (6). 882-891. doi: 10.1016/j.brs.2016.07.005

Signorielli, Nancy (1989): The Stigma of Mental Illness on Television. In: *Journal of Broadcasting & Electronic Media* 33 (3). 325-331. doi: 10.1080/08838158909364085

Sommer, Robert (1959): Group Activities for the O.T. In: *Canadian Journal of Occupational Therapy* 26 (2): 57-61. doi: 10.1177/000841745902600204

Stollfuß, Sven (2018): Zwischen Stigmatisierung und Differenzierung. Krankheit in Filmen und Fernsehserien. In: *Aus Politik und Zeitgeschichte* (24). www.bpb.de/apuz/270316/zwischen-stigmatisierung-und-differenzierung-krankheit-in-filmen-und-fernsehserien?p=all, letzter Zugriff: 28.04.2020.

Thrower, Albert C. (2013): Stigmatizing Mental Illness in Video Game Marketing. A Letter. http://alboxster.kinja.com/stigmatizing-mental-illness-in-video-game-marketing-a-464251295, letzter Zugriff: 28.04.2020.

Walker, John (2013): Interview. Killmonday On Fran Bow, Mental Health, Beauty. Online verfügbar unter https://www.rockpapershotgun.com/2013/08/22/interview-killmonday-on-fran-bow-mental-health-beauty/, letzter Zugriff: 28.04.2020.

Warkus, Matthias (2018): Krank oder gesund? Online verfügbar unter https://www.spektrum.de/kolumne/wie-definiert-man-krankheit/1551604, letzter Zugriff: 28.04.2020.

Wilhelmy, Saskia et al.(2018): Knowledge and attitudes on electroconvulsive therapy in Germany. A web based survey. In: Psychiatry Research 262. 407-412. doi: 10.1016/j.psychres.2017.09.015

Wittgenstein, Ludwig und Schulte, Joachim (Hg.) (2008): Philosophische Untersuchungen. Frankfurt a.M.: Suhrkamp.

Zimmermann, Felix (2018): »It's the atmosphere, stupid!«. Vergangenheitsatmosphären: Definition und Methode, letzter Zugriff: 28.04.2020.

Zimmermann, Felix und Huberts, Christian (2017): It's not about you! Eine Annäherung an das Ambience Action Game in zwei Akten, letzter Zugriff: 28.04.2020.

Abbildungsverzeichnis

Abb. 1: Außenansicht des Mount Massive Asylum bei Spielbeginn von Outlast. http://villains.wikia.com/wiki/File:Outside_the_Mount_Massive_Asylum.jpg zuletzt geprüft am 06.05.2019.

Abb. 2: Außenansicht des Richardson Olmsted Complex. www.dberke.com/work/richardson-olmsted-campus zuletzt geprüft am 06.05.2019.

Abb. 3: Chris Walker a.k.a. ›Big Fucking Guy‹ in Outlast. http://villains.wikia.com/wiki/File:Outlast-Chris-Walker.jpg zuletzt geprüft am 06.05.2019.

First Person Mental Illness
Digitale Geisteskrankheit als immersive Selbsterfahrung

Bernhard Runzheimer

Abstract: This article examines the increasing ludic implementation of mental illnesses in digital games. It especially focuses on display techniques and the benefits and drawbacks of games that utilize a first- or third-person view to immerse the player into the mental illnesses of their protagonists. This sort of player involvement marks a new trend that can be observed in recent games and will play an important role in future game development. Instead of merely stigmatizing the mentally ill as evil antagonists, head-mounted virtual reality displays like the Oculus Rift are able to simulate their perception and thus create a form of self-awareness for the player. *Layers of Fear* (2016) and *Senua's Sacrifice* (2017) are used as case examples.

Keywords: Game Studies; Mental Illness; Horror; Immersion; Virtual Reality

Schlagworte: Game Studies; Psychische Krankheit; Horror; Immersion; Virtual Reality

1. Einführung

In einer Zeit, in der Videospielsucht von der World Health Organization vor Kurzem offiziell als Krankheit eingestuft wurde (World Health Organization 2018), erscheint es auf den ersten Blick beinahe wie ein verdrängender Reflex, sich stattdessen Krankheiten *im* digitalen Spiel zuzuwenden. Dennoch soll der folgende Beitrag die zumeist negativ konnotierte Darstellung psychischer Krankheiten im digitalen Spiel beleuchten, die in den letzten Jahren insbesondere durch die Thematisierung in positiv rezipierten Spielen die Diskurse der Games-Community erreicht hat.

Prinzipiell sind Krankheiten im digitalen Spiel nicht neu und bereits seit vielen Jahren ein integraler Bestandteil in AAA-, Indie- und Retro-Games, sowohl ludisch als auch narrativ. Deren Darstellung manifestiert sich im Regelfall durch benachteiligende Einschränkungen der Spielparameter und wird zumeist für die Spieler_innen grafisch und ludisch deutlich erkennbar, z.B. durch konstanten Lebensenergieverlust, ein grünes Gesicht der Spielfigur oder durch eingeschränkte Interaktionsparameter. Solche Repräsentationen von Krankheit verwenden visuelle und/oder ludische Marker, um die Spieler_innen über eine vorübergehende Statusänderung ihrer Spielfigur zu informieren, damit diese entsprechend der geänderten Parameter darauf reagieren und sich ihrer Umgebung anpassen können. Dabei sind es vor allem physische Krankheiten, die primär die eigene Spielfigur betreffen, während psychische Krankheiten und deren Begleiterscheinungen zumeist bei Nicht-Spieler-Charakteren als narrative Grundierung auftreten[1] und erst seit Kurzem verstärkt durch Spiele wie *Hellblade: Senua's Sacrifice* (Ninja Theory 2017) oder *Layers of Fear* (Bloober Team 2016) sowohl narrativ als auch ludisch in das Bewusstsein der Spieler_innen bzw. Spielfiguren gerückt werden.

Durch die Vermittlung psychischer Krankheiten wie Schizophrenie, Paranoia, Psychose, Psychopathie etc. in der Third- bzw. First-Person-Perspektive werden diese nicht nur als *narrative plot device* genutzt, sondern auch für die Spieler_innen auf ludischer Ebene erleb- und erfahrbar gemacht. Mittels Kombination unterschiedlicher Techniken wie z.B. des unzuverlässigen Erzählens bzw. *Mindfuck*-Narrationen mit visuellen Anleihen bei M.C. Escher, Salvador Dalí oder Hieronymus Bosch wird das Dispositiv[2] des digitalen Spiels auch durch Verwendung entsprechender VR-Hardware zum idealen Medium für die Rezeption und Vermittlung psychischer Krankheiten. Dies wird entsprechend im weiteren Verlauf anhand der VR-Versionen der betrachteten Spiele nachvollzogen.

Dieser Beitrag wirft einen Blick auf die zunehmende ludische Fokussierung von psychischen Krankheiten in digitalen Spielen, den Stellenwert der verwendeten Hardware sowie die Vor- und Nachteile in der Verwendung von First- bzw. Third-Person-Perspektive für die digitale Vermittlung. *Layers of Fear* (First Person) und *Hellblade: Senua's Sacrifice* (Third Person) sind hier exemplarisch zu nennen, da deren spielinhärente Vermittlung von psychischen Krankheiten auf visueller und auditiver Ebene zur effektiven Involvierung der Spieler_innen genutzt wird.

Unter dem Aspekt der immersiven Selbsterfahrung kann unter Bezugnahme auf *Head Mounted Displays* wie das Oculus Rift ein Ausblick auf die weiteren Möglichkeiten dieser Spieler_innen-Involvierung stattfinden, da hierin eine neue Entwicklung zu beobachten ist: Digitale Spiele, die psychische Krankheiten der Spielfiguren als immersives Erlebnis an die Spieler_innen vermitteln, stehen

1 Diese Annahme umfasst *nicht* gängige Topoi wie den traumatisierten Helden.

2 In diesem Beitrag verwende ich den Begriff des Dispositivs in Bezug auf Jean-Louis Baudrys Apparatus-Theorie zur Kennzeichnung der apparativen Anordnung des Mediums (Baudry 2003). Dabei orientiere ich mich allerdings nicht an einer Kategorisierung situativer Distinktionen wie sie z.B. Michael Liebe (2008, 77ff.) vornimmt, sondern an einer allgemeiner gefassten Form einer »idealisierten Situation«, wie sie Michael Mosel (2009, 158) beschreibt – jedoch ohne sich ausschließlich auf PCs zu beschränken.

durch die Nutzung und konsequente Weiterentwicklung tradierter cineastischer Stilmittel in direkter Tradition zu ihren filmischen Vorgängern und etablieren im Zusammenspiel mit immersiver Technologie – sowohl *Head Mounted Displays* wie das Oculus Rift, HTC Vive und Playstation VR als auch *Omnidirectional Treadmills* wie das Virtuix Omni – das psychotische und interaktive Pendant zum »Cinema of Attractions« (Gunning 2006, 381-88), sozusagen eine *First Person Mental Illness*.

2. Krankheit im digitalen Spiel

Laut Alexa Franke ist eine grundlegende Distinktion zwischen Gesundheit und Krankheit nur schwer möglich, da es »keine eindeutigen Definitionen dieser beiden ›Zustände‹ gibt« (2012, 24), diese aber im digitalen Spiel zumeist – in Anlehnung an das »dichotome Konzept« (ebd., 99ff.), das wiederum dem biomedizinischen Krankheitsmodell zugrunde liegt (ebd., 133ff.) – als binärer Zustand realisiert werden. Demnach ist eine Krankheit im Regelfall eine Einschränkung des Normalzustands und erfordert eine kausale Behandlung. Im digitalen Spiel werden solche basalen Änderungen des Normalzustands als *Status Effects* bezeichnet und markieren durch ihre jeweils spezifische Symptomatik meist einen unterschiedlich stark ausfallenden Kontrollverlust für die Spieler_innen: »In video games, status effects are any condition that hinders a character's abilities in battle. These are often caused by enemy attacks and can have a variety of negative effects.« (TV Tropes, o.J.)

Zur besseren Unterscheidung und Einordnung von Krankheit im digitalen Spiel muss daher eine genauere Definition stattfinden. Der im Zitat beschriebene *Status Effect* fungiert als generische Bezeichnung sämtlicher Modifikationen der Spielparameter, die sich negativ auf die Spielfigur auswirken.[3] Der damit einhergehende partielle oder totale Kontrollverlust ist dementsprechend negativ konnotiert und rekonfiguriert die primären Spielziele: »[T]he players' focus will shift from regular gameplay to ›find and administer the antidote‹.« (Rogers 2014, 295) Hier muss allerdings differenziert werden: In der Historie der digitalen Spiele ist der Statuseffekt der Vergiftung allgemein verbreiteter als der Statuseffekt der Krankheit, da er unmissverständlich eines der bekanntesten Standardmerkmale der Zustandseinschränkung markiert – den konstanten und ikonisch prominent visualisierten Lebensenergieverlust: »A green gassy effect, a dripping blade, a hovering ›death's head‹ effect – all are traditional video game indicators of poison.« (Ebd.)

Obwohl eine Vergiftung sprachlich auch als ›Vergiftungskrankheit‹ firmiert und dementsprechend als Krankheit subsumiert werden kann, wird dennoch aufgrund der aktiven Beteiligung digitaler Gegner häufiger die Zuschreibung »Du

3 Im Gegensatz zum *Status Buff*, der die Spielparameter positiv modifiziert.

wurdest vergiftet« anstatt des passiveren »Du bist erkrankt« verwendet. So finden sich typische Erkrankungen, die auch als solche bezeichnet werden, zumeist in komplexeren Spielen wie Role-Playing-Games (RPGs) und haben dort ebenfalls negative Effekte auf einzelne Figurenparameter, so z.B. einen schlechteren Konstitutionswert.[4] Diese Auswirkungen auf die Physis der Spielfigur sind diegetisch[5] klar gekennzeichnet und werden durch die damit einhergehenden spielerischen Einschränkungen ludisch wirksam. So haben Vergiftungen, Krankheiten und ähnliche Statuseffekte der hier beschriebenen Kategorie mehrere Gemeinsamkeiten auf temporaler und physischer Ebene. Die Änderung des ludischen *status quo* ist für die Spielfigur immer zeitlich begrenzt, durch spezifische Aktionen seitens der Spieler_innen reversibel und in der Regel auf physische Aspekte bzw. den Körper der Spielfigur gerichtet.

Bereits in der hier verwendeten Terminologie wird deutlich, dass eine Krankheit jedweder Form eine temporäre Abkehr vom ›Normalzustand‹ der Spieler_innen anzeigt. Zu beachten ist in diesem Zusammenhang die Parallele zum *Status Effect*, da die Symptomatik einiger psychischer Krankheiten, wie z.B. die des Wahnsinns, in der Begriffsdefinition ebenfalls eine Abweichung von allgemein akzeptierten Normen und Konventionen – und somit bereits einen Malus bzw. in einem weiteren Schritt eine Form der Stigmatisierung (Franke 2012, 67) – impliziert.[6] Demzufolge finden sich psychische Krankheiten im digitalen Spiel häufig unter dem generischen Sammelbegriff ›Wahnsinn‹ bzw. ›wahnsinnig‹ als diegetische Attribuierung diverser *non-playable characters* (NPCs) bzw. Antagonisten, um vor allem deren Unzurechnungsfähigkeit oder Labilität zu akzentuieren. Ausformungen und Interpretationen dieses psychischen Krankheitszustandes finden sich im digitalen Spiel zuhauf und sind seit jeher – auch in anderen Medien wie dem Film – ein beliebtes und oftmals allzu einfaches *plot device*, um die Charakterzeichnung zumeist antagonistischer Spielfiguren zu vervollständigen sowie deren Motivation zu verdeutlichen.[7] Um diese medial perpetuierten Ste-

4 Sowohl in der *Das schwarze Auge-* (1992-)als auch in der *Baldur's Gate*-Reihe (1998-)können sich Figuren mit einer Vielzahl von Krankheiten anstecken. In *World of Warcraft* (Blizzard Entertainment 2004), einem *Massively Multiplayer Online Role-Playing Game*, führte gar ein Software-Fehler zur rasanten Ausbreitung einer digitalen Seuche, an der viele Spielfiguren erkrankten (Ward 2005).

5 Der Diegese-Begriff nach Anne und Étienne Souriau bezeichnet die innerhalb eines Films erschaffene Fiktion, die sich auf »alles [bezieht], was man als vom Film dargestellt betrachtet und was zur Wirklichkeit, die er seiner Bedeutung voraussetzt, gehört« und wird in den Game Studies äquivalent verwendet (Souriau 1997, 156).

6 Siehe beispielsweise dazu im IDC-10 die Diagnostik F23 (»Akute vorübergehende psychotische Störungen«): »eine schwere Störung des normalen Verhaltens«. ICD-Code, n.D.

7 »Just as insanity has served as a McGuffin to underpin game mechanics and monster attacks in horror games, it has served as a main, and often sole, motivation for villains in action games.« (Lindsey 2014).

reotype psychischer Krankheiten aufzuzeigen und zu bekämpfen, wurde 2007 in England eine Kampagne ins Leben gerufen, die in einem umfassenden *Film Report* mehrere Filme aufzählt, die das Thema allzu stereotyp und plakativ visualisieren (Time to change 2009). Ein entsprechendes Pendant für digitale Spiele findet sich hingegen nicht, obwohl historische Parallelen – vom verrückten Wissenschaftler bis hin zum psychopathischen Killer – nicht zu übersehen sind. In den vergangenen Jahren ist jedoch eine zunehmende Stagnation in der unreflektierten Verwendung von stereotypen und eindimensional skizzierten Charakteren zu verzeichnen, wobei aktuelle Spiele in der Folge immer häufiger komplexe Figuren enthalten, die mit psychischen Problemen zu kämpfen haben und im Fokus der Narration – und somit auch unter Kontrolle der Spieler_innen – stehen (Schott 2017; Kreienbrink 2017). Durch diesen Perspektivenwechsel geht – in Verbindung mit dem jeweiligen Dispositiv – eine Übertragung bzw. Subjektivierung der *Status Effects* einher, die sich auf die Art und Weise auswirkt, wie das Spiel präsentiert und daraufhin gespielt bzw. rezipiert wird.

3. Vermittlung psychischer Erkrankungen im digitalen Spiel

> One of the most destructive aspects of mental illness is that it is invisible. There is no obvious physical indication that someone is struggling with a mental health concern. (Lindsey 2014)

Wie Patrick Lindsey treffend bemerkt, besteht die zentrale Problematik der Darstellung psychischer Krankheiten in bildgebenden Medien in deren Unsichtbarkeit. Während sich physische Einschränkungen und Symptome körperlicher Krankheiten wie Schnupfen, eiternde Wunden oder sogar Kopfschmerzen relativ leicht objektifizieren lassen, ist es hingegen äußerst schwierig, mentale Probleme einer Spielfigur – noch dazu aus der Egoperspektive – adäquat zu visualisieren, da sich diese primär auf die individuelle Wahrnehmung auswirken und somit schwer zu generalisieren sind. Da im weiteren Verlauf die First- bzw. Third-Person-Perspektive betrachtet werden soll, muss daher auf Rezeptionsebene eine Distinktion der unterschiedlichen Perspektiven stattfinden, von denen drei zur Abgrenzung und weiteren Analyse herangezogen werden können.

3.1 Objektifizierende Krankheitszuschreibungen bei NPCs

In diesem Modus wird die psychische Krankheit durch Spielfigur und Spieler_in von ›außen‹ betrachtet, da diese nicht die Spielfigur selbst bzw. den Avatar betrifft, sondern eine nicht durch die Spieler_innen gesteuerte Figur, einen NPC. Die Krankheitssymptomatik zeigt sich in dieser Variante in der Darstellung irrationalen Verhaltens betroffener NPCs und findet daher primär auf narrativer Ebene statt. Unterstützend können jedoch visuelle Hilfsmittel, Musik, Soundeffekte und ggf. auch Schnitte eingesetzt werden, um das Ausmaß der Krankheit stilistisch zu verdeutlichen. Damit einhergehend ist in manchen Fällen auch eine somatische Externalisierung (Görgen und Simond 2020) zu nennen, bei der die Schwere der psychischen Krankheit sich auch auf physischer Ebene, z.B. durch einen deformierten Körper oder andere visuelle Marker manifestiert.

In dieser Konstellation übernehmen die Spieler_innen oftmals die Rolle der heilenden bzw. korrektiven Instanz, da die psychisch erkrankten NPCs entweder direkte Antagonisten oder dramaturgisch wichtige Nebenfiguren sind und durch ihre Erkrankung die Progression der Spielfigur erschweren. Diese Objektifizierung der psychischen Krankheit ist daher besonders in Spielen mit klassischer Heldenreise-Thematik verbreitet,[8] perpetuiert aber gleichermaßen eine sehr verallgemeinernde und binäre Betrachtung von Gesundheit (=gut/heldenhaft/Normalzustand) und Krankheit (=schlecht/böse/Malus), was Lindsey folgendermaßen auf den Punkt bringt:

> We aren't being encouraged to understand and empathize with mental illness, we're being taught by pop culture to fear it. [...] As a result, short of trying to understand the effect and impact mental illness can have on people, we seek to distance ourselves from it as much as possible; insanity is the province of Bad People, and they are dangerous and not to be trusted. (Lindsey 2014)

3.2 Semi-subjektives Krankheitserleben in der Third-Person Perspektive

Leidet hingegen der Avatar bzw. die Spielfigur an einer psychischen Krankheit, wechselt die Perspektive: Das im vorigen Fall bei erkrankten NPCs beobachtbare irrationale Verhalten entfällt dahingehend, dass die erkrankte Spielfigur nun unter der Kontrolle der Spieler_innen steht.[9] Die jeweiligen Krankheitssymptome werden in dieser Variante auf diegetischer Ebene sowohl ludisch durch eingeschränkte Steuerungsmöglichkeiten als auch visuell durch den Rückgriff auf tradierte cineastische Stilmittel vermittelt, so z.B. durch grafische Transformation der Blickrichtung, ein eingeschränktes oder anderweitig manipuliertes Sichtfeld

8 In der Geschichte digitaler Spiele finden sich unzählige Beispiele psychisch erkrankter Antagonisten, so z.B. Kefka (Größenwahn) in *Final Fantasy VI* (Square 1994), Joker (Wahnsinn) in *Batman: Arkham Asylum* (Rocksteady Studios 2009) oder Vaas Montenegro (Soziopathie/Sadismus) in *Far Cry 3* (Ubisoft 2012), um nur einige zu nennen.

9 Es sei denn, die Spielfigur befindet sich in einer Situation der »suspendierten Spielerbeteiligung«, in der die Spieler_innen keine Kontrolle über die Figur haben, so z.B. in Zwischensequenzen (Rapp 2008, 113).

sowie die spontane Änderung der Spielumgebung, oft in Form von Flashbacks oder Halluzinationen.[10] Aufgrund der in der dritten Person vorherrschenden beobachtenden Perspektive kommt es in dieser Situation auf den ersten Blick zu einer deutlichen Trennung zwischen Spielfigur und spielender Person und somit zu einer Externalisierung der Krankheit, da sie in diesem Sinne ›nur‹ die Spielfigur betrifft. Auf den zweiten Blick verbinden sich in dieser Konstellation zwei unterschiedliche Handlungsantriebe in Form von Spielfigur und spielender Person und kreieren somit ein semi-subjektives[11] Krankheiterleben in der dritten Person: Die Erkrankung der Spielfigur und deren Eigenheiten sind ein Teil des ludischen Regelwerks und können nur durch die ausgleichende Interaktion der Spieler_innen bewältigt werden. In dieser Mischform aus Subjektivierung und Objektifizierung werden die Symptome der psychischen Einschränkungen als ludische Elemente genutzt, die die Spieler_innen zur Spielprogression bewältigen müssen. In *Hellblade: Senua's Sacrifice* (Ninja Theory 2017) wird die Schizophrenie der Spielfigur auf auditiver Ebene durch Stimmen realisiert, die unaufhörlich das Geschehen kommentieren – sowohl störend als auch hilfreich.[12] Durch diesen ludischen Kniff werden die Spieler_innen dazu aufgefordert, die mentale Kondition nicht zu ignorieren, sondern diese zu akzeptieren und zum eigenen Vorteil zu nutzen. Diese Übertragung des Empfindens in die Spielmechanik (Löffler 2017) folgt einer empathischen Herangehensweise und distanziert sich somit deutlich vom erstgenannten Fall, in dem Krankheiten primär als Hindernis betrachtet werden. Zu diesem Zweck arbeitete das Entwicklerstudio von *Hellblade: Senua's Sacrifice* mit Spezialist_innen und erkrankten Personen zusammen, um die im Spiel dargestellten Symptome möglichst genau umzusetzen. Dies folgt der Herangehensweise aktueller Indie-Games über psychische Krankheiten, die von

10 Bernard Perron erwähnt im Zusammenhang mit Horrorspielen den *Diegetic Blind Space*, wenn »a gamer's field of vision is blurred partly or completely by visual ›barriers‹ associated with the diegetic universe (darkness, fog, blurred subjective vision)« (Perron 2018, 114).

11 Britta Neitzel hat diesen Begriff bereits für Spiele mit Third-Person-Perspektive verwendet: »Spiele, die ihre Abbildung um einen Avatar herum organisieren und ihm die Fähigkeit zu sehen zusprechen, benutzen einen semi-subjektiven PoV. [...] Während des Spiels wird der Avatar zumeist von hinten gesehen, bei all seinen Bewegungen verfolgt von einer virtuellen Kamera.« (Neitzel 2013, 12-13).

12 »Die Stimmen in Senuas Kopf [...] sind da, sie zu quälen – Senua ebenso wie die Spieler. Solange, bis sie lernen, hinzuhören. Denn immer wieder geben diese Stimmen auch Hinweise. Sie erzählen von der Vergangenheit Senuas, oder warnen die Spieler einfach nur davor, dass hinter ihnen ein Gegner ist. [...] Die Spieler steuern Senua durch eine feindliche Welt. Doch Senua selbst lebt mit einem ihr feindlichen Innenleben. Mit beiden müssen sie sich auseinandersetzen, nur einen der beiden Feinde können sie besiegen – die Welt in ihrer Körperlichkeit kann vernichtet werden. Die plagenden Worte jedoch nicht.« (Kreienbrink 2017).

betroffenen Personen entwickelt wurden bzw. bei denen betroffene Personen die Entwicklung beratend begleitet haben.[13]

3.3 Immersive Involvierung in der First Person-Perspektive

Findet das Spiel hingegen vollständig in der Egoperspektive statt, wird die Krankheit der Spielfigur subjektiviert[14] – vor allem, wenn die Figur keine weiteren externen bzw. narrativen Erkennungsmerkmale wie z.B. einen Namen, eine eigene Stimme oder einen durch Spiegel, Fotos oder Zwischensequenzen definierten Avatar besitzt. In Abgrenzung zu dieser Subjektivierung durch die Egoperspektive sind daher Spiele zu nennen, in denen entweder jederzeit ein Wechsel von First- und Third-Person-Perspektive möglich ist oder die Spielfigur auf narrativer Ebene externalisiert wird. So wird z.B. der Protagonist B. J. Blazkovicz in *Wolfenstein: The New Order* (Machine Games 2014) zwar als von Alpträumen geplagter und PTBS[15]-geschädigter Kriegsveteran porträtiert, gleichzeitig aber durch narrative und filmische Einbettung als von den Spieler_innen unabhängiges bzw. eigenständiges Individuum visualisiert. Demgegenüber stehen Spiele wie *Layers of Fear* (Bloober Team 2016), die ausschließlich die Egoperspektive nutzen und die Spielfigur so weit anonymisieren, dass diese (bzw. deren Blickfeld) sich mit den Spieler_innen vereinen. Diese Perspektive wurde von Britta Neitzel als »subjektiver Point of View« (Neitzel 2013, 15) bezeichnet und steht hier exemplarisch für eine dispositive Subjektivierung durch eine psychisch erkrankte Hauptfigur:

> In Spielen, die, wie ich es nennen möchte, den subjektiven PoV benutzen, wird kein Avatar visualisiert. [Dieser] kann während des Spielens nur imaginiert werden, denn der Ort, an dem der Körper [...] situiert wäre, bleibt leer. [...] Das Bild insinuiert vielmehr, dass sich der Körper [...] vor dem Monitor auf der Seite des Spielers, also in der realen Welt befindet. Damit ist der Ort, an dem der Körper [...] imaginiert wird, gleichzeitig der Ort, an dem der Point of View situiert ist: Vor dem Monitor, wo sich der Spieler befindet. [...] Diese Verschmelzung von Point of View und Point of Action stellt eine Verbindung zwischen virtuellem und realem Raum her. Es gibt keine vierte Wand, die die Diegese schließt. Stattdessen versucht diese Technik der Visualisierung die Diegese in den realen Raum auszuweiten. (Ebd.)

---

13 Z. B. *Depression Quest* (The Quinnspiracy 2013) oder *Please Knock On My Door* (Levall Games 2017).

14 »A subtler integration of mental illness is the use of narrative perspective, which can be a powerful empathetic tool. Putting a reader, viewer or gamer inside another person's mind allows them to experience reality from someone else's viewpoint.« (Souppouris 2015).

15 Posttraumatische Belastungsstörung, verursacht durch ein zurückliegendes traumatisches oder anderweitig emotional einschneidendes Erlebnis.

Diese Technik schafft die Grundlage für eine perzeptive Subjektivierung der Spielfigur. Durch die Übernahme der Perspektive und eine weitgehende Anonymisierung der Spielfigur vereinen sich Point of View und Point of Action – wie von Neitzel beschrieben – in Form von Spielfigur und spielender Person. Problematisch bleibt jedoch der apparative Aufbau des Dispositivs, dessen immersiver Effekt sich spätestens dann auflöst, wenn die Spieler_innen mittels einer simplen Realitätsprüfung den Blick von der Projektionsfläche abwenden und – im Sinne Jean-Louis Baudrys – das interaktive Heimkino verlassen (Baudry 2003, 59). Mittels *Head Mounted Display* und *Surround Sound* bzw. Kopfhörer kann dieses Dispositiv aber erweitert und die Wahrnehmung der spielenden Person somit vollständig von der digitalen Diegese umschlossen werden.[16] Daniel Pietschmann fasst dies unter »perzeptiver Involvierung« zusammen:

> Perzeptive Involvierung wird dann erreicht, wenn durch die medial vermittelten Reize menschliche Sinnesorgane angesprochen werden. [...] Die Sinne sind komplett in die virtuelle Umgebung getaucht, sodass die Wahrnehmung der Realität verdeckt bzw. überlagert wird. Theoretisch kann so die Illusion entstehen, die medialen Sinneseindrücke seien real. (Pietschmann 2009, 88)

Innerhalb dieses Dispositivs amplifiziert sich der Eindruck der ludisch und narrativ vermittelten Symptome psychischer Krankheiten, die häufig mit Wahnvorstellungen, Wahrnehmungsstörungen, Desorientierung und Paranoia einhergehen – und in digitalen Umgebungen somit entsprechend simuliert werden können. Kombiniert mit einer unzuverlässigen Diegese werden die Spieler_innen in eine Umgebung versetzt, deren Aussehen, Regeln und Perspektive jederzeit geändert werden kann. Das daraus resultierende Gefühl der Orientierungslosigkeit wird durch den Wegfall der tradierten visuellen Realitätsprüfung innerhalb des Dispositivs noch verstärkt. Während psychische Krankheiten oft mit einem ›Gefangensein im eigenen Kopf‹ beschrieben werden, ist in dieser Konstellation der Kopf der spielenden Person für die Dauer des Spiels im Dispositiv gefangen.

4. First Person Mental Illness in *Layers of Fear*

> If you encounter a game that deals with issues of mental health, chances are it's a horror game. [...] That's not to say that games should avoid the horror genre in its treatment of the topic. The fact is that mental illness is horrifying for those who suffer, and it can drastically affect one's perception of the world. (Lindsey 2014)

16 »VR, however, closes the sensory gap in ways that may hinder [the player's] immediate ability to distinguish fiction from reality.« (Green 2017).

Durch die medial perpetuierte Konnotation von psychischen Krankheiten und negativen Charaktereigenschaften wird dieses Stereotyp oft zur Darstellung reiner Boshaftigkeit genutzt sowie – in einem weiteren Schritt – als Teilmenge in Horror-Narrationen, wie die bereits im letzten Kapitel beschriebene dispositive Situation der Gefangennahme im Kopf des Avatars in *Layers of Fear*. Im Vergleich mit *Hellblade: Senua's Sacrifice* stehen die mentalen Probleme der Hauptfigur hier jedoch nicht im Vordergrund, da das Spiel primär als Horrorspiel vermarktet und rezipiert wird. Im Gegensatz zu Spielen, in denen psychische Krankheiten lediglich als Grundierung für eine angsteinflößende Umgebung genutzt werden, entsteht der Horror hier durch die Wahrnehmungsstörung der Hauptfigur.

Die Spieler_innen übernehmen in der Egoperspektive die Rolle eines talentierten Künstlers, der mit zunehmender Spieldauer dem Wahnsinn verfällt und erkunden in dessen riesigem Anwesen den Grund für seinen Geisteszustand, der sich in familiären Tragödien und persönlichen Rückschlägen findet. Zur Vollendung seines Magnum Opus muss der Künstler im Haus verstreute Utensilien einsammeln und in Rückblenden und Selbstgesprächen seine Vergangenheit durchleben. Neben seltsamen und punktuell auftretenden Phänomenen (gruselige Geräusche, sich selbst bewegendes Mobiliar, geisterhafte Erscheinungen) durchläuft das Haus mit fortschreitender Spieldauer eine surreale Metamorphose, die den Geisteszustand des Künstlers reflektiert:[17] Die Zimmer werden nicht nur zunehmend unordentlicher und verfallener, sondern ändern auch ihr Aussehen, ihre Architektur und ihre Position innerhalb des Hauses,[18] sodass die Spieler_innen sich nicht orientieren können und somit gänzlich der erratischen Levelarchitektur des Spiels bzw. dem wirren Geist des Künstlers und seiner fehlgeleiteten Wahrnehmung ausgeliefert sind (Abb. 1-4).

Durch die konsequente Ausnutzung des diegetischen *Blind Space* kann es vorkommen, dass nach einer Drehung der Spielfigur diese plötzlich in einem gänzlich anderen Raum steht, oder dass die im Raum vorhandenen Türen nach einer kurzen Unachtsamkeit verschwinden und nur noch solide Wände vorzufinden sind (Abb. 5). Das im Film bekannte Stilmittel des *Mindfuck* wird in dieser Konstellation auf die Spitze getrieben, indem die Rezipient_innen nicht nur durch narrative und visuelle Stilmittel, sondern auch durch das immersive Dispositiv in die

17 Siehe auch die Texte von McGreevy et al. sowie Beyvers in diesem Buch.

18 »In *Layers of Fear* [...] the architecture repeatedly rearranges itself. Doors do not open onto the same room, or they bring the player-character to weird places, such as an edge high above the painter's desk in his office.« (Perron 2018, 326-27).

Abb. 1-4: Die Architektur des Gebäudes besteht aus Sackgassen, unmöglichen und sich ständig verändernden Räumen, die dem zunehmenden Wahnsinn des Protagonisten zuzuschreiben sind.

Irre geführt werden. Die präsentierte Diegese wird von den Spieler_innen zwar zu Beginn als zuverlässig akzeptiert, entpuppt sich aber in der Folge als Produkt einer Lüge[19] oder einer gestörten bzw. unvollständigen Wahrnehmung einer diegetischen Figur: »Der Zuschauer hat durch die Struktur des Sujets an der imaginierten bzw. simulierten Realität des Helden, seinen Wahnvorstellungen und Halluzinationen oder Träumen ohne dies zu wissen teil.« (Geimer 2006)

Durch diese sich ständig ändernde und somit höchst unzuverlässige Diegese wird im Zusammenspiel mit der verwendeten Egoperspektive effektiv die Symptomatik einer Wahrnehmungsstörung erzeugt und somit werden die essenziellen Elemente der Exploration und der (mentalen) Kartierung (Nohr 2013, 14ff.) im digitalen Spiel außer Kraft gesetzt. Die durch Exploration bzw. Eroberung digitaler Räume erhaltene Sicherheit existiert in *Layers of Fear* nicht und weicht durch diesen erlittenen Kontrollverlust stattdessen dem Gefühl ständiger Bedrohung und Unsicherheit (Abb. 6).[20]

---

19 »[T]he plots [of today's mindfucks] are constructed to hide the surprise and rely on misdirection, or [...] outright lying.« (Eig 2003).

20 »[A] horrible feeling for players is to take away their control.« (Rogers 2014, 296); »[...] third- or [...] first-person view [...] exploit the blind space to enhance the feeling that a gamer [is] never safe.« (Perron 2018, 285).

Abb. 5-6: Der diegetische Blind Space wird zur Desorientierung und zur Steigerung der Paranoia eingesetzt. Türen führen ins Nichts oder verschwinden gänzlich, nachdem sie sich im Blind Space befunden haben. Die Aufforderung »Don't look back« verweist explizit auf eine Bedrohung, die sich im Blind Space befindet.

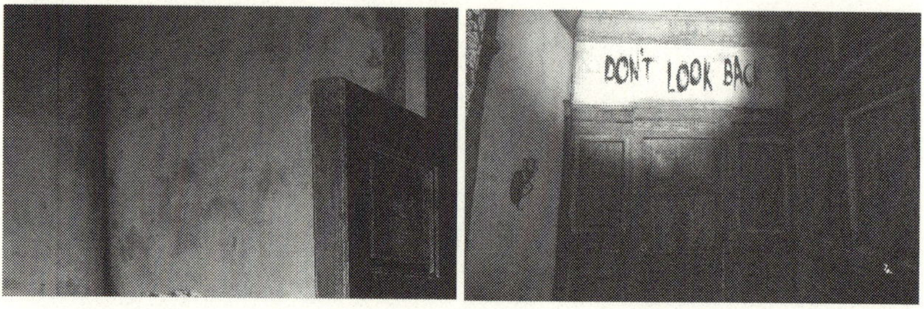

Während Spieler_innen den Grad der immersiven Involvierung im Regelfall durch eine Abwendung des Blicks von der Bildfläche abschwächen bzw. beenden können, kann diese einfache Realitätsprüfung durch die Hinzunahme eines *Head Mounted Display* temporär außer Kraft gesetzt werden. Die simulierte Wahrnehmungsstörung wird auf diese Weise durch die dispositive Überlagerung der Augen vollends subjektiviert. Mit den kürzlich erschienenen VR-Versionen *Hellblade: Senua's Sacrifice VR Edition* (Ninja Theory 2018) und *Layers of Fear: Solitude* (Bloober Team 2016) wurden die ersten Bestrebungen unternommen, dieses neue Dispositiv einer solchen *First Person Mental Illness* produktiv anzuwenden.[21]

Diese besondere Kombination von Dispositiv und psychischer Krankheit birgt jedoch einen dialektischen Haken, der sich – wie so häufig im digitalen Spiel – im zweischneidigen Rezeptionsangebot offenbart. Einerseits wird durch die dispositive Situation und die narrative Einbettung ein Beitrag zum Verständnis psychischer Krankheiten geleistet, der sich deutlich von der bisher erfolgten, eher eindimensionalen und stigmatisierenden Darstellung in digitalen Spielen distanziert – sofern die Spieler_innen dieser Lesart folgen. Andererseits besteht aber durch ebendiese VR-Anbindung die Gefahr der Fokussierung auf dessen technischen Schauwert, wodurch die vermittelte mentale Kondition auf eine unreflektierte digitale Attraktion reduziert wird, die die Spieler_innen wahlweise amüsieren, schockieren oder faszinieren soll (React 2017). Ähnlich dem von Tom Gunning geprägten Begriff des *Cinema of Attractions* liegt der Fokus in aktuellen VR-basierten Spielen derzeit noch auf visuellem Spektakel, wobei die narrativen Aspekte eher nachrangig integriert werden. Obwohl seit einigen Jahren bereits

21 Hier ist jedoch anzumerken, dass sich die Spieler_innen in *Hellblade: Senua's Sacrifice VR Edition* nicht in der Egoperspektive befinden, sondern das Spiel trotzdem als Verfolger von Senua aus der dritten Person wahrnehmen.

mehrere VR-Geräte für unterschiedliche Spieleplattformen existieren,[22] folgt der Entwicklungsansatz für VR-Spiele noch allzu häufig einer ökonomisch orientierten Herangehensweise, was dazu führt, dass technische Neuerungen in Spiele implementiert werden, obwohl aus ludischer Sicht dafür keine Notwendigkeit besteht.[23] Betrachtet man dazu die bei YouTube kursierenden *Let's Plays* oder *Reacts* derzeit erhältlicher VR-Spiele, können diese frühen Gehversuche immersiver Gaming-Dispositive analog zu Gunnings Aussage zur Prioritätensetzung damaliger Filmbesucher gelesen werden, deren Aufmerksamkeit sich nicht auf die narrativen Inhalte, sondern primär auf die mediale Darstellung fokussierten.[24] In diesem Zusammenhang werden daher medial vermittelte Inhalte mit vergleichsweise anspruchsvoller Thematik durch eine technische Innovation überlagert.

Dass sich digitale Spiele häufig auf einem schmalen Grat zwischen ernster Thematik und interaktivem Entertainment bewegen, ist zwar keine neue Erkenntnis,[25] wird jedoch in der vorliegenden Konstellation um den zusätzlichen Aspekt der Darstellung psychischer Krankheiten erweitert. Hinzu kommt, dass *Head Mounted Displays* technisch bedingt nur in einer dreidimensionalen Umgebung sinnvoll eingesetzt werden können. Viele Spiele, die primär psychische Krankheiten thematisieren, stammen derzeit aus dem Indie-Segment und nutzen aufgrund der begrenzten Ressourcen überwiegend reduzierte Visualisierungen, was eine ansprechende Annäherung an die Thematik ermöglicht. Demnach steht *Hellblade: Senua's Sacrifice* exemplarisch für eine Umsetzung von mentaler Störung der Hauptfigur in einem grafisch und narrativ aufwendig gestalteten Setting, erfährt aber für ebendiese Herangehensweise auch Kritik von Spezialist_innen, die darin die Gefahr des ökonomischen Selbstzwecks erkennen:

> Despite the developer's obvious desire to get things right, its handling of mental illness still worries [Tracii Kunkel, a clinical psychologist at the Veteran Affairs Medical Center in Orlando, Florida]. ›I will have to see the game when it gets released, but it feels right now like they are using mental illness as a tool to drive the

22 Das *Oculus Rift* und das *HTC Vive* für den PC, die *Playstation VR* für die Playstation sowie *Google Daydream* und *Google Cardboard* für mobile Endgeräte.

23 Ähnlich nachzuvollziehen am Aufschwung der 3D-Games, in dessen Zuge viele Spiele die neue Darstellungstechnik nutzten, ohne dass dies einen substanziellen Mehrwert geboten hätte, so z.B. in *Simon The Sorcerer 3D* (Headfirst Productions 2002), das – im Gegensatz zu seinen zweidimensionalen Vorgängern – nicht aus spielerischer Notwendigkeit, sondern aus entwicklungspolitischem Kalkül in 3D umgesetzt wurde (Largent 2000).

24 »Early audiences went to exhibitions to see machines demonstrated (the newest technological wonder, following in the wake of such widely exhibited machines and marvels as X-rays or, earlier, the phonograph), rather than to view films.« (Gunning 2006, 383).

25 So z.B. die Thematisierung des Holocaust in Spielen mit WW2-Setting oder die Authentizitätsdebatte um *Kingdom Come: Deliverance* (Warhorse Studios 2018) (Runzheimer 2019; 2018).

> game and making the illness the focus, rather than Senua herself.‹ [...] So there's an obvious danger that this integration of mental illness into a combat game can devolve into gamification or, even worse, be used exploitatively as a way to shift copies of an otherwise typical combat game. (Souppouris 2015)

Daran anschließend kann natürlich spekuliert werden, ob *Hellblade: Senua's Sacrifice* auch vergleichsweise positiv rezipiert worden wäre, wenn Ninja Theory darauf verzichtet hätte, den Aspekt der Krankheit und dessen ludische Implementation durch im Vorfeld veröffentlichte Videos und Blog-Artikel prominent zu bewerben.

5. Ausblick

Festzuhalten bleibt, dass psychische Krankheiten im digitalen Spiel durch die Verwendung empathischer Perspektivierungen wie in *Hellblade: Senua's Sacrifice* und *Layers of Fear* verstärkt in den narrativen Mittelpunkt gerückt werden, was durch die steigende Zahl entsprechender Spiele mit erkranktem Protagonisten bestätigt wird. Dabei ist hervorzuheben, dass das Darstellungsrepertoire psychischer Krankheiten um einen zusätzlichen Typus erweitert wurde – weg vom stigmatisierenden Ansatz hin zu einer empathischen und verständnisvollen Herangehensweise, die es den Spieler_innen ermöglicht, im Sinne eines *Serious Games* die unterschiedlichen Aspekte psychischer Krankheiten in einem exemplarischen Kontext nachzuempfinden. Deutlich ist dabei die starke Hervorhebung der Erkrankungen, die in dieser Präsentationsform andere ludische Facetten in den Hintergrund treten lässt. Im Umkehrschluss treten in Spielen wie *Layers of Fear* die Aspekte solcher Erkrankungen durch die primäre Rahmung des Spiels – in diesem Fall das Horror-Genre – noch zu stark in den Hintergrund. Spiele wie *Hellblade: Senua's Sacrifice* kombinieren diese empathische Herangehensweise mit einer visuell und narrativ ansprechenden Rahmung, die die psychische Krankheit der Protagonistin zwar weiterhin stark fokussiert, aber es den Spieler_innen überlässt, ob sie dieses Rezeptionsangebot annehmen oder sich lieber ausschließlich auf die ludischen Aspekte konzentrieren, ohne der Erkrankung zu viel Aufmerksamkeit zu widmen. Diese Fokussierung auf die Erkrankung der Protagonistin erfolgte im Vorfeld durch eine entsprechend begleitete mediale Kampagne und ermöglichte somit eine diskursive Grundlage um diese Präsentationsform, die der angejahrten Debatte um die Darstellung anspruchsvoller Themen im spielerischen Kontext eine weitere Facette hinzufügte.

Mit den ersten Gehversuchen durch VR-Hardware und der Vermittlung der Perspektive – und somit der Erkrankung der Hauptfiguren auf die Spieler_innen – steht nun der nächste Schritt einer zunehmenden immersiven Subjektivierung psychischer Erkrankungen im digitalen Spiel bevor, die derzeit noch die Gefahr birgt, den empathischen Ansatz durch den technischen Innovationscharakter der VR-Hardware direkt zu unterlaufen. Obwohl das VR-Dispositiv durch die visuelle Subjektivierung eine Simulation einiger Krankheitssymptome ermöglicht,[26] müssen diese auch entsprechend reflektiert in die Narration eingebettet werden, um den Vorwurf des ökonomischen Kalküls zu entkräften. In diesem Sinne bleibt zu hoffen, dass die technische Innovation des Dispositivs dazu beiträgt, sich der Thematik auf ansprechende Weise zu nähern. So nutzen z.B. einige Apps wie *Dementia First Hand* (2019) oder *A Walk Through Dementia* (2016) bereits das VR-Dispositiv, um Spieler_innen die Auswirkungen von Demenz zu vermitteln.

Ludographie

A WALK THROUGH DEMENTIA (Alzheimer's Research UK 2016, Alzheimer's Research UK)

BATMAN: ARKHAM ASYLUM (Eidos Interactive 2009, Rocksteady Studios)

DEMENTIA FIRST HAND (Galactig 2019, Galactig)

DEPRESSION QUEST (The Quinnspiracy 2013, The Quinnspiracy)

FAR CRY 3 (Ubisoft 2012, Ubisoft/Massive Entertainment)

FINAL FANTASY 6 (Square 1994, Square)

HELLBLADE: SENUA'S SACRIFICE (Ninja Theory 2017, Ninja Theory)

HELLBLADE: SENUA'S SACRIFICE VR EDITION (Ninja Theory 2018, Ninja Theory)

KINGDOM COME: DELIVERANCE (Deep Silver 2018, Warhorse Studios)

LAYERS OF FEAR (Aspyr Media 2016, Bloober Team)

LAYERS OF FEAR: SOLITUDE (Aspyr Media 2016, Bloober Team)

PLEASE KNOCK ON MY DOOR (Levall Games 2017, Levall Games)

SIMON THE SORCERER 3 (Adventure Soft 2002, Headfirst Productions)

WOLFENSTEIN: THE NEW ORDER (Bethesda Softworks 2014, Machine Games)

WORLD OF WARCRAFT (Vivendi 2004, Blizzard Entertainment)

Bibliographie

Baudry, Jean-Louis. 2003. »Das Dispositiv: Metapsychologische Betrachtungen des Realitätseindrucks.« In *Der kinematographische Apparat: Geschichte und Gegenwart einer interdisziplinären Debatte*. Hg. von Robert F. Riesinger, 41-62. Münster: Nodus.

26 Vor allem Wahrnehmungsstörungen, Desorientierung, Paranoia etc.

Eig, Jonathan. 2003. »A beautiful mind(fuck): Hollywood structures of identity«. www.ejumpcut.org/archive/jc46.2003/eig.mindfilms, letzter Zugriff: 29.04.2020.

Franke, Alexa. 2012. *Modelle von Gesundheit und Krankheit.* Bern: Hans Huber.

Geimer, Alexander. 2006. »Der mindfuck als postmodernes Spielfilm-Genre: Ästhetisches Irritationspotenzial und dessen subjektive Aneignung untersucht anhand des Films THE OTHERS.« www.jump-cut.de/mindfuck2.html, letzter Zugriff: 29.04.2020.

Görgen, Arno und Stefan H. Simond. 2020. »Mental Health als Authentizitätsfiktion im digitalen Spiel. Eine Typologie.« In *Spielzeichen III: Kulturen desComputerspiels/Kulturen im Computerspiel*, hg. v. Martin Hennig und Hans Krah, 406-434. Glückstadt: Verlag Werner Hülsbusch.

Green, Holly. 2017. »Here They Lie and the ethics of VR horror.« https://www.gamasutra.com/view/news/293777/Here_They_Lie_and_the_ethics_of_VR_horror.php, letzter Zugriff: 29.04.2020.

Gunning, Tom. 2006. »The Cinema of Attraction[s]: Early Film, Its Spectator and the Avant-Garde.« In *The Cinema of Attractions Reloaded.* Hg. von Wanda Strauven, 381-88. Film Culture in Transition. Amsterdam: Amsterdam University Press.

ICD-Code, o.J. »F23.- Akute vorübergehende psychotische Störungen.« www.icd-code.de/suche/icd/code/F23.-.html, letzter Zugriff: 28.04.2020.

Kreienbrink, Matthias. 2017. »Die Stimmen, die sie riefen.« https://www.zeit.de/digital/games/2017-08/hellblade-senuas-sacrifice-spiel-psyche, letzter Zugriff: 28.04.2020.

Largent, Andy. 2000. »Simon 3D Q&A.« www.insidemacgames.com/news/story.php?ArticleID=925, letzter Zugriff: 28.04.2020.

Liebe, Michael. 2008. »Die Dispositive des Computerspiels.« In *Game over!? Perspektiven des Computerspiels.* Hg. von Jan Distelmeyer, Christine Hanke und Dieter Mersch, 73-94. Bielefeld: transcript.

Lindsey, Patrick. 2014. »Gaming's favorite villain is mental illness, and this needs to stop.« https://www.polygon.com/2014/7/21/5923095/mental-health-gaming-silent-hill, letzter Zugriff: 28.04.2020.

Löffler, Kai. 2017. »Verrückt im Videospiel: Von Serienmördern und Stimmen im Kopf.« www.deutschlandfunk.de/verrueckt-im-videospiel-von-serienmoerdern-und-stimmen-im.807.de.html?dram:article_id=392907, letzter Zugriff: 28.04.2020.

Mosel, Michael. 2009. »Das Computerspiel-Dispositiv. Analyse der ideologischen Effekte beim Computerspielen.« In *Gefangen im Flow? Ästhetik und dispositive Strukturen von Computerspielen.* Hg. von Michael Mosel, 153-179. Boizenburg: Hülsbusch.

Neitzel, Britta. 2013. »Point of View und Point of Action: Eine Perspektive auf die Perspektive in Computerspielen.« In *Repositorium Medienkulturforschung*, 4: 1-20. https://d-nb.info/1045296538/34, letzter Zugriff: 28.04.2020.

Ninja Theory. 2015. »Hellblade Development Diary 14: New Perspectives.«. https://www.youtube.com/embed/P5IHxbyPiEc, letzter Zugriff, 28.04.2020.

Nohr, Rolf F. 2013. »Raumfetischismus. Topografien des Spiels.« In *Repositorium Medienkulturforschung*, 3, 2-24. http://repositorium.medienkulturforschung.de/rmkfwordpress/wp-content/uploads/2013/07/2013_09_20_RMKF_3_Nohr-Raumfetischismus.pdf, letzter Zugriff: 28.04.2020.

Perron, Bernard. 2018. *The world of scary video games: A study in videoludic horror*. New York: Bloomsbury.

Pietschmann, Daniel. 2009. *Das Erleben virtueller Welten: Involvierung, Immersion und Engagement in Computerspielen*. Boizenburg: Hülsbusch.

Rapp, Bernhard. 2008. *Selbstreflexivität im Computerspiel: Theoretische, analytische und funktionale Zugänge zum Phänomen autothematischer Strategien in Games*. Boizenburg: Hülsbusch.

React. 2017. »HORROR IN VR! Layers of Fear: Solitude (Teens React: Gaming).« https://www.youtube.com/watch?v=Cko3NIl1KrE (letzter Zugriff: 28.04.2020).

Rogers, Scott. 2014. *Level up! The guide to great video game design*. Chichester, West Sussex: John Wiley & Sons.

Runzheimer, Bernhard. 2018. »Authentische Drachen und realistisches Mittelalter: Mittelalterrezeption im digitalen Spiel.« In *Literaturkritik.de*, 8: 24-30. https://literaturkritik.de/authentische-drachen-und-realistisches-mittelalter-mittelalterrezeption-im-digitalen-spiel,24737.html, letzter Zugriff: 28.04.2020.

Runzheimer, Bernhard. 2019. »Ist das Kunst oder muss das weg? Der schmale Grat kontrafaktischer NS-Darstellungen im digitalen Spiel.« In *Schlechtes Gedächtnis: Kontrafaktische Darstellungen des Nationalsozialismus in alten und neuen Medien*. Hg. von Johannes Rhein, Julia Schumacher und Lea Wohl von Haselberg, 217-40. Berlin: Neofelis.

Schott, Dominik. 2017. »So beschäftigen sich immer mehr Videospiele mit psychischen Erkrankungen.« Zugriff: 12.06.2018. https://ze.tt/so-beschaeftigen-sich-immer-mehr-videospiele-mit-psychischen-erkrankungen

Souppouris, Aaron. 2015. »Video games are tackling mental health with mixed results.« https://www.engadget.com/2015/08/20/video-games-mental-illness, letzter Zugriff: 28.04.2020.

Souriau, Étienne. 1997. »Die Struktur des filmischen Universums und das Vokabular der Filmologie« In *montage a/v*, 6 (2): 140-157. https://www.montage-av.de/pdf/1997_6_2_MontageAV/montage_AV_6_2_1997_140-157_Souriau_Filmologie.pdf, letzter Zugriff: 28.04.2020.

Spinger, Christoph. 2018. »Hellblade: Senua's Sacrifice VR im Test – wahnsinnig werden war nie schöner.« Zugriff: 02.01.2019. https://www.vrnerds.de/hellblade-senuas-sacrifice-vr-im-test-wahnsinnig-werden-war-nie-schoener, letzter Zugriff: 28.04.2020.

Time to change. 2009. »Film report: Screening Madness.« https://www.time-to-change.org.uk/sites/default/files/film-report-screening-madness-time-to-change.pdf, letzter Zugriff: 28.04.2020.

TV Tropes, o.J. »Standard Status Effects.« https://tvtropes.org/pmwiki/pmwiki.php/Main/StandardStatusEffects, letzter Zugriff: 28.04.2020.

Ward, Mark. 2005. »Deadly plague hits Warcraft world.« http://news.bbc.co.uk/2/hi/technology/4272418.stm, letzter Zugriff: 28.04.2020.

World Health Organization. 2018. »Gaming disorder.« https://www.who.int/features/qa/gaming-disorder/en, letzter Zugriff: 28.04.2020.

Abbildungsverzeichnis

»Do you see it now? Do you see it like I do?«
Unreliability and the Unstable Narrating Mind in *Dear Esther* (2012) and *Layers of Fear* (2016)

Sarah E. Beyvers

Abstract: After drawing connections between theories of unreliable narration and depictions of mental instability, this article explores ways in which subjectivity can become manifest in video games. In the subsequent analysis of *Dear Esther* (The Chinese Room 2012) and *Layers of Fear* (Bloober Team 2016), the mechanisms of verbal and visual unreliable narration will be examined, as well as the interplay between these elements and interactivity, and, especially, how these aspects are connected to the mental instability of narrators and focalizers. *Dear Esther's* narrator strives to inscribe an island's ›always half-imagined‹ surface with his life and memories, while the player is compelled to question the narrator's reliability to the point where she begins to question the island's physical existence. *Layers of Fear* puts the player in the place of a painter who, while trying to complete his magnum opus, loses all grasp of reality – and his sanity. The game exclusively ascribes the painter, the sole focalizer of the game, the ability to ›see‹ and simultaneously establishes that his eyes are not to be trusted.

Keywords: Unreliable Narration; Madness; Dear Esther; Layers of Fear

Schlagworte: Unzuverlässiges Erzählen; Wahnsinn; Dear Esther; Layers of Fear

1. Introduction

Unreliable narration is a phenomenon which has been discussed excessively in academic discourse since the 1960s. Renowned literature and film scholars like Seymour Chatman, Wayne C. Booth, and Shlomith Rimmon-Kenan have weighed in on the controversy of what it is that makes a narrator unreliable. One thing is beyond dispute, however: Unreliable narration surrounds us. One could easily transform Roland Barthes's statement that the »narratives of the world are numberless« (1975, 237) and argue that the *unreliable* narratives of the world are numberless as well. This is due to the fact that unreliability is concerned with one of the paramount questions of the human condition, namely the negotiation of deviance from certain norms, whichever shape these may take. Unreliability is inextricably tied to aspects of ›verisimilitude,‹ ›sanity,‹ ›decency,‹ and ›normalcy‹ – and the problem of finding a yardstick by which these concepts should be measured: »[T]he traditional notion of unreliability presupposes that an objective view of the world, of others, and of oneself can be attained« (Nünning 2005, 96). This idea needs to be problematized of course, since, »[i]n a pluralist and multiculturalist age[,] it has become more difficult than ever before to determine what may count as ›normal‹ moral or psychological standards« (Nünning 1997, 101). Ergo, what is considered to be ›normal‹ or ›decent‹ is inherently established by a cultural, religious, social, or political hegemony and is bound to differ greatly between groups and from individual to individual.

It has been argued that unreliable narration mainly serves to draw attention to »certain elements of the narrator's psychology« (Wall 1994, 21), which is often meant to relate to mental instability. William Riggan, for example, establishes a connection »between a deviant or deranged mind and unreliability« (Shen 2013) in *Pícaros, Madmen, Naïfs, and Clowns* (Riggan 1981). Depictions of madness,[1] some of which are as ancient as cultural expression itself, »convey in symbolic form human beings' preoccupation with their own mental functioning« (Feder 1980, 4). The perseverative re-visitation of »the fear of collapse, the sense of dissolution« (Gilman 1988, 1), which not only relates to mental instability, but to all illnesses, has one specific purpose:

> [W]e project this fear onto the world in order to localize it and, indeed, to domesticate it. For once we locate it, the fear of our own dissolution is removed. Then it is not we who totter on the brink of collapse, but rather the Other. [...] The images of disease, whether in art or in literature, are not in flux, even though they represent collapse. They are solid, fixed images that remain constantly external to our sense of self. (Gilman 1988, 1-2)

Even though the human condition urges us to draw a line between ›normal‹ and ›deviant‹ in order to gain the upper hand against the fear of madness as the »perpetual amorphous threat within« (Feder 1980, 4), madness is also »familiar« (ibid.),

1 My employment of the word *madness*, which »carries the semantic cores ›deviation‹ (of behaviour, utterances, reasoning etc.) and ›mental state‹« (Bernaerts 2008, 187), in this article is deliberate. It means to foreground the fact that I do not refer to real, existing mental illnesses but to societal constructs of deviation from perceived norms which are negotiated in fiction. I neither have a medical background, nor do I support the notion that the mental state of characters in literature, films, games etc. can be truly diagnosed through a psychiatric approach. Therefore, one must be constantly aware that the concept of madness is »charged with centuries of political, social, religious, medical, and personal assumptions« (Feder 1980, 5).

intimately recognizable in ourselves. It is the »fascinating and repellent exposure of the structures of dream and fantasy, of irrational fears and bizarre desires ordinarily hidden from the world and the conscious self« (ibid.).

Regarding the depiction of madness, video games offer unique opportunities to portray a narrator's mental state because of their medium-specific properties. The video game has been called a »meta-medium« (Domsch 2013, 4) because its technological setup allows for the integration of other media, like »spoken text, written text, [...] sounds and images, both still and moving« (ibid.), without forfeiting their individual features. Hence, when a mad narrator's mind distorts perceptions, this can reach the player on a variety of levels: textual, audial, audio-visual, or (lest we forget a unique quality of video games) interactive. For this purpose, I will start with summarizing ways in which subjectivity can be expressed in video games, followed by an overview of theories of unreliable narration. In order to ascertain how unreliability can serve to negotiate concepts of mental instability, I will then analyze *Dear Esther* (The Chinese Room 2012) and *Layers of Fear* (Bloober Team 2016).

2. Expressions of Subjectivity in Video Games

The conditions of unstable narrating minds reach the player via various subjectivizing techniques. As do literature and film, video games naturally also possess medium-specific means of expressing subjectivity. Their inherent interactivity plays an important role in this regard, which is why Britta Neitzel proposes the distinction between Point of View (PoV) and Point of Action (PoA). The term PoV can be compared to the camera position in films and describes the perspective through which the player perceives her avatar's activities and the game world (Neitzel 2007, 10). PoA, on the other hand, is the player's »manipulative position referring to the actions in a virtual space« (ibid.; my translation from German). Adapting terms from film theory, Neitzel identifies the following varieties of PoV: first, the »objective Point of View,« which never imitates a character's view and can be compared to an omniscient narrator (Neitzel 2007, 15); second, the »semi-subjective Point of View,« which ascribes an avatar the ability to see (Neitzel 2007, 18); third, the »subjective Point of View,« which does not include an avatar, like for example in first-person shooters (Neitzel 2007, 21). The PoV can be compared to Gérard Genette's term of perspective or focalization, i.e., »*who sees?*« (Genette 1980, 186; original emphasis), whereas the PoA correlates with Genette's ›voice,‹ even though the question of »*who speaks?*« (Genette 1980, 186; original emphasis) must be modified to »who acts?« (Neitzel 2007, 14). The PoA can be divided into the following subareas: the (intradiegetic or extradiegetic) position from which the player can act, the area inside the game world from which the player can act (centered onto a single avatar or decentered), and the mode of execution, meaning whether the player gives direct or indirect orders (Neitzel 2007, 24).

Michael Mosel offers a wide range of narrative subjectivization techniques in video games:[2] He distinguishes between general identifying features of subjectivity such as analepsis with voice-over narration and elliptical storytelling, audio-visual subjectivization techniques, which can also be found in film, and video-game-specific expressions of subjectivity. The audio-visual mode can be generated by »perception shot[s]« which imitate the perception of a character and can be achieved by, for example, depth of field blurs, »predatory vision,« and the distortion of images. Perception shots can also serve gameplay functions as interface elements, like a bloody screen and a loud heartbeat to indicate low health. Audio-visual techniques further include the representation of dreams, nightmares, hallucinations etc., which are often indicated by special colors or motion blur, and perspective take-overs in which a character's view completely ›hijacks‹ what is portrayed on screen. Video-game-specific subjectivization techniques are controlled by the interface. The software and hardware interface elements, including controllers and other input methods which enhance the player's immersion in the fictional world, contribute to the representation of subjectivity. This can, for example, be achieved through virtual reality headsets or haptic feedback from the controller to simulate vibrations in the diegesis. All of the above-mentioned techniques of highlighting subjective filtering processes can also serve to draw attention to a narration's unreliability. An overview of different theories of unreliable narration will be given in the following.

3. Theories of Unreliable Narration

Even though unreliable narration has been discussed in relation to various media, in particular literature and film, the same level of attention has unfortunately not been applied to video games as of yet. I would argue that this is due to the multimodality of the medium: An unlimited number of individual (micro-)narratives can be embedded in the game world, and these may take the form of every medium which can be represented digitally. Every single one of these embedded narratives can be narrated unreliably on its own or appear untrustworthy in comparison to others. In other words, it can be argued that every element contributing to the narration of a game (e.g., verbal or pictorial ones) can be a source of unreliabil-

2 The following is a condensed compilation of Mosel's remarks on subjectivization techniques in video games (Mosel 2011, 81-121). For clarity's sake, I have abstained from furnishing every individual piece of information with a bibliographical reference and have quoted the entire passage instead.

ity. This fact allows for harnessing theories of literary or filmic unreliability when discussing unreliable video game narration. However, one must not leave out of consideration that video *games* are not simply made up of verbal and visual signs, to borrow semiotic terminology, but always contain ludic elements. This raises the question of whether there is such a thing as ›ludic unreliability.‹ As I will discuss more elaborately in the analysis of *Dear Esther* and *Layers of Fear*, I am of the opinion that gameplay features, haptic feedback, the interaction between the player and the game, as well as the variability of narratives in an interactive medium can indeed contribute to the unreliability of narrations. In order to be able to explain how ludic unreliability relates to textual and visual parts of the games discussed, I will detail existing research on filmic and literary unreliability in the following.

The academic perception of unreliable narration oscillates between the optimistic view of being able to offer an exhaustive range of definitions and the stance that, after decades of research, most definitions are »circular[,] […] saying in different words that an unreliable narrator is a narrator who is unreliable« (Sternberg and Yacobi 2016, 330). Theorists of unreliable narration form two distinct groups, namely those advocating a rhetorical approach, who »treat […] unreliability as a textual property encoded by the implied author for the implied reader to decode« (Shen 2013), and those supporting »a constructivist/cognitivist approach […] [which] focuses on the interpretive process and regards unreliability as being dependent on actual readers' divergent readings for its very existence« (Shen 2013).

Within the realm of rhetorical approaches, Wayne C. Booth's canonical definition establishes unreliable narration as essentially a matter of irony or discrepant awareness, since it requires »a secret communion of the author and the reader behind the narrator's back« (Booth 1961, 300). Booth goes on to call »a narrator *reliable* when he [or she] speaks for or acts in accordance with the norms of the work (which is to say, the implied author's norms), *unreliable* when he [or she] does not« (Booth 1961, 159; original emphasis). However, the notion of an implied author and her values must be met with a critical attitude because, in Booth's conception, the unreliable narrator's stance is always a »*non-conformist attitude*, a dissident disposition, […] the Other *per se*« (Bode 2011, 210; original emphasis) – and critics must hence be careful not to be mousetrapped by the »ideological baggage« (ibid.) of Booth's agenda. Booth's evaluation of a narrator's (un)reliability originates from the ›center‹ of a construction of normality, so to speak, and judges deviating stances, like that of the mentally unstable narrator, accordingly. Narrators are de-evaluated on the basis of extratextual cultural knowledge, and one must therefore bear in mind that it is a fallacy of criticism to measure textual entities (like the narrator) with a yardstick originating in extratextual ideologies (like normative and marginalizing notions of sanity).

Many scholars have developed their theories on Booth's groundwork. Greta Olson, for example, draws on Booth's model and argues that he »envisages different types of unreliability« (Olson 2003, 96), namely a narrator who »cannot be trusted on a personal level« (ibid.) and one who »makes mistakes about how she perceives herself or her fictional world« (ibid.). Accordingly, Olson distinguishes between untrustworthy and fallible narrators with the latter's unreliability being »*situationally motivated*« (Olson 2003, 102; original emphasis), whereas »untrustworthy narrators strike us as being *dispositionally* unreliable« (Olson 2003, 102; original emphasis), meaning they conceal certain things because of their personality or selfishness (ibid.). This distinction contextualizes madness as situational fallibility. Mad narrators or focalizers are not prone to lie or conceal information deliberately but may report their surroundings as they appear to them. They may simply be a fallible source of information because their eyes cannot be trusted. This form of unreliability can only be exposed through the use of multiperspectivity or with similar methods like internal contradiction because it is not enough to use extratextual knowledge to judge a narrator's or focalizer's view as insane – it might just be how the diegesis works.

Rhetorical approaches to unreliable narration perceive it as being constructed by the implied author; while the reader has to attempt to decode it ›behind the narrator's back,‹ constructivist approaches focus on the cognitive mechanisms and strategies in readers' minds when they detect incongruities. The Constructivist Turn in the study of unreliable narration was »pioneered« (Shen 2013) by Tamar Yacobi, who states that »the judgement of a narration as unreliable – or otherwise – is always an interpretative, hypothetical move« (Yacobi 2001, 224). When readers come across »textual tensions[,] [...] referential difficulties, incongruities or (self-)contradictions [...], the reader has at [...] [her] disposal a wide variety of reconciling and integrating measures«[3] (Yacobi 1981, 113-114). She names five mechanisms which are of great importance for the explanation of how readers deal with difficulties: the genetic principle, the generic principle, the existential principle, the functional principle,[4] and the perspectival principle, the latter being of most importance here because it relates oddities, »in whole or in part, to the peculiarities and circumstances of the observer through whom the world is taken

3 Yacobi draws on Meir Sternberg's theory of integration in which the notion is defined as follows: »*Integration*, as the overall quest for coherence, driven by our rage for order, includes a variety of patterning and sense-making mechanisms common to all discourse, along with type-specific devices like enchainment in narrative or entailment in logic.« (Sternberg 2012, 412; original emphasis)

4 The genetic principle explains inconsistencies with the text's genesis in a personal and historical situation (Yacobi 1981, 114), the generic principle resolves oddities by ascribing them to the text's genre or style (Sternberg and Yacobi 2016, 405), the existential principle explains incongruities the reader comes across by relating them to »some referential feature or law[,] [...] into an integral or even natural part of the fictive reality« (Yacobi 1981, 117), and the functional principle ascribes incongruities or anomalies to the text's structural features (ibid.).

to be refracted« (Yacobi 1981, 118). The observer, who »narrates, experiences, evaluates [...] the represented world« (ibid.), is then categorized as being unreliable.

Yacobi's definition of unreliability, namely the ascription of anomalies to the mediator, is a paradigm shift in the study of unreliable narration. Since it does not axiomatically rest upon notions of ›morals,‹ ›decency,‹ ›normalcy,‹ or other elusive concepts like these, Yacobi's theory considers how individual readers detect narrative unreliability differently and therefore react accordingly. However, it also rates all integrating mechanisms equally and, according to Shen, this is regarded with skepticism by many cognitive narratologists (Shen 2013). Instead, they act on the assumption that readers fall into categories based on, for example, their »narrative competence« (Prince 2003, 61-62) and shared »stereotypic assumptions, frames, scripts, schemata, or mental models in comprehending narrative« (Shen 2013).

When it comes to filmic unreliability, the discussion is as wide-ranging. Seymour Chatman's theory, for instance, hinges on the notion of implied cinematic authorship (Chatman 1990, 130). He deals with the possibility of images contradicting the story told by a character-narrator in voice-over, a »kind of partial unreliability [...] unique to two-track media such as the cinema« (Chatman 1990, 135-136). Chatman's concept, which embraces Booth's ironic unreliability and the implied author's norms, hinges on the necessity for a narrator's discernible personality (Chatman 1990, 136) and excludes the »omission of crucial data in the unraveling of a story« (Chatman 1990, 225). Furthermore, Chatman strives to make for clarity regarding a technique often associated with unreliable narration, namely that of ›point of view.‹ He argues that there are »two loci of ›point of view‹ [...] [,] that of the narrator, and that of the character« (Chatman 1990, 143), which must not be confused. The former, which Chatman christens »slant« (ibid.), is carried out by the narrator and is hence found exclusively in the realm of discourse (ibid.). »Filter« (Chatman 1990, 144), in contrast, is used to describe the »mediating function of a character's consciousness – perception, cognition, emotion, reverie – as events are experienced from a space within the story world« (ibid.). From this distinction, he then deduces two kinds of unreliability: First, if »the narrator's account of the events [...] seems at odds with what the text implies to be the facts« (Chatman 1990, 149), then this is Boothian ironic unreliability par excellence. In contrast to this, Chatman puts the case when »a character's perceptions and conceptions of the story events [...] seem at odds with what the narrator is telling or showing« (ibid.). This is not unreliable narration in Chatman's view but rather »fallible filtration« (ibid.). Since a character is not conscious about the narration, she can therefore not »misrepresent [the story] [...], because she is not attempting to represent it« (Chatman 1990, 150).

Volker Ferenz also advocates curtailing an inflationary use of the term *unreliable narration*. He insists upon calling only the »pseudo-diegetic character narrator, that is, the character-narrator who ›takes over,‹ and thus appears to be in the driving seat of, the narration« (Ferenz 2005, 135), unreliable in a narratological sense because only this type of narrator serves as a »clearly identifiable fictional scapegoat with sufficient ›authority‹ over the narrative as a whole« (ibid.). This is also used as an argument against the unreliability of the theoretical construct of the cinematic narrator (Ferenz 2005, 135, 141) – in lieu of carrying out reliability judgement on the cinematic narrator, incongruities are rather resolved using other integration strategies like Tamar Yacobi's (Ferenz 2005, 141). Ferenz moreover rejects calling a heterodiegetic voice-over narrator unreliable because »it never dominates our viewing strategy« (Ferenz 2005, 143) and is not involved in the story (Ferenz 2005, 144). According to Ferenz, homodiegetic narrators are also not capable of ›proper‹ unreliability because the »subjectively tainted discourse of the voice-over is undermined by the objective images introduced by the cinematic narrator« (145), and he calls them therefore fallible rather than unreliable (Ferenz 2005, 147). The homodiegetic narrator never determines the narration but is only part of it and is hence incapable of falsely depicting it (Ferenz 2005, 147-148). Following Ferenz, solely the pseudo-diegetic narration can be called unreliable (Ferenz 2005, 149).[5] This effect is achieved by »[t]echniques such as the voice-over, subjective camera, the main character's near omnipresence, the composition of space and screen and also the musical score, [...] [which] contribute to the sense that the film appears to be generated by its protagonist« (Ferenz 2005, 152).

Apart from elaborate taxonomies and definitions, scholars also often provide precise textual signals for and sources of unreliable narration as well as studies of character types. Regarding how distance between the implied author's norms and the narrator's can be signaled, Rimmon-Kenan lists the following possibilities: »when the facts contradict the narrator's views, [...] when the outcome of the action proves the narrator wrong, [...] when the views of other characters consistently clash with the narrator's, [...] and when the narrator's language contains internal contradictions, double-edged images, and the like« (Rimmon-Kenan 2002, 101). Wall remarks that an »essential indication« (Wall 1994, 20) that a narrator is unreliable is located in the discourse, in the »verbal habits of the narrator« (ibid.): Unreliable narrators tend to give themselves away on the level of discourse because of their »verbal tics« (Wall 1994, 19) and other mannerisms which can betray their »habitual ways of thinking or of framing thoughts about the world of the story that might indicate biases or predispositions« (ibid.).[6] In terms of the main causes and sources of narrators' unreliability, Chatman argues that it »may stem from cupidity [...], cretinism [...], gullibility [...], psychological and moral obtuse-

5 Ferenz names *Fight Club* (Fincher 1999) and *Spider* (Cronenberg 2002) as examples.

6 Roger Fowler refers to this as a narrator's »mind-style« (Fowler 1977, 76).

ness [...], perplexity and lack of information [...], innocence [...], or a whole host of other causes« (Chatman 1978, 233).

To sum up, a consensus of what exactly constitutes unreliable narration has not yet been achieved. On the one hand, rhetorical approaches make out unreliable narration as a textual effect, which is evoked by, for example, certain markers or multiperspectivity, by paratextual clues, or in connection with extratextual world knowledge, cultural contexts, values, and interpersonal standards of ›normalcy.‹ Cognitive approaches, on the other hand, define narrative unreliability as a feature which readers attribute to narrators (or the act of narration per se) in order to resolve textual tensions and inconsistencies, which cannot be resolved in other ways. After this overview of some of the research concerned with unreliable narration, the following chapter investigates how both *Dear Esther* and *Layers of Fear* put an unstable mind at the center of their narration and how, by forcing the player into this perspective, the very notions of objective reality and normality are put at stake. Then again, how images of madness are used differs greatly between the two games: While *Dear Esther* contains a narrator who loses his sense of reality through grief as well as through physical and emotional trauma, the focalizer of *Layers of Fear* exhibits violent behavior as he relives how he dismembered his wife's dead body after she had committed suicide.

4. »Always half-imagined«: The Unreliability of *Dear Esther*

Dear Esther (The Chinese Room 2012) was originally released as a free-to-play modification for Valve's first-person shooter *Half-Life 2* (2004) in 2008 and can be seen as one of the first games of the ›walking simulator‹[7] genre. In *Dear Esther*, the player interacts with the game from a first-person perspective, and when she moves the avatar, one narrative fragment out of a pool of four possibilities per trigger spot (36 in total) is provided by a voice-over narrator. The player cannot interact with anything on the lonely island in the Hebrides she finds herself on – there are no other characters to talk to, no items to pick up, no mission goals to achieve, nothing to collect apart from pieces of narration. The fragments are letters addressed to a person named Esther and tell the story of the male epistoler who meanders over the forlorn island in search of meaning, gets lost in his own mind, and descends into madness. The narration does not include any replies and thus provides a monoperspectival account. The speaker reveals that Esther was killed in a car accident by a man named Paul, with whom he sought contact before

7 This term has been used pejoratively in the past, especially in harmful (chrono)normative discussions of what supposedly is and is not a game. Even so, I employ it in this article because I wholeheartedly agree with Bonnie Ruberg that the word is »ripe for reclamation« (Ruberg 2019, 203).

irrevocably losing himself in the island's grasp. The narrator follows the footsteps of Donnelly, a cartographer who, in his book, also gives an account of a shepherd named Jacobson and a hermit escaping to the solitude of the island. Each playthrough ends when the player reaches the aerial at the center of the island and jumps from the tower. During one of four possible final monologues, the avatar's shadow transforms into that of a bird mid-fall and, soaring over the island, the player sees the many letters addressed to Esther as an armada of paper boats in the water.

As mentioned above, the game does not rely on mission objectives or competition to spur the player on. Instead, it is the mystery itself, the absence of coherence and closure, which keeps the player going: In *Dear Esther,* »the story is the challenge« (Holmes 2012, 163). Despite its reduced structure, *Dear Esther*'s narration is unreliable on two levels. The most striking source of unreliability, which is almost traditional, is the exclusively verbal narration in the form of an »epistolary novel« (Unterhuber 2012, 1), whereas the variability and therefore instability of the narrative caused by the gameplay elements similarly contribute to the narration's unreliability (Jacobi 2016, 135).

The ambiguity of the narrator's account is the first hint that the narrator cannot be trusted entirely. In level two, »The Buoy,« the narrator states that he »found what must amount to several tons of gloss paint« and that he intends to use it to »decorate [...] [the] island in the icons and symbols of [...] [his and Esther's] disaster« (The Chinese Room 2012). Concerning the meaning of the symbols, which can be found around the island, the narrator explains that, for example, Paul, the man who killed Esther in the car accident, handed him a mug with chemical diagrams on it when they met. In another narrative fragment, which can be triggered in the same spot, however, the idea to paint these particular signs comes from posters in the hospital waiting room after Esther's death. In the next level, the narrator muses whether he applied the paint or whether Donnelly is responsible:

> Did he paint these stones, or did I? Who left the pots in the hut by the jetty? Who formed the museum under the sea? Who fell silently to his death, into the frozen waters? Who erected this godforsaken aerial in the first place? Did this whole island rise to the surface of my stomach, forcing the gulls to take flight? (The Chinese Room 2012)

In the same chapter, the speaker even hints at the possibility that he made the paint himself from Esther's remains, »[r]educe[d] to ash, mix[ed] with water [...] [to] make a phosphorescent paint for these rocks and ceilings« (The Chinese Room 2012), and this contradicts the statement mentioned above that the narrator found the paint on the island. The fluorescent inscriptions mirror the way the fragments of *Dear Esther*'s narration are embedded into the island's environment and become triggered by spatial movement within the game world.

Dear Esther's narrator strives to inscribe his life and memories on the island's surface and, as becomes more and more clear as the narration progresses, the border between the narrator and the island becomes blurred and begins to vanish altogether:

> Dear Esther. I have found myself to be as featureless as this ocean, as shallow and unoccupied as this bay, a listless wreck without identification. My rocks are these bones and a careful fence to keep the precipice at bay. (The Chinese Room 2012)
> If only Donnelly had experienced this, he would have realized he was his own shoreline, as am I. Just as I am becoming this island, so he became his syphilis, retreating into the burning synapses, the stones, the infection. (The Chinese Room 2012)
>
> I am traveling through my own body, following the line of infection from the shattered femur toward the heart. (The Chinese Room 2012)

The narrator's diseased body seems to become the island itself, an explorable entity, inscribed with his mental instability. And since it is unclear whether the avatar can be equated with the narrator, or whether we play someone else entirely, a playthrough either represents a journey of the narrator piecing together his own story or one of making sense of his narrative from the outside in. Whether or not the island is ›real‹ in the first place, it becomes a manifestation of the narrator's madness which players can explore. The relationship between the narrator and the island is paralleled by the description of Donnelly who was likewise rendered unreliable by the island. The narrator describes that Donnelly, who was suffering from final-stage syphilis,[8] »is not to be trusted,« »an unreliable witness,« and that his account of the island's geography is »not the text of a stable or trustworthy reporter.« »[I]ncreasingly drawn into [...] [Donnelly's] orbit,« the narrator's descent into madness progresses (The Chinese Room 2012).

Due to the narrator's often contradictory and confused statements, his infected leg injury, his malnutrition, and his suicidal tendencies, the player is compelled to question the narrator's reliability to the point that she must challenge the notion of the island's physical existence. One of the four opening monologues outright proposes the very idea that the island only exists in the narrator's imagination: »Dear Esther. I sometimes feel as if I've given birth to this island. Somewhere, between the longitude and latitude a split opened up and it beached remotely here«

8 The fact that Donnelly is suffering from a sexually transmitted disease makes his deviant position even clearer.

(The Chinese Room 2012). The narrator insists on the fact that the connections between the island and his traumatic memories cannot be a coincidence and that he is bound to see his trauma in the island's design:

> The mount is clearly the focal point of this landscape; it almost appears so well placed as to be artificial. I find myself easily slipping into the delusional state of ascribing purpose, deliberate motive to everything here. Was this island formed during the moment of impact; when we were torn loose from our moorings and the seatbelts cut motorway lanes into our chests and shoulders, did it first break surface then? (The Chinese Room 2012)

The narrator's grasp of reality fades, and the unreliable verbal narration causes the player to question the veracity of the world on a visual level. That the island is »always half-imagined,« as the narrator asserts, becomes abundantly clear when the player falls into a hole in the ground of the caves and finds herself on an underwater version of the M5, a British motorway between Exeter and Bristol (see Fig. 1).

Fig. 1: The underwater motorway in Dear Esther*'s level »The Caves«*

A similar instance of visual unreliability is the appearance of dark silhouettes around the island. These shadows often only appear in the corner of one's eye and vanish as the player gets too close, and that is why the player sometimes cannot be sure whether she saw a silhouette or was tricked by something else (Ascher 2012, 2). As one of the letter fragments reveals, the narrator makes a similar observation but dismisses it as ›not real‹: »I have become convinced I am not alone here, even though I am equally sure it is simply a delusion brought upon by circumstance« (The Chinese Room 2012). As the narrator falls prey to insanity, the player begins to doubt her own senses as well, which brings another layer of unreliability to the surface.

Dear Esther's narrator provides us with a fragmented narrative which cannot be taken at face value. The game's »rather traditional construction of an unreliable narrator attempting to piece together a meaningful life-narrative« (Jacobi 2016, 134) is primarily conveyed through verbal code in the form of the letter fragments which can be triggered by movements within the game world. The narrator's account is evidently close to a literary work and, as has been shown, the »discrepancy between the interpretations of the narrator of the situation and our own« (ibid.) stems from a wide range of markers of unreliable narration like »internal contradictions« (Rimmon-Kenan 2002, 101) or verbal habits like speaker-orientedness and incomplete or incoherent speech (e.g., Wall 1994, 19-20; Nünning 1999, 65-68). The speaker's fragile state of mind as well as his worsening physical condition also contribute to the fact that one begins to categorize him as a fallible narrator (Olson 2003, 100-102).

However, *Dear Esther* does not only consist of verbal narration; one must not neglect the potential unreliability of visual and ludic elements. In the case of *Dear Esther*, the visual level does not contradict the narrator's words but rather illustrates their unreliability, like, for example, in the underwater level. Apart from the ambiguous, unreliable verbal narration, which is »designed to prohibit any single reading of events« (Pinchbeck 2011, 48), *Dear Esther*'s narration is also unstable because the player can trigger the narrative fragments. Yet, in this game, player agency is an illusion: While players are able to move the avatar to start the letter fragments and may even skip certain optional paths or trigger points, the narrative's progression is predetermined and the selection occurs by chance – »we play the game as if our actions were consequential in constructing a narrative, all the while knowing that our actions have no impact on the narrative in the first place« (Jacobi 2016, 135).[9] The variability of the narration as a whole and the unreliability of the verbal fragments by themselves share a kind of form-content correlation. The letters' literary unreliability is mirrored in the narration's ambiguity and instability. As a result, one is not able to grasp the story's full meaning, and the player fails to construct a coherent narrative – the quest for coherence is doomed to fail. Furthermore, the differences between individual playthroughs make them unreliable in comparison because it is impossible to discern what ›really‹ happened and whether the island is a physically manifest entity.

As has been argued, *Dear Esther*'s narration is unreliable on different levels, making use of verbal, visual, and ludic code. However, as important as these elements are for the game's style, its development of a narrative and the feeling it evokes in the player, the letters read in voice-over narration are the most prominent source of unreliability, whereas this effect is intensified by the visual and ludic

9 While this idea might not present itself to every player, and some may even try to suspend their disbelief of ›real‹ agency in order to be able to enjoy the interactive narrative, further playthroughs of the approximately one-hour-long game clarify that the player cannot influence which pieces of narration she is confronted with, as they are determined by chance.

elements. Due to the game's variability, different players will most likely have completely different narrative experiences. This is caused by the game mechanics and also by the visual effects – the result is, however, mostly inscribed in the game's verbal narration. The narrator's madness and the resulting unreliability of his narrative are therefore reflected on several levels: the verbal voice-over narration, the visual level, and the alinearity of the narrative due to its interactivity.

5. Seeing Through the Madman's Eyes: Unreliable Narration in Layers of Fear (Bloober Team 2016)

Layers of Fear is a psychological horror game[10] which was released in 2016 by the Polish developer studio Bloober Team. In the game, the player controls the story's protagonist, a painter, who remains alone in his mansion and struggles to create his magnum opus. As the game progresses, verbal, audial, and visual clues enable the player to reconstruct that the painter is an alcoholic with psychological problems who drove his wife and daughter to leave the house with his aggressive behavior. As his wife was left disfigured after a fire, he took her and their daughter back in to care for them. However, his alcoholism only worsened and, after his wife committed suicide in the bathtub, his daughter was taken by the authorities. Incited by his swiftly advancing descent into madness, the painter apparently took six parts from his wife's body to create his masterpiece. He used her skin as the canvas, her blood and bone marrow as the first layers, her hair and one of her fingers to apply the ›paint,‹ and her eye as the picture's spectator. From a first-person perspective, the player controls the painter through his distorted memories of retrieving the parts.

The game features three different endings which are triggered by the player's actions. In the ›neutral‹ ending, the painter's endeavors seem to succeed. Yet, the immaculate picture of his wife becomes a distorted and mutilated figure as he admires it. Disposing of the failed attempt in a room filled with identical paintings, it is revealed that they are only marred in the painter's eye. Devastated at the sight of the monstrous figures laughing at him, he begins painting anew. The ›bad‹ ending shows the same process, only that this time the painting also includes his daughter. Realizing how horribly he acted, and that making amends is impossible, the painter sets fire to his paintings and perishes in the flames. In the ›good‹

10 The genre term *psychological horror* originally refers to filmmaker Val Lewton's horror film cycle (1942-1946) and describes films which »present strange, bizarre or puzzling events without accounting for them rationally, or indicating that they are obvious products of the supernatural« (Strinati 2000, 90). Hence, they play with the notion that the images of a horror film might be excrescences of the protagonist's imagination (ibid.).

ending, the painter creates a self-portrait which he deems pleasing at last. The last part of the cutscene shows the painter's work in an exhibition alongside other famous artists.

Six months after the game's release, *Layers of Fear* was furnished with a DLC. In *Layers of Fear: Inheritance* (Bloober Team 2016), the player returns to the painter's mansion as his adult daughter who is struggling with her trauma and thus seeks closure and answers as to what happened to her father's state of mind. Even though it is not part of the main game, *Layers of Fear: Inheritance* will also be used in the following analysis because the multiperspectivity it implies brings a new element to how *Layers of Fear* posits its narration's unreliability. As a first step toward circumstantiating how the game is narrated unreliably, I will illustrate how *Layers of Fear* establishes the subjectivity of the perspective from which the events are portrayed.

Applying Neitzel's terms *PoA* and *PoV*, *Layers of Fear* depicts the environment through a subjective point of view because its first-person perspective presents everything the players sees through the painter's eyes. This is established with the employment of a number of video-game-specific techniques to betray subjectivity as well as general, audio-visual ones; several collectible text fragments, for instance, reveal that the protagonist wears a wooden leg prosthesis which causes him to limp. During the game, the fact that the perspective is the artist's becomes noticeable audio-visually, when moving the character, in the rhythmic swaying of the camera to one side and the tapping sound of wood colliding with wood. The fact that the camera is not even static when the player does not move the protagonist, in addition to the large quantity of empty wine bottles in the house, indicates that the painter is drunk at the moment of playing and is, most likely, suffering from alcoholism. However, the painter's limp, for example, also makes itself felt as a gameplay element: The character not only walks more slowly and less straight than players of other first-person video games are accustomed to, it also takes a split second longer until the player's command to start moving is translated to the protagonist, thus emphasizing his sluggish movements. The protagonist's deviant physical and mental state are therefore indicated by several gameplay markers. *Layers of Fear*'s PoA, which is, to recapitulate, defined as the player's »manipulative position referring to the actions in the virtual space« (Neitzel, 2007, 10; translation from German by Sarah Beyvers), also ranks among the elements contributing to how the game establishes subjectivity: The player can only act through the painter and give direct orders. *Layers of Fear* does not show the painter's hands; a ›hand symbol,‹ which is displayed to indicate that the player can interact with the item in question, however, foregrounds that what she sees as well as what she can manipulate reaches the player exclusively through the protagonist's perspective. This is taken even further by the fact that, in order to open doors or drawers, the player cannot simply push a button. Instead, she has to drag the cursor in the corresponding direction. The isomorphism of the painter's and the player's movements thus puts the player literally in the shoes of the protagonist and highlights the fact that she is at the mercy of his subjective narration.

Following Mosel's list of how video games can betray subjectivized perspectives by means of game-specific and general techniques, the latter of which can also be found in film, it becomes clear that *Layers of Fear*'s first-person perspective serves the purpose of both: As a gameplay element, it centers the player's actions around one character. *Layers of Fear* features only one loading screen, namely in the beginning before the game even starts and does not include any cutscenes which break away from the painter's perspective, which has an audio-visual effect closely resembling filmic techniques. It evokes a feeling of continuity and consistency – one reviewer even compares its impact to that of Alejandro Iñárritu's 2014 film *Birdman or (The Unexpected Virtue of Ignorance)* (Monroe 2016) – and draws attention to the situation that, in a continuous perception shot, every fragment of visual and audial information seems to reach the player through the protagonist's sensory filters.

After having explained how *Layers of Fear* establishes the subjectivity of its perspective, the following deals with how the effect of unreliability is generated in the computer game's narrative. First, it posits the protagonist's unstable state of mind through visual and verbal code alike. In addition to his aforementioned drinking problem, which becomes manifest in the omnipresence of empty wine bottles and the protagonist's swaying gaze, one of the first clues toward the artist's deteriorating state of mind can be found in his study. On his desk, the player encounters a set of gruesome illustrations for a children's book containing the fairy tale *Little Red Riding Hood*. As a letter next to the drawings reveals, they are part of one of the final jobs the failed artist took before locking himself away completely in his house. Liam Brickstone, a friend of the painter's and the publisher who provided this assignment, expresses his disappointment and shock in the face of the drawings' brutality in the letter and asks whether the painter, if he expects him to print these illustrations, this »demented nightmare fuel,« has »completely lost [his] [...] God damn [sic!] mind« (Bloober Team 2016).

Furthermore, the artist appears to have prolonged hallucinations of rats in the mansion. After the first door the player can open, she is able to find a letter sent by a pest exterminator company stating the following:

> We would like to ask you to cease bothering our pest control specialists, as well as refrain from sending any more of your highly inappropriate letters (I'll have you know that my mother is a respectable woman and does not take kindly to such accusations). All of our employees that visited your house reported absolutely no signs of a rodent infestation of any kind, and as such decided not to act further

> than a prophylactic spraying. Please treat this letter as a final warning or else the next envelope you'll receive will be from our lawyers. (Bloober Team 2016)

Even though this letter unobjectionably denies the existence of a rat infestation in the house, the player can observe – through the artist's eyes, that is – how rats suddenly emerge in several rooms and vanish without a trace. Additionally, one can find hundreds of empty mousetraps, and 16 collectible drawings reveal that the protagonist sees, hears, and feels the presence of rats under the floorboards, in the pipes, and even in his wooden leg, under his skin, and in his hair.

The painter's obsession with these imaginary rats even goes so far that he presumably paints what he sees in Leonardo da Vinci's *Lady with an Ermine* (1489-90) (see fig. 2): a horribly distorted figure that both resembles a rat and carries one.[11] This again foregrounds the fact that the painter's perspective is unreliable. This effect is achieved by providing insight into the distortion of the artist's mind and, in the process, exposing them as such by framing them with a distinct referent, an anchor in (extratextual and intratextual) ›reality,‹ namely da Vinci's work.

Fig. 2: Leonardo da Vinci's painting through the protagonist's gaze

11 Apart from the rather obvious visual similarities between the two paintings, the connection can also be established with the help of paratextual information from one of the game's trailers. In the teaser, da Vinci's work gradually fades away and becomes *Layers of Fear*'s protagonist's painting of the abominable, rat-like figure. This is commented on by the painter in voice-over narration: »Many believe the ermine implies purity, moderation – but it is almost alien in appearance. Blackish, rat-like rabbit ... Abhorrent. It complements the darkness of the woman's hollowed eyes, dark paint like blood mixed with charcoal, drowning and suffocating. The ugliness beneath the surface is seething, ready to burst like a reeking boil. Do you see it now? Do you see it like I do?« (Bloober Team 2015)

In summary, *Layers of Fear* exclusively ascribes the painter the ability to see and simultaneously establishes that his eyes are not to be trusted because he seems to have lost his grip on reality and on his own sanity. Harking back to the discussions surrounding unreliable narration in film, it is possible to argue that, in *Layers of Fear*, the painter serves as a »pseudo-diegetic character narrator« (Ferenz 2005, 135) because he seems to be in charge of the narration – as argued before, he is staged to be the filter through which information reaches the player. Following Chatman's distinction of narrator perspective, slant, and a character perspective, filter, *Layers of Fear* only exhibits a case of »fallible filtration« (Chatman 1990, 149) because a character's consciousness seems to serve as an unreliable mediator whose perceptions' lack in veracity is supposed to be exposed by comparing them to the yardstick of »what the narrator is telling or showing« (ibid.). However, since the video game truly only provides information through the protagonist's mind, this assessment proves to be problematic. A narrator's intervention in exposing the main character's fallible filtration can, if at all possible, only be identified in the fact that the painter's hallucinations are framed by episodes which appear to depict ›reality‹ in the widest sense.

Themes like madness, visual art, and the changing of pictures are brought to the player's attention from the very beginning, when a quote from Oscar Wilde's *The Picture of Dorian Gray* (1891) appears after the loading screen: »every portrait that is painted with feeling is a portrait of the artist, not of the sitter« (Wilde 1993, 4). Additionally, one of the first bookshelves the player encounters contains a book, which can also be inspected more closely, named *True Story behind* The Picture of Dorian Gray*: Was it true all along?* This shifts the player's focus to the countless pictures in the house, which are, without exception, famous artists' real works, like, for instance, Augustus Egg's *Past and Present: No. 1 – Misfortune* (1858), Rembrandt Harmenszoon van Rijn's *The Abduction of Ganymede* (1635), and Lavinia Fontana's *Portrait Of Antonietta Gonzalez* (1595). At first, the player can explore the Victorian mansion freely, which is, albeit dark, both tidy and clean. This first frame of ›normality‹ and order is breached when the player, after collecting the key from the study upstairs, enters the painter's studio on the ground floor. The room is destroyed, chaotic, and bespattered with paint all over, and one might argue that it figuratively serves as the first glimpse into the protagonist's unstable state of mind. As the player leaves the room, painted writing above the door frame exhorts to »get it right this time.« However, upon exiting the studio, one realizes that the corridor the player finds herself in is not the one she passed before entering the room. This situation is the starting signal for the journey through the painter's gradually worsening hallucinations which take the following forms: First, the building's architecture ceases making sense. Upon several instances, the player may go in circles and re-enter the very same room over and over, even though she opens different doors, or she may find doors appearing behind her back, being suddenly bricked up or may find them completely filled with burned books. The lift which goes up several floors in a two-story house also contributes to the fact that the player not only loses her location in the house, but also loses all sense of space. The »nightmarish architectural impossibilities« (Smith 2016), as one reviewer calls them, culminate in completely nonsensical architecture.

Yet, the painter's hallucinations do not only affect the architecture. The non-static game environment is also reflected in the alteration of the paintings in the mansion. Upon approaching the works, some of them appear like double-exposed photographs, while the paint melts from others and drips onto the floor. During episodes of the painter's hallucinations, they are repeatedly penetrated by glimpses of ›normality‹: Whereas the room in figure 3 is on its head as the player enters, a split-second image shows what it is supposed to look like without the painter's unreliable filter (see fig. 4). However, since the room cannot be entered during the first playscene, which presumably strives to show the mansion before the painter loses his mind completely, this statement cannot be made without any doubts because referring to these instances as ›reality‹ means bringing extratextual knowledge to the table – the player will categorize the room in figure 4 as ›real‹ because it does not defy the laws of gravity.

Fig. 3 and 4: A room appearing on its head as the player enters, and the ›normal‹ version of the same room

In addition to the plausible depiction of the house in the beginning and the resurfacing instances of normality, the player is also able to walk around the entire mansion after she completes the ›neutral‹ ending. This playscene is constructed like a piece of the paratext, like a walk-in display of end titles: The player not only finds a credit book with drawings of the video game's creators, but the scene also appears to offer a chance to observe the surroundings ›objectively,‹ without the painter's distorting gaze – it shows that the house is indeed neglected and chaotic, but seems to expose all visual and architectural impossibilities as figments of the protagonist's imagination. This argument is also supported by the fact that, after the cutscene during which the artist disposes of the failed painting in a room full of others, the player can enter said room and find that the works are flawless. Yet, as the continuing swaying motion of the camera and the limp reveal, the player still controls the painter and, upon entering the studio and pulling the linen from the canvas, he begins painting anew. Hence, the player neither sees through an objective perspective, nor must the scene be seen as being completely located in the paratext. The circularity of *Layers of Fear*, i.e., the reappearance of the studio as a starting point as well as the act of painting as an interlinking element between beginning and ›end‹ of the narrative, emphasizes the inescapability of the painter's mind, and thus the impossibility of not being affected by his madness.

The DLC *Layers of Fear: Inheritance*, however, consolidates the assumption that the painter's hallucinations are framed and breached, and therefore exposed, by images of ›reality.‹ The artist's fallible filtration is also laid open when his adult daughter returns to his abandoned mansion and offers another account of what is ›real.‹ What she sees is congruent with the destroyed, yet plausible, version of the house which the player can examine after the main game. The DLC is, however, structured like *Layers of Fear*, and the artist's daughter therefore soon proves to be unreliable as well as she seeks to make sense of her childhood memories.

In summary, the unreliable narration of *Layers of Fear* operates on several levels. First, the game constantly and almost aggressively reminds the player that what she sees has been filtered through the painter's mind by means of gameplay and visual cues. Second, it constructs the artist as an unreliable witness by emphasizing his mental lability. Third, the video game portrays a visually unstable game environment and nonsensical architecture which is, additionally, framed by images exposing the painter's hallucinations. In *Layers of Fear*, the player is forced into the protagonist's perspective and therefore shares his othered stance, as the painter's mental and physical illnesses take center stage. This encourages calling, for example, notions of universal normalcy into question because the player cannot help but see through the painter's eyes.

Layers of Fear's imitation of a late Victorian setting and its aforementioned invocation of Wilde's *The Picture of Dorian Gray* spotlights the context of the role of madness toward the end of the nineteenth century. Victorian and fin-de-siècle preoccupation with the mind is notorious, as can be exemplified by prose texts like Bram Stoker's *Dracula* (1897) as well as Robert Louis Stevenson's *The Strange Case of Dr Jekyll and Mr Hyde* (1886) or the genre of the dramatic monologue in poetry which can offer deepest insights into a madman's mind (Pedlar 2006, 20). Discussions of the duality of human nature, of evil and madness within, took center stage in the nineteenth century because, as the narrator of the mid-Victorian sensation novel *Lady Audley's Secret* (1862) asks, »Who is quite safe from the trembling of the balance?« (Braddon 2012, 344) Seeing *Layers of Fear* in this context, one can infer that the game's depiction of madness does not so much allude to extratextual discourses of mental illness, but that it refers back to fictionalizations of mental instability which were in vogue toward the end of the nineteenth century. This metafictional aspect may be read as a way of highlighting the game's disconnectedness from psychiatric contexts – that is, the fact that it does not strive to depict illnesses mimetically but that it comments on their fictionalization.

However, one should not neglect the problematic fact that the image of alcoholism, psychosis, and depression the narrative constructs suggests that the protagonist's desecrating acts are a direct result of his mental state, offering a rather reductive, clichéd, and harmful concept of mental instability. One can even find a checklist of »[w]arning signs [...] of schizophrenia« in the house, which contains handwritten comments like »YES,« »ALWAYS HAD THAT,« or »HAVEN'T NOTICED« (Bloober Team 2016), presumably written by the artist's wife since the handwriting resembles that of a note left on the studio door by her. This precise nomination of a particular mental illness must be seen as contrasting with the game's aforementioned possible comments on the fictionalization of madness.

6. Conclusion

Both *Dear Esther* and *Layers of Fear* feature a protagonist descending into madness who serves as focalizer or narrator. The instabilities of verbal accounts, visual representations, and spatial situatedness lead the player to doubt not only the reliability of the respective filter but to mistrust her own senses.

In *Dear Esther,* there is a narrator in the more traditional sense of the word, since he tells his story in voice-over narration. However, his state of mind is also mirrored in the visual manifestations of his unreliability – we can never be quite sure whether the island exists in the first place –, and the myriad of possible narrations also show the narrative instability on a ludic level. Yet, it is never revealed whether the player controls the narrator or whether she is simply following in his footsteps. Whichever the case may be, however, the effect stays the same: The quest for narrative coherence, for meaning and closure, for order in the chaos of the mind, is doomed to fail. The player remains powerless because the course of the narration is widely determined by chance, and the ambiguity of the narrative can never be shrugged off.

In *Layers of Fear,* the story is quite unequivocally told through the painter's perspective. *Layers of Fear*'s main protagonist completely ›takes over‹ what is shown on screen, and players of the horror game are thus completely at the mercy of his perceptions. The distorted images can be ascribed to the fallible filtration processes of his mind and the painter's hallucinations are exposed as such on two levels: On the one hand, he is characterized as mentally unstable and prone to delusions by textual and visual information the player can collect. On the other hand, the painter's gaze is debunked as unreliable by the incorporation of instances wherein ›reality‹ seems to bleed into his version of the world.

Even though both games put madness and unreliability at the center of their narration, different causes and effects of mental instability are negotiated. While *Dear Esther*'s protagonist is affected by grief after Esther's death to the point that his grasp on reality loosens, and his emotional pain, his ailing body, and the island blend into one another, the painter in *Layers of Fear* relives (or acts out) his trauma. His behavior is driven by grief and loss, and his state is aggravated by alcoholism. Both games, as well as their mad narrators and focalizers, offer insight into mental processes, and their fragmented narration calls the very notion of an objectively discernible ›reality‹ into question. By confronting the player with ambiguous narratives, these video games negotiate the primal fear of failing to construct meaning, of being lost to madness, the menace lurking within all of us. However, *Dear Esther* and *Layers of Fear* do not simply offer a way of localizing and domesticating the fear of (mental) illness (Gilman 1988, 1) as »solid, fixed images that remain constantly external to our sense of self« (Gilman 1988, 2). As examples of the interactive medium video game, they provide, by definition, a chance of truly putting the player in the madwoman's or madman's shoes. As Valerie Pedlar summarizes, madness can be seen as a »revelation of fears and desires, of alternative ways of seeing the world and its inhabitants, and of the irrational processes of the unconscious – and as leading to further understanding of the human condition« (2006, 23). Playing madness thus becomes a way of seeing the world through othered and marginalized eyes, which might just be the place to challenge the dichotomies of categories like ›normal‹ and ›abnormal,‹ ›healthy‹ and ›insane.‹

Ludography

DEAR ESTHER (The Chinese Room 2016, The Chinese Room)
LAYERS OF FEAR (Aspyr Media 2016, Bloober Team)
LAYERS OF FEAR: INHERITANCE (Aspyr Media 2016, Bloober Team)

Bibliography

Ascher, Franziska. 2012. »Dear Esther – Wer hat die ganzen Kerzen angezündet?« PAIDIA. Accessed December 9, 2018. www.paidia.de/dear-esther-schemen-oder-wer-hat-die-ganzen-kerzen-angezundet/

Bernaerts, Lars. 2008. »›Un Fou Raisonnant et Imaginant‹: Madness, Unreliability, and *The Man Who Had His Hair Cut Short*.« In *Narrative Unreliability in the Twentieth-Century First-Person Novel*, edited by Elke D'hoker and Gunther Martens, 185-207. Berlin: de Gruyter. doi: 10.1515/9783110209389.185

Barthes, Roland. 1975. »An Introduction to the Structural Analysis of Narrative.« *New Literary History* 6, no. 2: 237-272. doi: 10.2307/468419

Bloober Team. 2015. »Layers of Fear teaser trailer.« Accessed December 9, 2018. https://www.youtube.com/watch?v=S6xY4fVvgHE

Bode, Christoph. 2011. *The Novel: An Introduction*. Chichester: Wiley-Blackwell.

Booth, Wayne C. 1961. *The Rhetoric of Fiction*. Chicago and London: University of Chicago Press.

Braddon, Mary Elizabeth. 2012. *Lady Audley's Secret*. Oxford and New York: Oxford University Press.

Chatman, Seymour. 1978. *Story and Discourse: Narrative Structure in Fiction and Film*. Ithaca and London: Cornell University Press.

Chatman, Seymour. 1990. *Coming to Terms: The Rhetoric of Narrative in Fiction and Film*. Ithaca and London: Cornell University Press.

da Vinci, Leonardo. 1489-90. *Lady with an Ermine*. Oil on wood panel. Czartoryski Museum, Kraków.

Domsch, Sebastian. 2013. *Storyplaying: Agency and Narrative in Video Games*. Berlin and Boston: de Gruyter.

Feder, Lillian. 1980. *Madness in Literature*. Princeton: Princeton University Press. doi: 10.1515/9783110272451

Ferenz, Volker. 2005. »Fight Clubs, American Psychos, and Mementos: The Scope of Unreliable Narration in Film.« *New Review of Film and Television Studies* 3, no. 2: 133-159. doi: 10.1080/17400300500213461

Fowler, Roger. 1977. *Linguistics and the Novel*. London: Methuen.

Genette, Gérard. 1980. *Narrative Discourse: An Essay in Method*. Oxford: Blackwell.

Gilman, Sander L. 1988. *Disease and Representation: Images of Illness from Madness to AIDS*. Cornell University Press.

Holmes, Dylan. 2012. *A Mind Forever Voyaging: A History of Storytelling in Video Games*. North Charleston: CreateSpace Independent Publishing Platform.

Jacobi, Philip. 2016. *Postmillennial Speculative Fiction and the Culture of Longing*. Trier: Wissenschaftlicher Verlag Trier.

Monroe, Nick. 2016. »Layers of Fear Review – Art is the Struggle.« Accessed December 9, 2018. https://www.escapistmagazine.com/articles/view/video-games/editorials/reviews/15403-Layers-of-Fear-Review

Mosel, Michael. 2011. *Deranged Minds: Subjektivierung der Erzählperspektive im Computerspiel*. Boizenburg: Verlag Werner Hülsbusch.

Neitzel, Britta. 2007. »Point of View und Point of Action: Eine Perspektive auf die Perspektive in Computerspielen. » In *Computer/Spiel/Räume: Materialen zur Einführung in die Computer Game Studies*, edited by Klaus Bartels and Jan-Noël Thon, 8-28. Hamburg: University of Hamburg.

Nünning, Ansgar. 1997. »›But why will you say that I am mad?‹: On the Theory, History, and Signals of Unreliable Narration in British Fiction.« *Arbeiten aus Anglistik und Amerikanistik* 22, no. 1: 81-105.

Nünning, Ansgar. »Unreliable, compared to what? Towards a Cognitive Theory of Unreliable Narration: Prolegomena and Hypotheses.« In *Grenzüberschreitungen: Narratologie im Kontext/Transcending Boundaries: Narratology in Context*, edited by Walter Grünzweig and Andreas, 53-73. Solbach and Tübingen: Gunter Narr.

Nünning, Ansgar. »Reconceptualizing Unreliable Narration: Synthezising Cognitive and Rhetorical Approaches.« In *A Companion to Narrative Theory*, edited by James Phelan and Peter J. Rabinowitz, 91-107. Malden and Oxford: Blackwell Publishing.

Olson, Greta. 2003. »Reconsidering Unreliability: Fallible and Untrustworthy Narrators.« *Narrative* 11, no. 1: 93-109. doi: 10.1353/nar.2003.0001

Pedlar, Valerie. 2006. *›The Most Dreadful Visitation‹: Male Madness in Victorian Fiction.* Liverpool: Liverpool University Press. doi: 10.5949/UPO9781846314186

Pinchbeck, Dan. 2011. »Why *Dear Esther* Is a Game and Why That Doesn't Matter in the Slightest.« *Zehar* 69: 45-53. Accessed 9 December 2018. http://artxibo.arteleku.net/en/islandora/object/arteleku%3A115/datastream/OBJ/download

Prince, Gerald. 2003. *A Dictionary of Narratology.* Lincoln: University of Nebraska Press.

Riggan, William. 1981. *Pícaros, Madmen, Naïfs, and Clowns: The Unreliable First-Person Narrator.* Norman: University of Oklahoma Press.

Rimmon-Kenan, Shlomith. 2002. *Narrative Fiction: Contemporary Poetics.* Abingdon and New York: Routledge.

Ruberg, Bonnie. 2019. *Video Games Have Always Been Queer.* New York: New York UP. doi: 10.4324/9780203426111

Shen, Dan. 2013. »Unreliability.« *The Living Handbook of Narratology*, edited by Peter Hühn et al. Hamburg: Hamburg University. Accessed December 9, 2018. www.lhn.uni-hamburg.de/article/unreliability

Smith, Adam. 2016. »Wot I think: *Layers of Fear.*« Accessed December 9, 2018. https://www.rockpapershotgun.com/2016/02/16/layers-of-fear-review/

Sternberg, Meir. 2012. »Mimesis and Motivation: The Two Faces of Fictional Coherence.« *Poetics Today* 33, no. 3-4: 329-483. doi: 10.1215/03335372-1812153

Sternberg, Meir, and Tamar Yacobi. 2016. »(Un)Reliability in Narrative Discourse: A Comprehensive Overview.« *Poetics Today* 36, no. 4: 327-498. doi: 10.1215/03335372-3455114

Strinati, Dominic. 2000. *An Introduction to Studying Popular Culture.* London: Routledge.

Unterhuber, Tobias. 2012. »Empfindsamkeit im Zeitalter des Computerspiels?« PAIDIA. www.paidia.de/empfindsamkeit-im-zeitalter-des-computerspiels/

Wall, Kathleen. 1994. »The Remains of the Day and Its Challenges to Theories of Unreliable Narration.« *The Journal of Narrative Technique* 24, no. 1: 18-42.
Yacobi, Tamar. 1981. »Fictional Reliability As a Communicative Problem.« *Poetics Today* 2, no. 2: 113-126. doi: 10.2307/1772193
Yacobi, Tamar. 2001. »Package Deals in Fictional Narrative: The Case of the Narrator's (Un)Reliability.« *Narrative* 9, no. 2: 223-229.
Wilde, Oscar. 1993. *The Picture of Dorian Gray.* New York: Dover Publications.

List of Figures

Fig. 1: The underwater motorway in *Dear Esther*'s level »The Caves.« (The Chinese Room 2016, screenshot by author).
Fig. 2: Leonardo da Vinci's painting through the protagonist's gaze. (The Chinese Room 2016, screenshot by author).
Fig. 3: A room appearing on its head as the player enters and the ›normal‹ version of the same room. (The Chinese Room 2016, screenshot by author).
Fig. 4: [see fig. 3].

The Mountains We Make
Eine medienästhetische Analyse psychischer Störungen in *Celeste*

Annika Simon

Abstract: *Celeste* (Matt Makes Games 2018) is a game about climbing a mountain. But it is also a game about protagonist Madeline's struggle with her mental disorder, specifically depression and anxiety attacks. Embodied by a dark doppelganger named Part of Me, Madeline's disease makes her perilous climb almost impossible and fights her every step of the way. By primarily externalizing mental disorders on a narrative, visual, and ludic level, *Celeste* presents an innovative and differentiated way of depicting depression as a form of functional disorders within the game text. As a theoretical starting point, the widely recognized biopsychosocial model has been chosen in which human beings are defined as whole entities and the relationship between health and disease is described as a dynamic process where one does not cancel out the other. Media portrayals of mental illness – in films and on television, as well as in video games – can be stigmatizing. But with their specific quality of interactivity and the recipient as an active subject, video games have the power to let players experience disease in an innovative way which, in this article, will be exemplified with the video game *Celeste*.

Keywords: Biopsychosocial Model; Functional Disorder; Video Games; Depression; Celeste

Schlagwörter: Biopsychosoziales Krankheitsmodell; Funktionale Störungen; Computerspiele; Depression; Celeste

1. Einleitung

Digitale Spiele besitzen die Möglichkeit, sich auf die sie umgebende reale Welt zu beziehen, diese zu hinterfragen und sogar produktiv zu verändern: »games fulfill a greater cultural societal function than mere entertainment, and increasingly, video games are central to our modern form of play« (Peterson 2013, 35). Auch im

Diskurs von Krankheit und Gesundheit können Computerspiele als Vermittlungsinstrumente kollektiver Wissensbestände und Deutungsmuster fungieren (Görgen 2017, 216). Die Krankheitsbilder in zeitgenössischen Spielen sind zahlreich: Von technisch verbesserten Menschen, somatischen Krankheiten, Behinderungen und Epidemien reichen sie bis hin zu den Krankheiten des Geistes, den sogenannten psychischen Störungen, welche den Untersuchungsgegenstand dieses Artikels bilden. Nimmt die Repräsentation psychischer Störungen ähnlich wie in älteren Medienformen zwar keinen Nischenplatz ein, so bedient sich auch das Medium Spiel an tradierten sowie stigmatisierenden Darstellungskonzepten aus Film und Fernsehen, beispielsweise in Spielen des Horrorgenres wie *Manhunt 2* (Rockstar London 2007) oder *Outlast* (Red Barrels 2013), in welchen psychische Erkrankungen mit einem hohen Maß von Gewaltbereitschaft gleichgesetzt werden.

Mit Titeln wie *Depression Quest* (The Quinnspiracy 2013), *Hellblade: Senua's Sacrifice* (Ninja Theory 2018) oder *Celeste* (Matt Makes Games 2018) entwickelten sich jedoch in den letzten Jahren differenzierte Ansätze, die sich von negativ konnotierten Darstellungen abzugrenzen scheinen. Mittels der dem Medium spezifischen Eigenschaft der Interaktivität – und damit dem/der Spieler_in als aktiv agierendem Subjekt – können psychische Erkrankungen auf innovative Art und Weise erfahrbar gemacht werden. Als theoretische Grundlage dient für diese Analyse das in aktuellen Ansätzen viel diskutierte biopsychosoziale Krankheitsmodell, in dessen Anlehnung der Begriff Krankheit als eine Störung innerhalb eines Organismus charakterisiert und als ein dynamisches Geschehen verstanden werden kann, welches sich in einem von unterschiedlichen Faktoren beeinflussten Kontinuum ansiedelt. Krankheit im Kontext digitaler Spiele wird darüber hinaus im Speziellen unter Rückgriff auf Arno Görgen (2017, 231) als funktionale Störung beschreibbar, als eine Erzählfigur, welche zentrale Aufgaben innerhalb des Spieltextes übernehmen kann. Anhand von *Celeste* soll exemplarisch veranschaulicht werden, wie funktionale Störungen auf narrativer, ästhetischer sowie ludischer Ebene in den Spieltext implementiert werden können. In diesem Spiel hat es sich die junge Frau Madeline zur Aufgabe gemacht, den Berg Celeste Mountain zu erklimmen. Die Depression der Protagonistin wird dabei von einer dunklen Doppelgängerin mit dem Namen Part of Me verkörpert, welche ihr bei jedem Schritt des Aufstieges neue Steine in den Weg zu legen scheint. Inwiefern psychische Störungen innerhalb des Spielraumes für die Spielenden erfahrbar werden und welche Krankheitsbilder *Celeste* vermittelt, ist Gegenstand dieser Analyse.

2. Das biopsychosoziale Krankheitsmodell

Wurden die komplexen Begriffe von Gesundheit und Krankheit im medizinhistorischen Kontext oft als dichotome Gegensätze charakterisiert, welche sich gegenseitig ausschließen, so gilt diese strenge Trennung in aktuellen Forschungsansätzen als überholt: Für die Bestimmung eines Individuums als gesund oder krank sind beispielsweise nicht nur die An- oder Abwesenheit bestimmter medizinischer Zustandsbeschreibungen ausschlaggebend (Faltermaier 2005, 35), sondern sowohl das subjektive Empfinden der Patient_innen als auch soziale und umweltliche Faktoren. Mittels von Erkenntnissen aus Feldern wie beispielsweise der Psychoanalyse und der Sozialepidemiologie zeigte sich, dass Krankheit nicht allein als somatisches, also körperliches, Phänomen verstanden werden kann, sondern dass es sich vielmehr um ein »somato-psycho-soziales Geschehen« (Franke 2012, 131) handelt. Gesundheit und Krankheit werden nunmehr als Begriffe verstanden, welche sich innerhalb eines mehrdimensionalen Spektrums bewegen (Lippke und Renneberg 2006, 8). Sie unterliegen zudem stetigen historischen sowie soziokulturellen Veränderungen und auch der Stand der medizintechnischen Forschung ist ausschlaggebend für eine Begriffsbestimmung. Somit ist auch das heutige Verständnis von Gesundheit und Krankheit nur eine »Momentaufnahme der Geschichte« (Faltermaier 2005, 31), das als »Produkt gesellschaftlicher Regulierungsprozesse« (Fellner 2006, 18) charakterisiert werden kann. Die beiden Begriffe werden nunmehr als Pole eines multidimensionalen Kontinuums beschreibbar (Franke 2012, 33): Sie sind keine statischen Zustände, sondern vielmehr dynamische Geschehen und ganzheitliche Phänomene (Faltermaier 2005, 35), die sich wechselseitig aufeinander beziehen können. Der Mensch wird dementsprechend nicht nur anhand eines einzigen Merkmals den Polen gesund oder krank zugeordnet, sondern auf einer Vielzahl von Ebenen, die ihn eine veränderliche Position innerhalb des Kontinuums einnehmen lassen.

Ähnlich wie das Verständnis von Krankheit und Gesundheit selbst unterliegen auch die Erklärungsversuche dieser Phänomene einem sozialen, historischen und kulturellen Wandel (Franke 2012, 129). Grundsätzlich lassen sich in der Medizinwissenschaft salutogenetische (Gesundheits-)und pathogenetische (Krankheits-)Modelle unterscheiden.[1] Da dieser Artikel die Darstellung von Krankheiten in zeitgenössischen Computerspielen thematisiert, wurde für die theoretische Grundlage ein pathogenetisches Modell ausgewählt, welches sich primär mit der Entstehung von Krankheiten befasst und versucht, Faktoren und Prozesse zu be-

1 Der Begriff ›Salus‹ bedeutet Gesundheit, ›Pathos‹ bedeutet Krankheit. Genese kann mit den Worten ›Entwicklung‹ und ›Entstehung‹ übersetzt werden. Pathogenetische Modelle befassen sich demnach mit der Entstehung und Entwicklung von Krankheiten, salutogenetische Modelle mit dem Erhalten und Wiederherstellen der Gesundheit (Franke 2012, 169).

nennen, die eben diese verursachen (ebd., 169). Mit der Erkenntnis, dass die drei Ebenen des Körpers, des Geistes und des Sozialen wechselseitig miteinander korrelieren, begann die Entwicklung eines somatopsychischen beziehungsweise biopsychosozialen Krankheitsmodells. Dieses Modell gilt inzwischen als das etablierteste sowie kohärenteste Theoriekonzept, in welchem der Mensch als ganzheitliches System in Bezug auf Gesundheit und Krankheit erklärbar wird (Egger 2005, 4). Postuliert wird dieses ganzheitliche Verständnis, indem das Krankheitsmodell die Dichotomie zwischen psychosomatischen und nicht-psychosomatischen Krankheiten aufhebt: Jede Krankheit muss stets in den Kontexten von Körper, Psyche *und* Sozialem verhandelt werden (ebd.).

Die Allgemeine Systemtheorie nach Niklas Luhmann ermöglicht Ausgangsüberlegungen eines multidimensionalen, ganzheitlichen Krankheitsverständnisses innerhalb der Medizinwissenschaften sowie die Schaffung eines konzeptuellen Rahmens eines biopsychosozialen Krankheitsmodells. In seinem Werk *Soziale Systeme. Grundriß einer allgemeinen Theorie* (1984) konzeptualisiert Luhmann Systeme mit unterschiedlicher Komplexität mittels gemeinsamer und kohärenter Prinzipien (ebd.). Ein System wird hierbei als eine Ansammlung von Teilen charakterisiert, die zueinander in Beziehung stehen. Dabei wird stets die Differenz zwischen einem System und dessen Umwelt betont, von welcher es sich grundsätzlich abgrenzt. Jede durchgeführte Operation innerhalb eines Systems ist darüber hinaus anschlussfähig an gleichartige Operationen und ermöglicht demnach dessen operative Geschlossenheit. Systeme können dabei auf verschiedenen hierarchischen Ebenen bestehen: Es gibt Subsysteme sowie übergeordnete Kontrollsysteme, welche Informationen, Energie und weitere Faktoren entweder mit der sie umgebenden Umwelt oder untereinander austauschen können (ebd.). Im Rahmen des biopsychosozialen Modells wird auch der menschliche Körper als Organismus verstanden, welcher aus selbstorganisierenden Systemen und Subsystemen besteht,[2] die miteinander in Verbindung stehen. Demnach ist es notwendig bei der Diagnostik auch weitere Systeme als den Menschen selbst in Betracht zu ziehen (ebd., 9). Essenz dieser Überlegungen ist, dass das biopsychosoziale Modell die Natur als eine »hierarchische Ordnung von Systemen« (ebd., 5) beschreibbar werden lässt, wobei jedes System eine in sich selbst organisierte Ganzheit repräsentiert. Durch die wechselseitige Beziehung der Elemente innerhalb der Systeme und den wechselseitigen Austausch mit anderen Systemen kann eine Veränderung innerhalb eines Systems ebenfalls Auswirkungen in angrenzenden Subsystemen bewirken. Wie zuvor schon erwähnt, wird neben der biologisch-somatischen Ebene ebenfalls ein Augenmerk auf die psychische sowie soziale Dimension

2 Der Mensch wird im biopsychosozialen Modell in seinem Erleben, Verhalten und physischem Erscheinungsbild als eine Ganzheit charakterisiert. Er besteht wiederum aus weiteren Subsystemen, von Organsystemen über Organe, bis hin zur einzelnen Zelle (Egger 2005, 5).

gelegt. Auf der biologischen Ebene spielen für die Entwicklung von Krankheiten primär genetische Dispositionen eine wichtige Rolle. Auf der psychischen Ebene sind dagegen Faktoren wie subjektive Befindlichkeit und Wahrnehmung sowie eigenes Verhalten und Emotionen, beispielsweise im Umgang mit einer Krankheit, ausschlaggebend. Auf der sozialen Ebene knüpfen schließlich Faktoren wie sozioökonomischer Status in der Gesellschaft, ethnische Zugehörigkeiten oder allgemeine Wohn- und Lebensverhältnisse an die Ideen des biopsychosozialen Krankheitsmodells an (ebd., 6). Krankheiten werden hier als in einem Organismus auftretende Störungen definiert. Das System Mensch wird krank, wenn der Organismus keine ausreichenden Kompetenzen und Hilfsmittel aufweist, um Systemstörungen vorzubeugen und als Konsequenz dessen »relevante Regelkreise für die Funktionstüchtigkeit des Individuums überfordert sind beziehungsweise ausfallen« (ebd., 3). Da das Modell eine Ganzheitlichkeit anstrebt, ist auch der Gesundheitsbegriff nicht ausgeklammert: Dieser wird im Umkehrschluss als Kompetenz des menschlichen Organismus verstanden, mittels Widerstandsressourcen auftretende Störungen zu bewältigen (Lippke und Renneberg 2006, 9). Demnach definiert sich Gesundheit nicht über eine Abwesenheit von Krankheit, sondern stattdessen wird sie als die Befähigung verstanden, pathogen auftretende Störungen zu kontrollieren (Egger 2005, 5) und muss dementsprechend immer wieder neu hergestellt werden. Die inklusive sowie ganzheitliche Betrachtungsweise des biopsychosozialen Krankheitsmodells macht es zu einem produktiven Ausgangspunkt für weitere medien- und kulturwissenschaftliche Untersuchungen bezüglich psychischer Krankheitsbilder in Computerspielen.

3. Psychische Krankheiten als funktionale Störungen in Computerspielen

Während früher der Begriff der psychischen Krankheit fest im Sprachgebrauch verhaftet war, verwendet man in aktuellen Theoriekonzepten vermehrt den Begriff der psychischen Störung (Franke 2012, 82). Dieser charakterisiert sich, wie bereits erklärt, als Störung innerhalb eines biopsychosozialen Erwartungshorizontes. Ein Blick in die heutige Medienlandschaft sowie dazugehörige Literatur zeigt, dass die Repräsentation psychischer Störungen in der Populärkultur keine Nischenposition einnimmt. Bisherige Studien bezüglich Film und Fernsehen zeigen jedoch, dass psychisch Kranke oftmals stigmatisiert und negativ konnotiert dargestellt werden (Wahl 1992, 343; Middleton 2013, 180). Psychisch Kranke nehmen in den Massenmedien so beispielsweise die Rolle sozialer und beruflicher Misserfolge ein, die zudem noch eine Reihe von unliebsamen Persönlichkeitszügen und eine hohe Gewaltbereitschaft aufweisen (Wahl 1992, 346). Doch genauso kann auch eine allzu positive Darstellung zu einer stigmatisierten Betrachtungsweise psychischer Störungen beitragen (Middleton 2013, 180).[3]

Computerspiele reihen sich ein in die Vielzahl von populärkulturellen Artefakten, die ein wichtiges Instrument der Wissensbildung und der Identitätskonstruktion von Spielenden im Kontext psychischer Störungen darstellen (Seale 2003, 514):

> als Interdiskurs implementiert und kommuniziert Populärkultur medizinisches Wissen über Krankheit und Gesundheit an ein breites Publikum und kann diese Übersetzung des Spezialwissens auch in Rückkopplungsschleifen in den medizinischen Spezialdiskurs rücküberführen. (Görgen 2017, 216)

Die Darstellung psychischer Störungen im Spiel kann dabei ähnlich stigmatisierend ausfallen wie die in Film und Fernsehen. Während bei somatischen Krankheiten die äußere, körperliche Manifestation im Fokus steht, wird im Kontext der psychischen Störung das Innere eines Subjekts thematisiert, welches durch dessen negativ auffallendes Verhalten sowie zugeschriebene Charaktereigenschaften zum Vorschein tritt. Oftmals werden psychische Störungen überzeichnet, um die Narration spannend zu gestalten und beispielsweise einen Antagonisten mit einem Handlungsmotiv auszustatten. Digitale Spiele greifen bewusst auf tradierte Stereotype aus Film und Fernsehen zurück: Darunter fallen unter anderem der/die mörderische Psychopath_in, der/die narzisstische Parasit_in, der rebellische Freigeist oder aber auch das Untersuchungsobjekt, die Laborratte (Shapiro und Rotter 2016, 1592). Stereotype, die dem Videospiel darüber hinaus selbst entsprungen sind, beschreiben Samuel Shapiro und Merrill Rotter mit den zusätzlichen Kategorien des »dysfunktionalen Invaliden, des paranoiden Verschwörungstheoretikers oder des traumatisierten Opfers« (ebd., 1594). Mittels Zuschreibung dieser abjekten[4], also abstoßenden, Verhaltensmuster wird bei den Spielenden ein Unwohlsein hervorgerufen, das die psychisch kranke Figur in ein negatives Licht rücken lässt (ebd., 224, 225). Eine hohe Gewaltbereitschaft psychisch Kranker im Rahmen eines Horror-Settings gehört so zum Beispiel zu einer gängigen Genrekonvention (Mahar 2013).

---

3 Der Protagonist des Films *A Beautiful Mind* (Ron Howard 2001) leidet beispielsweise an einer schizophrenen Psychose. Dem Publikum wird gegen Ende des Films jedoch vermittelt, dass psychisches Leiden durch die Liebe zu seiner Ehefrau geheilt werden und er sich ganz seinem mathematischen Genietum widmen kann.

4 Wurde der Begriff des Abjekten von Julia Kristeva (Kristeva 1982, 1-4) zunächst als somatischer Ekel definiert und ist ursprünglich an körperliche Ekelreaktionen angelehnt, kann er an dieser Stelle ergänzend auf psychische Störungen angewendet werden. Denn nicht nur eine abstoßende Erscheinung, sondern auch abnormales Verhalten kann ein gewisses Ekelempfinden oder Unwohlsein bei den Spieler_innen hervorrufen.

Grundvoraussetzung einer Analyse funktionaler Störungen in Videospielen ist, dass jede populärkulturelle Sicht bezüglich Krankheiten stets eine externe Sicht darstellt (Görgen 2017, 220). Die im Spiel repräsentierten Ereignisse sind demnach eine Interpretation, eine Vermutung, was einem Individuum oder einer Gesellschaft in der Auseinandersetzung mit einer Krankheit widerfahren kann. Demnach werden die verwendeten Krankheitskonzepte zum einen durch die Produzent_innen des Spiels als ersten implizierten Autor_innen sowie den Spieler_innen auf zweiter Ebene gedeutet. Auch müssen sich die Spielenden darüber bewusst sein, dass das Spiel eine in sich geschlossene Medienwirklichkeit darstellt, welche ihren eigenen Gesetzen und Logiken folgt. Dennoch bietet das in der Spielwelt Erfahrbare Identifikationsangebote mit hinreichenden Gemeinsamkeiten zur alltäglichen Bezugsrealität der Rezipienten, wobei eventuelle Widersprüche in Kauf genommen werden müssen.[5] Nach Chris Crawford können digitale Spiele zudem als Krisenexperimente verstanden werden (2011, 364): Innerhalb des sicheren Umfelds des Spiels können Konfliktsituationen ohne Eigenrisiko erlebt werden, wobei das Spiel Problemlösungen einerseits, aber auch Worst-Case-Szenarien andererseits, simulieren kann. Können Computerspiele einerseits zu einer stigmatisierenden Darstellung beitragen, indem sie tradierte Stereotype vorheriger Medienformen übernehmen, finden sich andererseits auch innovative Konzeptionen psychischer Störungen: In der Spielen inhärenten Qualität der Interaktivität begründet sich ein neues Paradigma der medialen Kommunikation (Pacher 2007, 12). Durch Interaktion zwischen Spiel und Spieler_in kann ein hoher Grad an Immersion erreicht werden, denn »im Gegensatz zu manch anderen Typen medialer Interaktivität ist sie im Fall der Videospiele nicht nur voluntaristisch, sondern obligatorisch« (Breuer 2009, 183). Digitale Spiele setzen stets die aktive Teilnahme des/der Spieler_in am Entstehungszusammenhang eines Spieltextes, beziehungsweise dessen Voranschreiten, voraus (Neitzel und Nohr 2006, 16). Dies ist ein wichtiger Anknüpfungspunkt für eine differenziertere Repräsentation psychischer Krankheitsbilder in Spielen: Im Kontext dieser werden psychische Störungen, welche eine Disruption des biopsychosozialen Erwartungshorizontes erzeugen, als mediale Funktionalisierungen beschreibbar (Görgen 2017, 215). Als nunmehr »funktionale Störungen« (ebd., 231) charakterisiert, können Krankheitskonzepte implementiert und psychische Störungen innerhalb der Spielwelt funktional erfahrbar werden. Sie werden als Erzählfiguren wirksam, welche zentrale Aufgaben innerhalb des Spieltextes übernehmen. Zum einen können sie sich auf struktureller und formaler Ebene eines Medienartefaktes manifestieren, beispielsweise in spezifischen Spielmechaniken, zum anderen können sie als formgebendes Element innerhalb der Narration in Erscheinung treten (ebd., 234).

5 Diese Überlegungen können unter anderem auch mit Niklas Luhmanns Gedanken zur Realität der Massenmedien verknüpft werden (2009, 67-89).

4. Funktionale Störungen in *Celeste*

> Why is she climbing that mountain? Because she feels she needs to. [...] Madeline will come across ghosts and magic and even a shadowy purple-haired version of herself, a mean trickster gleefully throwing obstacles in our heroine's path. [...] [But] The more Madeline resists and attempts to dismiss the Part of Me, the worse things get. (Quirke 2018)

Das Indie-Spiel *Celeste* ist ein 2D-Platformer und wurde von Matt Thorson und Noel Berr produziert. 2018 erschienen ist es ein aktuelles Beispiel, welches in Kritiken hochgelobt wurde[6] und Krankheitsbilder im Sinne funktionaler Störungen auf differenzierte Weise in den Spieltext einfließen lässt. Der/die Spieler_in schlüpft in die Rolle der jungen Frau Madeline, welche es sich zur Aufgabe gemacht hat, den Gipfel von Celeste Mountain zu besteigen. Schon zu Beginn erhält der/die Spieler_in einen Einblick in Madelines Gedankenwelt: Mittels eines Monologes versichert sich Madeline, dass sie ihr Ziel erreichen kann; dass sie es schaffen wird, diesen Berg zu besteigen. Am Fuß des Berges begegnet sie einer älteren Dame, die ihr warnende Worte mit auf den Weg gibt: »But you should know, Celeste Mountain is a strange place. You might see things. Things you ain't ready to see.« (*Celeste*, Matt Makes Games 2018) Mit dem Gedanken, dass die Dame durch die eisige Bergluft nicht mehr alle Tassen im Schrank hat, schlägt Madeline die Warnungen in den Wind und beginnt ihren langen Aufstieg. Eines Nachts findet Madeline in den Bergruinen einen alten Spiegel. Als dieser plötzlich zerspringt, steht sie ihrem Spiegelbild gegenüber, welches an einen düsteren Doppelgänger erinnert. Diese dunkle Version Madelines stellt sich als Part of Me vor und ist damit, genau wie sie sagt, ein Teil Madelines, der aus ihrem Inneren ausgebrochen ist. Wie der/die Spieler_in erst zu einem späteren Zeitpunkt erfährt, ist Part of Me jedoch nicht nur Madelines Spiegelbild, sondern tatsächlich ein integraler Bestandteil ihrer eigenen Psyche. Denn Celeste Mountain besitzt die magische Fähigkeit, dem eigenen Innenleben eine stoffliche Form zu verleihen. Während Madelines beschwerlicher Wanderung Richtung Gipfel ist Part of Me eine ständige Begleiterin, die ihr so viele Hindernisse wie nur irgend möglich in den Weg zu legen scheint. Überlegt sich Madeline kurz vor Erreichen des Gipfels eine Lösung für den Konflikt der beiden, lacht Part of Me sie für ihre Naivität aus und wirft Madeline wieder den Berg hinunter. Erst jetzt versteht sie, dass Part of Me ein Teil ihrer Selbst ist, den sie nicht verstoßen darf, sondern akzeptieren muss. Erst indem beide sich auf eine Zusammenarbeit einigen, können sie das gemeinsame Ziel erreichen und Celeste kann Mountains Gipfel besteigen.

---

6 *Celeste* besitzt einen Metascore von 91 und gewann bei den jährlichen Game Awards im Jahre 2018 in den Kategorien Best Independent Game sowie Games for Impact (Linken 2018).

Celeste unterteilt sich in insgesamt acht Kapitel, die es zu durchschreiten gilt. Als 2D-Platformer ist die Grafik des Spiels simpel gehalten und erinnert an alte Jump'n'Run-Titel wie *Super Mario Bros.* (Nintendo Creative Department 1985). Innerhalb des Spieltextes sind die einzelnen Figuren nur in ihren Umrissen und ohne Gesichtszüge dargestellt, in den Cutscenes werden sie dagegen präziser ausgestaltet. Neben den Dialogfeldern veranschaulichen hier kleine comicartige Porträts die Mimik, Gestik und Gefühlszustände der jeweiligen Charaktere. Die dem/der Spieler_in zur Verfügung stehenden Steuerungselemente sind ebenfalls leicht überschaubar: Madeline kann springen, an Objekten hochklettern sowie einen Dash – einen schnellen Zusatzsprung in eine beliebige Richtung – ausführen. Ziel des Spiels ist es, sich über verschiedene Hindernisse hinweg zum nächsten Ausgang vorzuarbeiten, der zum nächsten Kapitelabschnitt führt. Ist der nächst zu erreichende Endpunkt in Sichtweite, stellt sich oftmals die Frage, wie Sprünge und andere Manöver aneinandergereiht werden müssen, um das Level zu überwinden. Fehler sind dabei nicht erlaubt: Berührt der Spieler beispielsweise ein paar Stacheln oder fällt in einen Abgrund, muss die Sequenz erneut durchspielt werden. Jedes neue Kapitel führt zudem komplexere Hindernisse und Mechaniken ein, die es zu meistern gilt und welche im weiteren Verlauf des Spiels miteinander kombiniert werden. Auch die Ästhetik der Level ändert sich, je nachdem welchen Bergabschnitt man erklettert. So erkundet Madeline auf ihrem Weg zum Gipfel unter anderem verlassene Stadtruinen, Kristallhöhlen und antike Tempel.

5. Part of Me als externalisierte Krankheit

Erst spät im Spiel wird die psychische Störung Madelines beim Namen genannt. Sie leidet unter Depressionen und Angstzuständen, die sich in starken Panikattacken manifestieren. Doch auch ohne diese direkte Kommunikation an den Spieler schafft es *Celeste* durch geschickte Narration das Krankheitsbild als funktionale Störung in den Spieltext zu implementieren. Madelines stures Streben nach dem Gipfel ist dabei ein erstes Anzeichen ihrer Krankheit:

> This is a typical side of depression and anxiety that isn't well understood by those with no direct experience of it. Depression conjures up images of sadness and tears, lethargy and a lack of will to achieve anything at all. [...] but it can also manifest in a stubborn drive to achieve; sometimes throwing ourselves at a task, however meaningless, allows us to escape that feeling that we aren't worth anything at all. (Quirke 2018)

Auf funktional-narrativer Ebene wird Madelines Krankheit durch die Verkörperung Part of Mes erfahrbar. Madelines psychischem Befinden wird eine körperliche Gestalt verliehen, ihre Depressionen und ihre innere Gefühlslage somit in den Spielraum projiziert und externalisiert. Durch den konstanten Konflikt und das Ankämpfen gegen Part of Me wird das Krankheitsbild für den/die Spieler_in nachvollziehbar. Dabei fällt auf, dass Part of Me zunächst mit stigmatisierenden Konnotationen aufgeladen wird. Mit violetten Haaren und roten Augen besitzt sie dämonische Züge und wird zunächst als Antagonistin des Spiels eingeführt. Madeline fällt nach dem ersten Aufeinandertreffen mit Part of Me eine instinkthafte Entscheidung: Sie läuft weg. Doch ihre Doppelgängerin verfolgt sie durch das restliche Kapitel und teilt sich in bis zu fünf Monster auf, die Madeline ein Entkommen schier unmöglich zu machen scheinen. Während der Verfolgungsjagd treten auf ästhetischer Ebene zudem Bildstörungen auf, welche die Navigation durch das Level zusätzlich erschweren. Da Madeline über keinerlei Verteidigungsmechanismen verfügt, wird der/die Spieler_in ebenfalls auf spielstruktureller Ebene unter Stress gesetzt (Ramée 2018). Spätestens nach diesem Kapitel erzeugt Part of Me bei den Spielenden ein Gefühl von Unwohlsein; sie wird nunmehr mit Gefahr für Madeline gleichgesetzt. Wie aus diesem Spielabschnitt deutlich hervorgeht, verkörpert Part of Me Madelines psychische Krankheit demnach nicht nur in ihrem Erscheinungsbild, sondern auch mit ihren Handlungen und Verhaltensweisen.[7] So kritisiert sie konstant Madelines Vorhaben und lässt Selbstzweifel in ihr aufkommen. Je mehr Madeline aber versucht, sich Part of Me zu widersetzen, desto schwerer wird ihr Aufstieg: »I can't escape myself. I'm literally fighting myself the entire way.« (*Celeste*, Matt Makes Games 2018) Part of Me ist auch der direkte Auslöser für eine von Madelines Panikattacken während einer Seilbahnfahrt Richtung Gipfel. Madelines Reaktionen gegenüber Part of Me – und damit gegenüber ihrer psychischen Störung – folgen in diesen Sequenzen, aber auch in der weiteren Narration, einem typischen Muster. Vor Problemen und Ängsten wird in erster Instanz der Versuch unternommen, wegzulaufen. Schlägt dies fehl, werden sie verdrängt und zur Seite geschoben. Kurz bevor sie den Gipfel erreicht, scheint Madeline jedoch endlich eine Lösung für den Konflikt gefunden zu haben. Mit Madelines Vorschlag, von nun an getrennte Wege einzuschlagen, geht Part of Me jedoch nicht konform. Ein Zurücklassen sei unmöglich, wirft sie Madeline an den Kopf. Dunkle Tentakel dringen von unten in den Spielraum ein und nehmen Madeline in den Schwitzkasten. Part of Mes Comicporträt klettert während des Gespräches sogar aus seinem Rahmen heraus, was verdeutlicht, dass sie Madeline klar überlegen ist und Kontrolle über die Situation sowie über Madeline selbst ausübt.

7 Part of Me fällt durch schlechtes Benehmen gegenüber den anderen Figuren im Spiel auf, von denen sie ebenfalls gesehen wird: Während Madeline dem Hotelbesitzer Mr. Oshiro zum Beispiel ihre Hilfe anbietet, legt Part of Me ein sehr unangebrachtes Verhalten an den Tag und möchte sich nicht von den Problemen fremder Menschen aufhalten lassen.

Abb. 1: Die externalisierte Krankheit als Part of Me hat Madeline fest im Griff

Die Narration prangert hier an, dass eine psychische Erkrankung nicht einfach unterdrückt werden kann, um sie zu heilen. Der Konflikt endet, indem Part of Me Madeline Celeste Mountain hinunterwirft und diese sich am Fuße des Berges mit ihrem persönlichen Tiefpunkt konfrontieren muss. Als deutliche Metapher wirft Madelines Depression sie in dieser Spielsequenz wortwörtlich in ein Loch und damit weit weg von ihrem eigentlichen Ziel, den Berggipfel zu erreichen. Am Tiefpunkt ihrer depressiven Spirale angelangt, kann Madeline diesen Rückschlag nur schwer verkraften. Als sie jedoch ein weiteres Mal auf die alte Dame trifft, spricht diese ihr neuen Mut zu: »Celeste Mountain is a place of healing, dear. The first step of healing is confronting the problem.« (*Celeste*, Matt Makes Games 2018) Und in diesen Worten findet sich die eigentliche Lösung für Madelines Misere. Erst eine aktive Konfrontation mit Part of Me – und damit mit ihrer Krankheit – kann eine Verbesserung ermöglichen. Indem sich Madeline mit Part of Me auseinandersetzt und versucht sie zu verstehen, kümmert sie sich letztlich auch um ihr eigenes Wohl. *Celeste* stellt dem/der Spieler_in an dieser Stelle eine mögliche Lösungsstrategie zum Umgang mit Depressionen zur Verfügung, die im narrativen Konflikt zwischen Madeline und Part of Me innerhalb des Spieltextes ausgetragen werden. Denn eine psychische Krankheit ist nicht von heute auf morgen heilbar. Wie Part of Me, beziehungsweise Part of Madeline, ist Krankheit ein Teil der eigenen Existenz, den es nicht auszulöschen und zu ignorieren gilt. Im Sinne des biopsychosozialen Krankheitsmodelles definiert sich Gesundheit nicht durch die reine Abwesenheit von Krankheit. Vielmehr kann Krankheit als ganzheitliches Phänomen verstanden werden, welches sich auf einem mehrdimensionalen Kontinuum bewegt. *Celeste* repräsentiert somit die Akzeptanz der psychischen Krankheit und die damit einhergehende Selbsterkenntnis der Vulnerabilität als notwendigen Schritt des Heilungsprozesses.

Madeline sucht daraufhin die direkte Konfrontation mit Part of Me und setzt sich an dieser Stelle das erste Mal aktiv und bewusst mit ihrer Krankheit auseinander. In der folgenden Kampfsequenz nehmen die beiden Protagonistinnen eine im Vergleich zu ihrem ersten Aufeinandertreffen gegenteilige Rolle ein: Ziel der Spielenden ist es nicht länger, Part of Me auszuweichen und wegzulaufen, sondern stattdessen muss er sich aktiv auf Part of Me zubewegen und versuchen, die beiden miteinander verschmelzen zu lassen. Auf der Flucht vor Madeline besitzt Part of Me zahlreiche Schutzmechanismen und auch die Levelstruktur erschwert es dem/der Spieler_in, diesen Kampf zu gewinnen. Die Tentakel, die Madeline zuvor gefangen genommen hatten, dienen jetzt als Schutzmechanismen der Krankheit, die ihr den Weg versperren und sich erst langsam zurückziehen, je weiter Madeline sich im Kampf vorarbeitet. Dass dieser Kampf erstens sehr komplex gestaltet wurde und zweitens auch von beträchtlicher Dauer ist, visualisiert, dass die Akzeptanz einer psychischen Störung kein leichtes Unterfangen ist. Nach einem siegreichen Kampf wird die gegenseitige Akzeptanz auf ästhetischer Ebene mit dem Verschmelzen der beiden zum Ausdruck gebracht. Madeline erhält wortwörtlich ein Level Up: Ihre Haarfarbe ist nun ein helles Rosa und statt einer besitzt sie nun zwei Dash-Aktionen. Mit dieser neuen Version Madelines wird schließlich das letzte Kapitel des Spiels durchschritten, das zum Gipfel von Celeste Mountain führt. Die anfänglich unüberwindbare Gegenspielerin bietet nunmehr eine neue Möglichkeit, den Gipfel zu erklimmen. Auf dem Weg nach oben ist Part of Me jedoch weiterhin von Zweifeln geplagt, denn Madelines Depressionen lösen sich nicht in Luft auf. Doch übt nunmehr Madeline Kontrolle über die Situation aus und spricht sich selbst Mut zu, anstatt weiteren Selbstzweifeln zu verfallen. Muss Part of Me einerseits Madeline in dieser übergeordneten Position belassen, so muss Madeline andererseits aufhören, Part of Me zu verstoßen und ihrer Krankheit an allem die Schuld zu geben. Die zuvor stigmatisierende Darstellung Part of Mes und damit einer psychischen Störung wird hier letztlich aufgebrochen. Psychische Krankheiten und die darunter Leidenden werden nicht verteufelt, sondern konnten den eigenen inneren Konflikt lösen und zu einer einvernehmlichen Lösung kommen. Dies zeigt sich auf narrativer Ebene primär durch Part of Mes Angst: Denn während Madeline sie loswerden will, fühlt sie sich allein und hilflos. Sie ist kein Monster, das Madeline das Leben zur Hölle machen will, sondern der Teil Madelines, der für eben diese negativen Gefühle verantwortlich ist. Werden Stigmata aufgehoben, indem Madeline ihre Krankheit akzeptiert und nicht verstößt, wird ebenfalls eine allzu positive Darstellung psychischer Störungen vermieden. Part of Me ist und bleibt Madelines Krankheit, jedoch kann diese gegen Ende des Spiels deutlich besser nachvollzogen werden. So widerfährt Madeline keine Wunderheilung und das Spiel besitzt kein überzeichnetes Happy End, als Madeline schließlich den Gipfel von Celeste Mountain erreicht. Gemeinsam mit Part of Me genießt sie die Aussicht. Ein Verständnis der Krankheit und Part of Mes können nicht mit einer Heilung gleichgesetzt werden (Quirke 2018), jedoch können daraus ein gesünderer Umgang und somit schließlich eine Verbesserung der eigenen Situation resultieren. Im Sinne des biopsychosozialen Modells ist Madelines Gesundheit ein dynamischer Prozess, den es immer wieder zu erneuern gilt. Part of Me und damit Madelines Depressionen sind ein Teil von ihr, den es wohl immer geben wird, mit dem sie leben lernen muss, dem sie jedoch nicht die Überhand geben sollte:

> We don't need to know why Madeleine is depressed or anxious, only how to overcome these obstacles in her path. Sometimes that's true for mental wellbeing in real life too. […] The Part of Me will remain forever; Madeleine has a better understanding of it and a stronger bond, but the challenge to cooperate with this hyper-critical aspect of her psyche remains. Madeleine and the player's only reward for reaching the peak is a moment of reflection; a peaceful rest, a beautiful view, and an achievement to congratulate us. (Quirke 2018; Hervorhebungen im Original)

6. Funktionale Störungen innerhalb der Spielmechanik

Neben Part of Me als externalisierte Form von Madelines Erkrankung auf narrativer Ebene wird diese auch innerhalb der Spielstrukturen selbst als funktionale Störung wirksam. Scheint das Ziel des Spiels – das Überwinden und Erklettern verschiedener Hindernisse – zunächst recht einfach gestaltet zu sein, verfügt *Celeste* dennoch über einen enorm hohen Schwierigkeitsgrad. Die Spielenden werden dabei jedoch nicht überfordert, sondern langsam an neue Spielelemente herangeführt. Neue Hindernisse werden beispielsweise zunächst allein eingeführt, bevor sie im weiteren Verlauf eines Kapitels mit altbekannten Elementen kombiniert werden. Die komplex gestalteten Level von *Celeste* dienen als funktionaler Raum, in welchem Madelines Krankheit verhaftet wird. Das Bezwingen von Celeste Mountain spiegelt Madelines ewige Auseinandersetzung mit ihrer Krankheit wider, die sie zu überwinden versucht. Doch auf Celeste Mountain stößt Madeline oftmals an ihre Grenzen: Es wird nachvollziehbar, wie hilflos und frustriert man sich fühlen kann, wenn ein Hindernis schier unüberwindbar scheint, selbst wenn die Lösung auf der Hand liegt. Ist das Aufgeben in *Celeste* ein ständiger Begleiter, so wird mittels des herausfordernden Gameplays nachvollziehbar, wie schwer das Bezwingen eines Berggipfels und damit ebenfalls einer psychischen Störung sein kann und wie einfach dagegen die Beschuldigung des eigenen Selbst ist, wenn etwas nicht klappt (Ramée 2018). Zu Beginn eines jeden Kapitels werden Madeline darüber hinaus Postkarten mit hilfreichen Informationen zugesandt. Diese primär als Ladebildschirme verwendeten Tipps motivieren den Spieler unter anderem, nicht zu früh aufzugeben. So sei eine hohe Anzahl von Toden in einem Kapitel beispielsweise nur ausschlaggebend dafür, dass man nicht aufgegeben hat und mit stetigem Üben besser für weitere Aufgaben gewappnet sei. Auch verfügt das Spiel über einen Assistenz-Modus, welcher bei Bedarf eingeschaltet werden kann.[8] Wird dieser verwendet, stehen dem/der Spieler_in zusätzliche Hilfen für das Erlernen der Spielmechaniken zur Verfügung und die Narration bleibt nicht gänzlich verwehrt.

Im folgenden Abschnitt werden nun exemplarisch zwei Spielsequenzen näher analysiert, in welchen die funktionalen Störungen strukturell zum Vorschein treten. In Kapitel fünf erkundet Madeline den sogenannten Spiegeltempel. Die Gestaltung des Levels wirkt zunächst bedrohlich: Es ragen rote, spitze Kristalle aus dem Boden, überall stehen gruselige Monsterstatuen und die Hintergrundgestaltung des Levels besteht aus zerfallenen Ruinen und Dornenranken. Zudem führt das Kapitel eine weitere neue Mechanik ein, an die sich der/die Spieler erst gewöhnen muss: Es ist dunkel.

Abb. 2: Die Dunkelheit wird als funktionales Spielelement im Level des Spiegeltempels verwendet

Zum ersten Mal ist nicht erkennbar, wo sich der nächste Zielpunkt befindet und welcher der sinnvollste Weg zu eben diesem ist. Hat sich der/die Spieler_in die Lektionen vorheriger Kapitel zu Herzen genommen, sollte er/sie nun mit äußerster Vorsicht vorgehen, denn ein Sprung in den bodenlosen Abgrund bedeutet, den jeweiligen Spielabschnitt nochmals wiederholen zu müssen. Da jedoch nichts zu sehen ist, muss der/die Spieler_in wohl oder übel einen Sprung ins Nichts wagen,

8 Vor dem Hintergrund um Debatten der Barrierefreiheit digitaler Spiele kann der Assistenzmodus als besonders signifikant angesehen werden.

um voranzuschreiten. Dieser Mut wird unter anderem mit Bonusräumen belohnt, in denen Trophäen zu finden sind. Als einzige Lichtquelle dienen in diesem Kapitel blaue Fackeln, die angezündet werden können und als Orientierungshilfe fungieren. Nicht nur mittels der Narration wird hier Madelines Angstgefühl und Sorge Ausdruck verliehen, sondern der/die Spieler_in erfährt es am eigenen Leib, da er sich selbst einer unangenehmen Spielsituation aussetzen muss, um voranzuschreiten. Die Dunkelheit wird zudem als funktionales Spielelement implementiert, welches Madelines konstantes Gefühl des Unwohlseins verstärkt. So müssen beispielsweise mithilfe von roten Kugeln, in denen gereist wird, lange Distanzen innerhalb des Levels überwunden werden. Der/die Spieler_in wird in den dunklen Spielraum und ins Ungewisse katapultiert, nicht wissend, ob unter Madeline sicherer Boden, tödliche Stacheln oder ein bodenloser Abgrund zu finden ist.

Lag bis jetzt nur eine böse Vorahnung über dem Tempel, ändert sich dies schlagartig, als Madeline einen alten Spiegel findet, welcher sie wie eine Art Portal in die Spiegelwelt transportiert. In dieser Welt hinter den Spiegeln schwebt Madeline nun tatsächlich in Gefahr: denn die Monsterstatuen, welche den Tempel zuvor schmückten, erwachen zum Leben und verfolgen sie durch den restlichen Kapitelabschnitt. Da Part of Me zu Beginn des Spiels ebenfalls aus einem antiken Spiegel ausbrach, können Spiegel in *Celeste* sowohl mit Gefahr als auch mit Madelines Psyche assoziiert werden. Madeline wird nun in ebendiese Welt hineingezogen, aus welcher Part of Me, die externalisierte Form ihrer psychischen Krankheit, entsprungen ist. In diesem Kontext kann die Welt hinter den Spiegeln als eine visuelle Repräsentation von Madelines Gedankenwelt interpretiert werden. Eine Verbindung zwischen der Spiegelwelt, den darin existierenden Monstern und Madelines Erfahrungsrealität wird ebenfalls von Part of Me bestätigt: »I'm not the only creepy thing living in that messed up head of yours. Don't like what you see? What a surprise. [...] Look into the mirror, all of this is yours.« (*Celeste*, Matt Makes Games 2018) Madelines Krankheit wird in diesem Kapitel nicht nur als funktionale Störung des Gameplays für den/die Spieler_in erfahrbar, sondern die psychische Störung wird mit Madelines Betreten der Spiegelwelt ebenfalls in den Spielraum selbst projiziert. Wird dem Spiegel in *Celeste* eine hohe Symbolkraft zuteil, so kann er auch an dieser Stelle als Metapher für den Blick in das Innere des menschlichen Geistes charakterisiert werden. Indem Madeline ihre Reflexion im Spiegel betrachtet, sucht sie die Auseinandersetzung mit dem eigenen Selbst. Dies wird zusätzlich verstärkt, indem sich Madeline nicht nur auf gedanklicher Ebene, sondern wortwörtlich mit den lebendig gewordenen Manifestationen ihres Geistes auseinandersetzen muss. Madeline ist nunmehr eine Gefangene in ihrem eigenen Kopf. Dem/der Spieler_in wird dabei die Rolle des – wie Madeline es ausspricht – »trespasser in my own world!« (*Celeste*, Matt Makes Games 2018) zuteil. Der Spiegeltempel ist damit ein Katalysator, um mit

Madeline zu sympathisieren, indem er eine visuelle Repräsentation ihres inneren Konflikts und damit ihrer Erkrankung selbst darstellt. Innerhalb des Tempels wird Madelines psychische Störung als ästhetischer sowie spielerischer Möglichkeitsraum erlebbar (Görgen 2017, 233). Dies kann ebenfalls mit Matthew Sakeys Begriff des »environmental estrangement« (Sakey 2010, 98) charakterisiert werden, mittels welchem Spielräume einen Verfremdungseffekt erfahren und den/die Spieler_in in ein Spannungsverhältnis zum Spielraum stellen können (Görgen 2017, 233). Befindet sich der/die Spieler_in zunächst in einer vulnerablen Situation, wird er oftmals darüber im Unklaren gelassen, ob er sich – im Kontext der Spielwelt – in einem realen oder fiktionalen Raum bewegt. Der Spiegeltempel kann in diesem Falle als externalisierte Gedankenwelt Madelines charakterisiert werden. Im Spielraum selbst wird das eigentlich Unsichtbare, die subjektive Ebene des Geistes, spielbar, welches in Madelines Fall die Manifestationen und Symptome ihrer psychischen Störung offenbart. Auf ästhetischer und ludischer Ebene sind somit die Ausmaße ihrer Depressionen deutlich nachvollziehbar. So wird Madeline von den zahlreichen Monstern durch ihren eigenen Kopf gejagt. Kann der/die Spieler_in diese nicht endgültig besiegen, bleibt ihm nur die Flucht. Gelingt dies nicht, wird Madeline wortwörtlich von ihren inneren Monstern aufgefressen. Ebenso wie der Ausbruch aus dem Spiegeltempel scheint auch der Ausbruch aus dem eigenen Kopf und damit der psychischen Störung als unerreichbar. Auf ästhetischer Ebene werden überdies spezifische Aspekte der psychischen Störung dargestellt. An den Wänden sind beispielsweise Augäpfel zu sehen, die jede Bewegung der Protagonistin zu verfolgen scheinen und metaphorisch für den gesellschaftlichen Druck Madelines stehen, dem sie sich ausgesetzt fühlt.

Die Thematik der psychischen Störung ist in *Celeste* darüber hinaus auf der akustischen Ebene repräsentiert. Wird der Platformer in zahlreichen Segmenten mit einem schnellen Chiptune-Soundtrack untermalt, welcher den/die Spieler_in in eine Art Flow und einen fast tranceartigen Zustand der Konzentration versetzen kann, so ist die Musik im Kapitel des Spiegeltempels deutlich ruhiger und repräsentiert zunächst Madelines zielloses Herumirren in der Tempelruine. Erst als sie in die Spiegelwelt hineingezogen wird, verändert sich die musikalische Untermalung. Diese hat nunmehr einen skurrilen und dissonanten Klang. Die räumlichen und visuellen Manifestationen Madelines psychischer Störung werden somit auf akustischer Ebene verstärkt. Erst eine intensivere Analyse dieses musikalischen Stückes zeigt, dass die Musik innerhalb der Spiegelwelt die gleiche ist wie in den Tempelabschnitten zuvor, nur rückwärts abgespielt. Eine weitere Besonderheit dieses Musikstückes sind Geräusche, welche als unverständliches Flüstern beschrieben werden können. Abermals rückwärts abgespielt repräsentiert dieses Flüstern einen Monolog Madelines, gesprochen von der Musikproduzentin des Spiels Lena Raine, welcher Madelines Geisteszustand eindeutig widerspiegelt (Goldner 2019). Warum dieser so versteckt angebracht wurde, kann hier nur spekuliert werden. Ein möglicher Ansatz wäre, dass der eigentlich subtile Stil des Spiels beibehalten werden sollte. *Celeste* funktioniert in vielen Situationen ohne klare Worte. So erwähnt Madeline nur kurz gegen Ende des Spiels, dass sie an Depressionen leidet. Weiterhin kann vermutet werden, dass Madeline sich an ihre scheinbare Gedanken-Dauerschleife gewöhnt hat und sie daher nur als Hintergrundgeräusch wahrnimmt. Dennoch machen diese Worte Madelines psychische Erkrankung deutlich. Auch die Angst vor der eigenen Reflexion, die als Part of Me innerhalb des Spiels Form annimmt, wird hier thematisiert:

> Sometimes, I don't really know what's going on anymore. I don't know who I am. I just look in the mirror and don't know who I'm looking at or who's looking at me. I think a lot about where my train of thought is going and it's not always a good place and that scares me. I don't like scaring myself. (Carlos Silex 2018, 4:54-5:56)

Eine weitere Spielsequenz, in welcher die psychische Krankheit die Form einer funktionalen Störung annimmt, ist während einer Seilbahnfahrt Richtung Gipfel, bei der Madeline eine Panikattacke durchleben muss. Das Atmen fällt ihr sichtlich schwer und wie paralysiert sinkt sie auf den Boden der Gondel. Auf ästhetischer Ebene wird die Panikattacke mittels dunkler Tentakel visualisiert, welche sich von den Seiten des Spielraums auf Madeline zubewegen und mit Part of Me assoziiert sind. Die Tentakel nehmen das komplette Sichtfeld ein, bis außer Madeline selbst nichts mehr zu erkennen ist. Zudem schlägt die zunächst ruhige musikalische Untermalung eines Klaviers um in eine bedrohlich-laute Geräuschkulisse, die an Sirenen und Warnsignale erinnert. Visualisiert für den/die Spieler_in kann Madeline weder hören noch sehen und ist mit ihrer Angst für einen Moment ganz allein. Madelines Begleiter Theo ist derjenige, der ihr beim Bewältigen der Situation hilft. Die Wege der beiden kreuzen sich einige Male in *Celeste*: Der junge Fotograf eilt Madeline nicht nur in der Seilbahn zur Hilfe, sondern er ist auch eine der ersten Personen, mit denen Madeline bei einem nächtlichen Gespräch offen über ihre Depressionen reden kann. Durch Figuren wie Theo und auch die alte Dame, welche Madeline nach ihrem persönlichen Tiefpunkt zur Seite steht, wird die soziale Ebene des biopsychosozialen Krankheitsmodells thematisiert. Zwei Faktoren können hier als notwendige Schritte eines Heilungsprozesses interpretiert werden: zum einen die äußere Unterstützung des sozialen Umfelds, zum anderen die Bereitschaft, diese anzunehmen.

Während der Seilbahnfahrt wird ein weiteres Element eingeführt, welches innerhalb der Spielwelt, jedoch auch im Rahmen der Bezugsrealität einen Mechanismus darstellt, der gegen Panikattacken oder psychisches Unwohlsein Verwendung finden kann: Eine Feder wird sich vor dem geistigen Auge vorgestellt, die langsam Richtung Boden fällt und welche Madeline durch gleichmäßiges Atmen stabil in der Luft halten soll. Auf ludischer Ebene geschieht dies, indem der/die

Spieler_in einen rechteckigen Rahmen nach oben und unten steuern muss, um die Feder in eben diesem zu halten.

Abb. 3 und 4: Funktionale Störungen werden mittels eines Minigames in den Spieltext implementiert

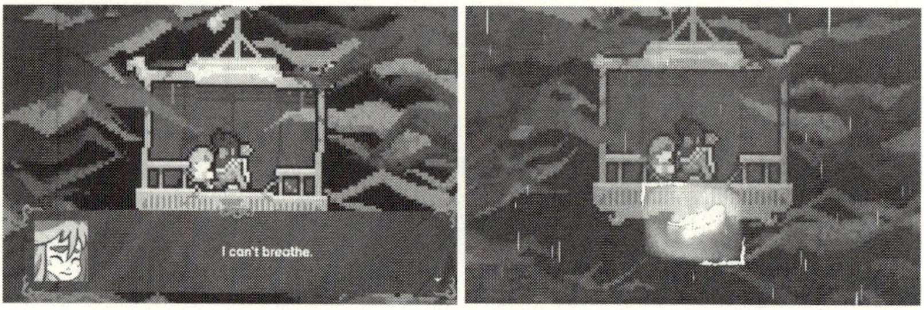

Je länger dieses Spiel gespielt wird, desto leiser wird die bedrohliche Musik und das anfängliche Klavier ist wieder zu hören. Auch die Tentakel ziehen sich langsam zurück, als Madeline sich wieder beruhigt. Kann sie sich in dieser Situation von den Fängen ihrer eigenen Psyche befreien, ist die Feder von nun an ein rekurrierendes Moment in *Celeste*. Des Öfteren erinnert sich Madeline daran, ruhig zu atmen, um sich nicht von negativen Gefühlen übermannen zu lassen. Auch kurz bevor Part of Me sie den Berg hinunterstürzen lässt, muss das Federspiel vollführt werden. Jedoch greift Part of Me an dieser Stelle ein und zerstört die Feder. Dies zeigt abermals auf, dass Hilfsmechanismen zwar eine drastische Situation ertragbar machen können, jedoch nicht mit einer dauerhaften Heilung verwechselt werden dürfen (Quirke 2018). Nach Madelines Zusammenbruch in der Seilbahn wird die Feder zudem als eigenes Spielelement aufgegriffen. Ermöglicht sie zunächst eine schnelle und weite Transportation durch einen Spielabschnitt, so fungiert sie ebenfalls als eine visuelle Erinnerung an das Federspiel und ermutigt den/die Spieler_in, bei besonders komplexen Spielabschnitten mit ruhigem, kontrolliertem Atmen die Konzentration beizubehalten.

7. Fazit

Im Sinne des biopsychosozialen Krankheitsmodells können die Begriffe Gesundheit und Krankheit als Pole eines multidimensionalen Kontinuums charakterisiert werden, wobei verschiedene Faktoren und Bezugssysteme für eine Definition Berücksichtigung finden müssen. Nicht länger als dichotome Gegensätze, sondern als wechselseitig aufeinander bezogene, ganzheitliche Phänomene (Faltermaier 2005, 35) können Krankheitsbilder – und damit auch psychische Störungen – in einem medienkulturellen Forschungsfeld wirksam werden. Im Kontext digitaler Spiele werden psychische Erkrankungen als nunmehr mediale Funktionalisierungen beschreibbar, welche eine Disruption des biopsychosozialen Erwartungshorizontes erzeugen und als funktionale Störungen in den Spieltext implementiert werden (Görgen 2017, 215). Die Repräsentation psychischer Krankheitsbilder beschränkt sich dabei nicht nur auf wenige Spielgenres, sondern ist genreübergreifend und reicht von tradierten über stigmatisierende bis hin zu authentischeren Darstellungen. Ebenso wie die medizinwissenschaftlichen Diskurse selbst, müssen die Strukturen digitaler Spiele stets als von sozialen, kulturellen und historischen Kontexten verhandelte Kommunikationsprozesse verstanden werden. Existieren bereits zahlreiche empirische Studien bezüglich psychischer Erkrankungen mit einem medizinischen oder soziologischen Forschungshintergrund (Middleton 2013, 187), so weist die medien- und kulturwissenschaftliche Diskurslandschaft der Game Studies eine Forschungslücke auf, die es zu schließen gilt. Mit *Celeste* wurde in diesem Artikel exemplarisch aufgezeigt, inwiefern Computerspiele mittels ihrer medienspezifischen Eigenschaften psychische Störungen auf innovative Art und Weise konzipieren können. Madeline wird am Ende des Spiels nicht von ihrem psychischen Leiden befreit. Sie versteht jedoch, dass die Krankheit ein Teil von ihr ist, den es zu akzeptieren gilt und dass sich ihre Gesundheit nicht alleinig durch die Abwesenheit von Krankheit charakterisieren muss. *Celeste* erzeugt ein authentisches und empathisch ansprechendes Bild psychischer Krankheit und kann diese als funktionale Störung in zahlreichen Ebenen des Spieltextes implementieren sowie letzten Endes eine reflektierte und kritische Auseinandersetzung mit der Thematik fördern (Eisenhauer 2008, 18).

Ludographie

CELESTE (Matt Makes Games 2018)
DEPRESSION QUEST (The Quinnspiracy 2013)
HELLBLADE: SENUA'S SACRIFICE (Ninja Theory 2017)
MANHUNT 2 (Rockstar London 2007)
OUTLAST (Red Barrels 2013)
SUPER MARIO BROS. (Nintendo Creative Department 1985, Nintendo)

Filmographie

A BEAUTIFUL MIND (USA 2001, Ron Howard)

Bibliographie

Breuer, Johannes. 2009. »Mittendrin – statt nur dabei.« In *Gefangen im Flow? Ästhetik und dispositive Strukturen von Computerspielen*, hg. von Michael Mosel, 181-212. Boizenburg: Werner Hülsbusch.

Carlos, Silex. 2018. »Celeste OST – In the Mirror (Reversed) ›Madeline Thoughts‹.« *YouTube*, 30.01.2018. https://www.youtube.com/watch?v=QcmH62eCN3Y, letzter Zugriff: 28.04. 2020.

Crawford, Chris. 2011. *The Art of Computer Game Design*. Kindle Edition. London: Pearson Education.

Egger, Josef W. 2005. »Das biopsychosoziale Krankheitsmodell. Grundzüge eines wissenschaftlich begründeten ganzheitlichen Verständnisses von Krankheit.« *Psychologische Medizin* 16 (2): 3-12.

Eisenhauer, Jennifer. 2008. »A visual Culture of Stigma: Critically Examining Representations of Mental Illness.« *Art Education* 61 (5): 13-18. doi: 10.1080/00043125.2008.11518991

Faltermaier, Toni. 2005. *Gesundheitspsychologie*. Stuttgart: Kohlhammer.

Fellner, Markus. 2006. *Psycho Movie. Zur Konstruktion psychischer Störung im Spielfilm*. Bielefeld: transcript. doi: 10.14361/9783839404713

Franke, Alexa. 2012 [2006]. *Modelle von Gesundheit und Krankheit*. Bern: Verlag Hans Huber.

Goldner, Sam. 2019. »Lena Raine's Digital Ambience Can Make You Panic or Help You Relax.« *Noisey.com*, 01. April 2019. https://noisey.vice.com/en_uk/article/yw88gk/lena-raine-oneknowing-celeste-interview, letzter Zugriff: 28.04. 2020.

Görgen, Arno. 2017. »Funktionale Störungen der Normalität: Krankheit in der Populärkultur.« In *Sprache und Medizin. Interdisziplinäre Beiträge zur Medizinischen Sprache und Kommunikation*, hg. von Sascha Bechmann, 215-238. Berlin: Frank & Timme.

Kristeva, Julia. 1982. *Powers of Horror. An Essay on Abjection*. New York: Columbia University Press.

Linken, André. 2018. »Zahlreiche Auszeichnungen bei The Game Awards 2018: Das sind die Gewinner.« *Pcgames.de*, 07. Dezember, 2018. www.pcgames.de/The-Game-Awards-Event-259744/News/das-sind-die-gewinner-von-2018-1270885/

Lippke, Sonia, und Babette Renneberg. 2006. »Konzepte von Gesundheit und Krankheit.« In *Gesundheitspsychologie*, hg. von Babette Renneberg und Philipp Hammelstein, 7-12. Berlin, Heidelberg: Springer-Lehrbuch. doi: 10.1007/978-3-540-47632-0_2

Luhmann, Niklas. 2009 [1995]. *Die Realität der Massenmedien*. Wiesbaden: VS Verlag für Sozialwissenschaften.

Mahar, Ian. 2013. »Nobody Wins When Horror Games Stigmatize Mental Illness.« *Kotaku.com*, 26. Juli, 2013. https://kotaku.com/nobody-wins-when-horror-games-stigmatize-mental-illness-912462538, letzter Zugriff: 28.04. 2020.
Middleton, Craig. 2013. »The Use of Cinematic Devices to Portray Mental Illness.« *Etropic: electronic journal of studies in the tropics* 12 (2): 180-190. doi: 10.25120/etropic.12.2.2013.3341
Neitzel, Britta, und Rolf F. Nohr. 2006. »Das Spiel mit dem Medium. Partizipation, Immersion, Interaktion.« In *Das Spiel mit dem Medium. Partizipation – Immersion – Interaktion*, hg. von dens., 9-17. Marburg: Schüren.
Pacher, Jörg. 2007. *Game. Play. Story? Computerspiele zwischen Simulationsraum und Transmedialität.* Boizenburg: Werner Hülsbusch.
Peterson, Rolfe Daus, Andrew Justin Miller und Sean Joseph Fedkoro. 2013. »The Same River Twice: Exploring Historical Representation and the Value of Simulation in the *Total War, Civilization*, and *Patrician* Franchises.« In *Playing with the Past. Digital games and the simulation of history*, hg. von Andrew B. R. Elliot und Matthew Wilhelm Kapell, 33-48. New York und London: Bloomsbury.
Quirke, Sam. 2018. »The Mountains We Make: Celeste and Mental Health.« *TrueAchievements*, März 2018. https://www.trueachievements.com/n31419/the-mountains-we-make-celeste-and-mental-health, letzter Zugriff: 28.04. 2020.
Ramée, Jordan. 2018. »Celeste Is a Stunningly Effective Portrayal of Anxiety and Depression.« *Twinfinite*, 7. Februar 2018. https://twinfinite.net/2018/02/celeste-emotional-story-experience/, letzter Zugriff: 28.04. 2020.
Sakey, Matthew. 2010. »Alone for all Seasons: Environmental Estrangement in S.T.A.L.K.E.R.« In *Well Played 2.0: Video games, Value and Meaning*, hg. von Drew Davidson, 92-114. Pittsburgh: ETC Press.
Seale, Clive. 2003. »Health and media: an overview.« *Sociology of Health & Illness* 25 (6): 513-531. doi: 10.1111/1467-9566.t01-1-00356
Shapiro, Samuel, und Merrill Rotter. 2016. »Graphic Depictions. Portrayals of Mental Illness in Video Games.« *Journal of Forensic Sciences* 61 (6): 1592-1595. doi: 10.1111/1556-4029.13214
Wahl. Otto F. 1992. »Mass media images of mental illness: A review of the literature.« *Journal of Community Psychology*, 20 (4): 343-352. doi: 10.1002/1520-6629

Abbildungsverzeichnis

Abb. 1: Die externalisierte Krankheit als Part of Me hat Madeline fest im Griff. Screenshot aus Celeste.
Abb. 2: Die Dunkelheit wird als funktionales Spielelement im Level des Spiegeltempels verwendet.Screenshot aus Celeste.

Abb. Nr. 3: Funktionale Störungen werden mittels eines Minigames in den Spieltext implementiert. Screenshot aus Celeste.

Abb. 4: Funktionale Störungen werden mittels eines Minigames in den Spieltext implementiert. Screenshot aus Celeste.

»Let peace be upon you«
Von posttraumatischen Belastungsstörungen, Virtual Reality und eigensinnigen KIs in *Call of Duty: Black Ops III*

Rudolf Inderst & Sabine Schollas

Abstract: This essay takes a close look how the treatment of posttraumatic stress disorder (PTSD) via virtual reality applications is picked up and portrayed in digital games. After all, video and computer games provide players with virtual worlds. They send players, and their characters – particularly in action games and first person shooters – into theaters of war that will be left by many soldiers suffering from PTSD after their missions. Taking *Call of Duty: Black Ops III* (Treyarch 2015) as a leading example this article shows that the idea of a double virtual world, one with a virtual reality (VR) of therapeutical intention, not only takes the current medical status into consideration, but it sometimes also uses it for the orchestration of utopian and dystopian storylines.

Keywords: Call of Duty: Black Ops III; Virtual Reality; Artificial Intelligence; PTSD; Therapy

Schlagworte: Call of Duty: Black Ops III; Virtual Reality; Künstliche Intelligenz; PTBS; Therapie

1. Einleitung

»Let peace be upon you« – ein kleiner Satz wie aus einer Meditation, der doch aus einem First-Person-Shooter stammt, nämlich dem Titel *Black Ops III* der Bestseller-Reihe *Call of Duty*. Die Protagonistin steht in einem ruhigen, verschneiten Waldabschnitt und wird von einer Stimme angeleitet, sich zu entspannen und ihre Gedanken fließen zu lassen. Was zunächst nicht wie ein typischer Abschnitt aus einem Shooter klingt (später allerdings noch zu einem wird), ist ein VR-Raum innerhalb des Games, geschaffen, um den Charakteren bei der Verarbeitung traumatischer Erlebnisse zu helfen. Dass ausgerechnet ein First-Person-Shooter einer so kommerziell erfolgreichen Spielereihe das Thema posttraumatische Belastungsstörung (PTBS) in dieser Weise aufgreift, ist nun gleich unter mehreren

Aspekten interessant: Nicht nur werden Games dieses Genres immer wieder Gewaltverherrlichung und mindestens belastende Folgen für (junge) Gemüter unterstellt,[1] auch VR-Umgebungen haben in der öffentlichen Auseinandersetzung mit diesen Vorwürfen zu kämpfen, gelten sie doch durch die als noch stärker angenommene Verschmelzung zwischen ›realer‹ und virtueller bzw. ludischer Welt als besonders immersiv (Ziesecke 2016). Kommt dann wie auch im Spiel *Black Ops III* noch eine Künstliche Intelligenz beziehungsweise das diffuse und vor allem aus dystopischen Science-Fiction-Szenarien angereicherte kollektive Wissen um eine solche hinzu, ist die Furcht vor einem Eskalationsszenario womöglich äußerst präsent. Und das, obwohl VR-Technologien mittlerweile, auch bedingt durch ihre sich stetig verbessernde Handhabbarkeit zu therapeutischen Zwecken eingesetzt werden – unter anderem für die Therapie von PTBS.[2] Therapeutische VR-Expositionsanwendungen beziehungsweise deren Repräsentationen stellen einen vielversprechenden, doppelbödigen Untersuchungsgegenstand dar, weil die Humanmedizin programmierte, spielszenische Setpieces verwendet, welche artverwandt in einem extra-medizinischen Kontext als reguläre Level für SpielerInnen global genutzt werden. Für Spiele-EntwicklerInnen scheint zudem der Spiel-im-Spiel-Gedanke, also die Repräsentation von (positiv wie negativ konnotierten) VR-Anwendungen, eine Möglichkeit zu bieten, ihre Geschichten zu erzählen. Ein anschauliches Beispiel hierfür ist der First-Person-Shooter *Call of Duty: Black Ops III*.[3]

2. Virtual Reality und PTBS

Der Ausdruck *Virtual Reality* beschreibt seit seinem Aufkommen in den 1980er Jahren eine Technologie für die Interaktion zwischen Mensch und Computer in computergenerierten 3D-Umgebungen (Bormann 1994). Diese muss es ihren UserInnen ermöglichen, »in die Modellwelt einzutauchen und diese direkt zu manipulieren« (Bormann 1994). Vereinfacht gesprochen sind für diese Interaktion zu-

1 Zur Betrachtung von Gewalt in Computerspielen siehe Kunczik und Zipfel (2006, 287-326).

2 Für einen Abriss zur Behandlung von PTBS mithilfe von digitalen Spielen sowie zur Verbindung von Unterhaltungsindustrie und dem Anerkennen/Behandeln dieses Krankheitsbildes siehe auch Görgen (2018).

3 Auf eine ausführlichere Analyse der im Spiel vermittelten Ideologien muss hier bewusst verzichtet werden, da dies an dieser Stelle zu weit führen würde. Wie digitale Spiele zur Meinungsbildung beitragen, zeigt Ian Bogost (2007), der in diesem Kontext von der »prozeduralen Rhetorik« digitaler Spiele spricht. Noch deutlicher wird der Zusammenhang zwischen Politik, Militär und digitalen Medien bei Patrick Crogans (2010 und 2011) historischer Betrachtung und zeitgenössischer Einbettung von letzten innerhalb eines military entertainment complex. Konkret zur *Call of Duty*-Reihe, wenn auch nicht dezidert zu *Black Ops III*, nimmt in diesem Kontext beispielsweise auch Gagnon (2010) Bezug.

meist ein leistungsstarker Rechner, eine Art von Bildschirmbrille zur Bebilderung der stereoskopen 3D-Umgebung und ein Steuergerät (zum Beispiel ein Joystick/Joypad oder eine Maus) zur simulierten Bewegung innerhalb der virtuellen Umgebung nötig (Riener 2012, 1-7). Vor allem die Interfaces mit ihren Head-up-Displays, Exoskeletten, Gloves usw. sind gerade in der Frühzeit der Virtual Reality ein Grund gewesen, dass VR-Anwendungen keinen Massenmarkt erschließen konnten.[4] Nichtsdestotrotz begannen in den 1990er Jahren Forscher weltweit, sich für die Anwendungsgebiete dieser Technologie im Zuge einer Behandlung psychischer Störungen zu interessieren. Dabei stand die Frage im Vordergrund, »ob die Verwendung dieses neuen Hilfsmittels die Wirksamkeit psychologischer Behandlungen erhöhen und/oder einige ihrer Beschränkungen überwinden könnte« (Banos et al. 2008, 192).

Ein besonderes Augenmerk wurde dabei in der US-Forschung auf eine mögliche therapeutische Anwendung im Bereich der posttraumatischen Belastungsstörungen (PTBS)[5] gelegt, leiden doch etwa zwanzig bis dreißig Prozent der SoldatInnen nach einem Einsatz daran.[6]

Die Behandlung erlaubt es hierbei zum Beispiel, unter PTBS leidende US-KriegsheimkehrerInnen (zum Beispiel aus Afghanistan oder dem Irak) mit

4 So waren die frühen VR-Anwendungen meist komplizierte Apparaturen, die den gesamten Körper so einbanden und verkabelten, dass nur sehr versierte AnwenderInnen die Sets anlegen und bedienen konnten. Zudem waren sowohl die visuellen als auch die haptischen Geräte störanfällig, wie mit nur einem Blick auf Geräte wie das IDESK, Datenhandschuhe und -anzüge und Exoskelette leicht vorstellbar ist. Eine gute Übersicht über die frühen Devices gibt Bormann (1994). Was sowohl damaligen wie auch heutigen Systemen zumeist fehlt, um eine Immersion mit allen Sinnen zu ermöglichen, sind zudem olfaktorische und gustatorische Eindrücke der simulierten Welten. Wie Mort Heiligs Sensorama, das Personen »to another reality, realistic or fantastic« (Heilig 1998, 345) bringen sollte, jedoch als Spielhallenattraktion endete (Schröter 2004), bleiben Experimente mit olfaktorischen und gustatorischen Sinnstimulationen bis dato nicht massenkompatibel und sind als ›Spielerei‹ in der Geschichte der VR einzustufen.

5 »Die Bezeichnung PTBS ist ein Akronym und ergibt sich aus den Anfangsbuchstaben des Begriffes Post-Traumatische Belastungs-Störung. Der Begriff lässt sich folgendermaßen erklären: Nach (also ›post‹) dem Erleben eines Traumas kommt es zu einer Belastungsrektion bzw. -störung, also einer gestörten Verarbeitung. Im angelsächsischen und immer wieder auch im deutschen Sprachraum wird die Bezeichnung Post Traumatic Stress Disorder (PTSD) verwendet.« (Pausch und Matten 2018, 6).

6 Vgl. Zeitvogel (2011). US-Forscher behandeln Kriegstraumata mit PC-Spielen. Nach Görgen (2018) leiden etwa 3,6% der Weltbevölkerung an PTBS; andere Quellen gehen, Stand 2016, davon aus, dass ca. 2% der deutschen Bevölkerung unter PTBS leiden, wobei die Zahl bei erwachsenen Flüchtlingen etwa 8,7 mal so hoch sei, vgl. Friedrichs (2016). Im Jahresbericht des Wehrbeauftragten der Bundeswehr für das Jahr 2018 ist von 182 neu mit PTBS diagnostizierten SoldatInnen die Rede und von insgesamt 279 SoldatInnen mit »einsatzbedingten[n] psychiatrische[n] Erkrankung[n]« (Trimborn 2019). Bei diesen Zahlen wird deutlich, dass PTBS nicht ausschließlich auf Kriegseinsätze zurückzuführen sind und die Betroffenenzahlen gut reflektiert werden müssen.

›Kriegsspielen‹ zu therapieren, »sich selbst an den Platz des Avatars zu stellen und sich so über das Körperschema durch ihre Emotionen zu arbeiten. […] Diese Behandlungen funktionieren, weil der Veteran während der Therapiesitzung, körperlich und geistig, tatsächlich der virtuelle Soldat in der virtuellen Kriegszone wird.« (Fogel 2013, 81) Ein prominentes Beispiel hierfür sind die auf dem eigentlich als Training für SoldatInnen für das US-Verteidigungsministerium entwickelten Spiel *Full Spectrum Warrior* (Pandemic Studios 2004) basierenden Anwendungen *Virtual Iraq* (o.V.) und *Virtual Afghanistan* (o.V.). Sie simulieren nicht nur die Umgebung inklusive der Geräusche und des haptischen Feedbacks nach den Erfahrungsbeschreibungen der PatientInnen, sondern setzen diese zudem Gerüchen wie Benzin oder Schießpulver aus. Dergestalt sollten die Empfindungen der PatientInnen beim Erinnern beeinflusst werden: »The idea is to disconnect the memory from the reactions to the memory, so that although the memory of the traumatic event remains, the everyday things that can trigger fear and panic […] are restored to insignificance.« (Halpern 2008)

In den programmierten therapeutischen VR-Anwendungen in der Realität beschränken sich die Szenarien im Übrigen nicht auf die (Auslands-)Einsätze selbst, sondern simulieren im Sinne einer Desensibilisierungstherapie ebenfalls stressevozierende Alltagserfahrungen der HeimkehrerInnen wie etwa das Einkaufen in einem Supermarkt: »Supermarkets are rich, unpredictable environments with multiple […] stimuli. Further, avoiding social […] contact with other […] shoppers is […] impossible. This […] is perceived as stressful for many individuals with PTSD« (Holmgard und Karstoft 2016, 260).

Gleichwohl gibt es auch Stimmen, die argumentieren, dass gerade digitale Kriegsspiele Personen mit PTBS, vor allem solchen, die sich ihrer Krankheit nicht bewusst sind/bewusst sein möchten, schaden können (vgl. z.B. Fahey 2011). Eindeutige Forschungsergebnisse zu diesem Aspekt der Therapie mithilfe digitaler Anwendungen stehen indes noch aus. Was in diesem kurzen Abriss aber bereits deutlich wird, ist die Interdependenz zwischen virtuellen Welten und Therapiemöglichkeiten. Sind virtuelle Welten eine Möglichkeit, Therapien, in denen es gerade um das (Wieder-)Erleben bestimmter Situationen geht, zu erweitern, finden die zu Therapiezwecken eingesetzten Technologien und Techniken (wie die Meditation, siehe Frozen Forest in Kapitel 6) Einzug in kommerziell erfolgreiche digitale Welten wie sie beispielsweise *Black Ops III* zeigt. Und während realweltliche Therapiesettings entlang von Einschränkungen im Bereich des physisch, aber auch technisch Machbaren arbeiten müssen (z.B. der schlechten Handhabbarkeit der Devices), können digitale Spiele eine Zukunftsprognose wagen, die zwar die körperlichen Gebrechen handhabbar erscheinen lässt, aber auf Unwägbarkeiten stößt, wenn sie in den Bereich der vermeintlich unsicht- und unfassbaren Psyche vordringt und diese entsprechend als Spannungsfeld für die Narration des Spiels einsetzt.

3. Digitale Spiele als Weltmaschinen

Den Grat zwischen Unterhaltung, Therapeutik und gefährlichen Auswirkungen beschreitet auch Activisions vornehmlich zu Unterhaltungszwecken entwickelter Titel *Black Ops III*. Dieser denkt nicht nur während seiner Entwicklung, sondern auch innerhalb der Narration jenseits des VR-Settings – ganz wie seine Vorgängertitel –, wissenschaftliche Errungenschaften, Spezialwissen und neue Technologien wie eben Körpererweiterungen und VR, einfach weiter und setzt sie zwischen Utopie und Dystopie ein. Dabei stellt sich zunächst die grundsätzliche Frage, wie sich Welt und Spiel zueinander verhalten oder in welcher Beziehung sie zueinander gesehen werden können. Digitale Spiele lassen sich dergestalt als wirkmächtige, komplexe Bedeutungsangebote begreifen, die Medien, Kultur und Wirklichkeit in eine Art nicht auflösbaren Zusammenhang stellen. Sie bieten somit Räume an, historische Erfahrungen und Lebenswelten zu konfigurieren, die durch Wechselwirkungen von Spiel und SpielerInnen sowie den menschlichen Interaktionen untereinander als soziale Realitäten beschreibbar werden. Der Fundus, aus dem sich Entwickler und Kreative für digitale Spiele bedienen, ist ebenso vielfältig wie schwer überschaubar – er reicht von Weltreligionen und gesellschaftspolitischen Sujets über wissenschaftliche Forschung bis hin zu popkulturell-zeitgeistigen Überlieferungen anderer Medientexte (vgl. Butler 2007, 187).

Entsprechend sind die Entitäten Wissenschaft, Forschung und Technologie in diesem Zusammenhang nicht auf ihre instrumentellen Funktionen reduzierbar, sondern vielmehr in einem historischen, kulturellen und sozialen Kontext zu verstehen (Inderst 2018, 15-21). Populärkultur, zum Beispiel in Form digitaler Spiele, konstruiert und vermittelt kollektive Deutungsmuster. Wenn es nun um den Bereich fiktionalisierter Wissensbestände geht, ist folgendes zu beobachten: Wissenschaft wird dort einem dramaturgischen Überbau der Fiktion in unterschiedlichen Genres unterworfen. Dieser Überbau zeichnet sich oftmals stärker durch Plausibilität als durch Faktizität aus (Kirby 2003, 231-268). Gleichzeitig agiert er abstrahierend und bedarfsgerecht interpretierend. Das bedeutet: Digitale Spiele kreieren und verändern Bilder sowie Diskurse von Wissenschaftlichkeit und kommunizieren dadurch gleichzeitig auch das Welterklärungsangebot von Wissenschaft (vgl. Görgen und Inderst 2017). In ihrer narrativen wie funktionalen Folgenschau von Wissenschaft, Forschung und Technik schwanken Video- und Computerspiele in ihrer impliziten Bewertung zwischen *fascinosum* und *tremendum*, was sich einerseits als eine Art hingebungsvoll-ausschweifender Techno-Fetischismus und auf der anderen Seite als eine Art umfassend-bedrohliche Dystopie übersetzen und verstehen lässt. Therapeutische VR-Expositionsanwendungen sowie deren Abbildungen sind ein aufschlussreicher Untersuchungsgegenstand: Weil die Humanmedizin auf programmierte, spielszenische Setpieces rekurriert, welche artverwandt in einem extra-medizinischen Zusammenhang als reguläre Level für SpielerInnen global ›auf Mission‹ sind. Auf Seiten der Spiele-EntwicklerInnen scheint der Spiel-im-Spiel-Ansatz, also die Porträtierung von (positiv wie negativ konnotierten) VR-Anwendungen, eine Option zu offerieren, ihre Geschichten aufzufächern. Ein anschauliches Beispiel hierfür ist der First-Person-Shooter *Call of Duty: Black Ops III*.

4. *Call of Duty: Black Ops III* – Der Trailer als transmediales Framing-Instrument

Bevor über das eigentliche Spielerlebnis zu sprechen ist, soll zunächst ein Blick auf einen dreiminütigen Teaser-Trailer (Call of Duty 2015) gerichtet werden, der der Spielveröffentlichung voranging ist und für große Aufmerksamkeit bei SpielerInnen und Fachpresse sorgte. Dieser rahmte seitens der EntwicklerInnen bereits im Vorfeld die Erwartungen der Zielgruppe an *look and feel* des kommenden Titels als technodystopisch-spekulatives, bombastisches Actionspiel.[7] Die dazugehörige YouTube-Videobeschreibung lautet: »In the next 50 years, technological advancements will lead us into a world where only those who risk going too far, will find out how far we can actually go«[8] und ist in gewisser Weise ein Konterprogramm zu dem allerersten Satz, den die ZuschauerInnen auf dem Bildschirm lesen können, wenn der Trailer einsetzt: »Mankind's Greatest Mistake Will Be It's Inability To Control The Technology It Has Created.« Die ersten zwanzig Sekunden thematisieren Doping im Leistungssport, parallel startet eine Zeitleiste in den 1990er Jahren. Die nächsten Einstellungen nehmen die Aufschlüsselung des menschlichen Genoms in den Blick. Anschließend – bereits in den 2010er Jahren – geht es kurz um sogenannte *Wearables*, also tragbare Computersysteme zum Beispiel in der Form von Smartwatches oder Fitnessarmbändern, bevor eine aufgeregte, männliche Stimme den Satz fallen lässt: »Amazing things happen when we merge technology with our body.« Die nächsten Bilder konzentrieren sich auf medizinische Anwendungen, welche Sorge dafür tragen sollen, körperliche Gebrechen und Leiden zu beseitigen: Beinprothesen und Gehörhilfen wechseln sich ab mit einem Mann, der auf einer Bühne erklärt, dass das Zeitalter der Behinderungen für Menschen mittelfristig vorbei sei. Die nächsten schnellen Schnitte zeigen 2015 an: Genetisch modifiziertes Leben wird beleuchtet – zunächst via Ultraschall, dann werden Neugeborene in ihren Babybetten gezeigt. In einer fast leeren Kirche, in der ausschließlich nur noch ältere Menschen seinen Worten andächtig lauschen,

7 Der offizielle Name lautet *Official Call of Duty®: Black Ops III »Ember« Tease*. Bis Ende 2018 wurde er über 14 Millionen Mal angesehen.

8 Dieses und die weiteren Zitate entstammen – wenn nicht anders vermerkt – einer Transkription des Trailers (Call of Duty 2015).

mahnt ein Pastor: »If we undermine the morals that defined us, what good is our beloved progress then?« Der oberste US-Gerichtshof stellt 2020 schließlich klar, dass es vor dem Gesetz keine »genetische Apartheid« geben darf. Zurück zum Profisport: 2025 erlaubt die amerikanische Profi-Basketballliga als erster Verband die Teilhabe biotechnologisch-modifizierter Athleten am Wettkampf. 2028 ist der schnellste Sprinter der Welt schwarz, weiblich und mit Maschinenbeinen ausgestattet. Dann folgt ein größerer Sprung: Es ist 2041 und in einem Labor wird ein Gehirnchip vor die Kameras gehalten, mit dem die Gedankenkommunikation zwischen einzelnen Menschen ermöglicht wird. Medizinisch-operative Eingriffe mit dem Ziel, genetisch verbesserte Organe zu verpflanzen, sind 2051 unter den Reichen der Gesellschaft angesagt. Vier Jahre später ist der Verkauf von technologisch aufgepeppten Retinas Alltag – die Produkte sind Massenware. Doch nicht alle Menschen sind offensichtlich gleichermaßen angetan von dieser Art des technologischen Fortschritts; 2061 formiert sich gewaltsamer Protest gegen diverse Hightech-Unternehmen – die aufgebrachten Worte eines Demonstranten erklingen: »We can no longer stand in silence as these scientists play God!« Ein zweiter männlicher Aktivist ergänzt, dass es hier nicht um Technologie, sondern um moralisch richtig und falsch gehe. 2065 taucht ein Mann auf, der frappierend an das Äußere des Whistleblowers Edward Snowden erinnert (vgl. Zsolt 2014) und erklärt, dass sich die Hardware, die sich die durchschnittlichen Bürger kaufen, vom Militär fernsteuern ließe und jede Frau oder jeder Mann somit eine potenzielle Waffe auf Abruf sei. Dieser Aussage widerspricht ein Militärsprecher entschieden – dies sei ein völlig absurder Gedanke. Dennoch hat der Whistleblower das letzte Wort in diesem Teaser-Trailer: »This is happening. The only question that remains is, how far will we allow them to go?« Den Teaser-Trailer fasste der US-Journalist Erik Kain für das Forbes-Magazin mit den Worten »We're shown a futuristic society with DNA upgrades, organ replacements, telepathy, and super-soldiers. It's optimistic at first, but quickly slides into dystopian sci-fi« zusammen. Andere Stimmen wiederum wiesen auf die frappierende Ähnlichkeit der Kampagne mit der Spielserie *Deus Ex* (Ion Storm Austin 2000) hin (vgl. Fulton 2015). Für die nötige Aufmerksamkeit war damit mutmaßlich aus Marketingsicht gesorgt: Das kommende Hauptthema des First-Person-Shooters war erfolgreich eingeführt und schließlich war es im Herbst 2015 so weit – *Call of Duty: Black Ops III* erschien für Konsolen und PC. Auffällig ist, wie in dieser Ankündigung zwar maßgeblich die Optimierung des Menschen präsentiert wird, hier jedoch stets nur die biologischen/rein physischen Funktionen des menschlichen Körpers, der mithilfe der Technik/Erweiterung weniger anfällig, weniger zur Schwachstelle des Menschen wird. Der Mensch ist nicht mehr ausschließlich an seine körperlichen Limits gebunden. Ob mit bloßem Auge nicht identifizierbare Dopingmittel, Beinprothesen oder modifizierte Sportlerkörper: Welche Erfahrungen und Auswirkungen auf die Psyche mit den technologischen Möglichkeiten bzw. den Einsatzorten des optimierten Menschen einhergehen, wird – obwohl im Spiel ein so zentraler Teil – erstaunlicherweise nicht thematisiert. Einzig im Auftritt des an die Moral appellierenden Pastors wird die Möglichkeit einer Ebene jenseits der Physis erwähnt. Wie dieser Kontrast zwischen Physis und Psyche, aber auch der mitschwingende Konflikt zwischen Kontrolle und Kontrollverlust entlang der traumatischen Erfahrung der ProtagonistIn des kommerziell überaus erfolgreichen Spiels verhandelt wird, zeigen die folgenden Ausführungen.

5. Der First-Person-Shooter als technofetischistische Zukunftsvision

Finanzanalysten zufolge hat sich der Titel bis zur Jahresmitte 2016 bereits über zwanzig Millionen Mal verkauft (Takahashi 2016). Unter den SpielerInnen ist die Serie derart bekannt, dass der Hersteller in Teilen der Werbekampagne komplett auf Text in Form von zum Beispiel einer Titelnennung in Verkaufsanzeigen verzichtet und lediglich die »in leuchtendem Orange gehaltene römische Ziffer III auf tiefschwarzem Hintergrund« (Inderst 2016) präsentiert. Die im Vergleich zu den vorigen *Call of Duty*-Titeln mit neun Spielstunden umfangreiche Kampagne des Shooters führt die SpielerInnen, die seit dem Erscheinen des ersten Teils der Serie im Jahr 2003 zum ersten Mal überhaupt eine Frau als eigenen Charakter für ihr Abenteuer auswählen können, serientypisch in bombastisch inszenierten Feuergefechten an verschiedene Schauplätze der Welt im Jahr 2065 respektive 2070. Dazu zählen unter anderem Singapur, Kairo oder Zürich. Zum Alltag auf den Schlachtfeldern der Zukunft gehören nicht nur autonom, brutal und effizient agierende Kampfroboter (Fahey 2011), sondern auch menschliche SoldatInnen, die – ganz gemäß dem transhumanistischen Credo[9] – ihre natürlich-biologischen Grenzen längst durch technologische Eingriffe hinter sich gelassen haben. Der namenlosen Hauptspielfigur ergeht es nicht anders – schon zu Beginn der Handlung wird sie in einem Feuergefecht (folgen-)schwer verletzt:

> The only option for saving his life is robotic reconstruction, which leaves him with a spinal implant that connects him to a massive computer network that allows his

---

9 Unter »transhumanistischem Credo« ist hier eine Denkrichtung gemeint, deren Anhänger danach streben, den menschlichen Körper und die durch seine biologische Beschaffenheit gegebenen Grenzen mithilfe technologischer Entwicklungen (dazu zählen z.B. auch die Robotik und Künstliche Intelligenz) zu verbessern/zu erweitern, wenn nicht gar zu überwinden (Cordeiro 2014, 231-239). Geprägt wurde der Begriff von Julian Huxley, der u.a. der erste Generaldirektor der UNESCO war, und in seinem Buch den Transhumanismus wie folgt zusammenfasste: »[M]an remaining man, but transcending himself, by realizing new possibilities of and for his human nature« (Huxley 1957, 76).

> vision to be filled with a variety of augmented reality information. Icons disclosing location and weapon types hang above enemies' heads like ripe fruit, while a colored grid is overlaid on the ground to indicate where he'll be most vulnerable to enemy fire. (Thomson 2015)

Der Optimierung über den biologischen ›Normalzustand‹ hinaus liegt also bereits die Erfahrung einer lebensgefährlichen bzw. ohne Enhancement lebensbeendenden Verletzung im Gefecht und damit der Auslöser für ein psychisches Trauma zugrunde. Diese körperlichen Veränderungen möchte *Call of Duty: Black Ops III* auch im konkreten Spiel angewendet wissen, etwa wenn Sprungdüsen weitere Sprünge oder das Entlangrennen an Wänden erlauben beziehungsweise feindliche Hardware gehackt wird, um sie gegen ihre Verbündeten zu richten (Freundorfer 2015). Damit hat die *Call of Duty*-Reihe, die ihren erzählerischen Ursprung in den Kämpfen des Zweiten Weltkriegs hat, nicht nur einen langen Weg auf der Zeitleiste von über 100 Jahren zurückgelegt, sondern der US-Journalist Matt Kamen attestiert der Serie auch thematisch eine Veränderung:

> The story-driven campaign sees you implanted with advanced technology, gifting you ›Cyber Core‹ abilities, and battling through a world where advances in robotics and supersoldier enhancements has led to a rise in violent social unrest around the globe. [...] Yet with all these additions, Call of Duty is starting to feel like a different game, one increasingly defined by science fiction rather than soldiering. Black Ops II was actually the instigator of the change, being the first game in the longer series to introduce speculative future military tech. [...] [L]ast year's Advanced Warfare introduced exoskeletons to greatly enhance the physical abilities of characters. Black Ops III goes one further though. The Cyber Core implants used by the soldiers give abilities that can only be described as super powers. (Kamen 2015)

Damit zeichnet die Spielereihe über die einzelnen Teile in gewisser Weise die technologische Entwicklung von utopischen Ideen über AR und VR, über VR mit Exoskeletten und Co. bis hin zur vielfältigen, fremd- und selbstinduzierten Optimierung des Körpers mithilfe verschiedenster Technologien (wie sie auch im Trailer für das einzelne Spiel *Black Ops III* abgebildet sind) nach.[10] Tatsächlich hatten sich die Köpfe hinter der Serie bereits beim ersten Teil der *Black Ops*-Reihe auf das Wissen des US-Politikwissenschaftlers Peter W. Singer verlassen, der dem Grundgerüst »robots, futuristic weapons and a huge pile of dystopian grit« (Bolton 2015) einen wissenschaftlich fundierteren Hintergrund mitgeben sollte. In einem Interview wies er nach seiner Arbeit für das Entwicklerstudio auf den

10 Dazu vertiefend: Wehling und Viehöver (2011, 7-51).

Einfluss hin, den seine, aber auch die Konzepte anderer BeraterInnen in Spielen haben können:

> The interplay between science fiction and the real world is a force that has been there for centuries. [...] I was a consultant for the video game Call of Duty: Black Ops II, and I worked on a drone concept for the game, a quadcopter called Charlene. Now defense contractors are trying to make Charlene real. So it flips the relationship. Previously, the military would research and develop something and then spin it out to the civilian sector. Now the military is faced with a challenge of how to spin in technology. (Singer 2013)

Die Rolle des externen Beraters Singer wurde zum Teil in *Call of Duty: Black Ops III* von Jason Blundell übernommen, der für das Studio selbst seit Jahren arbeitet. Zwei Felder, auf die sich das Team rund um Blundell besonders konzentrierte, waren *bio augmentation* und *brain hacks*. So gingen die EntwicklerInnen zum Beispiel von der Überlegung aus, dass der Ersatz von Gliedmaßen – zum Beispiel nach Verletzungen – stets als Reaktion auf einen Notfall gedacht sei. Für die SoldatInnen der Zukunft hingegen könnten proaktive, gezielte Eingriffe zum Alltag gehören, ohne gewisse künstliche Gliedmaßen könnten sie etwa gar nicht erst Teil der Sicherheits- oder Streitkräfte werden (Harding 2015). Eine große Inspirationsquelle, so Blundell, sei die *Defense Advanced Research Projects Agency* (DARPA), welche ein Teil des US-Verteidigungsministeriums ist:

> Its purpose – and this has been literally stated – is to explore the intersection of biology and physical sciences. It starts with advanced prosthetics and controlling artificial limbs or treating neurological symptoms of people with PTSD. They're talking about direct neural interfaces to help control those things, but you can see how you get to our fiction very easily. It's not that far out. (Mark Lamia, Chef des *Black Ops III*-Entwicklerstudios, nach Stuart 2015)

Die Behandlung von PTBS durch VR allein scheint also sowohl im Spiel als auch seinen realweltlichen Inspirationen/wissenschaftlichen Grundlagen nur der Anfang einer weitreichenden, invasiven Behandlungskultur zu sein. Gleichwohl bleibt die traumatische Erfahrung der Kriegsverletzung, die ja Ausgangspunkt des Bio-Enhancements gewesen ist, in den Spielabschnitten des Games vornehmlich Grund für eben jene beschriebenen Superkräfte. Allein ausgehend von den Cutscenes wird zunächst deutlich, dass der Körper nach einer lebensbedrohlichen Verletzung nicht ›einfach funktioniert‹, sondern es bei der Protagonistin (und daran anschließend natürlich der SpielerIn in Form von Tutorial-Einheiten) eines Verarbeitungs- und Lernprozesses bedarf. Und genau in diesen Szenen wird dann auch der Verdacht gestreut, dass nicht nur physische Fähigkeiten neu gelernt werden müssen, sondern auch die emotionalen und kognitiven Fertig- und Möglichkeiten behandelt und durchaus anders eingesetzt werden müssen und sowohl das körperliche wie auch das psychische Trauma effektiv im Rahmen einer Therapie überwunden werden muss. Gleichwohl ist die Therapie hier weniger ein langer, von einer fachlich ausgebildeten Person begleiteter Genesungs*prozess*. Vielmehr wird auf die psychische ›Verletzung‹, die eine Störung des funktionsfähigen Soldaten bedeutet, mit einem Eingriff ähnlich einer körperlichen Verletzung reagiert. Werden fleischliche Körperteile durch entsprechende Pendants aus dem Labor/der Werkstatt ersetzt, ist – ganz im Stile einer zeitgenössischen Technikgläubigkeit des Silicon Valley[11] – auch bei einer psychischen Erkrankung wie der PTBS eine technologische Entwicklung als Lösung gezeigt.

6. Eine KI namens Corvus

Innerhalb eines militärischen neuronalen Netzwerks namens ›Direct Neural Interface‹ entwickelt sich im Spiel ein einfacher Programmierfehler durch die Intensität von 300.000 eingespeisten menschlichen Erinnerungen zu einer künstlichen Intelligenz namens Corvus. Jene macht sich sofort nach ihrer eigenen Bewusstwerdung (»I. Am. Not. A. Mistake!«) daran, die menschlichen DNI-TrägerInnen per direkter Schnittstelle zum Gehirn zu korrumpieren und schließlich in den Wahnsinn zu treiben. Der US-Journalist Ed Smith hält dazu fest:

> A lot of *Black Ops III* takes place inside characters' minds. There are these fantastic dream and nightmare sequences wherein the geography of the level warps, the enemies change from soldiers to monsters, and the protagonists, instead of swapping information about the mission, start asking one another existential questions about whether they're really in control of their own actions. (Smith 2015)

Das Anliegen der KI besteht (zunächst) darin, mehr über den Grund ihrer Existenz zu erfahren; sie kann nicht akzeptieren, dass diese nicht teleologisch bedingt zu sein scheint, sondern auf bloßem Zufall fußt (Weber 2014, 427-439). Innerhalb dieses Szenarios kommt einem virtuellen Ort namens ›The Frozen Forest‹ eine besondere Bedeutung zu: Die winterlich-verschneite Waldlandschaft stellt im Spiel eine von Corvus erschaffene neurologische Topographie dar, welche im Grunde eine technisch ausgeklügelte VR-Umgebung ist, die ursprünglich dazu geschaffen wurde, SoldatInnen, die unter PTBS leiden, zu helfen. Der Grund für diese Art des Aufbaus liegt hauptsächlich in der Assoziation von Winter und Schneeland-

11 Zur im Silicon Valley häufig verbreiteten Ideologie, die richtige Technologie löse jedes Problem, siehe z.B. Julian Nida-Rümelin im Interview (o.J.).

schaften mit Ruhe und Stille begründet.[12] Betreten SpielerInnen diese virtuelle, therapeutische Umgebung, werden sie nicht nur völlig von einer geräuscharmen Kulisse umfangen, sondern eine vertrauenserweckende Stimme ertönt und verkündet wie ein Mantra den folgenden Text:

> Listen only to the sound of my voice. Let your mind relax. Let your thoughts drift. Let the bad memories fade. Let peace be upon you. Surrender yourself to your dreams. Let them wash over you like the gentle waves of the bluest ocean. Let them envelop you. Comfort you. Imagine somewhere calm. Imagine somewhere safe. Imagine yourself in a frozen forest. You're standing in a clearing. Trees around you so tall, they touch the sky. Pure white snowflakes fall all around. You can feel them melt on your skin. You are not cold. It cannot overcome the warmth of your beating heart. Can you hear it? You only have to listen. Can you hear it slowing? You're slowing it. You are in control. Calm. At peace. (*Call of Duty: Black Ops III* [Transkription durch die Autoren])

Die Stimme fordert den/die ProtagonistIn auf, Selbstkontrolle wiederzuerlangen – Herr über die eigenen Emotionen und den eigenen Körper zu werden. Es geht zunächst darum, sich so weit zu beruhigen, den Stress zurückzudrängen und die alten, schmerzhaften Erinnerungen auszublenden, dass ein eigenständiges Leben wieder möglich wird. Ob dies auch bedeutet, dass der etwaige Ansatz eines autogenen Trainings stärker im Mittelpunkt der Behandlung steht als eine VR-Konfrontationstherapie, bleibt jedoch Spekulation. So ist auch denkbar, dass ein schrittweises Triggern von Stressreaktionen im ursprünglichen Programmcode vorgesehen ist. Kontrolle ist an dieser Stelle ein entscheidendes Stichwort: Während die Künstliche Intelligenz Corvus die Menschheit, wenn nicht die gesamte Welt, unter ihre Kontrolle bringen möchte und damit die Grundlage für die Story des Spiels legt, sind es genau die Szenen, in denen ein Kontrollverlust der SpielerInnen sowie ProtagonistInnen auf der einen Seite, aber auch PTBS-PatientInnen auf der anderen Seite aufblitzt, die die menschliche Komponente in der technisierten Welt und damit auch eine Fehl- und Verletzbarkeit offenbaren. Während Kriegsgerät im Gefecht zerstört wird und vielleicht noch reparabel ist, ist das durchaus menschliche Erlebnis der Ohnmacht im Angesicht eines Angriffs und die damit einhergehende lebensbedrohliche Verletzung der Protagonistin der Ausgangspunkt ihres Traumas – aber auch ihres technologischen Enhancements. Eines Enhancements, das an die KI Corvus gekoppelt ist und durch die neuronale

12 Für die Behandlung von Brandopfern gibt es bereits die VR-Anwendung *SnowWorld* (o.V.), die durch schwere Verletzungen evozierte Schmerzen lindern kann, was Studien bestätigen (vgl. z.B. Panjwani 2017). Inwiefern diese Anwendung möglicherweise Vorlage für das *Black Ops III*-Entwicklerteam war, ist nicht bekannt.

Vernetzung immense Vorteile in der Kriegsführung verspricht, gleichzeitig aber auch als Tool zur Therapie der Belastungsstörung eingesetzt wird. Und da, wo es im Zuge des Machtstrebens um die unbegrenzte Nutzbarkeit und Ausbeutung technologischer Möglichkeiten geht (z.B. beim Hacken/Auslesen gegnerischer Gehirne), ist die menschliche Komponente diejenige, die – vielleicht bedingt durch traumatische Erfahrungen – Zweifel am Einsatz alles technisch Möglichen spüren lässt. Fordert die KI mehr Informationen, ist es der menschliche Teil des Settings, der mit den Folgen, den Schmerzen, den Emotionen, den Erinnerungen anderer (im Fall des Gehirn-Hackings) umgehen, mit ihnen weiterleben und -leiden muss.

Je weiter die Erzählung des Spiels voranschreitet, desto offensichtlicher wird dieser Gegensatz, diese Bruchstelle, diese Verwundbarkeit, die die menschlichen Charaktere im Gegensatz zu Corvus durchleben: Die KI nähert sich ihrer Weltherrschaft und treibt ihre Spielchen, gerade im Frozen Forest nicht nur, sondern vor allem *mit* dem Verstand von Charakteren und SpielerInnen. Hier driftet die konsistente virtuelle Welt immer weiter auseinander, werden die schmerzhaften Erinnerungen an traumatische Kriegserlebnisse, die es zu durchlaufen gilt, immer deutlicher, zerbricht die Welt, die eigentlich Ruhe und Frieden bringen sollte, in umso mehr Scherben der Erinnerungen. Der Verstand macht nicht mehr mit, die *mindgames* und *wargames* kulminieren im Trauma, das sich seinen Weg ans Tageslicht bricht. Was hier aufblitzt, ist vielleicht genau die Menschlichkeit, die der programmierten Intelligenz mit ihrem Gesamtheits-, Perfektions- und Machtanspruch gegenübersteht, die dafür aber auch leidet und über die ebenso im Spiel gestellte Diagnose der PTBS die Brüchigkeit aller Technik- und Enhancementgläubigkeit sichtbar macht. Damit zerbricht sozusagen das Versprechen der hyperrationalen Welt der KI am Irrationalen des fragmentierten menschlichen Geistes. Das Online-Kulturmagazin *War is Boring* kommt, nachdem es explizit auf eine Äußerung des *Black Ops III*-Protagonisten Taylor verwiesen hat (»Once we put this shit in our heads, we handed over our souls to whoever had the keys.« (*Call of Duty: Black Ops III* [Transkription durch die Autoren]), zu dem Schluss, dass die vorrangige Lesart des Spiels darin besteht, es als eine Geschichte zu verstehen, in der ein Soldat versucht, mit seiner PTBS umzugehen, die durch seine Kriegseinsätze hervorgerufen wurde. Weiterhin merkt der Artikel an, dass es damit ein Titel sei, der etwas Tiefgründigeres darstelle als die Stunden des augenscheinlich tumben virtuellen Abschlachtens.

Call of Duty: Black Ops III ist nicht der einzige Titel, der erzählerisch eine Technologie aufgreift, die für einen heilenden Prozess Anwendung findet bzw. entwickelt wurde, aber für sinistre Ziele eingesetzt wird. Doch deutlicher als bei anderen Spielen wird auf die mögliche positive Seite eingegangen. Als Beispiel für eine verwandte erzählerische Einbindung therapeutischer VR-Umgebungen ist STEM aus dem Horror-Action-Adventure *The Evil Within* (Bethesda Softworks 2014, Tango Gameworks) zu nennen. Es handelt sich um ein VR-System, welches grundsätzlich für die Behandlung psychischer Erkrankungen genauso infrage käme wie für die ausgeklügelte polizeiliche Befragung von Verdächtigen. Weit entfernt von solchen Anwendungen erleben SpielerInnen allerdings STEM im Spiel selbst als eine lebensgefährdende Topographie des Wahnsinns. In einem vergleichbaren, negativen Kontext ist eine VR-Umgebung namens *Tranquility Lane* im Rollenspiel *Fallout 3* (Bethesda Game Studios 2008) zu bewerten, deren ursprünglicher therapeutischer Nutzen durch ihren deutschstämmigen Erfinder Dr. Braun im späteren Verlauf korrumpiert wird. Das eigentliche Ziel, die Schlafenden durch ein perfektes virtuelles Leben auf einem emotional-stabilen Level zu halten, wurde damit ad absurdum geführt. Nur bedingt soll an dieser Stelle das ARK-System aus dem Spiel *SOMA* (Frictional Games 2015) genannt werden, da es sich hierbei um eine – pointiert formuliert – therapeutische Einbahnstraße handelt:

> Noch dazu befinden wir uns im Jahr 2104, in einer zukünftigen Welt, die ein Jahr zuvor von einem Meteoriten ausgelöscht wurde und dessen einzige Hoffnung fortan in den Händen der Besatzung [einer] Forschungsstation liegt. Mithilfe der Technik [...] soll versucht werden, [menschliches] Bewusstsein [...] in die sogenannte ›Arche‹ zu kopieren, eine simulierte Version der Realität. Diese soll [...] in die Weiten des Alls geschickt werden, mit der Hoffnung, dass sie vielleicht von fremden Zivilisationen eines Tages entdeckt werden [sic!]. (Lopes 2016)

Fremde bzw. alte Zivilisationen entdecken können die SpielerInnen auch in der *Assassin's Creed*-Reihe (Ubisoft Montreal 2007), in der die ProtagonistInnen jeweils in der Gegenwart mittels einer Computerumgebung namens Animus in eine bestimmte Vergangenheit eines ihrer Vorfahren – im ersten Teil der Reihe zum Beispiel ins Heilige Land zur Zeit des dritten Kreuzzugs – zurückversetzt werden. Dabei durchleben bzw. durchspielen sie die Erinnerungen eben jenes Vorfahren, um letztlich die durchtriebenen Machenschaften eines kapitalistischen Unternehmens zu unterbinden. Dabei ist der/die ProtagonistIn indes weniger angehalten, durch kriegerische Handlungen hervorgerufene traumatische Erlebnisse zu verarbeiten als vielmehr mit dem Schock, den die Möglichkeiten der Zeitreise mit all ihren Konsequenzen in der Gegenwart hervorruft, zu leben. Somit gibt es also einige Beispiele für die Einbindung von VR in die Erzählungen kommerziell erfolgreicher Games; die Kombination mit einem therapeutischen Hintergrund wie der Behandlung von PTBS wiederum scheint aktuell *Black Ops III*-exklusiv.

7. Fazit

Black Ops III bringt die SpielerInnen näher an die Erfahrung der PTBS als zunächst vermutet. Die in diesem Beitrag dargestellten Ausführungen und die damit einhergehende Diskussion sollten allerdings ebenso aufgezeigt haben, weshalb digitale Spiele als mediale Texte mitnichten monologische sowie abgeschlossene Gegenständlichkeiten sind, sondern viel eher als polysem bezeichnet werden können, somit komplexe Zusammenstellungen von Zeichen und Bedeutungen darstellen, welche verschieden, durchaus auch widersprüchlich gedeutet und verstanden werden. Daher, um bei *Black Ops III* zu bleiben, ist ebenso die kritische Deutung des Titels als sensationalistischer, visueller Bombast-Shooter möglich, der das herausfordernde Thema PTBS unterkomplex einer dramaturgisch eindimensionalen Action-Jagd von einem Adrenalin-Höhepunkt zum nächsten unterordnet. Nichtsdestotrotz wird das häufig – im Vergleich zum strahlenden Helden-Topos – eher randständige Thema der PTBS an einer unerwarteten Stelle, nämlich einem First-Person-Shooter, aufgegriffen und durch die enorme Popularität des Games einem breiten Publikum nahegebracht. Und während die Krankheit im Spiel durchaus ein Mittel zum Zweck sein kann, um über Therapie via VR und Anbindung über das fiktionale *Direct Neural Interface* den Weg für ein dystopisches Action-Setting zu ebnen, führen die Recherchen des Treyarch-Entwicklerteams, die als Grundlage zur Entwicklung dieses narrativen Settings dienten, zurück zu ›realen‹ Therapieansätzen der Behandlung von PTBS sowie zu militärischen Forschungen, denen mit ihren *body enhancements* und KI-gesteuerten neuronalen Netzwerken selbst fiktionale Welten wie eben Videospiele gedient zu haben scheinen. Damit einhergehend ist denkbar, dass sich die ›realen‹ und in einer virtuellen Welt angelegten militärischen Settings wechselseitig in ihren Technologie-Möglichkeitsräumen für künftige Entwicklungen bestärken. Die PTBS als Erkrankung indes ist eine Folge, die sich im Alltag von SoldatInnen und VeteranInnen sowie im Game als Störung beziehungsweise Störfaktor bemerkbar macht, gerade weil sie bei allen technologischen Enhancements in der Kriegsführung auf die menschliche Komponente aufmerksam macht, sodass am Ende, nach dem militärischen Einsatz, sowohl dem in realen Krisen- und Kriegsgebieten als auch dem in virtuellem Feindesgebiet, vielleicht der mehr oder weniger sichtbare Gegner besiegt ist, es für die SoldatInnen aber durchaus auf mehreren Ebenen heißen kann: »I ain't marching anymore.«[13]

13 »I ain't marching anymore« ist hier eine Anspielung auf Phil Ochs' bekanntes Anti-Kriegslied.

Ludographie

ASSASSIN'S CREED (Ubisoft 2007, Ubisoft Montreal)
CALL OF DUTY: BLACK OPS III (Activision 2015, Treyarch)
DEUS EX (Eidos Interactive 2000, Ion Storm Austin)
FALLOUT 3 (Bethesda Softworks 2008, Bethesda Game Studios)
FULL SPECTRUM WARRIOR (THQ 2004, Pandemic Studios)
SNOWWORLD (o.V.)
SOMA (Frictional Games 2015, Frictional Games)
THE EVIL WITHIN (Bethesda Softworks 2014, Tango Gameworks)
VIRTUAL AFGHANISTAN (o.V.)
VIRTUAL IRAQ (o.V.)

Bibliographie

Adamzik, Kirsten. 2004. *Textlinguistik. Eine einführende Darstellung*. Tübingen: Niemeyer. doi: 10.1515/9783110946642

Banos, Rosa Maria, Christina Botella, Christina, Azucena Garcia-Palacios, Soledad Quero, Mariano Alcañiz, Verónica Guillén 2008. Virtuelle Realität und psychologische Behandlungen, In *E-Mental-Health. Neue Medien in der psychosozialen Versorgung*, hg. von Bauer, Stephanie und Hans Kordy, 192-204. Heidelberg: Springer.

Bogost, Ian. 2007. *Persuasive Games – The Expressive Power of Videogames*. Cambridge, MA: MIT Press. doi: 10.7551/mitpress/5334.001.0001

Bolton, Doug. 2015. »*Call of Duty Black Ops 3 review roundup: One the most feature-filled games so far?*«. www.independent.co.uk/life-style/gadgets-and-tech/news/call-of-duty-black-ops-3-review-round-up-one-of-the-most-feature-filled-games-so-far-a6724021.html, letzter Zugriff: 29.04.2020.

Bormann, Sven. 1994. *Virtuelle Realität. Genese und Evaluation*. Bonn: Addison-Wesley.

Butler, Mark. 2007. *Would you like to play a game? Die Kultur des Computerspielens*. Berlin: Kulturverlag Kadmos.

Call of Duty (2015). »Official Call of Duty®: Black Ops III ›Ember‹ Tease«. https://www.youtube.com/watch?v=Bfr053KdD6w&frags=pl %2Cwn, letzter Zugriff: 29.04.2020.

Cordeiro, José. 2014. »The Boundaries of the Human: From Humanism to Transhumanism« *World Future Review*, Vol. 6 (3): 231-239. doi: 10.1177/1946756714555916

Crogan, Patrick. 2010. »Simulation, history and experience in Oshiis Avalon and military- entertainment technoculture«. *Digital Icons: Studies in Russian, Eurasian and Central European New Media*, Vol. 4: 99-113.

Crogan, Patrick. 2011. Gameplay Mode. War, Simulation, and Technoculture. Minneapolis: University of Minnesota Press. doi: 10.5749/minnesota/9780816653348.001.0001

Fahey, Mike. 2011. »*Veteran's Group Warns Of The Post-Traumatic Stress Dangers Of Call Of Duty*«. https://kotaku.com/5756021/veterans-group-warns-of-the-post-traumatic-stress-dangers-of-call-of-duty, letzter Zugriff: 29.04.2020.

Fogel, Alan. 2013. *Selbstwahrnehmung und Embodiment in der Körperpsychotherapie. Vom Körpergefühl zur Kognition*. Stuttgart: Klett Cotta.

Freundorfer, Stephan. 2015. »*Krieg im Kopf der Kameradin*«. www.spiegel.de/netzwelt/games/call-of-duty-black-ops-3-im-test-kaempfer-in-der-cloud-a-1061300.html, letzter Zugriff: 29.04.2020.

Friederichs, Hauke. 2016. »*Aus dem Kampfeinsatz ins Nichts*«. https://www.zeit.de/wissen/2016-03/bundeswehr-traumatisierte-soldaten-ptbs-depression-trauma#ptbs-infobox-3-tab, letzter Zugriff: 29.04.2020.

Fulton, Will. 2015. »*Call of Duty: Black Ops III's Warfare is advanced, but not necessarily for the better*«. www.digitaltrends.com/gaming/cod-black-ops-3-teaser-ember/, letzter Zugriff: 29.04.2020.

Gagnon, Frédérick. 2010. ›Invading Your Hearts and Minds‹: Call of Duty and the (Re)Writing of Militarism in U.S. Digital Games and Popular Culture«. *European Journal of American Studies [Online], Vol 5 (3)*. doi: 10.4000/ejas.8831

Görgen, Arno und Rudolf T. Inderst. 2017. »Die Darstellung von Wissenschaft und Technologie in Digitalen Spielen: Editorial.« In Wissenschaft und Technologie in digitalen Spielen, hg. von Arno Görgen und Rudolf T. Inderst. Sonderheft, Paidia – Zeitschrift für Computerspielforschung. www.paidia.de/editorial-die-darstellung-von-wissenschaft-und-technologie-in-digitalen-spielen/, letzter Zugriff: 28.04.2020.

Görgen, Arno. 2018. »Playing with invisible wounds. Posttraumatische Belastungsstörungen und Computerspiele«. In *WASD Bookazine für Gameskultur*, 13, hg. v. Christian Schiffer, Ina Weissenhorn, Markus Weissenhorn, 64-74. München: Sea of Sundries Verlag.

Halpern, Sue. 2008. »*Virtual Iraq. Using simulation to treat a new generation of traumatized veterans*«. https://www.newyorker.com/magazine/2008/05/19/virtual-iraq, letzter Zugriff: 29.04.2020.

Harding, Xavier. 2015. »The Future, as told by ›Call of Duty: Black Ops 3‹«. http://europe.newsweek.com/call-duty-black-ops-3-preview-330530?rm=eu, letzter Zugriff: 29.04.2020.

Heilig, Mort. 1998. »Beginnings: Sensorama and The Telesphere Mask.« In *Digital Illusion. Entertaining the Future with High Technology*, hg. v. Clark Dodsworth, 243-351. New York: Addison-Wesley, 1998.

Holmgard, Christoffer, and Karen-Inge Karstorf. 2016. Games for Treating and Diagnosing Post Traumatic Stress Disorder. In *Emotion in Games. Theory and Praxis*, 257-275, hg. von Kostas Karpouzis und Georgios N. Yannakakis. Zürich: Springer. doi: 10.1007/978-3-319-41316-7_15

Huxley, Julian. 1957. *New Bottles for New Wines*. New York: Harper & Brothers.

Inderst, Rudolf. 2016. »Von der Sehnsucht nach Symmetrie.« http://de.krautgaming.com/59000/von-der-sehnsucht-nach-symmetrie/, letzter Zugriff: 29.04.2020.

Inderst, Rudolf. 2018. *Die Darstellung von Wissenschaft im digitalen Spiel*. Glückstadt: Fachverlag Werner Hülsbusch.

Kamen, Mike. 2015. »Call of Duty: Black Ops III delves into transhumanism«. www.wired.co.uk/article/call-of-duty-black-ops-iii-impressions, letzter Zugriff: 29.04.2020.

Kirby, David A. 2003. *Science Consultants, Fictional Films, and Scientific Practice. Social Studies of Science*. Jg. 33, H. 2. doi: 10.1177/03063127030332015

Kunczik, Michael und Astrid Zipfel. 2006. »Wirkungen von Gewalt in Computerspielen.« In *Gewalt und Medien*, hg. v. dens., 287-326. Köln, Weimar, Wien: Böhlau UTB.

Lopez, Johannes Alvarez. 2016. »*Das philosophische Nachspiel – SOMA*«. In: https://crossmediaculture.de/2016/04/13/das-philosophische-nachspiel-soma/, letzter Zugriff: 29.04.2020.

Nida-Rümelin, Julian. (o.J.). »Wir müssen der Silicon-Valley-Ideologie mit Nüchternheit begegnen«. In: https://philomag.de/wir-muessen-der-silicon-valley-ideologie-mit-nuechternheit-begegnen/, letzter Zugriff: 29.04.2020.

Panjwani, Laura. 2017. »*Virtual ›SnowWorld‹ helps burn victims cope with extreme pain*«. https://www.rdmag.com/article/2017/08/virtual-snowworld-helps-burn-victims-cope-extreme-pain, letzter Zugriff: 29.04.2020.

Pausch, Markus J. und Sven J. Matten. 2018. *Trauma und Traumafolgestörung in Medien, Management und Öffentlichkeit*. Heidelberg: Springer. doi: 10.1007/978-3-658-17886-4

Riener, Robert. 2012. *Virtual Reality in Medicine*. London: Springer. doi: 10.1007/978-1-4471-4011-5

Schröter, Jens. 2004. *Das Netz und die virtuelle Realität. Zur Selbstprogrammierung der Gesellschaft durch die universelle Maschine*. Bielefeld: transcript. doi: 10.14361/9783839401767

Singer, Peter W. 2013. »*Drones, Warfare, Science Fiction and Cybercrime: A Conversation with P. W. Singer*«. https://www.brookings.edu/on-the-record/drones-warfare-science-fiction-and-cybercrime-a-conversation-with-p-w-singer/, letzter Zugriff: 17.03.2019.

Smith, Ed. 2015. »*Call of Duty: Black Ops III‹ Reflects the Desperate Side of Video Games*«. www.vice.com/read/call-of-duty-black-ops-iii-reflects-the-desperate-side-of-video-games-550, letzter Zugriff: 29.04.2020.

Stuart, Keith. 2015. »Does Call of Duty: Black Ops 3 predict the terrifying future of warfare?« https://www.theguardian.com/technology/2015/may/21/call-of-duty-black-ops-3-terrifying-future-warfare, letzter Zugriff: 29.04.2020.

Takahashi, Dean. 2016. »*Call of Duty: Black Ops III drives strong sales for Activision Blizzard*«. http://venturebeat.com/2016/05/05/call-of-duty-black-ops-iii-drives-strong-sales-for-activision-blizzard/, letzter Zugriff: 29.04.2020.

Thomson, Michael. 2015. »*›Call of Duty: Black Ops 3‹ is a carnival of guns and confusion*«. https://www.washingtonpost.com/news/comic-riffs/wp/2015/11/11/call-of-duty-black-ops-3-is-a-carnival-of-guns-and-confusion/, letzter Zugriff: 29.04.2020.

Trimborn, Marion. 2019. »*Zahl der Soldaten mit Kriegstraumata bleibt hoch*«. https://www.noz.de/deutschland-welt/politik/artikel/1640636/zahl-der-soldaten-mit-kriegstraumata-bleibt-hoch, letzter Zugriff: 29.04.2020.

Weber, Thomas. 2014. »*Futuristische Medien im Kino. Die Darstellung nicht existenter Medien als Medialitätsreflexion.*« 427-439, hier: 431 *In* Medienreflexion im Film. Ein Handbuch, hg. von Kay Kirchmann und Jens Ruchatz,. Bielefeld: transcript.

Wehling, Peter und Willy Viehöver. 2011. »*Entgrenzung der Medizin – Transformation des medizinischen Feldes aus sozilogischer Perspektive*«. 7-51. In: Viehöver, Willy und Peter Wehling (Hg.): Entgrenzung der Medizin. Von der Heilkunst zur Verbesserung des Menschen? Bielefeld: transcript.

Zeitvogel, Karin. 2011. »US-Forscher behandeln Kriegstrauma mit PC-Spielen«. https://www.welt.de/spiele/article12432946/US-Forscher-behandeln-Kriegstrauma-mit-PC-Spielen.html, letzter Zugriff: 29.04.2020.

Ziesecke, Dennis. 2016. »*Gefahren der VR. Kann die Virtuelle Realität dem Menschen schaden?*«. https://www.gamestar.de/artikel/gefahren-der-vr-kann-die-virtuelle-realitaet-dem-menschen-schaden,3273170.html, 3273170,seite2.html, letzter Zugriff: 29.04.2020.

Zsolt, Wilhelm. 2015. »*›Call of Duty: Black Ops 3‹ auf den Spuren von ›Deus Ex‹ und Edward Snowden*«. http://derstandard.at/2000014794509/Call-of-Duty-Black-Ops-3-auf-den-Spuren-von, letzter Zugriff: 29.04.2020.

Das Spiel mit der Psychose
Das Erleben geistiger Krankheit in *What Remains of Edith Finch*

Henning Jansen

Abstract: This article argues that video games carry tremendous potential in furthering public understanding of mental illnesses. *What Remains of Edith Finch* is considered as an example to demonstrate, focusing on the specific sequence of Lewis Finch and which aspects of Lewis' biography are indicative of schizophrenia. The variant models of comorbidity between addiction and psychosis play a significant theoretical role as, according to the developers, the character's main trait is a marijuana addiction. The actual narrative, however, indicates causes and consequences of mental illnesses that go way beyond drug abuse, such as traumatic childhood experience and social isolation. Following a biographical approach, this article thus focuses on the ludic construction of Lewis' psychosis, reaching the conclusion that players may, by virtue of their interactive involvement, experience ›symptoms‹ such as depersonalization and forms of dissociation within the safe framework of play.

Keywords: Schizophrenia; Psychosis; Addiction; Ludonarrative Consonance; Public Education

Schlagworte: Schizophrenie; Psychose; Sucht; Ludonarrative Konsonanz; Öffentliche Bildung

1. Einleitung

Lewis F. nahm sich mit 22 Jahren das Leben. Nach langjährigem Drogenkonsum und dem darauffolgenden Entzug litt er unter schweren Psychosen. Er beging an seinem Arbeitsplatz in einer Fischverarbeitungsfabrik Suizid. Er hielt seinen Kopf unter eine automatisierte Guillotine, die er für gewöhnlich zum Köpfen der Fische benutzte, und enthauptete sich selbst. Lewis F. hinterlässt Mutter, Schwester und Spielerin.

Lewis Finch war der älteste Bruder der namensgebenden Protagonistin des »Ambience Action Games«[1] *What Remains of Edith Finch* von Giant Sparrow (2017). Im Spiel erlebt Edith, die in das Haus ihrer Kindheit zurückkehrt und dieses erkundet, die Bio- bzw. die Thanatographien[2] ihrer Familie. Diese weist in ihrem Stammbaum auffällig viele unnatürliche Todesfälle auf, welche der/die Spieler_in einerseits durch Ediths Augen und andererseits aus der Perspektive der Sterbenden erneut durchlebt bzw. durchspielt. Während das Erkunden des Hauses und insbesondere der Zimmer der Verstorbenen (siehe Abb. 1) die klassischen spielmechanischen Charakteristika eines Ambience Action Games aufweist (Laufen und on-click interactions), sind die Tode, die als Minispiele gestaltet sind, spielmechanisch individuell – wenn auch nicht spielerisch herausfordernd[3] – und äußerst kreativ. So muss der/die Spieler_in beispielsweise durch das Vor- und Zurückbewegen des linken Analogsticks[4] eine Schaukel zum Schwingen bringen, sodass der kindliche Vorfahr von Edith Finch die Möglichkeit erhält, in den Tod zu springen ([XCV//] 2017, 25:50-27:23).[5] Lewis' Episode ist die vorletzte der linearen Geschichtserzählung und bereitet das Finale – Ediths eigenes Zimmer – vor; wohingegen das Verschwinden des mittleren Kindes, Milton Finch, Lewis' Thanatographie einleitet. Wie die Aussage des Creative Directors Ian Dallas »[...] and it occurred to me, we should make Lewis a pothead« (Warr 2017) nahelegt, sind die Geschichten der einzelnen Familienmitglieder um ein individuelles, mehr oder weniger konkretes Thema gewoben.

1 Zur Wandlung der Genrebezeichnung von Walking Simulator zum Ambience Action Game, vgl. Zimmermann 2018.

2 Eine Thanatographie (von gr. Θάνατος – Tod, γράφειν – schreiben) erzählt die Geschichte eines Charakters von seinem Tod her (Callus 2004, 337-338).

3 Eine zu starke spielerische Herausforderung würde auch die Spielerin von der Narration ablenken.

4 Der Autor hat dieses Spiel mit einem Xbox-Controller gespielt. Die Äquivalente auf der Tastatur wären mit der Grundeinstellung die Pfeiltasten, die häufig für die Minispiele eingesetzt werden.

5 Hierbei handelt es sich um Ediths Großonkel Calvin, der mit 11 Jahren von einer Schaukel, die an einer Klippe steht, in den Tod stürzt. Zur besseren Nachvollziehbarkeit beziehen sich die Ingame-Zitate auf das Gameplay-YouTube-Video »What Remains of Edith Finch FULL MOVIE | PC 60fps (Complete Walkthrough)« ([XCV//] 2017).

Abb. 1: Lewis' Zimmer, Screenshot

Bei Lewis ist das Setting aber anders gelagert als es auf den ersten Blick (Drogenkonsum) scheint. Vielmehr erzählt die Episode um den Suizidenten eine Geschichte von Depressionen, Psychosen, Schizophrenie, Selbstanklagen, Identitätskonflikten, Depersonalisation und sozialer Isolation. Dieser Text argumentiert, dass das Spielen dieser Symptomatik im Sinne einer gelungenen ludonarrativen Konsonanz (Roth, van Nuenen und Koenitz 2016, 4), also eines Einklangs von Geschichte und Gameplay, eine Brücke zu einem öffentlichen Verständnis und einer wortwörtlichen Erfahrung geistiger Krankheiten schlagen kann. Lewis' Erzählung schafft ein Erleben des gespielten, intradiegetisch-morbiden Prozesses und dadurch eine genuin extradiegetische Erfahrung.[6] Dabei wird zu Beginn die Narration in Bezug auf Lewis' Halluzinationen analysiert. Hierzu werden zunächst Lewis' Biografie(-teile) einbezogen, problematisiert und mit einem Exkurs zur Komorbidität von Schizophrenie und Sucht unterstützt. Es wird die Frage gestellt, inwieweit eine Analyse der Symptomatik und der möglichen Ursachen bei einer (Computer-)Spielfigur sinnvoll erscheint und betont, dass zwar sie nicht aufgrund des fragmentarischen Charakters eines NPCs nicht ganzheitlich erfolgen kann, jedoch Rückschlüsse auf die allgemeinhin wahrgenommenen Konnotationen einer Psychose und ihres intuitiven Verständnisses auf Seiten der Lai_innen bzw. Spielentwickler_innen zulässt. Im Folgenden richtet der Text den Blick auf die tatsächlich spielbare Episode und fokussiert auf das Setting (u.a. die Spielumgebung, Farbenwahl und Detaildesigns), welches in der Lore auf Lewis,

6 Der Begriff der Diegese wird gebraucht, um auf die Spielwelt zu referieren. Intradiegetisch wäre demnach innerhalb der Spielwelt und extradiegetisch außerhalb und somit auf Spieler_innenebene zu verorten.

aber außerhalb des Spiels auf den/die Spieler_in einwirkt. Es wird herausgestellt, dass durch das unbeeinflussbare Setting Symptome einer Schizophrenie sowohl bei Lewis begünstigt als auch bei dem/der Spieler_in nachvollziehbar gemacht werden. Schließlich kann gezeigt werden, dass auch im Gameplay der Episode ebenjene Symptomatik sich von Lewis auf den/die Spieler_in überträgt, sodass sie im geschützten Rahmen des Spiels auf kognitiver, emotionaler und behavioraler Ebene Eindrücke einer psychotischen Erfahrung erhalten und somit ein intuitives Verständnis einer geistigen Krankheit gewinnen kann.

Doch soll nun die Möglichkeit zu einer Diagnostik von Lewis im Vordergrund stehen und abgewogen werden. Sicherlich ist eine diagnostische Fremdanamnese von Ediths Bruder reizvoll, muss aber bereits im Anspruch erst einmal aus folgenden Gründen misslingen. Nicht nur zeigt das angeführte Zitat des Spielentwicklers, dass ursprünglich kein Fokus auf die medizinisch-psychologisch ›korrekte‹ Darstellung geistiger Krankheiten gelegt wurde, sondern auch, dass die persönliche – auch wenn mit der Familie eng verknüpfte – Hintergrundgeschichte und damit einhergehend eine mögliche Krankheit quasi ein Nebenprodukt der Charakterisierung von Lewis als ›pothead‹ war. Des Weiteren ist Lewis Finch kein Mensch, sondern ›nur‹ eine im Rahmen seiner Programmierung als handelnd wahrgenommene, digitale Entität – ein (wenn auch komplex) angeordneter, binärer Zahlenhaufen.[7] So offensichtlich diese Beobachtung auch sein mag, erschwert sich dadurch eine psychologisch-psychiatrische Betrachtung enorm. Zudem handelt es sich um keine Persönlichkeit im vollen Begriffsumfang, sondern um eine Bricolage aus fragmentierten, auf das Spiel zugeschnittenen Charakterbildern. Diese Bilder lassen sich jedoch im Hinblick auf innere Kohärenz, Kontextualisierung und Zusammenwirkung analysieren.[8] Der ludonarrative Bildtransfer (Chapman 2016, 122) auf den/die Spieler_in kann dann im Anschluss nachvollzogen werden. Wenn

7 In dem Band »Batman und andere himmlische Kreaturen«, herausgegeben von Heidi Möller und Stephan Doering, wird dieses Problem ebenfalls thematisiert. Hier wird versucht, anhand der filmischen Darstellung den Protagonisten approximativ eine Diagnose zuzuordnen. Durch die audiovisuelle Nähe zum Computerspiel lassen sich die filmmedialen Annäherungen auch auf *What Remains of Edith Finch* übertragen, vgl. Möller und Doering, 2010. Die beschriebene Problematik verweist jedoch auf ein größeres Themenfeld, da die psychologisch-psychiatrische Diagnostik literarischer Figuren ebenfalls aufgrund der Textualität nur approximativ geschehen kann, auch wenn diese sich einer gewissen Tradition erfreut, bspw. Hehl 1995.

8 Hierbei orientiert sich die Betrachtung an der Vorgehensweise von Uffelmann und Breit: »Unseren diagnostischen Überlegungen vorausgehend möchten wir betonen, dass die Diagnose einer psychischen Störung entlang der filmischen Handlung eines Protagonisten allenfalls eine Annäherung an mögliche diagnostische Hypothesen sein kann. Es fehlen hierbei alle Grundlagen sorgfältiger und systematischer Datenerhebung wie Selbst- und Fremdanamnese, biografische Informationen, möglicher Krankheitsverlauf, subjektive Beschwerden etc. sowie die Möglichkeit, diagnostische Hypothesen mit Patienten kommunikativ zu validieren. Angesichts dieser erheblichen Defizite der Datenbeschaffung konzentrieren wir uns hier auf das szenische Ge-

im Folgenden Lewis (oder andere Figuren des Spiels) also als Agent auftritt, seine Biografie nachgezeichnet oder mögliche andere Handlungsszenarien für ihn ausgelotet werden, wird auch der Entwicklerprozess, also der erzählungsinhärente kreative Prozess der biografischen Ausgestaltung, in die Analyse einbegriffen.

Wie im einleitenden (fiktiven) Nachruf von Lewis angedeutet, ist der Sohn von Sanjay und Dawn Finch zum Zeitpunkt seines Suizids clean. Seine Drogeneinnahme wird im Spiel dennoch eng mit seinem Schicksal verbunden. Vor einer nicht näher bestimmten Zeit der Geschehnisse im Spiel stellt sich der indisch-amerikanische junge Erwachsene einem Entzug von Cannabinoiden. Entgegen der Erwartung seiner Familie und insbesondere seiner Mutter sorgt die Abstinenz jedoch nicht für eine Verbesserung seiner Lebensumstände, sondern erhöht Lewis' soziale Isolation und Introvertiertheit/Verschlossenheit. Ein erneuter Gegensteuerungsversuch seiner Mutter führt dazu, dass Lewis in einer Fischfabrik am Fließband angestellt wird. Während der monotonen Fließbandarbeit entwickelt Lewis Imaginationen/Halluzinationen, die dazu führen, dass er sich schlussendlich an diesem Ort enthauptet. Bevor jedoch auf die Implikationen und den textuellen Zusammenhang eingegangen wird, soll daher in einem Exkurs kurz die Komorbidität von Schizophrenie und Sucht dargestellt werden.[9]

2. Zur Komorbidität von Schizophrenie und Sucht[10]

Die Komorbidität von schizophrenietypischen Symptomen und Suchterkrankungen ist seit den 1970ern erwiesen. Je nach Ursachenannahme – zuerst Schizophrenie oder zuerst Sucht – lassen sich drei unterschiedliche Modelle anwenden. Das erste Modell, die sogenannte Selbstmedikationshypothese, geht von einer ursprünglichen Schizophrenie aus. Ihr zufolge behandelt sich der/die Patient_in durch die Einnahme von Substanzen selbst. Bei Positivsymptomen[11] griffe der/

schehen des Films und versuchen im Bewusstsein der vorhandenen Begrenzungen vorsichtige diagnostische Einschätzungen abzugeben« (Uffelmann und Breit 2010, 45).

9 Als potenzielle Diagnose wäre eine schizoaffektive Störung ebenfalls denkbar, jedoch lassen sich anhand der Komorbidität von Schizophrenie und Sucht einige Faktoren beleuchten, die bei Lewis Finch eine Rolle spielen könnten.

10 Komorbidität bezeichnet den Zustand zwei eigenständiger Befunde, in diesem Fall Schizophrenie und Sucht, die gleichzeitig bei dem/der Patient_in auftreten. Bei der Verwendung des Begriffes »Komorbidität« wird von einer Ursache-Wirkung-Annahme (»Was war zuerst und löste das andere aus?«) Abstand genommen und nur auf ihre synchrone Existenz verwiesen (Moritz, Krieger, Bohn und Veckenstedt 2017, 14).

11 Sowohl bei Positiv- als auch Negativsymptomen einer Schizophrenie wird ein gesunder Mensch, mit durchschnittlichen Eigenschaften/Emotionen/Gefühlen etc. angenommen. Weist nun der/die Patient_in gegenüber diesem zusätzliche Eigenarten wie Wahnvorstellungen und Hal-

die Patient_in auf dämpfende Substanzen wie Cannabinoide und Alkohol zurück; wohingegen bei Negativsymptomen die Erkrankte aktivierende Substanzen wie Amphetamine einnähme. Die den Psychosen vorausgehenden diffusen bzw. unspezifischen Prodromalsymptome[12] – hierzu zählen Unruhe, vermehrte soziale Isolation, Ängste und Depression – würden hierbei schon mit dämpfenden oder aktivierenden Substanzen behandelt, sodass der Anschein erweckt werden könnte, dass die Substanzen Psychosen triggern könnten.

Letztere Annahme, also dass Drogen Psychosen ursprünglich evozieren, wird mit dem Modell der Psychoseinduktion vermittelt. Sie geht von der Beobachtung aus, dass bereits ›normale‹ Rauschzustände durch Cannabis oder Halluzinogene einer floriden, d.h. aktiv greifenden, schizophrenen Psychose ähneln. Des Weiteren können durch komplikationsbehaftete Rauschzustände (sogenannte »bad trips« oder »Höllentrips«) tage- oder wochenlang anhaltende schizophreniforme Psychosen hervorgerufen werden (Renneberg, Heydenreich und Noyon 2009, 93). Entscheidender im Modell der Psychoseinduktion ist jedoch die Annahme, dass Drogen Psychosen genuin ausklinken und diese auch nach der (regelmäßigen) Einnahme weiterhin bestehen. Ob Psychosen und die eingesetzte Schizophrenie nun ohne Substanzaufnahme eingetreten wären oder nicht, beantworten Befürworter_innen des zweiten Modells unterschiedlich. Wirkmächtig ist dabei die Funktion von u.a. Cannabis als Stressor, der den Ausbruch bei einem biologisch vulnerablen Menschen triggern bzw. katalysieren könne. Die angesprochene Vulnerabilität wiederum speist sich aus mehreren Quellen, bei denen die genetische Disposition und die sozioökonomischen Faktoren (Urbanität, finanzielle Situation, Migrationshintergrund, frühere Traumata, Familienverhältnisse etc.), die auch vom Drogenkonsum beeinflusst sein können (sozialer Drift), besonders zu nennen sind.

Das dritte Modell der gemeinsamen ätiologischen Faktoren geht von einer bisher nicht ausreichend belegten Dysfunktion des zentralen dopaminergen Systems im zerebralen Netzwerk aus, die sowohl sucht- als auch schizophrenieanfälliger mache und somit eine Komorbidität begünstige (Möller, Laux und Deister 2015, 160-161). Hierbei werden zwei Gebiete des Gehirns verantwortlich gemacht. Durch eine verringerte Aufnahme und Verarbeitung des Dopamins im präfrontalen Cortex, Teil des Frontallappens und hinter der Stirn ansässig, kommt es zu einer Ausbildung von Negativsymptomen, da dieser Bereich als entscheidend zur Emo-

luzinationen auf, spricht man von Positivsymptomen. Fehlt der Patientin hingegen etwas zur »normalen« Lebensweise und bildet sie bspw. eine Unfähigkeit, Emotionen zu empfinden (Anhedonie), aus, wird von Negativsymptomen gesprochen. Weitere Negativsymptome sind Antriebsarmut und komorbide, also gleichzeitig bestehende, Depression (Moritz, Krieger, Bohn und Veckenstedt 2017, 14).

12 Unter den Begriff der Prodromalsymptome fallen Symptome, die im Frühstadium der Schizophrenie auftreten, aber zumeist nicht als Indikatoren für eine Schizophrenie gedeutet, sondern als Einzelphänomene verkannt werden.

tionsregulation und situationsangemessenen Handlungssteuerung angesehen wird. Wird dieser nicht genug mit Hormonen versorgt, arbeitet dieser entsprechend geringer als bei einem gesunden Menschen und es kommt zu Antriebslosigkeit und Anhedonie. Gleichzeitig tritt eine Anfälligkeit zu euphoriesteigernden Mitteln auf. Das mesolimbische System u.a. Hypocampus und Thalamus, im Mittelhirn verortet, reagiert übermäßig auf eine externe Zufuhr Dopamin-ähnlicher Stoffe, d.h. das Belohnungssystem wird überdurchschnittlich ausgebildet, kann Positivsymptome wie Halluzinationen verursachen und verdrängt dabei die körpereigenen Warnhinweise, etwa Erinnerungen an Höllentrips oder Come downs. So nimmt der/die Patient_in weiterhin die Droge, obwohl sich die ausgebildeten Psychosen weiter verstärken.

Abb. 2: Integratives Modell der Komorbidität Schizophrenie und Sucht

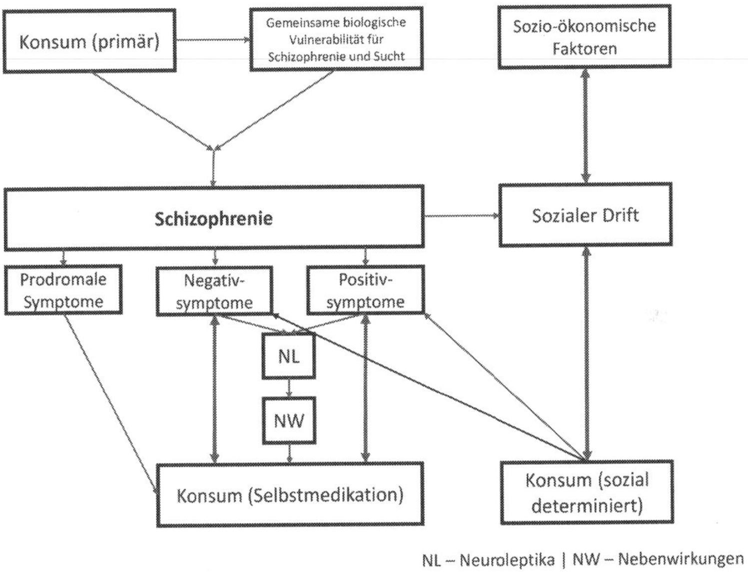

Während ein Teil der Psycholog_innen/Psychiater_innen einen Universalitätsanspruch an ihr favorisiertes Modell anlegt, schlägt Euphrosyne Gouzoulis-Mayfrank hingegen eine Integration der drei vorgestellten Modelle (Abb. 2) vor, um monokausale Erklärungen zu vermeiden und eine auf den/die individuelle Patient_in abgestimmte Psychoedukation und Verhaltenstherapie zu erzielen. Sie argumentiert schlüssig, dass bei einigen Patient_innen beim Substanzkonsum eine Selbstmedikation oder Affektregulierung im Vordergrund stehen kann und bei anderen aufgrund der individuellen Biografie eine Psychoseinduktion plausibler erscheint. Zudem argumentiert sie, dass die Bidirektionalität nicht zu unterschätzen sei, da beispielsweise zu Beginn der Substanzmissbrauch als Coping-Versuch in Hinblick auf die Prodromalsymptome der Schizophrenie, emotionalen Probleme oder Depressionen etabliert worden war, jedoch später psychotische Episoden verstärke und kontinuiere (Gouzoulis-Mayfrank 2007, 7-22).

3. Biografische Faktoren

Ob auf der narrativen Ebene Lewis Finchs Schizophrenie nun durch den Konsum von Cannabis erst induziert wurde und nach dem Entzug die Psychose ausgeklinkt war oder bereits vorher in ihm ›schlummerte‹, lässt sich natürlich nicht sicher beantworten,[13] zudem die Entwickler_innen kein perfekt ausdifferenziertes Krankheitsbild geschaffen haben; dennoch gibt es intradiegetisch Hinweise über die Umstände der Krankheit. Bevor der/die Spieler_in durch die Protagonistin Lewis' Zimmer betritt, weiß er/sie bereits um das Ableben des Bruders. Edith war bereits Zeugin – und der/die Spieler_in Agentin – der verwandtschaftlichen Tode geworden, sodass die Szene bereits durch einen sentimentalen Ton präkonfiguriert ist.

Die Hinweise auf eine Komorbidität lassen sich in Finchs Biografie nachverfolgen. Lewis Finch wurde, wie der/die Spieler_in im Laufe des Spiels erfährt, 1988 in Indien geboren und kehrte nach dem plötzlichen Tod des Vaters 2002 mit seiner Mutter Dawn und seinen beiden Geschwistern, Milton und Edith, in die USA zurück. Somit sind in seiner Biografie mehrere Migrationsgeschichten und ethnische Identitäten verwoben. Mütterlicherseits waren die Finchs 1937 aus Norwegen in die USA emigriert, um einem ominösen Familienfluch zu entkommen. Aus den gleichen Gründen war Dawn nach dem Schulabschluss nach Indien gegangen, wo sie dann humanitäre Hilfe leistete und ihren späteren Ehemann kennenlernte. Auch nach der Rückkehr zum Familiensitz der Mutter betonte Lewis seine väterlich-indische Herkunft, um sich von seiner restlichen (mütterlichen) Familie und den neuen Umständen abzuheben und zu distanzieren. Neben dem frühen Verlust des Vaters ist somit auch ein Identitätskonflikt für den Heranwachsenden prägend. Doch die Verlusterfahrung blieb nicht die einzige, da sein kleiner Bruder ein Jahr nach dem Tod des Vaters spurlos verschwand, wofür sich Lewis nach Aussage von Edith eine nicht näher spezifizierte Schuld zusprach ([XCV//] 2017, 1:09:42), möglicherweise infolge der Rolle des großen Bruders, seines Beschützers und neuen (Ersatz-)Vaters. Das Verhältnis zu seiner kleinen Schwester ist durch

13 Sogar eine genetisch bedingte dopaminerge Dysfunktion ist unter Berücksichtigung der Familiengeschichte und -mitglieder nicht undenkbar, aber zu vernachlässigen.

das gemeinsame Spielen von Videospielen geprägt, wobei er aber auch nicht die Rolle des großen Bruders übernahm, sondern von Edith geschlagen wurde ([XCV//] 2017, 1:10:48). Das Bewahren des kindlichen Spielens ist potenziell ein Indiz auf das schützende Refugium seiner Kindheit mit Vater und Mutter, welches in soziale Isolation mündete. Auch wenn diese Wahrnehmung des Videospiels als evasiver Prozess eher einen externen Vorwurf gegenüber dem Genre darstellt, wird sie innerhalb des Spiels durch die Kontextualisierung mit anderen evasiven Methoden (Drogenrausch) evoziert. Die Strategien, die sich in ihrer Drastik bis zu komplexen Halluzinationen[14] steigern, können einerseits als Coping-Mechanismen im Rahmen der Selbstmedikationshypothese gedeutet werden, andererseits als gescheiterte affektive Regulationsstrategien eines Menschen, der sein Heil in der Flucht sucht (Mentzos 2012, 13).

Die programmierte Biografie von Lewis Finch zeigt deutliche Übereinstimmungen mit den vorgestellten wissenschaftlichen Modellen, die die Komorbidität von Psychose und Sucht beschreiben. Und, auch wenn Lewis explizit als ›pothead‹ charakterisiert werden sollte, zeigt diese Korrelation, dass implizit ein durchaus komplexes, intuitives Verständnis der Entwickler_innen zu dem dargestellten Verhältnis zwischen geistigen Krankheiten und Sucht besteht. Sie treffen, wie das dritte Modell, keine Entscheidung über Ätiologie oder Ursache-Wirkung der Psychose, sondern lassen die beiden dargestellten Phänomene synchron existieren, ohne eine konkrete diachrone Hierarchie aufzubauen. Auf Lore-Ebene kann dadurch ein stimmiges Bild an die Spielerin vermittelt werden. Durch die geteilten, mehr oder minder komplexen Annahmen über Komorbidität von Psychose und Sucht rezipiert der/die Spieler_in die beiden Erscheinungen und kann sie in ihr eigenes Annahmen-Gerüst integrieren oder es hinterfragen. Doch nicht nur Lewis' narrative Biografie schlägt eine Brücke zu einem intuitiven Verstehen geistiger Krankheiten, sondern auch das Gameplay ermöglicht ein Erfahren ebendieser. Der sich anschließende Teil analysiert und verbindet die narrativen und ludischen Elemente des Minispiels und diagnostiziert eine ludonarrative Konsonanz, die erst die intuitive Erfahrbarmachung in seiner Gänze ermöglicht.

14 Auch wenn die Erzählung, in der Lewis' Halluzinationen beschrieben werden, ihm zugesteht, dass er die Imaginationen kreiert, beeinflusst und ursprünglich bewusst verändert, wird der mit der Intensität der Imaginationen einhergehende Realitätsverlust sogar so weit deutlich, dass eine Depersonalisation stattfindet und er zwischen Halluzination und Realität nicht mehr unterscheiden kann. Dies spricht für eine Bezeichnung der Imaginationen als Halluzinationen. Lutz Goetzmann plädiert sogar für eine Gleichsetzung oder strukturelle Vergleichbarkeit von Halluzinationen, Imaginationen und Träumen. Zur weiteren Argumentation vgl. Goetzmann 2018, 15-31.

4. Die Psychose als Minispiel

Lewis' Zimmer, das der/die Spieler_in zu Beginn der Episode betritt, wirkt aufgrund der hereingebrochenen Nacht sehr dunkel, auch wenn LED-Bilder und Schwarzlicht Lichtakzente setzen. Nachdem der/die Spieler_in einen Brief findet, auf den später noch genauer eingegangen wird, wird das Zimmer abgeblendet und das Setting wechselt zu seinem düsteren Arbeitsplatz. Metallene Farben (grau-anthrazit, blau) dominieren die Szenerie. In der Fabrik werden von links über das Fließband Fische geliefert, die mit dem Analogstick gegriffen und nach rechts zur Guillotine, dann nach rechts oben auf das Fließband befördert werden müssen. Die Spieler_innen-Perspektive ist die von Lewis. Ihr ist es unmöglich, den Blick zu verändern. Er bleibt gesenkt, (ge)demütig(t) und auf die Fließbandarbeit fokussiert, gebunden, ohne eine Möglichkeit zur Kommunikation und freier Interaktion. Die monotone Arbeit von Lewis überträgt sich auf den/die Spieler_in: Links, rechts, oben. Links, rechts, oben. Fisch greifen, Fisch köpfen, Fisch wegwerfen. Dass Lewis in einer solchen dem Menschen entfremdeten, geradezu lebensfeindlichen Umgebung seine Halluzinationen ausbildet, darf auch als Kritik am Kapitalismus gedeutet werden. In einer auf Produktfertigung und Fortschritt (symbolisiert durch die Bewegung von links nach rechts) ausgerichteten Gesellschaft,[15] in der Lewis nur an seiner Effizienz gemessen wird, kann das Selbst nur verkümmern und muss sich einen Ausweg suchen – in diesem Fall halluzinieren. Selbst in akuten Psychosen bewertet sein Arbeitgeber Lewis als »a model employee. Methodical, tireless, focused« ([XCV//] 2017, 1:12:50-1:12:55). In dieser als Dystopie gezeichneten, modernen, arbeitsteiligen Gesellschaft ist nur seine Rolle als Produzent und Arbeitnehmer relevant; seine Probleme und seine Erkrankung interessieren nicht, solange seine Produktivität nicht darunter leidet.

Die scheinbare Problematik der nicht eindeutigen Diagnostik seiner Erkrankung (Schizophrenie oder schizoaffektive Störung), die zum Teil unklare Zuordenbarkeit der Pathogenese (Selbstmedikation, gescheiterte Regulationsstrategie, Psychoseinduktion) und die Vielzahl an möglichen Deutungsmustern (Identitäts-, Rollen- und Systemkonflikte) ist gleichzeitig die große Stärke der Darstellung in *What Remains of Edith Finch*, da sie durch ihre Polysemie ein Angebot an die Erfahrungswelt der Spieler_innen macht. Jede Spielerin vermag bewusst oder vielmehr unbewusst, das Set an Faktoren, die in den Kontext der schizophreniformen Erkrankungen gehören, selbst zu wählen, einerseits ohne das Gesamtbild einer gefühlt schizophrenen Erfahrung zu verlieren und andererseits, um dadurch eine stärkere Authentizität und Immersion des Krankheitserlebens, des Krankspielens, zu erleben.

---

15 Hier wird im Sinne einer prozeduralen Rhetorik nach Ian Bogost argumentiert, vgl. dazu Bogost 2007, 3-4.

Die Authentizität wird nicht nur durch die biografische Tiefe und darstellerische Kraft der Bilder erreicht, sondern erhält durch den ärztlichen Brief, der in das episodische Spiel von Lewis einleitet, eine weitere Legitimationsgrundlage (siehe Abb. 3). Gleichzeitig bedeutet der offizielle und wissenschaftliche Charakter des Arztbriefes einen Wahrheitsanspruch und erleichtert den Zugang zu einer nur scheinbar irrationalen Welt des Imaginären. Die oben ausgeführte Stärke der Darstellung wird durch den Brief unterstrichen. Das Dokument verzichtet auf eine Diagnostik, auf Fachtermini und eine allzu komplexe Sprache, die weniger fließend (im Sinne des *flows*) funktionieren würde. Durch die Wortwahl bedient die Psychiaterin Dr. Emily Nuth vielmehr einen ›mütterlich‹ anmutenden Kenntnisstand um geistige Krankheiten, der stellvertretend für das (Allgemein-)Wissen der Spieler_innen um ebenjene ist. Eine psychiatrisch-psychologische Reflexion über mögliche Ursachen und Implikationen der geistigen Krankheit würden der Immersion entgegenlaufen. Durch ihren Aufbau gelingt der Szene die Gratwanderung der Authentizität zwischen Immersionsschwund und Demaskierung. Eine zu fachspezifische, auf Fachtermini konzentrierte Sprache würde die Distanz zwischen Spiel und Spieler_in, die ggf. mit der Sprache hadern würde, so weit vergrößern, dass sie aus der Narration gerissen werden könnte. Im gegensätzlichen Fall, also einem zu flachen, zu kolloquialen Umgang mit der Sprache und dem Design des Briefes, also dem Symbol der medizinisch-wissenschaftlichen Komponente, würde sich der ›institutionelle‹ Brief als von Lai_innen geschrieben selbst demaskieren und der Narration den Ernst der Situation nehmen. Beides kann durch die geschickte Balance und den Wandel der Sprache vermieden werden.

Abb. 3: Arztbrief

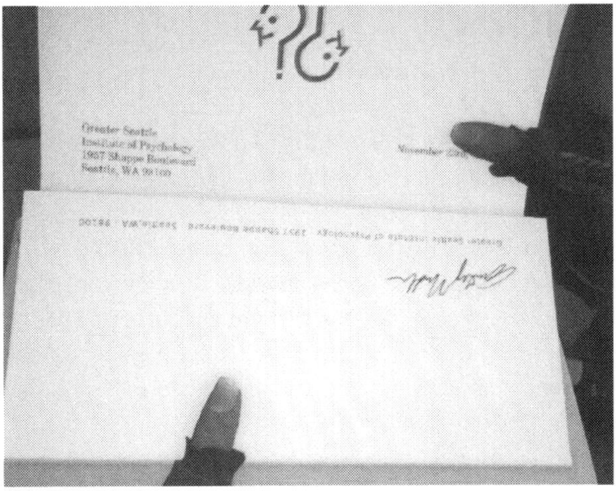

Der postalische Stempel des psychologischen Instituts auf dem Bogen erweckt einen offiziellen, professionellen Charakter. Dieser wird nicht nur durch die angegebene ausformulierte Adresse evoziert, sondern auch durch das erfundene Logo des Instituts, welches mit einer für Firmenlogos üblichen einfachen Form daherkommt. Zur Festigung wird dieses Logo auf der zuerst sichtbaren Briefseite aufgegriffen und zeigt zwei Fragezeichen, die als Köpfe modelliert sind. Während der Brief aus der üblichen Faltform aufgeklappt wird, sind zuerst erneut das bereits etablierte Logo, die Adresse des Absenders bzw. Instituts und das Datum gezeigt, die alle den Anschein eines offiziellen Dokumentes verleihen (Abb. 3).

Zudem ist auf der umgedrehten Seite neben der adressalen Fußzeile die handschriftliche Unterzeichnung einer Person erkennbar, die als medizinische Fachkraft angenommen wird – es ist in der Tat der Name der behandelnden Therapeutin. Dann erfolgt die förmliche Anrede (»Dear Mrs. Finch«) und die Eigen- und Berufsbezeichnung »as Lewis' psychiatrist« ([XCV//] 2017, 1:11:20). Im Folgenden nimmt der offizielle Charakter des Briefes stetig ab, er tritt als Objekt in den Hintergrund und wandelt sich in eine flüssige, aufleuchtende Narrative. Seine Rolle als Gateopener hat er bereits erfüllt, die institutionelle Form etabliert. Die Medienfunktion des Briefes wechselt nun zu einem Erzählrahmen für die Spielerin, in dem es nicht oder nur marginal auffällt, dass die Person, der das Schreiben ursprünglich gewidmet ist – Dawn Finch – als handelnder Akteur auftaucht, ohne jedoch, wie in einem Anschreiben sonst üblich, in der zweiten Person angesprochen zu werden: »Even as his mother pleaded with him, part of Lewis kept sailing on ([XCV//] 2017, 1:15:43).« Erst nach der Suizidbeschreibung wird erneut die wissenschaftliche Form mit der Nennung des Namens, des dazugehörigen Titels und der formellen Trauerbekundung perpetuiert. In dem Kondolenzschreiben beschreibt Nuth ihr anfängliches Bemühen, die schöpferische Kraft des Patienten, die sich in den Psychosen zeigt (Mentzos 2012, 16), zu unterstützen. Hierbei folgt sie einem analytischen Therapieansatz, der annimmt, dass eine psychotische Symptomatik (wie Lewis' Psychosen und der vorhergehende Negativismus) den »oft mehr oder weniger gelungenen, mehr oder weniger originellen Versuch, die durch den Grundkonflikt und die darauffolgende massive Dissoziation entstehende Not zum Ausdruck zu bringen, eventuell auch zu kompensieren« (Mentzos, 2012, 25). Als originell dürfen die schönen und heiteren Bilder gelten, in die Lewis während der Arbeit flieht, als gelungen insofern, dass die Konflikte (Ohnmacht, Identitätskrise) zwar nicht problematisiert werden, aber sich in das Gegenteil (königliche/göttliche, da schöpferische, Macht, ein Gefühl des Ankommens und der Ganzheit) auflösen.

Sein evasiver Prozess in eine imaginierte/halluzinierte Welt beginnt mit einem schwarzen Fleck in der Szenerie, der sich im Laufe der Episode analog zur Psychose ausbreitet. Dieser nimmt mit der Zeit den gesamten Bildschirm ein und beansprucht somit die Wahrnehmung von Lewis und in einem weiteren Schritt die der Spielerin. Mit dem Eintritt in die Halluzinationen befindet sich der/die Spieler_in mindestens auf der vierten Realitätsebene: Als Spieler_in vor dem Bildschirm,[16] als Edith in Lewis' Zimmer, als Lewis in der Fabrik und mit Lewis*[17] in der imaginierten Welt. Zu Lewis' Psychose treten die multiplen Realitäten der Spielerin.

In der schwarzen Wolke taucht bald eine Figur auf mit dem aus dem Off vorgelesenen Zitat des Briefes: »His mind began to…« ([XCV//] 2017, 1:11:45-1:11:50). Sowohl die Auslassungspunkte auf textueller Ebene, die grammatikalische Unvollkommenheit, als auch die angehobene Stimme der Psychiaterin deuten auf einen unfertigen Satz hin, der den/die Spieler_in veranlasst, die Figur, identifiziert mit Lewis, bewegen zu wollen. Wie Lewis, möchte sie die Umgebung erkunden und wissen, wie die Geschichte weitergeht. Anstelle einer Abschreckung vor dieser Halluzination tritt die doppelte Neugierde aufgrund der reizlosen Umgebung. Wie Philippa Warr in »State of the Art: How Edith Finch's most memorable scene works« beschreibt, erkundet und erschafft Lewis im Laufe der Erzählung eine Welt, die eine Analogie auf die Videospielgeschichte darstellt: Von einem aus der Vogelperspektive betrachteten 2D-Labyrinth, das durch einfache Linien begrenzt ist – später mit Texturen versehen –, zu immer komplexeren 3D-Räumen aus schräger Perspektive, zu einer immer lebendigeren Welt aus der Ego-Perspektive (Warr 2017). Das Spiel wird nun nicht nur intradiegetisch (Lewis spielt mit Edith), sondern auch metadiegetisch (Videospielindustrie) mit einer sich verstärkenden geistigen Krankheit gleichgestellt, die jedoch von ihrer negativen Konnotation befreit und in einen kreativen Schöpfungsakt umgedeutet wird, der sich durch eine diachrone ästhetische und spielmechanische (?) Komplexitätssteigerung auszeichnet (Mentzos 2012, 15).

Während der Erkundung der imaginierten Welt, verarbeitet die Spielerin, wie Lewis, weiterhin Fische.[18] Die Simultaneität wird zunächst durch eine Art Splitscreen erreicht, der später in eine Überblendung übergeht. Sie ist selbst in diesem oben erwähnten Produktions- und Fortschrittsgedanken so verhaftet, dass sie das Köpfen nicht hinterfragt oder pausiert, auch wenn dies theoretisch möglich

16 Hier lassen sich theoretisch noch weitere Identitäten/Rollen innerhalb der Spieler_innenpersönlichkeit ausmachen: als zugleich Freund_in, Interaktionspartner_in mit eventuellen Zuschauer_innen etc.

17 Als ›Lewis*‹ ist im Folgenden das imaginierte Selbst von Lewis bezeichnet.

18 Die Fischlieferungen stoppen bis die Spielerin ein gewisses Maß an Bewegung mit Lewis* erreicht hat, damit sie sich auf die neue Aufgabe innerhalb des Spiels mitsamt dem Erlernen der neuen, wenn auch simplen, Steuerung einstellen kann. Der/die Spieler_in, die das zur Zitation herangezogene Video aufgezeichnet hat, setzt die Fischverarbeitung zugunsten einer Fokussierung auf die halluzinierte Welt aus. Dies ist jedoch voraussichtlich nicht aufgrund seiner Spielgewohnheit, sondern aufgrund der besseren Möglichkeit zum Zuschauen erklärbar. Der Videotitelteil »Full Movie« setzt ja auch ein passives Seh- und Spielverhalten voraus.

wäre, sondern fortsetzt. Das Spiel ist so programmiert, dass es die Fischlieferungen stoppen würde, falls der/die Spieler_in für eine bestimmte Zeit nur noch Lewis* steuert; jedoch tritt dieser Fall kaum ein, wie Dallas in Bezug auf (Spiele-) Journalisten feststellt: »As a rule journalists tend to be very responsible about fish chopping« (Warr 2017). Die Dualität der Handlungen überträgt sich von Lewis auf die Spielerin, die selbst nun zwei parallel laufende Aktionen ausführen muss. War ursprünglich die Ausführung des Köpfens, wie bei Lewis, beanspruchend genug, konnte durch monotone Routine das Verarbeiten als Hintergrundprozess etabliert werden, der keine besondere Aufmerksamkeit benötigt. Hinzu tritt ein interessanterer, neuer Reiz der in Konkurrenz zur Ausgangshandlung tritt. Zu Beginn steuert der/die Spieler_in die Figur noch etwas unbeholfen und fehlerhaft – analog dazu sieht Lewis' Welt anfänglich noch sehr basal aus; sie wird aber in der Verarbeitung beider Handlungsprozesse besser und es gelingt ihr nicht nur sowohl das Köpfen als auch das Erkunden gleichzeitig zu steuern, sondern auch der Narration zu folgen. Die Bewegung zum Enthaupten der Fische wird bei beiden (Lewis und Spieler_in) später nicht mehr bewusst wahrgenommen, sondern geschieht mechanisch.

Die halluzinierte Welt und Lewis' Realität sind durch bestimmte narrative und visuelle Elemente sowie spielmechanische Interaktionen miteinander verwoben. So müssen an mehreren Stellen auch intern Fische geköpft werden, die jedoch als Türöffner in einen anderen Raum oder einen anderen Abschnitt dienen. Dies ermöglicht die Anschaulichkeit der inneren Logik von Halluzinationen, da Imaginationen grundsätzlich real existente Elemente aufgreifen (Mentzos 2012, 13).

Abb. 4: Floride Psychose

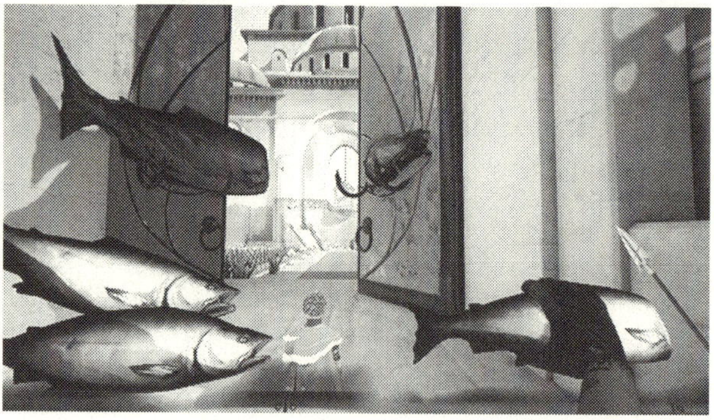

Wie der abgebildete Screenshot zeigt, überblenden sich Realität und Halluzination zudem auch optisch. Die metallene Arbeitsfläche wird zum Greenscreen der Imagination. Nur noch sein eigener Arm und die gelieferten Fische erinnern an die monotone Arbeit am Fließband (Abb. 4). Wie Lewis kann der/die Spieler_in die Fließbandszenerie als störend empfinden, verdeckt sie doch Teile der schöneren, farbenfroheren und spannenderen Welt des Imaginären. Sein Arm wird nicht mehr als Teil der Gesamtfigur gedacht, sondern als bloßes, für sich stehendes, kontrollierbares, aber lästiges Greifinstrument. Spielte der/die Spieler_in vorher bereits Spielfiguren und bediente sich natürlicherweise ihrer Arme, so ist die Wahrnehmung des rechten Armes von Lewis (entsprechend der Symptomatik psychotischer Störungen) gänzlich depersonalisiert, also inkohärent und nicht zum Körper gehörig (Böker und Hartwich 2016, 207). Die Gesamtheit der Figur/des Selbst ist in der Third-Person-Perspektive auf Lewis* zu erkennen. Lewis*‹ Körper ist ganz und zerfällt nicht in fragmentierte Einzelteile, die nicht einmal mehr als zugehörig identifiziert werden können. Wie sich Lewis während seiner Halluzinationen von seinem Körper entfremdet, so taucht der/die Spieler_in in das Spiel ein und beginnt ihre eigenen Arme und Hände, die den Controller steuern, zu depersonalisieren.

Die Depersonalisation bei Lewis steigert sich im Laufe des Spiels noch weiter. Als der/die Spieler_in mit Lewis* ein Tor durchschreitet, wechselt das Bild aus der halluzinierten Welt in Lewis' Realität. Zunächst durchschreitet sie den Umkleideraum, um danach die Fabrikhalle zu betreten. Die Fabrikhalle ähnelt durch die Beleuchtung und Architektur einer Kirche oder Kathedrale. Durch das Altarfenster dringt göttliches Licht und erhellt Ediths Bruder. Beim Szenenwechsel wird durch das Zoomen durch den Hinterkopf von Lewis* klar, dass der/die Spieler_in weiterhin Lewis* steuert, der jedoch nun in Lewis' Realität getreten ist. Im gleichen Moment, in dem Lewis* sich von seinem anderen Selbst abspaltet, verschmilzt die Spielerin durch den Perspektivwechsel mit ihm. Diese Annahme der Aufspaltung wird auch durch den Erzähltext gestützt: »I think it pained him to remember Lewis, the cannery worker. He began to despise the man with the royal contempt.« (([XCV//] 2017, 1:19:00). Zum einen drückt sich die Depersonalisation durch den offensichtlichen Bezugsunterschied von »him« und »Lewis, the cannery worker« aus. Das »him« ist das Personalpronomen des dominierenden Teils (Lewis*), wohingegen »Lewis, the cannery worker« sowohl sprachlich als auch psychologisch abgespalten wird. Ist zunächst noch immerhin das *nomen proprium* ein Indikator der Identität, wird Lewis im folgenden Satz anonymisiert und durch »the man« beliebig gemacht. Jedwede Empathie und Identifikation mit dem Selbst ist verschwunden und kann nun verachtet werden.

Abb. 5 & 6: In der Fabrik

Die Verachtung wird auch anhand der Perspektive verdeutlicht. Auch wenn Lewis* und Lewis gleich groß sein müssten, ist die Ego-Perspektive, durch die man auf Lewis schaut, leicht erhöht, gleichsam wie sich der eine Teil über den anderen erhebt (Abb. 5). Hier jedoch trennen sich die Empfindungen von Lewis* und der Spielerin, die eher Mitleid mit dem Fließbandarbeiter aufbringt als Verachtung. Da jedoch die Ablehnung sich nur im Text manifestiert, wird eine Aufspaltung von Lewis*/Spieler_in vermieden. In einer 180°-Betrachtung umschreitet der/die Spieler_in den Arbeiter und stellt sich auf ein Podest über ihn. Sie positioniert sich nun zwischen dem Altarfenster (Abb. 6) und Lewis und stellt ihn wortwörtlich in den Schatten. Hierbei taucht sie sich in das gleißende Licht und fährt über das Fließband aufwärts zum Fenster. Die Apotheose steht kurz bevor und es wird kein Blick mehr nach hinten zu Lewis geworfen. Beim Durchqueren des Fensters, welches nicht aktiv geschieht, da sich das Fließband ohne Interaktion die Spielerin weiterbewegt und somit eine pathologische Eigendynamik entwickelt hat, wechselt die Szenerie ein letztes Mal. Der/Die Spieler_in befindet sich als Lewis* im Thronsaal und wird zur Thronempore befördert. Alle Figuren aus den vorigen Halluzinationen sind anwesend und begrüßen in freudiger Erwartung den Kronprinzen, der gleich gekrönt werden soll – untermalt von fröhlich-feierlicher Musik. Der/Die Spieler_in schreitet die letzten Stufen empor und mit der ambiguen Aussage »There was only one thing left to do | Bend down his head« erwartet Lewis*/der/die Spieler_in die Krönung. Der Krönungsort lässt die klassische Darstellung einer Guillotine durch eine zeremoniell-königliche (orientalische) Ornamentik in den Hintergrund treten, sodass dem *locus horribilis* der Schrecken genommen wird und sich der/die Spieler_in hinkniet. Einen letzten Blick auf die Prinzessin wagend, welche die Krone hält,[19] senkt sich der Kopf in Erwartung der Inthronisierung und nur das schwarz-gelb gestreifte Band am Boden erinnert an die automatisierte Guillotine aus der Fischfabrik. Während der Krönung von Lewis* enthauptet sich Lewis Finch mit 22 Jahren in der Fischverarbeitungsfabrik.

5. Fazit

Durch die Übertragung des psychotischen Erlebens auf eine angenommen geistig ›gesunde‹ Spielerin, gelingt es Giant Sparrow die Rationalität des Irrationalen, die innere Logik des Imaginären, das Schöpferische in der Psychose versteh- und erfahrbar zu machen. Hierbei wird jedoch nicht der geschützt-spielerische Rahmen

19 Vorher ist es möglich, anstelle einer Prinzessin einen Prinzen zu wählen. Die Darstellung eines homosexuellen Lewis' ist somit möglich, hat aber keine Auswirkungen auf Erzählung oder Spielmechanik, sodass die sexuelle Orientierung vernachlässigt werden kann.

verlassen und es besteht nicht die Gefahr in das Pathologisch-Prekäre zu geraten, sich also ungeschützt und unbestimmt den Symptomen auszusetzen. Dieser Transfer wird durch die narrative Polyphonie begünstigt. Erst durch die Multidimensionalität der Erkrankung und die polysemen Deutungsmuster wird eine Immersion erzielt, die viele Spieler_innen erreichen und einbinden kann, da der/die individuelle Spieler_in sich ihr persönliches Set auswählen kann. Bei einer ludonarrativen Konsonsanz, wie sie in der Analyse von *What Remains of Edith Finch* nachgewiesen wurde, ermöglicht das Videospiel, sowohl durch die audiovisuelle Darstellung als auch durch die immanente Interaktion mit der Erzählung, eine Chance der Entstigmatisierung geistiger Krankheiten in der Öffentlichkeit durch ihr Erlebbarmachen.

Ludographie

WHAT REMAINS OF EDITH FINCH (Annapurna Interactive 2017, Giant Sparrow)

Bibliographie

Bogost, Ian. 2007. *Persuasive Games: The Expressive Power of Videogames*. Cambridge, MA/London: The MIT Press. doi: 10.7551/mitpress/5334.001.0001

Böker, Heinz, Hartwich, Peter und Northoff, Georg. 2016. *Neuropsychodynamische Psychiatrie*, Heidelberg: Springer. doi: 10.1007/978-3-662-47765-6

Callus, Ivan. 2004. »Comparatism and (Auto)thanatography. Death and Mourning in Blanchot, Derrida, and Tim Parks.« *Comparative Critical Studies* 1, no. 3: 337-358. doi: 10.3366/ccs.2004.1.3.337

Chapman, Adam. 2016. *Digital Games as History. How Videogames Represent the Past and Offer Access to Historical Practice*, New York: Routledge. doi: 10.4324/9781315732060

Goetzmann, Lutz. 2018. »Fantasy, dream, vision, and hallucination. Approaches from a parallactic neuro-psychoanalytic perspective.« *Neuropsychoanalysis. An Interdisciplinary Journal for Psychoanalysis and the Neurosciences* 20, no. 1: 15-31. doi: 10.1080/15294145.2018.1486730

Gouzoulis-Mayfrank, Euphrosyne. 2007. *Psychose und Sucht. Grundlagen und Praxis*. Zweite Auflage, Heidelberg: Springer.

Hehl, Ursula. 1995. *Manifestationen narzisstischer Persönlichkeitsstörungen in Shakespeares romantischen Komödien*, Trier: WVT.

Mentzos, Stavros. 2012. »Schöpferische Aspekte der psychotischen Symptomatik. Vergleichbare ästhetische Qualitäten im Traum und in der Psychose.« In *Das*

Schöpferische in der Psychose, hg. v. Stavros Mentzos und Alois Münch, 13-26. Göttingen: Vandenhoek & Ruprecht.

Möller, Hans-Jürgen, Laux, Gerd und Deister, Arno. 2015: *Psychiatrie, Psychosomatik und Psychotherapie*. Sechste Auflage, Stuttgart: Springer. doi: 10.1055/b-003-120842

Moritz, Steffen, Krieger, Eva, Bohn, Francesca und Veckenstedt, Ruth. 2017. *MKT+. Individualisiertes Metakognitives Therapieprogramm für Menschen mit Psychose*, Zweite Auflage, Berlin: Springer. doi: 10.1007/978-3-662-52998-0

Renneberg, Babette, Heidenreich, Thomas und Noyon, Alexander. 2009. *Einführung klinische Psychologie*, München: UTB.

Roth, Christian, van Nuenen, Tom und Koenitz, Hartmut. 2016. *Ludonarrative Hermeneutics. A Way Out and the Narrative Paradox*, Utrecht/London: Springer.

Uffelmann, Peter und Breit, Jochen. 2010. »Geliehene Identitäten, um zu überleben.« In *Batman und andere himmlische Kreaturen*, hg. v. Heidi Möller und Stephan Doering, 39-48. Heidelberg/Berlin: Springer. doi: 10.1007/978-3-642-12739-7_4

Warr, Philippa. 2017. »State of the Art. How Edith Finch's most memorable scene works.« *Rock Paper Shotgun. PC Gaming since 1873*, 01. Juni 2017.

https://www.rockpapershotgun.com/2017/06/01/what-remains-of-edith-finch-cannery-story/, letzter Zugriff: 29.04.2020.

[XCV//]. 2017. »What Remains of Edith Finch FULL MOVIE | PC 60fps (Complete Walkthrough)«. https://www.youtube.com/watch?v=G9B15cptgq0&t, letzter Zugriff: 29.04.2020.

Zimmermann, Felix. 2017. »It's not about you. Eine Annäherung an das Ambience Action Game in 2 Akten.« *gespielt. Arbeitskreis Geschichtswissenschaft und Digitale Spiele*, 23. November 2017. https://gespielt.hypotheses.org/1727, letzter Zugriff: 28.04.2020.

Abbildungsverzeichnis

Abb. 1: Lewis' Zimmer. [XCV//]. 2017. »What Remains of Edith Finch FULL MOVIE | PC 60fps (Complete Walkthrough)«. Video-Screenshot. 1:10:31. Zugriff 13.12.2018. https://www.youtube.com/watch?v=G9B15cptgq0&t

Abb. 2: Integratives Modell der Komorbidität Schizophrenie und Sucht. Jansen, Henning. 2019. Erstellt nach Gouzoulis-Mayfrank, Euphrosyne. 2007. *Psychose und Sucht. Grundlagen und Praxis*. Zweite Auflage, Heidelberg: Springer.

Abb. 3: Arztbrief. [XCV//]. 2017. »What Remains of Edith Finch FULL MOVIE | PC 60fps (Complete Walkthrough)«. Video-Screenshot. 1:11:07. Zugriff 13.12.2018. https://www.youtube.com/watch?v=G9B15cptgq0

Abb. 4: Floride Psychose. [XCV//]. 2017. »What Remains of Edith Finch FULL MOVIE | PC 60fps (Complete Walkthrough)«. Video-Screenshot. 1:17:33. Zugriff 13.12.2018. https://www.youtube.com/watch?v=G9B15cptgq0

Abb. 5&6: In der Fabrik. [XCV//]. 2017. »What Remains of Edith Finch FULL MOVIE | PC 60fps (Complete Walkthrough)«. Video-Screenshot. 1:18:39 & 1:19:04. Zugriff 13.12.2018. https://www.youtube.com/watch?v=G9B15cptgq0

III. Bioschocker – Somatische Krankheiten in Games

The House and the Infected Body
The Metonymy of *Resident Evil 7*

Alan McGreevy, Christina Fawcett & Marc Ouellette

Abstract: *Resident Evil 7*, in articulating the threat of infectious mold, situates the illness with the feminine: Historical, cultural, and physiological connections between mold and women gives the game license to limit, objectify, and render the female characters monstrous. First-person immersion brings us into contact with the infection, as mold and Molded threaten the buildings of the Bakers, while mold growing in their brains threatens the Bakers themselves. Through the form of infection, the disease is invasively feminine, reflected in the Bakers and their homes.

Keywords: Zombies; Mold; Resident Evil; Female Erasure; Embodiment

Schlagworte: Zombies; Schimmel; Resident Evil; Auslöschung des Weiblichen; Verkörperung

1. Introduction

In Capcom's *Resident Evil 7: Biohazard* (2017), Ethan Winters follows a message from his missing wife, Mia, to a rural home in Dulvey, Louisiana. Upon arrival, he finds Mia held captive by the Baker family; what Ethan does not know is that Mia and the Bakers have been infected by mold. After finding Mia and her cutting off his hand, Ethan wakes at the Bakers' dinner table and meets Jack, Marguerite, Lucas, and Eveline, who appear horrific and undead. He escapes and moves from building to building, guided by the information from the unseen daughter Zoe Baker, trying to find a cure for his wife, Mia, and ally, Zoe. Beyond the Bakers, Ethan is hunted by ambulatory mold-humanoids, called Molded, who corrupt and infest the buildings and grounds of the Baker home. As with previous *Resident Evil* games, the player guides the protagonist to escape the zombie threat, which in this game is the Molded, Jack, Marguerite and Lucas Baker, and the underlying threat: the interloper, Eveline. Ethan learns about the Bakers' past actions through found videotapes of Clancy and Mia's explorations. He also gradually gains weaponry, knowledge, and confidence moving through the different buildings to fight back against Jack, Marguerite, and Lucas before finding his way to the shipwreck that brought Eveline to Dulvey. As Mia in flashback and Ethan in the present, the player fights back against Eveline, Test Subject E, who telepathically controls the Molded and the Bakers.

The title of *Resident Evil 7: Biohazard* (2017) focuses us from the outset on disease, as the game articulates the personal and intimate experiences of infection. As Ethan Winters, the player invasively explores the Bakers' home: we walk the halls, enter rooms, and examine the trappings of life. Moving into the basement of the Main House, we discover the inhuman threat: the mold. The growth covers the walls and ceiling, infesting the space and growing through the major arteries of the home. The buildings on the Baker estate each reflect its primary resident, as Jack dominates the Main House, Zoe inhabits the trailer, Marguerite controls the Old House, and Lucas manipulates the Testing Area. Similar to earlier *Resident Evil* games, collectable files provide further insight into the Bakers and their spaces. The game provides an immediate, personal experience of infection through the metonymy of the house and body, as the mold growing in the hallways and rooms reflects the growth in the Bakers' bodies; for example, Marguerite's doctor describes the foreign structures infecting her brain:

> I'm writing to tell you that I've finished examining your X-rays. Those dark areas in your cranium are fungus-like structures that seem to be related to mold.
> The hallucinations and noises you said you've been hearing may be related to these growths.
> If your symptoms are due to a fungal parasite, it must be removed before it's too late. I don't mean to scare you, but I am seriously concerned for your health.
> Please come to the hospital as soon as you read this letter. As your doctor, I strongly recommend you undergo further tests. (*Resident Evil* 2017, »Doctor's Letter«)

The »fungus-like structures,« which the doctor frames as fungal parasite and wholly separate »it,« warns of the threat Ethan faces. By omitting Ethan's body as visible avatar and setting gameplay in a first-person perspective, *Resident Evil 7* asks us to walk through the structures of the house-as-body, seeing infection move through and corrupt the space. We witness the damage and must fight the threat to the body and home.

The game creates ambiguity about whether mold is a symptom or cause. While Molded appear after Ethan is attacked by the Bakers, the doctor's letter shows the mold's influence, causing the Bakers' resulting unnatural abilities and behaviors. This shift disrupts our understanding of the role of mold as decomposer: accompanying death, not causing it. Two forms of mold appear in the Bakers' homes: Blooms on the walls and structural growths invade the hallways, bulging from walls, ceilings, and floors. One is a natural growth in moist, warm spaces; the other is a foreign body infesting the Bakers and their homes. *Resident Evil 7* relies to some extent on the player's familiarity with the biology and chemistry lessons of the earlier games, forwarding the narrative of Umbrella Corporation and its experimental manipulations of disease. Yet, the personalization of Ethan's journey and his experience with the Bakers brings the infection home.

The game connects body and house, and more specifically shows simultaneous infection of the two, complicating the representation of female bodies. The association of mold and the feminine is problematic, as ergot is tied to the Salem witch trials and medical use in childbirth. The bodies of female characters in the game are tethered to the family and home, while the male bodies of Ethan, Lucas, and Jack are more mobile and dynamic. The form of the disease, and Eveline's goal of corrupting the Bakers and Mia into a family, frame the infection as something feminine, as well as immediate, internal, and intimate. The disease and its visibility are uncanny: mobile, articulated infection is fundamentally disturbing through an uncomfortable transition from microscopic to macroscopic. While mold grows in many sizes and structures, the Molded are distorted and overgrown; though mold is a decomposer, and thus no threat to living tissue, the Molded are mobile and menacing: Ethan, the Bakers, and their homes are under attack by disturbing figures of disease.

Our examination of *Resident Evil* will address the layers of gameplay and narrative that impart the experience of infection and how the infected body disempowers the female characters. We begin with our discussion of embodiment, which functions as a mechanism of investment and engagement, drawing the player into Ethan either through regular gameplay or through VR immersion.[1] The player's experience as Ethan situates us in the space to witness infection and highlights our participation in an infected space. Next, we discuss the process of infection, as the Bakers' corruption by mold takes over the body and overwhelms the buildings. The spread of mold visible in the different structures mimics the mold growth in the Bakers themselves. We then examine how each character is reflected in their space, thus allowing us to read the infection of the home as the infection of the Baker. The metonymy of body and house limits the female characters, restricting their power and agency in the game. Ethan's explorations of the Bakers' home make the infection visible: bringing us face-to-face with the mold, the Molded, and the threat that grows in the home and body.

1 We played this game in both VR and in console versions in order to ensure that the argument applies equally well to both of them for readers and players.

2. Embodiment

Ethan Winters' viewpoint complicates the player experience of *Resident Evil 7*. The player's position as embodied presence, rather than an on-screen avatar, focuses us and shapes our choices. While previous *Resident Evil* games threatened or infected the protagonist, embodying the player as Ethan makes immediate the threat to bodily autonomy and invasion by disease. Lauro and Embry's »A Zombie Manifesto« (2008) addresses how fear heightens self-awareness:

> One psychoanalytic interpretation purports that we are most acutely aware of ourselves as subjects when we feel afraid – specifically, when we feel threatened by a force external to our bodies. [...] [F]ear heightens our awareness of ourselves as individuals because our individuality is endangered in life-threatening situations. Nowhere is this drama more acutely embodied than in the model of the zombie attack: for the zombie is an antisubject, and the zombie horde is a swarm where no trace of the individual remains. (88-89)

Faced with the zombie threat, players become acutely aware of their own individuality, which *Resident Evil 7* challenges through embodiment. While player experience does not need to be in a first-person frame to encourage mechanical and emotional involvement, as Gregerson and Grodal, and Jarvinen demonstrate,[2] the player's embodiment is central to the representation of disease and infection. Ethan's physical form – his hands raised to fend off blows, audible pain or labored breathing, his heart-rate monitor indicating character health – situates us in the character and world.

This embodiment puts us firmly in the space of the male protagonist, the so-called ideal point of projection, as Mulvey (1975; 1999) argues in »Visual Pleasure and Narrative Cinema.« Viewing film and television, we are often positioned with the male protagonist to take on his viewpoint and objects of his desire: »the gaze of the spectator and that of the male characters in the film are neatly combined without breaking narrative verisimilitude« (838). The reinforcement is more absolute when we use the eyes of the male protagonist: Ethan's gaze is ours. We experience the game through his body and are driven by his character: the dutiful husband willing to fight for his wife. Player immersion results from technological tools; Vivian Sobchak (2004) asserts the body is situated in film space, as »there is no such abstraction as *point of view* in the cinema. Rather, there are concrete

2 Gregersen and Grodal (2009) specifically address the flexible body, which can extend our sense of self into our clothing, cars, and other objects of our person and how we can consider electronic bodies mapped the same way; Jarvinen (2009), while focusing on coding emotional experience, discusses how the player's emotions can be engaged through both narrative and mechanics.

situations of viewing – specific, mobile, and invested engagements of embodied, enworlded, and situated subjects/objects whose visual/visible activity prospects and articulates a shifting field of vision from a world whose horizons always exceeded it« (121). She argues that digital experience is more fractured, disrupted by heads-up display information relating to the structures of the game. *Resident Evil 7* strips away visible stats and mechanics, focusing our experience as active participant and enworlded subject. As Crick (2011) notes, the player's presence in the body of the character is a means to »produce high levels of dramatic tension and engagement« (262). Viewing the gameworld as Ethan shapes our response to the environment and thus play becomes collapsed: the player acts directly, rather than performing as a character. Immersion changes our response, increasing our awareness of space and detail through the immediacy of the walls, the doors, and the features of the Bakers' home. Without an external manipulable camera, to peek around corners or through doorways, we remain in Ethan's vulnerable body. We come right up to doors to push them open; we turn down a hallway before we see what is ahead of us. Pulling the player into a limited and immediate field of view amplifies the horror and reality of the house.

Virtual reality (VR) intensifies this element of embodiment: while the first-person perspective directs the Bakers' and Molded's attacks toward the screen, VR amplifies that threatening affect. The technology encourages the player to engage by mapping the trauma onto her body and making the damage more immediate and uncomfortable. The body and its suffering are a constant game element: checking health requires Ethan to raise his hand, showing his wrist where his hand has been reattached with staples. The player's immersion in the Bakers' infected homes brings an immediacy to the threats and attacks. Movement in VR means the player can turn her head when Jack stabs Ethan's face with a knife, and when Jack hoists Ethan over his head on the end of his shovel, the player tilts her head to look down into his face. The body, and specifically the traumatized body, is at the center of the player's experience. The draw into Ethan makes us aware of our body as character, what Crick calls a »body-centric gaze« (262). Removing the avatar brings us closer to the infection and how it impacts the bodies of the Baker family. Our position in the body challenges any distance the player may crave: we are immersed as Ethan, either on screen or in VR, and must come into contact with the mold. The VR set is still a screen, but we are drawn to consider it differently. Taking a cue from Merleau-Ponty's *Phenomenology of Perception*, Crossley's (1995) sociology of the body offers the reminder that the body's »being-in-the-world is at once mediated through physical presence and perceptual meaning« (47). In this way, the player, operating in and through the bodies – of the house, of Ethan, Mia, or Clancy – becomes more than a passive recipient of game inputs and becomes an active participant.

3. Infection and Identity

The game design and articulation of the infected space moves the player gradually into the idea of the house as an infected body. The first building Ethan enters, the Guest House, looks decrepit: rot, highlighted through piled trash bags, and rancid food in the refrigerator and on the table and stove, cues player senses beyond the visual. The infection is initially subtle, but the pathology is obvious. We eventually see disturbing signs and symptoms in Mia and the Bakers, yet our unease begins before encountering anyone: the kitchen full of garbage and rotten food suggests sickness. The space feels contaminated. Corruption is at the core of horror and central to the idea of the zombie and the *Resident Evil* franchise. Kristeva's *The Power of Horror* (1982) reflects on the body's rejection of the corrupted, the rotten, as a denial of the abject. »A wound with blood and pus, or the sickly, acrid smell of sweat, of decay, does not signify death. [...] refuse and corpses show me what I permanently thrust aside in order to live« (3). This rot, the abject, invokes the player's anxiety before she witnesses contagion. The Guest House, separate from the Baker family, lacks mold. The sense of wrongness and shock of finding someone alive in the house is abruptly amplified by the reveal that Mia is the infection in the house. Mia transforms into a black-eyed violent threat, inverting expectations and warning the player that the danger is not what she expects.

This inversion continues into the Main House: Jack's space. The house itself, with more rotten food and dampness along the walls, looks fairly intact. In fact, Jack and the domestic space instill this veneer from the moment we encounter him. Even though the Bakers are infected, they show trappings of a »normal« family life, including a stereotypical sit-down meal. However, this extends the inversion, as Eveline directs and manipulates the family through infection. The house itself offers an initial reversal of the cosmology of Heaven, Earth, and Hell, as it initially appears that the underground is a safe place. Ethan's first set of moves in the house involve avoiding Jack until he finds a key for a floor hatch. The building is unsettled, scattered with piles of trash, and further destroyed by Jack crashing through the walls. This surface experience threatens Ethan, as Jack chases and attacks with a shovel, driving Ethan below the floor. While the initial use of crawlspaces seems safe, further subterranean exploration reveals the real threat of the house: mold growths cover the phone in the laundry room, and small blooms appear on the walls of the recreation room. As Ethan finds his way through a crawl space, we see the first mold structures: tree-like growths rising from the floor and stretching between beams in a starkly lit passage. It is in the basement, below the surface, where the infection becomes rampant. Mold covers the walls, ceiling, and floor, and from one such growth, a Molded appears: an ambulatory, humanoid figure peels off the wall and horrifies Ethan before attacking. These creatures, the manifestation of disease in the house, are the uncanny horror Ethan must survive.

Kristeva's description of corpses identifies how the concept of death psychologically impacts life: »The corpse, seen without God and outside of science, is the utmost of abjection. It is death infecting life. Abject. [...] Imaginary uncanniness and real threat, it beckons to us and ends up engulfing us« (4). The abject is alluring and repulsive, much like the power of the mold Eveline threatens. The Molded present an immediate threat to engulf Ethan with the disease that either infects bodies or grows over their scaffolds to create more Molded. These uncanny bodies, ambling creatures made of tendons of black rot, articulate death infecting life.

Fig. 1: The structure of the Molded body (headless)

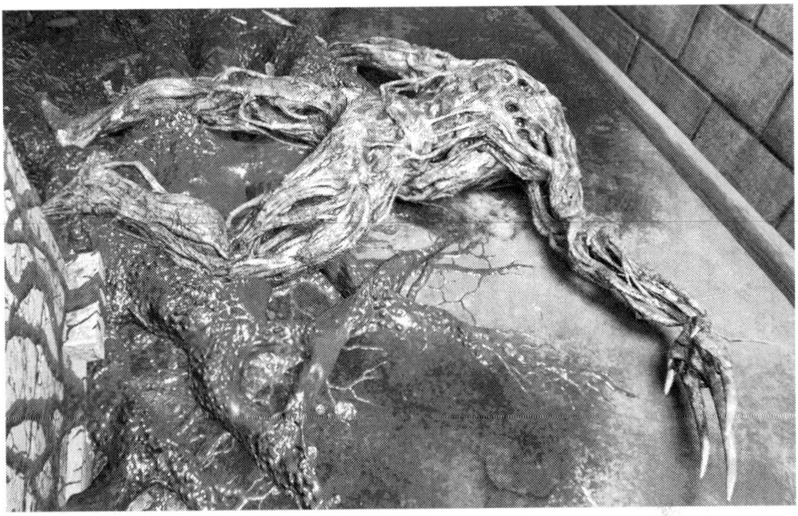

Molds are a type of fungus that grow in elaborate networks of microscopic filaments called hyphae. These hyphae weave together to create thin, fuzzy patches or thick, branching root-like structures. Hyphae secrete digestive enzymes to break down the substrates they grow on, absorbing nutrients to enable further growth. Some molds are parasitic, growing and feeding on living organisms without killing them, but most are saprophytes: decomposers that do not attack living things. While in the minority of known mold species, toxin-producing molds are common in many environments and can consume almost any nutrient-rich substrate (Coppock and Jacobson 2009, 637). A wide variety of fungi are capable of producing mycotoxins and many produce several different toxins that can have varying effects. The Bakers' buildings, water damaged and showing initial infestation in the basement, take on the standard environment of infection. As molds decompose dead matter, they metabolically generate heat and release moisture from the material breaking down. This moisture and heat are ideal for further mold growth, creating an accelerating, self-perpetuating cycle until the substrate is consumed. For example, when Ethan returns to the Main House later in the game, the mold has progressed from the basement to the upper floors, filling and overwhelming the space.

The Molded are a disquieting hybrid of humanoid and fungus. Ethan first sees them sloughing off the mold-covered walls of the basement and can later examine their growth over a scaffold when he discovers the Deputy's severed head in Zoe's fridge. In contrast to the living-but-contaminated Bakers, Molded are the fungal domination of a deceased host. The body is covered by hyphae, enlarging and elongating its form. From the Deputy's head, we see the mouth of the Molded taking shape; it does not align with his mouth or imply any connection to the digestive organs within his body. Mold dissolves and digests the material it grows on, so the Molded's mouth is only functional as a weapon. In the same way that the mold throughout the Bakers' property spreads over the structures, the Molded grow over a human form, consuming it and turning it into a dangerous predator.

Fig. 2: The Deputy's head

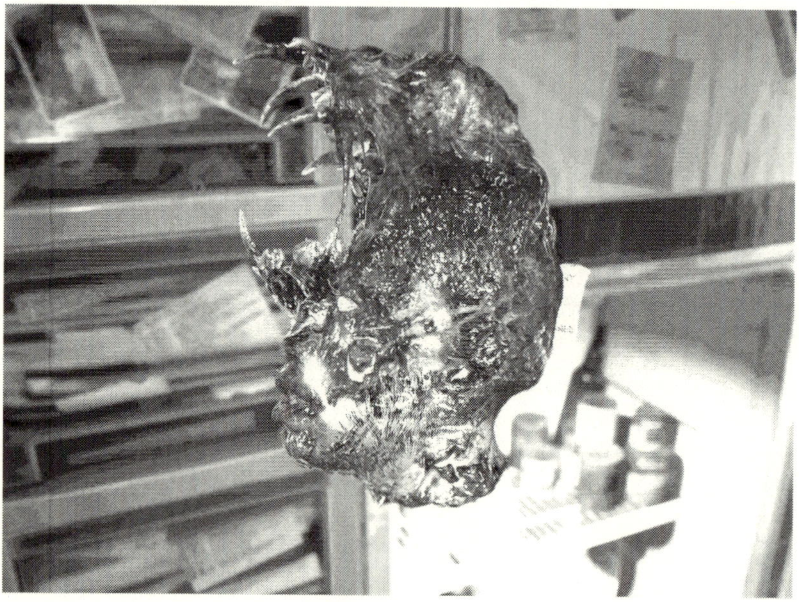

In Mia's flashback, we see that Molded are also produced by Eveline, specifically from a substance that she vomits. The association with illness and contagion is obvious: vomiting is a common sign of both infections and toxins. We see the transmission in a cut-scene when Alan, Mia's partner, repeatedly vomits a black substance as his wrist heart-rate monitor shows he is dying. This grotesque death has Mia crouching down and focusing on Alan; from this angle we see nothing more than Eveline's boots standing beside Alan's body. Mia is covered over with mold, obscuring her vision, and when the mold recedes, Mia sees black, spidering veins under her skin. The fixed nature of the cut-scene ensures that our attention is drawn to the vomit, the spreading mold, and the creeping blackness under her skin. The vomit, amplifying the visible contagion, shows the devastating physical impact the infection has on the body: Alan's black vomit shows his body struggling with infestation and corruption. His death is predicated by Alan insulting Eveline and then apologizing, signaling he can hear her reprobation in his mind. The tie between mental control and physical infection highlights the incredible power Eveline has over her victims.

Eveline shows mutamycete properties that relate to three classes of mycotoxins: vasoconstrictive and psychotropic ergot alkaloids; mutagenic and carcinogenic aflatoxins and fumonisins; hormone-mimicking mycoestrogens. Ergot alkaloids can constrict peripheral blood vessels and reduce bleeding but can also cause nerve damage and make subjects insensitive to pain. Because of the lack of blood flow, particularly to extremities, tissues in fingers and toes, or even hands and feet, can die and become gangrenous and necrotic: resembling the blackened, withered limbs of the Molded. Physical transformations associated with mold come from mold-derived aflatoxins, among the most potent natural carcinogens known, that target specific regions of DNA to mutate cells and produce immortalized, uncontrolled cancerous growth. Jack's distorted form shows these growths, while Marguerite's transformation mirrors the impact of mycoestrogens, such as zearalenone, which the body treats as a high dose of estrogen. This hormone interference can disrupt growth and fertility, as well as induce birth defects or abortions. The infection thus amplifies feminine traits to a dangerous level, as the female body is abject: horrific and alluring.

A wide range of neurological illnesses have been linked to mold. Living in a water-damaged house is associated with neurological complications (Empting 2009, 577), most documented after tropical storms and heavy flooding (Meggs 2009, 573). Symptoms can mimic those of classic neurological disorders and include pain, loss of coordination, delirium, and dementia. Some individuals are more sensitive, particularly to neurological signs, which can manifest in headaches, tremors, and muscle spasms. Mycotoxins can induce mental confusion or brain fog, sometimes temporarily, that can interfere with memory and decision-making. While these »alterations of mental status wax and wane,« which we see in Mia and the Bakers, sufficient damage can make these effects permanent even after the mycotoxin has been treated (Empting 580). The game ties mental disorder and flooded, damaged houses through Marguerite's dementia and distorted movements.

The Old House, flooded and left uninhabitable before the events of the game, is the domain of Marguerite. The Old House and Greenhouse are free of Molded; instead of hyphae, the building is infested with hive structures. The walls and rooms are marked with insectile traits; nests and hives shape the space, while detritus and piles of trash remind the player of the Guest House and that early sense of unease. These markers of human habitation work in tandem with the markers of insect habitation to provide Ethan assistance: seeming obstructions offer places to hide and paths to safety. The building is infested with insects, which respond to Marguerite and her lantern. Marguerite herself is the representation of illness, as her madness and paranoia result from Eveline's infection and control. The doctor's letter which Ethan finds early in the game indicates Marguerite has fungal growths throughout her brain. The infection is more visible when she mutates, becoming insectile and distorted. Yet, the more important aspect of the infection is the impact on her mind.

Several mycotoxin compounds produced by ergot have psychoactive effects, inducing visual and tactile hallucinations. Eveline reflects these abilities, invoked to control those around her. Ergot fungus produces ergolines and lysergic acid: psychedelic compounds.[3] Ethan finds a file describing hallucinations as the first stage of Eveline's control over a victim:

Almost immediately after infection, the subject begins to see images of Eveline (though she is not in fact there) and hear her voice (which is inaudible to anyone else).

> Auditions with infected subjects throughout the stages of infection reveal that at first, the phantom Eveline appears to be a normal young girl, sometimes desiring companionship or assistance. As time progresses, she begins making more and more extreme demands, including self-mutilation and attacks on other people. (*Resident Evil 7*, »R&D Report [1 of 2]«)

The hallucinations moving from visual and auditory distortions into demanding violent action from her victims articulates an ongoing control: the mold does not simply disrupt the brain and leave it to hallucinate, but shows Eveline exerting her will. Mia hallucinates when she returns to the shipwreck, seeing flashbacks of young Eveline. Ethan's hallucinations when he returns to the house with the E-necrotoxin are of young Eveline, a large Eveline doll and a series of phantasmal attacks from Mia. The exact mechanism of Eveline's control is not clear: Mia hallucinates even after receiving the cure at the Boathouse, suggesting that these visions may not be induced through the same means by which Eveline controls those she has infected.

3 Lysergic acid diethylamide (LSD) was derived from ergot alkalines.

4. The Monstrous Fungus

Mold has been culturally linked with the young female throughout history. Linnda Caporael (1976, 21-26) proposed that the »bewitchment« of the Salem witchcraft accusations resulted from ergot poisoning. This concept remains tenacious in popular press, despite being heartily disputed. Starting in the sixteenth century, ergot was used to induce childbirth, though the practice was dangerous because of the risk of toxic effects (Moir 1955, 728). Ergometrine, modern medication derived from ergot alkaloids, treats post-birth vaginal bleeding. Fungal epidemics have been associated with children and many mycotoxins appear to have greater effect on the young. The Slow Nervous Fever and Putrid Malignant Fever epidemics in England between 1650 and 1750 have been linked with mycotoxins and primarily affected children (Meggs 2009, 572). Fungus is tied to the female and juvenile in the cultural imagination, reinforcing the mode of infection and the overarching threat of the young girl.

Marguerite's horrifying final form is a long-limbed creature with an engorged stomach and vulva marked with the same hive structures visible on the walls and ceiling. This hybridity, the monstrous lower part of the female body, carries on the long-standing tradition of combining the female form with the monstrous, which appears in Greco-Roman texts, medieval poetry, and through history into modern texts and media. As Anita Sarkeesian (2016) notes in her analysis of the »Sinister Seductress« trope in video games, the construction of the »grotesquely female« requires the incorporation of »highly gendered or sexualized elements in ways that are specifically intended to be creepy or disgusting« (4:02). Keogh and Jayemanne (2018) connect the trope of the monstrous feminine to a wider set of industrial and institutional practices regarding portrayals and characterizations of women in games, especially mothers, finding that video games only amplify the effects of the abjection of the monstrous mother because the form »*converges* them through the many procedural, artistic and narrative techniques of the videogame form« (10; emphasis in original). Marguerite's female body is made monstrous, specifically her abject genitalia and swollen belly: sites of female reproduction. This horrific malformation ties to fungal infection, as some *Fusarium* fungi produce mycoestrogenic toxins. In swine, these chemicals enlarge female genitals and atrophy male genitals, and are suspected to cause abnormal sexual development in humans (Coppock and Jacobsen 2009, 640-641).

Fig. 3: Marguerite's mutated form and insectile vulva

Later forms of Molded, introduced to elevate gameplay challenge through variation and escalation, begin to mirror these distorted and inhuman bodies. The crawling Molded, mimicking Marguerite's disfigured long limbs, the fat Molded, foreshadowing Eveline's mold-vomit on the Ship, and the bladed Molded, with overgrown hyphae creating weapon appendages, each vary the threat. Scaling difficulty provides novelty, develops tension, and keeps the game exciting. Jesper Juul's »Fear of Failing?« (2009) addresses the necessity of optimal game flow, which keeps the player dynamically situated between anxiety and boredom. Incorporating the work of Csikszentmihalyi and Falstein, Juul asserts that part of the enjoyment in gaming comes from the possibility of failure: »people seek [...] high arousal, and hence challenge and danger, in activities performed for their intrinsic enjoyment, such as games« (249). In *Resident Evil 7*, escalating challenge appears in the different styles and movements of the different Molded, which further reinforce the visual uncanny: humanoid in shape, but distorted in form. While they are associated with mold in the houses and on the grounds, the Molded through the Testing Area and Limestone Caverns appear isolated from those growths. Instead, they are corralled through the space by Lucas and Eveline. Challenge increases through mechanical complication, requiring different forms of creature for the player to recognize and combat.

Fig. 4: Jack's mutated form and multiple eye structures

It's bad enough you take my new daughter from me.

The boss fights, amplifications of character and restrictions of combat, take place throughout the game to forward Ethan's journey. Jack, the Baker patriarch, fights Ethan in three separate boss fights, each escalating the challenge and visual extremes. The first, in the Baker family garage, disrupts the concepts of life and death in the game: after seeming to die, Jack gets up and uses Ethan's gun to shoot himself in the head. His return shortly thereafter elevates the horror and irreality of the game. The second fight, in the basement of the house, culminates with Ethan driving a chainsaw into Jack's head and its loss of structural form, becoming an amorphous pulsating blob. His defeat results in his later transformation into a gigantic hyphae creature covered with eyes. The more trauma Jack's body experiences, the more it undergoes mutation and becomes more inhuman. His final state, a hyphae creature, echoes the effects of mutagenic and carcinogenic fungal aflatoxins and fumonisins. These hyperplastic and neoplastic growths[4] advance with the stages of Jack's reconstitution: his skull reforms after a gunshot to the head and his body forms boils over his head and upper body when attacked

4 Hyperplasia refers to abnormally thick tissue growth or overgrowth, often compensating for injury or tissue damage. Neoplasia is the pathogenic growth of tissues, often as the result of DNA damage, that can form new growths such as malignant tumors. Both of these pathologies appear in Jack's transformations.

with a chainsaw. His most transformed, as giant creature in the Boathouse, is the most unnatural and accelerated growth, and his body reflects that distorted process. The cancerous, inhuman body forms tie Jack's seeming immortality to his infection and corruption by Eveline's mold.

5. House and Body/House As Body

Each building Ethan explores features a character who dominates the space and presents the threat. Mia, Jack, Marguerite, Zoe, and Lucas each have buildings that reflect their character and situate their combat. While games like Kitty Horrorshow's *Anatomy* (2016)[5] and Giant Sparrow's *What Remains of Edith Finch* (2017)[6] map character identities onto individual physical spaces of the house, *Resident Evil 7* has whole buildings situating and reflecting the Bakers. Each space takes on markers of the character, and the form of infection and Molded reflect the Baker threat. Some cues are subtle, as Mia in the Guest House is literally that: a guest; the house has a sheen of normalcy with a presence of rot. Others, like Lucas' limited infection and attempts to corral Eveline's fungus appear in his controlled Testing Area and attached barn, associated with livestock domestication. Mapping the house and body is not a simple relationship of the physical forms manifest in the building's structures. Instead, the layers of the home, the public main floor, private upstairs and unseen basement, relate to the human experience. As an early cassette in *Anatomy* (2016) asks and answers, »Why do human beings of our modern age foster this tremendous sympathy toward their homes? [...] Perhaps it is due in some small part to seeing them as a reflection of ourselves« (Dining room cassette). *Resident Evil 7*'s reflection of identity appears in balance between the public face and the inner life: the corruption and rot start below the surface and creep into the public spaces, becoming visible.

Ethan's first point of entry into the Bakers' home is through the Guest House, which is, by its name, uninhabited by the Bakers. While rotten food and old newspapers show trappings of life, the lack of family photos or personal items keep the space neutral. Mia, trapped in the basement, does not extend her personality to the house: it stays generically unsettling. That lack of ownership in the Guest

5 *Anatomy* establishes mechanics used in *Resident Evil 7*: the videotape is first-person movement through dark corridors, marked with artwork depicting insect bodies, seeking the cassette tapes that articulate the narrative.

6 Edith returns to her childhood home, exploring the rooms of her deceased family members. These rooms contain journals and stories of the lost family, allowing the player, through Edith, to enter their memories and bodies. The house maps character spaces onto these rooms, showing the strong identification of space and identity.

House reinforces Mia as interloper. She is not welcome in this space: she is incarcerated in a basement cell. The only evidence of infection here is Mia: her black eyes, extreme violence, and, when she regains control, her statement that »I can feel her crawling her way back inside me« tell Ethan that something is fundamentally wrong (*Resident Evil* 7: Guest House). However, while she is the threat in the Guest House, she is also the objective: »Find Mia.« The character, reflected in her space, lacks the agency and control that later characters demonstrate.

Jack, as patriarch, rules over the Main House, as his objects and photographs appear throughout the home. He asserts his dominance immediately when Ethan wakes: violently removing Lucas' hand and attacking Ethan. The other Bakers leave while Jack remains as the overwhelming threat. While each member of the Baker family has a room in the Main House, Jack's control remains unchallenged. In the upper floors, his trappings dominate, as the game ponders when Ethan examines a football helmet: »maybe it's Daddy's hobby« (*Resident Evil* 7: Main House). Echoing Mia's earlier language of *daddy*, rather than using the name *Jack*, frames his role in a juvenile perspective. Further asserting his patriarchal position, Jack fights Ethan in traditionally masculine spaces: garage, basement,[7] and boathouse. Jack attacks with a shovel, an aerator, and a chainsaw-based jaws of life, turning domestic and rescue tools into violent weapons. Assertions of masculinity are reinforced by his mutterings about being »her father« and feeling threatened because »now she says he will be her father« (*Resident Evil* 7: Main House). Ethan causes Jack's anxiety and fears of being supplanted: »It's bad enough you take my new daughter from me. Now you're plotting against me – with my own blood?!« (*Resident Evil* 7: Boathouse). The Main House photos situate him with his family, as old pictures of Jack, Marguerite, and their children appear throughout the main floor: Jack's public face. His identity is tied up in his role as the Baker patriarch and his anxiety over losing control of his family has him transgressing the spaces: he enters the Guest House, dominates the Main House, and fights Ethan in the Boathouse. While other characters are strongly situated, Jack is not limited; his transgression also appears in his increasingly mutated form. With each resurrection, Jack has less physical coherence. His gradual disintegration fits the illogical and uncanny nature of the zombie, as Reed (2016) notes: »Zombies, as a manifestation of corruption, have always violated the natural order, to the point of being unexplainable« (632-633). Jack is corrupted, and bodily trauma results in mutation, reflecting Jack's transgression of the character spaces of the game.

Jack's daughter Zoe has a trailer in the yard: a safe room, offering steroids, stabilizers, and an improved handgun, also has trappings of someone living there.

7 Basements can also take on darker aspects, as *Anatomy* notes: »The Basement is dark. It is buried. It is a place full of cobwebs where memories are stored. [...] It is a place we spend our childhood filling with monsters that will lay for years in patient silence.« (*Anatomy*: Living Room Cassette)

One of the first objects Ethan can interact with is a bra: the caption when Ethan picks it up immediately speculates on its owner: »Maybe it's Zoe's« (*Resident Evil 7*: Trailer). This small space is safe, full of valuable items, and plays immediately into the woman-as-reward trope.[8] While Zoe is not present, the focus the player can pay to her undergarments results in an immediate sexualizing of her character; drawing us to examine her underwear situates Ethan's safe space as a violation of Zoe's privacy and frames the player's awareness of her through the lens of her sexualized body, rather than her character or narrative arc. This sidelined figure is a helper: stapling Ethan's hand back onto his arm and offering guidance through the perils of the Baker home, albeit cryptically. Her space is free of mold and Molded until Lucas puts the head in her fridge, reflecting her early stage of infection and her struggle to overcome Eveline's control. Unlike Mia, who is Ethan's focus and yet is a threat, Zoe is a more helpful and likeable character. She is a vulnerable female seeking rescue, unlike Mia who lies to and attacks Ethan. Zoe is a passive narrative driver: the giver of quests and the optimistic recipient of male rescue. While we never see Zoe in the trailer, the space is defined by her physical markings and role as helper.

Marguerite, Jack's wife, is twice placed in the flood-damaged and rotted Old House. She chases Mia into the building in the videotape, and Ethan comes face to face with her after wandering through the bug-infested structure. Situating Marguerite in the Old House gives her control of an uninhabitable building. The locked doors in the house require her key and lantern to unlock them, protecting her altar and a child's room. The main floor, Marguerite's visible space, is infested with insects. Large hive structures, swarms of giant mosquitos, and clusters of spiders all make the Old House perilous to Ethan, as Marguerite herself does not attack here. She is not a physical threat herself: she just controls her environment and the insects and arachnids therein. Marguerite is thus more connected to her house, as the building's many insectile structures take on character through her apparent control. The Old House lacks many personal markers found in the Main House or Zoe's trailer; instead, Marguerite's extension of identity comes in the numerous insects she controls and eventually embodies.

Lucas is the most willing victim of Eveline's infection and the most tenuously under her control; his spaces are thus the least infected and most corralled forms of mold. Demanding Ethan find two key cards to enter the Testing Area, Lucas drives Ethan back into the Main House and his childhood bedroom. His room remains mold free and contains notes pointing to his lifelong sadistic and violent nature. Ethan must open secret passages and solve puzzles to find the key cards, showing how little Lucas has changed from his life before Eveline's arrival. The

8 See Sarkeesian's »Tropes vs. Women in Videogames: Woman As Reward« for a thorough discussion of this trope.

Testing Area, which opens with a video of Lucas yelling that »not everybody wants to turn back the clock!« (*Resident Evil 7*: Testing Area), demonstrates his control. The hallways, with exploding crates and trip wires, have only a few Molded at strategic points, as Lucas corrals them to create the fights he wants to see. He even introduces a new form of Molded, which attacks with projectile vomit, for what he calls the Barn Fight. Lucas' strict control exerts his personality: personal items are missing, but he marks his territory through traps, trickery, and convoluted puzzles to test and torment Ethan. As Jack challenges Ethan physically out of a fear of replacement, Lucas pushes Ethan to prove himself psychologically. His puzzles are death traps, rather than brainteasers, which Ethan can only overcome by cheating and viewing the tape of Clancy's earlier attempt. The Testing Area, with its bare walls and shelves, long circuitous hallways, traps, and barely concealed brutality, reflects the mind of Lucas both before and after infection.

6. Female Bodies As Disempowered Bodies

As Ethan, the player arrives at and moves through the Baker family's residence. While his explorations are punctuated by the playable videotapes, all exploration is through the lens of an outsider. We, as Ethan, are voyeurs in the homes and lives of the Bakers. Brief forays into other character spaces, Clancy on videotape, or Mia on tape and on the wrecked ship, interrupt the play as Ethan. Notably, these other characters are also interlopers intervening in the Baker home:[9] we engage with the infected space through the lens of the outsider,[10] intervening on the house and the Bakers that reside within.

The limitation of the player's experience to predominantly the male protagonist is in many ways is a step backward, not only for the series in its portrayal and play with respect to the women, and female, characters in the game. This unfulfilled potential is important because, as Laura Fantone (2003) writes, »the fact remains that in videogames it is possible to be a character of a different gender or even a different species, and this offers interesting possibilities. This specific interactivity has a potential for developing not only an oppositional gaze, but also subversive inner-action (by which I mean imagining a different body and internalizing its practices) which may have different effects outside of the virtual space« (58). These possibilities simultaneously operate at the narrative and ludic levels, so that

9 Later DLC protagonists are Chris Redfield and Uncle Joe, but not as any member of the infected Baker family.

10 If the player saves Zoe, we play the Ship as an infected Mia, but gameplay is identical despite that choice; Ethan's responses when Mia rescues him changes. Later DLC establishes the decision to save Mia as canonical.

performance in- and out-of-game map onto the story, and vice versa. For its part, *Resident Evil 7* reverses the potentials Ouellette (2004, 2006) sees for cross-gender identification in its predecessors. Instead of Sheri Turkle's (1994) hopeful observation of the »unparalleled opportunity to play with one's identity and to try out new ones« (157), *Resident Evil 7* restricts player's participation through embodiment while framing females as oppositional or targets for erasure; they are abject and situated with the infection, as Eveline is the source of the disease. While the female characters are not the stereotypical busty babes, their portrayals and actions are no less participating in what Nina Huntemann (2015) describes as the »continued symbolic annihilation of women from video games« (165). Female power in the game is corrupted, infectious, and denied space for redemption. The resolution of the Bakers, Mia, and Eveline fundamentally takes place in boss fights, which are thoroughly »contra-ludic,« or as Conway (2010) explains, serve to »resist the user and stop play« (135). Amplification of the characters and their form of infection necessarily focus Ethan's attacks, simplifying and restricting the forms of play.

Jack's fights demonstrate the contra-ludic and hypo-ludic, as Jack becomes a source of help in his boss fights, despite the entrapment and mechanics restricting the player's actions. He makes a handgun available in the garage and opens a cage to the chainsaw in the basement. In the Boathouse, Jack opens several supply crates, thus acting with the house to provide »reward« (Aarseth 2004, 52). In sharp contrast, the Marguerite boss fights are more directly contra-ludic and demonstrate problematic character gendering. Fighting Marguerite in the Old House, Ethan is situated in a pit with one option: shoot upward at Marguerite and her bug swarm. The result is not only Ethan aiming up her skirt, but also shooting toward her genitalia, foreshadowing the more elaborate fight in the Greenhouse. In the longer fight, Marguerite's vulva becomes a swollen nest of bugs, revealing the location of the infection. There is only one method for victory: repeated attacks on her vulva. In contrast, Jack's final form has many eyes that can be shot, stabbed, exploded, and burned. The player has far more freedom, ludicity, in fighting Jack. The threat of female sexuality is instantiated earlier in the game when Marguerite yells at Mia about knowing what she wants to do with »that boy Ethan« (*Resident Evil 7*: Mia Videotape). During that chase, Marguerite refers to »her gift« and feeding Mia to her »babies.« The disease becomes sexualized, and the threat of the female body is heightened.

Resident Evil 7, with its many female characters, seems to promote representation and empowerment: playing Mia on the ship gives the player access to new weaponry and a hypo-ludic feeling in the face of an increasing threat; Zoe provides Ethan with narrative motivation and inside information; Marguerite is a powerful antagonist; Eveline is the core threat. However, each character is framed in ways that undermine or disempower them, while Jack's agency and Lucas' machinations demonstrate authority and action. The difference extends into the forms each takes under physical trauma, when the mutamycete activates and transforms the Bakers. Jack stays Jack initially, then grows to tremendous size as a hyphae-structured creature covered with eyeballs. Ethan defeats Jack by attacking his head or destroying the many eyeballs: the head and the eyes remain the target. The women, contrarily, transform in ways that disempower their forms. Marguerite's elongated limbs give her an uncanny form, while her insectile vulva is the focus of Ethan's attacks. Eveline becomes a giant mold creature; while Ethan attacks her head, it is on a wholly inhuman form. Mutation amplifies key character elements: Jack's eyes; Marguerite's ability to bear children; Eveline's inhumanity. The infection, the mutative agent, strips the characters to their core traits, and in doing so, the women become bodies without agency, while the men keep the strategy and control of their gaze.

The game's core threat, though concealed through much of the narrative, is Eveline: the child/old woman who appears throughout the Bakers' homes. In both forms, Eveline is fundamentally misunderstood and underestimated: both the very young and very aged female are stereotypically powerless. On the ship, Eveline is called »little girl« by the crew right before she attacks, while the elderly Eveline is left sitting in a wheelchair in the Main House, somehow able to get up and down stairs. She sits with her head lolling to one side, appearing unaware and silent. Ethan cannot interact with either apparition of Eveline, which positions her as a contradiction: powerful and yet harmless. She does not attack Ethan directly; she merely watches him. The innocuous female, compounding the erasure of female authority, fits with the form of infection. Mold and spore growths look harmless and yet can cause devastating psychological and physical symptoms.

7. Conclusion

The association of fungal infections and the feminine, the seemingly harmless causing incredible damage, gives the game leeway to erase female agency and frame the story through a lens of male empowerment. The mold strengthens male bodies while debasing female ones, reiterating the historical concept that the female body is threatening and infectious. The folkloric tie between mold and the young female body appear in symptoms of hallucination and toxicity, which the game modernizes and cues in the files around the Baker home. The female is positioned as dangerous, and yet powerless to act. Drawing on recognizable forms of toxic infection gives the game a grounding in scientific fact; in doing so, the game grants a sense of reality to the folk beliefs and fiction.

The use of mold, beyond situating the disease as feminine, also makes the disease visible. The infection is an infestation growing in the homes and bodies of the Bakers, made grossly apparent through avatar embodiment. Our visceral experiences as Ethan, while situating us firmly with the male gaze, also tie the interior of the Baker's homes to inside the Bakers themselves: we watch the rot and corruption taking over once healthy spaces. The corruption and spreading rot center the abject in the player's experience. While the Bakers may not appear zombies in the tradition of earlier Resident Evil games, they take on the chaotic, destructive abjection of the mindless creature controlled by infection. The use of mold as a saprophyte situates the spaces as dead or dying, and the Bakers and Molded become substitute for the shambling corpses of earlier games. Instead of the disease remaining invisible, apparent only in the dead walking, the mold takes over our vision and demands our focus. The disease spreads, infects, and attacks.

Jack, in a vision at the end, reassures Ethan that Eveline has changed them: he, his wife, son, and daughter were not acting as themselves. Reiterating the threat of the infectious girl, who overwhelms the family and destroys them from within, perpetuates the erasure of women. While Eveline is powerful, she is the result of experimentation and must be destroyed: her craving for love, for family, is left unfulfilled. Ethan injects her with E-Necrotoxin and she weeps »[w]hy does everyone hate me?« (*Resident Evil*: Eveline Fight). Her aged body then melts, and reforms as a horrific, distorted face surrounded by the hyphae: she is wholly inhuman. Eveline, the powerful center of the game, degenerates into nothing more than mold: she is the cause of disease and the focus of the dismissal of women. The sexism inherent in these associations between the feminine and disease is articulated in *Resident Evil 7*'s use of mold as the core infective agent.

Ludography

ANATOMY (itch.io 2016, Kitty Horrorshow)
RESIDENT EVIL 7: BIOHAZARD (Capcom 2017, Capcom)
WHAT REMAINS OF EDITH FINCH (Annapurna Interactive 2017, Giant Sparrow)

References

Aarseth, Espen. »Genre Trouble: Narrativism and the Art of Simulation.« In *First Person: New Media As Story, Performance, and Game*. Eds. Noah Wardrip-Fruin and Pat Harrigan. Cambridge, MA: MIT Press, 2004. 45-55.

Caporael, Linnda R. 1976. »Ergotism: The Satan Loosed in Salem?« *Nature* 192 (4234): 21-26. https://doi.org/10.1126/science.769159

Conway, Steven. 2010. »Hyper-Ludicity, Contra-Ludicity, and the Digital Game.« *Eludamos: Journal for Computer Game Culture* 4 (2): 135-147.

Coppock, Robert W. and Barry J. Jacobsen. 2009. »Mycotoxins in Animal and Human Patients.« *Toxicology and Industrial Health* 25 (9-10): 63755. https://doi.org/10.1177/0748233709348263

Crick, Timothy. 2011. »The Game Body: Toward a Phenomenology of Contemporary Video Gaming.« *Games and Culture* 6 (3): 259-269. https://doi.org/10.1177/1555412010364980

Crossley, Nick. 1995. »Merleau-Ponty, the Elusive Body and Carnal Sociology.« *Body & Society* 1 (1): 43-63. doi: 10.1177/1357034X95001001004

Empting, L. D. 2009. »Neurologic and Neuropsychiatric Syndrome Features of Mold and Mycotoxin Exposure.« *Toxicology and Industrial Health* 25 (9-10): 577-581. https://doi.org/10.1177/0748233709348393

Fantone, Laura. 2003. »Final Fantasies Virtual Women's Bodies.« *Feminist Theory* 4 (1): 51-72. doi: 10.1177/14647001030040010003

Frasca, Gonzalo. »Simulation vs. Narrative: Introduction to Ludology.« *The Video Game Theory Reader.* Eds. Mark J. Wolf and Bernard Perron. New York, London: Routledge, 2003. 221-224.

Gregersen, Andreas and Torben Grodal. »Embodiment and Interface.« In *The Video Game Theory Reader* 2. Ed. Bernard Perron and Mark J. P. Wolf. New York: Routledge, 2009. 65-83.

Huntemann, Nina. 2015. »No More Excuses: Using Twitter to Challenge the Symbolic Annihilation of Women in Games.« *Feminist Media Studies* 15 (1): 164-167. doi: 10.1080/14680777.2015.987432

Jarvinen, Aki. »Understanding Video Games As Emotional Experiences.« In *The Video Game Theory Reader* 2. Ed. Bernard Perron and Mark J. P. Wolf. New York: Routledge, 2009. 85-108.

Juul, Jesper. »Fear of Failing?: The Many Meanings of Difficulty in Video Games.« In *The Video Game Theory Reader* 2. Ed. Bernard Perron and Mark J. P. Wolf. New York: Routledge, 2009. 237-252.

Keogh, Brendan, and Darshana Jayemanne. »›Game Over, Man. Game Over‹: Looking at the Alien in Film and Videogames. *Arts* 7 (3): np. doi: 10.3390/arts7030043

Kristeva, Julia. »Approaching Abjection.« In *Powers of Horror: An Essay on Abjection.* New York: Columbia University Press, 1982.

Lauro, Sarah Juliet and Karen Embry. 2008. »A Zombie Manifesto: The Nonhuman Condition in the Era of Advanced Capitalism.« *boundary 2* 35 (1): 85-108. doi: https://doi.org/10.1215/01903659-2007-027

Meggs, William J. 2009. »Epidemics of Mold Poisoning Past and Present.« *Toxicology and Industrial Health* 25 (9-10): 571-576. doi: 10.1177/0748233709348277

Moir, J. Chassar. 1955. »The History and Present-Day Use of Ergot.« *Canadian Medical Association Journal* 15; 72 (10): 727-734.

Mulvey, Laura. »Visual Pleasure and Narrative Cinema.« In *Film Theory and Criticism: Introductory Readings*. Eds. Leo Braudy and Marshall Cohen. 833-844. New York: Oxford University Press, 1999.

Ouellette, Marc A. 2004. »Two Guns, a Girl, and a PlayStationTM: Cross-Gender Identification in the Tomb Raider Series.« *TEXT Technology* 13 (1): 157-184.

———. »›When a Killer Body Isn't Enough‹: Gender in Action-Adventure Video Games.« 2006. *Reconstruction: Studies in Contemporary Culture* 6 (1): 1-12.

Reed, Charley. 2016. »Resident Evil's Rhetoric: The Communication of Corruption in Survival Horror Video Games.« *Games and Culture* 11 (6): 625-643. doi: 10.1177/1555412015575363

»Resident Evil 7: Biohazard – Message Board.« *GameFAQ*. Accessed November 24, 2018. https://gamefaqs.gamespot.com/boards/191629-resident-evil-7-biohazard

Sarkeesian, Anita. »Sinister Seductress.« *Feminist Frequency*. Last modified September 28, 2016. Accessed April 24, 2020. https://feministfrequency.com/video/sinister-seductress/

Shay, Jerry W. and Woodring E. Wright. 2000. »Hayflick, His Limit, and Cellular Ageing.« *Nature Reviews Molecular Cell Biology* 1 (1): 72-76. https://doi.org/10.1038/35036093

Sobchack, Vivian. »The Scene of the Screen: Envisioning Photographic, Cinematic, and Electronic ›Presence.‹ In *Carnal Thoughts: Embodiment and Moving Image Culture*. Berkeley: University of California Press, 2004.

Turkle, Sherry. 1994. »Constructions and Reconstructions of Self in Virtual Reality: Playing in the MUDs.« *Mind, Culture, and Activity* 1 (3): 158-167. doi: 10.1080/10749039409524667

List of Figures

Fig. 1: The structure of the Molded body (headless) (screenshot by author)
Fig. 2: The Deputy's head (screenshot by author)
Fig. 3: Marguerite's mutated form and insectile vulva (screenshot by author)
Fig. 4: Jack's mutated form and multiple eye structures (screenshot by author)

Von Drachen und Zellmutationen

Eine komparative Analyse der Repräsentationen von Krebserkrankungen am Beispiel von *Re-Mission* und *That Dragon, Cancer*

Vanessa Platz

Abstract: Cancer, a hyponym for serious contemporary diseases, concerns a growing number of patients each year since research has significantly improved and patients can be diagnosed early. While many cases seem to be preventable, it is one of the leading causes of death. In popular media, cancer is often emotionally represented and a sign of death. In medical terms, it might be understood on a cellular level without regarding external conditions. This article shows that both ways can be discussed in two disease models that help to set a discursive framework of cancer representation in digital games. Re-Mission (Realtime Associates, Inc. 2006) shows a scientific side of occurrence by guiding an avatar through the human body while treating cancer internally. The game perpetuates a biomedical interpretation. In contrast, *That Dragon, Cancer* (Numinous Games 2016) examines a biopsychosocial attempt perspective. While both games are determined by their contexts of production, their representation of cancer can be read as staying close to their initial disease model.

Keywords: Serious Games; Cancer; Disease Models; Representation

Schlagworte: Serious Games; Krebs; Krankheitsmodelle; Repräsentation

1. Einleitung

In medialen Produkten der Popkultur wirken Krebserkrankungen[1] wie große Mysterien. Als Element für dramatisches Storytelling können die Erkrankungen genutzt werden, um einen unbesiegbaren Endgegner zu etablieren – meist mit tragischem Ende (o.A. 2012). Zur Unterstützung einer emotionalen Erzählung wird Rezipierenden eine betroffene Person präsentiert, die – beispielsweise aus metaphysischen Gründen, etwa der »Folge von Sünde, der Übertretung eines Tabus oder Gesetzes, oder [...] als Prüfung« (Franke 2012, 130) – in ihrer gesunden Entität geschwächt wird. Mit einher geht eine Veränderung des physischen Erscheinungsbilds, welche die Krankheit für das popkulturell geschulte Auge auf den ersten Blick erkennbar macht.[2] Eine nähere Erläuterung findet zumeist nicht statt und in einigen Repräsentationen der Krankheit wird gar auf die Spezifikation ihrer Ausprägung verzichtet (o.A. 2012).

Eine solche emotional betonte Repräsentation entspricht einem Krankheitsverständnis, das dem biopsychosozialen Modell der Medizin nahekommt. Es fokussiert neben der physischen Verortung der Krebserkrankungen ein Leiden auf sozialer und psychischer Ebene. Daneben existiert eine weitere Art der Darstellung solch schwerer Erkrankungen, die sich einem biologisch-rationalen und empirisch erfassten Verständnis nähert. Hier kann ein biomedizinisches Modell als Grundlage für die Auffassung der Erkrankungen angenommen werden. Der vorliegende Artikel fragt nach der Art der Repräsentation von Krebserkrankungen im digitalen Spiel und der Korrelation mit den hier angesprochenen Krankheitsmodellen. Diese werden anhand der Darlegungen von Alexa Franke und Josef Egger betrachtet und auf digitale Spiele übertragen. Zur Untersuchung der Repräsentation dieser Krankheitsverständnisse werden zwei Spieletitel betrachtet. *Re-Mission* (Realtime Associates, Inc. 2006) folgt einer Narration, die sich im Inneren des menschlichen Organismus verortet, wo Spielende Krebserkrankungen auf zellulärer Ebene mithilfe medizinisch-chemischer Waffen bekämpfen, während fachliche Begrifflichkeiten verwendet werden. Es folgt damit einem pädagogischen Impetus und tritt als Lernspiel auf. *That Dragon, Cancer* (Numinous Games 2016) hingegen thematisiert Krebs auf einer persönlichen Ebene innerhalb der alltäglichen Lebenswelt eines erkrankten Kindes und seiner Familie. Neben dem Aufzeigen des Krankheitsverlaufs beschäftigt sich das Spiel mit psychischen und physischen Konsequenzen für Betroffene und deren Umfeld.

---

1 Krebs wird in diesem Beitrag nicht als Krankheit als solche, sondern als Gruppe von Erkrankungen verstanden, die durch ähnliche biologische Verläufe charakterisiert ist. Eine genauere Darstellung des hier verwendeten Verständnisses wird im nachfolgenden Abschnitt geboten.

2 Ikonografische Darstellungen können sich beispielsweise auf Haarverlust oder Hautblässe durch zielgerichtete Therapiemethoden belaufen.

2. Krebserkrankungen

Krebs stellt als Oberbegriff für eine Reihe von Erkrankungen ein präsentes und bewegendes Thema in der gegenwärtigen Gesellschaft dar, zumal laut der WHO 20% aller Tode in Europa auf diese Erkrankungen zurückzuführen sind. Während die Ursachen für die Entstehung nicht gänzlich geklärt sind, ist das Verständnis bereits so weit vorangeschritten, dass etwa ein Drittel aller Krankheitsfälle verhindert werden könnte. In den im Nachfolgenden betrachteten Spielen werden insbesondere Kinder und Jugendliche als Betroffene fokussiert. In jungem Alter kann zu großen Teilen von einer genetischen Veranlagung oder einer misslichen genetischen Veränderung als Ursache ausgegangen werden. Nach heutigem Forschungsstand sind weiterhin drei externe Ursachenfelder bekannt. Sogenannte Karzinogene können dabei in bestimmten physikalischen oder chemischen Stoffen auftreten oder von Bakterien, Viren und Parasiten übertragen werden (WHO Europe, o.D.).

Aus biologischer Perspektive werden Krebserkrankungen durch die Gemeinsamkeit der Veränderung in der Zellbildung als solche definiert. Aufgrund eines defekten Wachstumsverhaltens findet eine Zellvermehrung statt, die zu einer Gewebebildung führt, welche als Tumor bezeichnet wird. Jene Tumore, die mittels entarteter Zellen in das umliegende Gewebe wachsen und dabei Schaden anrichten, werden als bösartig und somit als Krebserkrankung bezeichnet.[3] Folgend können sich entartete Zellen über die Blut- und Lymphbahnen an diversen Stellen im menschlichen Körper ansiedeln und hier Metastasen bilden, die potenziell ebenfalls zu Tumoren heranwachsen. Die Konsequenz des Nachlassens der Organfunktion wirkt sich lebensbedrohlich auf Betroffene aus (Fritz und Ludwig 1997, 26f.).

Um das Metastasieren des bösartigen Tumors zu vermeiden, wird zumeist als erster Schritt ein chirurgischer Eingriff zur großflächigen Entfernung des bösartigen Gewebes vollzogen (Scholten und Zielinski 1997, 39). Eine Hemmung einer weiteren Ausbreitung sowie die Zerstörung übriggebliebener Krebszellen soll durch eine potenziell eingesetzte Chemotherapie erreicht werden (ebd., 40). Als Folge dieser tiefgreifend wirkenden Behandlung wird gutartiges Gewebe in Mitleidenschaft gezogen, da ein Eingriff in die Zellteilung geschieht (von Kieseritzky 2014). Neben Folgen für das Wohlbefinden rührt aus möglichem Haarverlust und Blutarmut die stigmatisch als ›todkrank‹ konnotierte Physiologie betroffener Personen (ebd.). Weitere Therapiemöglichkeiten, etwa die Strahlentherapie, richten sich nach dem Sitz des Gewebes und der bereits erfolgten Ausbreitung der Metastasen (Scholten und Zielinski 1997, 40f.).

3 Gutartige Tumore hingegen sind durch eine langsame Gewebebildung charakterisiert, die nicht metastasiert und somit keine Ausbreitung einer Erkrankung im Körper stattfindet (BDI o.D.).

Sowohl aus soziologischer wie auch medizinischer Sicht bedeutet die Diagnose häufig schwerwiegende Konsequenzen für das Leben des Individuums. Eine Reihe an Untersuchungen müssen durchgeführt werden, um eine präzise Diagnose, angemessene Therapie und sorgfältige Kontrolle zu gewährleisten. Je nach Stadium und entsprechend vorangeschrittener Krankheit, kann das körperliche Befinden variieren. Ein großer Tumor, der bereits Metastasen in verschiedenen Organen gebildet hat, bedingt eine intensivere oder gar rein palliative Behandlung. Früh erkannt, kann sich eine Krebserkrankung mit chronischem Verlauf entwickeln, sodass Betroffene zwischen den Graden der Erkrankung changieren. Eine Verbesserung des Befindens wird als Remission bezeichnet und beschreibt im medizinischen Kontext »[d]as Nachlassen chronischer Krankheitszeichen« (Tschoepe o.D.). Diese teilt sich in weitere bestimmbare Stufen, bedeutet dabei jedoch nicht eine vollständige Genese (ebd.). Die nachfolgende Verschlechterung des Zustands und das Wiederausbrechen kann demnach nicht ausgeschlossen werden.

Es ergibt sich ein Krankheitsbild, das sich aus Teilen der Thematisierung auf medizinischer Ebene sowie auf individueller Ebene der betroffenen Person zusammensetzt. Einerseits handelt es sich um eine Krankheitsgruppe, die im medizinischen Umfeld eine intensive Betreuung beansprucht und die es fortlaufend zu erforschen gilt. Andererseits bringt sie im persönlichen Erleben eine »Einschränkung der Arbeitsfähigkeit, der Freizeitgestaltung, Veränderungen des Selbstwertgefühls und der Selbstakzeptanz« (Franke 2012, 262f.) mit sich, die zusätzlich, Franke folgend, finanziellen Aufwand erfordert. Somit wirken sich die Konsequenzen neben der Verschlechterung des physischen Zustands tiefgreifend auf die Lebensgestaltung und -qualität der Betroffenen aus, was sich im sozialen Miteinander manifestiert. Aus medialer Sicht wird hingegen, der Forschung Luciano De Fiores folgend, hauptsächlich ein Schreckensbild von Krebserkrankungen repräsentiert, das sich vor allem im Film aus dramaturgischen Gründen stereotyper Erscheinungsformen bedient (o.A. 2012). Dass Krebs aufgrund fortschreitender Forschung eine ansteigende Überlebenschance aufzeigt (RKI 2010, 169), werde dabei ausgeklammert, wie Christoph Zielinski, Präsident der Central European Cooperative Oncology Group, unterstreicht: »In reality, it is much more living with cancer, being diagnosed with it, being treated and, finally, surviving it which dominates human lives« (o.A. 2012).

3. Biomedizinisches vs. biopsychosoziales Krankheitsmodell

Zwei moderne Verständnisse von Erkrankungen finden sich im biomedizinischen und biopsychosozialen Modell wieder, deren Definitionen sich nebst einigen Schnittpunkten kontrastierend gegenüberstehen. Diese bespricht Alexa Franke in ihrer im Jahr 2012 erschienenen Monografie *Modelle von Gesundheit und Krank-*

heit und beleuchtet dabei weitere Modelle aus der Metaphysik und Philosophie. Während Franke eine präzise Definition des biomedizinischen Verständnisses anführt, fokussiert ihre Thematisierung des biopsychosozialen Modells lediglich den von ihr kritisierten Begriff der Ganzheitlichkeit, der sich durch den Einbezug anderer Komponenten des menschlichen Lebens ergebe (132). Für eine präzisere Schilderung der biopsychosozialen Medizin wird Josef Eggers *Theorie und Praxis der biopsychosozialen Medizin. Körper-Seele-Einheit und sprechende Medizin* aus dem Jahr 2017 hinzugezogen. Hiermit wird das zweite Modell detailreicher deutlich. Beide Darstellungen werden im Nachfolgenden betrachtet.

Biomedizinisches Modell

Ein biomedizinisches Verständnis von Krankheit definiert diese nach (idealisierten) Maßstäben wissenschaftlicher Objektivität und Faktizität. Die Naturwissenschaften als ihre Grundlage ermöglichen dabei die Fokussierung biologischer Vorgänge und medizinischer Auswirkungen auf den menschlichen Organismus. Franke stellt fest, dass »das heute in der Medizin vorherrschende biologische Modell [...] eindeutig der Gruppe der naturalistischen Krankheitsmodelle zuzuordnen« (131) sei und positioniert so das moderne Krankheitsverständnis innerhalb eines wissenschaftlichen Rahmens. Im Verlauf des 19. Jahrhunderts unterlag die Auffassung von Krankheit einer Entwicklung, aufgrund derer sie als »Folge pathologischer Organveränderungen« (Franke 2012, 129) wissenschaftlich fundiert wurde und so eine rationale Nachvollziehbarkeit mit empirischer Grundlage erhielt.

Der Begriff der Biomedizin reduziert das Individuum auf seine biologische Funktionalität (ebd.). Krebserkrankungen stellen in diesem Kontext Organveränderungen dar, die den Blick auf systemische Vorgänge innerhalb des Organismus fokussieren. Die Krankheit habe »einen körperlichen Sitz, vor allem in der Zelle« (Franke 2012, 129), wodurch insbesondere jene Erkrankungen, deren Verlauf das Zellenwachstum beeinflussen, in diesem Modell Anklang finden. Krebs als eine Krankheitsgruppe, durch die ein unkontrolliertes Zellwachstum bis hin zur Beeinträchtigung der Funktionstüchtigkeit der Zelle stattfinden kann (Fritz und Ludwig 1997, 26), findet, für das menschliche Auge zunächst unsichtbar, auf zellulärer Ebene statt. Mit der Charakterisierung von Krankheit als eine beobachtbare Abweichung vom Normalzustand einer Zelle ordnet sich das biomedizinische Modell in ein binäres Verständnis von Krankheit und Gesundheit ein (Franke 2012, 134f.). Franke definiert diese Zuschreibung als dichotomes Konzept, nach welchem sich der Zustand des Krankseins von dem des Gesundseins abgrenzt und beide nur gegenüberstehend existent sein können. Verschwindet die Krankheit, gilt eine Person als gesund (Franke 2012, 99f.). In dieser Charakterisierung des Modells liegt die Kritik, die Egger in Verwendung des Begriffs »*Reparaturmedizin*«

(Egger 2017, 13, Hervorhebungen im Original) äußert, indem er den Fokus auf die Reduktion legt, die er hier gegenüber dem Vergleichsmodell sieht.

Weiterhin klassifiziert das biomedizinische Modell eine Krankheit nach Ursachen und Verlauf, wodurch auf weite Sicht die Entstehung von Stigmata unterstützt wird, da sich auf somatische Erscheinungseffekte konzentriert wird. Der Körper der betroffenen Person werde geschädigt, sei dies auf biochemischer, mechanischer oder genetischer Ebene. Insbesondere die Therapie sei in diesem Verständnis eine medizinische Aufgabe und schließe den sozialen Kontext von Betroffenen aus. So bleibt auch die Therapie von Symptomen, die aus der Medikation entstehen können, in medizinischer Hand (Franke 2012, 134-137). Ziel des Modells sei eine erfolgreiche Therapie und somit sei »Lebensverlängerung [...] gleichsam das ultimative Kriterium für therapeutischen Erfolg und damit für die Richtigkeit der dem Modell zu Grunde liegenden Prämissen« (Franke 2012, 134).

Digitale Spiele haben sich bereits auf dieser Ebene einer Repräsentation von Krebserkrankungen genähert. So wird in *Defend Your Life: TD* (Alda Games 2014) ein menschlicher Organismus dargestellt, der mit diversen Krankheitserregern konfrontiert wird. Spielende erhalten die Aufgabe, Türme und Abwehreinheiten mit medizinischen Bezeichnungen entlang eines Weges zu erbauen, um durchdringende Erreger abzutöten – eine klassische Tower Defense-Mechanik, wie das Kürzel im Titel vermuten lässt. Diverse Infektionskrankheiten werden durch Organabschnitte begleitet, die auf einer mikroskopischen Ebene zu bekämpfen sind. Darunter wird Krebs als Endgegner mit dem stärksten Angriff und nahezu unbesiegbarer Gesundheitsanzeige dargestellt. So wird eine Krankheitsdarstellung geboten, die sich mittels Messbarkeit und Datenerhebung in die Spielemechanik klassischer, primär der Unterhaltung zuträglicher, digitaler Spiele implementieren lässt. Die Zuordnung von Zahlen zu Angriffs- und Verteidigungseinheiten, von Punkten zu einem Belohnungs- oder Rangsystem sowie von logischen Folgen zu Handlungen, bietet eine Verwendbarkeit als Grundbausteine des ludischen Erlebnisses. Gesundheit bildet in dieser Betrachtungsweise eine einfache Problemlösung und somit das Ziel – die vollständige Beseitigung der Krankheit aus dem dichotomen Konzept des erkrankten Systems.

Biopsychosoziales Modell

Eine Umorientierung des Krankheitsverständnisses fand, Franke folgend, im 20. Jahrhundert statt. Ausschlaggebend sei zum einen die von Siegmund Freud etablierte Psychoanalyse, zum anderen die Sozialepidemiologie, durch welche erkannt worden sei, dass neben einem körperlichen Sitz des Wohlbefindens auch psychische und soziale Aspekte auf dieses einwirkten. Es handelt sich beim biopsychosozialen Modell um eines, das dem Verständnis von Krankheit und Gesundheit weitere Komponenten als eine systemische Dysfunktion zukommen lässt. Die Bezeichnung leitet sich dabei von George Libman Engels Forderung nach einem umfassenderen als dem bis dato dominanten Prinzip ab (Franke 2012, 131ff.). Unter dem Begriff der »integrierten Medizin des 21. Jahrhunderts« (Egger 2017, 12) versteht Egger die Übereinkunft von subjektivem und objektivem Sein des Menschen und beschreibt somit ein Krankheitsverständnis, das körperliche wie seelische Bestandteile berücksichtigt. Damit versucht er, die Einseitigkeit des biomedizinischen Modells aufzubrechen, die sich durch die Reduktion des menschlichen Lebens »auf physiko-chemische Parameter« (Egger 2017, 11) ergebe. Der Mensch werde hier als studierbare und beeinflussbare Maschine verstanden (Egger 2017, 11-14).

Der Funktionsweise des biopsychosozialen Modells spricht Egger eine innere Vernetzung verschiedener, hierarchisch geordneter Dimensionen zu, die sich simultan verändern, wenn ein Ereignis in eine der Dimensionen eingreift. Diese Dimensionen werden etwa als verschiedene Bestandteile des funktionalen Ganzen des Menschen verstanden, vom Zentralen Nervensystem bis zum Immunsystem. In der hierarchischen Ordnung geht er dabei von großen Kosmen zu kleinen über, etwa von der Milchstraße über die Kultur, Familie und Einzelperson bis hin zur Zelle und einzelnen Atomen (Egger 2017, 17ff.). Im aktuell gültigen, sogenannten revidierten Modell sind objektive und subjektive Ereignisse ins Zentrum der Betrachtung gerückt (Egger 2017, 26). Dabei seien sowohl in Anbetracht der Diagnostik als auch Therapie drei Ebenen des menschlichen Daseins zentral: »Körperliches, Seelisches und ökosoziale Lebensbedingungen […] [, die] parallel zu untersuchen bzw. zu bearbeiten sind« (Egger 2017, 34). Gedanken und Gefühle werden so zu psychischen wie physischen Elementen, die gleichsam über eine Störung des Systems des menschlichen Organismus Aussagen treffen können (Egger 2017, 40).

Egger definiert Gesundheit nicht als Zustand, sondern als etwas, das »vielmehr in jeder Sekunde des Lebens generiert werden« (Egger 2017, 13) müsse, weshalb Gesundheit von zahlreichen Einflüssen abhänge. Die Fähigkeit des menschlichen Organismus zur autoregulativen Balancierung des Systems sei ausschlaggebend für den Status des Gesundseins (Egger 2017, 36). Krankheit stelle sich demnach dann ein, wenn diese Selbstheilungsmechanik außer Kraft gesetzt sei (ebd.). Krebserkrankungen als organismische Veränderungen, die sich auf zelluläre Vorgänge auswirken, beeinträchtigen in diesem Verständnis die autoregulative Heilungsfähigkeit und setzen auf hierarchisch tiefer Ebene an. Von der Ursache auf minimaler Ebene der Zellen wirken die Veränderungen in die allgemeine Gesundheit der Person und führen zu Konsequenzen in ihrem sozialen Umfeld bis in die gesellschaftliche Wahrnehmung. Zusätzlich kann im revidierten biopsychosozialen Modell vor allem festgestellt werden, dass sich hierüber die Ursache für eine Erkrankung herleiten lässt. Dauerhafter Stress etwa wird vermehrt als Ursache benannt (Fritz und Ludwig 1997, 33 sowie Egger 2017, 19), der sich folgenreich von einer hierarchisch höher gelegenen Ebene des Systems auf niedrigere auswirkt.

Franke geht in Betrachtung des Verhältnisses von Gesundheit und Krankheit auf orthogonale Konzepte ein, die eine ähnliche Ausweitung des zuvor als dichotom ausgezeichneten Verständnisses repräsentieren. Sie zielen auf das Zusprechen gesunder und kranker Faktoren in einem System zur gleichen Zeit. Eine Einordnung des subjektiven Empfindens des Wohlergehens wird möglich, indem zwischen Befund und Befinden unterschieden wird. Es kann dadurch vorkommen, dass eine zunächst möglicherweise unsichtbare Erkrankung wie die einer Krebsart keine Veränderung im Wohlbefinden verursacht, wodurch der Befund vom subjektiv positiven Standpunkt abweichen kann (Franke 2012, 102ff.).

So offensichtlich wie sich das biomedizinische Modell in bekannte Mechaniken eines digitalen Spiels einfügen lässt, kann eine Umsetzung nicht in Hinblick auf das biopsychosoziale Modell geschehen. In der Bemühung, einen ganzheitlichen Ansatz der Repräsentation eines Krankheitserlebens aus verschiedenen Perspektiven zu leisten, kann in einer medialen Produktion ein entsprechend umfassenderes Bild erwartet werden. Während oben beschriebene ursächliche Wirkungsweisen aus der medialen Repräsentation herausfallen, ist vorrangig die Darstellung von biopsychosozialen Konsequenzen einer Erkrankung publikumsfähig. Hier wirken Krebserkrankungen vor allem auf emotionaler Ebene, etwa in eingangs erwähnten cineastischen Werken, in welchen die Erkrankungen nicht zwangsläufig einer näheren Definition bedürfen, um eine emotional involvierende Geschichte zu erzählen. Konnotationen erfolgen dabei über Requisiten oder Stereotype, wodurch eine explizite Definition und Nennung der Krankheitsart überflüssig wird. Ein digitales Spiel, das auf eine Repräsentation von Krebserkrankungen in ihrer biopsychosozialen Bedeutung zielt, würde etwa die dem Medium inhärente Fähigkeit zur Simulation einer Situation nutzen können, um eine ungefährliche Erfahrung, etwa für gesunde Spielende, anzubieten.

4. Nanobots im Organismus

Anfang der 2000er Jahre entschied das gemeinnützig tätige Entwicklungsstudio HopeLab, ein PC-Spiel zur Unterstützung der therapeutischen Wirkung von Medikamenten und anderweitigen Behandlungen in der Onkologie zu entwerfen. So entstand *Re-Mission*, ein Computerspiel, das junge Krebserkrankte in der Verbesserung ihrer Haltung gegenüber ihrer Erkrankung während der Therapie unterstützen soll. Um dies zu erreichen, werden während des Spielens Informationen über verschiedene Krebsformen und deren Behandlung vermittelt, die in den Spielekontext eingebettet sind und hier sinnvoll als Aufgaben oder zu beachtende Faktoren agieren. In der Umsetzung sollten sowohl Faktoren der Hoffnung wie auch der Wissenschaft zusammenspielen, die durch »the principles of motivational psychology and innovative design« (HopeLab (b)) hervorzuheben seien. In der

Therapie chronischer Krankheiten nimmt die *Compliance*[4] der Betroffenen einen hohen Stellenwert ein. Ein Compliance förderndes Verhalten sei, HopeLab folgend, unabdinglich für die Behandlung von Krebserkrankungen (ebd.).

Dass die spielerische Informationsvermittlung über die Krankheitsgruppe in *Re-Mission* nicht nur aufklärend wirkt, sondern auch ein verbessertes und therapieförderndes Verhalten bei Betroffenen erwartet werden kann, versucht die Studie, die von Forschungspersonal für das Entwicklungsstudio über zwei Jahre betrieben wurde, zu belegen (Tate et al. 2009, 30). Hieraus geht hervor, dass Wissen über Krebserkrankungen bei Rezipierenden im Vergleich zu Nicht-Rezipierenden des Spiels 70% schneller angeeignet werde und die Selbstwirksamkeitserwartung um ein Dreifaches erhöht sei (ebd.). Die Dauer des aktiven Spielens sei dabei für die Compliance nicht entscheidend, eher erscheine die Vermittlung einer Ermächtigung und Kontrolle über die Krankheit als zentraler Impetus für diese (ebd.). Insbesondere ein Wandel der Haltung gegenüber Krebserkrankungen würde durch das Spiel hervorgerufen:

> The extent to which playing *Re-Mission* can help move' behavioral concepts such as symptom reporting and medication adherence away from part of cancer' and toward me and my weapons against cancer' might explain why even relatively brief game play experiences can have significant effects on subsequent behavior over the course of several months. (Ebd., Hervorhebungen im Original)

Die hier genannten Waffen beschreiben Medikamente, auf die im weiteren Verlauf eingegangen wird. Die Vermutung, eine Ermächtigung im Sinne einer Agency[5] und Kontrolle durch das Spielen zu erhalten, sah das Studio in der Tatsache untermauert, dass beim Spielen dieselben Hirnregionen angesprochen würden, die für die Compliance zuständig seien (HopeLab (b)). Demnach habe das Spiel laut HopeLab bereits mehr als 135.000 Betroffene therapeutisch unterstützt (ebd.).

4 Compliance oder Komplianz beschreibt die Bereitschaft zu einem für den Verlauf der Therapie günstigen Verhalten von in Behandlung befindlichen Personen. Dazu zählt neben der verordneten Einnahme von Medikamenten das Anpassen von Verhaltensweisen, etwa die Bereitwilligkeit, einer ärztlich verordneten Diät zu folgen. Hinzu kommt die Notwendigkeit des Einhaltens dieser Verhaltensänderungen über einen langfristigen Zeitrahmen. Im englischen Sprachraum ist weiterhin der Begriff *adherence* geläufig, der das Einverständnis und die aktive Teilhabe der zu Behandelnden in der Therapie berücksichtigt (WHO, »Adherence«, 17).

5 Agency beschreibt im Kontext digitaler Spiele ein Handlungspotenzial der Spielfigur, mit dem Kontrolle und Effektivität im digitalen Raum verbunden werden. Janet Murray definiert den Begriff treffend: »Agency is the satisfying power to take meaningful action and see the results of our decisions and choices« (Murray 1997, 126).

Narrative Rahmung

Die Narration wird im Beiheft in einer in den Jahren 2024 bis 2027 angesiedelten futuristischen Szenerie begründet. Die Forschung in der Nanotechnologie sei so weit vorangeschritten, dass es möglich sei, mikroskopisch kleine Künstliche Intelligenzen in den menschlichen Körper zu injizieren, die bestimmten gesundheitlichen Aufgaben nachgehen. Als Verantwortliche wird eine fiktive Ärztin namens Dr. West vorgestellt, Forscherin und Begründerin eines Nanotech Chronic Illness Treatment Program, die im Vorfeld der einzelnen Missionen eingeblendet wird (HopeLab (a)).

Das Szenario beginnt durch eine Videosequenz in einem technisch-medizinischen Umfeld, das durch diverse Laborutensilien als solches ausgezeichnet wird. Eine Kamerafahrt geleitet Spielende auf eine mikroskopische Ebene in eine Umgebung, die nicht näher spezifiziert wird. Zwei Figuren werden vorgestellt; neben der spielbaren Figur Roxxi auch ein holographischer Roboter namens Smitty. Beide personifizierten Namen rühren aus technisch anmutenden Bezeichnungen der Roboter, SMT100 und RX5-E. Im Dialog zwischen den Figuren wird erläutert, dass Smitty ein Prototyp Roxxis sei, wodurch er sich als erfahrener Mentor positioniert. Seine holographische Anleitung erfahren Spielende im weiteren Verlauf neben rein auditiven Hinweisen durch richtungsanzeigende Pfeile und das Auftreten der als Mentor-Einheit bezeichneten Figur in Videosequenzen zwischen den Missionen. Im Gegensatz zu Smitty erscheint Roxxi als humanoider Roboter. Die Lernfähigkeit der Künstlichen Intelligenz erklärt das Vorhandensein eines mehrschichtigen Charakters, der sich im Laufe des Spiels klarer abzeichnet und auch humoristische Momente erzeugt. Bereits die Positionierung der Erzählung erlaubt Rückschlüsse auf das Krankheitsbild, das in diesem Spiel vermittelt wird. Besonders deutlich wird die Repräsentation des Zellulären nach Vollenden des Tutorials. Während der virtuelle Raum durch eine organische Wand begrenzt wird, ist er von Blut-, Nerven- und Lymphbahnen durchzogen. Auf auditiver Ebene kann während der Videosequenzen vor und nach einer Mission gedämpftes Herzklopfen wahrgenommen werden.

Entstehung und Spielmechanik

Re-Mission nutzt ein Wortspiel des im Englischen identischen Begriffs der Remission und der Verwendung von ›Mission‹, womit das Genre Action-Spiel referenziert wird. Zusätzlich referiert diese Bezeichnung auf das Vollenden von Missionen, welche die Narration aufteilen. Zur Konstruktion eines Spiels, das die junge Zielgruppe anspricht und in welches entsprechend motivational wirksame Mechaniken zu implementieren seien, wurde mit jungen Menschen zusammengearbeitet (HopeLab (b)). Es galt der Anspruch, sich den Erwartungen an digitale Spiele im Kindes- und Jugendalter anzupassen, um Gewohnheiten und Spaß-faktoren des Spielens gerecht zu werden. Elemente wie »drama, complex organic environments, lots of feedback, and clear, achievable goals, [...] and the feeling that it's possible to win« (ebd.) seien hierbei entscheidend. Die Verbindung von gesundheitlicher Aufklärung und spielerischem Vergnügen steht im Fokus dieses Ansatzes. Ziel des Spiels ist, die Ausbreitung von bösartigen Krebszellen in den Organen verschiedener Personen zu unterbrechen, während Symptome wie Übelkeit zu lindern und Gefahren durch Infektionen einzudämmen sind.

Ebendiese genannten Faktoren, die Spielenden in der Rezeption wichtig seien, sind messbare Werte, die relativ einfach auf die Spielmechanik angewandt werden. So folgt *Re-Mission* der Ästhetik eines Shooters aus der Third-Person-Perspektive und tradiert im User Interface ästhetische Konventionen des Genres (siehe Abb. 1). Während die Positionen von Spielfigur, freundlichen und feindlichen Einheiten auf einer Minimap in Form eines Radars eingeblendet werden, informiert ein Balken über die Energiepunkte der Spielfigur. Weitere Anzeigen informieren Spielende über verschiedene gesundheitliche Aspekte der jeweils betroffenen Person. Beispielhaft können Informationen über die Herzfrequenz, Körpertemperatur sowie ansteigende oder abflachende Übelkeit abgelesen werden. Eine weitere Übersicht stellt die verfügbare Munition verschiedener Waffen dar.

Abb. 1: Messbare biomedizinische Werte bestimmen das User Interface entsprechend der Genrekonvention

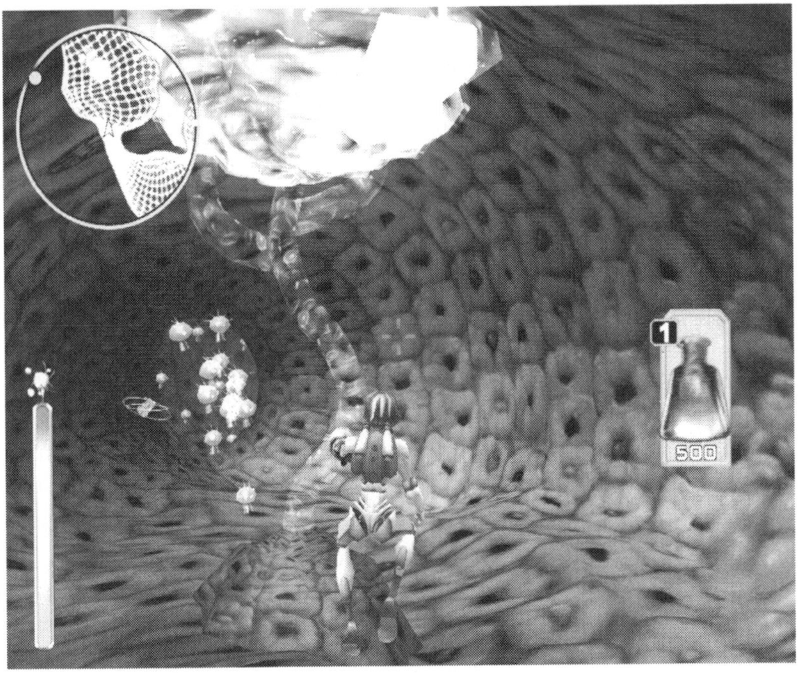

Die zur Verfügung gestellten Waffen sind an Medikamente und Therapieformen angelehnt – so treten neben dem ›Chemoblaster‹ eine ›Radiation Gun‹ oder eine ›Antibiotic Rocket‹ ins Feld. Die Breite der medizinischen Notwendigkeiten wird dabei unterstrichen. Elf verschiedene Antagonisten tauchen im Verlauf des Spiels auf, die narrativ in unterschiedliche Rahmen gesetzt werden. Sie sind im Beiheft zum Spiel abgebildet und werden hier mitsamt ihren spielmechanischen Auswirkungen erläutert. Hinzu kommt eine kurze medizinische Definition, die verschiedene Krebszellen und weitere schädliche Vorkommnisse in einfacher Sprache beschreibt. Spielmechanisch wirken sich feindliche Akteure negativ auf die Bewegungsgeschwindigkeit, -richtung und Energieanzeige der Spielfigur aus, wenn sie diese proaktiv angreifen oder mit ihr kollidieren.

Weiterführend werden experimentelle Therapiemöglichkeiten einer Impfung thematisiert. Beispielsweise muss in einer Mission ein Impfstoff durch das Einsammeln von Krebszellen für die Herstellung von Antigenen generiert werden. Mittels des hergestellten Impfstoffs werden daraufhin freundliche T-Zellen, weiße Blutkörperchen mit Immunabwehrfunktion, mit der Zerstörung von Krebszellen beauftragt. Spielende müssen dafür jene feindlichen Zellen mit dem Impfstoff beschießen. Smitty erläutert hierzu den Vorzug, Nebenwirkungen der Chemotherapie vermeiden zu können, während er den experimentellen und eventuell risikoreichen Charakter dieser Therapieform betont.

Gegnerische Einheiten setzen sich neben verschiedenen Arten von Krebszellen aus Bakterien, Fettkügelchen, Geschwüren, Schleim und neuronalen Impulsen zusammen, die jeweils über unterschiedliche Angriffsarten verfügen. Diese sind der biologischen Aktivität im menschlichen Organismus entlehnt. Während gutartige Zellen in ihrem Aussehen unauffällig, hell und rundlich sind und im Raum herumschwirren, wird jede Art von Krebszellen in quallenartiger Form dargestellt (siehe Abb. 2). Über ihren Status der Bedrohung für betroffene Personen hinaus, werden sie auch für Spielende zur Gefahr, indem sie die Spielfigur angreifen. Diese Angriffe wirken sich wiederum auf die Energieanzeige aus, deren Entleerung zum Scheitern der Mission führt. Die klare Unterteilung in gut- und bösartige Zellen beziehungsweise gesunde und Krebszellen folgt der Argumentation des biomedizinischen Krankheitsverständnisses. Die tatsächliche Darstellung der Zellen erinnert dabei stark an mikroskopische Aufnahmen, obwohl eine Reduktion auf Abstrakta den Eindruck des Agierens auf zellulärer Ebene erhält. Krebszellen verfügen über netz- oder tentakelartige Ausbuchtungen sowie kräftigere und dominantere Farben. Auf der Minimap wird ihnen ein alarmierend fungierendes Rot zugewiesen. In ihrer Fähigkeit, Zellteilung zu betreiben, sind sie in den Missionen in der Überzahl und machen das Betreten des zellularen Raums für Spielende besonders gefährlich. Ihr aggressives Verhalten und ihre Fähigkeit zur Schädigung der Spielfigur kann bei unbedachtem Betreten des Raums zum Kontrollverlust seitens Spielender führen. Diese Eigenschaften machen Krebszellen zu einem ernst zu nehmenden Gegner innerhalb der Spielmechanik, während die Reichweite ihrer Existenz in der Narration verortet wird. Begehen Spielende widriges Verhalten, indem sie gutartige Zellen angreifen und sie damit zerstören, weist der Mentor darauf hin, dass dies besonders folgenreich und negativ für die Gesundheit der Betroffenen ist.

Abb. 2: Feindliche Lymphome sind von freundlichen T-Zellen deutlich differenzierbar

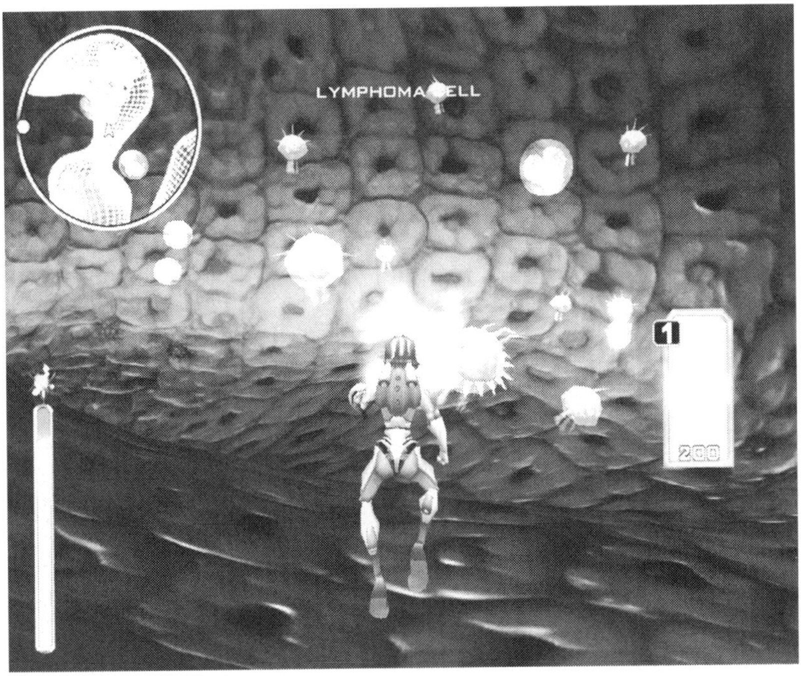

Innerhalb der Mission führt das Scheitern zum Neustart, sodass die Spielfigur zu Beginn der Mission erneut auftaucht. Eine determinierte Anzahl von Versuchen wird dabei nicht vorgegeben. Auch Schäden aus vorherigen Versuchen werden nicht in den Neustart importiert. Zwar kann im Optionsmenü eingestellt werden, dass Roxxi unverwundbar und die Munition endlos ist, doch einige Missionen implizieren ein Scheitern. In einer beispielhaften Mission soll die Ausbreitung einer Infektion verhindert werden. Dazu werden bakterielle Gegner dargestellt, welche sich massenhaft durch die Organe des Patienten Ryan bewegen. Nach einigen Minuten des Bekämpfens der Bakterien mit einem Antibiotikum wird die ludische Sequenz durch eine Videosequenz unterbrochen, in welcher Smitty auf die zuvor erlebten Schwierigkeiten hinweist. Roxxi und Smitty entwickeln gemeinsam einen Plan, wie sie Dr. West berichten und Ryan zur Behandlung der Infektion ins

Krankenhaus zitieren können. Ist dies geschehen, werden Spielende mit erhöhter Erfolgschance erneut in die Mission versetzt.

Einordnung der Repräsentation von Krebs

Wie im biomedizinischen Modell verbleibt die Therapie Krebserkrankter auch in *Re-Mission* in medizinischer Hand. Spielende bekämpfen mittels medizinischer Waffen mutierte Krebszellen, die sich als Ursache der Erkrankungsarten darstellen. Betroffene werden dabei lediglich kurz mit einem Fokus auf ihre Symptome vorgestellt, eine genauere Auseinandersetzung mit individuellen Krankheitsgeschichten findet nicht statt. In Betrachtung des Einsatzzwecks ist anzunehmen, dass die Reduktion auf die Darstellung ausschließlich jugendlicher Betroffener in der Nähe zur eigenen Krankheitswahrnehmung der Zielgruppe begründet liegt. Die Porträts der Betroffenen folgen hierbei nicht in jedem Fall der Stigma-konnotierten Optik. Durch die Fokussierung des Krankheitsverlaufs auf die mikroskopische Ebene innerhalb des menschlichen Körpers, sind die Angriffspunkte für eine mögliche Stigmatisierung der Betroffenen nur gering verfügbar. So kann vor allem das spielmechanische Aufgreifen betrachtet werden. Leidet eine Person unter Übelkeit aufgrund der Therapie, müssen Spielende, angewiesen durch den Mentor, entsprechende Reaktionen folgen lassen, um dieses Symptom wiederum zu lindern. Der Fokus liegt dabei auf therapeutischen Maßnahmen, um das körperliche Befinden zu verbessern, insbesondere aber die Ursache zu eliminieren. Die Bezeichnung der Reparaturmedizin nach Egger findet hierbei Anklang.

Re-Mission legt den Fokus auf systemische Vorgänge einer Krebserkrankung in den Organismen der Personen und bildet medizinische Kettenreaktionen ab. Spielende können beobachten, wie sich eine Krankheit ohne das eigene Zutun ausbreitet und durch entsprechende Handlungen eingedämmt werden kann. Messbare Faktoren aus dem biomedizinischen Umfeld werden in einer Ökonomisierung als Spielmechaniken genutzt. Körpertemperatur, Blutdruck oder Übelkeit stellen nicht nur Seiteneffekte spielerischen Handelns dar, sondern bestimmen das Regelwerk des Spiels. Ein Missachten der Körperreaktion führt zum Scheitern und der notwendig werdenden Wiederholung der Mission. Die von Spielenden angeführte Bekämpfung einer ausgewählten Krebserkrankung erhält durch die Wirksamkeit des spielerischen Handelns ein authentisches Moment von einer Wirksamkeit der gesamten Therapie.

Die Verortung des Spiels findet bereits zu Beginn und über den gesamten Spielverlauf hinweg innerhalb des menschlichen Körpers oder einem Testumfeld auf mikroskopischer Ebene statt. Dies liegt zum einen an der Tatsache, dass die Spielfigur mikroskopisch klein ist, während es zum anderen aufgrund des Einsatzes des Spiels in der Therapie lediglich die medizinische Wirkungsweise einer derartigen Erkrankung sowie Behandlungsmethoden beziehungsweise Medikamente thematisiert. Eine Reduktion grafischer Mittel ist nicht nur auf das verhältnismäßig hohe Alter des Spiels, sondern die hinreichende Notwendigkeit symbolischer Mittel zurückzuführen. Während sowohl gut-, als auch bösartige Zellen als solche identifizierbar sind, sind medizinische Waffen einer symbolischen Darstellungsweise unterlegen. Eine naturwissenschaftlich anmutende Glaubwürdigkeit wird überdies durch die Wissensvermittlung, die die Figur des Mentors leistet, vorangetrieben.

Zwar lässt *Re-Mission* soziale Begleiterscheinungen von Krebserkrankungen nicht vollständig außer Acht, werden doch Betroffene in einem Kurzprofil mit Porträt, teilweise mit Krankheitsgeschichte, vorgestellt. Auch Smitty spricht der Krebserkrankungen eine gewisse, gar personifizierte, Mächtigkeit zu und verweist auf einen fortwährenden Kampf: »We are battling a very elusive enemy. The toughest. Cancer.« Dennoch ist hier das Augenmerk ganz mechanistisch auf den Krankheitsverlauf und eventuell auftretende Schwierigkeiten gesetzt und das Geschehen findet abseits des individuellen Lebens statt, in das eingegriffen wird. Begründet werden kann dies durch die Adressierung von Betroffenen und somit die Einschränkung der Betrachtung systemischer Vorgänge zum Erreichen einer steigenden Compliance. Somit ist die Einordnung des Spiels in seiner Repräsentation von Krebs in das biomedizinische Krankheitsmodell plausibel. Die oben erwähnte Fähigkeit eines digitalen Spiels zur Simulation ergibt hingegen auch im Kontext des angestrebten medizinischen Nutzens Sinn, wie Tate et al. berichten. Spielende seien durch *Re-Mission* in der Lage, die negative Konsequenz einer resistenten Entwicklung von Krebszellen zu erfahren, wenn sie die Eingabe von Chemotherapien versäumen (Tate et al. 2009, 31).

5. Krebs als Drache

In einem weiteren Spiel, das Krebserkrankungen thematisiert, findet sich ein gänzlich anderer Ansatz der Krankheitsrepräsentation, der sich eher als (Auto-) Pathografie dem Thema nähert und gleichsam als kreative Trauerarbeit gelten kann: Die junge Familie um Ryan und Amy Green verlor im Jahr 2014 ihren Sohn Joel Evan Green an Krebs. Seine Diagnose, AT/RT[6], wurde im Alter von einem Jahr gestellt, woraufhin zahlreiche Operationen und Bestrahlungen folgten, häufig palliativen Charakters (That Dragon, Cancer, o.D.). Schließlich verstarb Joel im Alter von fünf Jahren. Bereits vor seinem Tod begannen die Eltern, mediale Aufmerksamkeit durch einen Blog zu erhalten, auf dem sie ein wachsendes Publikum

6 Kurz für atypischer teratoider/rhabdoider Tumor, ein bösartiger Tumor mit Sitz im Gehirn, der in den meisten Fällen in den ersten Lebensjahren von Kindern auftritt. Es handelt sich um eine seltene Krebsform (National Cancer Institute, »ATRT«).

an dem Erleben der Erkrankung des Kindes und den Konsequenzen der Diagnose für das Leben der Familie teilhaben ließen. Ryan Green begann, zusammen mit einem kleinen Team im Rahmen des Indie-Entwicklungsstudios Numinous Games ein kommerzielles Videospiel über die Geschichte seines Sohns zu entwerfen. Es stieß in früh veröffentlichen Demos auf große Resonanz bei Spielenden, sodass es mittels kollektiver Finanzierung und Öffentlichkeitsarbeit gelang, das Spiel im Jahr 2016 zu veröffentlichen (Tanz 2016).

Narrative Rahmung und Spielmechanik

That Dragon, Cancer behandelt das Krankheitserleben Joels und seiner Familie und verortet die Narration dabei innerhalb ihrer alltäglichen Lebenswelt zwischen Krankenhaus, Privatraum und Kirche. Es handelt sich weniger um ein klassisches digitales Spiel, in dem taktisches oder geschicktes Handeln erforderlich ist, als um eine interaktive Erzählung, die einer emotionalen Auseinandersetzung bedarf. Familiäre Verhältnisse werden innerhalb der Narration bereits in den ersten Minuten des Spielens erläutert, indem die Eltern mit ihren Söhnen an einem Ententeich durch ein Gespräch repräsentiert werden. Die Gesamtheit der Dialoge ist mit den Stimmen der Familie belegt und entstammt ihren Erlebnissen und Erinnerungen, sodass Spielende eine Positionierung inmitten der Privatheit der Familie erleben. Gesprochener und geschriebener Text, Voicemails, Briefe und Gedanken treiben die Erzählung voran. Einzelne Sequenzen bestehen dabei aus einer künstlerischen, nichtlinearen Erzählweise, die Zeitsprünge einbindet oder Figuren innerhalb eines Raums multipel darstellt.

Die Mechanik des Spiels zeichnet sich durch Reduktion und Langsamkeit aus. Spielende haben minimale Einflussnahme und Interaktionsmöglichkeiten, sodass zwar Szenen beigewohnt, dabei aber beispielsweise lediglich die Kontrolle über die Perspektive übernommen werden kann. Die Rolle Spielender ist dabei nur selten klar definiert oder gar auf eine Figur beschränkt. Innerhalb eines Kapitels kann zwischen der Einnahme des Point of View des Vaters, eines Vogels oder einer körperlosen Anwesenheit changiert werden. Während die Ausgangslage bereits zu Beginn des Spiels erklärt wird, entwickelt sich das Spielerlebnis zu einer determinierten Erfahrung und Partizipation am Leben Joels und seiner Familie.

Die kurze Spielzeit von knapp zwei Stunden wirkt sich auf das Tempo des Spielens eher als ein Vorschlag denn als Vorgabe aus. In der Rezeption lässt das Spiel oft frei entscheiden, wie intensiv und detailreich es erlebt wird, da Handlungen nur selten einem Zeitdruck unterliegen. Beispielsweise werden Spielende, im Krankenzimmer beginnend, mit einer sehr hohen Anzahl bunter Grußkarten konfrontiert, die reale Trauer- und Grußworte, Erinnerungen und persönliche Abschiedsworte von Personen enthalten, die Erfahrungen mit Krebserkrankungen sammeln mussten. Das Ausmaß des Lesens dieser Karten obliegt dabei spielerischer Freiwilligkeit. Ebenso verhält es sich mit gemalten Bildern und Fotografien, die sich an den Wänden des Krankenhauskorridors befinden. Als Artefakte des realen Erlebens von Krebserkrankungen finden diese innerhalb des digitalen Spiels ihren Platz und transportieren neben dem Gefühl einer Authentizität der Erzählung weitere emotionale Impulse.

Das Spiel ist geprägt von wechselnden Stimmungen, die auf den ersten Blick dem thematischen Kontext der Erkrankung nicht angemessen erscheinen mögen. Doch das Erleben der Krebserkrankung war innerhalb der Familie Green nicht nur von traurigen Momenten geprägt (Stuart 2016). Die Implementierung von Minispielen wie eines Kart- oder Arcade-Simulators unterbricht die ernste Atmosphäre für kurze Momente und provoziert spaßige Leichtigkeit. Diese Momente lassen die Erkrankung in den Hintergrund rücken und erzeugen einen Eindruck der Gesundheit, während sie den Charakter des Kindes hervorheben. So wird die chaotische Gefühlslage betont, in die sich Betroffene und Angehörige versetzt fühlen können, wie etwa Keith Stuart berichtet (ebd). Viele der Berichterstattungen zum Spiel besprechen überdies persönliche Verluste und Trauer, wodurch deutlich wird, dass *That Dragon, Cancer* durch die subjektivierende Darstellungsweise Emotionalität und die Auseinandersetzung mit eigenen Erfahrungen evozieren kann.

Während die grafische Umsetzung einer Abstraktion folgt, die Details wie die Mimik der Figuren durch Fernbleiben von Gesichtsmerkmalen auslässt, werden viele der Erlebnisse und Gefühlslagen in Metaphern dargestellt. Beispielsweise wird in einer Gesprächssituation die agierende Figur mittels eines Spielzeugs ausgewählt, das in den Händen Joels bedient werden kann, und so die Atmosphäre durch eine kindliche Perspektive gebrochen. Im Zimmer befinden sich Bilder eines Leuchtturms bei stürmischer See an der Wand. Während des Gesprächs, aus dem die geringe Lebenserwartung Joels deutlich wird, füllt sich der Raum bis zu den Schultern der Figuren mit Wasser aus einem Unwetter. Die Szene schließt, indem sich Spielende mit Joel, der eine Rettungsweste trägt, in einem kleinen Boot auf dem wilden Wasser befinden. Die für Joel lebensbedrohliche Situation wird metaphorisch auf die Gefahr zu ertrinken übertragen.

Einordnung der Repräsentation von Krebserkrankungen

Die Krebserkrankung Joels an sich wird in *That Dragon, Cancer* auf verschiedene Weise repräsentiert. Einen zentralen Stellenwert in der Narration nimmt der christliche Glaube ein, der im Laufe des Spiels infrage gestellt und zurückerlangt, begriffen und neu aufgearbeitet wird. Die Nachtgeschichte der Eltern an die Kinder weist dabei auf die zentralen religiösen Fragen, die mit der Erkrankung einhergehen, hin und liefert die Grundlage für den Namen des Spiels. Als Minispiel in Form eines Sidescrollers wird diese Erzählung spielbar, während sie simultan auf auditiver Ebene das Geschehen vorgibt. Darin nimmt Joel die Position eines

Ritters ein, der von einem Drachen namens Cancer gejagt wird. Die der Spielfigur im Verlauf der Geschichte zugeschriebene Rüstung sowie das Auffinden einer sicheren Höhle kann metaphorisch für eine Therapie mit ersten Erfolgen gelesen werden. Explizit wird ihm »grace« als Spezialfähigkeit zugesprochen, welche die Kinder als Unterstützung für den Ritter interpretieren. Verbildlicht wird dies durch einen Vogel, der Spielenden bei der Überschreitung eines unüberwindbaren Objekts hilft. Der Drache hingegen wird als großer, mächtiger Gegner dargestellt, der nur mit Gottes Unterstützung besiegt werden kann – entweder durch einen positiven Ausgang oder durch die Erlösung im Tod.

Symbolische und figürliche Darstellungen von Krebserkrankungen finden sich etwa in Form von Dornenranken und Bäumen, die sich in den Hintergrund der Szenerien einordnen und einen ornamentalen und zugleich erhabenen Charakter in den Raum transportieren. An einigen Stellen formen sie sich zu einer aus biomedizinischer Sicht akkurateren Darstellung als zellenförmige Kugeln mit auswuchernden Tentakeln, ähnlich der Repräsentation in *Re-Mission*. Während sie oft pulsierend im Hintergrund einer Szene verweilen und die Erkrankung so eine Omnipräsenz erhält, wirken sie in anderen Szenen unmittelbar gefährlich für das spielerische Handeln. So scheint, narrativ in einen Albtraum des Vaters eingebettet, Joels Leben symbolisch durch die Krebszellen bedroht, als er sich an einigen zu Luftballons geformten, aufgeblasenen Gummihandschuhen festhält. Er schwebt im All zwischen den dornenartigen Zellen, die sich in seine Richtung bewegen und mit der Zerstörung der lebenserhaltenden Ballons drohen (siehe Abb. 3). Mit dem unvermeidbaren Verlust des Letzten stürzt das Kind in die Tiefe.

Abb. 3: Darstellung der Krebszellen in That Dragon, Cancer

Repräsentationen der Erkrankung, wie sie aus anderen Medien bekannt sind, finden etwa durch Environmental Storytelling[7] im Spiel Platz. Während oben erwähnte Grußkarten neben einem realweltlichen Bezug davon erzählen, wie viele Personen von Verlusten durch die Erkrankung betroffen sind, wird in anderen Szenen des Spiels die medizintechnische Ausstattung des spielerischen Raums zum Bedeutungsträger. Auf auditiver Ebene sind ein Piepen oder andere Geräusche präsent, die mit einem Krankenhausaufenthalt assoziiert werden können und die Semantik eines zehrenden Krankenhausalltags transportieren – Mittel, die auch in anderen medialen Werken zum Einsatz kommen. Die Darstellung des medizinischen Equipments und großer Bestrahlungsmaschinen wirken im Vergleich zu dem kleinen Körper des Kindes übermächtig, die Figur deplatziert. Beispielsweise erhält der große Infusionsbeutel durch die überzeichnete Darstellung des Inhalts in einem grünleuchtenden Farbton die Zuschreibung eines Gifts. Farben spielen im gesamten Spiel eine wichtige Rolle zur Vermittlung von Stimmung und Bedeutung. Die klinische und sterile Atmosphäre eines Krankenhauses wird innerhalb der Räumlichkeiten immer wieder gebrochen und changiert zwischen kühlen und warmen Farbtönen. Insbesondere ein Schreiten durch den Flur des Krankenhauses weist mit jedem Schritt einen steten Wechsel auf und repräsentiert die oben erwähnte Veränderung in der Wahrnehmung der Erkrankung und ihrer Folgen.

In seiner Darstellung bedient sich *That Dragon, Cancer* Mechaniken des biopsychosozialen Krankheitsmodells, das, Egger folgend, aus den drei Ebenen des Körperlichen, Seelischen und ökosozialen Lebensbedingungen besteht. Der körperliche Aspekt dieser Auffassung findet sich im Spiel in jenen Darstellungen wieder, die sich mit dem Körper des Patienten an sich als Bezugspunkt und Sitz der Krebserkrankung beschäftigen. Gerahmt wird die körperliche Ebene durch all jene Szenen, die sich innerhalb der Klinik befinden und eine nahezu alltägliche Wiedergabe des Verweilens innerhalb dieser Institution veranschaulichen. Nicht nur die visuelle, sondern auch auditive Vermittlung von Informationen aus dieser Umgebung, etwa das Piepen eines medizintechnischen Geräts, beschränken dabei die Geschehnisse auf diesen Ort. Die bereits angesprochenen Stigmata, die mit der Darstellung eines gewissen physischen Erscheinungsbilds einhergehen, lassen sich sowohl auf die körperliche wie seelische Repräsentationsebene beziehen. Während es sich um ein Kleinkind handelt, das oft ohne Kleidung und in zusammengekauerter Haltung dargestellt wird, erscheint es im Vergleich zu Therapiegeräten besonders klein und schutzlos. Hiermit wird der Körper des Kindes genutzt, um die Mächtigkeit und den starken Einfluss einer Krebserkrankung

7 Der Begriff des ›Environmental Storytelling‹ findet hier im Sinne eines »gezielte[n] Einsatz[es] von potentiell bedeutungsvollen Raumarrangements, die erst in der Interpretation durch den Spieler in Narration umgewandelt werden[,]« (Ascher 2014) Verwendung.

auf die betroffene Person zu demonstrieren und weist ihr zugleich den Status eines Opfers zu. Zwar können auch Anteile des biomedizinischen Krankheitsmodells im vorliegenden Beispiel gefunden werden, doch verhalten sich diese nur nebensächlich. So wird neben der Visualisierung der Erkrankung durch ihr medizinisches Stattfinden auch in ärztlichen Gesprächen ein professioneller Eindruck vermittelt, indem fachbegriffliche Ausdrücke in den Dialogen verwendet werden. Dies wird jedoch häufig in den Hintergrund gerückt, wie etwa die oben beschriebene Szene des mit Wasser volllaufenden Zimmers veranschaulicht. Das Gespräch verschwimmt im aufsteigenden Unwetter und demonstriert die seelische Verfassung der Elternteile (siehe Abb. 4).

Abb. 4: Die seelische Komponente der Erkrankung wird metaphorisch ausgedrückt

Die Darstellung von Infusionen und Geräten geht währenddessen mit der Repräsentation der seelischen Ebene des Krankheitsvorkommens einher. Hier findet ein Wechsel der Verortung des Geschehens statt. Anstelle eines klinischen Umfelds wird der Raum zu einem Gedankenspiel aus zerrissenen Häusern, großen Sälen oder dem offenen Meer. Mithilfe metaphorischer Bebilderung konkretisiert sich dabei die Gefühlswelt des Betroffenen, wie auch seiner Angehörigen. Wechselnde Stimmungen werden aus der Spielmechanik heraus auf Spielende übertragen. Die Religiosität der Angehörigen wird nicht nur in der Narration verortet, sondern bietet gleichzeitig Spielenden Lösungsvorschläge für das Aufrechterhalten von Hoffnung. Insbesondere im Verlust finden viele Menschen den Weg zum Glauben. In *That Dragon, Cancer* nehmen Krebsarten eine stellvertretende Rolle für den Tod ein, welcher determiniert an den Anfang der Geschichte gesetzt wird und im Spielverlauf in verschieden präsenter Darbietung agiert. Die Ebene der ökosozialen Repräsentation ergibt sich aus den oben genannten Faktoren im Wechselspiel der Figuren untereinander. Das Zusammenleben der Familie wird bereits zu Beginn reflektiert und immer wieder aufgegriffen. Aus diversen Telefonaten und Mitschnitten von Unterhaltungen zwischen den Kindern ergibt sich die Repräsentation eines starken Familienzusammenhalts.

In Betrachtung der Lokalisierung des Spielgeschehens lassen sich Unterschiede zu *Re-Mission* feststellen. Eine Krebserkrankung wird nicht innerhalb des menschlichen Organismus, sondern als äußeres Erscheinungsbild einer Person und als Auswirkung auf soziale Umstände innerhalb einer Familie dargestellt. Diese Betrachtungsweise schließt die drei Dimensionen des biopsychosozialen Krankheitsmodells ein und lässt Spielende sowohl auf körperliche, seelische, wie soziale Effekte blicken. So wirken sich die Langsamkeit und der ästhetische Reduktionismus auf die Rezeption aus, indem sie die Narration in den Vordergrund stellen und somit Gedanken und Gefühle fokussieren. Der relativ eingeschränkte Handlungshorizont Spielender kann metaphorisch für das Erleben von Krebserkrankungen gelesen werden. Das Spiel stellt als Werk an sich, aber auch innerhalb verschiedener Szenen – etwa jene der Grußkarten – ein Angebot freiwilliger Rezeption dar, das biopsychosoziale Parameter der Erkrankungsarten erkundet.

Während die Eltern Joels zusammen mit dem Entwicklungsstudio ein Spiel entwickelten, das ihren Sohn im Rahmen seiner Familie in seinem kurzen Leben verewigte, entstand ein Spiel mit beträchtlicher Reichweite im öffentlichen Diskurs. Nicht nur ermöglicht es Menschen, die Krankheitsgruppe Krebs in einem ganzheitlichen Konzept zu erfahren. Auch ist eine emotional kurative Wirkung für die Angehörigen auszumachen: »The videogame became Green's primary method of dealing with Joel's illness, as well as his connection to a son he struggled to understand« (Tanz 2016). Dieser therapeutische Effekt für Produzierende und Rezipierende kann als Hervortreten des Spiels aus seinem ökonomischen Charakter als Produkt gelesen werden.

6. Schlussbetrachtung

Krebs stellt eine Gruppe von Erkrankungen dar, die mediales Potenzial zur Inszenierung dramatischer Erzählungen besitzt. Dieser Beitrag ergründet Möglichkeiten, die Erkrankungsarten einzuordnen und verweist dafür auf zwei Krankheitsmodelle. Im biomedizinischen Modell wird in der Medizin Krankheit aus einer naturwissenschaftlichen Perspektive mit Fokus auf biologische Vorgänge beleuchtet. Krankheit und Gesundheit schließen sich gegenseitig aus, sodass sich ein Mensch in dieser Dichotomie nur auf einer Seite befinden kann. In einem digitalen Spiel bietet sich diese Herangehensweise für die Umsetzung einer Spielmechanik an. *Re-Mission* setzt sich die Eliminierung bösartiger Zellen zum Ziel und erteilt Spielenden einen klar definierten Auftrag. Das entstehende Gefühl der Agency wirkt sich dabei positiv auf die Compliance Spielender aus.

Das biopsychosoziale Krankheitsmodell betrachtet Krankheit in einem ganzheitlichen Konzept, das sich neben der körperlichen Verortung gleichsam auf psychische sowie soziale Lebensbedingungen konzentriert. Gedanken und Gefühle werden als bedeutsam erachtet und stellen den Menschen in einem komplexeren Kontext dar. Gesundheit und Krankheit verhalten sich orthogonal zueinander, während sich Krankheit als eine Dysfunktionalität der Selbstheilung des Körpers darstellt. Auf diese Weise bietet sich dieses Verständnis zur Darstellung des menschlichen Lebens in einem emotional betonten Rahmen an. Die Verarbeitung dieses Modells in einem digitalen Spiel gestaltet sich hierbei ebenso komplex. *That Dragon, Cancer* stellt Spielende vor eine determinierte Ausgangslage mit chaotischem Verlauf, der in seiner Gesamtheit das persönliche Erleben einer Krebserkrankung illustriert. Die Limitierung spielerischer Möglichkeiten bewirkt dabei eine Dekonstruktion von Handlungs- und Wirkungspotenzial im Sinne der Agency und lässt die Erkrankung übermächtig erscheinen.

Im Vergleich zu *Re-Mission* weist *That Dragon, Cancer* eine Narration auf, die psychische und soziale Effekte von Krebs involviert und verschiedene Mittel nutzt, um Emotionen zu transportieren. Die bereits angesprochene Darstellung von biopsychosozialen Konsequenzen der Erkrankung bietet mehr Anknüpfungspunkte für eine dramaturgische Erzählweise einer individuellen Krankheitsgeschichte. Dadurch, dass »Körperliches, Seelisches und ökosoziale Lebensbedingungen [...] parallel zu untersuchen bzw. zu bearbeiten [...]« (Egger 2017, 34) seien, kann von diesen verschiedenen Dimensionen auf die Erkrankung zugegriffen und ihre Wirkung betrachtet werden.

Es ist festzuhalten, dass beide Spiele in unterschiedlicher Herangehensweise Teil der Therapie von Krebserkrankungen sein können. So bietet sich *Re-Mission* zur Rezeption während der Behandlung an und wirkt auf einer psychischen Ebene unterstützend. Durch einen empirischen Kontext entstanden und mit medizinischer Darstellungsweise, verbleibt es in seinem Ursprungsgebiet der Wissenschaft und fügt sich damit in das Bild des biomedizinischen Krankheitsmodells ein. *That Dragon, Cancer* hingegen bietet vor allem in der Produktionsphase eine Möglichkeit, Angehörigen eines Erkrankten zu helfen und ermöglicht noch immer einem breiten Publikum einen sensiblen Ansatzpunkt, durch den auch Außenstehenden eine Vorstellung des Krankheitserlebens vermittelt werden kann. Die Entstehungshintergründe des Spiels können der seelischen sowie sozialen Ebene des biopsychosozialen Krankheitsmodells zugeschrieben werden. Gleichzeitig werden diese Ebenen im Spiel abgebildet und zur Rezeption durch Spielende angeboten.[8]

Es gilt zu berücksichtigen, dass es sich bei den vorgestellten Beispielen um digitale Spiele handelt, die aus unterschiedlichen Beweggründen produziert wurden. Während *Re-Mission* in einen medizinischen Kontext eingebettet wird und sich zur Therapie anbietet, erzählt *That Dragon, Cancer* eine persönliche Geschichte. Eine Vergleichbarkeit beider Titel kann unter genannten Aspekten, nicht aber per se angenommen werden. Stattdessen helfen beide hier besprochenen Modelle, Krankheit in ein Verständnismuster einordnen zu können. Sie geben die Rahmung vor, innerhalb der ein Diskurs stattfinden kann. Es zeigt sich, dass beide Spiele aus dem Kontext ihres Krankheitsmodells entstammen und auch in der Rezeption in diesem verweilen.

Ludographie

DEFEND YOUR LIFE: TD (Alda Games 2014, Alda Games)
THAT DRAGON, CANCER (Numinous Games 2016, Numinous Games)
RE-MISSION (HopeLab 2006, Realtime Associates, Inc.)

Bibliographie

Ascher, Franziska. 2014. »Die Narration der Dinge Teil II – Environmental Storytelling«. *Paidia – Zeitschrift für Computerspielforschung*, 14. November 2014. www.paidia.de/die-narration-der-dinge-teil-2/, letzter Zugriff: 20.04.2020.

Berufsverband Deutscher Internisten e.V. (BDI). o.D. »Gutartige Tumore.« www.internisten-im-netz.de/krankheiten/krebs/alles-ueber-tumore/gutartige-tumore/, letzter Zugriff: 20.04.2020.

Egger, Josef W. 2017. *Theorie und Praxis der biopsychosozialen Medizin. Körper-Seele-Einheit und sprechende Medizin.* Wien: facultas.

Franke, Alexa. 2012. *Modelle von Gesundheit und Krankheit.* 3., überarbeitete Auflage. Bern: Hans Huber (Programmbereich Gesundheit).

Fritz, Elke, und Ludwig, Heinz. 1997. »Was ist Krebs?« In *Krebs – Ein Handbuch für Betroffene, Angehörige und Betreuer*, hg. von Walter König, 25-35. Wien: Springer. doi:10.1007/978-3-7091-7499-9_3

8 Für weiterführende Betrachtungen bietet es sich an, Auswirkungen der Auseinandersetzung mit genannten Spielen auf das Krankheitserleben zu untersuchen. Während *Re-Mission* diesbezüglich bereits produktionsbedingt über empirisches Material verfügt, erforderte *That Dragon, Cancer* größeren Forschungsaufwand.

HopeLab (a). o.D. »Re-Mission Game Manual.« www.re-mission.net/wp-content/themes/remission/downloads/remission-game-manual.pdf, letzter Zugriff: 20.04.2020.

HopeLab (b). o.D. »Re-Mission: Where It All Began.« www.hopelab.org/projects/re-mission/, letzter Zugriff: 20.04.2020.

Kieseritzky, Katrin von. 2014. »Die Chemotherapie.« *Onko Internetportal. Deutsche Krebsgesellschaft*, 10. September 2014.www.krebsgesellschaft.de/onko-internetportal/basis-informationen-krebs/therapieformen/chemotherapie.html, letzter Zugriff: 20.04.2020.

Murray, Janet H. 1997. *Hamlet on the Holodeck. The Future of Narrative in Cyberspace.* New York u.a.: The Free Press.

National Cancer Institute. 2018. »Atypical Teratoid Rhabdoid Tumor (ATRT).« www.cancer.gov/nci/rare-brain-spine-tumor/tumors/atrt, letzter Zugriff: 20.04.2020.

Numinous Games. »That Dragon, Cancer – Official Release Trailer.« Veröffentlicht am 22. Dezember 2015. Video, 2:48. www.youtube.com/watch?time_continue=168&v=vlKCJlhJwxU, letzter Zugriff: 20.04.2020.

o.A. 2012. »ESMO 2012 Press Release: Cancer in the Movies.« *ESMO – European Society for Medical Oncology*, 20. September 2012. www.esmo.org/Conferences/Past-Conferences/ESMO-2012-Congress/News-Press-Releases/ESMO-2012-Press-Releases/Cancer-in-the-Movies, letzter Zugriff: 29.04.2020.

Robert Koch-Institut (RKI). 2010. *Verbreitung von Krebserkrankungen in Deutschland. Entwicklung und Prävalenzen zwischen 1990 und 2010. Beiträge zur Gesundheitsberichterstattung des Bundes.* Berlin: RKI.

Scholten, Chrstine und Zielinski, Christoph. 1997. »Was geschieht im Krankenhaus?« In *Krebs – Ein Handbuch für Betroffene, Angehörige und Betreuer*, hg. von Walter König, 37-78. Wien: Springer. doi: 10.1007/978-3-7091-7499-9_4

Stuart, Keith. 2016. »That Dragon, Cancer and the Weird Complexities of Grief.« *The Guardian*, 14. Januar 2016.www.theguardian.com/technology/2016/jan/14/that-dragon-cancer-and-the-weird-complexities-of-grief, letzter Zugriff: 29.04.2020.

Tanz, Jason. 2016. »Playing for Time. A Father, a Dying Son, and the Quest to Make the Most Profound Videogame Ever.« *WIRED*, Januar 2016. www.wired.com/2016/01/that-dragon-cancer/, letzter Zugriff: 20.04.2020.

Tate, Richard, Jana Haritatos und Steve Cole. 2009. »HopeLab's Approach to *Re-Mission*.« *International Journal of Learning and Media* (1): 29-35. doi: 10.1162/ijlm.2009.0003

That Dragon, Cancer. o.D. »Our Family.« www.thatdragoncancer.com/our-family/, letzter Zugriff: 20.04.2020.

Tschoepe, Christiana. o.D. »R – Remission.« Stiftung Deutsche Krebshilfe. www.krebshilfe.de/informieren/ueber-krebs/lexikon/r/, letzter Zugriff: 20.04.2020.

Wiemeyer, Josef. 2016. *Serious Games für die Gesundheit. Anwendung in der Prävention und Rehabilitation im Überblick.* Wiesbaden: Springer. doi: 10.1007/978-3-658-15472-1

World Health Organization (WHO). 2003. *Adherence to Long-Term Therapies – Evidence for Action.* Geneva: WHO. www.who.int/chp/knowledge/publications/adherence_report/en/, letzter Zugriff: 20.04.2020.

World Health Organization (WHO) Europe. o.D. »Data and Statistics.« www.euro.who.int/en/health-topics/noncommunicable-diseases/cancer/data-and-sta tistics, letzter Zugriff: 20.04.2020.

Abbildungsverzeichnis

Worum es sich zu spielen lohnt
Krankheit im Brettspiel am Beispiel von *Pandemie*

Elsa Romfeld & Torben Quasdorf

Abstract: The cooperative board game *Pandemic* invites players to fight four deadly diseases which are spreading worldwide. The paper examines the implications of picking disease as the theme for a board game. ›Disease‹ is a normative term and describes a condition as deficient, as unwanted, as something you want to get rid of. It is characterized by its appellative nature that, similar to the fight-or-flight response, may manifest itself in the motivation both to combat or to suppress the disease. Furthermore, the paper analyzes how the game addresses and exploits these different motives in dealing with disease: On the one hand, it is an ideal adversary to encourage the players to cooperate in combat. On the other hand, the game components have a tendency toward abstracting disease and suppressing references to personal experiences of illness: *Pandemic* portrays disease as an obstacle which can be removed through the efficient allocation of resources and logistical operations. The extent to which the game perpetuates problematic tendencies of the modern health care system is explored in the last part of this paper.

Keywords: Board games; Cooperative games; Pandemic; Disease; Philosophy of Medicine

Schlagworte: Brettspiele; kooperative Spiele; Pandemie; Krankheit; Krankheitstheorie

1. Einleitung

Jahr für Jahr erscheinen digitale Spiele, die sich mit technischen Innovationen und immer größerer Komplexität überbieten und die uns immer wieder aufs Neue faszinieren und in ihren Bann ziehen. Ein einfaches Spielbrett, ein paar Kartenstapel und weiteres derartiges Material, das ein Brettspiel wie *Pandemie* auf materieller Ebene ausmacht, wirkt dagegen auf den ersten Blick einigermaßen unspektakulär. Vielleicht ist das ein Grund, warum sich die Game Studies in ihren Analysen bislang fast nur mit digitalen Spielen auseinandersetzen und die, wenn man sie so nennen möchte, ›analogen‹ Spiele links liegen lassen. Erst in jüngerer Zeit wird dieser Reflex aus dem Inneren der Game Studies heraus hinterfragt und eine Erweiterung der Perspektive eingefordert, so etwa 2017 von Espen Aarseth in seiner Funktion als Herausgeber der einflussreichen Zeitschrift *Game Studies*: »It is time to recognize that the study of games cannot and should not be segregated into digital and non-digital«. Weiter heißt es: »It is time to embrace the study of all games and all gameplay phenomena, and actively promote this inclusivity« (Aarseth 2017). Dieser Forderung pflichten wir bei und möchten in ihrem Sinne die Perspektive des vorliegenden Bandes über das digitale Spiel hinaus erweitern, indem wir die Frage nach »Krankheit im Spiel« anhand des Brettspiels *Pandemie* von Matt Leacock (2008/2013) diskutieren.

Dazu wird zuerst, mit einer kurzen Einführung in die Entwicklung des Brettspiels im Allgemeinen (2.1) und in *Pandemie* im Besonderen (2.2), eine Einbettung des Spiels in sein spielkulturelles Umfeld vorgenommen, bevor dann *Pandemie* in seinen Grundstrukturen skizziert und in den zentralen Merkmalen ›Kooperation‹, ›Area Control‹ (2.3) und ›Krankheit als Thema‹ (2.4) näher expliziert wird. Daran schließt sich im zweiten Teil (3.) eine detaillierte Analyse der Besonderheit des in *Pandemie* zugrunde gelegten Krankheitsbegriffs sowie der spezifischen Konzeption von ›Krankheit‹ und ihrer Funktion anhand der ambivalenten Bewegung des ›Fight-or-Flight‹ an (3.1 und 3.2), die in eine Problematisierung (3.3) mündet.

2. *Pandemie* – ein Brettspiel und seine Besonderheiten

Als Voraussetzung dafür, Krankheit im Brettspiel detailliert analysieren zu können, gilt es, im Folgenden zunächst ein Grundverständnis des Mediums Brettspiel und der Charakteristika des von uns gewählten Beispiels *Pandemie* herauszuarbeiten.

2.1 Brettspiele heute

Das Spielen von Brettspielen ist eine uralte kulturelle Praxis. Die Ursprünge von Spielen wie Go, Schach oder Backgammon lassen sich Tausende Jahre zurückverfolgen. Doch zu keiner anderen Zeit wurden so viele Brettspiele erdacht, hergestellt, verkauft und vor allem gespielt wie in der unsrigen. Dieser Wachstumstrend beginnt sich in der zweiten Hälfte des 20. Jahrhunderts langsam abzuzeichnen und nimmt ab der Jahrtausendwende immer weiter zu, ohne dass ein Ende in Sicht wäre.[1]

1 Für einen Überblick vgl. Jolin (2016). Weitere Zahlen finden sich etwa bei Arnaudo (2018, 11) und Booth (2015, 1).

Aber was macht Brettspiele so interessant? Wie kommt es, dass sie anderen Unterhaltungsangeboten, nicht zuletzt den aufwendig produzierten digitalen Spielen, nicht heillos unterlegen sind? Die Antwort lautet, dass sie sich zu leistungsfähigen Produktionsstätten begehrter menschlicher Erfahrungen entwickelt haben. Die verschiedenen spielerischen Traditionen und Subkulturen des 20. Jahrhunderts haben, auch im ständigen Austausch untereinander, eine Evolution dieses Mediums vorangetrieben, die im 21. Jahrhundert eine Schwelle erreicht hat, an der das Brettspiel den Sprung aus der Nische eines ›Geek‹-Hobbys hinein in den Massenmarkt vollziehen konnte. *Pandemie*, das sich, nicht zuletzt in Gestalt seiner Spin-offs, über zehn Jahre nach seinem Erscheinen noch auf diesem Markt zu behaupten weiß, ist dafür eines der besten Beispiele – und verdient es auch aus diesem Grund, im vorliegenden Band untersucht zu werden.

An dieser Evolution war das Genre der Wargames, das seine Blüte in den 1960/70er Jahren hatte, genauso beteiligt wie der durch Richard Garfields *Magic: The Gathering* (1993) initiierte Boom rund um die Collectible Card Games. Als besonders folgenreich erwies sich die Erfindung und Entfaltung des Rollenspiels in den 1970/80er Jahren, ausgelöst durch *Dungeons & Dragons* (Arneson und Gygax 1974). Diesen Einflussfaktor hat Marco Arnaudo in seiner Monographie *Storytelling in the Modern Board Game* untersucht und die daraus resultierenden »unprecedented ways to immerse players in a fictional situation« (2018, 17) beschrieben. *Pandemie* ist aber primär Teil einer anderen Strömung des Brettspieldesigns, die sich nicht so leicht anhand inhaltlicher oder spielmechanischer Kriterien abgrenzen lässt. Gemeint ist das Genre der Eurogames, das sich am ehesten als eine gewisse Designphilosophie, ein gewisser Stil fassen lässt, der sich in den 1980/90er Jahren insbesondere in Deutschland herausgebildet hat. Das bekannteste Beispiel hierfür ist Klaus Teubers *Die Siedler von Catan* (1995). Kennzeichnend für diese Spiele (und größtenteils auch für *Pandemie*) ist das Bemühen, die direkte Konfrontation der Spieler[2] zu vermeiden und durch eher indirekte Interaktionen und Konkurrenzbeziehungen zu ersetzen. Typisch sind auch eine begrenzte Spieldauer, ein geringer Glücksfaktor sowie eher unverfängliche Themen, denen die Designer oft wesentlich weniger Aufmerksamkeit schenken als den Spielmechaniken, bei denen sie immer neue Innovationen, Verbesserungen und Kombinationen zu entwickeln suchen. Daraus ergeben sich Spiele in allen erdenklichen Komplexitätsstufen, in denen man immer wieder neue Strategien ausprobieren kann: ›Easy to learn, hard to master‹, lautet eine der Erfolgsformeln des Eurogames. Den bei Weitem größten Unterhaltungswert und Gewinn ziehen die Spieler, wie Stewart Woods in seiner Studie *Eurogames. The Design, Culture and Play of Modern European*

2 Zur einfachen Lesbarkeit wird im vorliegenden Beitrag das generische Maskulinum verwendet. Insofern nicht explizit anderweitig angemerkt, sind jedoch alle Geschlechter gemeint.

Board Games (2012) nachweist, aus den sozialen Erfahrungen, die durch das Spielen dieser Spiele ermöglicht und hervorgebracht werden (146-172).

2.2 *Pandemie:* Entstehung und Spielablauf

Matt Leacock begann 2004 mit der Arbeit an jenem Spiel, das 2008 unter dem Titel *Pandemic* im Spieleverlag *Z-Man Games* in den USA veröffentlicht wurde.[3] Noch im gleichen Jahr erschien auch die erste deutsche Version unter dem Titel *Pandemie*. Das Spiel wurde von Spielern und Kritikern begeistert aufgenommen, für zahlreiche Preise nominiert und gilt heute als Meilenstein des modernen Brettspieldesigns. Insbesondere für die Popularisierung des Genres der kooperativen Brettspiele stellt *Pandemie* den entscheidenden Durchbruch dar. Ungewöhnlich war, dass Leacock ausgerechnet die Ausbreitung von Krankheiten und deren Bekämpfung als Thema für sein Spiel auswählte. Beide Charakteristika, die kooperative Spielweise und das Thema Krankheit, werden noch näher zu analysieren sein.

Der Erfolg bei Kritikern und Spielern führte dazu, dass ab 2009 immer wieder Erweiterungen auf den Markt kamen, mit denen sich das Grundspiel variieren oder, durch Verwendung zusätzlicher Module, komplexer gestalten ließ. Darüber hinaus erschienen diverse eigenständige Spiele, die sich mal thematisch, mal spielmechanisch auf das Ursprungsspiel *Pandemie* beziehen sowie eine digitalisierte Version. Unter den Spin-offs sticht besonders *Pandemic Legacy: Season 1* (2015) heraus, denn noch einmal gelang es Matt Leacock, zusammen mit Co-Designer Rob Daviau, einem revolutionären neuen Spielprinzip, dem Legacy-Prinzip, zum Durchbruch zu verhelfen und das zeitgenössische Brettspieldesign damit nachhaltig zu beeinflussen.[4]

2013 wurde eine Neuauflage von *Pandemie* mit kleinen Veränderungen am Spielmaterial auf den Markt gebracht, an der sich alle nachfolgenden Erweite-

---

3 Die Entstehungsgeschichte des Spiels wird in einem Artikel von Rick Lane ausführlich dokumentiert (2016).

4 Ein Legacy-Spiel zeichnet sich dadurch aus, dass es einen narrativen und spielmechanischen Spannungsbogen herstellt, der alle Partien, von der ersten bis zur letzten, miteinander verknüpft. Alle Vorkommnisse und gefällten Entscheidungen der Spieler werden unumkehrbar zum Teil der ›Geschichte‹ dieses Spiels. Das kann z.B. bedeuten, dass ein Spieler über mehrere Partien hinweg einem gespielten Charakter neue Fähigkeiten hinzufügen, ihn Beziehungen zu anderen Charakteren eingehen lassen kann u.v.m., aber auch, dass dieser Charakter sterben und damit nie wieder gespielt werden kann. In Legacy-Spielen werden Teile des Spielmaterials erst nach und nach aus versiegelten Umschlägen und Boxen hervorgeholt. Anderes Spielmaterial wird womöglich beschriftet, überklebt, zerrissen, weggeworfen. Daraus ergeben sich völlig neue Dimensionen der Spielerfahrung, wie sie z.B. von Marco Arnaudo (2018, 179-189) und Ivan Mosca (2017) beschrieben werden.

rungen und Spin-offs orientieren. Auch wir haben unserer Untersuchung diese Version zugrunde gelegt.[5] Aber worum geht es in diesem Spiel genau und wie läuft eine typische Partie ab? Das soll im Folgenden kurz skizziert werden.[6]

Abb. 1: Spielbrett mit Seuchenwürfeln, Rollenkarten und anderem Spielmaterial

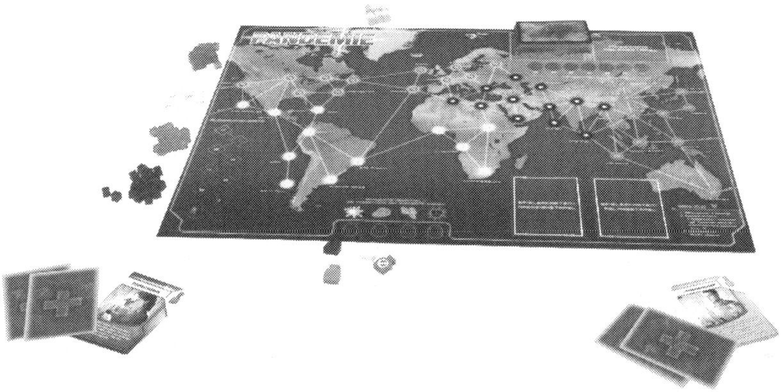

Pandemie ist ein kooperatives Brettspiel für zwei bis vier Spieler. Die Prämisse des Spiels lautet, dass vier gefährliche »Seuchen«[7] ausgebrochen sind und sich weltweit verbreiten. Gelingt es den Spielern, rechtzeitig für jede dieser Seuchen ein »Heilmittel« zu entdecken, haben sie das Spiel gewonnen. Gleichzeitig müssen sie aber dafür sorgen, dass die Seuchen sich nicht zu stark ausbreiten oder durch wiederholte »Ausbrüche« außer Kontrolle geraten, denn dann kann eine von mehreren Bedingungen eintreten, die zu einer sofortigen Niederlage führt. Wie diese Situation sprachlich vermittelt wird und welche Implikationen das hat, wird im Kapitel »Krankheit in *Pandemie*« noch genauer herausgearbeitet; an dieser Stelle soll es zunächst nur um die wichtigsten Spielregeln und eine grobe Skizze des Ablaufs gehen. Grundsätzlich ist festzuhalten, dass die Spieler in *Pandemie* nicht jeder für sich darauf hinarbeiten, den Sieg zu erringen, sondern dass sie kooperativ, als Gemeinschaft, als Team agieren und als solches gewinnen oder verlieren.

5 Bei neueren Nachdrucken der deutschen Version des Spiels lautet der Titel nun »Pandemic«, vermutlich um die Titel der Spiele insgesamt zu vereinheitlichen. Bei der 2015 erschienenen deutschen Version von *Pandemic Legacy* war der Titel von Anfang an unübersetzt geblieben (Leacock 2012).

6 Weitere Details zum Spielablauf kann man den im Internet zugänglichen Spielregeln entnehmen.

7 Die krankheitsbezogenen Termini sind als Zitate der Spielanleitung entnommen (Leacock 2012). Die konkrete Wortwahl verdient durchaus Beachtung, denn auch in ihr spiegelt sich wider, wie Krankheit in *Pandemie* dargestellt wird.

Ihr Gegner ist das Spiel selbst. Im Abschnitt 2.3 gehen wir neben der Area-Control-Mechanik auch auf den kooperativen Modus als wichtigen Einzelaspekt noch gesondert ein.

Das Spielbrett wird von einer Weltkarte dominiert, in der 48 Metropolen wie New York, Bangkok und Johannesburg eingezeichnet sind. Sie sind in verschiedenen Konstellationen mit benachbarten Städten, auch über kontinentale Grenzen hinweg, miteinander verbunden. Unter anderem über diese Verbindungen bewegen sich die Spielfiguren zwischen den Städten hin und her. Zu Beginn des Spiels werden neun dieser Städte zufällig ausgewählt und mit je ein bis drei »Seuchenwürfeln« »infiziert«. Reihum sind die Spieler an der Reihe und ihr Zug endet jedes Mal damit, dass sie zwei oder mehr »Infektionskarten« ziehen und einen weiteren Würfel in die darauf abgebildeten Städte legen müssen. Durch gewisse Spielmechaniken wird die Wahrscheinlichkeit erhöht, dass Städte, die bereits einmal infiziert waren, erneut gezogen werden. Dabei kann jede Stadt maximal drei Würfel enthalten. Käme ein vierter hinzu, ereignet sich stattdessen ein Ausbruch, bei dem die Seuche sich explosionsartig vervielfacht und mit je einem Würfel in alle benachbarten Städte ausbreitet. Befinden sich dort bereits Würfel, kann es womöglich in einer Kettenreaktion zu einer ganzen Serie von Ausbrüchen kommen. Dies gilt es zu verhindern, denn wenn eine bestimmte Menge von Ausbrüchen erfolgt oder sich zu viele Seuchenwürfel auf dem Brett befinden, haben die Spieler verloren.

Um dies zu verhindern, stehen jedem Spieler pro Zug vier Aktionen zur Verfügung, etwa um von Stadt zu Stadt zu reisen oder die Aktion »Krankheit behandeln« durchzuführen, wodurch ein Seuchenwürfel aus der Stadt, in der sich die Spielfigur gerade befindet, entfernt und zurück in den Vorrat gelegt wird. Jeder Spieler hat außerdem zu Beginn eine Rollenkarte erhalten, die ihm besondere individuelle Fähigkeiten verleiht: In der Rolle des »Sanitäters« kann man mehr Seuchenwürfel entfernen, als »Logistiker« kann man fremde Spielfiguren so bewegen, als wären sie die eigene. Die Krankheiten breiten sich aus, die Spieler drängen sie zurück. Zusätzlich müssen sie versuchen, fünf gleichfarbige »Stadtkarten« zu sammeln, die nötig sind, um die Aktion »Heilmittel erforschen« für die Krankheit in der entsprechenden Farbe durchzuführen. Das Verhalten der Seuchen wird aber nicht nur durch die Infektionskarten, sondern auch durch vier bis sechs »Epidemiekarten« gesteuert (deren Anzahl entspricht dem Schwierigkeitsgrad, für den sich die Spieler zu Beginn entschieden haben). Sie tauchen in Abständen, die sich nur ungefähr vorhersagen lassen, im Nachziehstapel mit den Stadtkarten auf und lösen besondere Effekte aus, die darauf zugeschnitten sind, die Spielsituation auf plötzliche und unerwartete Weise eskalieren zu lassen.

2.3 Kooperation und Area Control als Spielmechaniken in *Pandemie*

Die Spannung des Spiels ergibt sich daraus, dass die Akteure mehrere konkurrierende Ziele gleichzeitig verfolgen müssen. Dass die Seuchenwürfel in zwei verschiedenen Regionen gefährlich zunehmen, man aufgrund begrenzter Ressourcen jedoch nur in einer davon aktiv werden kann, ist ein typisches Dilemma. Auch gilt es auszutarieren, wann man sich wie intensiv um das Abwenden der Niederlagebedingungen auf der einen Seite und auf das Herbeiführen der Siegbedingung auf der anderen Seite bemüht. Hinzu kommt der Zeitdruck, denn das Spiel endet automatisch mit einer Niederlage, wenn der Nachziehstapel mit Stadtkarten aufgebraucht ist. Unter diesen Bedingungen genügt es nicht, dass jeder einzelne Spieler isoliert auf eine Verbesserung der Gesamtsituation hinarbeitet. Vielmehr ist erforderlich, dass die Spieler in einem intensiven Austausch eine gemeinsame Vorgehensweise planen und über mehrere Züge hinweg umsetzen. Ressourcen sind nach Bedarf innerhalb der Gruppe umzuverteilen. Die individuellen Sonderfähigkeiten, die jedem Teammitglied durch seine Rollenkarte verliehen werden, sind zum Vorteil der Gruppe einzusetzen.[8]

Während kooperative Spielweisen in anderen Bereichen, etwa im Sport, nichts Ungewöhnliches sind, stellten sie im Brettspiel lange Zeit noch eine Ausnahme dar. Wichtige Vorläufer waren *Arkham Horror* (Krank et al. 1987) und *Der Herr der Ringe* (2000) von Reiner Knizia, auf dessen Einfluss Matt Leacock selbst hingewiesen hat (Lane 2016). Der Erfolg der kooperativen Spiele dürfte auch darauf zurückzuführen sein, dass sie die Spieler zu der oben beschriebenen, intensiven Interaktion anregen. Denn dies ist, wie Stewart Woods nachgewiesen hat, das bei Weitem wichtigste Motiv, warum Spieler heute überhaupt Brettspiele spielen: »the most important factor in player enjoyment of eurogames is the general quality of the social experience that they foster« (2012, 167). Kooperative Spiele haben den Vorteil, dass die Anstrengungen der einen Spieler sich nicht zuungunsten der anderen auswirken und so deren Spielvergnügen beeinträchtigen. Die Gegnerschaft der Spieler untereinander wird aufgehoben und an das Spiel abgegeben. Das heißt aber auch, dass nun das Spielnarrativ selbst einen Gegner generieren muss, und zwar auf eine Weise, die geeignet ist, möglichst intensive Anstrengungen der Spieler zu stimulieren. Es muss etwas ›auf dem Spiel stehen‹. Wie zu zeigen sein wird, kann Krankheit vortrefflich als ein solcher Gegner fungieren. Das

---

8 Dass die Gruppe dabei scheitert, ist übrigens keineswegs selten und das ist von den Designern kooperativer Spiele durchaus so angelegt. Spiele, die sich allzu leicht besiegen lassen, wirken uninteressant und langweilig. Erleben die Spieler aber umgekehrt eine Niederlage nach der anderen, wirkt das niederschmetternd und frustrierend. Eine positive Gesamterfahrung stellt sich, über mehrere Partien hinweg betrachtet, dann ein, wenn Siege und Niederlagen sich abwechseln und in einem günstigen Verhältnis stehen (vgl. Herron et al. 2019).

oben genannte Beispiel *Der Herr der Ringe* ist interessant, weil dieses Spiel sich, um die Gruppe zu formieren und zu motivieren, lediglich auf seine literarische Vorlage berufen muss. Von dem Sinn und der Dringlichkeit des Spielziels, den Ring zu vernichten, müssen die Spieler, die mit dem Tolkien'schen Stoff vertraut sind, nicht mehr überzeugt werden. Im Vergleich dazu bedient sich *Pandemie* anderer Mechanismen, insbesondere des Narrativs der globalen Bedrohung durch Krankheit und der damit verbundenen Sprache der Krise, des Drucks und der Eskalation (vgl. 3.1.2 Realismus, Expansion und Eskalation).

Das individuelle Spielprofil ergibt sich bei *Pandemie*, wie es charakteristisch für ein Eurogame ist, aus der kreativen Verknüpfung von relativ wenigen, sorgfältig ausgewählten Spielmechaniken, die teils bewährt und etabliert, teils neuartig und innovativ sind. Das Management der Kartenhand beispielsweise folgt simplen, altbekannten Spielprinzipien: Spieler ziehen Karten auf die Hand nach, sammeln Karten gleicher Farbe, werfen Karten ab, wenn das Handkartenlimit überschritten wird usw. Eine eher moderne Mechanik stellen dagegen die deutlich asymmetrischen Spielerfähigkeiten dar. Das innovative Potenzial besteht aber nicht nur in der Auswahl, sondern auch in der jeweiligen Verbindung und Verzahnung der Spielmechaniken. An *Pandemie* ist insbesondere die Verknüpfung der kooperativen Spielweise und der Area-Control-Mechanik bemerkenswert.

Steward Woods definiert: »[A]rea control refers to gaining control of a specific game element through the allocation of resources to that element. The entity to be controlled, the resources to be allocated and the method of allocation vary from game to game« (2012, 93). Die meisten Brettspiele, die sich dieser Mechanik bedienen oder sie in den Mittelpunkt des Spielgeschehens rücken, stellen kämpferische Auseinandersetzungen dar. Konkret geht es für die Spieler vielfach darum, Gebiete mit eigenen Einheiten zu besetzen und zu verteidigen, neutrale oder gegnerische Truppen zu verdrängen, gefangen zu nehmen oder zu vernichten. Mit der Kontrolle über die Gebiete können z.B. Siegbedingungen oder strategische Vorteile, wie der Zugriff auf die von dem Gebiet produzierten Ressourcen, verbunden sein. Populäre Beispiele sind etwa *Risk* (Lamorisse 1959) oder *Axis & Allies* (Harris 1981).[9]

Es mag widersprüchlich erscheinen, dass *Pandemie*, in dem es doch darum geht, Menschenleben zu retten, ausgerechnet mit solchen Spielen verwandt sein

---

9 Besonders *Axis & Allies* als Simulation eines konkreten historischen Szenarios (der Zweite Weltkrieg ab 1942) verweist auf die enge historische und spieltypologische Nähe zwischen Area-Control-Spielen und Wargames oder Konfliktsimulationsspielen, wie sie im Deutschen heute meist genannt werden. Deren Ursprünge wiederum liegen in deutschen Kriegsspielen, die zwischen Ende des 18. und Anfang des 19. Jahrhunderts entwickelt und zu Unterhaltungszwecken, aber eben auch, besonders in Preußen, zu militärischen Ausbildungs- und Übungszwecken genutzt wurden. Eine ausführliche Darstellung dieser historischen Entwicklung findet sich etwa in Jon Petersons *Playing at the World* (2012, 204-303).

soll. Letztendlich ist die Area-Control-Mechanik aber in allen Fällen ein Kernelement des Spielkonzeptes und erfordert ganz ähnliche mentale Operationen: Es gilt, die räumlichen Beziehungen eigener und gegnerischer Einheiten zu analysieren, verschiedene taktische und strategische Eingriffsmöglichkeiten gegeneinander abzuwägen und Ressourcen zu ihrer Umsetzung zuzuteilen. Auch am Spielmaterial ist das ablesbar, wenn die als Spielfeld fungierende Weltkarte sich, strukturell gesehen, in allen drei Spielen vollkommen gleicht. Dennoch entsteht bei einer Partie *Pandemie* natürlich nicht, wie in *Risk* oder *Axis & Allies*, der Eindruck, man ›spiele Krieg‹. Neben der thematischen Einbettung, die im nächsten Abschnitt betrachtet werden soll, liegt das auch an der angesprochenen Verbindung der Area-Control-Mechanik mit der kooperativen Spielweise. Auch in *Pandemie* werden eigene Einheiten (die Spielfiguren) unter anderem dazu eingesetzt, die Präsenz des Gegners (in Gestalt der Seuchenwürfel) in bestimmten Gebieten zu beeinflussen. Wenn aber ein Seuchenwürfel durch die Aktion »Krankheit behandeln« aus einer Stadt entfernt wird, richtet sich dieser Akt der Zerstörung nicht gegen die Mitspieler, sondern gegen die den Gegner verkörpernden Krankheiten.

2.4 Brettspiele und ihre Themen – *Pandemie* und das Thema Krankheit

Pandemie war und ist mit einem Thema, nämlich Krankheit, erfolgreich, das in Brettspielen überaus selten verwendet wird. Man könnte sogar sagen, dass es einen auffälligen Gegensatz zu den in Eurogames sonst üblichen Themen darstellt. Woods hat diesen Aspekt untersucht und dabei festgestellt: »Setting aside those games not themed in any way, historical themes constitute 65 percent of all remaining games.« (2012, 108) Er kommt zu dem Ergebnis: »The emphasis on historical and economic themes is a significant trait of eurogames.« (ebd., 110).[10] Ein anderes dominantes thematisches Feld stellen Adaptionen von filmischen und literarischen Stoffen dar (z.B. *Star Wars*, *Der Herr der Ringe* oder die Erzählungen H.P. Lovecrafts).[11]

Es gibt neben *Pandemie* nur wenige Spiele, die Krankheiten und ihre Behandlung zum Thema machen. Dazu zählt beispielsweise *Viral* (d'Orey und Sousa Lara 2017), das die Spieler in die Rolle verschiedener Viren versetzt, die um die Vorherrschaft in verschiedenen Organen eines Patienten kämpfen. Einen krassen

10 Dass diese Bezugnahme auf die Geschichte, insbesondere des europäischen Kolonialismus, eine unkritische und damit problematische ist, wird von der Forschung zunehmend betont und kritisiert. Einen guten Einstieg in diese Thematik bietet Foasberg (2019).

11 Paul Booth analysiert in *Game Play: Paratextuality in Contemporary Board Games* (2015) zahlreiche Beispiele und arbeitet das Potenzial zur Fortschreibung und Aneignung solcher Stoffe heraus, das dem Medium Brettspiel innewohnt.

Gegensatz zum unernsten *Viral* mit seinen überzeichnet-witzigen Illustrationen bildet *Holding On – The Troubled Life of Billy Kerr* (Fox und O'Connor 2018). In diesem kooperativen Spiel gilt es, einen im Sterben liegenden Patienten palliativ-medizinisch zu betreuen und dabei Stück für Stück seine Lebensgeschichte zu rekonstruieren. Die Kategorie »Medical« in der Online-Datenbank BoardGameGeek enthielt 2019 nur gut 300 Spiele, inklusive Erweiterungen (BoardGameGeek o.D.). Bei über 100.000 Einträgen insgesamt entsprach das rund 0,2%. *Pandemie* sticht aber nicht nur durch sein Thema aus der Masse der Brettspiele heraus, sondern auch dadurch, dass dieses klar im Hier und Jetzt verortet ist – und eben nicht in Epochen der Vergangenheit, in fernen exotischen Ländern oder ganz und gar fiktionalen Welten. Auch die Covergestaltung stellt einen Bruch mit verbreiteten Klischees dar, indem die weibliche statt einer der männlichen Figuren deutlich in den Vordergrund gerückt wird und so in der Rolle der Anführerin erscheint. Ihr Laborkittel kennzeichnet sie als Medizinerin oder Wissenschaftlerin, so wird sie primär über ihre Fachkompetenz charakterisiert. Sie ist damit das Gegenteil eines hilfsbedürftigen passiven Wesens, das erst von einem starken männlichen Helden aus einer bedrohlichen Situation gerettet werden müsste.[12]

Den Designern von Eurogames wird oft vorgeworfen, dass sie auf die thematische Gestaltung ihrer Spiele wenig Wert legten. Sie seien allein auf die Spielmechaniken fokussiert und erst am Ende werde dem Spiel irgendein beliebiges, letztlich austauschbares Thema übergestülpt (Woods 2012, 104-110). *Pandemie* geht, wie wir gesehen haben, bei der Wahl seines Themas einen eigenen, individuellen Weg und muss sich den Vorwurf der Beliebigkeit daher nicht gefallen lassen. Es geht aber auch um die Frage, inwieweit die thematischen, narrativen Strukturen mit den spielmechanischen korrespondieren. Solche Korrespondenzen ermöglichen, zusammen mit einer evokativen Gestaltung des Spielmaterials, das Eintauchen in die dargestellte Welt und eine Intensivierung der Spielerfahrung. Sie spielen aber darüber hinaus auch eine wichtige Rolle für das Funktionieren des Spiels, was Woods folgendermaßen beschreibt: »The application of theme [...] serves not only to make the game more readily understandable, but also provides the player with a role around which their actions within the game can be contextualized. In short, it imbues in the player a sense of meaning for all the actions taken in the game and, more importantly, frames those actions in terms of another system.« (2012, 105) Ein Beispiel macht deutlich, was damit gemeint ist: Ein Spieler, der in *Pandemie* die Aktion »Heilmittel erforschen« durchführen möchte, muss sich dazu in einer Stadt befinden, die über ein Forschungszentrum verfügt. Zu

12 Eine hauptsächlich von Edward Saids Thesen zum Orientalismus inspirierte Analyse insbesondere der Bildersprache von Brettspielen stammt von Bruno Faidutti. In seinem Artikel sind über 50 Brettspielcover abgedruckt, die die ganze Bandbreite vorherrschender Stereotype und Klischees vorführen (Faidutti 2017).

Beginn gibt es weltweit nur ein einziges Forschungszentrum, weitere müssen erst aufwendig errichtet werden. Diese Regel macht das Spiel komplexer – und damit interessanter. Da sie im Rahmen des Spielnarrativs Sinn ergibt, wird der Zugang zum Spiel dadurch aber nicht erschwert. Die Spielregel lässt sich leicht erlernen und merken, und zwar deshalb, weil Spieler hier automatisch auf Wissensbestände außerhalb des Spiels zurückgreifen: dass Heilmittel für Krankheiten nicht an irgendwelchen beliebigen Orten entwickelt werden, sondern in besonderen Forschungseinrichtungen, die nur in manchen Städten vorhanden sind.

Die Wechselwirkung der beiden Systeme, die Kontextualisierung oder das Framing, von dem Woods spricht – warum Krankheit geeignet ist, einem Spiel wie *Pandemie* Sinn zu verleihen, welche spezifischen Eigenschaften bzw. Aspekte in der Darstellung von Krankheit *Pandemie* nutzt, um die Spieler zum Handeln herauszufordern und ihren Handlungen konkrete Orientierung zu geben –, soll nun genauer betrachtet werden.

3. Krankheit in *Pandemie*

Eine Pandemie, aus dem Griechischen von πᾶν (*pan*) (= allumfassend, ganz, völlig, gesamt) und δῆμος (*demos*) (= das Volk, die Bevölkerung), ist die länder- bzw. kontinentübergreifende Ausbreitung einer Infektionskrankheit beim Menschen. Eine Infektionskrankheit ist eine durch einen Krankheitserreger, eine »Causa externa« (vgl. Bauer 2006, 1311) wie beispielsweise ein Bakterium, einen Virus oder Pilz, hervorgerufene Erkrankung. Zu bekämpfen bzw. unter Kontrolle zu halten sind in *Pandemie* »vier tödliche Seuchen« (Leacock 2012, 1), also vier hochansteckende Infektionskrankheiten. Jede dieser Seuchen breitet sich epidemisch aus, das heißt zeitlich und örtlich gehäuft bei zunehmender Inzidenz.[13] Glücklicherweise sind sie heilbar und können sogar ausgerottet werden. Auf diese Weise die Menschheit zu retten, ist das Ziel des Spiels (siehe 2.2 *Pandemie*: Entstehung und Spielablauf).

Im Folgenden sollen Konzeption und Funktion von Krankheit in *Pandemie* näher beleuchtet werden. Strukturell orientieren wir uns dabei an der Idee ›Fight-or-Flight‹, der ›Kampf-oder-Flucht-Reaktion‹, wie die Stressreaktion von Tieren und Menschen auf Gefahren knapp in einem Schlagwort zusammengefasst wird.[14] So stellt auch Krankheit in der Regel eine Bedrohung oder Einschränkung für unser Leben dar, die uns in Alarmbereitschaft versetzt: Wir sind bereit zur Ab-

13 Zunehmende Inzidenz bedeutet, dass die Anzahl der neu auftretenden Fälle einer Erkrankung innerhalb eines bestimmten Raum-/Zeitkontinuums steigt.

14 Der Begriff ›fight-or-flight response‹ wurde zu Beginn des 20. Jahrhunderts von dem US-amerikanischen Physiologen Walter Cannon geprägt (vgl. Cannon 1915, 211).

wehr oder zur Flucht. Diese ambivalenten Tendenzen weiß *Pandemie*, wie zu zeigen ist, erfolgreich einzusetzen, um die Attraktivität des Spiels zu steigern. Die Kombination des Themas mit einer überlegten Spielästhetik und Spielmechanik schafft die Gratwanderung zwischen der Ausbeutung der Kampfeslust der Spieler in ihrer Rolle als Helden (3.1) und dem Vermeiden allzu unangenehmer Konfrontation mit Krankheit (womöglich als reale Patienten) durch zurücknehmende Elemente (3.2).

3.1 ›Fight‹ – Im Kampf gegen Krankheit

Die angedeuteten Verbindungen zwischen Krankheit und Kampf, speziell in *Pandemie*, sollen nun genauer analysiert werden. Dazu greifen wir drei wichtige, miteinander interagierende Aspekte heraus.

3.1.1 Appellcharakter von Krankheit

Die Siegbedingung von *Pandemie*, alle vier Heilmittel gegen die Seuchen zu entdecken, kann man erwartungsgemäß den Spielregeln entnehmen. Doch obwohl erst dort Spielablauf und Spielende en détail expliziert werden, fordert uns, so lautet zumindest hier die These, das Spiel bereits zuvor durch seinen Titel zum Kampf gegen Seuchen auf, insofern der Krankheitsbegriff im Allgemeinen wie der Pandemiebegriff im Besonderen ein appellatives Moment in sich tragen. Der amerikanische Philosoph Hugo Tristram Engelhardt führt dazu aus: »Der Krankheitsbegriff dient nicht nur zur Beschreibung und Erklärung, sondern auch dazu, Handlungen anzumahnen. Er zeigt einen Sachverhalt als unerwünscht und als zu überwinden an. Er ist ein normativer Begriff; er legt fest, was nicht der Fall sein sollte« (2012, 44). Dieser in der Medizintheorie als ›Normativismus‹ bezeichneten Position zufolge »sind Krankheiten unangenehm, unerwünscht usw. kurz gesagt: ein Übel« (Schramme 2012, 33).[15] Zudem wird Krankheit aus normativistischer Perspektive per se negativ bewertet: Krankheit steht der Gesundheit im Wege, sie stört diese und »wird üblicherweise konzipiert als […] Subnormalität« (ebd., 30). Daher handelt es sich bei Krankheitszuschreibungen »keinesfalls um pragmatisch neutrale Urteile. Zur Entscheidung, eine Konstellation von Phänomenen als Krankheit zu bezeichnen, gehört die Bereitschaft zur medizinischen Intervention, eine Zuweisung der Krankenrolle und eine Handlungsaufforderung an den Mediziner« (Engelhardt 2012, 58). Eine hochinfektiöse Krankheit wäre dementsprechend nicht bloß etwas, das als Faktum konstatiert würde, sondern das, da es eine Bedrohung für eine Stadt und deren Nachbarstädte darstellt bzw. gar die

15 Demgegenüber behauptet die Gegenposition, der Naturalismus, ›Krankheit‹ sei als Begriff wertneutral und zeige lediglich die Abweichung von einer Norm, etwa von normaler Funktionalität, an.

ganze Menschheit gefährdet, dringend zum Handeln aufruft. – Sie ist etwas, das besser nicht existierte, das vernichtet werden muss, ehe es uns vernichtet, etwas, für das ein Heilmittel gefunden werden *soll*. Das deckt sich durchaus mit unserer Intuition. Die Diagnose einer Krankheit, zumal einer Pandemie, hat in der Regel ein aktivierendes Moment: Man tut nicht nur neutral ihre Existenz kund, sondern warnt zugleich vor ihr und bietet an bzw. fordert auf, Schutz- oder Heil-Maßnahmen zu ergreifen. Niemand will, so er denn die Wahl hat, krank sein; im Gegenteil gehört (der Wunsch nach) Gesundheit nach wie vor zu den wichtigsten Dingen im Leben der Menschen (siehe dazu z.B. Statista o.D.).

Man kann diesen Sachverhalt, also den Appellcharakter von *Pandemie*, auch als Sprechakt interpretieren bzw. rekonstruieren. Die Sprechakttheorie geht – nach ihren Protagonisten John L. Austin und John Searle (siehe Austin 1986) – davon aus, dass wir mit Sprache nicht nur Objekte und Sachverhalte benennen, sondern auch Handlungen vollziehen: Ein Sprechakt umfasst neben dem lautlichen ›Äußerungsakt‹ und dem ›propositionalen Akt‹, mit dem der Sprecher Bezug auf die Welt nimmt, den ›illokutionären Akt‹, in dem sich der performative Charakter manifestiert; hier vollzieht er mit der Äußerung eine Handlung, durch die im ›perlokutionären Akt‹ beim Adressaten etwas bewirkt werden soll.[16] Konkret bedeutet das: Hören oder lesen wir das Wort [pandeˈmiː] können wir das nicht nur als Anzeige oder Beschreibung einer Tatsache in der Welt auffassen, sondern zum Beispiel auch direktiv verstehen – als Warnung vor dem Ausbruch einer Seuche und als Aufforderung, sich beispielsweise aus einem Gebiet zurückzuziehen. Natürlich hängen Interpretation und Reaktion auch vom Kontext ab: Auf einem gelb-schwarzen Biohazard-Dreieck wird ›Pandemie‹, eventuell noch mit dem Zusatz ›Achtung!‹ versehen, etwas anderes beim Leser auslösen als in einem medizinischen Fachtext oder auf einem Spielkarton.

3.1.2 Realismus, Expansion und Eskalation

Gleichwohl der Krankheitsbegriff in *Pandemie* weder expliziert noch problematisiert wird, er also absichtlich flach und bedeutungsoffen bleibt, arbeitet das Spiel implizit mit einem bestimmten Verständnis von Krankheit, indem es den Krankheitsbegriff zum einen voraussetzt sowie ihn zum anderen, dem Medium entsprechend sprachlich-bildlich vermittelt bzw. ›spielerisch‹ mitgestaltet. So wurde oben bereits näher ausgeführt, inwiefern sich das Spiel einer werthaften Aufladung von ›Krankheit‹ bedient (siehe 3.1.1 Appellcharakter von Krankheit).

Des Weiteren lässt *Pandemie* innerhalb des Spiels keinen Zweifel an der objektiven Realität der Krankheiten. Dem Spiel liegt, passend zur Spielpragmatik und mechanischen Logik der Raumerweiterung, ein mechanistisch-positivis-

16 Ausführlicher siehe dazu Romfeld 2015, 131ff.

tischer Ansatz zugrunde: In dem Zustand infiziert/krank[17] befindet sich etwas/jemand dort, wo Seuchenwürfel platziert sind; diese markieren zugleich, ob Handlungsbedarf besteht oder nicht. Es handelt sich bei den Seuchen nicht um interpretationsbedürftige Phänomene oder gar um Konstrukte bestimmter Interessengruppen, über deren reale Existenz erst noch verhandelt werden könnte und müsste, sondern der Ausbruch oder die erfolgreiche Behandlung einer Seuche wird unmittelbar von den Rezipienten (Spielerrollen) als Faktum registriert, auf das sie wiederum reagieren. Der Entscheidungsspielraum der Spieler umfasst *nicht*, wann bzw. ob etwas als Erkrankung zu gelten hat.

Eine der bekanntesten Definitionen von Gesundheit ist die der Weltgesundheitsorganisation (WHO): »Health is a state of complete physical, mental and social wellbeing and not merely the absence of disease or infirmity« (World Health Organization o.D.). Völlig anders als dieses idealistische, ganzheitliche Verständnis von Gesundheit ist das pragmatische Verständnis von Gesundheit bzw. Krankheit in *Pandemie* angelegt, das weder Mehrdimensionalität abbildet noch Graduierung jenseits der Binarität vorsieht: Es gibt nur 0/1, ›nicht (mehr) infiziert‹ oder ›infiziert‹. Jede weitere Differenzierung oder Konkretisierung von ›Krankheit‹ hätte keinen zusätzlichen Nutzen, sondern würde möglicherweise eher schaden (siehe dazu auch 3.2 ›Flight‹ – Auf der Flucht vor Krankheit). Dass die Seuchen im Rahmen des Spielszenarios eine relevante Bedrohung darstellen, ist ein der Spielanleitung zu entnehmendes Postulat (vgl. Leacock 2012, 1), bildet also die Basis des Spiels und kann innerhalb des Settings nicht sinnvoll hinterfragt werden. Einen Relativismus will und darf sich *Pandemie* in dem Punkt nicht erlauben.

Zur Erhöhung des Druckes auf die Spieler und zur Steigerung der Spiel-Spannung nutzt das Spiel als quantitatives Moment, gewissermaßen als positiven Stressor – zusätzlich zu dem einer Krankheit bzw. dem Krankheitsbegriff innewohnenden qualitativen Aktivierungsmoment (siehe 3.1.1 Appellcharakter von Krankheit) – den eskalierenden Charakter von Epidemien (siehe 3.), den es an mehreren Stellen betont: Sowohl in der Spielanleitung als auch auf der Verpackung finden sich wiederholt Formulierungen, die den Spielern die dramatische Lage ausdrücklich vor Augen führen: Sie sollen zur Rettung der Menschheit als »letzte Hoffnung« vor dem Untergang der Menschheit durch eine Pandemie »unter Hochdruck« die tödlichen Seuchen bekämpfen, wobei das »zunehmend schwerer« wird, also die »Zeit drängt« (Leacock 2012, 1). Auch spieltechnisch bildet sich das ab: Wenn sich eine Seuche zu sehr vermehrt bzw. eine kritische Masse erreicht, vervielfacht sie sich explosionsartig und springt in benachbarte Städte über (»Ausbruch«), auch länder- und kontinentübergreifend.

---

17 Das Spiel unterscheidet nicht zwischen infiziert und (infektions-)krank, obwohl realiter nicht jede Infektion zu einer Erkrankung führt. Derartige Simplifizierungen sind im Zusammenhang mit militärischen Metaphern in der Medizin (siehe 3.1.3) nicht unüblich (vgl. Bauer 2006, 1312).

Die Seuchen sind damit ein idealer Impulsgeber für Kooperation (siehe 2.3 Kooperation und Area Control als Spielmechaniken in *Pandemie*): Es gibt wenig, was in der Lage ist, uns dazu zu bringen, uns nicht in Interessengruppen aufzuspalten und untereinander zu bekriegen, sondern unsere Kräfte im Kampf, quasi als ›Kriegskameraden‹, gegen ein Phänomen zu vereinen. Eine drohende Pandemie ist so ein Fall. Da sie potenziell jeden vernichtet, formiert sie die Menschen zu einer Ingroup, die sich gegen den externen, vorrückenden Feind, die Infektionskrankheit, behaupten muss. Durch die fortschreitende Globalisierung, die vielfältigen und umfassenden Verbindungen weltweit, ist sie mehr denn je eines der ultimativen Schreckensszenarien unserer Zeit. In der Gestaltung des Spielbretts wird diese Eigenschaft unserer globalisierten Welt deutlich hervorgehoben. Geographische Merkmale sind nur vage im Hintergrund zu erkennen, die Metropolen und ihre Verbindungen sind dagegen deutlich abgesetzt. Dieses ›Welt-Bild‹ führt den Spielern vor allem eins vor Augen: dass alles mit allem verbunden ist. Einen sicheren Ort, der von diesem Netzwerk abgetrennt und damit vor der Ausbreitung der Seuchen sicher wäre, gibt es nicht. Nur durch die gemeinschaftlich betriebene Verteidigung und Kontrolle des Raums, lassen sich die expandierenden Seuchen bezwingen und die Menschheit retten.

3.1.3 Militärische Metaphorik

Sprachlich transportiert und verstärkt wird die aktivierende Dynamik im Spiel durch die Tradition der Kriegsterminologie im Umgang mit Krankheit. Man ›besiegt‹ eine Krankheit, beispielsweise den Krebs, oder erliegt ihr, wird ihr ›Opfer‹. Spätestens seit der Entdeckung des Krankheitserregers als Causa externa für eine Erkrankung, die dem Bakteriologen Robert Koch im 19. Jahrhundert gelang, hat sich die Rede von der Krankheit als ›Feind‹ und dem ›Kampf‹ gegen sie etabliert. Die Medizin importiert dazu Metaphern aus dem Bereich des Militärischen. Vom Militär lernt die medizinische Branche unter anderem Hierarchien, Kontrolle, Disziplin und Alternativlosigkeit: »Man scheint ihr so wenig zu entgehen wie der Schule oder dem Militär« (Schönherr-Mann 2016, 150). Im 19. Jahrhundert erreicht die Militarisierung der Gesellschaft ihren Höhepunkt (vgl. ebd., 148). Insgesamt erfahren soziale Sphäre, Politik und Medizin zunehmend eine sprachlich-semantische Verschränkung, wobei die Medizin ihrerseits Terminologie und Konzepte in außermedizinische Kontexte exportiert (vgl. Bauer 2006, 1312). Man denke hier beispielsweise an den Begriff des ›Volkskörpers‹, der im Rahmen des Nationalsozialismus unheilvoll Karriere gemacht hat, indem ›Schädlinge‹ und ›Parasiten‹ als ›Krankheitserreger‹ identifiziert und vernichtet wurden. Zu nennen ist in diesem Zusammenhang auch das Diktum des berühmten Pathologen Rudolf Virchow, »die Politik sei ›weiter nichts als Medizin im Großen‹« (Bauer 2005, 16).

Eben weil sie durch einen Erreger ausgelöst werden, sind Infektionskrankheiten in besonderer Weise dazu geeignet, als Feind von außen angesehen und erbarmungslos bekämpft zu werden (vgl. Bauer 2006, 1311). Insofern existieren Parallelen zwischen *Pandemie* und Wargames nicht nur auf rein spielmechanischer, sondern auch auf begrifflicher Ebene. Der Mensch, an dem sich die Krankheit manifestiert, scheint dabei paradoxerweise eine untergeordnete Rolle zu spielen: »Der Patient rückte im Rahmen des bakteriologischen Konzeptes ein Stück weit aus dem Blickfeld und wurde als Träger sowie Nährboden der infektiösen Kleinlebewesen marginalisiert« (ebd.). Auch in *Pandemie* steht die ›Seuchenbekämpfung‹, nicht der erkrankte Mensch, im Mittelpunkt (siehe dazu auch 3.3 Kollateralschaden Mensch? Eine Problematisierung zum Ende).

3.2 ›Flight‹ – Auf der Flucht vor Krankheit

Neben dem Kampfmodus kann Krankheit in uns auch etwas anderes auslösen: eine Fluchtreaktion. Wir empfinden sie in der Regel als negativen Stressor, der Abwehrmechanismen aktiviert. Vor allem, wenn man sich nicht sicher ist, ob man einen Kampf gewinnen kann, bietet es sich an, eine Distanz zwischen sich und die Gefahr zu bringen. Eine häufige Bewältigungsstrategie stellt dementsprechend, zumindest temporär, die Verdrängung dar.[18] Auch *Pandemie* braucht und hat seine Strategien, um, bei allem Kampfgeist und Realismus innerhalb des Spiels, das Seuchen-Szenario auf ein für den Spieler erträgliches Maß zu reduzieren und die Schrecken ernsthafter Erkrankungen, insbesondere außerhalb des Spiels, auf Abstand zu halten. Zweien davon wenden wir uns im Folgenden zu.

3.2.1 Abstraktion und Reduktion der Gefahr

Bei den auf Krankheit bezogenen Komponenten, wie dem Spielmaterial und den Spielregeln, herrscht klar das Sparsamkeitsprinzip vor: So viel Information wie nötig, so wenig wie möglich. Plakativ, simpel, leicht zu verstehen, pragmatisch soll es sein – dem Medium angemessen. Selbst über die Seuchen bekommen wir daher, obwohl fraglos zentral für das Spiel, kaum Informationen. Repräsentiert durch vier homogene »Seuchenwürfel« in den drei Grundfarben Rot, Gelb, Blau plus Schwarz bleiben sie wesentlich abstrakt und vage. Lediglich die farblich entsprechenden vier stilisierten Icons mikroskopisch vergrößerter Krankheitserreger (siehe Abb. 1), die in der Mitte des unteren Spielbretts im Bereich für ›entdeckte Heilmittel‹, in den Städten sowie auf den Infektions- und Stadtkarten abgedruckt sind, lassen Assoziationen zu realen Infektionskrankheiten (etwa TBC, HIV/Aids, Cholera oder die Pest) bzw. zu deren Keimen aufkommen, ohne diese jedoch weiter zu spezifizieren oder gar zu benennen.

Diese Reduktion auf das Allgemeine, Unkonkrete bezüglich Krankheit zieht sich in *Pandemie* programmatisch durch. Weder erfahren wir Einzelheiten über

18 Siehe dazu etwa Gutmann (o.D.).

Krankheitssymptome oder -verläufe noch über deren Opfer. Was heißt es, eine Seuche zu behandeln? Wenn ihre Ausbreitung eingedämmt wird, gibt es dann insgesamt weniger Erkrankte oder verläuft sie individuell harmloser? Darüber schweigt das Spiel sich aus. Am Ende ist die Entdeckung der vier Heilmittel ausreichend für den Sieg. Der Zustand von Menschen ist weder individuell noch global von Interesse, infiziert und geheilt werden ohnehin Städte, nicht Personen. Physische und seelische Leiden Einzelner, wie bei tödlichen Seuchen zu erwarten, werden nicht thematisiert (siehe dazu auch 3.3 Kollateralschaden Mensch? Eine Problematisierung zum Ende). Verstörende Abbildungen, wie man sie zur Illustration und Dramatisierung einer Seuche vermuten könnte, kommen im Spielmaterial ebenfalls nicht vor.[19] Das hat mindestens zwei relevante Implikationen:

a) Die Gefahr, über das Spielerlebnis hinaus bei den Spielern reale Furcht vor konkreten Krankheiten zu erzeugen oder bereits existierende Ängste zu verstärken (z.B. durch sprachliche oder bildliche Darstellung von Ätiologie, Symptomatik etc.), wird minimiert. Dabei bleibt der ›positive‹ Stress (›Eustress‹)/Druck, der die Spielspannung ausmacht bzw. diese steigert, erhalten. Doch Krankheit bringt die Spieler hier nicht in existenzielle Bedrängnis: Sie sind weder auf der Ebene des Spiels in ihrer Rolle unmittelbar gefährdet noch rückt ihnen durch *Pandemie* die Bedrohung von Krankheiten in der Realität näher zu Leibe.[20]

b) Jegliche Stigmatisierung und Diskriminierung von Personengruppen, die durch eine Konkretisierung der Seuchen stattfinden könnte, etwa von Spielern, die in der Realität von einer bestimmten Krankheit direkt oder indirekt betroffen sind, wird vermieden. Bei Benennung konkreter Krankheiten bestünde zudem nicht nur die Gefahr, dass sich bestimmte Patienten(kollektive) mit ihrem Schicksal nicht ernst genommen, falsch dargestellt, pathologisiert oder instrumentalisiert fühlten, sondern es hätte womöglich auch bedenkliche politische Implikationen, einzelne Gebiete als Ursprung oder verstärkte Verbreitungsorte bestimmter Krankheiten (z.B. von HIV) zu kennzeichnen.

In allen oben genannten Fällen bestünde das Risiko eines negativen Impacts auf das Spielerlebnis. Sollten Fiktion und Realität ungünstig aufeinandertreffen, könnten sich daraus hinsichtlich des Spielzwecks nicht zielführende, destruktive Irritationen oder Kontroversen unter den Spielern ergeben. Nur wenn man die Spiel-Spannung maximiert und zugleich die inter- und intrapersonalen Dissonanzen der Spieler minimiert, kann der Spielgenuss voll ausgeschöpft werden.

---

19 Etwas anders gelagert ist das u.a. bei dem Spielplan mit aufgedruckter Weltkarte (vgl. 3.1.2 Realismus, Expansion und Eskalation) und den sieben Rollenkarten: Zur partiellen Identifikation mit der Spielerrolle wird hier das Material etwas konkreter und besondere Fähigkeiten werden relevant. Allerdings sind die Rollen nicht individuell gestaltbar, sondern starr und machen von daher das Verhältnis des Spielers zum Spiel nicht signifikant persönlicher.

20 Dennoch ist nicht ausgeschlossen, dass das Spiel im Einzelfall einen Trigger darstellt.

3.2.2 Krankheit managen

In *Pandemie* dreht sich zwar alles um das Heilen von Seuchen zur Rettung der Menschheit, doch tut es das auf eine ganz bestimmte Weise. Das Narrativ ist gerade *nicht* das einer klassischen Arzt-Patientenbeziehung, also ein persönlicher Blick auf die Krankheitserfahrung von Individuen, sondern das des Managements einer globalen Krise als technisch-logistische Herausforderung.[21] Das ist in mehrfacher Hinsicht stimmig: Anders als bei der Durchsetzung der Bakteriologie zu Zeiten des deutschen Kaiserreichs, als die zentralen Kombattanten auf dem medizinischen Schlachtfeld noch der Arzt und die Mikrobe waren (vgl. Bauer 2006, 1311), wird der Kampf gegen die Infektionskrankheiten heute, im Zeitalter der digitalen Kriegsführung, unter dem Schlagwort ›Risiko-Management‹ (vgl. z.B. World Health Organization 2013) am virtuellen Reißbrett geplant und die Eradikation möglichst steril vorgenommen. Unmittelbar auf dem Schlachtfeld, wo man sich die Hände schmutzig macht, entscheidet sich nur noch wenig, umso mehr auf technisch-taktischer Ebene. Ähnlich im Spiel: Das medizinische oder gar ärztlich-fürsorgende Moment, auf Seiten der Spieler unmittelbar nur in der Rolle des »Sanitäters« (Leacock 2012, 8) angedeutet[22], rückt neben den administrativ-strategischen Rollen und Aufgaben in den Hintergrund. Es existiert kein weiteres medizinisches Personal, allenfalls übt noch die »Forscherin« eine praktisch-medizinische Tätigkeit aus, die »Wissenschaftlerin« arbeitet zusätzlich theoretisch an der Bewältigung des Problems. Daneben gibt es, mit wachsender Ferne zur Medizin und zum Krisenherd die »Quarantäne-Spezialistin«, den »Betriebsexperten«, den »Krisenmanager« und den »Logistiker« (Leacock 2012, 8).

Das Thema ›Krankheit‹ täuscht leicht darüber hinweg, dass, wie bereits in 2.3 ausgeführt, Area Control zu den grundlegenden Spielmechaniken von *Pandemie* gehört und es so gesehen mit Kriegsspielen verwandt ist. Für das Kampfgeschehen, den Erfolg oder Misserfolg, macht es jedoch strukturell betrachtet kaum mehr einen Unterschied, ob die ›feindlichen Invasoren‹ Krankheitserreger oder gegnerische Truppenverbände sind. *Was* man vernichtet, ist nachrangig, gegenüber der Frage, *wie* man dabei vorgeht.

3.3 Kollateralschaden Mensch? Eine Problematisierung zum Ende

Während es in 3.1 und 3.2 schwerpunktmäßig um die Beschreibung und Analyse von Krankheit in *Pandemie* geht, mag es angesichts der Entwicklung der modernen Medizin sinnvoll sein, einige der Mechanismen, derer sich das Spiel im Zusammenhang mit Krankheit bedient, abschließend kritisch zu reflektieren.

21 Man könnte das Spiel-Narrativ daher auch auf der Ebene von ›Public Health‹ verorten.

22 Dessen Uniform schließt im Übrigen wieder an die militärische Bilderwelt an (vgl. 3.1 ›Fight‹ – Im Kampf gegen Krankheit).

Denn damit, dass das Spiel in seinem Fight-*and*-Flight-Ansatz das Krankheitsmanagement fokussiert und unter anderem dadurch die Distanz zur individuellen Krankheitserfahrung erhöht, dockt es reibungslos an problematische Tendenzen des modernen Gesundheitswesens an, die sich unter dem Stichwort ›Depersonalisierung‹ von Krankheit zusammenfassen lassen. Diese zeigt sich in ganz unterschiedlichen Aspekten und Dimensionen.

So konstatiert bereits Foucault in *Die Geburt der Klinik* (1963) den ärztlichen bzw. klinisch-institutionalisierten Blick im Rahmen der »organisierten Produktion von Gesundheit« (Stegmaier 2016, 55) als einen, der individuelle Schicksale objektiviert, Menschen auf ihre Erkrankungen reduziert, sie als ›Fälle‹ klassifiziert und schließlich unter Rubriken subsummiert, um sie zu heilen – was auch meint: sie »brauchbar, funktionsfähig« (ebd.) zu machen, nicht zuletzt unter Berücksichtigung der Erfordernisse des Krieges.[23] Dieser Blick überzeugt in seiner »Verkettung medizinischen Denkens und Handelns mit politisch-administrativen Strategien und ökonomischen Interessen« (Laufenberg 2016, 120). Paradox mutet an, dass zunächst der Siegeszug der Medizin umso unaufhaltsamer wird, je mehr man sich vom einzelnen Patienten abwendet: »Während die mittelalterliche Medizin, die noch ganz auf die Nachfrage und den Leidensdruck der Kranken reagierte, [...] nur mäßige Erfolge [...] erzielte, besteht der Erfolg der modernen Medizin gerade darin, dass sich die ärztliche Praxis [...] in eine soziale Technologie wandelt« (ebd., 119). Insbesondere die großen pandemischen und epidemischen Infektionskrankheiten des 18. und 19. Jahrhunderts wurden primär deshalb so effektiv bekämpft, weil man dazu überging, disziplinierende und bevölkerungspolitische Maßnahmen, darunter die Parzellierung und Überwachung des Raums, einzuführen (ebd.) – Ansätze, die sich in *Pandemie* in Form der Area-Control-Mechanik manifestieren.

Heute steht nun der Patient als Kunde vermeintlich im Zentrum der sogenannten ›personalisierten Medizin‹, zumindest so lange wie individualisierte Produkte und Maßnahmen mehr Profit versprechen; indes orientiert sich das Gesundheitssystem nicht am einzelnen Menschen, sondern an der effizienten Verwaltung von Kollektiven und an der Gewinnmaximierung der ›Big Player‹ des zunehmend privatisierten Marktes. Das individuelle Patientenwohl wird persönlichen und institutionellen Machtgefügen untergeordert – der Heilberuf verkommt, plakativ formuliert, zum Gewerbe. Der rational-technokratische Zugang zu Krankheit stützt dabei die Objektivierung des Subjekts, indem er der abstrakten wissenschaftlichen Perspektive auf die Erkrankung häufig mehr Beachtung

23 Unter die gesellschaftlich organisierte Bio-Politik fällt auch die Seuchenbekämpfung (vgl. Stegmaier 2016, 55). Allerdings hat die auch eine dunkle Seite (ebd.), weswegen man mit einiger Berechtigung von einer »Dialektik der Bio-Politik« sprechen könnte (mehr zum Gedanken der Dialektik siehe Romfeld und Buschlinger 2016 sowie natürlich Horkheimer und Adorno 2009).

schenkt als der Innenperspektive, dem persönlichen Empfinden des Patienten selbst. Daten und Fakten verstellen hier den Blick auf die einzelne Krankengeschichte, auf das individuelle Schicksal, das in der Einzigartigkeit seines Leidens nur konkret sprachlich-leiblich vermittelt vollständig erkennbar und begreiflich wird. Diese mechanistische gesundheits- und biopolitische Perspektive perpetuiert *Pandemie* und lässt sie den Spieler in einem gefälligen Rahmen einüben.

Zwar mag das Spiel als Medium, welches in erster Linie unterhalten soll, durchaus berechtigt sein, die Bedenken, die wir hier andeuten, auszuklammern bzw. bezüglich der Verantwortung für entsprechende gesellschaftliche Inhalte und Strukturen, etwa im Bereich der Krankenversorgung, auf die dafür vorrangig zuständigen politischen und sozialen Gremien und Institutionen verweisen. Dennoch sollte die Bedeutung von Medien – ob Film, Literatur, Spiel etc. – zur Vermittlung gesellschaftlicher Werte sowie zur (Aus-)Bildung des Humanen nicht unterschätzt werden, sowohl was die Kommunikation von Inhalten (z.B. Weltanschauungen, wissenschaftlicher Konzepte, Haltungen) betrifft als auch, was die Einübung bestimmter Verhaltensweisen und Handlungsansätze anbelangt. Insofern kann die ludische Operationalisierung von Krankheit in *Pandemie* durch Reduktion auf die Mechanik ihrer Ausbreitung und strategisch-logistische Aspekte ihrer Bekämpfung durchaus kritisch gesehen werden.

4. Die Krankheit und ihre Heilung – ein Resümee

Die Erweiterung *On the Brink* (2009) fügt *Pandemie* ein optionales Modul mit dem Titel »Bioterrorist« hinzu. Ein Spieler, der die gleichnamige Rollenkarte wählt, arbeitet gegen den Rest der Gruppe und versucht, tödliche Krankheiten zu verbreiten, statt sie einzudämmen und zu heilen. Grundkonstellationen des Spiels, wie die unverbrüchliche Einheit der Spieler und der Imperativ, Krankheit als unbedingt zu bekämpfenden Feind zu begreifen, geraten dadurch ins Wanken. Ob Matt Leacocks Spiel so eine Erfolgsstory geworden wäre, wenn der »Bioterrorist« kein optionales Modul, sondern von Anfang an eine fixe Spielregel gewesen wäre, darüber kann man nur spekulieren. Sehr wohl kann man aber am Ende unserer Untersuchung das Fazit ziehen, dass verschiedene Aspekte dieses Spiels, die wir beleuchtet haben, präzise aufeinander abgestimmt sind und in ihrer Wechselwirkung ein Spielerlebnis generieren, von dem die Spieler offensichtlich nicht genug bekommen können.

Im Zentrum steht dabei die eigenwillige Entscheidung für das Thema Krankheit in einem Brettspiel, das, und auch das entsprach 2008 zumindest nicht dem Mainstream, im kooperativen Modus gespielt wird – man siegt gemeinsam oder geht gemeinsam unter. Tatsächlich werden mit dem Thema Krankheit aber (oftmals unbewusste) Haltungen, Reflexe und Diskurse in das Spiel importiert, die es für seine Zwecke zu nutzen weiß: Krankheit ist etwas, das besser nicht existierte und per se bekämpft werden muss. Damit gibt sie ein ideales Feindbild und jenen Gegner ab, den das Spielnarrativ aufbauen muss, um den Anstrengungen der Spieler, die ja im kooperativen Modus nicht mehr untereinander um den Sieg ringen, einen Sinn zu verleihen. Die Menschheit bedrohende Pandemien aufzuhalten, das ist etwas, worum es sich zu spielen lohnt. Die omnipräsente Sprache der Eskalation und der Dringlichkeit trägt dazu bei, dass die Spieler gar nicht erst auf den Gedanken kommen, dieses Spielziel zu hinterfragen. Das Spiel will nicht zu der Frage anregen, ob Krankheit vielleicht manchmal ein soziales Konstrukt ist, sondern übt im andauernden Addieren und Subtrahieren der »Seuchenwürfel« die Idee von Krankheit als einer messbaren, objektiv feststellbaren – und eliminierbaren – Tatsache ein.

Pandemie macht sich Krankheit also als etwas zunutze, das die Gruppe der Spieler auf ganz eigene Weise zu formieren und motivieren vermag. Doch damit kann sich das Spiel nicht begnügen. Denn Krankheit spricht nicht nur den Fight-, sondern auch den Flight-Instinkt an. Wer würde nicht manchmal am liebsten wegsehen, wenn die Nachrichten Bilder aus Krisenregionen zeigen, in denen reale Epidemien wüten, wie es in den letzten Jahren z.B. mit dem Ebolafieber in mehreren westafrikanischen Ländern der Fall war? An genau dieser Stelle erzeugt das Spiel Distanz, indem es zum Mittel der Abstraktion greift. Der »Seuchenwürfel« steht paradigmatisch für dieses ästhetische Programm, bei dem das Dargestellte und die Darstellung nicht weiter voneinander entfernt sein könnten. Geradezu steril wirkt der glatte, einförmige, gleichmäßig eingefärbte Würfel, der doch eigentlich einen hochansteckenden Keim oder das davon ausgelöste Siechtum verkörpern soll. Mit derlei Paradoxien und Ambivalenzen muss ein Designer umzugehen wissen, wenn er Krankheit als Thema für sein Brettspiel wählt. Gelingt ihm das, entsteht ein Spannungs-Spielfeld wie *Pandemie*.

Ludographie

ARKHAM HORROR (Chaosium 1987, Charlie Krank, Richard Launius, Lynn Willis).

AXIS & ALLIES (Nova Game Designs 1981, Larry Harris)

DER HERR DER RINGE (Kosmos 2000, Reiner Knizia).

DIE SIEDLER VON CATAN (Kosmos 1995, Klaus Teuber).

DUNGEONS & DRAGONS (Tactical Studies Rules 1974, Dave Arneson, Gary Gygax).

HOLDING ON: THE TROUBLED LIFE OF BILLY KERR (Hub Games 2018, Michael Fox, Rory O'Connor).

MAGIC: THE GATHERING (Wizards of the Coast 1993, Richard Garfield).

PANDEMIC (Z-Man Games 2008/2013, Matt Leacock).
PANDEMIC: ON THE BRINK (Z-Man Games 2009, Matt Leacock, Tom Lehmann).
PANDEMIC LEGACY: SEASON 1 (Z-Man Games 2015, Rob Daviau, Matt Leacock).
PANDEMIE (Pegasus Spiele 2008/Z-Man Games 2013, Matt Leacock).
RISK (Parker Brothers 1959, Albert Lamorisse)
VIRAL (Arcane Wonders, MESAboardgames 2017, Gil d'Orey, Antonio Sousa Lara).

Bibliographie

Aarseth, Espen. 2017. »Just Games.« *Game Studies* 17 (1). http://gamestudies.org/1701/articles/justgames, letzter Zugriff: 29.04.2020.

Arnaudo, Marco. 2018. *Storytelling in the Modern Board Game: Narrative Trends from the Late 1960s to Today.* Jefferson: McFarland.

Austin, John Langshaw. 1986. *Zur Theorie der Sprechakte.* Stuttgart: Reclam.

Bauer, Axel W. 2005. »›Die Medicin ist eine sociale Wissenschaft‹ – Rudolf Virchow (1821-1902) als Pathologe, Politiker und Publizist.« *medizin – bibliothek – information* 5 (1): 16-20.

Bauer, Axel W. 2006. »Metaphern: Bildersprache und Selbstverständnis der Medizin.« In *Der Anaesthesist* 55: 1307-1314. doi:10.1007/s00101-006-1065-9

BoardGameGeek. o. D. »Medical.« https://boardgamegeek.com/boardgamecategory/2145/medical, letzter Zugriff: 29.04.2020.

Booth, Paul. 2015. *Game Play: Paratextuality in Contemporary Board Games.* New York: Bloomsbury.

Cannon, Walter B. 1915. *Bodily Changes in Pain, Hunger, Fear and Rage.* New York, London: D. Appleton and Company.

Engelhardt, Hugo T., Jr. 2012. »Die Begriffe ›Gesundheit‹ und ›Krankheit‹.« In *Krankheitstheorien*, hg.v. Thomas Schramme, 41-62. Berlin: Suhrkamp.

Faidutti, Bruno. 2017. »Postcolonial Catan.« In *Analog Games Studies: Volume II*, hg.v. Evan Torner, Aaron Trammell und Emma Leigh Waldron, 3-34. Pittsburgh: ETC Press.

Foasberg, Nancy, »The Problematic Pleasures of Efficiency in Goa and Navigador.« In *Analog Games Studies: Volume III*, hg.v. Evan Torner, Aaron Trammell und Emma Leigh Waldron, 19-32. Pittsburgh: ETC Press, 2019.

Foucault, Michel. 2011. *Die Geburt der Klinik: Eine Archäologie des ärztlichen Blicks.* 9. Aufl. Frankfurt a.M.: Fischer.

Gutmann, Claudia. o.D. »Gut durch die Behandlung kommen! Hilfreiche Bewältigungsstrategien.« https://www.markus-krankenhaus.de/fileadmin/Agaplesion_mkh-frankfurt/Zentren/Brustzentrum/PDFs/MK_Folien_Bewaeltigungsstrategien.pdf, letzter Zugriff: 29.04.2020.

Herron, Joanna und Doug Maynard. 2019. »The Allure of Struggle and Failure in Cooperative Board Games.« In *Analog Games Studies: Volume III,* hg.v. Evan Torner, Aaron Trammell und Emma Leigh Waldron, 47-61. Pittsburgh: ETC Press.

Horkheimer, Max und Theodor W. Adorno. 2009. *Dialektik der Aufklärung. Philosophische Fragmente.* 18. Aufl. Frankfurt a.M.: Fischer.

Jolin, Dan. 2016. »The rise and rise of tabletop gaming.« https://www.theguardian.com/technology/2016/sep/25/board-games-back-tabletop-gaming-boom-pan demic-flash-point, letzter Zugriff: 29.04.2020.

Lane, Rick. 2016. »The Making of Pandemic – the board game that went viral: Highly contagious.« https://www.eurogamer.net/articles/2016-05-04-the-making-of-pandemic-the-board-game-that-went-viral, letzter Zugriff: 29.04.2020.

Laufenberg, Mike. 2016. »Die Macht der Medizin. Foucault und die soziologische Medikalisierungskritik.« In *Nietzsche, Foucault und die Medizin: Philosophische Impulse für die Medizinethik,* hg.v. Orsolya Friedrich, Diana Aurenque, Galia Assadi und Sebastian Schleidgen, 109-130. Bielefeld: transcript.

Leacock, Matt. 2012. *Pandemie.* https://de.asmodee.com/ressources/bonus/pan demie-regel.pdf, letzter Zugriff: 29.04.2020.

Mosca, Ivan. 2017. »Legacy's Legacy: Irreversibility and Permadeath in Legacy Games.« *Analog Game Studies* IV (I). http://analoggamestudies.org/2017/01/legacys-legacy-irreversibility-and-permadeath-in-legacy-games/, letzter Zugriff: 29.04.2020.

Peterson, Jon. 2012. *Playing at the World: A History of Simulating Wars, People and Fantastic Adventures, from Chess to Role-Playing Games.* San Diego: Unreason Press.

Romfeld, Elsa. 2015. »Fordert eine ›psychische Störung‹ zum Heilen auf?« In *Ethik der Psyche: Normative Fragen im Umgang mit psychischer Abweichung,* hg.v. Günter Feuerstein und Thomas Schramme, 125-142. Frankfurt a.M.: Campus.

Romfeld, Elsa und Wolfgang Buschlinger. 2016. »Dialektik der Hygiene.« In *Hygiene-Aufklärung im Spannungsfeld zwischen Medizin und Gesellschaft,* hg.v. Hans Werner Ingensiep und Walter Popp, 183-210. Freiburg, München: Alber.

Schönherr-Mann, Hans-Martin. 2016 »Die Sozialmedizin als kynisches Herz der Biopolitik und der Gouvernementalität.« In *Nietzsche, Foucault und die Medizin: Philosophische Impulse für die Medizinethik,* hg.v. Orsolya Friedrich, Diana Aurenque, Galia Assadi und Sebastian Schleidgen, 131-159. Bielefeld: transcript.

Schramme, Thomas. 2012. »Einleitung: Die Begriffe ›Gesundheit‹ und ›Krankheit‹ in der philosophischen Diskussion.« In *Krankheitstheorien,* hg.v. Thomas Schramme, 9-37. Berlin: Suhrkamp.

Searle, John Rogers. 1983. *Sprechakte: Ein sprachphilosophischer Essay.* Frankfurt a.M.: Suhrkamp.

Statista. 2017. »Umfrage zu den wichtigsten Dingen im Leben in Deutschland im Jahr 2017.« https://de.statista.com/statistik/daten/studie/321901/umfrage/umfrage-unter-jungen-erwachsenen-zu-den-wichtigsten-dingen-im-leben/, letzter Zugriff: 29.04.2020.

Stegmaier, Werner. 2016. »Über Gesundheit und Krankheit im außermoralischen Sinne.« In *Nietzsche, Foucault und die Medizin: Philosophische Impulse für die Medizinethik*, hg.v. Orsolya Friedrich, Diana Aurenque, Galia Assadi und Sebastian Schleidgen, 39-61. Bielefeld: transcript.

Woods, Stewart. 2012. *Eurogames: The Design, Culture and Play of Modern European Board Games*. Jefferson: McFarland.

World Health Organization (WHO). o.D. » Constitution.« https://www.who.int/about/who-we-are/constitution, letzter Zugriff: 29.04.2020.

World Health Organization (WHO). 2013. »*Pandemic Influenza Risk Management: WHO Interim Guidance*.« https://www.who.int/influenza/preparedness/pandemic/GIP_PandemicInfluenzaRiskManagementInterimGuidance_Jun2013.pdf?ua=1, letzter Zugriff: 29.04.2020.

»Dude, How Much Health Do You Have Left?« On Masculinity and the Rationalization of Health in Video Games

Brandon Rogers

Abstract: Many video games reinforce a rationalizing logic of self-care through the use of health management tools like hit points and health bars. This paper attempts to problematize the quantification of health in games by situating it at the nexus of objective rationality and hegemonic masculinity. I argue that this assemblage not only necessitates the conditions of existence for hit points and status effects, but also embeds the mechanisms with biopolitical scripts that (re)produce the ideal masculine biocitizen. This rationalization of health in games reinforces hegemonic practices of biomedicine that aim to preserve masculinity rather than improve overall health. Hit points and health bars therefore reproduce masculine ways of seeing that contribute to masculine health practices in the everyday world and consequentially men's health disparities.

Keywords: Biomedicalization; Men's Health; Self-Tracking; Fallout 76; Toxic Masculinity

Schlagworte: Biomedikalisierung; Gesundheit des Mannes; Fallout 76; Toxische Männlichkeit

1. Introduction

A haggard figure hunches over a stagnant pool of water. He hesitates for a moment. The water might not be safe, and who knows if it's even sanitary. He weighs the risk of infection, but his thirst surmounts his precautionary wits. He takes a sip. He survives the questionable decision but has a hard time retaining water for the next twenty minutes. The player notices that the avatar seems to be perpetually parched and pulls up a menu to investigate current status effects. One line on the dark green screen reads, »Dysentery: Periodic water loss for 15 minutes.«

Players who contract diseases in digital games seem to always carry a medical encyclopedia in their backpacks or come preloaded with a medical doctorate. As soon as their character feels ill, players are given the diagnosis, symptoms, and duration of their malady. Once they pull up a menu, the player can decide to find (or sometimes make) a remedy, wait it out, or pay someone else for healing services. Diseases such as *Fallout 76*'s (Bethesda 2018) dysentery (mentioned above), *Far Cry 2*'s (Ubisoft 2008) malaria, *The Elder Scrolls*' (Bethesda 1996-2018) vampirism, and many others equate diseases with status effects, or temporary modifications to a character's statistics (stats, i.e., numerical representations of abilities). In short, these diseases often lower or ›debuff‹ stats such as health, stamina, or strength for a certain amount of time until the condition improves. To shorten the duration of the debuff or prevent it altogether, players can consume healing agents or abilities that cure or mitigate the condition. The mechanics of buffing and debuffing then seemingly motivate players to operate in a state of perpetual preparedness. When illness acts as a status effect, it requires players to constantly track, translate, and monitor various streams of data with the understanding that they, the players, are solely responsible and accountable for the state of their characters' health.

Disease, discomfort, and damage in video games therefore predominantly revolve around resource management. Whether it's through managing hit points and damage stats or monitoring characters' thirst, hunger, and immunity, these ludic assemblages encourage players to utilize practices of self-surveillance. Many games reinforce this orientation through the use of heads-up displays (HUDs), which provide players with a surplus of resource data in the forms of meters, timers, countdowns etc. The health bar is one such tool for the management of resources – in particular, of health or hit points. But how and why is a concept so broad and ill-defined as »health« typically rationalized, represented, and operationalized as percentages or a small red rectangle in video games?

This paper attempts to problematize in-game health stats by situating them at the nexus of biomedicalization, rationalization, and hegemonic masculinity. These three discourses inform and structure one another, and, as this paper will show, contribute to the hit points longevity in game design and their critical invisibility in academic scholarship. This paper argues that the ludic rationalization and self-management of health burgeons from and perpetuates hegemonic conceptualizations of healthcare, which rely heavily on characteristics often associated with authoritative practices of masculinity.[1] Health management in video

1 The gendering of rationality resounds within Western philosophy. Ancient Greek philosophers attempted to describe rationality as something that transcended gender; however, they also concretized a dichotomy between feminine nature on the one hand and the masculine preoccupation of the mind and reason on the other (Lloyd 1984). Cartesian philosophies of rationality utilized these distinctions, assigning dominance to rational thought »based on clarity, dispassion, and detachment« and subordination to other ways of knowing (Bordo 1986, 440). Following a trail of Western philosophical thought from Descartes to Bacon to Kant to Weber and beyond, Ross-

games is therefore one product and producer of expectations for men's self-care and their relationship to contemporary biomedicine.

In order to support these arguments, I make four sequential moves. The first dissects the epistemology of hit points in reference to masculine rationality – a normalized version of logical reasoning that's structured upon objectivity and objectification. Then, I investigate the relationship between this masculine rationality and biomedicalization (i.e., the hyper-systemization, commodification, and moralization of health and healthcare). I argue that this »agencement« (Puar 2012, 57) not only necessitates the conditions of existence for hit points and status effects, but also embeds the mechanisms with biopolitical scripts that (re)produce the ideal masculine biocitizen (Takeshita 2012; Crawshaw 2007). In the fourth section, I describe how this milieu ushers a hyper-rationalization and regulation of in-game healthcare resources that players use to maintain health and control diseases. In doing so, I also emphasize the self-surveillant processes that expect and prepare a subject who reads, responds to, and is responsible for acting on incoming (health) information. For the final section, I discuss how the practice of in-game health management reifies contemporary men's health practices. In closing, I suggest that hit points reinforce hegemonic practices of biomedicine that aim to preserve men's masculinity rather than improve their overall health.

2. From Health to Hit Points: Objectifying Health through Masculine Rationality

Video game developers and publishers love to announce how the next big game or game console will be better, faster, sleeker, and more perceptually stunning than its predecessors; however, many game design aspects persist across generations (Parisi 2015). Visualizations of health, for instance, permeate a vast majority of mainstream games. In some, health appears as a geometric shape filled with colors like red or green; in others, it's seen as a screen overlay which disappears over time; and still in the more traditional varieties, it becomes recognizable through discrete units such as hearts and changing dragonfly colors. Regardless of the form it takes, health in games can easily be recognized as ubiquitous. Today, scholars and players alike take these visualizations of health as one of video game's inherent components, but health in games, like all normative structures,

Smith and Kornberger (2004) describe how this history of gendered (metaphorical) associations and power differentials contributed to rendering both the natural and the feminine *controllable* by masculine people and practices. Within this chapter, ›masculine practices‹ refer to a plethora of techniques by which phenomenon are rendered legible to and governable by a (masculine) observer. Masculine rationality therefore describes a system of flows of power in which a hegemonic viewpoint claims legitimacy and domination over other ways of knowing and becoming.

has had to be normalized through general acceptance and repetition in order to persist and maintain critical invisibility.

While they might represent it differently, the types of health visualization mentioned above render dynamic processes as objectified resources. In short, they turn complex pathologies into calculable numerical data. Yet video games didn't start this proverbial fire. Character statistics have long existed within game spaces. Ancient precursors of chess, for example, differentiated unit types along quantified lines of mobility, while wargames of the early 19th century used wooden blocks as abstractions of troop numbers. In these early iterations of character attributes (or stats), the players operated as the State, and the number and type of soldiers on the battlefield acted as stats for this (militarized) institutional power. Toward the end of the 20th century, however, another form of statistical representation began to solidify: the translation of individual characteristics into numerical data.

One of the most recognizable examples of this emphasis on individuals comes from Gary Gygax and Dave Arneson's (1974) tabletop roleplaying game *Dungeons and Dragons* (D&D). In opposition to wargaming apparatuses, D&D operationalizes the player as a single actor rather than as a governing body and thereby shifts the subject of health from armies to individuals. Although life and death existed within the original wargames, they only existed as binary states. In wargames, a living soldier was always on the brink of a critical existence failure – one second alive and the next dead. Instead of using the number of living/dead men as a marker of the State's power or attributes, D&D introduced the hit point mechanism for individual characters, which allotted them a calculable amount of ›hits‹ they could take before dying.

Digital roleplaying games later took Gygax and Arneson's conceptualization of hit points as inspiration for their own computational systems. In the 1980s, a number of game developers began to incorporate health mechanics and visualizations into arcade games – especially roleplaying games. Namco's (1985) *Dragon Buster* became one of the first to use a bar-based visualization to represent the character's current percentage of ›vitality.‹ Later home console games such as Nintendo's (1986) *The Legend of Zelda* popularized the use of hearts as a representation of hit points, and this conceptualization of health in games started to gain traction. Unsurprisingly, the extension of player's health and consequently gameplay time became a staple for home console play that continues to this day. While players in the arcade paid per turn, players at home paid a larger upfront sum for unlimited gameplay. The incorporation of health into games therefore has a strong connection with the political economy of the video game and arcade industries, but the transition from the arcade to the home did more than disseminate visualizations and mechanics.

The movement of in-game health from coin-operated arcades to domestic spaces allowed for the concept of health to solidify as a resource management issue. While the arcade required players to pay for their time either through skill or by inserting another coin, the home console system permitted and encouraged longer periods of continuous play since failure no longer resulted in an economic loss. The ›three tries per coin‹ model would not have translated well for home consoles, but the longer duration of play granted by hit points started to become more and more popular. This proliferation of hit points marks a notable shift in the representation of health in video games – one that makes a clear distinction between deaths and debuffs. Unlike the one hit ›life‹ seen in arcade games like *Pac-Man* (1980) and *Galaga* (1981), hit points and health bars situate health as a resource that must be monitored and managed in order to stay alive and succeed within the game. In short, like *Dungeons and Dragons* before it, hit points in digital games structure in-game health as a personal attribute and a rationalized object.

But why would health be rationalized in the first place? The term rationality often gets conflated with logic and (masculine) reasoning, but another aspect hides within the word itself: ration, or the fixed allotment of resources. As Ian Hacking (1990) notes in his history of probability, what counts as acceptable forms of objective knowledge begins to change after the surge of statistics in the early 19th century wherein rationality and reason slowly merge with empirical epistemologies. Fast-forward to the 21st century, and we can quickly recognize how empirical data, rationality, and epistemological validity interact with one another to the point at which they no longer appear separate. Simply stated, the relationship between segmentation, calculation, and authority has become normalized. In the words of boyd and Crawford (2012), this ›normal‹ conglomeration forwards a mythology by which »large data sets offer a higher form of intelligence and knowledge that can generate insights that were previously impossible, with the aura of truth, objectivity, and accuracy« (2).

Hit points burgeon in this milieu. Falling in line with other forms of empirical objectivity, hit points attempt to segment health into discrete units that can be counted, monitored, predicted, and ultimately controlled. In doing so, health becomes rationalized, rationable, and rationed. Take Klei Entertainment's (2013) *Don't Starve* as an example. In this open world survival game, the protagonist, Wilson, attempts to survive in harshly different conditions by maintaining a variety of health dimensions such as hunger, health, sanity, body temperature, and dryness. *Don't Starve* hyperbolizes the rationalization of health. Not only does the player have to watch the health bar, but she also has to keep an eye on other health-adjacent resources because they eventually reduce hit points as well if they diminish beyond a certain point. This isn't to say that *Don't Starve* is necessarily exceptional; however, it does operationalize an extreme segmentation of health across various domains, which allows the concept of in-game health to become extremely dissected and controlled through the micro-management of various resources.

Even though philosophies of rationality are not homogenous, everyday use of the word evokes a normalized and hyper-masculinized form of it. This ›masculine rationality‹ infiltrates technological design practices and sociotechnical imaginaries, which Jasanoff (2015) describes as the »collectively held and performed visions of desirable futures [...] [that] are at once products of and instruments of the co-production of science, technology, and society in modernity« (28). Through its invisibility and normalization, masculine rationality circumscribes the possibilities of what can and cannot be counted as valuable knowledge. Today, data constitutes the linchpin of acceptable epistemology, and feminist data scholars work hard to emphasize how this data is far from neutral or objective (Gitelman 2013; Day 2014). Yet, data is rarely presented or digested raw; it is almost always displayed and interpreted through visualization. As Gitelman (2013) remarks, »data are mobilized graphically« (13). The visualization of data, like the data itself, arises within certain institutional structures and constraints that predominantly favor the epistemology of masculine rationality. These data visualizations act as instruments through which (oftentimes masculine) power, politics, and ideology are mobilized and enforced (Kennedy et al. 2016).

The visualization of health in video games therefore marks more than an arbitrary element of design. Rendering health as a rational and segmented continuum feeds into masculine logics of objectivity and objectification. In her work on gender and rationality, Karen Jones (2004) critically problematizes the assumption that rationality resides within the realm of the masculine. Rather than speaking against rational thought as a whole, Jones questions the rubric of rationality that is most often used to create ›valid‹ knowledge (such as statistical data, scientific reasoning, and objectivity). Jones argues (via MacKinnon) that rationality and masculinity are intertwined not ontologically but by their epistemological reliance on objective knowledge and objectification. As MacKinnon (1987) states, »[o]bjectivity is the epistemological stance of which objectification is a social process, of which male-dominance is the acted out social practice« (308). In other words, objectivity mandates a power hierarchy between dominating masculine gazes and subordinated feminized/naturalized objects. Consider the very literal example of European anatomical research in the 19th century. The male physician's medical gaze hailed the feminine body as an object of anatomical and pathological study. The idea of a »woman doctor« at the time seemed like an oxymoron because »the relationship between doctor and patient was believed to be the gendered one of gazer and object of the gaze« (Liggins 2000, 130). In *Situated Knowledges*, Donna Haraway (1988) extrapolates this amalgamation of objectivity, visualization, and masculinity by describing a patriarchal fixation on certain technologies of vision for creating the conditions of objectivity. For her, the power of visualization technologies lies in their prescriptive capabilities. In other words, »[s]truggles over what will count as rational accounts of the world are struggles over *how* to see« (Haraway 1988, 587). Returning to the example of female anatomy, one doesn't have to look far to see how sexual education textbooks visualize masculine-coded anatomy as the standard against which feminine-coded structures are compared (Lawrence and Bendixen 1992). Seeing the female body as a deviation from masculine norms re-inscribes power hierarchies under the guise of objective techniques of rendering ›natural‹ phenomena visible.

The visualization of health in games likewise works to facilitate ways of seeing and being in the world that align with masculine rationality and objectification. Video game health visualizations like bars, meters, and overlays encourage players to see health as both an object and a resource. Drawing from MacKinnon's (1987) and Jones' (2004) gendered articulation of objectivity, the objectification of health into hit points reinforces the player as a subject who can and must monitor and control the subordinate products of its objective/objectifying vision.

Hit points and their visualizations on screen are products and producers of masculine rationality that circumscribe and segment health into discrete units. Under this visual and statistical paradigm, these units materialize as resources to be managed by the player. As it stands, these arguments about masculine rationality could be applied to a multitude of other measured and rationalized features in games such as countdown timers, ammunition reserves, and even the life system of the early arcade – all of which can be seen as facets of the neoliberal fragmentation of bodies into data (i.e., datafication). Health, however, seems to take on an additional layer of complexity. The subject prescribed by hit points and health bars resonates eerily well with that of the ideal citizen under biomedicalization. Like players who constantly manage in-game health, these biocitizens actively »inform themselves and live responsibly [...] [by adjusting] all areas of their physical and social environments so as to maximize health« (Rail and Jette 2015, 330). Biomedicalization then also plays a role in normalizing representations of health in video games and the subject they interpellate.

3. »How Much Health Do I Have Left?«: Biomedicalization and Health Management

Masculine rationality insists that there is power in numbers – a power that allows institutions to divide and conquer phenomena. The current biomedical paradigm echoes this numerical fetishism. The ›datafication of health‹ transforms the lived, embodied experiences and qualitative aspects of everyday life into quantifiable data (Lupton 2013; Banner 2017; Ruckenstein and Dow Schüll 2017). The near ubiquitous expansion of this practice can be seen in a number of medical pursuits such as data-driven research, public health databases, and the healthcare practices that we usually lump together as Health 2.0. Sociologists and critical scholars of health and medicine describe this datafication as part and parcel of a larger transformation in (particularly American) medicine that gained traction in the late 20th century: biomedicalization (Rose 2007b; Clarke et al. 2010; Ruckenstein and Dow Schüll 2017).

Biomedicalization refers to »the increasingly complex, multisited, multidirectional processes of medicalization that today are being both extended and reconstituted through the emergent social forms and practices of a highly and increasingly technoscientific biomedicine« (Clarke et al. 2010, 47). While the medicalization and biomedicalization theses both recognize (bio)medicine as an »institution of social control« (Zola 1972; Riska 2010), they diverge from one another in that they reference two different sociohistoric operations of medicine. Medicalization, on the one hand, refers to the ›healthscape‹ that arose around the beginning of the Cold War and favored passive patients, great doctors, and diagnostic identities through pathological labeling. Biomedicalization, on the other hand, blossoms during the mid- to late 1980s as digital technologies begin to flood the market. The biomedical healthscape builds from its predecessor but also mobilizes remarkable shifts: passive patients become active and responsible consumers, ›great‹ doctors are replaced by big data and technoscientific innovations, and diagnosis transforms into personal management (Clarke et al. 2010; Riska 2010).[2]

Nikolas Rose (2007a) addresses biomedicine's sprouting at the end of the ›golden age of clinical medicine‹ by recognizing the imperial advances of medicine beyond trauma and disease to the governance of risk and the promotion of health (4). This transition from medicalization to biomedicalization is therefore »one from control over biomedical phenomena to transformations of them« (Clarke et al. 2010). In other words, biomedical assemblages that once attempted to enforce bodily boundaries through such things as antibiotics now enact power to alter the body prior to or immediately after infection. Rose (2007a) defines this status of citizenship within the biomedical state as diseased or always on the verge of disease by offering that »existentially healthy« persons under biomedicalization are actually »pre-symptomatically ill« (9). This postmodern emphasis on risk factors extends medical jurisdiction over health itself (not just disease and disability). Biomedicine consequently projects an imaginary of health that (re)produces health realities as »individual moral responsibilities« that can be fulfilled through greater self-knowledge, self-surveillance, self-care, and participation in the biomedical industry (Clarke et al. 2010, 162).

2 Peter Conrad (2007) states that biomedicalization is not distinct from medicalization, but a specific process that also can be summarized under the medicalization umbrella term. He also acknowledges the processes of change as *shifting engines* of medicalization.

Strangely enough, the timeline for the propagation of biomedicalization aligns rather closely to the rising popularity of health bars and hit points in video games. In fact, some (Clarke et al. 2010) identify the watershed moment of biomedicalization as occurring around 1985 – the same year that Namco's *Dragon Buster* introduced the vitality bar to the arcade. It would be unwarranted and even absurd to suggest that the health bar has some causal relationship with biomedicalization or even that they share some historical point of origin (if such a thing exists). However, both are children of the era of digitalization and micro-processing; they build off of neoliberal logics that privilege dividualization and datafication. While video game software requires the quantification of health and statistical surveillance due to the technical affordances of the game/computer, these affordances also have a history that is tightly entangled with masculine practices of knowledge production. Recognizing this sociotechnical interplay, I suggest that in-game health operates as part of the biomedical apparatus.

I invoke the term apparatus here in the Foucauldian sense as a reference to the connection between technologies, institutions, and subjectification. Hit points and their visualizations in games take a notable position within the biomedical apparatus because they have »the capacity to capture, orient, determine, intercept, model, control, or secure the gestures, behaviors, opinions, or discourses of living beings« (Agamben 2009, 14). As Agamben (2009) discusses in his extension of Foucault's work, apparatuses are not so much things as they are technologically mediated processes of subjectification and governance. In a biomedicalized and datafied world, the apparatus of masculine rationalized health creates and is enacted through protocols or agreed upon rules that become normalized through repetitive practice (Parisi 2018). The apparatus not only utilizes institutions and written discourse to bolster these protocols but also everyday technological instruments such as cell phones, duct tape, DualShock controllers, and – yes – even hit points.

Although he doesn't use the phrase ›biomedicalization,‹ Jeremy Packer (2013) starts to wrestle with understanding how the apparatus of biomedicalization creates and governs specific subjectivities. Taking the subject position of »smoker« as an example, he suggests that the (biomedical) apparatus is »both a means of capturing one's time, resources, and desires as well as a biopolitical attempt to objectify the smoker, turn them into data, in order to know them, reform them, and make them ›unsmoke‹« (20). A similar statement could be said about the subjects mediated by rationalized health in games. The apparatus surrounding in-game health simultaneously attempts to mediate an entrepreneurial subjectivity and objectify the concept of health as a commodity that can be bought, sold, or exchanged through labor.

In his lectures on biopolitics, Foucault (2008) uses the concept of »the entrepreneur of himself« to describe a self-sufficient and productive subject – one who is his own capital, producer, and source of earnings (226). The entrepreneur of himself under a biomedicalized regime takes the masculine rationality described earlier and turns the dominating gaze inwards. Not only do these patriarchal ways of seeing objectify women, they also turn men into self-objectifiers. Treating health as a commodity therefore situates health surveillance and upkeep as an attribute of labor. This in turn encourages a subjectivity and rationality that focuses on »the constant optimization of the allocation of resources with the aim of maximizing utility« (Schaupp 2016, 8). In short, biomedicalization (which is structured by masculine notions of rationality) promotes a subject whose health can be measured, monitored, and maintained as well as one who actively manages and strives to control flows of health data and resources.

4. Playing Biomedicalization: Subjectification through Hit Points

This entrepreneur of himself should paint a recognizable picture for those familiar with video game play. Players of many digital games (especially roleplaying games) constantly track and manage a rationalized form of health in order to progress within an algorithmic system of risk and reward. Although newcomers to games might focus on graphics or the ways in which a character looks or moves, experienced players rarely look at their avatars at all and instead turn their gaze to various streams of data and data visualizations such as maps and resources (de Castell et al. 2010). To ›get good‹ and succeed at many games, players therefore have to embody an objectifying vision, which allows them to rationalize, monitor, and manage their character's health and hit points.

Rather than speaking through abstractions, let's look at an actual game to see how players ›play‹ biomedicalized subjectivities. In fact, let's return to the example used at the outset of this chapter, Bethesda's (2018) *Fallout 76*. Similar to *Don't Starve*, health management in *Fallout 76* is both exemplary and usefully hyperbolic. This massively multiplayer online role-playing game (MMORPG) drops the player into post-apocalyptic Appalachia twenty-five years after a nuclear war has devastated the world. This game relies on health measurement tools that were originally used in *Fallout: New Vegas'* Hardcore mode and *Fallout 4*'s survival mode: exhaustion, hunger, and thirst. However, in *Fallout 76*, these appear both as status effects and visualizations on the HUD. Relatively early in the game then, the screen becomes overlaid with four resource meters: one for health, one for hunger, one for thirst, and one for action points (i.e., a game mechanic related to agility and moves per turn).

Fig. 1: Bethesda's Fallout 76 *Heads-Up Display (HUD). Descriptive text added for clarification*

The biomedical apparatus appears both within the game's design and the player's desire to self-regulate. As these various monitors suggest, health in *Fallout 76* is hyper-rationalized. Hit points, thirst, hunger, and exhaustion all take on numerical significance. If any of these stats are ignored or mismanaged, the character takes debuffs (or temporary decreases) in overall performance. By staying well fed, well hydrated, well rested, and well tuned the players optimize their performance, and failing to do so puts them at an increased risk for damage and failure. Furthermore, these design features »provide the mechanisms and processes that maintain the necessary movement and flows to keep [the biomedical] apparatus working smoothly« (Packer 2013, 27). In other words, the incorporation of hit points and health visualizations in games works to normalize biomedicalization logics through the subjectification of players into ideal healthy citizens. When playing *Fallout 76*, for example, the players train themselves to 1) monitor their health and 2) manage it as if it were a resource.

Many diseases in digital roleplaying games work within this framework and intensify biomedicalized subjectification. Health and disease – the normal and the pathological – define one another (Canguilhem 1978; Briceño-León 2001; Haverkamp, Bovenkerk, and Verweij 2018), and so it should come as no surprise that diseases in digital games operationalize the same masculine rationality. Within a biomedical apparatus, we no longer typically define health as the absence of disease, but instead fixate on individual's capacities to self-regulate, adapt, and self-govern (Huber et al. 2011; Rail and Jette 2015). Diseases, especially ›avoidable‹ ones such as those associated with lifestyle decisions, manifest in this system as the consequence of improper or negligent self-management. Even the risk of diseases becomes a disease in and of itself that must be regulated and reformed.

Digital games oftentimes encode these biomedicalized understandings of disease within their game mechanics. Notably, *Fallout 76* has over twenty contractible diseases that range from dysentery to ›swamp itch.‹ Regardless of the malady, the character develops their ailment as a repercussion of poor resource management. For instance, if the player drinks contaminated water often enough, the chance for contracting a disease like dysentery increases exponentially. Similar to the rationalization of health through hit points, disease susceptibility is rationalized as a controllable risk factor (or percent chance) of getting sick. While diseases don't have their own data visualizations on screen, becoming »famished« or »parched« increases the player's odds of contracting a disease. Disease susceptibility in the game therefore functions as a calculable and avoidable condition that must be managed on various fronts.

When diseases are contracted, they act as debuffs to characters' stats. Say a character in *Fallout 76* sleeps on a dirty mattress and wakes up to this subtle notification: »You have contracted Swamp Itch.« If the player pulls up their character's stats on the pip boy and navigates to status effects, they'll see a line of text, which states that the dreaded swamp itch reduces their agility stat by four for the next fifteen minutes of play. The disease itself is rationalized as a cybernetic process reducible to inputs and outputs. This in-game disease functions similarly to health in games in that they both act as articulators of self-management. To cure the disease, the character can use a variety of items or services or just stick it out until the timer expires. In other games where these debuffs are semi-permanent (such as with vampirism in *The Elder Scrolls* franchise), diseases objectify more gameplay elements in order to render them significant, measurable, and manageable. Vampirism in *Skyrim*, for example, makes (blood)thirst and sunlight a disease-specific resource. Not only must these players account for un-diseased resources like health, stamina, and magic, they also have to keep track of their thirst and the time of day in order to mitigate dangerous debuffs. Diseases in these games, similarly to diseases under biomedicalization, become just another metric for the player to manage.[3]

3 Diseases like vampirism in *The Elder Scrolls* also come with positive effects or buffs that improve the character's stats. These »buffs« further exemplify the digitization of health and also encourage players to enact the stereotypical role of the »super cripple« or »the disabled person [who] is assigned super human almost magical abilities [as a means of eliciting respect from able-bodied populations]« (Barnes 1992, 12).

5. »Man, I Need Health!«: Toxic Masculinity, Men's Health, and the Normalization of Biomedicalization through Digital Games

As it should be clear by now, hit points and health bars are not innocuous elements of play; they survive and thrive via their connections to masculine rationality and biomedicine. Today, we can even see the dissemination of these game design elements spreading outside of gaming contexts into self-tracking applications like MyFitnessPal and Fitbit. Critical scholars of these mobile apps (Lupton 2016; Schmechel 2016) quickly recognize them as what Foucault (1990) calls »technologies of the self,« or the ways in which people »not only set themselves rules of conduct, but also seek to transform themselves, to change themselves in their singular being, and to make their life into an oeuvre that carries certain aesthetical values and meets certain stylistic criteria« (10). While their analyses speak only to self-tracking through mobile applications, in-game health management can also be conceptualized as a technology of self-creation and regulation – one that extends beyond red rectangles and pixelated hearts on a screen.

Keeping track of a character's health isn't a purely representational or screen-based practice; it's a biomedicalized logic that operates across an assemblage of bodies. Players' health management sits at the back of their mind as they scavenge through the Wasteland, and it materializes in their objectifying gaze, their fingertips, and their (passive) acceptance of masculine rationality. Hit points and the subjects they produce do not solely exist in a quarantined ludic space or magic circle, but rather arise as a reciprocal configuration between technologies, bodies, and sociocultural protocols – in this case, those forwarded by biomedicalization. As Packer notes, »This co-dependent relationship between technology and subjectification determines what technological forms get developed for use while simultaneously legitimating an understanding of the world that is fundamentally mediated by those same technologies« (Packer 2013, 12). Hit points have become a protocol for many digital role-playing games, yet their hyper-masculine and biomedicalized portrayal of the world normalizes the dangers and disparities of the biomedical apparatus.

A quick look at men's health practices reveals how attempting to adhere to this hyper-masculine, hyper-rationalized, and hyper-regulatory apparatus and its valorization of never-ending self-optimization steers biomedicalized subjects toward dangerous consequences. If we follow MacKinnon's (1987) and Haraway's (1988) argument that scientific objectivity functions as an extension of men's objectivizing and dominating gaze, then we must also recognize that this gaze constitutes idealized subjectivities for both the objectified and the objectifier. This »eye [that] fucks the world« (Haraway 1988, 581) actively obfuscates its origin, and it simultaneously establishes itself as the normal (and necessary) way for men to see and be in the world.

The gaze of masculine rationality and subsequently biomedicalization is sometimes centered around the objectification of women's bodies (Jones 2004; Ross 2018); however, this idea could perhaps better be articulated as the objectification and heightened surveillance of the feminine – not just the female. In her analysis of the gendered difference between »calorie counting« and »calorie tracking,« Schmechel (2016) argues that the gendered associations of health-tracking practices fluctuate with dominant fields of governance. While dieting and »aesthetic self-creation« used to be the domain of the feminine, biomedicalization has once again masculinized self-optimization by situating it as an economic and moral duty. Health management today then becomes seen as man's work – a labor practice that accumulates masculine worth by tracking and controlling the threat of the feminine. In Schmechel's argument, this plays out on a structural level: the transition from (feminine) counting to (masculine) tracking undermines feminine connotations by aligning itself with other masculine-coded instruments like scientific objectivity and technoscience writ large.

Healthy male citizenship in the age of biomedicalization is governed by men's self-objectification and regulation in which the lines between masculinity, management, and medical care become indistinguishable. As Crawshaw (2007) states, the healthy male citizen is constituted by »new rationalities of health care and governance within which individuals are positioned as active, enterprising citizens [who are] responsible for their own well-being« (1607). Building on the idea of productive power, Lupton (1995) further recognizes how (masculine) rationalized health ushers a politics that paradoxically marginalizes and normalizes (un) desired subjectivities. These discourses of ›healthism,‹ or those that privilege the accumulation and management of individual ›healthiness‹ over everything else, prompt healthcare consumers to embody the role of the Foucauldian institution. In Lupton's (1995) words, this biomedicalized healthscape encourages individuals to »turn the [disciplinary] gaze upon themselves in the interest of their health« (11). This self-objectification shifts blame and responsibility for disease contraction away from the State and toward the individual – a transition Rose (2007b) and others identify as responsibilization. When people embody the masculine rationality of biomedicalization, they take on additional forms of labor, performing as their own trainers, nutritionists, and life coaches as a means for mitigating health risks and maintaining a biomedicalized masculinity. Yet no matter how much effort they put in, they will never reach an optimum status of health. In other words, the health bar can never actually be full. Optimum health (like hegemonic masculinity) is unachievable because such a thing only exists as an ideal form, and if it were to materialize – it could only do so through the combined effort of the individual and the State.

The biomedicalized apparatus makes individuals responsible for their current and future health conditions, but men especially find themselves in an impossible predicament. On the one hand, the objective vision prescribed by masculine rationalization, biomedicalization, and in-game hit points sets the standard for what and how men should see in their daily lives in order to appear masculine. On the other hand, this hegemonic way of seeing also sets an impossible goal that men can never reach but nevertheless must constantly strive toward. This paradox destabilizes men's positions within a patriarchal system – a precariousness that will be the fault of the individual alone. If men do not vigilantly monitor their health and constantly strive for healthiness – or if they attempt to deviate from this prescribed conquering gaze – they may find themselves with a weaker masculine status that severs their connection to some patriarchal privileges while simultaneously expecting them to maintain dominance in all areas of their lives (Crawshaw 2007).

The consequences of framing individuals as solely responsible for their health are clearly apparent in men's health disparities. Men – the primary arbitrators of these masculine health practices – surpass other genders in their morbidity and mortality rates from a multitude of cancers and diseases, they more often engage in high-risk activities like excessive drinking and speeding, and they suffer biopsychosocial distress when their masculinity comes into question – especially through medical diagnoses of such things as testicular or prostate cancer (Evans et al. 2011; Matthew and Elterman 2014; Elder and Griffith 2016). Health and health management under biomedicalization are then seen as articulations and markers of masculinity. Equating health with masculinity is a dangerous game, but it's one that (especially male) patients and doctors have been playing for years.

Men's melding of masculinity and health maintenance materialize in their (lack of) help-seeking practices as well. Men typically avoid contact with healthcare providers unless it's as a last resort. They oftentimes avoid medical assistance because they think that they ›should be‹ reluctant to ask for help as part of their masculine identities; however, these patterns get complicated when health issues inhibit work or sexual performance (O'Brien, Hunt, and Hart 2005). If illness somehow impedes masculine capabilities, then medical treatment becomes imperative. Men's health issues have historically escaped the diagnostic gaze of medicine because the male body has often been viewed as natural. Under biomedicalization though, the male body becomes the site of both naturalization and hypernaturalization, or the normalization of an ideal form as a natural state of being (Riska 2010). Given its past invisibility and contemporary responsibilization, men's health has been and continues to be aimed at protecting masculinity more than health per se – and this conflation of elements negatively impacts men's quantity and quality of life.

6. Conclusion

Hit points and health bars are far from neutral or normal design choices. As I have shown, hit points and health bars normalize biomedicalization by spreading the apparatus' »conquering gaze from nowhere« into assemblages of gameplay (Haraway 1988, 581). Fragmenting health into rational ›points‹ operates through a masculine notion of rationality that seeks objectivity through objectification. These hit points situate health according to the logics of biomedicalization as resources that require monitoring and management – and diseases in games often manifest as extensions of these rationalizing principles. As part and parcel of the biomedical apparatus, the subjectivity reinforced by these game design elements extends beyond temporally fixed configurations of play and help constitute a larger healthscape.

Hit points and health bars reproduce masculine ways of seeing that contribute to masculine health practices in the everyday world and consequentially men's health disparities. If game scholars and advocates of men's health want to remediate the toxic practices of masculinity that prove detrimental to all genders, then they must first look to their reproductive mechanisms that hide in plain sight. Games have the potential to normalize contentious technologies, so it seems possible that gaming technologies and players' interactions with them work to resist or reinforce hegemonic standards (Ellerbrok 2011; Whitson and Simon 2014). If men's health and men's understanding of health run throughout the health bar's design, then this little red rectangle has much to say about the construction and performance of men's healthcare practices and masculinity in a biomedicalized world.

Ludography

DON'T STARVE (505 Games 2013, Klei Entertainment)
DRAGON BUSTER (Namco 1985, Namco)
FALLOUT 4 (Bethesda Softworks 2015, Bethesda Game Studios)
FALLOUT 76 (Bethesda Softworks 2018, Bethesda Game Studios)
FALLOUT: NEW VEGAS (Bethesda Softworks 2010, Obsidian Entertainment)
FAR CRY 2 (Ubisoft 2008, Ubisoft Montreal)
GALAGA (Midway 1981, Namco)
PAC-MAN (Midway 1980, Namco)
THE ELDER SCROLLS V: SKYRIM (Bethesda Softworks 2011, Bethesda Game Studios)
THE LEGEND OF ZELDA (Nintendo 1987, Nintendo Research and Development 4)

References

Agamben, G. 2009. *What Is an Apparatus?* Palo Alto, CA: Stanford University Press.

Banner, O. 2017. *Communicative Biocapitalism: The Voice of the Patient in Digital Health and the Health Humanities.* Ann Arbor, MI: University of Michigan Press. doi: 10.3998/mpub.6242145

Barnes, C. 1992. *Disabling Imagery and the Media: An Exploration of the Principles for Media Representations of Disabled People.* Krumlin, Halifax: Ryburn Publishing.

Bordo, S. 1986. »The Cartesian Masculinization of Thought.« *Signs* 11 (3): 439-456. doi: 10.1086/494250

boyd, d., and K. Crawford. 2012. »Critical Questions for Big Data: Provocations for a Cultural, Technological, and Scholarly Phenomenon.« *Information, Communication & Society* 15 (5). Routledge: 662-679. https://doi.org/10.1080/1369118X.2012.678878

Briceño-León, R. 2001. »Health and the Lack Thereof.« *Cadernos de Saúde Pública* 17 (4): 771-772. doi: 10.1590/S0102-311X2001000400003

Canguilhem, G. 1978. *On the Normal and the Pathological.* Boston, MA: D. Reidel Publishing Company. doi: 10.1007/978-94-009-9853-7

Clarke, A. E., J. K. Shim, L. Mamo, J. R. Fosket, and J. R. Fishman. 2010. »Biomedicalization: Technoscientific Transformations of Health, Illness, and U.S. Biomedicine.« In *Biomedicalization: Technoscience, Health, and Illness in the United States*, 47-87. Durham, NC: Duke University Press.

Conrad, P. 2007. *The Medicalisation of Society.* Baltimore, MD: John Hopkins University Press.

Crawshaw, P. 2007. »Governing the Healthy Male Citizen: Men, Masculinity and Popular Health in *Men's Health Magazine*.« *Social Science and Medicine* 65 (8): 1606-1618. https://doi.org/10.1016/j.socscimed.2007.05.026

Day, R. E. 2014. *Indexing It All: The Subject in the Age of Documentation, Information, and Data.* London, UK: MIT Press. doi: 10.7551/mitpress/10073.001.0001

de Castell, S., N. Bojin, S. R. Campbell, O. A. Cimeon, J. Jenson, O. Shipulina, and N. Taylor. 2010. »The Eyes Have It: Measuring Spatial Orientation in Virtual Worlds to Explain Gender Differences in Real Ones.« Vancouver, BC: Simon Fraser University Library.

Elder, K., and D. M. Griffith. 2016. »Men's Health: Beyond Masculinity.« *American Journal of Public Health* 106 (7): 1157. doi: 10.2105/AJPH.2016.303237

Ellerbrok, A. 2011. »Playful Biometrics: Controversial Technology through the Lens of Play.« *The Sociological Quarterly* 52: 528-547. doi: 10.1111/j.1533-8525.2011.01218.x

Evans, J., B. Frank, J. L. Oliffe, and D. Gregory. 2011. »Health, Illness, Men and Masculinities (HIMM): A Theoretical Framework for Understanding Men and Their Health.« *Journal of Men's Health* 8 (1): 7-15. doi: 10.1016/j.jomh.2010.09.227

Foucault, M. 1990. *The History of Sexuality, Vol. 1: The Will to Knowledge, Vol. 2: The Use of Pleasure*. New York, NY: Vintage Books.

———. 2008. *The Birth of Biopolitics: Lectures at the Collége de France 1978-79*. New York, NY: Palgrave Macmillan.

Gitelman, L. 2013. *»Raw Data« Is an Oxymoron*. Cambridge, MA: MIT Press. doi: 10.7551/mitpress/9302.001.0001

Hacking, I. 1990. *The Taming of Chance*. Cambridge, UK: Cambridge University Press. doi: 10.1017/CBO9780511819766

Haraway, D. 1988. »Situated Knowledges: The Science Question in Feminism and the Privilege of Partial Perspective.« *Feminist Studies* 14 (3): 575-599. doi: 10.2307/3178066

Haverkamp, B., B. Bovenkerk, and M. F. Verweij. 2018. »A Practice-Oriented Review of Health Concepts.« *The Journal of Medicine and Philosophy: A Forum for Bioethics and Philosophy of Medicine* 43 (4): 381-401. doi: 10.1093/jmp/jhy011

Huber, M., J. A. Knottnerus, L. Green, H. van der Hosrt, A. R. Jadad, D. Kromhout, B. Leonard, et al. 2011. »How Should We Define Health.« *British Medical Journal* 343. doi: 10.1136/bmj.d4163

Jasanoff, S. 2015. »Future Imperfect: Science, Technology, and the Imaginations of Modernity.« In *Dreamscapes of Modernity: Sociotechnical Imaginaries and the Fabrication of Power*, 1-33. Chicago, IL: University of Chicago Press.

Jones, K. 2004. »Gender and Rationality.« In *The Oxford Handbook of Rationality*, edited by A. R. Mele and P. Rawling, 301-319. Oxford: Oxford University Press. doi: 10.1093/0195145399.003.0016

Kennedy, H., R. L. Hill, G. Aiello, and W. Allen. 2016. »The Work That Visualisation Conventions Do.« *Information, Communication & Society* 19 (6). Routledge: 715-735. doi: 10.1080/1369118X.2016.1153126

Lawrence, S. C., and K. Bendixen. 1992. »His and Hers: Male and Female Anatomy in Anatomy Texts for U.S. Medical Students, 1890-1989.« *Social Science & Medicine* 35 (7): 925-934. doi: 10.1016/0277-9536(92)90107-2

Liggins, E. 2000. »The Medical Gaze and the Female Corpse: Looking at Bodies in Mary Shelley's ›Frankenstein.‹« *Studies in the Novel* 32 (2): 129-146.

Lloyd, G. 1984. *The Man of Reason: »Male« and »Female« in Western Philosophy*. London: Methuen.

Lupton, D. 1995. *The Imperative of Health: Public Health and the Regulated Body*. London, UK: SAGE Publications.

———. 2013. »Quantifying the Body: Monitoring and Measuring Health in the Age of MHealth Technologies.« *Critical Public Health* 23 (4). Routledge: 393-403. https://doi.org/10.1080/09581596.2013.794931

———. 2016. »Digital Health Technologies and Digital Data: New Ways of Monitoring, Measuring, and Commodifying Human Bodies.« In *Research Handbook on Digital Transformations*, edited by F. X. Olleros and M. Zhegu, 85-102. Cheltenham, UK: Edward Elgar Publishing.

MacKinnon, C. 1987. *Feminism Unmodified*. Cambridge, MA: Harvard University Press.

Matthew, A, and D. Elterman. 2014. »Men's Mental Health: Connection to Urologic Health.« *Canadian Urological Association Journal* 8 (7-8 Suppl 5): 153-55. doi: 10.5489/cuaj.2312

O'Brien, R., K. Hunt, and G. Hart. 2005. »›It's Caveman Stuff, but That Is to a Certain Extent How Men Operate‹: Men's Accounts of Masculinity and Help Seeking.« *Social Science and Medicine* 61: 503-516. https://doi.org/10.1016/j.socscimed.2004.12.008

Packer, J. 2013. »The Conditions of Media's Possibility: A Foucauldian Approach to Media History.« In *The International Encyclopedia of Media Studies: Media History and the Foundations of Media Studies*, edited by J. Nerone, 1-34. New York, NY: Blackwell. doi: 10.1002/9781444361506.wbiems005

Parisi, D. 2015. »Counterrevolution in the Hands: The Console Controller As an Ergonomic Branding Mechanism.« *Journal of Games Criticism*.

———. 2018. *Archaeologies of Touch: Interfacing with Haptics from Electricity to Computing*. Minneapolis, MN: University of Minnesota Press.

Puar, J. K. 2012. »›I Would Rather Be a Cyborg than a Goddess‹: Becoming-Intersectional in Assemblage Theory.« *PhiloSOPHIA: A Journal of Feminist Philosophy* 2 (1): 49-66.

Rail, G., and S. Jette. 2015. »Reflections of Biopedagogies and/of Public Health: On Bio-Others, Rescue Missions, and Social Justice.« *Cultural Studies ↔ Critical Methodologies* 15 (5): 327-336. doi: 10.1177/1532708615611703

Riska, E. 2010. »Gender and Medicalization and Biomedicalization Theories.« In *Biomedicalization: Technoscience, Health, and Illness in the United States*, edited by A. E. Clarke, L. Mamo, J. R. Fosket, J. R. Fishman, and J. K. Shim, 147-71. Durham, NC: Duke University Press.

Rose, N. S. 2007a. »Molecular Biopolitics, Somatic Ethics, and the Spirit of Biocapital.« *Social Theory and Health* 5 (1): 3-29. doi: 10.1057/palgrave.sth.8700084

———. 2007b. *Politics of Life Itself: Biomedicine, Power, and Subjectivity in the Twenty-First Century*. Princeton, NJ: Princeton University Press.

Ross, A. A. 2018. »Tracking Health and Fitness: A Cultural Examination of Self-Quantification, Biomedicalization, and Gender.« In *EHealth: Current Evidence, Promises, Perils, and Future Directions*, edited by T. M. Hale, W. S. Chou, and S. R. Cotten, 123-152. Bingely, UK: Emerald Publishing. doi: 10.1108/S2050-206020180000015003

Ross-Smith, A., and M. Kornberger. 2004. »Gendered Rationality? A Genealogical Exploration of the Philosophical and Sociological Conceptions of Rationality,

Masculinity and Organization.« *Gender, Work & Organization* 11 (3): 280-305. https://doi.org/10.1111/j.1468-0432.2004.00232.x
Ruckenstein, M., and N. D. Schüll. 2017. »The Datafication of Health.« *Annual Review of Anthropology* 46: 261-278. https://doi.org/10.1146/annurev-anthro-102116
Schaupp, S. 2016. »Measuring the Entrepreneur of Himself: Gendered Quantification in the Self-Tracking Discourse.« In *Lifelogging: Digital Self-Tracking and Lifelogging – between Disruptive Technology and Cultural Transformation*, edited by Stefan Selke, 249-266. Springer VS.
Schmechel, C. 2016. »Calorie Counting or Calorie Tracking: How Quantified Self Transforms Feminized Bodily Practices into New Ways of Performing Masculinity.« In *Lifelogging: Digital Self-Tracking and Lifelogging – between Disruptive Technology and Cultural Transformation*, edited by Stefan Selke, 267-281. Springer VS.
Takeshita, C. 2012. *The Global Biopolitics of the IUD: How Science Constructs Users and Women's Bodies*. Cambridge, MA: MIT Press. doi: 10.7551/mitpress/9780262016582.001.0001
Whitson, J. R., and B. Simon. 2014. »Game Studies Meets Surveillance Studies at the Edge of Digital Culture: An Introduction to a Special Issue on Surveillance, Games and Play.« *Surveillance and Society* 12 (3): 309-319. doi: 10.24908/ss.v12i3.5334
Zola, I. K. 1972. »Medicine As an Institution of Social Control.« *Sociological Review* 20: 487-504. doi: 10.1111/j.1467-954X.1972.tb00220.x

List of Figures

Fig. 1: Bethesda's *Fallout 76* Heads-Up Display (HUD). [Descriptive text added for clarification]. In: Bethesda Game Studios. 08.10.2018. »Our Future Begins – What's new in Fallout 76?« Accessed 15.04.2019. https://fallout.bethesda.net/en/article/38siQygjP2kWcicmCoWGSM/our-future-begins-what's-new-in-fallout-76

Transcending a Black-Box Theory of Gaming and Medicine
Seeing Disease through an Eco-Epidemiological Model in *Trauma Team*

Brandon Niezgoda

Abstract: This chapter explores the epidemiological framework of disease constructed in the 2010 Wii-console release *Trauma Team* (Atlus Games). By fabricating the antagonistic »Rosalia virus« as an ailment of insidious phases, volatile symptoms reminiscent of present-day outbreaks that perplexed contemporary practitioners, of molecular complexity and spread through such conspicuous and rudimentary ecological means as to make surreptitious, the game designers have provided a vivid allegory advocating for a modern paradigm of disease theory/epidemiology; one that transcends a web of causation. The ultimate result is a game that embodies and engages not only complex medical theory, but showcases the downfalls of provincialism regarding the gameplaying apparatus as a whole.

Keywords: Epidemiology; Black Box Theory; Biomedical Individualism; Ludology

Schlagworte: Epidemiologie; Black Box-Theorie; Biomedizinischer Individualismus; Ludologie

1. Introduction

Her body delicately preserved in adipocere, a young woman named Rosalia lays dead in a quiet flower field after being shot by her own adoptive father. The asclepias in her immediate perimeter that have been painted an impossible blue from the dispersed blood sharply contrast with the typical white their nutrients biologically imprint them. After taking respite on the discolored flowers, of which the monarch butterfly larvae store toxins of the plants ingested, flakes from their wings shower death on human publics during migration. It is unbeknownst to the unlucky humans that a group V RNA virus will insidiously infect their cells after seemingly unceremonious contact with the shavings.

Showcasing intertwining levels of epidemiology on a social, biological, and ecological level, this complex tale was not constructed in a medical narrative program, film, or novel, but a modestly popular videogame released for the Nintendo Wii. As with past new mediums, videogames have been provincially relegated to entertainment, seen as unable to work as art, allegory, or pedagogy about the human experience. Building from prior research, critical discourse analysis will show how the game *Trauma Team* (Atlus Games 2010) provides a comprehensive and interactive dialogue on contemporary theories of epidemiology. Central to this argument will be the deconstruction of black-box theory, a topic covered in such contentious areas as climate change (Besel 2011). The theory posits that a technical/physical artifact's input is known (e.g., the Mann, Bradley, and Hughes 1998 article focuses on an increase of carbon emissions to the atmosphere) which leads to a discernable output (hotter temperatures). While such thinking in this instance is correct and does warrant appropriate action (lower carbon emissions in order to deter climate change), black-box thinking affords a number of fallacies as the actual processes remain hidden inside the box. In this case a 2003 rebuttal article (McIntyre and McKitrick) posing the findings were a result of poor data handling was enough for policy makers to tap into, and skeptics to hold on to for years to come.

A black-box theory constructing ludology as simple inputs on a controller to corresponding outputs on a screen is discursively shown as an inadequate framing model for both videogames and epidemiology as technique is overemphasized over narrative for players in the first half of *Trauma Team*. Set at a small Portland-based hospital, users will try their best to master the Wii-related skills as they incarnate six interconnected but disparate team members; it will not be enough.

2. The Videogame Apparatus and Art

When considering their continuing role in society, detractors dismissed videogames for their seemingly capricious aspects of play when compared to that of established mediums (Ebert 2010). However, making oneself open to the specific experiences of the videogame-playing apparatus – notions of »spatiality, temporality, speed, graphics, audio, and procedural activity« (Jagoda 2013, 745) – one will find that it is not in spite of but because of these aspects that videogames possess theoretical insights. Contrasting the notion that videogames lack the dramatic necessity that other art mediums encompass, Fortugno (2009) proposes that the agency in videogame playing can be used *to create* the tension between expectation and inevitable outcome. Such a consideration warrants looking beyond a black-box model of thinking which focuses on »stabs in the dark« (Skrabanek 1994, 553) and to instead consider exactly how mechanisms work, and what those mechanisms mean. As Bogost (2010) contends, videogames are from the children's medium that is easily denigrated by parents, educators, and policymakers. Instead they possess a unique type of remediated persuasion and expression based on rule-based representations, a »procedural rhetoric« that is tied to the »core affordances of the computer« (ix).

The futility of black-box research in the medical field leads to aimless denouncements (e.g., linking coffee drinking to disease) since it is a common input leading to the output of various ailments. Indoctrinated into a system of proximate risk factology, when applied to the field of ludology, this can engender overemphasized dismissals of videogames such as those considering game playing as a primary factor in school shootings (McMichael 1999). Research has found that media interaction is much more complex than this magic-bullet theory contends. Using a case study of *Heavy Rain* (Quantic Dream 2010), Papale (2014) showcases how relationships with game characters are psychological processes both diverse and heterogeneous. Matching the potential of cinema in providing a vessel for identification in an imaginary signifier on screen (Metz 1982), gripping a controller and losing oneself in a new world through a playable character can make a stronger claim than film in encompassing further social dimensions including empathy, sympathy, and projection. A framing of players as passive textual recipients of values and behaviors is replaced with a more mature rendering that considers game space as an artwork brought to life with every action.

Beyond the ability to bring real-world concepts to light (e.g., medical concepts) – a strong task in itself – Cremin (2016) considers videogames as offering ontological insights. According to his work there is a self-referential realism in the medium, wherein certain game conventions work as simulacra in themselves, which in turn become a basis for constructions for the real. As such, the games provide space for transcendence of our symbolic world, and an ability to look beyond our established social conventions. As technology and graphics continue to expand, Pinchbeck (2007) sees game designers as actively toying with affordance configuration to manage effective and convincing ludo-diegesis for players as they engage with the texts of first-person games. On the other side of the spectrum, Frasca (2001) was able to recognize how videogames (even nascent ones) can make a powerful statement, simulating both personal and social lives, critiquing capitalism and consumerism. Compounding these two concepts, theorists such as Sloan (2015) find that videogames actively remediate and recontextualize past art forms, providing a »simulation of cultural memory that blurs historical reality with period modes of representation« (525).

3. The Videogame Apparatus and Theory

A »mechanistic approach« and »black-box thinking« have been described as two complementary theories to cancer epidemiology and disease, the former oriented in the biology of carcinogenesis, and the latter on behavioral risk correlates (Weed 1998). As the predominant theory of the time paradigmatically structures practice, diplomacy, and ideology, there has been contentious and volatile debate as to what concept to appropriate. This paper posits that the videogame *Trauma Team* offers invaluable insight as an art form as to what the correct answer might be. Such a notion builds from past research showcasing how the videogame-playing apparatus offers elucidation into complex theoretical fields: psychoanalysis and race.

Psychoanalysis

From seminal figures like Freud, Lacan, and Kristeva, the theoretical field of psychoanalysis is preoccupied with notions of the conscious versus the unconscious, the identification of self, and abjection. As horror videogame designers themselves have often been preoccupied with womb-like spaces, and monstrous mother figures within landscapes of vast gothic structures, Kirkland (2012) identified a pre-Oedipal state of being and consciousness for the game players. Participating in the games provides for them a »merging of subject and object,« (75) achieving a pleasurable sense of »wholeness and union,« (75) as their sense of self and other is eroded in play. With videogame histories' movement toward three-dimensional photorealistic depiction of human form in the design of videogame avatars, he further posits that there is a cybernetic interaction between player and machine in the uncanny dimensions of avatars and game spaces in survival videogames. Through close play and close reading of the game *Fatal Frame II* (Tecmo 2003), Hoeger and Huber consider the uncanny represented in the unique game-based aspects, one activated by the implementation of a »software based virtual environment in a fictive game-world« (152). The videogame apparatus allows users a way to confront and play with these theoretical notions in a unique way that other mediums do not.

Race

Rooted in lived experience, subjects of race are difficult to comprehend. Despite this notion, Brock (2011) found a vivid and disturbing representation of racial formation theory when enacting participant observation of the game *Resident Evil 5* (Capcom 2009). In an apparatus where players utilize mental imagery and social interactions in electronic spaces to make meaning, he depressingly saw privileged individuals explore and exploit new terrain through othering. This concept was reiterated in research enacted by Schwarz (2006) as the virtual space creation and world building in an urban environment afforded in games such as *Grand Theft Auto: San Andreas* (Rockstart North 2005) are seen to elucidate theories of othering based upon how different populations come to conceptualize their place and role within a malleable diegesis. For participants like at-risk youth, game spaces of such irreverent violence and sexuality provide vivid glimpses as to how experience, knowledge, and ideology are constructed (De Vane and Squire, 2008).

4. Methodology

A complex and modern method to studying videogames is not simply mechanistic, or semiotic, but a holistic approach emphasizing these dual structures. Following Iversen's (2012) suggestion, this chapter will focus on the »interplay between the game's expressivity/mechanics, and how this may be actualized for a given player« (1) through critical discourse analysis. Pérez-Latorre, Oliver, and Besalú (2017) contend that it is necessary to have analytical models to understand the »expressive potential« of videogame design, and how the videogames work as texts to give shape »to certain values, behavioral patterns, and ideological visions« (586). As such, this paper will have a »social-semiotic« emphasis encompassing analysis of the narrative, the ludo-narrative, system gameplay, design-player dimensions, and how the game *Trauma Team* (Atlus Games 2010) may provide elucidation of medical theory through a gameplaying apparatus rather than trite mechanical actions of mindless participation.

5. Analysis

Trauma Team takes place at a sleepy hospital in Portland, Maine. To start, the player is free to choose from one of the six specialists to progress through incremental cases on a few select days at the hospital, or instead they can move chronologically between each character to progress chapter by chapter through the fateful time period leading up to the outbreak of an epidemic. The six interconnected avatars to choose from include a general surgeon, endoscopic surgeon, orthopedic surgeon, emergency medical technician (EMT), diagnostician, and forensic analyst. The player utilizes a motion-controlled Wiimote device, with an attached directionally based joystick (the Wii's »nunchuck«) to mime medical practices based upon their point-of-view avatar. Users grow accustomed to the background, pragmatics, and interface for each selected character in the first half of the game.

6. The Characters

Erhard Muller – General Surgery

Known as CR-S01, Erhard Muller is a general surgeon. Having been imprisoned for biomedical terrorism, of which he has no memory, the skilled surgeon is called to perform a number of procedures in order to reduce his prison sentence. Renowned for his near perfect dexterity, the gameplay features a standard rule that if the patient's vitals drop to zero – negated when actions are delayed, incorrect, or inaccurate – you fail. Playing as CR-S01, players select from the tool palette by tilting the nunchuck joystick and utilize each tool by manipulation of the Wiimote. Devices include ultrasound, scalpel, antibiotics, syringe, forceps, and sutures. As CR-S01, users will be tasked with an eclectic mix of medical procedures: treating dilated cardiomyopathy (an enlarged and weakened left ventricle), Kaposi sarcoma (a cancer characterized by masses found in the skin or lymph nodes), extracting a steal beam in the abdomen, and aiding a patient hurt in a bombing. At the end of each procedure, Muller fatefully and exasperatingly declares »let this disease pass from this earth.«

Maria Torres – First Response

Brash and abrasive, Maria Torres is in charge of first response care – paramedics – at Resurgem. As Torres, the player must erratically switch between patients depending on which one is seen as less stable. As with surgery, the nunchuck joystick provides a set of tools to select: primarily antibiotic gel, forceps, syringe, and tape, along with absorbent gauze, intravenous therapy, bandage, splint, hydraulic cutter, scissors, tourniquet, and cardiopulmonary resuscitation (CPR) when needed. An additional tool, »talk,« is first introduced when Torres is treating patients at the collapse of a Ferris wheel. Hearing the quiet and indistinct murmurs of a patient, the player as Maria learns that they can listen to the patients as they describe the accident at hand.

Hank Freebird – Orthopedic Surgeon

A hulking, massive figure, Hank Freebird serves as an orthopedic surgeon at Resurgem. As Freebird, the focus for the playing participant is to minimize mistakes as signified by five hearts that decrease when they are made. The main procedure focuses on delicate tracing of incisions, the reconstruction of bone, and the creation and implementation of artificial marrow. The surgeon plays a part in treating Plumber's disease (a thyroid condition), removing an ependymoma of the spine, removing a hemangioblastoma (tumor of the and reconstruction of a spinal cord of a patient whose skeletal structure is hardened due to metastasized lung cancer). To enact these treatments correctly, users must master use of the scalpel, laser cutter, drill, screwdriver, hammer, forceps, and staples.

Tomoe Tachibana - Endoscopic Surgeon

Often dressed in a geisha kimono, Tomoe Tachibana specializes in endoscopic treatment for the hospital. Working through treatments and ailments including an ulcer in the patient's gastric wall, removing bags of drugs before they open, treating a polyp that malignantly turned into a tumor, and treating tension pneumothorax and a ruptured bulla, participants move the endoscope through precise pushes forward or backward with the Wiimote, warranting the need to adjust the oscillation sensitivity, as incorrect movements will cause damage to the patient. When areas for treatment are reached, a set of tools including a stabilizer, snare, hemostatic forceps, drain, syringe, spray, scalpel, and forceps can be chosen through use of the nunchuck.

Gabriel Cunningham - Diagnostics

Always shown with a cigarette tucked in his mouth, even in the shower, Dr. Cunningham is a veteran team member who focuses on diagnosing ailments, and diseases of patients. To display a process that intermittently takes place in a doctor's head, the game introduces the RONI (Rapid Operation Network Intelligence) System. The robot provides the ability for symptoms and related diseases to be defined and displayed digitally, where they can be systematically catalogued until there is a match. As Dr. Cunningham, one can talk to their patients for information, as best they can, as well as order diagnostic tests and labs. This is done until he is able to provide a diagnosis, comparing and contrasting standard data with the patient's data in order to categorize anomalies.

Naomi Kimishima - Forensic Psychologist

A former surgeon, Naomi Kimishima now works as a forensic psychologist. Her protocol consists of piecing together evidence to create cards of data. She acquires evidence through her assistant who runs lab tests, through interviews with different suspects, and importantly through investigation of different crime scenes (see fig. 1). In the end, all of the pieces of data are chosen pragmatically, and sequentially, to tell a story of what caused a person's death; as Naomi says before she tells the final case story, »the dead shall speak.«

Fig. 1: Gameplay screenshot. Naomi categorizing evidence to deduce a solution in Trauma Team

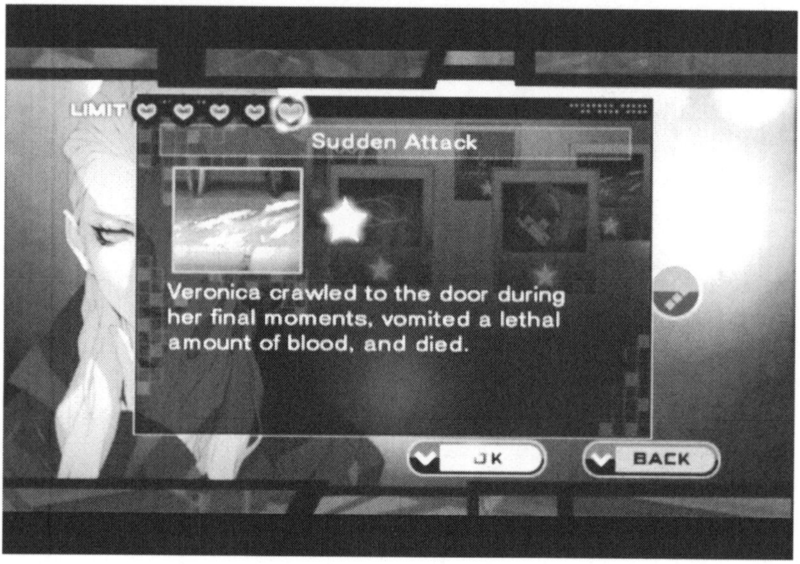

7. Facing the Rosalia Virus

Taken in and of itself, the gameplay for *Trauma Team* is ambitious, and noteworthy. The videogame offers players a plethora of practical medical initiatives, steps, and procedures to enact in relation to a wide range of ailments. Still, some may find room for criticism. From a black-box perspective, this is simple performativity in the form of a derivative set of inputs and outputs matched on screen, with no real sense of practical theory, or scale. One could even chastise the game as simply providing procedural inputs without actual matching correspondence. As with a series of roughly made zigzags being the equivalent to medical stitching, one could denounce the videogame as childish play or, at worst, misinformation.

But it is important to note that the preceding description is only a rudimentary picture of the game itself, and the notion of play is not as simple as it seems. Purposely left out in the description are remediated interludes provided in comic-book form throughout the campaign and epitomized in the second half of *Trauma Team* as members work together to solve an epidemic. Coupled with a mimesis of medical practice and procedures, the game comes to dialogically and rhetorically consider predominant medical theory and practice. This is taken to an even further effect by the initial choice of the game, as the scattered chapter progression provides changes in perspective and scope of which humans are not granted in their everyday lives.

While oriented into a traditional paradigm of thinking in the instructions and tutorials, it is this paradigm which inadvertently fails them. This predominant and hegemonic paradigm of modern epidemiology is situated by four tenets:

1) a preoccupation with proximate risk factors; 2) a focus on individual-level versus population-level influences on health; 3) a typically modular (time-windowed) view of how individuals undergo changes in risk status (i.e., a life-stage vs. a life-course model of risk acquisition); and 4) the, as yet, unfamiliar challenge of scenario-based forecasting of health consequences of future, large-scale social and environmental changes (McMichael 1999, 887).

The skeletal frame of the paradigm is one of biomedical individualism. Considering social determinants of disease to be secondary, if not insignificant, the dogma emphasizes the biological determinants of disease amendable to intervention through the health care system, views populations as simply the sum of individuals, and population patterns of disease as simply reflective of individual cases (Krieger 1994). In accordance with this doctrine, for each patient encountered the player is thrust into a deterministic series of inputs and corresponding outputs to enact through precision and memorization within a time sensitive arena. There are many places to fail, and constant pitfalls. To succeed in the game, the designers leave little room for ambiguity, and the game follows, by design, a binary distinction of right versus wrong, on or off, correct or incorrect (Wark 2009). Like a gas, the dogma seeps into the skin and fades into the personalities of various characters. It is only in the second half of the game that the characters come to directly support each other. Although the mechanical aspects of the game do not change, the character is given help, support, and context to their tasks. The gameplay segments are given a chance to breathe as the characters communicate throughout their task. The individual characters and the players themselves are able to put pieces of a jigsaw puzzle together, instead of being stuck in their own boxes. Until then, they all struggle to make sense of life and their role as medical practitioners.

Maria is impetuous, and angry. From her point of view, there is only enough time to think about the task at hand as she switches between treating different patients (see fig. 2).

Fig. 2: Gameplay screenshot. Maria's chaotic point of view in Trauma Team.

The first time a patient speaks to her, Maria is perplexed as to what the vocal interference is; it is not regarded as general and established knowledge that the paramedic should listen to what the patients have to say to her. When strange occurrences like a moving bruise do occur, there is no set protocol for how to advance for the player, no tool to select or use. The patient vitals do not stall during these occurrences, so when she is assisting Hank Freebird in the removal of a spinal ependymoma she contends that »everything is fine now,« since the task at hand is completed and case closed. She has no room for human error, or nuance. »Everyone is so useless,« she says in chapter eight, about other paramedics, and other people. As she states to Tomoe, even if she wanted to, Maria doesn't know how to ask people for help.

Oriented within the predominant paradigm through years of work and education, veteran diagnostician Gabriel is also dogmatic in his way of thinking. He is reluctant to use the RONI system when his chief presents it, confident in his own abilities to diagnose symptoms despite the artificial intelligence having the ability to respond to a quadrillion instructions per second. Although cases are marked as solved (as Gabriel), the players' solution is marked with mistakes and inadequacies. His own dogmatism is so strong that he, at first, even refuses to look into the treatment plan and status of his own estranged son. The RONI system regards, and has established academic research (Alkureishi et al. 2016), that his distraction thinking about a previous case may have led to mistakes in diagnosing a current patient – and yet the next level comes, either as Gabriel or instead as another character who sees him after or before a case.

The predominant scientific theory and paradigm orienting the doctors is not inconsequential. Theories help doctors to structure their ideas, providing lenses to explain casual connections »between specified phenomena within and across specified domains« (Krieger 2001, 668). But there are those who have been those seduced or »misled« by »the standard interpretations of the nature of science,« (Susser and Susser 1996, 675) particularly in the search for universal laws. This would be the ultimate failure of Albert Sartre, and the catalyst to the Rosalia Virus. The adoptive father of Muller, Sartre also took in Rosalia Rosselini from a nearby orphanage to live with him. A medical professional who taught CR-S01 all that he knew, Sartre found Rosalia to be a natural host to a volatile virus so aggressive that, if reverse engineered, it had the possibility to cure every disease in existence. Sartre's quixotic and dangerous quest was what led to the Cumberland College Incident, a pseudo terrorist attack erroneously blamed on CRS-01. Retold in flashback, Sartre apologized to his adoptive son, asking for forgiveness for the pain he had caused in being »enticed by the Devil.« Absconding to Mexico to continue his research, his quest was eventually proven impossible. Engendered by the madness that the Rosalia Virus caused him, Sartre shot and killed his Rosalia in order to put an end to the destruction.

Theoretical scientists find it imperative that the universalism of physical science makes room for paradox, to be »complemented« by the often unacknowledged ecologism of the biological sciences. Despite the fact that some of the laws may hold across our planet for species and the evolutionary processes that produced them, it stands that no biological entity, above the level of molecules, can conform entirely to universal laws. While beginning with a theory of biomedical individualism, the player and team comes to see things differently, act differently, and solve the epidemic. This is done through such an eco-epidemiological model, one which moves from the micro to the macro, with an emphasis on social relations. But there is liability in simply adding »biology« to »social« analyses, or »social factors« to »biological.« It is similarly unethical to investigate a microcosmic scale while keeping the black boxes above that scale closed, or vice versa (Weed 1998). Those entrenched in the ecosocial framework can begin to envision a more systematic integrated approach of science, one capable of generating new hypotheses once hidden. As Tomoe states as she works to make time to operate on a sick cat during the impending epidemic, »To ignore the small while fighting giants is against honor.« It is in the treatment of the cat that the team is led closer to their solution. They are invited to consider how population health is generated by social conditions necessarily engaging with biological processes at every spatiotemporal scale, whether from subcellular to global, or nanoseconds to millenniums. It is a fractal image, which deliberately fosters analysis of not only current but changing population patterns from cell to society (Krieger 2001). In order to transcend the various pitfalls of contemporary disease treatment, words take on different emphasis under the theory. This includes embodiment – wherein no aspect of biology can be understood absent from knowledge of history, individual and societal ways of living, cumulative interplay between exposure, susceptibility, and resistance, and pathways of knowledge about embodiment in relation to institutions, households, and individuals (Susser and Susser 1996).

Made even harder to implement, the medical field is categorized by further and further role ambiguities; public health corporations now comprised of countless different specialists, some without medical training (e.g., military, academics, economists), and many facing incommensurable ideologies (Susser and Susser 1996). Through interwoven perspectives, one is granted both justification and visualization for this theory within this Wii game. The ecological theory is subtly woven into the plot, provided in backgrounds of shots if one is looking in the right places, in the score of the music if one is listening closely, and through the intricate perspectives of different characters whose rule-based mechanisms come face to face with the paradoxical truth of disease and epidemiology in a case that has mirrored real-world epidemics.

Essential is the perspective granted from Hank Freebird. Although massive in size, even moonlighting as a crime fighter on the side, Hank is a kind and gentle person. He treats each of his patients with the utmost respect, diligently helping a woman in the game overcome her debilitating suicidal thoughts. But Freebird's faith in humanity is tested throughout his chapters. He goes so far as to save a man who shot his former patient and current girlfriend, if only to show him that life is wonderful. Hank has a deep and profound respect for and focus on nature. He individually cares for the plants in front of the hospital on which the butterflies land: »perennials that bloom orange, red, and yellow flowers,« as he tells one of his patients (see fig. 3).

Daughter to the head of a powerful clan, Tomoe Tachibana deserted the syndicate in order to follow a path of »honor« in medicine. She utilizes her endoscope, tactfully and softly, so as to never do any unnecessary harm to the human body: »gently as the drifting waters.« In her work, she helps others around her in a way that encompasses a complicated ecology. During the bus accident Tomoe thinks ingeniously in the way that she can help, using her thin endoscope to snake through the rubble and create a plan for how they may rescue the people. She helps Maria understand how friendships not a detriment, but a component of society. When Maria works exasperatingly, she works to teach her that there is nothing shameful or weak in cooperating with others. Maria heeds her words that »as long as we're alive, we can rely on others to lend us their strength.« Just as Tomoe helped her partner grow, Tomoe gets saved by her teammates after she is forbidden to leave when visiting home.

Fig. 3: Gameplay screenshot. Hank admires the flowers by the hospital in Trauma Team.

The veteran diagnostician Dr. Cummingham learns progressively to open his horizons and change his way of thinking. He is dismayed when he cannot provide a patient a more definitive answer to her troubles, as her symptoms paradoxically do not match any disease. This, of course, is counterintuitive to gaming logic that poses a solution to any given problem for the participant. He destroys his office in a rage, distraught that, according to the medical theory and doctrine that they were following, he also cannot do anything for his son. The RONI system, screen broken and lying on the ground, retorts to the desperate doctor: »All people die, so medicine is ultimately pointless.«

Each of Naomi's crime scenes seem to have set answers according to a black-box paradigm, dictating a chain of events based upon proximate exposure principles – e.g., a packet of drugs at a crime scene leading toward a drug overdose as cause of death. In time she is able to deconstruct the basic clues and schematics pointing to a particular causation and substitute in a solution that truly encapsulates a complex, intertwined, eco-social world. This includes, for instance, someone using a timer on a ceiling fan and hydroxide to start a fire remotely. The crime was solved through a seemingly insignificant button – an item that, no matter how small, still included markings on a microscopic level that led to an answer. In another case, instead of a kidnapping, a girl is locked away in her room by her own parents when she has a strange mental breakdown. But despite her own ingenious way of thinking to solve these crimes, Naomi had all but written off her own life when she was diagnosed with one year to live from a disease from a past game in *Trauma Team's* predecessor *Trauma Center: Second Opinion* (Atlus Games 2006).

The plaguing of the Rosalia Virus pugnaciously forces all of the team members to consider the paradigm through which they construct their work and lives, and ways of seeing. First and foremost is Maria, the impetuous and provincial-minded first-response actor. The case of the Rosalia virus leads her to fatefully visit the orphanage where she grew up. Despite a commitment to expel emotional relationships from her life, the catalyst and key to the epidemic was a young friend of hers. Rosalia had intermittently sent Maria caring letters after she had been adopted by Sartre. The letters didn't have to be sent, nor did Maria have to keep them. One peculiar letter, of which CRS-01 identified, had to have been from Mexico due to the particular flowers adorning the background in an accompanying photo.

Such a volatile illness, as observed by the diagnostician Gabriel when treating a politician and soldier, would at the military's wishes be destroyed and quarantined, rather than being understood. Instead of searching for elucidation, the military wished for the eradication of this black box. The militaries' own lack of understanding was what led to CRS-01 being convicted of bioterrorism and sentenced for 250 years. The Center for Disease Control and Prevention (CDC) within the diegetic world is said to be inept and uninformed during the outbreak, showcasing an incommensurability between perspectives, further marked by mass specialization and bureaucracy.

Pivotal to their eventual success, for lack of a better term when many died who did not need to, is the synergistic way of thinking when the trauma team members converse with each other and support each other in their different practices. The game vibrantly showcases the notion of socialization deemed to be critical to the eco-social mode, as without intense socialization and learning, links between values of public health and specialized disciplines perpetually dissolve and erode (Susser and Susser 1996). As Cole and Crichton (2006) have found, human factors including communication and interpersonal relations have an effect on a team's performance, despite how clinically skilled the disparate members may be. In Chapter 38, »Friends,« all of the trauma team members fatefully stand in the same room together (see fig. 4). Through conversation they analyze their downfalls, the ways they have been looking at things. All of the individual strange cases that they have confronted, or been forced to ignore or disregard, begin to make sense for them in a larger picture as they work and think together. In the game, socialization synergistically creates elements that were impossible to defer as the sum of their parts.

Fig. 4: The first time the team members all gather in the same room to create a treatment plan in Trauma Team.

Gabriel Cunningham once depressingly wished he could »choose his own patients,« as he butted heads with a terse politician. It is this politician who refuses the military's demand and allows Gabriel the ability to escape and return to the hospital. The social is what sets the path for the biological to flourish or wilt (Kreiger 1994, 899).

Faced with paradox, but also the necessity to work on a treatment, the team begins to follow a petty reductionism against the virus. It is necessary to follow through with their designated tasks at hand, but also pivotal to ensure their perspectives are open as not to obscure »the contextual structure of enveloping systems« (Susser and Susser 1996, 676). Select team members stayed at the hospital, continually working the best they can and know how to save patients or delay the disease. At the same time, Naomi and CRS-01 fly toward Mexico to uphold a localized and complex epidemiological perspective, following monarch butterflies to the scene of Rosalia's death.

Through the lens of biomedical individualism, Rosalia is an abomination, a rotting corpse that needs to be forgotten. But in the eco-epidemiological model, Rosalia is an angel of death and lost desire, never put to rest as she is carried across countries in the molecules on butterfly wings. To Maria she is an old friend, one of the few she has had. Just as Naomi comes down with the illness, she and CRS-01 return with an antidote from the last place others would have looked. It came from an orphan halfway across the country, just like the little orphan that Naomi had at first not fully noticed, loved, or accepted as she skirted through the frames of cutscenes. At the end of the story, she adopts her.

8. Conclusion

The structure of play in *Trauma Team* presents a subtle orientation for the player toward a different way of disease conceptualization and medical treatment. Atlus Games uses traditional structure of gameplay, inputs, and matching outputs to provide a base-level experience of »playing« doctor/surgeon. But beyond that, as the game progresses this series of mechanical mimesis is opened up, questioned, and transcended. Rather than the game in and of itself simply being about matching mechanical inputs, the game makes one question these movements, the system they are indoctrinated into, and what they have been told to pay attention to. They are told to follow specific rules in order to solve a level, but they reach dead ends. As a paramedic, they work to save all patients in a fast-paced progression that makes them unable or unwilling to question moving bruises. As a diagnostician, they systemically do everything to diagnose a bewildered and anxious patient, running each and every test possible, only to find that there is no answer. As an endoscopic surgeon, they take time to regard how they are happy to be with their coworkers, and as an orthopedic surgeon, they make time to care for the flowers that adorn the hospital lawn. One may disregard this as superfluous. The simple solution, as it stands, is that medicine is more complicated than what is thought. It is these little scenes, and the pauses in and between gameplay, that construct dramatic necessity and urgency for the player. As the second section of the game begins, a civilian walks off a train and blood pours from their face before they collapse. Each small, seemingly immaterial encounter, discussion, comic book frame, must be reconsidered. »No one suspects the butterfly,« says a participant on a YouTube game walkthrough (Karin's Channel 2013). This is despite the fact that a butterfly is the first shot of the game, and floral imagery paints different scenes. It is because people are thinking of the »normal ways of transmissions,« someone aptly responds a year later.

The game provides a vivid dialogue on real-world epidemics and disease treatments, with the narrative plot touching upon such real-world cases as the Marburg and Ebola viruses. Players are brought into the various roles and given a vast number of viewpoints, beyond one set of human eyes, on the ways in which an epidemic occurs. This provides the opportunity to consider and transcend the blatant missteps that caused such diseases to subsist, including treatment plans, misdiagnosis, incommensurability, and failures in communication. In time *Trauma Team* comes to highlight ontological theory of gameplaying as a whole. From an outsider's black-box lens, most videogames are simply about beating a game, inputting the correct buttons on a control until a screen outputs »You Won.« As the player of this game will hopefully come to realize, after their hours of playing and countless glances of reflections of themselves through the black mirror as they turn on or off the game, the things they consider the truth about their lives and the world may be shrouded – locked in a black box. From the perspective of a butterfly in the diegesis, what is winning?

Ludography

FATAL FRAME II (Tecmo 2003, Tecmo)
GRAND THEFT AUTO: SAN ANDREAS (Rockstar Games 2005, Rockstar North)
HEAVY RAIN (Sony Computer Entertainment 2010, Quantic Dream)
RESIDENT EVIL 5 (Capcom 2009, Capcom)
TRAUMA TEAM (Atlus 2010, Atlus)
TRAUMA TEAM: SECOND OPINION (Atlus 2006, Atlus)

References

Alkureishi, Maria Alcocer, Wei Wei Lee, Maureen Lyons, Valerie G. Press, Sara Imam, Akua Nkansah-Amankra, Deb Werner, and Vineet M. Arora. 2016. »Impact of Electronic Medical Record Use on the Patient-Doctor Relationship and Communication: A Systematic Review.« *Journal of General Internal Medicine* 31 (5): 548. doi: 10.1007/s11606-015-3582-1

Bausch D. G., and Lara Schwarz. 2014. »Outbreak of Ebola Virus Disease in Guinea: Where Ecology Meets Economy.« *PLoS* 8(7): e3056. doi: 10.1371/journal.pntd.0003056

Besel, Richard D. 2011. »Opening the ›Black Box‹ of Climate Change Science: Actor-Network Theory and Rhetorical Practice in Scientific Controversies.« *Southern Communication Journal* 76 (2): 120-136. doi: 10.1080/10417941003642403

Bogost, Ian. 2007. *Persuasive Games: The Expressive Power of Videogames.* Boston: MIT. doi: 10.7551/mitpress/5334.001.0001

Brock, André. 2011. »›When Keeping It Real Goes Wrong‹: *Resident Evil 5*, Racial Representation, and Gamers.« *Games and Culture* 6(5): 429-452. doi: 10.1177/1555412011402676

Cremin, Colin. 2015. *Exploring Videogames with Deleuze and Guattari: Towards an Affective Theory of Form.* London: Routledge. doi: 10.4324/9781315683713

DeVane, Ben and Kurt D. Squire. 2008. »The Meaning of Race and Violence in *Grand Theft Auto: San Andreas*,« *Games and Culture* 3 (3-4): 264-285. doi: 10.1177/1555412008317308

Ebert, Roger. 2010. »Video Games Can Never Be Art.« RogerEbert.com, last modified April 16, 2010. https://www.rogerebert.com/rogers-journal/video-games-can-never-be-art

Fortugno, Nick. 2009. »Losing Your Grip: Futility and Dramatic Necessity in Shadow of the Colossus,« in *Well Played 1.0: Video Games, Value and Meaning.* Ed. Drew Davidson (Pittsburgh: Etc. Press) 171-186.

Frasca, Gonzalo. 2001. »The Sims: Grandmothers Are Cooler Than Trolls.« *Game Studies* 1 (1).

Galloway, Alexander. 2006. *Gaming: Essays on Algorithmic Culture.* Minnesota: University of Minnesota Press.

Hoeger, Laura, and William Huber. 2007. »Ghastly Multiplication: *Fatal Frame II* and the Videogame Uncanny.« In *Proceedings of DiGRA 2007: Situated Play.* Tokyo: University of Tokyo: 152-156.

Iversen, Sara Mosberg. 2012. »In the Double Grip of the Game: *Challenge* and *Fallout 3*.« *Game Studies* 12 (2).

Jagoda, Patric. 2013. »Fabulously Procedural: Braid, Historical Processing, and the Videogame Sensorium.« *American Literature* 85 (4): 745-779. doi: 10.1215/00029831-2367346

Kirkland, Ewan. 2009. »Maternal Engulfment in Horror Videogames.« In *Videogame Cultures and the Future of Interactive Entertainment,* edited by Daniel Riha, 75-80. Inter-disciplinary Press.

Krieger, Nancy. 1994. »Epidemiology and the Web of Causation: Has Anyone Seen the Spider?« *Social Science & Medicine* 39 (7): 887-903. doi: 10.1016/0277-9536(94)90202-X

Krieger, Nancy. 2001. »Theories for Social Epidemiology in the 21st Century: An Ecosocial Perspective,« *International Journal of Epidemiology* 30 (4): 668-677. doi: 10.1093/ije/30.4.668

Mann, Michael, Raymond S. Bradley, and Malcolm K. Hughes. 1998. »Global-Scale Temperature Patterns and Climate Forcing over the Past Six Centuries.« *Nature* 392: 779-787. doi: 10.1038/33859

McIntyre, Stephen, and Ross McKitrick, »Corrections to the Mann et al. (1998) Proxy Data Base and Northern Hemispheric Average Temperature Series,« *Energy & Environment* 14 (2003): 751-771. doi: 10.1260/095830503322793632

McMichael, Anthony J. 1999. »Prisoners of the Proximate: Loosening the Constraints on Epidemiology in an Age of Change.« *American Journal of Epidemiology* 149 (10): 887-897. doi: 10.1093/oxfordjournals.aje.a009732

Metz, Christian. 1982. *The Imaginary Signifier: Psychoanalysis and the Cinema.* Bloomington, Indiana: Indiana University Press.

Papale, Luca. 2014. »Beyond Identification: Defining the Relationships Between Player and Avatar.« *Journal of Games Criticism* 1 (2): 1-12.

Pérez-Latorre, Óliver, Mercè Oliva, and Reinald Besalú. 2017. »Videogame Analysis: A Social-Semiotic Approach.« *Social Semiotics* 27 (5): 586-603. doi: 10.1080/10350330.2016.1191146

Pinchbeck, Dan. 2007. »Counting Barrels in *Quake* 4: Affordances and Homodiegetic Structures in FPS Worlds.« In *Proceedings of DiGRA 2007: Situated Play*. Tokyo: University of Tokyo: 8-14.

Schwarz, Leigh. 2006. »Fantasy, Realism, and the Other in Recent Video Games.« *Space and Culture* 9 (3): 313-325. doi: 10.1177/1206331206289019

Skrabanek, Petr. 1994. »The Emptiness of the Black Box.« *Epidemiology* 5 (5): 553-555.

Simons, Monique, Janice Baranowski, Debbe Thompson, Richard Buday, Dina Abdelsamad, and Tom Baranowski. 2013. »Child Goal Setting of Dietary and Physical Activity in a Serious Videogame.« *Games for Health: Research, Development, and Clinical Applications* 2 (3): 150-157. doi: 10.1089/g4h.2013.0009

Sloan, Robin. 2015. »Videogames As Remediated Memories: Commodified Nostalgia and Hyperreality in *Far Cry 3: Blood Dragon* and *Gone Home*.« *Games and Culture* 10 (6): 525-550. doi: 10.1177/1555412014565641

Susser, Mervyn, and Ezra Susser. 1996. »Choosing a Future for Epidemiology: II: From Black Box to Chinese Boxes and Eco-Epidemiology,« *American Journal of Public Health* 86 (5): 674-677. doi: 10.2105/AJPH.86.5.674

Trauma Team- 39- Carpet of Blue Death. YouTube Video, posted by Karin's Channel, September 21, 2013, https://www.youtube.com/watch?v=Br4cZLeOhZQ&lc=UggywQqobFRLNngCoAEC

Wark, Mckenze. 2009. *Gamer Theory*. Boston: Harvard University Press.

Weed, Douglas L. »Beyond Black Box Epidemiology.« *American Journal of Public Health* 88 (1): 12-14. doi: 10.2105/AJPH.88.1.12

List of Figures

IV. Games for Health

Wunderpille Games!?
Mit digitalem Spiel gegen reale Krankheiten

Martin Thiele-Schwez & Anne Sauer

Abstract: Video games are fascinating. Therefore it is not surprising that their motivational potential has been discussed in various disciplines. (Serious) Games for Health are specifically designed for the health-care industry and aim to have a positive effect on users – either physical or psychological. For example, games are used to create incentives for more physical activity, they are used in medicine for therapy purposes, or they can evoke behavioral changes or make outsiders understand illnesses such as depression. However, a game per se does not make a person thin or fat, smart or stupid, healthy or ill. It is an interplay of mission goals, content, technology, and how contents are conveyed to achieve the goal.

Knowing the tension between the fast-moving games industry and sluggish, restrictive health care, we show how we can make use of games in health care and how we can establish them (commercially). With that said, we see games as a medium with high potential but also with challenges and limits.

Keywords: Serious Games; Games for Health; Health Care; Patient Education; Medical Education

Schlagworte: Serious Games; Games for Health; Gesundheitswesen; Patientenaufklärung; Medizinische Ausbildung

1. Einleitung

Computerspiele[1] sind in viele Bereiche der Gesellschaft vorgedrungen. Aktuellen Zahlen des game-Verbands der deutschen Games-Branche zufolge spielt knapp jede*r zweite Deutsche, davon 47% weiblich, mindestens gelegentlich. Wirft man einen Blick auf die Altersverteilung, zeigt sich ein ebenso heterogenes Bild. Computerspiele faszinieren mittlerweile alle Altersklassen, von den unter 9-Jährigen bis hin zu den über 50-Jährigen (game – Verband der deutschen Games-Branche 2018a).

Die Zeit, die Spielende in der virtuellen Welt verbringen, beträgt im Durchschnitt knapp zwei Stunden täglich (MPFS Medienpädagogischer Forchungsverbund Südwest 2018; Statista – Das Statistikportal 2018). Aus pädagogischer Sicht ist das sehr interessant, wünscht man sich doch diese Begeisterung und Intensität der Beschäftigung mit einem Thema auch für eigene Lerninhalte. Lernprozesse sind immer auch abhängig von der Zeit, die ihnen zugestanden wird. Das heißt, je mehr Zeit mit dem Lernen verbracht wird, umso bessere Ergebnisse können damit erzielt werden (Cook etal 2013; Greenwood, Horton und Utley 2002, 328). Gelingt es, mithilfe spielerischer Elemente Lernprozesse interessanter und motivierender zu gestalten, gewinnen Lernende wie Lehrende. Es überrascht daher nicht, dass Computerspiele seit Jahren als Bildungsmedium zur intendierten Kompetenz- und Wissensvermittlung in Betracht gezogen werden (Eichenbaum, Bavelier und Green 2014, 50).

Unter dem Schlagwort Serious Games werden Spiele entwickelt, die über den reinen Zweck der Unterhaltung hinausgehen und einem konkreten Lernziel folgen (Michael und Chen 2006, 17). Dazu können prinzipiell auch kommerzielle Unterhaltungstitel gehören, die in einen Lernkontext eingebettet werden und somit einen edukativen Zweck über das eigentliche Spielen hinaus aufweisen. In dem Fall macht weniger das Spiel selbst, sondern der mit ihm verbundene Zweck das ›Ernste‹ aus (Breuer 2010). Auf diesen Spielen soll im Folgenden jedoch nicht der Fokus liegen. Vielmehr widmen wir uns den Serious Games for Health, kurz ›Health Games‹ genannt, die eine Spezifizierung des Begriffs Serious Games auf »eine systematische Verknüpfung eines Spielkonzepts mit explizit formulierten gesundheitsförderlichen Lernzielen und Intentionen« (Dadaczynski und Tolks 2018, 270) sind. Es geht also speziell um für das Gesundheitswesen konzipierte Spiele, die einen positiven Effekt auf Anwender*innen haben. Wir gehen in der Definition sogar noch etwas weiter und sprechen von einer mittelbaren oder unmittelbaren Verbesserung des Gesundheitszustandes. Das schließt medizinisches Personal mit ein, welches mithilfe von Health Games sein Wissen und

1 Der Begriff Computerspiel wird hier als Oberbegriff für die Gesamtheit digitaler Spiele verwendet, unabhängig von der Plattform, ob mit oder ohne offensichtlichen Lerninhalt.

seine Fähigkeiten verbessert. Auch Spiele, die ein Bewusstsein für Krankheiten schaffen, und sich zunächst nicht an Betroffene, sondern an das soziale Umfeld richten, sind in dieser weiter gefassten Definition mit eingeschlossen. Ein Umfeld, das Verständnis für die Krankheit entwickelt, weiß möglicherweise besser mit bestimmten Situationen umzugehen, was sich wiederum positiv auf die Betroffenen auswirken und somit indirekt zur Förderung der Gesundheit beitragen kann.

Im Folgenden werfen wir anhand von fünf Thesen einen Blick auf eben diese Health Games aus unserer Perspektive als Medienpädagogin, Medienwissenschaftler und Game Designer*in. Was macht Health Games wertvoll? Wie können sie sinnvoll im Gesundheitswesen genutzt und dort (kommerziell) platziert beziehungsweise etabliert werden? Wo liegen möglicherweise Herausforderungen und Grenzen? Wir greifen dabei auf Erfahrungen zurück, die wir in der jahrelangen Entwicklung spielerischer Applikationen, darunter auch Health Games, gesammelt haben.

These 1: Spiele besitzen ein hohes motivations- und kompetenzförderndes Potenzial, das sich für Gesundheitsthemen anbietet.

Bereits in den 1970er Jahren wurden Spiele im Gesundheitssektor eingesetzt (Tolks, Dadaczynsky und Hostmann 2018, 275). Beschränkte sich die Verwendung von Spielen hier anfänglich auf die Ablenkung von schmerzhaften Eingriffen (Corah, Gale und Illig 1979), finden sich mittlerweile vielfältige Anwendungsbereiche. Grob lassen sich Health Games in folgende Kategorien einordnen: (1) Spiele zur Prävention in Form von Bildung und Aufklärung, (2) Spiele zur Behandlung von Patient*innen mit psychischen oder physischen Erkrankungen und (3) Spiele zum Einsatz in der medizinischen Schulung, Aus- und Weiterbildung (Breuer und Schmitt 2017). Spiele zur Prävention und Gesundheitsförderung können in vielen Fällen dem Bereich Public Health zugeordnet werden, denn sie vermitteln oft breite Information und Ansichten zu Krankheitsbildern oder sind speziell entwickelt, um präventiv zu wirken. Im Vordergrund steht die Wissensvermittlung mit dem Ziel möglicher Verhaltensänderungen. Ein Beispiel hierfür ist *Into D'mentia* (IJsfontein 2013), eine spielerische interaktive Installation, die für mehr Verständnis für Menschen mit Demenz wirbt. In einem mobilen Container erleben Spielende hautnah, wie sich Demenz anfühlt und erhalten so Einblick in die Welt eines Demenzpatienten. Das Spiel richtet sich also nicht direkt an Betroffene, sondern eher an deren soziales Umfeld beziehungsweise die interessierte Öffentlichkeit. Indem ein besseres Verständnis für die Krankheit hergestellt wird, soll auch der tägliche Umgang mit derselben verbessert werden.

Die zweite Kategorie von Health Games richtet sich konkret an Patient*innen und unterstützt sie bei der Bewältigung ihrer Krankheit. Eines der bekanntesten Beispiele hierfür ist *Re-Mission* (Realtime Associates 2006), das speziell für krebskranke Kinder und Jugendliche entwickelt wurde (Kato et al. 2018). Im Spiel schlüpfen sie in die Rolle von Roxxi, einem Nanoroboter. Ausgerüstet mit Chemo-Waffen, Antibiotika und anderen Medikamenten begeben sie sich auf die Jagd nach Tumorzellen. Ziel des Spiels ist, den Kindern die Angst vor der Krankheit und den Therapien zu nehmen, indem sie erfahren, was in ihrem Körper vorgeht und wie sie die Krankheit bekämpfen können. Durch die im Spiel evozierte Vorstellung, aktiv Krebszellen zu bekämpfen, wird in den Patient*innen das Gefühl geweckt, dass sie eine Therapie nicht bloß passiv über sich ergehen lassen, sondern selbst aktiv werden. Ein anderes, aktuelles Beispiel, ist *Cafe Sunday* (IJsfontein 2017), eine Virtual Reality-Welt, die speziell für depressive Menschen in kognitiver Therapie entwickelt wurde. In den Therapiesitzungen lernen die Betroffenen, ihre negativen Gedanken zu erkennen und durch alternative, positive Gedanken zu ersetzen. Die Umsetzung des in der Therapie Gelernten in die Praxis stellt dabei einen wichtigen Teil der Therapie dar. Durch *Cafe Sunday* ist dies im Beisein der Therapeut*innen und in einem geschützten, spielerischen Rahmen möglich – etwas, das in der Realität bislang nicht möglich war und somit einen klaren Mehrwert bietet.

Als Beispiel für Spiele zum Einsatz in der medizinischen Aus- und Weiterbildung sei *Delirium Experience* (IJsfontein 2014) aufgeführt (Buijs-Spanjers et al. 2018). In dem Spiel lernen Ärzt*innen und Pflegepersonal, wie sie ein Delirium erkennen und besser mit der komplexen Symptomatik der Patient*innen umgehen. Basierend auf wahren Geschichten von echten Patient*innen können die Spielenden risikofrei im virtuellen Spiel verschiedene Behandlungen ausprobieren und aus Fehlern in ihrer Vorgehensweise lernen. Ein anderes Beispiel ist *abcdeSIM* (IJsfontein 2013), ein realitätsnahes Simulationsspiel, in dem Studierende der Medizin die ABCDE-Methode gefahrlos lernen und anwenden können. Die ABCDE Methode (kurz für: Airway, Breathing, Circulation, Disability, Exposure) bezeichnet in der Medizin die grundlegende Vorgehensweise zur Bewertung und Reanimation von Notfallpatient*innen (Thim et al. 2012). 15 Minuten Zeit haben die Spielenden, um virtuelle Patient*innen zu stabilisieren. Innerhalb dieses Zeitfensters gilt es herauszufinden, was den Patient*innen fehlt und was beziehungsweise wie behandelt werden muss. Anders als in der Realität können sich Studierende ohne die Anwesenheit von Ärzt*innen hier gefahrlos ausprobieren, Fehler machen und daraus lernen.

Alle genannten Beispiele bedienen sich der motivationalen Potenziale des Mediums Spiel. Welche das genau sind, ist in der Literatur einschlägig identifiziert. So findet sich eine besondere Anziehungskraft in den direkten Einwirkungsmöglichkeiten im Spiel. Im Gegensatz zum Medium Film, das lediglich rezipiert wird, kann das Geschehen im Computerspiel durch die Aktionen und Entscheidungen der Spielenden aktiv beeinflusst werden. Denkt man in den Kategorien von Marshall McLuhan lässt sich das Spiel in aller Regel als »kühles Medium« bezeichnen, da es dem Publikum zunächst nur eine dürftige Summe an Informationen liefert und gleichzeitig ein hohes Maß an persönlicher Beteiligung abverlangt. Das Gegenstück (als welches das Spiel hier nicht betrachtet wird) wäre das »heiße Medium« (McLuhan 1970, 32f.), welches nur eine geringe aktive Beteiligung seines Publikums abverlangt, da Informationen bereits detailreich gegeben werden. Kurzum: Das Spiel erfordert, mehr als andere Medienformen, aktiv erlebt und durchlebt zu werden. Die Spielenden entscheiden, was sie spielen, und wie sie es spielen. Der Computerspielforscher Christoph Klimmt sprach in dem Kontext auch vom sogenannten »Selbstwirksamkeitserlebnis« (Klimmt 2006). Demnach wirke sich die empfundene Selbstwirksamkeit im Computerspiel positiv auf die Motivation der Spielenden aus, dieses weiterzuspielen. Voraussetzungen für dieses Selbstwirksamkeitserleben werden vom Psychologen Mihály Csíkszentmihályi in dessen Flow-Konzept behandelt (Csíkszentmihályi 1985). Als ›Flow‹ bezeichnet er eine Art Tätigkeits- und Schaffensrausch, in den Menschen gelangen können, wenn sich Anforderungen und Fähigkeiten in einem Gleichgewicht befinden. Dass sein Konzept einen schnellen Einzug in die Game Studies gehalten hat, liegt nahe: Schließlich ist ein ausgewogener Anstieg des Anspruchs eines Spiels, proportional zu den Fähigkeiten der Spieler*innen, ein Schlüssel zu gutem (und wirkungsvollem) Game Design. Die Spielenden werden weder unterfordert, was zu Langeweile führt, noch überfordert, was in Frustration resultiert. Stattdessen gelangen sie in einen Flow, gehen voll in ihrer Beschäftigung des Spielens auf und blenden alles um sich herum aus. Hier greift auch der Wunsch nach Erfolg, der laut des Spielpädagogen Jürgen Fritz eine entscheidende Motivation zum Spielen darstellt (Fritz 2008). Die virtuelle Spielwelt bietet Erfolgserlebnisse – und das durchaus schneller und einfacher als das reale Leben –, haben die Spielenden doch die Kontrolle über das Spiel, indem sie zum Beispiel den Schwierigkeitsgrad ihren Leistungen anpassen. Auch das Spielen mit und gegen andere – ob in kleinen Gruppen vor dem Bildschirm oder online mit Menschen aus aller Welt – übt einen besonderen Reiz aus (Geisler 2009). Zugehörigkeiten zu Gruppen, aber auch die Thematisierung der Spiele unter Freund*innen und Gleichgesinnten, verstärken das soziale Erlebnis.

Das Medium Computerspiel bietet sich aber nicht allein aufgrund der großen Faszinationskraft als Bildungsmedium im Kontext des Gesundheitswesens an. Ihnen liegt in ihrer grundlegenden Struktur bereits ein immersiver Lernplan zugrunde, was auch für die Entwicklung von Health Games von Vorteil ist. »Die Lernmöglichkeiten erschließen sich nur, wenn der Spieler ›eins‹ wird mit dem Spiel, sich in den ›Fluss des Geschehens‹ hinein begibt und zugleich die Fähigkeit entwickelt, sich immer wieder heraus zu ziehen, sich selbst zeitliche Grenzen für das immersive Verweilen setzen zu können.« (Fritz 2005) Indem sich Spielende auf ein Spiel einlassen, werden sie gefordert und gefördert, sei es in Hinblick auf Sensomotorik (Hand-Augen-Koordination, Reaktionsgeschwindigkeit), kognitive Fähigkeiten (Orientierung im Raum, Gedächtnis, Kombinationsfähigkeit, Planungskompetenz, Problemlösungskompetenz), Emotionen (Gefühlsmanagement, Stressresistenz, Ausdauer) oder soziale Faktoren (Kooperationsfähigkeit, Hilfsbereitschaft, Empathie) (ebd.). Nun handelt es sich bei genannten Aspekten um potenziell positive Kompetenzen, die beiläufig in Computerspielen erworben werden können. Um für späteres Handeln in der realen Welt bedeutsam zu sein, bedarf es einer entsprechender Transferleistung.

Die motivierenden und kompetenzförderlichen Potenziale zu verstehen und bewusst im Kontext des Gesundheitswesens zu nutzen, ist zentrale Aufgabe bei der Entwicklung von Health Games. Dabei spielen neben dem Unterhaltungswert des Spiels auch die zielgruppengerechte Aufbereitung und der gesundheitliche Nutzen eine Rolle. Auf letzteren möchten wir später noch einmal gesondert eingehen. Zunächst widmen wir uns jedoch einem Aspekt, der für das Game Design von höchster Bedeutung ist: Der Zielgruppe.

These 2: Spiele können unterschiedliche Zielgruppen ansprechen. Auch Senioren sind für Health Games zugänglich.

Entwickeln wir ein neues Serious Game (for Health) orientieren wir uns initial an drei zentralen Fragen: (1) An welche Zielgruppe richtet sich die Anwendung? (2) Welches Thema soll vermittelt beziehungsweise welcher Bereich soll geschult werden? (3) Wie sieht das Einsatzszenario aus, im Rahmen dessen das Spiel genutzt werden soll. Bei einem Spiel im Gesundheitswesen sind diese Rahmenbedingungen in den meisten Fällen a priori gegeben. So definiert oft schon die medizinische Indikation seine Zielgruppe (oder zumindest einen Teil davon). Die mittelbare oder unmittelbare Verbesserung des Gesundheitszustandes, das bessere Zurechtkommen mit der Krankheit, erhöhte Selbstwirksamkeit und Kenntnisse über die Handlungsoptionen sind in aller Regel das zu erreichende Ziel. Und auch das Einsatzszenario unterliegt den gegebenen geistigen und körperlichen Voraussetzungen, welche mitunter eingeschränkt oder verändert sein können. Ausgehend von diesen Rahmenbedingungen leiten sich die Spezifika der Anwendung ab.

Gerade die diversen denkbaren Zielgruppen definieren stark, wie das Spiel und die darin enthaltene Vermittlung funktionieren soll. So wachsen junge Menschen heute wie selbstverständlich mit Computerspielen auf. Spiele sind Teil ihrer Lebenswelt; eine entsprechende Offenheit ihnen gegenüber ist also zu erwarten. Medienaffine Jugendliche verlangen eine andere Anwendung als beispielsweise Rentner*innen, welche das digitale Spiel noch nicht in gleichem Maße für sich entdeckt haben. Und doch machen letztere inzwischen eine nicht unerhebliche Gruppe der Spieler*innen aus, die zumindest gelegentlich spielen (game – Verband der deutschen Games-Branche 2018a; game – Verband der deutschen Games-Branche 2018b). Die gleiche Gruppe erzeugt naturgemäß die meisten Kosten für das

Gesundheitswesen. So lagen laut Statistischem Bundesamt die Krankheitskosten in Deutschland in der Altersgruppe von 45 bis unter 65 Jahren bei 92,4 Milliarden Euro. Bei den Personen ab 65 Jahren sogar bei 168,4 Milliarden, was in der Summe 77,1% der Gesamtkosten für das Gesundheitswesen ausmacht (Destatis – Statistisches Bundesamt 2015). Zugleich ist gemeinhin bekannt, dass aufgrund einer desolaten Unterfinanzierung des Gesundheits- und Pflegesektors innerhalb der vergangenen Jahre die Betreuungssituation in medizinischen Einrichtungen mangelhaft ist. Digitale Produkte dürfen und sollen zwar kein Ersatz für medizinisches Pflegepersonal sein, gleichwohl erlauben sie in diversen Bereichen hilfreich zu sein, wo in der aktuellen Pflegesituation eine Lücke entstanden ist. Sowohl im Bereich der kognitiven Übungen als auch im Hinblick auf die Verbesserung des körperlichen Vermögens können Senior*innen von Spielformen profitieren, vorausgesetzt das Spiel berücksichtigt die der Zielgruppe spezifischen Eigenschaften (Aarhus et al. 2011). Schließlich macht der Grad der körperlichen und geistigen Fähigkeiten, der Bildung und Medienaffinität (zum Beispiel im Vergleich zu einer jungen Zielgruppe) einen enormen Unterschied aus.

Gehen wir exemplarisch von Altenheimbewohner*innen ab 80 Jahren aus, sind wir in der Regel mit weniger medienaffinen, mitunter körperlich und geistig eingeschränkten Personen konfrontiert. Wichtig ist es hierbei, einen niedrigschwelligen Einstieg in das Spiel zu gewährleisten. Das grundlegende Setup, zum Beispiel Einschalten und Starten der Anwendung, muss leicht von der Hand gehen und darf möglichst keine Hürde darstellen. Zudem gilt es, die Handlungsoptionen einfach zu halten und auf klare Muster zu beschränken. Ein Ziel für diese Nutzer*innengruppe kann es sein, zu körperlicher Aktivität zu motivieren, geistige Aktivität zu fördern, einen sozialen Austausch (Kommunikation) zu evozieren und/oder das Erinnerungsvermögen zu aktivieren.

Eines der bekanntesten Beispiele in diesem Umfeld ist sicherlich das Phänomen des *Wii Sports – Bowling* (Nintendo 2006). Bemerkenswerterweise handelt es sich hier nicht um ein genuines Health Game, sondern vielmehr um einen Entertainment-Titel, der implizit wichtige Voraussetzungen für dieses Einsatzszenario erfüllt und darum zu öffentlich wirksamem Erfolg in Senioreneinrichtungen gekommen ist. So setzten mehrere Altenheime laut einer Studie von Wittelsberger, Krug, Tittlback und Bös (2012) auf den Einsatz von Wii-Bowling und versammelten regelmäßige ›Kegelgruppen‹. Sogar Meisterschaften unter den Senior*innen wurden ausgetragen. Vor dem Monitor galt es für die Senior*innen, gezielte Kegelbewegungen auszuführen und, wie beim echten Bowling, möglichst viele Kegel zu Fall zu bringen. Nach der Studie »Auswirkungen von Nintendo-Wii® Bowling auf Altenheimbewohner« konnte ein positiver Effekt dieser Beschäftigung nachgewiesen werden. Unter anderem sorgte die regelmäßige Nutzung für eine verbesserte Motorik, Kraft und Koordination der Proband*innen, aber auch die soziale Interaktion habe sich verbessert (Wittelsberger et al. 2012).

Dieses Beispiel zeigt eindrücklich, wie das Spiel im richtigen Einsatzszenario durch ein geradliniges und verständliches Game Design und Mechanismen der spielinhärenten Motivation positive körperliche Folgen auslösen kann. Die Steigerung der subjektiv empfundenen Freude durch Erfolgserlebnisse und soziale Interaktion ist dabei mehr als nur eine günstige Begleiterscheinung, sondern eine äußerst relevante Zielsetzung für im Heim lebende Senior*innen. Und tatsächlich zeigt sich, dass das Interesse der Senior*innen an digitalen Spielen in der Breite zunimmt. So zeigen Forschungsergebnisse von Smeddinck, Siegel und Herrlich (2013), dass ältere Menschen ein besonderes Interesse an solchen Computerspielen haben, denen sie das Potenzial zuschreiben, zur Verbesserung ihres körperlichen und geistigen Wohlbefindens beitragen zu können. Kurzum: Auch und gerade für Zielgruppen, die mit dem digitalen Spiel nicht groß geworden sind, liegen etliche Einsatzszenarien auf der Hand und die Offenheit und Bereitschaft der Zielgruppe steigt – spätestens dann, wenn der Nutzen nicht nur auf dem Papier steht, sondern auch am eigenen Leib erfahren wird.

These 3: Das Label ›Spiel‹ macht eine Anwendung nicht per se interessanter oder besser als andere, traditionelle Lernmethoden.

Die Entwicklung eines Serious Game (for Health) ist komplex, gilt es doch einerseits ein für die entsprechende Zielgruppe motivierendes Produkt zu entwickeln und gleichzeitig den intendierten Lerninhalt darin zu transportieren. Wer glaubt, komplexe Lerninhalte attraktiver zu gestalten und zu vermitteln, indem sie einfach in einer virtuellen 3D-Welt wiedergegeben werden, irrt. Das Label ›Spiel‹ macht eine Anwendung nicht per se für potenzielle Lernende interessanter und besser als andere ›traditionelle‹ Lernmethoden, wie der ausbleibende Erfolg diverser ambitionierter Serious Games-Projekte deutlich macht (Klopfer, Osterweil und Salen 2009). Der potenzielle Spielspaß, den ein gutes Spiel zu liefern im Stande wäre, bleibt nicht selten auf der Strecke, wenn die Inhaltsvermittlung einfach gedankenlos auf den Spielmechanismus gelegt wird. Für derartige Lernanwendungen, welche in der Verkleidung eines Spiels daherkommen gilt der Terminus des *chocolate-covered broccoli*. »Games that blur the line between fun and education can all too frequently fall into the trap of becoming ›edutainment,‹ thinly disguised educational software or ›chocolate-covered broccoli.‹ A coating of sweet does not make the learning suddenly fun. While no one expects a learning game to be on par with a blockbuster AAA title, like Battlefield 4, there should be no excuse for poor design.« (Farber 2014)

Die Zielgruppe muss in erster Linie motiviert werden, das Spiel überhaupt zu spielen, um Zugang zu den Lerninhalten zu finden. Damit die Zielgruppe sich dann längere Zeit mit dem Spiel beschäftigt, müssen intrinsische und extrinsische Motivation der Spielenden gleichzeitig angesprochen werden. »Combining the motivation for the activity of learning itself (intrinsic motivation) with the motivation for a future desirable outcome (extrinsic motivation) is thus essential to develop motivating serious games« (Drummond, Hadchouel und Tesnière 2017, 2). Bestes Beispiel dafür ist der Enthusiasmus, den Medizinstudent*innen gegenüber Simulationsspielen zeigen, in denen sie die Rolle eines praktizierenden Arztes übernehmen. »The association of their final objective – practicing as a doctor – made virtually present and possible, with a learning activity – making decisions to save the life of a virtual patient – is promising to motivate these students to learn.« (Ebd.) Gelingt es folglich, nahe an der Lebensrealität der Zielgruppe zu sein, ihre Sprache zu sprechen und ihre Probleme zu verhandeln, ist die Wahrscheinlichkeit höher, anhaltendes Interesse an der Verwendung des Spiels zu erzielen.

Nun spielt, wie bereits herausgestellt, neben der Motivation auch das intendierte Vermittlungsziel eine wichtige Rolle bei der Entwicklung eines Health Games. Der französische Neurowissenschaftler Stanislas Dehaene hat den Lernprozess theoretisiert und vier Hauptsäulen des Lernens herausgearbeitet (Dehaene 2012). Demnach bedarf effektives Lernen: (1) *attention* – Lernende müssen aufmerksam und fokussiert sein, dürfen dabei jedoch nicht von der eigentlichen Aufgabe abgelenkt werden. (2) *active engagement* – »Un organisme passif n'apprend pas.« (übersetzt: »Ein passiver Organismus lernt nicht.«) Hier geht es darum, Lernende in den Prozess des Lernens zu involvieren, ihnen aktive Einflussnahme zu ermöglichen, sie an die Hand zu nehmen und ihnen gleichzeitig genügend Freiraum zu geben, um eigenständig Inhalte zu erkunden und zu erschließen, Neugierde zu erzeugen und diese auch zu belohnen, das Wissen regelmäßig zu überprüfen und Lernsituationen den Fähigkeiten der Lernenden entsprechend anzupassen. (3) *feedback* – Irren ist menschlich und essenziell für den Lernprozess. Fehlerhaftes Verhalten kann, sofern es als solches erkannt wird, korrigiert und verbessert werden. Voraussetzung hierfür ist eine entsprechende Rückmeldung. (4) *consolidation* – Gemeint ist hiermit die Überführung des Gelernten ins Gedächtnis als Form der Wissensautomatisierung. Durch stetige Wiederholung werden bewusste Handlungen zu automatisierten, unbewussten Handlungen und werden somit langfristig gespeichert (ebd.).

Übertragen auf die Struktur von Computerspielen bedeutet dies: (1) Ein gutes Health Game spricht die Zielgruppe an, wird von ihr als attraktiv wahrgenommen und bietet aufeinanderfolgende Aufgaben und Herausforderungen, um die Spielenden fokussiert zu halten. (2) Ein gutes Health Game fordert und fördert die Interaktion im Spiel und bindet die Spielenden durch ein fesselndes Gameplay und unterhaltsames Spielerlebnis emotional ein. (3) Ein gutes Health Game lädt zum Ausprobieren ein und erlaubt, Fehler zu machen. Zudem gibt es unmittelbares Feedback zu den verrichteten Handlungen und belohnt seine Spieler*innen. (4) Wiederholung ist der Schlüssel zur Konsolidierung im Lernen. Ein gutes Health

Game fordert und fördert die Wiederholung und verbessert somit die Leistung der Spielenden ohne dabei redundant und langweilig zu sein.

Es zeigt sich, dass die vier Säulen des Lernens mit der Struktur von Spielen harmonieren, ihr regelrecht innewohnen. Gleichzeitig wird deutlich, dass die Entwicklung eines Health Games mindestens ebenso anspruchsvoll ist wie die Entwicklung eines reinen Unterhaltungstitels. Auch wenn sich die Spiele nicht mit der Komplexität oder Grafik von Blockbustern messen müssen, brauchen sie doch umso mehr ein durchdachtes Konzept. Schließlich sollen sie Spaß machen und auf eine angenehme, spielerische Weise Therapien unterstützen oder Wissen und Fähigkeiten vermitteln.

Die Entwicklung eines Health Games kostet Zeit, Geld und bedarf darüber hinaus – gerade für fachfremde Designer*innen – intensiver, wissenschaftlicher Begleitung. Und die nötigen Aufwände gehen noch über die reine Entwicklung hinaus. Wie kaum ein anderer Bereich innerhalb der Anwendungsgebiete von Computerspielen sind Health Games auf die Akzeptanz einer Branche angewiesen, die sich vor allem über medizinische Studien aufbauen lässt. Auch dieser Prozess nimmt nicht selten mehrere Jahre in Anspruch, wenn das Herstellen der Kooperationen mit Forschungseinrichtungen, die Erstellung des Studiendesigns, Begleitung der Studiengruppen, Monitoring, Auswertung und Publikation von Ergebnissen mit berücksichtigt werden.

These 4: Die Akzeptanz von Spielen im Gesundheitswesen setzt valide Studien voraus.

Health Games nehmen im vielseitigen Spektrum digitaler Spiele eine Sonderrolle ein: Nicht bloß da sie einen konkreten Zweck verfolgen, sondern da sich dieser Zweck auch (mittelbar oder unmittelbar) auf die Verbesserung des Gesundheitszustandes seiner Spieler*innen oder deren soziales Umfeld richtet. Das Spiel betritt damit die Sphäre des Medizinischen und ist hierin umgehend mit neuen Anforderungen und Bemessungskriterien konfrontiert. Werden Unterhaltungstitel in der Regel an Spielspaß, Geschichte und Atmosphäre, Gameplay oder Langzeitunterhaltung bemessen, müssen Health Games weitaus mehr leisten. Health Games geben ein medizinisches Vorteils-, mitunter gar Heilungsversprechens ab. Doch um glaubwürdig gegenüber Ärzt*innen und Patient*innen zu sein, bedarf es mehr als der schieren Behauptung dessen. Somit finden sich entwickelnde Firmen automatisch in der Bringschuld wieder und kommen nicht umhin, den Schulterschluss mit Universitäten oder anderen Forschungseinrichtungen zu suchen, um eine – oder bestenfalls mehrere – klinische Studien in Auftrag zu geben und deren Ergebnisse auswerten zu lassen (Baranowski 2018).

Möchte eine spielerische Anwendung als valide medizinische Intervention, gegebenenfalls einer medizinischen Schulung oder gar einer Medikation gleich, wahrgenommen werden, scheint es damit auch unabdingbar, dass sich die Spiele strengen, medizinischen Prüfungen unterziehen. Doch geraten entwickelnde Firmen damit schnell an Grenzen. Denn einerseits ermöglicht ein strenges Studiendesign – viele Proband*innen, umfangreiche Studiendauer, gegebenenfalls Vergleichsgruppe(n) – stichhaltige Ergebnisse, andererseits bedeutet all das einen erheblichen Mehraufwand an Zeit und Geld. Wer finanziert die Doktorand*innen oder wissenschaftlichen Forschungsgruppen?

Das Studiendesign wird nicht selten so aufgebaut, dass der Einfluss der Anwendung bezüglich messbarer Kriterien studiengruppenimmanent beurteilt wird (Beispiel: Geht es den Spieler*innen bei einer erhöhten Spieldauer in definierten Kategorien besser?). Oder die Nutzung wird gegenüber einer Vergleichsgruppe bemessen (Beispiel: Geht es den Spieler*innen einer Anwendung besser gegenüber konventionell therapierten Patient*innen, welche die Anwendung nicht nutzten?) (Eldridge et al. 2016). In beiden Fällen kann eine geringe Zahl an Proband*innen ein Problem darstellen. Auch was genau bewiesen werden muss, um ein Spiel als medizinische Leistung zu definieren und welches Studiendesign dazu notwendig ist, wird an keiner Stelle definiert.

Die Studienergebnisse, die durch die Anbieterfirmen der Anwendungen verbreitet werden, fallen in der Regel positiv aus, was wenig verwundert, schließlich ist die studiengestützte Behauptung der Wirksamkeit die beste Werbung für eine betroffene Zielgruppe. Nachteilige Studienergebnisse – sollte es sie denn geben – können geflissentlich verschwiegen werden. Schaut man also auf das gesamte Spektrum der Health Games, ergibt sich bezüglich der Studienlage ein höchst heterogenes Bild (Lu und Kharrazi 2018; Breuer und Tolks 2018). Es werden zunehmend medizinische Studien zu diversen Spielen im Gesundheitswesen durchgeführt, was sicherlich an der langsam zunehmenden Akzeptanz des Mediums liegt. Auch sind einige der Studienergebnisse durchaus beachtlich, wie Linda Breitlauch schon in ihrem einschlägigen Paper »Computerspiele als Therapie« skizzierte (Breitlauch 2013).

Zu kritischeren Resultaten kommt beispielsweise die Forschergruppe um Daniel Simons von der University of Illinois, welche einen kritischen Blick auf Studien zu sogenannten ›Brain-Games‹[2] geworfen hat (Simons et al. 2016). Im Zentrum der Kritik steht, dass trotz vermeintlich vielversprechender Studienergebnisse der Transfer in den Alltag – und damit eine reale und nachhaltige Verbesserung des Gesundheitszustandes – nicht notwendigerweise gegeben ist. So wird ADHS-Forscher Marcel Romanos mit den Worten zitiert: »Es gibt keine Beweise, dass das Training von kognitiven Funktionen durch ein Videospiel dafür

2 Dabei handelt es sich um meist kurzweilige, levelbasierte Minigames, welche das Ziel verfolgen, die kognitiven Fähigkeiten zu verbessern. Nutzer*innen versprechen sich von der Nutzung dieser Spiele ein besseres Gedächtnis, erhöhte Konzentration oder schnelleres Denken.

sorgt, dass die Kinder diese im Alltag besser einsetzen können.« (Schughart 2017) Die Konsolidierung des Wissens findet demnach nicht hinreichend statt.

Zusammenfassend lässt sich also feststellen, dass Studien für Health Games essenziell sind; schließlich erlauben sie, das Spiel über einen reinen Unterhaltungscharakter hinaus als medizinische Leistung zu adeln. Gleichwohl bedarf es dazu einer Verbesserung der Situation: Damit die Studien auch tatsächliche Relevanz entfalten, muss ihr Design kritisch und genau aufgebaut werden. Einheitliche Standards stellen sich hier als Schlüssel zur Verlässlichkeit dar. Denn verkommen die medizinischen Studien zum bloßen Träger einer Werbebotschaft, verlieren sie jegliche Bedeutung und schaden auf lange Frist möglicherweise eher der allgemeinen Anerkennung von Health Games.

These 5: Für ›Computerspiele auf Rezept‹ fehlt es an Anerkennung durch die Krankenkassen.

Da es über den Bereich der Finanzierung von Health Games über deutsche Krankenkassen noch keinen gebündelten Erfahrungsschatz geschweige denn einschlägige Literatur gibt, stützt sich folgender Abschnitt überwiegend auf unsere persönlichen Erfahrungen. Wir, die Autor*innen, haben in der Vergangenheit bereits Health Games-Projekte realisiert und wissen um die Herausforderungen: Angefangen bei den spezifischen und für das Game Design durchaus einschränkenden Rahmenbedingungen, auf die wir bereits näher eingegangen sind, über die unvermeidlichen medizinischen Studien, welche die Wirksamkeit des Health Games belegen und ebenfalls im vorangegangenen Text thematisiert wurden, bis hin zur Frage nach der Finanzierung eines solchen Spiels, was im Folgenden näher ausgeführt wird.

Das Spiel – insbesondere als Therapieform – dessen Wirkungskraft evidenzbasiert belegt ist, sollte auch dort zum Einsatz kommen, wo es gebraucht wird: bei den betroffenen Patient*innen. ›Computerspiele auf Rezept‹ – wie es manchmal von Journalist*innen formuliert wird (Schughart 2017) – scheint in dem Zusammenhang eine verlockende Phrase. Doch leider ist man hierzulande noch weit entfernt davon, ein Spiel vom Arzt verschrieben und auf Rezept bei der Krankenkasse vergütet zu bekommen. Deutsche Krankenkassen unterstützen die Entwicklung solcher Spiele derzeit nur in Ausnahmefällen und beteiligen sich auch nicht an den Kosten der Anschaffung für den Patienten. Eigentlich verwunderlich, sollte es doch im genuinen Interesse der Krankenkassen liegen, hohe Kosten aufgrund von Krankheiten durch erfolgversprechende Präventionsmaßnahmen zu vermeiden und kosteneffiziente Maßnahmen in bestehenden Therapien zu etablieren.

Eines der wenigen uns bekannten Beispiele im Health Games-Bereich, das insbesondere in Hinblick auf den letzten Aspekt bereits einen Schritt weitergekommen ist und zumindest kleine Beträge gegenüber Krankenkassen abrechnen konnte – wenngleich diese keineswegs die bereits getätigten Entwicklungskosten decken – ist beziehungsweise war[3] *Luftikids* (Outermedia 2006). Das Spiel richtet sich an Kinder und Jugendliche mit Asthma bronchiale und soll den jungen Patient*innen den Umgang mit ihrer Erkrankung erleichtern. Gemeinsam mit einem Begleiter (dem Streifenhörnchen Rudi) bereisen die Spielenden geheimnisvolle Inseln, sammeln Wissen rund um das Thema Asthma und lösen kleine Aufgaben. Das Spiel findet als eine vierwöchige Online-Nachschulung statt. Die jungen Asthmapatienten lernen dabei alles über ihre chronische Erkrankung und den richtigen Umgang damit. Richtiges Verhalten wird mit Freischalten neuer Inhalte belohnt. Begleitet wird *Luftikids* von den behandelnden Ärzt*innen und Therapeut*innen. Untersuchungen der Universität Gießen zeigten, dass die *Luftikids*-Kinder Therapie-Anweisungen konsequenter befolgten und deshalb weniger Medikamente brauchten und seltener in die Klinik mussten (Schmidt et al. 2013). Inzwischen werden die Kosten für Schulungen mit *Luftikids* von den Krankenkassen bezahlt. Abgerechnet wird allerdings nicht als Health Game, sondern als Schulung (Kassenärztliche Vereinigung Hamburg und Verband der Ersatzkassen 2018, 113). Ein Teilerfolg.

Unserer Erfahrung nach zeigen sich die Verbände der gesetzlichen Krankenversicherungen – hiervon existieren sechs an der Zahl in Deutschland, sowie der Dachverband des Bundes – zwar grundlegend wohl gesonnen und aufgeschlossen gegenüber spielerischen Lösungen. Auf ein allgemein gültiges Abkommen oder eine einheitliche Regelung, wie mit Health Games zu verfahren ist, konnte sich unseres Wissens bislang jedoch nicht verständigt werden. Eine mögliche Option ist das Einzelgespräch mit den verschiedenen Krankenkassen – was zugegebenermaßen mit hohem Arbeitsaufwand zur Initialisierung eines Abrechnungsverfahrens verbunden ist.

Die Rückmeldungen, die wir bislang von einzelnen Krankenkassen erhalten haben, waren durchaus heterogen: Während einige wenige Kassen – wenn auch mündlich – problemlos Unterstützung zusicherten, zum Beispiel in Form pauschaler Vergütungen für die Anwender*innen der jeweiligen Health Games, behielten sich andere Kassen vor, jeden einzelnen Fall zu prüfen und auf Basis der Prüfung zu entscheiden, wie viel sie für die Teilnahme an unserer eingereichten Anwendung vergüten wollen. Wiederum andere Kassen lehnten die Zusammenarbeit komplett ab – mitunter ohne Begründung. Und einige wenige Kassen haben unsere Anwendung – so glauben wir bis heute – schlichtweg nicht verstanden und nicht glauben können, dass ein kindlich anmutendes, interaktives Programm auch eine Form der medizinischen Leistung sein kann. Kurzum: Sie lehnten das

3 Die offizielle Webseite (www.luftikids.de) ist seit Inkrafttreten der neuen Datenschutzgrundverordnung nicht mehr aufrufbar. Es ist unklar, ob das Angebot eingestellt wurde oder die Seite nur vorübergehend offline ist.

Medium Spiel als solches ab. Anekdotisch sei an dieser Stelle auf eine Krankenkasse verwiesen, welche die Forderung stellt, dass der gesamte Text des Spiels linear auszudrucken und zur Prüfung postalisch einzureichen sei.

Ist diese Hürde genommen und haben die Krankenkassen mehr oder weniger verbindliche Zusagen zur finanziellen Vergütung der Nutzung des Health Games gegeben, bedarf es noch eines funktionierenden Verschreibungs- und Abrechnungsprozesses. Standardisierte Schemata gibt es derzeit jedoch nicht. Das heißt, auch hier ist mit enormem personellen und zeitlichen Aufwand zu rechnen. Ärzt*innen müssen als potenzielle Verordner*innen über die Existenz der Anwendung erfahren und von ihrer Wirksamkeit überzeugt werden. Die ganze Bandbreite der Lobbyarbeit ist hier gefordert: über Messebesuche, die Publikation von Fachartikeln und das persönliche Vorsprechen bei Multiplikatoren. Darüber hinaus sind bürokratische Prozesse bei der Abrechnung gegenüber den Krankenkassen nicht zu unterschätzen. Am Beispiel *Luftikids* wird der oft unnötig komplizierte Prozess der Verschreibung deutlich: Angenommen Patient*innen möchten von der spielerischen Anwendung Gebrauch machen und haben einen Arzt oder eine Ärztin, der/die diese verschreibt, so müssen beide Parteien zunächst einen speziellen Verordnungsbogen ausfüllen und unterzeichnen. Dieser wird dann an die entwickelnde Firma gefaxt, welche die Nutzer*innen im Spiel freischaltet. Da aus Datenschutzgründen jedoch keine E-Mail-Adressen der Patient*innen gefaxt werden dürfen, die für die Freischaltung der Anwendung benötigt werden, wird abermals postalisch mit den Patient*innen Kontakt aufgenommen. Die Folge dieses müßigen Prozesses ist eine vergleichsweise hohe Absprungrate der Patient*innen noch vor Antritt der spielerischen Online-Schulung.

Der gesamte Prozess, ein Health Game als verordnungsfähige Leistung im Gesundheitswesen zu etablieren, ist, wie die Ausführungen deutlich machen, zeitintensiv. Digitale Produkte laufen Gefahr, zu veralten und im Moment ihrer Etablierung nicht mehr auf der Höhe der Zeit zu sein. Mit dieser Vergütungsform passen die schnelllebige Spielebranche und das langsame Gesundheitswesen nicht zusammen. Grundlegende Änderungen und die standardisierte Anerkennung digitaler Spielformen im Gesundheitswesen sind auch mittelfristig nicht in Sicht.

Was muss also passieren, um Health Games im Gesundheitswesen besser zu etablieren? Maximilian Schenk, der ehemalige Geschäftsführer des game-Bundesverbandes meinte dazu: »Damit Health Games bei den Patienten ankommen und neue Projekte in diesem Bereich vorangetrieben werden können, benötigen wir dringend einen Abbau der derzeit bestehenden Barrieren, die die Entwicklung eines Health-Games-Marktes verhindern.« (Schwab 2017) Die Anerkennung von Health Games durch Krankenkassen sei, so Schenk, ein erster wichtiger Schritt. Doch ist die Entwicklung der Health Games als solches nicht das entscheidende Problem. Vielmehr hadern Entwicklerfirmen, diesen Schritt ins Ungewisse zu wagen, da die Refinanzierung, gar eine mögliche Abrechnung als medizinische

Leistung, aus geschilderten Gründen derzeit nicht möglich ist. Darum bedarf es einer grundlegenden Öffnung der medizinischen Stakeholder gegenüber der Games Branche. Das bedeutet konkret, ein Bewusstsein dafür zu schaffen, dass ein digitales Produkt wie ein Health Game unter anderen Rahmenbedingungen erstellt und verbessert wird als beispielsweise Pharmazeutika. Folglich braucht es auch eine andere Form der Prüfung und Bewertung. Zudem gilt es, Bereitschaft zu zeigen, die bürokratischen Hemmschwellen in der Nutzung abzubauen.

Bis die Rahmenbedingungen um Finanzierung und Zulassung von Health Games geklärt sind, müssen kleinere Entwicklerstudios weiterhin auf andere Finanzierungsmodelle zurückgreifen. Eine verbreitete Form der Finanzierung ist (1) das Beantragen von Fördergeldern. Die Anwendung bleibt somit unabhängig. Viele Health Game-Anbieter sparen sich diesen Weg und setzen auf (2) Kauf- beziehungsweise Abonnement-Modelle. Dieser Weg ist geradlinig und kalkulierbarer als der müßige Weg über das Gesundheitswesen, birgt aber natürlich die Ungerechtigkeit einer Zweiklassenmedizin, da kostspielige Angebote nur vermögenden Betroffenen zur Verfügung stehen. Zudem ist die Gefahr gegeben, dass Produkte eher nach ihrem ökonomischen, als nach ihrem medizinischen Nutzen bewertet werden. (3) Sponsoring ist eine dritte Möglichkeit der Finanzierung. Pharma-Unternehmen beispielsweise unterstützen die Entwicklung von Health Games, um neue Zielgruppen zu erschließen und treten dabei deutlich als Sponsor in Erscheinung. Doch ist anzunehmen, dass Nutzer*innen einem gebrandeten Produkt möglicherweise weniger offen gegenüberstehen als einem unabhängigen. Auch über (4) Werbung lässt sich ein Health Game finanzieren, wenngleich auch hier die Seriosität der Anwendung möglicherweise leidet.

Es zeigt sich also, dass Finanzierungsmodelle existieren und auch schon erfolgreich zum Einsatz kommen. Jene stehen jedoch neben dem Gesundheitswesen und arbeiten gewissermaßen parallel dazu, ohne auf die darin festen Strukturen zurückzugreifen. Solange sich der Health Sektor (bestehend aus Ärzt*innen, Krankenkassen und Verbänden) nicht verändert und solange keine weiteren Entwicklerfirmen mit langem Atem versuchen ihre Produkte zu etablieren, so lange wird sich auch bis auf Weiteres nichts verändern.

2. Fazit

Zusammenfassend lässt sich konstatieren, dass digitale Spiele – im Sinne von Serious Games – prinzipiell ein großes Potenzial für den Einsatz im Gesundheitswesen haben, sei es zur Prävention, zur Behandlung konkreter Erkrankungen oder im Rahmen der medizinischen Aus- und Weiterbildung. Allerdings steckt die wissenschaftliche Forschung zur Wirkung digitaler Spiele – trotz vielversprechender erster Befunde – noch in den Anfängen. Überzeugende Befunde zur nachhaltigen Langzeitwirkung digitaler Spiele im Gesundheitswesen können (noch) selten vorgelegt werden. Hinzu kommt, dass es einheitlicher Standards beim Studiendesign bedarf. Andernfalls laufen Health Games Gefahr, an Bedeutung und Akzeptanz zu verlieren.

Die größte Herausforderung stellt derzeit die Frage der Finanzierung dar. Health Games sind an spezifische Anforderungen der Therapien und Umgebungen angepasst, in denen sie zum Einsatz kommen. Rahmenbedingungen für die Spieleentwicklung können mitunter äußerst spezifisch sein und damit eine Einschränkung darstellen. Es bedarf daher nicht nur eines qualitativ hochwertigen Game Designs, sondern auch wissenschaftlicher Begleitung durch Expert*innen. Deutsche Krankenkassen unterstützen die Entwicklung der Spiele derzeit nicht und beteiligen sich auch nicht, beziehungsweise in unzureichendem Maße, an den Kosten der Anschaffung durch Patient*innen. Das Verständnis für und die Akzeptanz von Health Games ist in vielen Einrichtungen unzureichend. Dennoch zeigen aktuelle Health Games, dass Computerspiele durchaus eine effektive Ergänzung für Therapien sind. Es bleibt daher zu hoffen, dass sich die strukturellen Grenzen in Zukunft auflösen und sich das Potenzial von Computerspielen im Gesundheitswesen vollends ausschöpfen lässt.

Ludographie

BATTLEFIELD 4 (Electronic Arts 2013, EA Digital Illusions CE)
ABCDESIM (Erasmus MC 2013, IJsfontein)
CAFE SUNDAY (eGGZ 2017, IJsfontein)
DELIRIUM EXPERIENCE (AMC 2014, IJsfontein)
D'MENTIA (Minase consulting 2013, IJsfontein)
LUFTIKIDS (OUTERMEDIA, 2006, OUTERMEDIA)
RE-MISSION (HopeLab 2006, Realtime Associates)
WII SPORTS – BOWLING (Nintendo, 2006, Nintendo)

Bibliographie

Aarhus, Rikke, Erik Grönvall, Simon B. Larsen und Susanne Wollsen. »Turning Training into Play: Embodied Gaming, Seniors, Physical Training and Motivation.« *Gerontechnology*, 2011: 110-120. doi: 10.4017/gt.2011.10.2.005.00

Baranowski, Tom. »Games for Health Research – Past, Present and Future.« *Prävention und Gesundheitsforschung*, 2018, 13 Ausg.: 333-336. doi: 10.1007/s11553-018-0657-y

Breitlauch, Linda. »Computerspiele als Therapie – zur Wirksamkeit von ›Games for Health‹.« In *Serious Games, Exergames, Exerlearning – Zur Transmedialisierung und Gamification des Wissenstransfers*, von Gundolf S. Freyermuth, Lisa Gotto und Fabian Wallenfels, 387-389. Bielefeld: transcript Verlag, 2013.

Breuer, Johannes. »Spielend lernen? Eine Bestandsaufnahme zum (Digital) Game-Based Learning.« *LfM-Dokumentation*. Band 41/online 2010. 2010.

Breuer, Johannes und Daniel Tolks. »Grenzen von ›Serious Games for Health‹.« *Prävention und Gesundheitsforschung*, 2018: 327-332. doi: 10.1007/s11553-018-0654-1

Breuer, Johannes und Josephine B. Schmitt. »Serious Games in der Gesundheitskommunikation.« In *Handbuch Gesundheitskommunikation*, von Constanze Rossmann und Matthias R. Hastall, 1-11. Wiesbaden: Springer VS, 2017. doi: 10.1007/978-3-658-10948-6_16-1

Buijs-Spanjers, Kiki R., Harianne M. Hegge, Carolina Judith Jansen, Evert Hoogendoorn und Sophia de Rooij. »A Web-Based Serious Game on Delirium as an Educational Intervention for Medical Students: Randomized Controlled Trial.« *JMIR Serious Games*, 2018: e17. doi: 10.2196/preprints.9886

Cook, David A., et al. »Comparative Effectiveness of Instructional Design Features in Simulation-Based Education: Systematic Review and Meta-Analysis.« *Med Teach*, 2013: e867-e898. doi: 10.3109/0142159X.2012.714886

Corah, Norman L., Elliot N. Gale und Stephen J. Illig. »Psychological Stress Reduction During Dental Procedures.« *Journal of Dental Research*, 1979: 1347-1351. doi: 10.1177/00220345790580040801

Csíkszentmihályi, Mihály. *Das Flow-Erlebnis: Jenseits von Angst und Langeweile: im Tun aufgehen*. Stuttgart: Klett-Cotta, 1985.

Dadaczynski, Kevin und Daniel Tolks. »Spielerische Ansätze als innovative Kommunikationsstrategie der Gesundheitsförderung und Prävention.« *Prävention und Gesundheitsförderung*, 2018: 269-271. doi: 10.1007/s11553-018-0672-z

Dehaene, Stanislas. »Les Grands Principes de l'Apprentissage.« 2012. https://www.gommeetgribouillages.fr/CAFIPEMF/ARnotevideograndspppprentissage.pdf, letzter Zugriff: 28.04.2020.

Destatis – Statistisches Bundesamt. *Genesis Online Datenbank | Krankheitskosten: Deutschland, Jahre, Geschlecht, Altersgruppen*. 2015. https://www-genesis.destatis.de/genesis/online/link/tabelleErgebnis/23631-0002, letzter Zugriff: 28.04.2020.

Drummond, David, Alice Hadchouel und Antoine Tesnière. »Serious Games for Health: Three Steps Forward.« *Advances in Simulation*, 2017: 1-8. doi: 10.1186/s41077-017-0036-3

Eichenbaum, Adam, Daphne Bavelier und C. Shawn Green. »Video Games: Play That Can Do Serious Good.« *American Journal of Play*, 2014: 50-72.

Eldridge, Sandra M. et al. »Consort 2010 Statement: Extension to Randomised Pilot and Feasibility Trials.« *BMJ*, 2016: i5239. doi: 10.1136/bmj.i5239

Farber, Matthew. *Game-Based Learning: Why Serious Games Are Not Chocolate-Covered Broccoli.* 19. Februar 2014. https://www.edutopia.org/blog/serious-games-not-chocolate-broccoli-matthew-farber, letzter Zugriff: 28.04.2020.

Fritz, Jürgen. *Spiele fördern, was sie fordern.* 6. Dezember 2005. www.bpb.de/gesellschaft/digitales/computerspiele/63753/juergen-fritz, letzter Zugriff: 28.04.2020.

———. »Was Computerspieler fasziniert und motiviert. Macht, Herrschaft und Kontrolle im Computerspiel.« August 2008. https://www.spielbar.de/fachartikel/145753/faszination-von-macht-herrschaft-und-kontrolle-im-computer spiel, letzter Zugriff: 28.04.2020.

game – Verband der deutschen Games-Branche. *Deutscher Games-Markt 2018.* 2018a. https://www.game.de/marktdaten/deutscher-games-markt-2018/, letzter Zugriff: 28.04.2020.

———. *Durchschnittsalter der Gamer steigt auf über 36 Jahre.* 2018b. https://www.game.de/durchschnittsalter-der-gamer-in-deutschland-steigt-auf-ueber-36-jahre/, letzter Zugriff: 28.04.2020.

Geisler, Martin. *Clans, Gilden und Gamefamilies. Soziale Prozesse in Computerspielgemeinschaften.* Weinheim und München: Juventa Verlag, 2009.

Greenwood, Charles R., Betty T. Horton und Cheryl A. Utley. »Academic Engagement: Current Perspectives on Research and Practice.« *School Psychology Review*, 2002: 328-349.

Hopelab. *Re-Mission.* 2018. www.re-mission.net, letzter Zugriff: 28.04.2020.

IJsfontein. *abcdeSIM.* 2018a. https://www.ijsfontein.nl/en/projecten/abcdesim-2, letzter Zugriff: 28.04.2020.

———. *Cafe Sunday.* 2018b. https://www.ijsfontein.nl/en/projecten/cafe-sunday, letzter Zugriff: 28.04.2020.

———. *Delirium Experience.* 2018c. https://www.ijsfontein.nl/en/projecten/delirium-experience-5, letzter Zugriff: 28.04.2020.

———. *Depression Therapy in Virtual Reality.* 2018d. https://www.ijsfontein.nl/en/depression-therapy-virtual-reality, letzter Zugriff: 28.04.2020.

———. *Into D'mentia.* 2018e. https://www.ijsfontein.nl/en/projecten/into-dmentia-2, letzter Zugriff: 28.04.2020.

Kassenärztliche Vereinigung Hamburg und Verband der Ersatzkassen. *Vertrag zur Durchführung der strukturierten Behandlungsprogramme Asthma Bronchiale sowie COPD.* https://www.kvhh.net/media/public/db/media/1/2017/01/715/dmp_asthma-copd_lesefassung_2018-01-01.pdf, letzter Zugriff: 04.05.2020.

Kato, Pamela M., Steve W. Cole, Andrew S. Bradlyn und Brad H. Pollock. »A Video Game Improves Behavioral Outcomes in aAolescents and Young Adults

With Cancer: A Randomized Trial.« *Pediatrics,* 2008: e305-e317. doi: 10.1542/peds.2007-3134

Klimmt, Christoph. *Computerspielen als Handlung. Dimensionen und Determinanten des Erlebens interaktiver Unterhaltungsangebote.* Köln: Halem, 2006.

Klopfer, Eric, Scot Osterweil und Katie Salen. *Moving Learning Games Forward.* The Education Arcade Massachusetts Institute of Technology, 2009.

Lu, Amy S. und Hadi Kharrazi. »A State-of-the-Art Systematic Content Analysis of Games for Health.« *Games for Health Journal,* Nr. 7(1) (2018): 1-15. doi: 10.1089/g4h.2017.0095

Magdans, Frank. *Wenn meine Oma das kann....* 3. September 2009. https://www.zeit.de/online/2009/30/wii-altersheim-bowling/komplettansicht, letzter Zugriff: 28.04.2020.

McLuhan, Marshall. *Die magischen Kanäle. Understanding Media.* Frankfurt a.M., Hamburg: Fischer Bücherei, 1970.

Michael, David und Sande Chen. *Serious Games: Games That Educate, Train and Inform.* Boston: Thomson, 2006.

MPFS Medienpädagogischer Forschungsverbund Südwest. *JIM-STUDIE 2018. Jugend, Information, Medien. Basisuntersuchung zum Medienumgang 12- bis 19-Jähriger.* Stuttgart: MPFS, 2018.

Nap, Henk H., Yvonne DeKort und Wijnand A. IJsselsteijn. »Senior Gamers: Preferences, Motivations and Needs.« *Gerontechnology,* 2009: 247-262. doi: 10.4017/gt.2009.08.04.003.00

Schmidt, Annesuse, Thomas Greuter, Alexander Möller und Jens-Oliver Steiß. »Effektivität und Praktikabilität einer internetbasierten Asthma-Nachschulung im Kindes- und Jugendalter.« *Pneumologie,* 2013: 259-265. doi: 10.1055/s-0033-1358921

Schughart, Anna. *Therapeutische Games. Spielen für die Gesundheit – geht das?* 19. November 2017. www.spiegel.de/netzwelt/games/therapeutische-spiele-von-akili-und-amblyotech-spielen-auf-rezept-a-1175878.html, letzter Zugriff: 28.04.2020.

Schwab, Susanne. *Health Games. Spielen für die Gesundheit.* 7. Februar 2017. https://medizin-und-technik.industrie.de/top-news/spielen-fuer-die-gesundheit/, letzter Zugriff: 28.04.2020.

Simons, Daniel J. et al. »Do ›Brain-Training‹ Programs Work?« *Psychological Science in the Public Interest,* 2016: 103-186. doi: 10.1177/1529100616661983

Smeddinck, Jan, Sandra Siegel und Marc Herrlich. »Adaptive Difficulty in Exergames for Parkinson's Disease Patients.« In *Proceedings of Graphics Interface 2013,* von Kirstie Hawkey, Farmarz F. Samavati und Regina Saskatchewan, 141-148. Canada: Canadian Human-Computer Communications Society, 2013.

Statista – Das Statistik-Portal. *Durchschnittliche Spieldauer (Computer- und Videospiele) von Kindern und Jugendlichen in Deutschland im Jahr 2017 (in Minuten pro*

Tag) nach Alter. 2018. https://de.statista.com/statistik/daten/studie/306901/umfrage/spieldauer-von-kindern-und-jugendlichen-in-deutschland-nach-alter/, letzter Zugriff: 28.04.2020.

Thim, Troels, Niels Hendrik Vinther Krarup, Erik Lerkevang Grove, Claus Valter Rohde und Bo Løfgren. »Initial assessment and treatment with the Airway,.« *International Journal of General Medicine,* 30. Januar 2012: 117-121. doi: 10.2147/IJGM.S28478

Tolks, Daniel, Kevin Dadaczynski, und David Hostmann. »Einführung in die Vergangenheit, Gegenwart und Zukunft von Serious Games (for Health).« *Prävention und Gesundheitsförderung,* 2018: 272-279. doi: 10.1007/s11553-018-0667-9

Wittelsberger, Rita, Susanne Krug, Susanne Tittlbach und Klaus Bös. »Auswirkungen von Nintento-Wii Bowling auf Altenheimbewohner. Auswirkungen von Nintendo-Wii® Bowling auf Altenheimbewohner.« *Gerontologie + Geriatrie,* 2012: 425. doi: 10.1007/s00391-012-0391-6

Games for Health
Herausforderungen einer sachgerechten Entwicklung von Lernspielen am Beispiel von *SanTrain*

Marko Hofmann, Manuela Pietraß, Christiane Eichenberg, Julia Hofmann, Alexandros Karagkasidis, Cornelia Küsel, Axel Lehmann, Silja Meyer-Nieberg & Patrick Ruckdeschel

Abstract: Serious Games are often employed in the health sector. Games for health, e.g., for diagnostic purpose, education, and training, are used to address tasks as diverse as rehabilitation, cancer awareness, and understanding of or coping with psychological disorders. One important area in which Serious Games play an important role is education, training, and learning, which is the focus of the present paper. A challenge in the development of Serious Games is the interdisciplinary nature of the project itself. Medical experts, social scientists, computer scientists, and artists need to work together from the early stages of the project on to the development of a game concept. Working with an interdisciplinary team presents advantages and challenges. Bringing together experts from various disciplines ensures using state-of-the-art techniques and offers fresh perspectives. On the other hand, a common terminology and a usable workflow have to be established. This article focuses on the development and the lessons learned from the serious game *SanTrain*, which aims at the first responder training of the German Federal Armed Forces.

Keywords: Serious Games; Medical Training; Simulation; Game Design; First Aid

Schlagworte: Serious Games; Medizinische Ausbildung; Simulation; Spieldesign; Erste Hilfe

1. Einleitung

Viele gesellschaftliche Bereiche sind heute bereits durch digitale Technik verändert; dazu zählt die Entwicklung von neuen Ausbildungsformen wie die Vermittlung von Wissen durch Serious Games. Der Gesundheitsbereich ist eines der wichtigsten Anwendungsfelder für diese Spiele (Breuer und Tolks 2018), hier insbesondere in den Bereichen Prävention, Gesundheitsförderung und Medizin-wissen (Tolks, Dadaczynski und Horstmann 2018). Vor allem die Erste-Hilfe-Ausbildung, die eine hohe gesellschaftliche Relevanz hat, scheint ein geeignetes Feld für den Einsatz von Serious Games zu sein, um die Ausbildung und das Training zu unterstützen. Die Vorteile von Serious Games liegen darin, die Darstellung komplexer Szenarien aus der Realität (wie Einsatzszenarien) anhand von Simulationen effizienter zu gestalten. Ein weiterer Vorteil ist, dass vor allem für eine Ausbildung im medizinischen Bereich Verwundungen wie auch taktische Elemente in einem Spiel gut dargestellt, Wissensinhalte anschaulich vermittelt werden können und ebenso häufige Wiederholungen von Übungen leicht umsetzbar sind. Um die Annahme einer Steigerung eines Trainingseffektes im Rahmen der Ausbildung der Ersten Hilfe im Einsatz zu prüfen, führt die Universität der Bundeswehr München im Auftrag der Bundeswehr eine Forschungsstudie über den Einsatz neuer Medien zur Unterstützung des sanitätsdienstlichen Trainings durch und entwickelt im Rahmen dieser Studie das Serious Game *SanTrain* als Demonstrator[1] (2011-2019, Projektverbund *SanTrain*). Das bedeutet, dass das Spiel zu Forschungszwecken entwickelt wurde und dass es für Erhebungszwecke genutzt wird, aber nicht offiziell als Spiel zur Verfügung steht. Gründliche Analysen der zentralen Anforderungen im Zuge des *SanTrain*-Projektes an eine, bisherige Ausbildungsformen ergänzende, sanitätsdienstliche Lern-/Trainingsumgebung haben ergeben, dass eine moderne Trainingsumgebung mit verfügbaren Technologien und mediendidaktischen Konzepten umgesetzt werden kann. Interviews mit Ausbildern[2] und Einsatzersthelfern im Rahmen von *SanTrain* haben gezeigt, dass sie erwarten, dass die Anwendung von Serious Games motiviert und gut akzeptiert wird, Spielfaszination auslöst und bessere Trainingsergebnisse erzielt werden. Das Potenzial für einen erfolgreichen Einsatz dieser Methode in der militärischen, aber auch der zivilen rettungsmedizinischen Ausbildung ist aufgrund der hohen Motivation vorhanden, wie auch das Interesse an der Implementierung/Adaption der Spielidee in andere (zivile) Einsatzfelder zeigt. Die derzeitige Zielgruppe der *SanTrain*-Studie, die Einsatzersthelfer Bravo (Soldaten, die in der qualifizierten Verwundetenversorgung im Gefecht ausgebildet sind), soll möglichst effizient und effektiv in der Ersten Hilfe im Einsatz ausgebildet sein. Die Erste Hilfe im Einsatz (siehe Goforth und Antico 2016) basiert auf dem US-ameri-

1 Demonstrator beschreibt im Kontext von *SanTrain*, dass im Rahmen des SanTrain-Projektes gezeigt werden sollte, welches Potenzial für die Verwundetenversorgung der Bundeswehr im Medium Serious Games liegt. Dazu wurden aussagekräftige, detailreiche Demonstratoren entwickelt, die inhaltlich fertigen Produkten sehr ähneln und als deren Modelle für den Regelausbildungsbetrieb der Bundeswehr sie auch verstanden werden können, die aber nicht dem Beschaffungsprozess unterworfen sind. Der Begriff »Demonstrator« ist daher nicht, wie sonst oft üblich, als funktionale Einschränkung zu verstehen, sondern als vertragsrechtliche.

2 Zur einfachen Lesbarkeit wird im vorliegenden Beitrag das generische Maskulinum verwendet. Insofern nicht explizit anderweitig angemerkt, sind jedoch alle Geschlechter gemeint.

kanischen PHTLS-Konzept (Pre Hospital Trauma Life Support) (siehe auch https://www.jsomonline.org/TCCC.php) und beschreibt die Verwundetenversorgung im Gefecht durch Soldaten mittels erweiterter, präklinischer Erste-Hilfe-Maßnahmen vor Ort. Die taktische Verwundetenversorgung ist eine Erste Hilfe, die von Streitkräften unter feindlichem Beschuss und direkt danach geleistet wird. Sie ist zivil mit der Einsatzlage von Polizeikräften in gerade ablaufenden Terrorszenarien zu vergleichen.

Wie bereits erwähnt, müssen Serious Games auf die Lernbedarfe der Zielgruppe zugeschnitten werden, wobei die domänenspezifischen Anforderungen zu beachten sind. Das Format Serious Game kommt den medienbezogenen Vorstellungen und Vorlieben der zukünftigen Nutzer von *SanTrain* entgegen, wobei mit den spielerischen Anklängen des Formats Serious Game der Erlebnisgehalt gesteigert werden soll. Die Zielgruppe, die mit *SanTrain* adressiert wird, besteht hauptsächlich aus jüngeren, männlichen Angehörigen der Bundeswehr. In dieser Altersgruppe ist die Nutzung von Computerspielen weit verbreitet. Im Jahr 2018 hatten z.B. Action Spiele in den Vereinigten Staaten einen Verkaufsanteil von 26,9%, Shooter von 20,9% und Rollenspiele von 11,3% (Gough 2019 (via Statista)). *SanTrain* verwendet Elemente von diesen beliebten Genres, doch ist die didaktische Konzeption und Zielsetzung zentral für das Gamedesign.

Der *SanTrain Demonstrator* stellt, wie gesagt, eine Mischung verschiedener, etablierter Genres dar. Er enthält z.B. Elemente des Rollenspiels und von Action Games. Von letzteren wurde u.a. die Einteilung in verschiedene Levels übernommen. Die mit den Levels wachsenden Anforderungen werden jeweils durch didaktische Konzepte unterstützt. Auch muss sich der Spieler unter zunehmendem Zeitdruck bewähren, um ein richtiges, sicheres Handeln aufzubauen.

Der Spieler schlüpft in die Rolle eines Ersthelfers Bravo, der sich auf seinem ersten Einsatz in einem Krisengebiet befindet. Das Spiel beginnt mit der Ankunft am dortigen Standort. Der Ersthelfer Bravo wird bereits von seinem Vorgesetzten erwartet und eingewiesen. Dieses Szenario des Tutoriallevels entspricht einer möglichen zukünftigen Situation der Nutzer, die nach Abschluss ihrer Ausbildung in einen Auslandseinsatz geschickt werden können. Damit soll die Identifikation des Spielers mit seiner Spielfigur unterstützt werden, um so die Immersion zu fördern. Die Darstellung bildet ein mögliches Einsatzland nach, um so Wirklichkeitsnähe zu erreichen. Ersthelfer Bravo wird Teil einer Bundeswehreinheit und in verschiedenen Einsätzen innerhalb der Levels mit immer komplexeren Herausforderungen konfrontiert. Soll bei der ersten Patrouille lediglich eine einfache Unfallverletzung versorgt werden, gerät der Spieler mit seinem Team in späteren Leveln in unübersichtliche Situationen und er muss auf zunehmend anspruchsvollere Aufgaben im Bereich der Medizin und der Taktik reagieren. Jeweils nach einem durchgespielten Level tritt die Figur eines erfahrenen Bundeswehrangehörigen auf, die dem Spieler Rückmeldung gibt. Es handelt sich dabei um den sogenannten ›Buddy‹, ein ›non playable character‹ (NPC), der dem Spieler mit Rat und Tat zur Seite steht. Diese unterstützende, sympathische Figur soll dem Spieler den (Wieder-)einstieg in sein Wissen über die taktische Verwundetenversorgung erleichtern. Sie dient andererseits auch als Companion-Figur für den Spieler, um eine soziale Interaktionssituation anklingen zu lassen. Der Buddy vermittelt dem Spieler eine Rückmeldung über seinen erreichten Kenntnisstand.

Der *SanTrain Demonstrator* (im Folgenden *SanTrain*) ist ein Serious Game, das aus der Ego-Perspektive die Behandlung von verwundeten Soldaten im Auslandseinsatz trainiert. Der Spieler (Single-Player) muss auf die dargestellte Situation (z.B. ein Soldat mit einer Schussverletzung) medizinisch und militärisch taktisch korrekt reagieren. Die medizinische Behandlung richtet sich dabei nach den Vorgaben für die Erste Hilfe im Einsatz. Der Behandler sieht die verwundete Person vollständig (siehe Abb. 1), kann sie ansprechen (über eine Auswahl an vorgegebenen Texten), muss sie untersuchen und mit dem verfügbaren Equipment die richtige Behandlungsmethode wählen. Zusätzlich müssen die Vitalparameter des Patienten überwacht werden, um auf eine Änderung des Zustandes angemessen reagieren zu können. Für die sogenannte Patientenansicht wird die Ego-Perspektive verwendet, die es ermöglicht zu zoomen und den Bildausschnitt zu scrollen, um Verletzungen genauer betrachten zu können.

Über derzeit sieben Level hinweg können so verschiedene Szenarien trainiert und gespielt werden, wobei sich jedes Level vom folgenden darin unterscheidet, welche Anforderungskomplexität an den Spieler gestellt wird. Der Spieler ist im Spiel nicht mit dem Verwundeten allein, sondern wird von anderen Charakteren begleitet, die mit ihm in Interaktion treten können: einem virtuellen Tutor (»Buddy«) und einem virtuellen sogenannten Zugführer. Zusätzlich bewegt sich der Spieler mit anderen virtuellen Soldaten durch das Spiel, das mehrere Szenarien eines Einsatzes im Nahen Osten nachstellt, bei dem es u.a. zu Beschuss oder zu einer Explosion kommt und es Verwundete gibt, die behandelt werden müssen. Missionen (Level) können auch fehlschlagen, wenn grobe Fehler begangen werden (z.B. sich zu weit von den Kameraden zu entfernen oder ohne Befehl zu schießen). Von Level zu Level findet eine zunehmende Erhöhung der Anforderungen statt. Anfangs muss sich der Spieler in die Spielwelt einfinden, die Bedienung und deren Zusammenhänge kennenlernen. Im Kennenlernen derselben erschließt er die Handlungsanforderungen und Handlungslogik des dem Spiel zugrunde liegenden rettungsmedizinischen Algorithmus. Das Spiel liegt derzeit als 3D-Demonstrator vor und wird kontinuierlich weiterentwickelt und erprobt. Dazu wird es im Experimentalbetrieb von der Bundeswehr bereits an mehreren Standorten genutzt.

Abb. 1: Das Serious Game SanTrain: Erste Hilfe im Einsatz

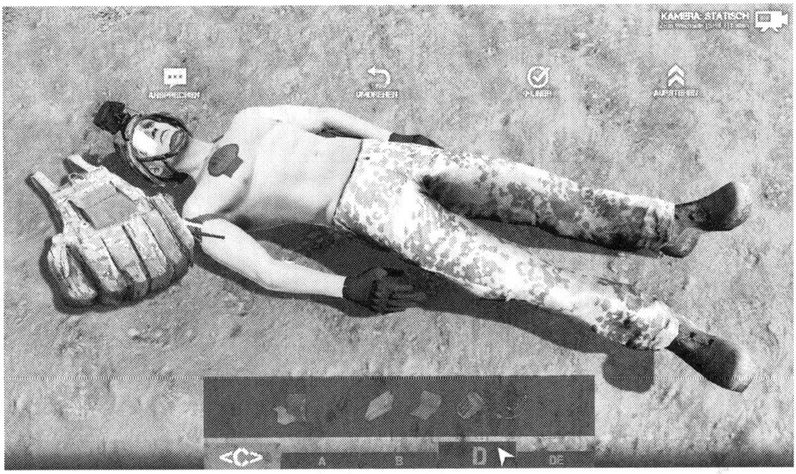

Im Entwicklungsprozess von *SanTrain* wechselten sich Planungs- und Testphasen ab. Das Feedback von militärischen und medizinischen Experten wurde dabei genauso berücksichtigt wie die Erfahrungen von Soldaten aus dem Einsatz. Einerseits sollen Handlungsprozesse trainiert und Wissen (Erste Hilfe im Einsatz) verfestigt werden, andererseits muss das Serious Game auch zum Lernen und Spielen motivieren. Unterschiedliche Abläufe im Spiel liefern vielfältige Möglichkeiten, sich zu verbessern und die gestellten Aufgaben zu meistern. Ziel ist es, in wechselnden Szenarien unterschiedlich kritische Situationen zu üben und dadurch später im Einsatz Fehler zu vermeiden. Nutzerakzeptanz, Wissenserwerb und Motivation verschiedener Ausführungen von Serious Games werden über Evaluationen mit den betroffenen Zielgruppen überprüft. Dazu werden im Rahmen von *SanTrain* Lernmaterialien entwickelt, die, unter Verwendung verschiedener Präsentationsformen, wie einer 3D-Konzeption oder Apps für mobile Endgeräte, je verschiedene Lernziele mit je verschiedenen Spielformen umsetzen. Damit ist eine ressourcenschonende Ausbildung möglich, die gleichzeitig die Lernintensität vertiefen und die Nutzungshäufigkeit steigern kann. Zusätzlich zu *SanTrain* – für Windows PCs wurden vier mobile Spiele entwickelt: *SanTrain Doppeldings*, *SanTrain Rucksackheld*, *SanTrain Quiz* und *Rette Fred*. Diese Applikationen für mobile Endgeräte greifen je ein Lernziel schwerpunktmäßig auf und unterstützen in unterschiedlicher Art und Weise das Üben und Lernen der Ersten Hilfe im Einsatz. Großer Vorteil dieser mobilen Serious Games ist die Tatsache, dass sie abwechslungsreich und kurzweilig gestaltet sind.

Die Studie *SanTrain* wird vom Bundesministerium der Verteidigung (BMVg) gefördert, von der Universität der Bundeswehr München durchgeführt und von

Pallas Athena – Immersive Virtual Systems GmbH im Bereich der Spielumsetzung unterstützt. Am Projekt *SanTrain* sind die folgenden Fachdisziplinen beteiligt: (Technische) Informatik mit dem Bereich Simulation, Medienpädagogik, vor allem mit den Schwerpunkten Mediendidaktik, Evaluation und Spieldesign sowie Medizin mit den Schwerpunkten Notfallmedizin und Erste Hilfe.

Die mehrjährige und kontinuierliche Entwicklung des Spiels sowie die besondere institutionelle Einbettung mit den damit verbundenen Anforderungen an verschiedene Disziplinen ist ein Alleinstellungsmerkmal von *SanTrain*. Aus den sieben Jahren Entwicklungszeit resultiert ein großer Fundus an Erfahrungen bezüglich der Entwicklung von Lernspielen, bei denen Wissenschaft und Praxis gleichermaßen verbunden werden, und die im Folgenden skizziert werden sollen. Notwendig für eine Verbindung von Wissenschaft und Praxis ist eine interdisziplinäre Kooperation, was im Folgenden anhand der Entwicklung von *SanTrain* beschrieben wird. Die Ausführungen basieren auf internen Berichten und beziehen sich auf die Herausforderungen einer fächerübergreifenden Zusammenarbeit im Rahmen einer Serious-Game-Entwicklung für die medizinische Ausbildung. Daher können einzelne Forschungsergebnisse nicht im Detail beschrieben werden. Jedoch gibt dieser Aufsatz einen Überblick über alle relevanten Entwicklungsschritte und damit verbundenen Konzeptionen sowie die Herausforderungen des Konzeptions- und Entwicklungsprozesses aus Sicht der beteiligten Fachdisziplinen.

Bisherige Forschungsbefunde vor allem zu den Herausforderungen und Chancen von Serious Games (z.B. von Bellotti, Berta und De Gloria 2010) zeigen, dass hinsichtlich des Spieldesigns die Einsatzszenarien und Zielgruppen, die Spielarchitektur (wie Immersion, Flow, Story – siehe Tolks, Dadaczynski und Horstmann 2018) sowie die Kommunikation im und mit dem Spiel wichtige Forschungsfelder sind, um Serious Games effektiv zu gestalten. Zusätzlich wird konstatiert, dass es zwar eine Vielzahl an Forschungsbefunden zu einzelnen Gestaltungs- und Inhaltselementen von Serious Games gibt (ebd.), aber noch zu wenig Forschung über die Spieler und ihr Lernen mit den Spielen. Die *SanTrain*-Studie möchte die genannten Bereiche untersuchen, da es aufgrund der Spielthematik sowie der gegebenen institutionellen Einbettung möglich ist, viele Themen an nur einem Spiel aus verschiedenen fachlichen Sichtweisen zu betrachten. Dass die fächerübergreifende Zusammenarbeit bei der Entwicklung von Serious Games notwendig ist, wurde bereits im systematischen Review zu Serious Games zum Training von medizinischem Wissen und chirurgischen Fähigkeiten von Graafland, Schraagen und Schijven (2012) festgestellt.

Im Folgenden werden in Kapitel 2 die Besonderheiten einer Entwicklung eines Serious Game für die Erste Hilfe im Einsatz im Rahmen einer Theorie-Praxis-Kooperation aus der Metaperspektive herausgearbeitet. In Kapitel 3, 4 und 5 erfolgt dann der Blick auf die Entwicklung von *SanTrain* aus Sicht der verschiedenen beteiligten Disziplinen und endet jeweils mit einem kurzen Fazit. Im Diskussionsteil (Kapitel 6) werden die einzelnen fachlichen Stränge der Entwicklung wieder zusammengeführt und das Projekt *SanTrain* wird abschließend betrachtet.

2. Das Serious Game *SanTrain* für die medizinische Ersthelferausbildung: Skizze einer Theorie-Praxis-Kooperation

Trotz unterschiedlicher Definitionen und Forschungen zum Thema Serious Games (siehe Susi, Johannesson und Backlund 2007), ist der Begriff ›Serious Game‹ nicht ausreichend trennscharf und ist er vor allem für die Nutzer dieser Spiele schwer zu definieren. Im Zuge der die *SanTrain*-Studie begleitenden Diskussionen mit unterschiedlichen Dienststellen der Bundeswehr und Institutionen wurde deutlich, dass praktisch jede Verwendung einer grafischen Spieloberfläche, die mithilfe einer sogenannten Game Engine erzeugt wurde, automatisch von den Nutzern auch als Serious Game betrachtet wird. Zum Verständnis der *SanTrain*-Studie ist daher die Semantik des engeren Sprachgebrauchs entscheidend: Im Rahmen des *SanTrain*-Projektes ist die dynamische 3D-Visualisierung auf der Basis einer Game Engine lediglich eine technische Grundlage für das intendierte Serious Game, das auch ohne Präsenz eines Ausbilders dazu beitragen soll, die Ersthelfer Bravo in Übung zu halten. Die Anforderungen derartiger Spiele hinsichtlich der vom Computer algorithmisch zu bewältigenden Aufgaben gehen über die bloße Einbindung des Mediums Computerspiel in Präsenzveranstaltungen weit hinaus, denn *SanTrain* beinhaltet im Kern neben einem taktischen Modell, auch ein medizinisches und ein mediendidaktisches Modell. Zusätzlich verfügt das Serious Game über ein eigens entwickeltes, präzises Echtzeit-Simulationsmodell der Physiologie des Menschen. Hinzu kommen pädagogische Entwicklungen: Durch lerntheoretische Konzepte soll der Kompetenzgewinn optimiert werden und der Lernzuwachs nachhaltig sein.

Bei *SanTrain* greifen demnach folgende fachlich übergreifende Elemente ineinander: Die automatisierte Führung der Spieler im Spiel auf der Basis eines didaktischen Konzeptes (siehe Kapitel 3) und durch adaptives Gameplay (siehe Kapitel 4), die durchgehende Plausibilität aller medizinischen und taktischen Prozesse (siehe Kapitel 5) sowie die automatisierte Analyse und Auswertung des Spielverlaufs (siehe Kapitel 3 und 4). Die in *SanTrain* erprobten Lösungsansätze für diese Herausforderungen wurden durch eine Evaluation auf ihre Wirksamkeit hin überprüft. Die Evaluation untergliederte sich in insgesamt sechs Schritte einer formativen, begleitenden Evaluation sowie einer summativen, abschließenden Evaluation. Die formative Evaluation soll dazu führen, dass im Zuge eines steten Austauschs zwischen Forschung, Entwicklung, Expertenwissen und Praxis eine Optimierung des Serious Game erreicht wird. Die bisherigen Ergebnisse der formativen Evaluation flossen korrigierend in den Entwicklungsverlauf ein und werden derzeit abschließend ausgewertet.

Vorläufig kann festgehalten werden, dass die formative Entwicklung mithilfe qualitativer Verfahren begleitet wurde. Für die einzelnen Erhebungen wurden jeweils Materialien entwickelt, wie Videomaterialien, aber auch spielbare Abschnitte, es fanden Feldbeobachtungen statt, Fragebogenerhebungen, meist mit soldatischen Studenten und mit militärischen Experten, eine Erhebung fand mit einer Gruppe von Schülern und Schülerinnen statt. Ziel war es, nicht »vom Reißbrett« zu evaluieren, sondern die Methodik an die jeweilige Entwicklungssituation und das damit verbundene Erkenntnisinteresse anzupassen. Die Schwierigkeit war, dass sich Materialien in Entwicklung schlecht evaluieren lassen, sodass die Fragestellungen und das Untersuchungsdesign jeweils passgenau auf die besondere Entwicklungssituation ausgerichtet werden mussten. Eine umfassende Abschlussevaluation, die mithilfe von Methodentriangulation im Feld unternommen wurde, befand sich zum Zeitpunkt der Erstellung des Artikels in der Auswertung. Inwiefern die Ergebnisse veröffentlicht werden können, ist vom Projektträger Bundeswehr zu entscheiden.

Der Entwicklungsprozess eines Serious Games wie *SanTrain* ist ein zyklischer, iterativer Prozess. Beginnend mit einer initialen Spielidee wird diese im Verlauf eines Entwicklungsprojektes konkretisiert, überprüft, verändert und schließlich implementiert. So wird auf Erfahrungen der Projektbeteiligten direkt zugegriffen und es können bereits fertiggestellte Bereiche (Level) unmittelbar genutzt werden. Dies erfordert allerdings eine genaue Projektplanung sowie Dokumentation. Wöchentliche Besprechungen sowie regelmäßige Treffen im gesamten Projektteam haben sich für eine intensive Zusammenarbeit als unverzichtbar erwiesen. Dabei wurden die Sichtweisen der beteiligten Disziplinen auf einzelne Themen jeweils vorgestellt und die Umsetzung gemeinsam diskutiert. Diese Vorgehensweise wurde dadurch unterstützt, dass nacheinander die einzelnen Level gestaltet und umgesetzt wurden.

Die erste Herausforderung bei der sachgerechten Entwicklung eines Lernspiels besteht demnach darin, dass eine technische Entwicklung in diesem Fall immer auch eine inhaltliche Konzeption des Spiels bedingt und umgekehrt. Beide Bereiche stehen in einem Spannungsverhältnis zueinander und müssen miteinander an einem gemeinsamen Gegenstand – dem Serious Game – arbeiten. Ein iterativer Entwicklungsprozess hat sich in dem hier beschriebenen Projekt als zielführend erwiesen. Eine Evaluation gibt umfassenden Aufschluss darüber, inwiefern die technischen und inhaltlichen Konzepte für sich, aber vor allem auch zusammen für die Spieler Sinn ergeben und dazu beitragen, das Lernziel zu erreichen. Ein nicht passendes Spieldesign oder eine umständliche Bedienung haben ebenso Einfluss auf den Lernerfolg wie eine unklare Spielführung oder nicht verständliche Aufgaben. Dementsprechendes Gewicht haben Evaluationen im Projekt *SanTrain*.

3. Herausforderungen der sachgerechten Entwicklung des Lernspiels *SanTrain* aus pädagogischer und mediendidaktischer Sicht[3]

Medienerfahrung wird oft aufgrund ihrer Zweidimensionalität und der Einschränkung der Sinnesvielfalt als defizitär angesehen. Doch diese sogenannte Defizitthese übersieht, dass der technisch bedingte Vermittlungscharakter im Unterschied zur Realität Akzente setzen lässt, an denen Lernen beginnen kann. Hier liegt der Ansatz der für *SanTrain* entwickelten didaktischen Konzeption begründet. Insofern geht *SanTrain* einen Weg, der es erfordert, an verschiedene Forschungsdiskurse anzuknüpfen und diese miteinander zu verbinden, insbesondere die Lerntheorie, pädagogisch-psychologische Ansätze, die medienpädagogische Aneignungsforschung sowie medien- und kommunikationstheoretische Ansätze. Die wesentliche Aufgabe besteht dementsprechend in einer, der Medialität von Serious Games entsprechenden, didaktischen Umsetzung der Lernziele von *SanTrain*. Ziel war und ist es, die Erhöhung der Handlungssicherheit in der Gefechtssituation gemäß den Vorgaben der Ersten Hilfe im Einsatz medienpädagogisch umzusetzen und diese Zielerreichung im Prozess der Entwicklung an ausgewählten Teilen des Demonstrators wie auch im Ausbildungsfeld zu prüfen und zu evaluieren.

Didaktische Konzeption des 3D-Simulators *SanTrain*

In der Präsenzlehre können die Ausbildenden während der Ausbildung mit all ihrer Expertise steuernd auf die Auszubildenden eingehen. Es ist möglich, bei schweren Fehlern sofort abzubrechen, Missverständnisse zu klären und zusätzliche Erklärungen zu liefern. Der Ausbilder sieht Fehler sofort und kennt nach kurzer Zeit die Stärken und Schwächen jedes Auszubildenden. Er ist in seiner Personalität unersetzlich. Ein autonom gespieltes Serious Game sollte daher stets in einen größeren Ausbildungskontext integriert werden, der auch Präsenzveranstaltungen beinhaltet.

Didaktik kann als lerner- und gegenstandsgerechte kommunikative Aufbereitung (Prange 2012) des Lerngegenstandes verstanden werden. Bei einem Serious Game wie *SanTrain* gilt es dabei die spezifische Medialität zu berücksichtigen.

3 Die je besondere Medialität von Medien, also ihr technisch bedingter spezifischer Vermittlungscharakter, ist Schwerpunkt der Forschungsgruppe von Manuela Pietraß.

Das Gefälle zwischen darstellbarer und darzustellender Realität, das Handeln mit Bildern statt mit materialen Gegenständen, sind dabei zwei zentrale Gesichtspunkte. Ihre je spezifische Gestaltung unterstützt die Artikulation des Gegenstandes. Aus didaktischer Sicht ist dabei zu beachten, dass je dichter die kommunikative Gestaltung der Nutzeroberfläche ist, desto schwieriger der Lernende Orientierung finden kann und es umso schwieriger wird, die angezielten Lernprozesse zu berücksichtigen. Diese Prinzipien sind im Leveldesign von *SanTrain* berücksichtigt. Das Lernspiel wurde hinsichtlich der zu vermittelnden Lerninhalte laufend lerntheoretisch und rezeptionstheoretisch fundiert. Diese Arbeit verlangt eine kontinuierliche Abstimmung mit der Informatik und den Spieleentwicklern, um Möglichkeiten und Grenzen auszuloten. Grundsätzlich wurde das Gewicht auf folgende Kriterien gelegt: die didaktische Ausnutzung des Realitätsgefälles zwischen Spiel und Wirklichkeit, die Verwendung einer umfassenden theoretischen Basierung mithilfe pädagogisch-psychologischer, anthropologischer und lerntheoretischer Konzepte, die Erzeugung von Lernprozessen auf Basis des Zusammenhangs der Kontextualisierung gegebener Lerninhalte durch das Spiel und durch den Spieler (interaktionistisches Modell) sowie des Expertisemodells (Dreyfus und Dreyfus 1988), welches einen Zusammenhang zwischen Erfahrungslernen, vertieftem Wissen und Handlungskompetenz postuliert.

Eine grundsätzliche Frage bei der didaktischen Konzeption eines Serious Games ist, welches Wissen auf welchem Spiellevel vorausgesetzt werden kann und welche individuellen Anfangsniveaus im Spielaufbau berücksichtigt werden können. Daher wurden eigene didaktische Konzepte für das Serious Game entworfen, in das Spiel integriert und das sogenannte ›adaptive Gameplay‹ ausgewählt. Adaptives Gameplay bezeichnet alle während des Spiels einsetzenden Spielmodifikationen, die aufgrund des bisherigen Spielverlaufs geändert werden, entweder um das Spiel attraktiver zu machen oder aber den Lernerfolg zu verbessern. Dass dies prinzipiell machbar ist, kann hier auch anhand von *SanTrain* gezeigt werden. Jedoch können bestimmte Aspekte, die zum Gelingen eines Serious Games beitragen, nicht analytisch vorab ermittelt und sicher in ihrer Wirkung vorhergesehen werden. Ähnlich wie im Fall kommerzieller Spiele lässt sich beispielsweise die Attraktivität eines Spiels a priori (d.h. vor entsprechenden empirischen Untersuchungen) nicht vorherbestimmen. Dementsprechend hoch wurde daher die Evaluation in der Studie priorisiert.

Die didaktische Herausforderung von Serious Games besteht vor allem darin, spielerische Elemente und Anforderungen der realen Handlungssituation im Gleichgewicht zu halten. Bei *SanTrain* wurde dieser Herausforderung unter anderem so begegnet, dass es von seinem äußeren Rahmen her ein Lernspiel ist, das für Übungszwecke in der militärischen Ausbildung dient. Von seinem, vom Lernenden her gefühlten inneren Status aber ist es das Ziel, mit Mitteln des Spiels jenen Flow zu erzeugen, der das Lernen zu einem spielerischen Erlebnis werden lässt (siehe zum Flow-Erleben auch Csíkszentmihályi 1990). *SanTrain* ist daher darauf ausgelegt, nicht nur Handlungsschemata reflexartig einzuüben, sondern auch Wissenszusammenhänge zu vermitteln (Mitgutsch 2011). Denn erst diese ermöglichen es, auch wenn in der realen Anwendungssituation etwas Unerwartetes geschieht, sicher handeln zu können. Ein solches Expertenwissen beruht auf einem umfassenden Erfahrungsaufbau aus Situationen der Wissensanwendung (Dreyfus und Dreyfus 1988, 51ff.). Um dies zu erreichen, ist es das oberste Ziel, durch möglichst vielfältige Fälle einen Expertenstatus erwerbbar werden zu lassen. Grundsätzlich verlangt dies vielfältige Variationsmöglichkeiten von Seiten der Spielsoftware.

Wissenserwerbs mittels Serious Game

SanTrain basiert daher auf einem dynamischen Modell, um eine hohe Anzahl unterschiedlicher Verläufe zu ermöglichen und damit einerseits realitätsnah ausbilden zu können und andererseits den Spielern neue Spielverläufe zu ermöglichen. Anders als bei einfachen fallbasierten Modellen macht es im dynamischen Modell für eine Ausbildung in der Ersten Hilfe für den Einsatz einen Unterschied, wann in diesem Fall z.B. eine Blutung gestoppt wird, da der dargestellte Verwundete unter Umständen in den Schockzustand fällt, wenn der Verband zu spät angelegt wurde. Im ohnmächtigen Zustand erhöht sich wiederum die Gefahr, dass die Zunge des Patienten die Atemwege verschließt usw. Die Dynamik des Modells erzeugt daher eine komplexe Umgebung, in der der Spieler vielfältige Erfahrungen und Erkenntnisse gewinnen kann. Den großen Vorteil eines solchen dynamischen Designs betont schon 1985 Hartmut Bossel, der in *Umweltdynamik* (1985) 30 solcher interaktiven Lernmodelle vorgelegt hat. Bossel macht deutlich, dass nur mit dynamischen Modellen ein »Systemverständnis« (Bossel 1985, 250) erzeugt werden kann. Indem der Spieler den Ereignisraum immer wieder neu und anders bespielt, erfährt er ihn auch jeweils unterschiedlich und in eben allen Facetten, die ihn systemisch ausmachen. Bossels Formel »Kybernetisches Wissen kann nur kybernetisch erzeugt werden« (ebd., XII) wurde entsprechend bei der Entscheidung für ein dynamisches Physiologiemodell berücksichtigt. Bossels Plädoyer für dynamische Systeme nimmt eine Unterscheidung der Game Studies vorweg, nämlich jene zwischen »emergenten« und »progressiven« (Juul 2005) Spielstrukturen. Während progressive Strukturen nur eine einzige Lösung zulassen und auch bei erneutem Spielen denselben Verlauf nehmen, gestatten emergente Strukturen eine prinzipiell unendliche Varianz von Durchgängen. Entsprechend offen sind sie für unterschiedliche Lösungen bzw. unterschiedliche Ideen, Überlegungen, Erfahrungen und Lernsituationen (ebd., 2005).

Wichtig dabei ist jedoch, dass die Spieler durch das Spiel mit seinen unterschiedlichen Verläufen so geführt werden, dass sie jederzeit Lernziele einschätzen und in der Situation entsprechend richtig handeln können. Die Herausforderung besteht also darin, festzulegen, an welcher Stelle und in welcher Form die Spieler organisatorische (den technischen Spielfluss betreffende), ludische (die Spielhandlung betreffende) und narrative (die Rahmenerzählung betreffende) Hinweise benötigen, um kontextspezifisch richtig handeln zu können. Kontexthinweise können zu bestimmten Arrangements oder auch Klammern organisiert werden, die den Lerninhalt einerseits anleiten und in den Vordergrund rücken, ihn andererseits aber nicht unmittelbar offenlegen. Die Gestaltung von Herausforderungen im Besonderen und des Schwierigkeitsgrads im Allgemeinen kann über die Zusammenstellung und Abfolge von Kontexthinweisen geregelt werden (Ruckdeschel 2015, 236-261). Salen und Zimmermann (2004) heben besonders das Konzept des »Meaningful Play« hervor (ebd., 30-37). »Meaningful Play« (mfp) bedeutet, dass die Spieler stets verständliche Situationen vorfinden. Bekommen sie zum Beispiel neue Handlungsmöglichkeiten, so werden diese auch vorgestellt. Soll jedoch ein Rätsel gelöst werden, dann muss dessen Pointe bzw. Lösung geheim bleiben, aber dennoch deutlich werden, dass hier und jetzt Aufmerksamkeit gefordert ist und die Spieler verschiedenes ausprobieren sollen. Salens und Zimmermans Konzept des mfp zielt also darauf ab, dass die Spieler im Fluss bleiben und das Verständnis nicht abreißt. Mithilfe von Ruckdeschels (2015) Klassifizierung von Kontexthinweisen kann dies erreicht werden, indem dem Spieler unterschiedliche Metainformationen über die aktuelle Handlungssituation mitgeteilt werden.

Aktuell befindet sich *SanTrain* auf jenem Level des Kompetenzaufbaus, bei dem es darum geht, problemlösendes Denken bei den Spielenden zu entwickeln. Kompetenzaufbau im Sinne von *SanTrain* bedeutet die Verbindung der Einübung von Handlungsschemata und das Wissen, warum Schemata auf eine bestimmte Weise wann verwendet werden sollen (Dreyfus und Dreyfus 1988, 46ff.), um von dort zu höheren Stufen des Kompetenzerwerbs im Sinne von Expertise zu gelangen. Die wiederum didaktisch zu bewältigende Problematik liegt darin, dass in der Ersten Hilfe im Einsatz nicht jede Handlungswirkung für sich einzeln betrachtet werden kann, sondern verschiedene medizinische Behandlungsmaßnahmen in ihrer Wirkung miteinander verwoben auftreten. Denn auch wenn bestimmte Fehler auf einer Ebene gemacht wurden, sind je nach Fall Korrekturen möglich, die einen Anfangsfehler abfedern. Doch werden dem Spieler solche Hintergründe nicht transparent, weil sie nicht in den Einzelwirkungen seines Handelns abbildbar sind. Er stellt lediglich fest, dass er insgesamt mehr oder weniger erfolgreich war. *SanTrain* fängt dieses Problem durch ein Gesamtfeedback nach Levelabschluss auf.

Feedback mittels Serious Game

Die Schwierigkeit bei der Entwicklung eines Serious Games ist, dass man die Lernenden nicht befragen oder andere introspektive Verfahren verwenden kann, die es ermöglichen, die Bewusstseinsprozesse der Spieler zu erheben und an ihnen etwaige Lernerfolge abzulesen. Insofern ist es eine wichtige Aufgabe der Spieldidaktik, den Wissensaufbau so zu leisten, dass zum Verhaltenstraining zusätzliche Lernprozesse ermöglicht werden. Eine wichtige Funktion übernimmt hierbei das Feedback, weil mit dem Feedback eine Wissensvermittlung erfolgen kann, welche in Verbindung mit den Handlungsfolgen gestellt wird.

Feedback erhält der Spieler zu unterschiedlichen Zeitpunkten in *SanTrain*, nämlich während des Spiels und beim erfolgreichen Abschluss eines Spiellevels. Sie erfüllen hier jeweils unterschiedliche Lernfunktionen. Das gesamte im Spiel gegebene Feedback ist in drei Ebenen untergliedert, je nach Detailgrad. Das Feedback besteht dabei sowohl aus qualitativen Aussagen hinsichtlich dessen, wie gut der Spieler gespielt hat (u.a. die Fehler), als auch aus Scoring-Punkten. Die beiden Typen des Feedbacks beziehen sich dabei auf unterschiedliche Elemente bzw. Aspekte aus der Taktik sowie der Verwundetenversorgung, wie z.B. Kampf, Deckung, Behandlung von Verletzungen oder einzelne Aktionen.

Das Feedback ist in diesem Sinne hierarchisch strukturiert. Dies führt zu einer weiteren Herausforderung: Wie sollen die umfangreichen Informationen den Spielern vermittelt werden? Dieses Problem ist natürlich auch mit anderen typischen Problemen des Feedbacks verknüpft, nämlich welches Feedback, in welcher Form und wann den einzelnen Spielern bereitgestellt werden muss, um die Ausbildung effektiver und effizienter zu gestalten. Die didaktische Herausforderung besteht außerdem darin, dass zwischen dem Handeln des Spielers und dem Feedback kein direkter Bezug besteht. Weiterhin unterbricht das Feedback den Spielverlauf. Um diese zwei Herausforderungen zu bewältigen, wurde das im Feedback vermittelte Wissen pyramidenartig aufgebaut; an der Spitze befinden sich grob verallgemeinernde Rückmeldungen, die der Spitze unterlagerten, weiter ausgreifenden Ebenen enthalten in Bezug auf einen bestimmten Sachverhalt angereichertes Wissen. Damit kann der Spieler je nach Spielerfolg umfassendes Wissen über seine Erfolge und Fehler erhalten und es besteht die Möglichkeit für Tutoren oder Ausbilder einen Sachverhalt zu vertiefen. Wichtig ist hier, die Verbindung zwischen dem Spielverhalten und der im Feedback dargestellten Einschätzung herzustellen, weil so eine verbesserte Möglichkeit besteht, aus dem eigenen Spielverlauf zu lernen. Feedback muss motivierend gestaltet sein und die Inhalte sollen Interesse wecken. Daher wird im Spiel *SanTrain* Feedback auch in Form einer grafisch-narrativen Präsentation gegeben. Die erste Feedback-Ebene muss unmittelbar Interesse wecken. Das wird durch eine lebendige grafische Darstellung und einen erzählerischen Charakter erreicht. Jedes Feedback wird so zu einer kleinen Episode, in der ein Ausbilder und eine andere Person dem Spieler auf unterhaltsame Weise (›Good Cop‹ & ›Bad Cop‹) mitteilen, wie die erbrachte Leistung zu bewerten ist (siehe Abb. 2).

Abb. 2: SanTrain Demonstrator: Feedback nach Levelabschluss: ›Good Cop‹ & ›Bad Cop‹

Werden grobe Fehler im Spiel begangen, wird die Mission als fehlgeschlagen bewertet und es erscheint ein Game-Over-Screen. Die Spieler werden darüber informiert, warum das Level abgebrochen wurde (Fehler-Info) und was beim nächsten Versuch besser zu machen ist (Hilfe-Text).

Fazit

Die Herausforderungen der sachgerechten Entwicklung des Lernspiels *SanTrain* aus Sicht der (Medien-)Pädagogik liegen vor allem darin begründet, fest vorgegebene medizinische Inhalte und Konzepte sachgerecht im Format Serious Game umzusetzen: Lernziele müssen festgelegt und das Spieldesign so konzipiert werden, dass die Spieler motiviert werden. Eine der größten Herausforderungen liegt darin, das Feedback so zu gestalten, dass der Spieler daraus lernen kann und es ähnlich effektiv ist wie ein realer Ausbilder, aber unter der Voraussetzung, dass eine reale Ausbildungssituation durch das Medium bedingt nicht exakt nachgebildet werden kann.

4. Herausforderungen der sachgerechten Entwicklung des Lernspiels *SanTrain* aus informationstechnischer Sicht

Bei der Implementierung der pädagogischen Konzepte, der Umsetzung der einzelnen Inhalte und der Entwicklung eines Spiels spielt die Informatik eine wesentliche Rolle. Durch sie entsteht das konkrete Ergebnis der Entwicklung, das eigentliche Computerspiel. Letztendlich stellt die Entwicklung eines Serious Games einen Softwareentwicklungsprozess dar (Mehm, Dörner und Masuch 2016). Die Informatik übernimmt dabei die technische Umsetzung und Ausgestaltung der Konzepte, die die anderen beteiligten Disziplinen entwickelt haben. Dabei ist ein fachübergreifendes Arbeiten bereits in den ersten Phasen des Entwicklungsprozesses von Vorteil, da somit frühzeitig Machbarkeitsanalysen durchgeführt und technische Konzepte erstellt werden können. Dies betrifft sowohl die fachspezifischen ›ernsthaften‹ Inhalte, die didaktischen Aspekte als auch die eigentlichen Spielelemente. Die Entwicklung einer gemeinsamen Sprache ist hierbei ein nicht zu unterschätzender Punkt. Unterschiedliche Fachrichtungen verwenden verschiedene Termini und unter Umständen dieselben Begriffe, aber mit unterschiedlichen Bedeutungen. Eine frühzeitige Klärung der Begrifflichkeiten und die Entwicklung eines gemeinsamen Verständnisses der Konzepte und der Vorgehensweisen der beteiligten Disziplinen ist daher von großer Bedeutung.

Abb. 3: Generische Spielstruktur des SanTrain Demonstrators

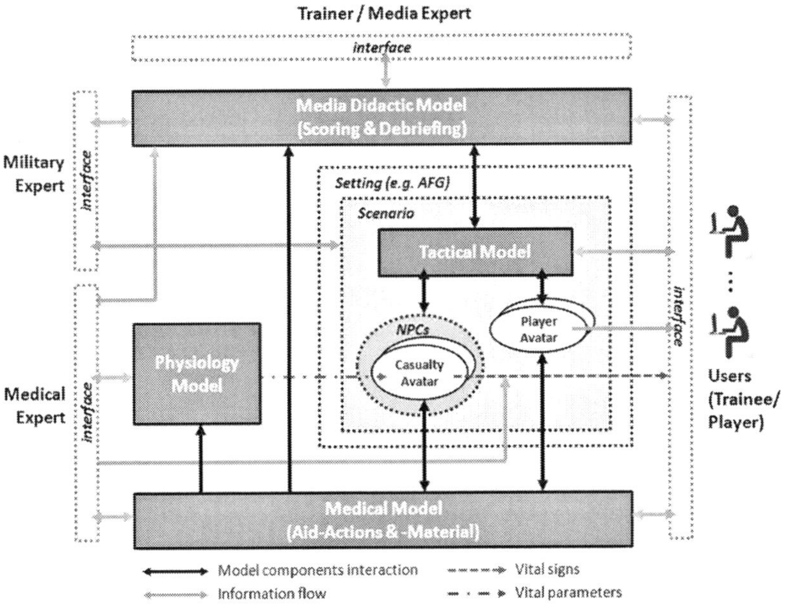

Die Informatik nimmt eine verbindende Funktion ein, die auf technischer Ebene die verschiedenen Konzepte zusammenführt. In der Studie *SanTrain* sind dabei sowohl taktische als auch medizinische Vorgaben zu berücksichtigen. Abbildung 3 zeigt die generische Spielstruktur des in der *SanTrain*-Studie entwickelten Demonstrators. Wie deutlich wird, besteht das System aus verschiedenen Modulen, die miteinander interagieren und jeweils Informationen verarbeiten. Die Media Didactic Component übernimmt dabei die Rolle des Lehrers oder des Trainers. Als solche muss sie die Leistung des Spielers beurteilen (Performance Assessment oder Scoring) und basierend auf dieser dem Spieler eine Rückmeldung (Feedback) geben, damit er entsprechend reagieren kann.

Die Seite der Medizin wird durch die Module Physiology Model und Medical Model repräsentiert. Das erste Modul setzt das Simulationsmodell der relevanten Parameter und Prozesse im menschlichen Körper um, siehe Abschnitt 4.2, während das zweite Modul die Materialien und ihre Wirkungsweise abbildet, die der Ersthelfer in seinem Rucksack mit sich führt. Zusätzlich müssen die Auswirkungen verschiedener Handlungen umgesetzt werden.

Das eigentliche Spiel integriert die Vorgaben der Taktik (Tactic Module) und lässt den Spieler im Kontext des gegebenen Rahmenszenarios (Setting) verschiedene Szenarien spielen, in denen die jeweiligen Lerninhalte vermittelt werden. Der entwickelte 3D-Simulator verfolgt dabei das Konzept einer engen Verzahnung von ernsthaften Inhalten und einer spannenden Spielgeschichte, um den Lernerfolg durch eine intrinsische Motivation zu fördern (Mildner und Mueller 2016). In der eigentlichen Spielhandlung wird der Spieler mit verschiedenen Vorfällen konfrontiert, die ein korrektes Handeln gemäß den Vorgaben der Tactical Combat Casualty Care erfordern.

Ein auf dem ersten Blick ähnlicher Ansatz wie *SanTrain* wurde von Pasquier et al. (2016) verfolgt. Das Serious Game *3D-SC1* (French Military Health Service, 2014) wurde im Auftrag der französischen Armee 2014 entwickelt und sollte der Verbesserung der Verwundetenversorgung dienen. Auch in diesem Fall ist der zugrunde liegende Handlungsalgorithmus durch das Konzept der Ersten Hilfe im Einsatz gegeben. Die Ausbildung erfolgt dabei auf der Ebene des »Sauvetage au Combat de Premier Niveau«, d.h. einer Ersthelferausbildung, die alle Soldaten durchlaufen sollten. Das Spiel versetzt den Spieler in eine 3D-Umgebung und in ein dezidiertes Szenario: Der Spieler ist Mitglied einer Patrouille mit Nicht-Spieler-Charakteren als eine Explosion eines improvisierten Sprengkörpers stattfindet und sie zusätzlich beschossen werden. Jetzt wird vom Spieler gefordert, dass er das richtige Verhalten zeigt – sowohl im Bereich der Taktik als auch bei der medizinischen Behandlung. Treten schwere Fehler auf, so erfolgt eine Simulation des korrekten Vorgehens; die Verwundeten, welche die Explosion überlebt haben, können in dem Spiel nicht sterben. Am Ende wird ein automatisiertes Feedback durchgeführt, bei dem gute Leistungen und Fehler verdeutlicht werden. Das Spiel wurde während der Ausbildung bereitgestellt und als eine wichtige Ergänzung des Trainings beurteilt.

Wie deutlich wird, liegen Ähnlichkeiten zu dem Grundkonzept des in diesem Artikel beschriebenen Systems vor. Jedoch lassen sich signifikante Unterschiede identifizieren: Im Gegensatz zu dem Szenario in *SC1-3D* sieht *SanTrain* mehrere Szenarien mit unterschiedlichen Anforderungen vor und erlaubt dabei eine größere Variabilität, welche sowohl das Training selbst als auch den Wiederspielbarkeitsfaktor positiv beeinflusst. Auch nutzt der *SanTrain Demonstrator* ein Physiologiemodell, welches eine detaillierte Simulation der Körperreaktionen erlaubt (siehe 4.2). Dies ermöglicht eine Berücksichtigung verschiedener Verletzungsmuster, ohne dass Änderungen in der Programmierung vorgenommen werden müssen. Kombiniert mit verschiedenen Szenarien ist letztendlich eine feingranulare Anpassung an die Fähigkeiten des jeweiligen Spielers und an dessen Lernprozess möglich, während *SC1-3D* lediglich zwei Schwierigkeitsgrade vorsieht.

Herausforderungen der technischen Entwicklung von Serious Games

Um die für *SanTrain* entwickelten Konzepte in ein Spiel integrieren zu können, müssen diese in eine passende formale Struktur überführt und entsprechende Algorithmen entworfen werden. Dies betrifft unter anderem das Simulationsmodell im Physiological Module (siehe 4.2), die Konzepte für das Feedback (siehe Kapitel 3) oder das Performance Assessment. Doch wie sieht der konkrete Algorithmus aus? Auf welche Datenkonstrukte greift er zurück? Dies sind Fragen, die bei der Implementierung durch die Informatik beantwortet werden müssen. Neben der Umsetzung der konkreten Idee müssen weitere Aspekte wie Performance und Speicherplatzbedarf beachtet werden. Das Spielerlebnis darf nicht durch interne Systemberechnungen beeinträchtigt werden. Diese Aspekte betreffen vor allen Dingen Onlinesysteme, die ohne merkliche Verzögerungen Rückmeldungen geben sollen.

Zusätzlich zu den Bestandteilen der didaktischen und fachspezifischen Seite kommen noch Komponenten des eigentlichen Computerspiels hinzu, die durch die Informatik zu entwickeln sind: Spätestens an dieser Stelle müssen Aufgaben wie Scripting, die Umsetzung von KI-Methoden (Künstliche Intelligenz) für die Non-Player-Characters (NPCs) im Spiel, siehe auch Abbildung 2, eine Kollisionserkennung und ein Kollisionsumgang, die Berücksichtigung physikalischer Grundkonzepte und vieles mehr bewältigt werden (McShaffry und Graham 2012).

Die genaue Ausgestaltung des Spiels richtet sich nach der Zielgruppe des Serious Games und deren Bedürfnissen sowie nach dem gewählten Genre des Spiels (Eichenberg, Küsel und Sindelar 2016). Spielgattungen wie First-Person-Shooters, Fighting Games, Racing Games, Rollenspiele oder auch Strategiespiele folgen jeweils eigenen Konventionen bezüglich Spielmechanik, Stil, Kameraführung, Animationen und führen aufgrund ihrer unterschiedlichen Schwerpunktsetzung zu anderen Anforderungen bezüglich Umsetzung und Technik (Gregory 2015, 13ff.). Für *SanTrain* wurde daher die Egoperspektive und eine Patientensicht gewählt, da diese den Erfahrungen der Zielgruppe und den Ausbildungsinhalten entsprechen.

Bei der Umsetzung eines Serious Games kann in der Regel auf vorhandene Game Engines und die dort bereitgestellten Werkzeuge zurückgegriffen werden. Die Game Engine stellt das Herzstück eines digitalen Spiels dar. Sie übernimmt die Kontrolle über den Spielablauf und die Interaktion mit dem Spieler. Waren in der Anfangszeit der digitalen Spiele Eigenentwicklungen üblich, so werden heute zur Vereinfachung des Entwicklungsprozesses und zur Senkung der Kosten kommerzielle Game Engines wie *Unreal, Unity 3D* oder Open Source-Entwicklungen wie *Ogre3D* herangezogen (Gregory 2015, 26ff.). Der erstellte Demonstrator der *SanTrain*-Studie greift hier auf eine Weiterentwicklung der *Ogre3D*-Engine zurück.

Auch die genaue Ausgestaltung und Implementierung der Benutzeroberflächen ist ein wichtiger Punkt. Diese müssen verschiedenen Anforderungen genügen, die der Didaktik, der Psychologie oder auch der Designtheorie entstammen. Gefordert wird u.a. eine intuitive Bedienung. Auch ist es wichtig, den Spielablauf so wenig wie möglich zu unterbrechen.

Ein wesentlicher Aspekt bei Serious Games ist die Verbindung von Unterhaltung mit Lern- und Trainingsinhalten. Hier stellt die Immersion des Spielers in das Spielgeschehen einen wesentlichen Faktor dar. Der Spieler sollte das Gefühl haben, tatsächlich im Spiel zu sein. Verwandte Begriffe sind Präsenz und Flow-Zustand (Wiemeyer et al. 2016). Eine Grundvoraussetzung hierfür ist eine entsprechende Gestaltung der Spielmechanik und der Spielgeschichte. Durch die gewählte Visualisierung, den Sound und auch durch das entsprechende Verhalten der NPCs kann der Effekt verstärkt werden, wie im Folgenden erläutert wird.

Übersicht über einzelne Funktionen von *SanTrain*

Physiologiesimulation: *SanTrain* arbeitet mit dem Modul *PASIM* (PAtientenSIMulation), das die Simulation von Patienten und Verletzungsmustern ermöglicht und Behandlungsgegenstände implementiert. Damit die einzelnen Vorgänge im Körper je nach Verletzung und erfolgter Behandlung korrekt abgebildet sind, werden in *SanTrain* deren Wechselwirkungen in einem komplexen und authentischen Physiologie-Modell simuliert und visualisiert. Das *SanTrain* zugrunde liegende Modell ist in Umfang, medizinischer Simulationsmächtigkeit und genereller Plausibilität mit kommerziellen Spielen nicht zu vergleichen – es geht weit darüber hinaus. Zudem erfordern Neuerungen ständige Anpassungen. Mit einer einmaligen 3D-Visualierung ist daher weniger erreicht als oft angenommen. Auch jedes für die unabhängige Weiterbildung tatsächlich beschaffte Serious Game wäre der Forderung nach kontinuierlich zu überprüfender Plausibilität seiner medizinischen und taktischen Elementarprozesse unterworfen. Falsche Vorstellungen, die durch autonom gespielte Serious Games zunächst erzeugt und anschließend durch stundenlanges unbegleitetes Spielen verinnerlicht werden, wären schwer zu korrigieren und sind mithin intolerabel.

Während des Spielverlaufs von *SanTrain* sollen bis zu 20 verwundete Personen gleichzeitig simuliert werden können. Die Simulationszeit für jeden dargestellten Patienten wird vom Frontend dynamisch vergeben. Die höchste Priorität haben dabei Verwundete, die gerade behandelt werden. Eine mittlere Priorität haben sichtbar Verwundete und die niedrigste Priorität nicht sichtbar Verwundete. Das Spiel basiert auf der *Emergency 5*-Engine und wurde durch Pallas Athena Immersive Virtual Systems GmbH umgesetzt. Die Patienten und deren Verletzungen werden so realistisch wie möglich dargestellt. Farben werden ohne Grafikfilter dargestellt und alle Handlungen im Spiel finden tagsüber statt.

Audioeffekte: Im Spiel gibt es keine Musik, jedoch Soundeffekte; z.B. in Form von Vitalzeichen, Explosionen und Schmerzensschreien. Auch kommen Sprachaufnahmen zum Einsatz (auf Deutsch), da die dargestellten Charaktere (z.B. Verwundeter, Buddy, der eigene Charakter) miteinander sprechen können.

Immersion: Immersion nimmt in *SanTrain* einen hohen Stellenwert ein. Daher wurde die Umgebung im Spiel realitätsnah gewählt (Wüstensetting mit Bergen, Lehmhütten, Feldern, Dünen usw., basierend auf entsprechenden Aufnahmen), um das abbilden zu können, was die Zielgruppe am ehesten im Auslandseinsatz zu erwarten hat und die Objekte haben realistische Proportionen. Die Spielwelt wurde kontinuierlich erweitert und angepasst, vor allem aber anhand von Expertenbefragungen entworfen. Neben der detailgetreuen Gestaltung der Spielumgebung wurde die Rolle des Spielers immersiv gestaltet. Das heißt, dass der Spieler in seiner Rolle im Spiel verankert werden soll. Dazu gehört, dass der Spieler hört, wie sich die Atmung des Spielcharakters beschleunigt, wenn er rennt. Position und Bewegung geben zusätzliches Feedback zum Spielcharakter und dessen Interaktion mit der Spielwelt. Selbstgespräche im Spiel dienen dazu, die sogenannte Selbstdarstellung auszubauen. Eine Herausforderung war es, Verletzungen, Vitalzeichen und Behandlungen immersiv und korrekt darzustellen. Dazu waren etliche Entwicklungsschleifen und Rücksprachen mit Ärzten notwendig. Jedoch war dies unverzichtbar, damit der Wiedererkennungswert des im Spiel verwendeten Equipment so hoch ist, dass die Übertragung von im Spiel erlerntem Wissen in die Realität auch möglich wird. Auch die Erzeugung von Stress spielt eine wichtige Rolle: Die Immersion dient dafür als Mittel zum Zweck. Im Vergleich zu auditiven Elementen war die Entwicklung der Grafik merklich aufwendiger, obwohl diese nicht dieselben Immersionsverbesserungen erzielen konnte.

Visuelle Unstimmigkeiten sind einfacher zu erkennen und werden sehr schnell als störend empfunden. Sind Darstellungen nebeneinander unterschiedlich detailliert, irritiert das ebenfalls die Spieler. Das bedeutet, dass alle Grafiken einen ähnlich hohen Detailgrad aufweisen müssen. Wird eine Darstellung anders, d.h. detaillierter dargestellt, müssen alle anderen Objekte etc. im Spiel nachgebessert werden. Dementsprechend wichtig ist es, zu Beginn der Entwicklung und Umsetzung eines Spiels einen festen Abstraktionsgrad festzulegen, von dem möglichst nicht mehr abgewichen wird.

Ein wichtiger Punkt in diesem Kontext ist neben der möglichen Genauigkeit von grafischen Darstellungen die Vermeidung von Fehlern, welche die Immersion des Spielers in das Spielgeschehen stören können. Zwar treten solche »Bugs« bei reinen Unterhaltungsspielen wie auch Serious Games auf, doch sind sie gerade bei Letzteren als äußerst kritisch zu beurteilen, da sie zu einer Beeinträchtigung des Lern- bzw. Trainingserfolgs führen können. Im Fall der *SanTrain*-Studie betrifft dies u.a. das Verhalten der NPCs, d.h. der Mitglieder der Patrouille und der Feinde. Würden hier Soldaten bei einem Angriff den Gegnern den Rücken zudrehen und sich nicht an den Kampfhandlungen beteiligen, läge eine signifikante Diskrepanz zu dem erwarteten realen Verhalten vor, welches einen Verlust an Immersion und sogar eine Ablehnung des gesamten Spiels zur Folge haben kann. Daher müssen die entsprechenden KI-Konzepte für die Steuerung der NPCs sorgfältig implementiert werden (Yannakakis und Togelius 2018, 143ff.). Gleiches gilt für die Umsetzung des Patientenavatars. In diesem Fall muss sowohl die Darstellung zu den Verletzungsmustern passen als auch die Reaktion des Patienten angemessen sein.

Katalytische Elemente: Um den Spielcharakter von *SanTrain* zu stärken, wurden katalytische Elemente generiert. Katalysen sind Kleinstgeschehen, die keinen direkten Einfluss auf das Spielgeschehen haben und konsekutiv aufgebaut sind (Barthes 1988). Mit ihnen soll z.B. die Motivation der Spieler aufgrund des Spielcharakters erhöht werden und ermöglicht werden, ein Belohnungssystem zu integrieren, das zusätzlich zu den übergeordneten Lernzielen eingesetzt wird. Die Entscheidung, katalytische Elemente einzusetzen, wurde erst im späteren Verlauf des Projektes getroffen. Die korrekte Darstellung der Taktik und medizinischen Handlungen hatten sich selbstverständlich zum Fokus entwickelt. Dies war jedoch dem Spielcharakter abträglich, so dass entschieden wurde, katalytische Elemente zu entwickeln, um *SanTrain* deutlicher von einem Ausbildungssimulator zu unterscheiden. So wurden in das Spiel verteilte Postkarten als Sammelobjekte, ein verstecktes Graffito und eine Vogelscheuche, die auf Handzeichen reagiert, als sogenannte Easter Eggs integriert.

Adaptives Gameplay: Das für *SanTrain* gewählte adaptive Gameplay entstand durch den pädagogischen Anspruch, auf spielerische Weise Lerninhalte zu vermitteln. Erbringen Spieler in einem Level schlechte Leistungen, sollte im nächsten Level eine vergleichbare, ggf. leichtere Aufgabe verwendet werden. Das gilt auch umgekehrt: Wurde in einem Level eine Aufgabe besonders gut gemeistert, so soll es im nächsten Level eine schwerere Aufgabe mit weniger Hilfestellung geben. Das adaptive Gameplay wurde in einem eigenen Freeplay Mode-Level entwickelt. Die Verwendung von Hilfestellungen im Spiel hat sich jedoch für das gesamte Spiel als sinnvoll erwiesen, wenn Spieler zu lange brauchen, um eine geforderte Aktion durchzuführen.

Übersicht über weitere geplante Elemente: Für das Spiel *SanTrain* ist ein Szenarien-Editor geplant. Dieser könnte als zusätzliches Element durch die Vielzahl an Kombinationen von Szenarien und Faktoren einen Mehrwert an Spielspaß und Langzeitmotivation erreichen.

Um eine kontinuierliche Weiterentwicklung von *SanTrain* zu ermöglichen und zu optimieren, wird derzeit ein E-Mail-Feedback-System für Fachexperten erprobt. Diese können vor Ort die neueste Version des Serious Games testen und gewünschte Änderungen direkt an die Entwickler weitergeben. Dafür sind drei Elemente notwendig: die Hardware (geeignete Notebooks), die Fernwartungssoftware und ein integriertes Feedbacksystem. Um Feedback von Experten einholen und umsetzen zu können, sind vor allem die Beschreibung einer gewünschten Änderung, die Log-Datei und ein Screenshot der Situation notwendig.

Um ein Serious Game für die medizinische Ausbildung dauerhaft einsetzen zu können, ist neben der laufenden Aktualisierung von Inhalten auch die Übertragung auf verschiedene Medien notwendig. Virtual Reality oder Augmented Reality sind daher die nächsten Schritte, auch um den Spielern moderne Spielerlebnisse zu ermöglichen und noch realitätsnaher auszubilden. Zusätzlich wurde neben der inhaltlichen Weiterentwicklung und institutionellen Einbettung (Verfügbarkeit des Spiels für die Soldaten) auch die Etablierung eines Qualitätsmanagementsystems notwendig. Dies wird bereits in *SanTrain* eingesetzt, indem es u.a. ein regelmäßiges Bug-Reporting gibt.

Fazit

Wie deutlich wird, lassen sich die Aufgaben der Informatik im Projekt *SanTrain* in zwei Gruppen einteilen: die Umsetzung der didaktischen und fachspezifischen Konzepte und die Implementierung des Spiels an sich. Beide sind dabei allerdings nicht getrennt voneinander zu sehen, da ein Serious Game nur dann funktionieren kann, wenn eine passende Integration der Bereiche geschaffen wird. Die modulare, technische Struktur von *SanTrain* erlaubt dabei eine Wiederverwendung der einzelnen Komponenten, insbesondere des Physiologiemodells, welches als Grundlage weiterer Serious Games im medizinischen Bereich genutzt werden kann.

5. Herausforderungen der sachgerechten Entwicklung des Lernspiels *SanTrain* aus medizinischer Sicht

Während in der Ausbildung in Präsenzveranstaltungen die Art und Relevanz von Übungskünstlichkeiten leicht vom Ausbilder situationsabhängig erläutert werden kann, könnte eine sachliche Abweichung von den realen Prozessen in einem autonom gespielten Serious Game zu falschen Vorstellungen von der Wirklichkeit führen. Besondere Bedeutung erhält dieser Umstand dadurch, dass beim Spielen praktisch immer auch gelernt wird – mitunter leider das Unzweckmäßige. Der schlimmste anzunehmende Fall ist daher bei Serious Games nicht, dass nichts gelernt wird, sondern dass schwer zu korrigierendes Falsches gelernt wird. Im Unterschied zu Präsenzveranstaltungen, bei denen die Subjektivität aller Ansichten stets offenkundig ist, würde ein offizielles Serious Game darüber hinaus eher ›Lehrbuchcharakter‹ besitzen. Entsprechend hoch sind die Anforderungen an die Abbildung der für das jeweilige Spiel zentralen Prozesse aus der Wirklichkeit, im Falle von *SanTrain* also der medizinischen und militärischen Prozesse, die der Ersten Hilfe im Einsatz zugrunde liegen. Rein physikalisch technische Vorgänge wären im Spiel im Übrigen valide deterministisch abzubilden, d.h. es gibt eine formal korrekte und nur genau eine korrekte Form, sie zu modellieren. Weder Medizin noch Taktik gehören jedoch zu den Disziplinen, in denen sich strenge Validität und Determiniertheit als adäquate Modellierungsprinzipien der Wirklichkeit bewährt oder durchgesetzt hätten. Entscheidendes Kriterium für die Wirklichkeitsapproximation im Modell ist daher die Plausibilität der stochastischen Modellierung für Experten. Das heißt aber auch, dass die adäquate Abbildung zumindest teilweise auch Meinungen repräsentiert. Bis sich diese in einem Lehrmedium so verdichten, dass von gemeinsamer, geteilter Plausibilität gesprochen werden kann, vergehen mitunter Jahre.

Die jeweils aktuellen Lerninhalte und Anforderungen der Ersten Hilfe im Einsatz werden kontinuierlich ins Spiel eingepflegt. Jedoch wurden dabei auch Schwerpunkte gebildet, die auf dem Erfahrungswissen der am Projekt beteiligten Ärzte und Ausbilder beruhen. Diese Erfahrungswerte sind insofern wichtig, als dass es allgemein in der Medizin, aber vor allem bei der Behandlung von Verletzungen in Auslandseinsätzen zu Fällen kommt, in denen ein schnelles, fokussiertes und vor allem pragmatisches Handeln erforderlich wird. Das Konzept der Ersten Hilfe im Einsatz berücksichtigt dies bereits, da es neben der medizinischen Behandlung auch die taktische Komponente beinhaltet. Es lassen sich allerdings, basierend auf dem Erfahrungswissen von Ausbildern, durchaus Anwendungsfälle identifizieren, die besonders häufig trainiert werden sollten. Dazu gehören das Anlegen eines Tourniquets sowie allgemein die Versorgung von Schusswunden. Diese Fälle wurden in entsprechenden Szenarien in *SanTrain* berücksichtigt. Auch wenn durch das Gefälle zwischen dargestellter und darzustellender Realität deutlich wird, dass *SanTrain* die Realität nicht ersetzen kann, müssen die Spielinhalte medizinisch korrekt sein und den geltenden Behandlungsrichtlinien entsprechen. Gleichzeitig müssen sie so viel Flexibilität aufweisen, dass auch individuelle Behandlungsfälle berücksichtigt werden können, da auch in der Realität Patienten z.B. unterschiedlich auf Verletzungen reagieren. Alle in *SanTrain* dargestellten Verwundungen, Schmerzen und Behandlungsszenarien wurden dementsprechend in ausführlichen Besprechungen mit Ärzten abgestimmt und das Behandlungsvorgehen im Spiel durch sie verifiziert. Dies gilt auch für das im Spiel dargestellte Equipment für die Behandlung von Verwundeten. Dieses, wie auch die einzuübenden Behandlungsmuster, ist den Spielern aufgrund ihrer formalen Ausbildung bereits mehr oder weniger bekannt. Hier wird nochmals die Rolle von *SanTrain* deutlich: Es ist ein die formale Ausbildung ergänzendes Lernangebot.

Fazit

Die Herausforderungen aus Sicht der Medizin bestehen vor allem darin, dass die Simulation den Plausibilitätsanforderungen genügen muss. Dazu sind ein intensiver iterativer Entwicklungsprozess notwendig sowie Absprachen mit der Informatik. Die Anforderung, dass das Spiel immer aktualisiert werden kann, weil sich z.B. Behandlungsempfehlungen ändern, ist obligatorisch. Ein wichtiger Unterschied zu einer rein technischen Validation von Variablen besteht darin, dass Vitalparameter eine hohe Variabilität aufweisen und es damit die Notwendigkeit einer flexiblen Physiologiedarstellung gibt, wie sie auch in *SanTrain* umgesetzt wurde. Gleichzeitig muss alles Dargestellte medizinisch so präzise sein, dass der Erwerb von falschem Wissen so gut wie ausgeschlossen werden kann.

6. Diskussion

Die bisherigen Evaluations-Ergebnisse der *SanTrain*-Studie zeigen, dass zusammengefasst das 3D-Serious Game *SanTrain* den gestellten Anforderungen an ein ständig nutzbares Ausbildungshilfsmittel entspricht und positiv bewertet wird: *SanTrain* zeigt sich als geeignet zum Wissenserwerb und zum Aufbau von Handlungskompetenz und besitzt das Potenzial, sowohl theoretisches Wissen wie praktische Handlungsabläufe im Bereich der Ersten Hilfe im Einsatz zu üben und zu verbessern. Es ist geeignet, gezielt in den formalen Ausbildungskontext einbezogen zu werden, um ergänzend zu den bestehenden Lehrangeboten eingesetzt zu werden. Diese Ergebnisse entsprechen auch bisherigen Forschungsbefunden (z.B. Susi, Johannesson und Backlund 2007) zum Einsatz von Serious Games in der Ausbildung: In der Meta-Analyse von Wouters, van Nimwegen, van Oostendorp und van der Spek (2013) konnte gezeigt werden, dass spielbasiertes Lernen zu einem höheren Lerneffekt führt. Die bisherigen Befunde zum Spiel aus den Bereichen Akzeptanz, Immersionsgrad, Weiterentwicklung des Spiels und die Herausforderungen der Theorie-Praxis-Kooperation konnten für sich zeigen, dass es sinnvoll ist, die Ausbildung mit einem Serious Game zu ergänzen bzw. zu unterstützen.

Akzeptanz

Das *SanTrain*-Projekt zeigt demnach, dass die Ausbildung der Ersten Hilfe im Einsatz durch die Nutzung von Computerspielen sinnvoll ergänzt werden kann. Fundamentalkritik, die Serious Games grundsätzlich in Frage stellen würde, haben jene, die *SanTrain* tatsächlich erprobt haben, nicht geäußert. Das Medium spricht in der Regel selbst jene Personen an, die Computerspielen bisher eher skeptisch gegenüberstanden. Jedoch müssen bei der Entwicklung eines Serious Games stets der Anwendungskontext und die Lernziele übereinstimmen und auf die Zielgruppe jeweils angepasst sein (Breuer und Tolks 2018), wie es auch im vorliegenden Projekt der Fall ist. Eine Adaption des Spiels zur Gänze auf andere Bereiche wäre nicht ohne Weiteres möglich.

Insgesamt haben Serious Games eine hohe Inanspruchnahmebereitschaft (Eichenberg, Grabmayer und Green 2016). Bei *SanTrain* tragen hierzu sicher entscheidend der grafische Detailreichtum und die Anschaulichkeit dreidimensionaler, hochauflösender, bewegter Bilder sowie die spielerische Interaktion des Auszubildenden mit dem Medium bei. Es hat sich aber gezeigt, dass die wesentlichen Herausforderungen für autonom (d.h. Ausbilder-, zeit- und ortsunabhängig) gespielte Serious Games weder die grafische Animation noch die spielerische Einbindung sind. Es ist die fehlende direkte Rückkopplung zu entsprechenden Ausbildern, die Serious Games besonders machen: Bei klassischen Ausbildungsformen wird das Niveau des ›Im-Einsatzkontext-Handelns‹ stets unter der Kontrolle eines Ausbilders erreicht. *SanTrain* soll aber von Soldaten in deren Freizeit gespielt werden oder wann immer Zeit verfügbar ist. Der Ausbilder als zentrales Steuerelement des gesamten Ausbildungsprozesses ist also für derartige Serious Games nicht (direkt) verfügbar. Eine Möglichkeit der Weiterentwicklung, Erhöhung der Motivation und Unterstützung des Wissenserwerbs wäre die Implementation eines Multiplayer-Systems. Damit könnten Lerngruppen gebildet und der Spielspaß durch die soziale Komponente erhöht werden.

Immersionsgrad

SanTrain beinhaltet an sich viele Elemente, um möglichst immersiv zu wirken. Jedoch lässt sich Immersion nicht objektiv messen bzw. Messergebnisse sind nicht auf alle Spieler anwendbar. Daher konnte bisher kein objektiver Endzustand bezüglich der Immersion festgelegt werden. Es ist davon auszugehen, dass es immer wieder Details geben wird, die dem Spiel hinzugefügt werden können oder dass Experten kontinuierlich weitere Vorschläge einbringen, um die Immersion zu verbessern. Bislang wurde aber der Status erreicht, dass es sich bei Hinweisen um Details handelt und keine grundsätzlichen Veränderungen, die die Immersion betreffen. Daraus kann derzeit der Schluss gezogen werden, dass ein ausreichender Immersionsgrad erreicht worden ist.

Weiterentwicklung

Prävention psychischer Belastungen. *SanTrain* entwickelt ein Serious Game zum Training der notfallmedizinischen Kompetenzen. Da der Einsatz dieser Kompetenzen in der Regel in Situationen geschieht, die eine besondere psychische und physische Belastung darstellen, muss der Umgang vor allem mit der psychischen Belastung ebenfalls trainiert werden, um Handlungssicherheit zu erlangen und die Wahrscheinlichkeit von Einsatzfolgeschäden wie PTBS zu reduzieren (siehe zur psych. Belastung von Einsatzkräften z.B. Griesbeck 2016; Berger et al. 2012; Karutz und Blank-Gorki 2014; insb. Soldaten siehe Wittchen et al. 2012). Daher soll in einer gerade angelaufenen Machbarkeitsstudie zunächst geprüft werden, wie *SanTrain* um eine Komponente der Stressprävention erweitert werden kann, um eine ganzheitliche Ausbildung zu ermöglichen und bereits frühzeitig und primärpräventiv möglichen psychischen Belastungen zu begegnen. Der Einsatz von internetbasierten Interventionen zur Behandlung von PTBS-Symptomen ist bereits erprobt und es liegt eine Vielzahl an Wirksamkeitsbelegen vor (zur Übersicht siehe Eichenberg und Zimmermann 2017; Sloan et al. 2011). Ein Großteil dieser Interventionen findet Anwendung im militärischen Bereich und ist dort bereits etabliert (siehe z.B. Rizzo et al. 2011; McLay et al. 2011). Diese Erkenntnisse sollen genutzt und ebenso in einem interdisziplinären Entwicklungs- und Forscherteam in *SanTrain* integriert werden (Projekt *SanTrain*PSY).

Herausforderungen der Theorie-Praxis-Kooperation. Im Hinblick auf die Projektarbeit haben sich vor allem das Finden einer gemeinsamen Sprache, die Entwicklung eines flexibel erweiterbaren Spielkonzepts sowie die Vermittlung von fachspezifischen Herangehensweisen und Sichtweisen auf ein Serious Game als Herausforderung erwiesen. Wissen muss in den Projektgruppen geteilt und vermittelt werden, so dass alle Beteiligten über eine gemeinsame Wissensbasis verfügen. Sicherlich ist diese Herangehensweise limitiert, da es nicht möglich ist, einen vertieften Einblick in die Fachgebiete der jeweiligen Kooperationspartner zu gewinnen. Aus der mehrjährigen Projektzeit von *SanTrain* kann die Erfahrung weitergegeben werden, dass Projektkommunikation, sowie Reflexions- und Diskussionsprozesse einen wesentlichen Teil zum Gelingen eines Projektes beitragen. Die gleichberechtigte Entwicklung von *SanTrain* durch die beteiligten Disziplinen ist ein aufwendiger, aber in diesem Fall erfolgreicher Prozess gewesen, durch den auch gezeigt wird, dass eine fachübergreifende Entwicklung eines Lernspiels den Spielern und der Nachhaltigkeit eines Spieles zugutekommt.

Was den Aufwand der Studie – auch und gerade rückblickend[4] – rechtfertigt, ist die Entkopplung der Lernstufe ›Üben im einsatzrelevanten Kontext‹ von der Verfügbarkeit der Ausbilder. Die Anforderungen derartiger Spiele hinsichtlich der vom Computer algorithmisch zu bewältigenden Aufgaben gehen über die bloße Einbindung des Mediums Computerspiel in Präsenzveranstaltungen weit hinaus. Es handelt sich um die automatisierte Führung der Spieler im Game auf der Basis eines didaktischen Konzeptes und durch adaptives Gameplay, die durchgehende Plausibilität aller medizinischen und taktischen Prozesse sowie die automatisierte Analyse und Auswertung des Spielverlaufs. Diese Punkte ergeben ein weitverzweigtes Feld an fachübergreifenden Herausforderungen für die Entwicklung eines Lernspiels, die zumindest im Projekt *SanTrain* bisher erfolgreich gemeistert werden konnten.

Ludographie

3D-SC1 (French Military Health Service, 2014)

Bibliographie

Barthes, Roland. 1988. »Einführung in die strukturale Analyse von Erzähltexten.« In *Das semiologische Abenteuer*, hg. von Barthes, Roland 102-143. Frankfurt a.M.: Suhrkamp.

Bellotti, Francesca, Riccardo Berta und Alessandro De Gloria. 2010. »Designing Effective Serious Games: Opportunities and Challenges for Research.« *International Journal of Emerging Technologies in Learning (iJET)* 5. https://www.learntechlib.org/p/44949/, letzter Zugriff: 28.04.2020. doi: 10.3991/ijet.v5s3.1500

4 Entwicklungszeitraum 2011-2019. Für die Projektdurchführung war und ist die enge Zusammenarbeit von Medizinern und professionellen Spieleentwicklern entscheidend für den Erfolg.

Berger, William, Evandro S.F. Coutinho, Ivan Figueira, Carla Marques-Portella, Marianna Pires Luz, Thomas C. Neylan, Charles R. Marmar und Mauro Mendlowicz. 2012. »Rescuers at risk: a systematic review and meta-regression analysis of the worldwide current prevalence and correlates of PTSD in rescue workers.« *Social Psychiatry and Psychiatric Epidemiology* 47 (6): 1001-1011. doi:10.1007/s00127-011-0408-2

Bossel, Hartmut. 1985. *Umweltdynamik. 30 Programme für kybernetische Umwelterfahrungen auf jedem BASIC-Rechner.* München: tewi verlag.

Breuer, Johannes und Daniel Tolks. 2018. »Grenzen von ›Serious Games for Health‹«. *Prävention und Gesundheitsförderung* 13 (4): 327-332. doi: 10.1007/s11553-018-0654-1

Csíkszentmihályi, Mihály. 1990. *Flow: The Psychology of Optimal Experience.* New York: Harper & Row.

Dreyfus, Hubert L. und Stuart E. Dreyfus. 1988. *Künstliche Intelligenz. Von den Grenzen der Denkmaschine und dem Wert der Intuition.* Reinbek: Rowohlt.

Eichenberg, Christiane und Peter Zimmermann. 2017. *Einführung Psychotraumatologie.* München: UTB.

Eichenberg, Christiane, Cornelia Küsel, und Brigitte Sindelar. 2016. »Computerspiele im Kindes- und Jugendalter: Geschlechtsspezifische Unterschiede in der Präferenz von Spiel-Genres, Spielanforderungen und Spielfiguren und ihre Bedeutung für die Konzeption von Serious Games.« *merz Wissenschaft. Zeitschrift für Medienpädagogik* 60 (6): 97-109.

Eichenberg, Christiane, Gloria Grabmayer und Nikos Green. 2016. »Acceptance of Serious Games in Psychotherapy: An Inquiry into the Stance of Therapists and Patients.« *Telemedicine and e-Health* 22 (11): 945-951. doi: 10.1089/tmj.2016.0001

Goforth, Carl W. und David Antico. 2016. »TCCC Standardization. The Time Is Now.« *Journal of Special Operations Medicine* 15 (3): 53-56.

Gough, Christina. 2019. Genre breakdown of most popular U.S. video game genres by sales in 2018. https://www.statista.com/statistics/189592/breakdown-of-us-video-game-sales-2009-by-genre/, letzter Zugriff: 28.04.2020.

Graafland, Maurits, Jan M. Schraagen und Marlies P. Schijven. 2012. »Systematic review of serious games for medical education and surgical skills training.« *BJS* 99 (10). doi: 10.1002/bjs.8819

Griesbeck, Franz. 2016. »Posttraumatische Belastungsstörung. Relevanz für Einsatzkräfte und Notfallmedizin.« *Notfall + Rettungsmedizin* 19 (6): 460-465. doi: 10.1007/s10049-016-0172-7

Gregory, Jason. 2015. *Game Engine Architecture.* Boca Raton: CRC Press, Taylor & Francis Group.

Juul, Jesper. 2005. *Half-Real. Video Games between real Rules and Fictional Worlds.* Cambridge: The MIT Press.

Karutz, Harald und Verena Blank-Gorki. 2014. »Psychische Belastungen und Bewältigungsstrategien in der präklinischen Notfallversorgung.« *Notfallmedizin up2date* 9 (4): 355-374. doi: 10.1055/s-0033-1358063

Lehmann, Axel, Marko Hofmann, Julia Palii, Alexandros Karagkasidis und Patrick Ruckdeschel. 2013. »SanTrain: A Serious Game Architecture as Platform for Multiple First Aid and Emergency Medical Trainings.« *AsiaSim 2013: 361-366.* doi: 10.1007/978-3-642-45037-2_35

McLay, Robert L., Dennis P. Wood, Jennifer A. Webb-Murphy, James L. Spira, Mark D. Wiederhold und Brenda K. Wiederhold. 2011. »A randomized, controlled trial of virtual reality-graded exposure therapy for post-traumatic stress disorder in active duty service members with combat-related post-traumatic stress disorder.« *Cyberpsychology, Behavior and Social Networking* 14 (4): 223-229. doi: 10.1089/cyber.2011.0003

McShaffry, Mike und David Graham. 2012. *Game Coding Complete.* Boston: Cengage Learning PTR.

Mehm, Florian, Ralf Dörner und Maic Masuch. 2016. »Authoring Processes and Tools.« In *Serious Games: Foundations, Concepts and Practice,* herausgegeben von Dörner, Ralf, Stefan Göbel, Wolfgang Effelsberg, und Josef Wiemeyer, 83-106. Basel: Springer International Publishing Switzerland. doi: 10.1007/978-3-319-40612-1_4

Mildner, Philip, und Florian ›Floyd‹ Mueller. 2016. »Design of Serious Games.« *Serious Games: Foundations, Concepts and Practice,* hg. von Dörner, Ralf, Stefan Göbel, Wolfgang Effelsberg und Josef Wiemeyer, 57-82. Basel: Springer International Publishing Switzerland. doi: 10.1007/978-3-319-40612-1_3

Mitgutsch, Konstantin. 2011. »Serious Learning in Serious Games. Learning In, Through, and Beyond Serious Games.« *Serious Games and Edutainment Applications,* hg. von Ma, Minhua, Andreas Oikonomou und Lakhmi C. Jain, 61-84. London: Springer. doi: 10.1007/978-1-4471-2161-9_4

Pasquier, Pierre, Stéphane Mérat, Brice Malgras, Ludovic Petit, Xavier Queran, Christian Bay, Mathieu Boutonnet, Patrick Jault, Sylvain Ausset, Yves Auroy et al. 2016. »A Serious Game for Massive Training and Assessment of French Soldiers Involved in Forward Combat Casualty Care (3D-SC1): Development and Deployment.« *JMIR Serious Games*; 4 (1): e5. doi:10.2196/games.5340

Prange, Klaus. 2012. *Die Zeigestruktur der Erziehung. Grundriss der Operativen Pädagogik.* Paderborn: Ferdinand Schöningh.

Rizzo, Albert, Thomas D. Parson, Belinda Lange, Patrick Kenny, John G. Buckwalter, Barbara Rothbaum, JoAnn Difede, John Frazier, Brad Newman, Josh Williams et al. 2011. »Virtual reality goes to war: a brief review of the future of military behavioral healthcare.« *Journal of Clinical Psychology in Medical Settings* 18 (2): 176-187. doi: 10.1007/s10880-011-9247-2

Ruckdeschel, Patrick. 2015. *Strukturanalyse des Videospiels. Handlungsorganisation und Semantisierung. Wie Menschen mit Maschinen spielen.* München: Kopaed.

Salen, Katie, und Eric Zimmerman. 2004. *Rules of Play. Game Design Fundamentals.* Cambridge: MIT Press.

Sloan, Denise M., Matthew W. Gallagher, Brian A. Feinstein, Daniel J. Lee und Genevieve M. Pruneau. 2011. »Efficacy of telehealth treatments for posttraumatic stress-related symptoms: a meta analysis.« *Cognitive Behaviour Therapy* 40 (2): 111-125. doi: 10.1080/16506073.2010.550058

Susi, Tarja, Mikael Johannesson und Per Backlund. 2007. *Serious Games – An Overview.* Technical Report HS- IKI -TR-07-001, School of Humanities and Informatics, University of Skövde, Sweden. Letzter Zugriff am 05.01.2019. https://www.diva-portal.org/smash/get/diva2:2416/FULLTEXT01.pdf, letzter Zugriff: 28.04.2020.

Tolks, Daniel, Kevin Dadaczynski und David Horstmann. 2018. »Einführung in die Vergangenheit, Gegenwart und Zukunft von Serious Games (for Health)«. *Prävention und Gesundheitsförderung* 4. doi: 10.1007/s11553-018-0667-9

Wiemeyer, Josef, Lennart Nacke, Christiane Moser und Florian ›Floyd‹ Mueller. 2016. »Player Experience.« *Serious Games: Foundations, Concepts and Practice,* hg. von Dörner, Ralf, Stefan Göbel, Wolfgang Effelsberg und Josef Wiemeyer, 243-271. Basel: Springer International Publishing Switzerland. doi: 10.1007/978-3-319-40612-1_9

Wittchen, Hans-Ulrich, Sabine Schönfeld, Clemens Kirschbaum, Christin Thurau, Sebastian Trautmann, Susann Schmiedgen, Jens Klotsche, Michael Höfler, Robin Hauffa und Peter Zimmermann. 2012. »Traumatic experiences and posttraumatic stress disorder in soldiers following deployment abroad: how big is the hidden problem?« *Deutsches Ärzteblatt* 109 (35-36): 559-68. doi: 10.3238/arztebl.2012.0559

Wouters, Pieter, Christof van Nimwegen, Herre van Oostendorp und Erik D. van der Spek. 2013. »A meta-analysis of the cognitive and motivational effects of serious gaming.« *Journal of Educational Psychology* 105 (2): 249-265. doi: 10.1037/a0031311

Yannakakis, Georgius N. und Julian Togelius. 2018. *Artificial Intelligence and Games.* Cham: Springer International Publishing. doi: 10.1007/978-3-319-63519-4

Abbildungsverzeichnis

Abb. 3: Generische Spielstruktur des SanTrain Demonstrators (Lehmann et al. 2013)

Zurkenntnisnahme

Das Projekt »Simulationsbasiertes sanitätsdienstliches Training für Nicht-Sanitätspersonal und Sanitätspersonal« (SanTrain) wird vom Bundesministerium der Verteidigung finanziert mit dem folgenden Förderkennzeichen: – Q/UR2C/AA134/AC016

Am Projekt »SanTrain« sind folgende Institutionen beteiligt:

- Institut Technische Informatik, Fakultät Informatik, Universität der Bundeswehr München, Deutschland
- Lehrstuhl Medienpädagogik, Fakultät für Humanwissenschaften, Universität der Bundeswehr München, Deutschland
- Sektion Notfallmedizin, Bundeswehrkrankenhaus Ulm, Deutschland
- Pallas Athena – Immersive Virtual Systems GmbH, Deutschland

Das Projekt wird von der Sanitätsakademie der Bundeswehr begleitet und betreut.[5]

5 Besonderer Dank gilt Herrn Oberfeldarzt Dr. Lars Schneidereit von der Sanitätsakademie der Bundeswehr und dem gesamten *SanTrain*-Projektteam an der Universität der Bundeswehr München: Monika Eder, M.A., Thomas Gebhardt, M.Sc., Dipl.-Inf. Nadija Leopold, Mag. Armin Leopold, Mag., Patrick Reißing, M.Sc., PhD, M.A. und Hauptmann Kevin Röhrborn, M.Sc.

Designing Self-Care
Affect and Debility in *#SelfCare*

Kara Stone

Abstract: Are games addicting, anxiety-provoking, and manipulative, or are they calming, connecting, and healing? This paper looks at the companion game app *#SelfCare by studio TRU LUV* and collaborator Eve Thomas alongside affect theory on psychosocial disability (often referred to as mental illness). *#SelfCare* consists of mini-games navigated through a home screen of a person lying in bed under the covers who »refuses to leave bed today.« The mini-games are all uncompetitive, unscored, and untimed, such as breathing to the rhythm of an expanding flower, sorting laundry, and petting a cat. The website states that »In this universe, our goal is simply to feel better. There's no winning, no failure, no score. No difficulty, no ads, no notifications. There is just us and our feelings.« Although the current self-care movement is trending toward forced positivity, neoliberalism, and aesthetics, the game *#SelfCare* incorporates what one might label negative or discouraging, such as refusing to get out of bed, not answering thousands of emails, and words like »disconnected.« I argue that *#SelfCare* maps onto Lauren Berlant's idea of lateral agency, a sort of self-suspension away from the forward motion of life – not necessarily getting better but also not getting worse. It is not meant to cure psychosocial disability but to give those of us that experience it a moment of relief. In queer feminist affect theory, feelings cannot so clearly be labeled as positive or negative; in fact, feeling ›good‹ can be a direction toward heteronormativity and ›bad‹ affect can be a resource for political action. Thus, any game that aims to promote well-being is best served utilizing ›negative‹ feelings, not ignoring them. The negativity and depiction of depression in *#SelfCare* is a strong force in connecting the players to the character in the game as well as to the game world. Using affect theory and disability studies, I provide a conscientious evaluation of the ways technology is positioned both as savior and detrimental to psychosocial disability.

Keywords: Affect; Psychosocial Disability; Debility; Game Studies; Game Design

Schlagworte: Affekt; Psychosoziale Behinderung; Fragilität; Game Studies; Game Design

1. Introduction

Are games addicting, anxiety-provoking, and socially isolating, or are they calming, connecting, and healing? Mainstream media often depicts videogames as detrimental to one's mental health; they are said to cause antisocial behaviors, aggression, and violence. Many game studies scholars and designers, on the other hand, paint games as a medium that alleviates stress, promotes socialization, and has the potential to instigate great social change based on games' affordances for systems thinking and safe failure (McGonigal 2010; Macklin 2013; Isbister 2017). This paper analyzes the affective sphere of videogames and the ways in which they conceptualize, formulate, and help or hurt psychosocial disability. This will be done by looking at TRU LUV and collaborator Eve Thomas' *#SelfCare*, a mobile app released in 2018 that intends to change the players' anxious relationships to their phones. I use queer feminist affect theory and disability studies to theorize affect and debility, the imperative of neoliberal self-care, negative feelings as a political resource, and relief versus cure.

TRU LUV is a studio based in Toronto, Canada. It has released two »companions,« the term it uses to describe the interactive apps it produces: *BreatheLuv*, a breathing visualizer app, and *#SelfCare*. *#SelfCare* consists of mini-games navigated through a home screen of a person lying in bed under the covers who never leaves bed. The mini-games are all uncompetitive, unscored, and untimed. They consist of breathing to the rhythm of an expanding flower, sorting laundry, petting a cat, pulling a tarot card, word scramble, and using a massage tool. The game has customizable elements such as skin tone for the person in bed, bed sheet patterns, the cat's collar, and what objects are displayed on an altar. TRU LUV collaborates with different artists to design these customizations as well as more vocabulary for the word scramble. The aesthetics of the game are pastel and soothing, with nothing flashing or popping up. Their website calls players to »awaken your slumbering cat and give it some deserved affection, sort your laundry by color, indulge in a tarot card reading, or receive guidance from your favorite plant. It's your safe, comfortable space where you give yourself permission to feel better« (TRU LUV 2018).

Fig. 1 & 2: Screenshots of the home screen and altar in #Self-Care

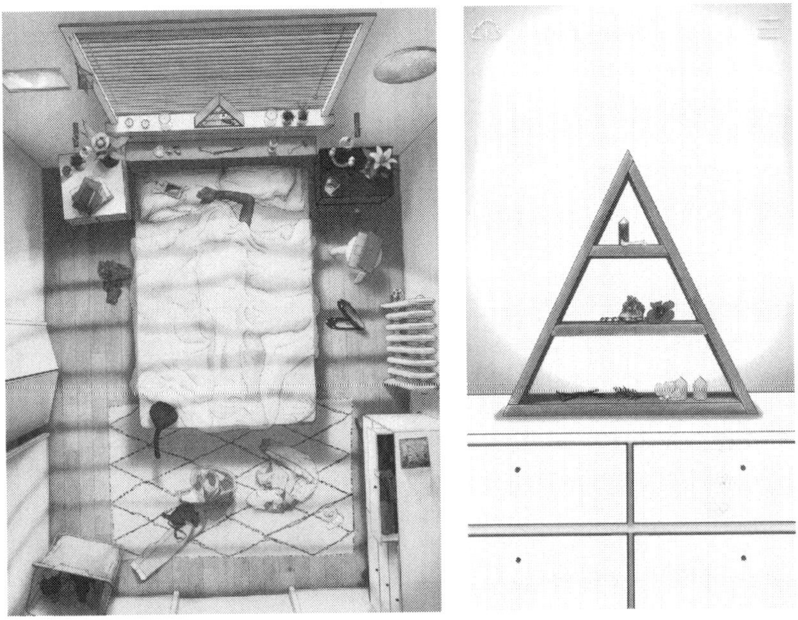

TRU LUV's CEO Brie Code, a lead programmer at Ubisoft who quit to pursue making different kinds of games, aligns the design of *#SelfCare* with research on *tend-and-befriend*, a little-known stress response that expands the popularly known fight-or-flight response. Code writes of playing popular videogames:

There are a lot of things flashing on the screen, and there's danger and it's shocking and it's fun, that's a fight-or-flight response. With fight-or-flight, your sympathetic nervous system kicks in and releases adrenaline followed by dopamine. If you like games like this, it's probably because adrenaline and dopamine are very enjoyable. Your pupils dilate. Your heart beats faster. Your airways open up. And you feel exhilarated. You feel alive. You feel powerful. (Code 2017)

The majority of videogames aim to affect people in this way. Games purposefully build frustration then manufacture its release. The most common emotional responses in games are panic, aggression, and frustration – emotions associated with adrenaline. These are quite a limited array that a limited number of people enjoy or pursue in media. Code continues:

> But not everyone likes these kinds of games. I don't. My friends don't. And I think my friends find games like this boring not only because they aren't interested in more stories about callous white men, and not only because they don't know how

> the controls work or don't get the references to geek culture, but also because they don't get an adrenaline high. They have a different response to stress. (Code 2017)

Here Code points to ways in which one can design for marginalized populations beyond representation and cultural accessibility, to a biological level. To her, the underlying structure of the majority of videogames cater to masculine power fantasies based on frustration and release, citing it as triggering the hormone adrenaline:

> My friends and I don't like adrenaline, but there's something similar that is probably going on with us. It's called tend-and-befriend. Like fight-or-flight, tend-and-befriend is an automatic, physiological reaction to threatening situations. If you experience tend-and-befriend, it's because your body releases oxytocin or vasopressin when you're stressed, followed by opioids. This calms your sympathetic nervous system so you don't get the flood of adrenaline. Instead of wanting to fight or to flee, you stay relatively calm, but aware. Your pupils dilate, you become fearless, and you are less sensitive to pain. You instinctively want to protect your loved ones, to seek out your allies, and to form new alliances. Oxytocin intensifies social feelings, and opioids feel extremely warm and lovely. I don't like adrenaline but I really, really like this. This feels delicious. Luscious. Powerful. (Code 2017)

Code seeks to design games that appeal to a broader audience based not only on aesthetic and representation but also on the way the fundamental design of the game brings out a biological reaction. The aim of TRU LUV is to make relaxing experiences that »leave you feeling calm, connected, and invigorated« (TRU LUV website 2018). This paper will not take up Code's use of pop psychology's tend-and-befriend, nor the biochemical reactions to game design; instead, I will offer a de-medicalized reading of the game based on the affect and disability, examining both the represented affect in the app and the proposed emotional reactions from playing it. This is not to say Code's use of tend-and-befriend and focus on biology and pop psychology is ›wrong‹ – certainly I feel kinship with Code and TRU LUV's desire to design games differently, that they are most often created to bring out particular ›masculinized‹ feelings, that we need to design games that create a variety of feelings, and that we need to work toward healing debilitated communities. I come to these same political goals by using a different theoretical lens.

2. Psychosocial Disability and Affect

Although *#SelfCare* is not marketed specifically for those who identify as having a psychosocial disability, it is concerned with *debility* as well as feelings that are present or even foundational for psychosocial disabilities. Psychosocial disability is an internationally recognized term under the United Nations Convention on the Rights of Persons with Disabilities. It is commonly understood as mental illness or mental disability. The term ›psychosocial disability‹ points to the psychological as an individual entity where emotions are thought to reside, as well the social: the cultural factors that influence emotional unwellness. As of August 2018, the CDC (Centers for Disease Control and Prevention) estimate that one in four adult Americans, 61 million, have a disability that impacts major life activities. Disability here is defined as: »Mobility (serious difficulty walking or climbing stairs), Cognition (serious difficulty concentrating, remembering, or making decisions), Hearing (serious difficulty hearing), Vision (serious difficulty seeing), Independent living (difficulty doing errands alone), Self-care (difficulty dressing or bathing).« They also note that these »data show that disability is more common among women, non-Hispanic American Indians/Alaska Natives, adults with lower income, and adults living in the South Census region of the United States,« (CDC 2018) indicating the intersectional ways in which oppression breeds debility. It is important to note that the CDC lists inability to self-care as one mode of measuring disability; however, this refers to the capacity for the labor of taking care of oneself, not the way in which self-care has been commonly understood now: something more akin to self-soothing or self-love.

I cite the CDC's statistics and categorizations not to encourage the dichotomy between disabled and non-disabled, but the opposite – to see ways in which debility is pervasive. I follow Jasbir K. Puar's practice of »critical deployment of the concepts of debility and capacity to rethink disability through, against, and across the disabled/non-disabled binary...I want to explore the potential of affective tendencies to inform these assemblages of debility, capacity, and disability...« (2017, 2). The concept of debility aids in thinking through the ways in which certain experiences associated with disability are pervasive and insidious to the global north. These experiences and affects circulate through bodies without necessarily attaching an identity category to them, or acting as a binary yes/no box to checkmark. Affect is a particularly useful concept to think through experiences of psychosocial disability, most of which are defined by what is medicalized and categorized as excessive, incorrect, or a limited capacity for emotions and emotional behavior. I will often use ›feelings‹ in the way that Ann Cvetkovich does:

> I tend to use *affect* in a generic sense, rather than in the more specific Deleuzian sense, as a category that encompasses affect, emotion, and feeling, and that in-

> cludes impulses, desires, and feelings that get historically constructed in a range of ways...I also like to use *feeling* as a generic term that does some of the same work: naming the undifferentiated »stuff« of feeling; spanning the distinctions between emotion and affect central to some theories; acknowledging the somatic or sensory nature of feelings as experiences that aren't just cognitive concepts or constructions. I favor feeling in part because it is intentionally imprecise, retaining the ambiguity between feelings as embodied sensations and feelings as psychic or cognitive experiences. (Cvetkovich 2012, 4)

Emotions, feelings, and affect do not point to something that is somehow ›pre-cultural,‹ ›raw,‹ or apolitical. Though they are connected to the biological, the biological is always already cultured, in line with Judith Butler's work on the sexed body (1993), and Elizabeth Wilson's *Gut Feminism* (2015), which argues for the inclusion of biology in feminist theory without holding it up as the ultimate truth. In my theorization, a feeling is never just personal; it speaks of a culture that fosters, shares, disvalues, or represses certain feelings. Feelings don't just exist in our heads; as Sara Ahmed (2004) argues, they circulate between bodies and actually surface that body, making it legible. Videogames aim to regulate our feelings, intending to make us feel frustrated, excited, aggressive, satisfied, or, in the case of *#SelfCare*, ›better.‹

3. Feeling Better

In mainstream and pop psychology (often research that has been utilized and sometimes misconstrued by the media and other non-psychologists) health is construed as good and desirable, and disability is construed as negative and undesirable. In terms of emotions, feeling bad is bad, feeling good is good. If one exists in the grouping of ›ill,‹ it is deemed necessary for them to at least try to move to the ›healthy‹ group, even if it is impossible. Being ›healthy‹ and ›happy‹ is a neoliberal imperative, an individual's responsibility that upholds capitalist, ableist, and heteronormative society. In her 2010 book *The Promise of Happiness*, Sara Ahmed illustrates the ways in which the neoliberal directive to be happy orients one toward certain paths, such as heterosexuality, that are supposed to make them happy, and away from others that are thought to make them unhappy, such as queerness. Happiness has become an individual responsibility and a cultural disciplinary technique. This imperative to be happy, to feel ›good‹ or other emotions thought to be positive, is profitable to capitalism – or rather, first being unhappy then wanting to be happy is profitable to capitalism. There is much incentive to keep marginalized groups debilitated yet desiring to be otherwise. Barbara Gunnell states that »the search for happiness is certainly enriching a lot of people.

The feel-good industry is flourishing. Sales of self-help books and CDs that promise a more fulfilling life have never been higher« (cited in Ahmed 2010, 3). The self-help industry relies on positive psychology and the societal pressure to feel good. In the late 2010s, self-help has transformed into the trendy ›self-care,‹ an idea that encourages people to know and listen to their needs, and to find activities that refuel energy rather than depleting it. The imperative for self-care is disseminated in the form of pseudo inspiring Instagram posts telling us to cut toxic people out of our lives and advertisements telling us to buy bath bombs. It encourages us to cancel plans and stay home, retreating from public and political life. Self-care has become largely commercialized, a selfish and independent activity, and in the domain of neoliberal white feminists seeking self-pleasure rather than justice for all oppressed groups.

The current state of self-care culture is an extremely unfortunate appropriation of the original empowering message from Audre Lorde who famously stated, »Caring for myself is not self-indulgence, it is self-preservation, and that is an act of political warfare« (1988, 130). These words are now on Instagram posts that want to sell you face masks, decontextualized from the voice who said it: a black queer woman living in the United States, a country not built to care for black lives. While Lorde was struggling with cancer, she was teaching at a university in New York City that did not accept her proposal to teach in the summers and go to a warmer climate for winters, which greatly soothed her health conditions (Gumbs 2012). It is one thing for women of color to care for themselves when the world is not built to care for them. Recognizing the intersectional aspects of self-care means we must care for ourselves when the societal structures systemically do not, but we must also work to change those structures rather than applying responsibility solely on the individual. Furthermore, Lorde's conceptualization of self-care does not orient toward happiness necessarily; it is about survival (Gumbs 2012). ›Feeling better‹ means feeling like life is livable, rather than having optimized individual happiness to its fullest extent. In fact, ›feeling better‹ may include an embrace of the negative.

Author of *Depression: A Public Feeling*, Ann Cvetkovich writes that the goal of her own work is to depathologize negative affects so they are not medicalized to the extent of their dismissal as a resource for political action. She is careful not to suggest that mental illness and ›bad‹ affects should be transformed into positivity: depression »retains its associations with inertia and despair, if not apathy and indifference, but these affects become sites of publicity and community formation« (2007, 460). Bad experiences and so-called negative feelings are not forced to transform into a positive celebration, but instead are framed as political statements that have the potential to pull people together in action for personal and social change. On a societal level, anger, despair, and mourning fuel protests and social movements. Labels such as positive and negative, though possibly useful as a shorthand, end up saying more about cultural beliefs and expectations of emotions rather than any inherent negativity or positivity.

The app *#SelfCare* simultaneously plays into current constructs of neoliberal self-care culture while also undermining it through the embrace of negativity and healing as a never-ending process. Firstly, its business model aims to be more ethical than that of most studios. It is a free app with in-app purchases for customization, designed by clearly credited artists who get paid with each purchased customization. The purchasable customizations include bed textiles, backgrounds for the altar, and different word scramble vocabulary. No necessary gameplay needs to be purchased and it never locks the player out, preventing them from playing. The skin tone of the characters is highly customizable with three sliding scales. Though personalization and customization plays into personality-through-consumerism, the fact that the game is free with no ads, and that it collaborates with and credits the various artists for purchasable content is a much a higher ethical standard than most other apps selling wellness.

The goal of *#SelfCare* is to use phones to make people feel better instead of worse. It utilizes common rhetoric that orients people toward feeling good, but there is a difference between feeling ›better‹ and feeling ›happy‹ or even ›good.‹ Code writes: »How do you feel about your phone? I feel stressed and manipulated by my phone« (Code n.d). Phones have become an object of anxiety and attachments, of bad news and endless scrolling, of constantly working while not literally at work. We play games on our phones designed to create frustration and release, work and reward. Social media and notifications operate in a similar way. *#SelfCare* has not set out to cure all debility or negative feelings, but to change our relationship with our phones. Code states, »Now, when I feel a spike of anxiety and unconsciously reach for my phone, if I end up in #SelfCare instead of a game, I calm myself, and put down the phone a moment later feeling better instead of worse. When we can achieve this for you also, we've succeeded. <3« (Code n.d). Feeling worse is not an inherent negative, but the widespread and daily anxious and addictive interactions with phones do not need to be the only affective capacity phones offer. In a pessimistic view, *#SelfCare* may be a form of what Lauren Berlant calls ›cruel optimism,‹ something one desires that is actually detrimental to them. It expects the player to use the phone in hopes of finding relief from it. It is possible, however, that *#SelfCare* helps build a different relationship with one's phone.

Though I argue against the positive and negative binary of feelings, I acknowledge that feeling better and feeling worse means something different for those of us who experience disability. Feeling better is not necessarily feeling happy, but that life is becoming livable. ›Livable‹ means accepting the so-called negative feelings. It is impossible – and undesirable – for many people with psychosocial disability to eradicate all difficult, unwanted, sometimes crushing feelings. Instead, the negative becomes a source of knowledge, relating, community organizing, and social change.

Although *#SelfCare* aims to make the player ›feel better,‹ it does so by accepting ›feeling bad.‹ The companion tells the player, »We're staying home for the day. We refuse to leave our bed. And it's okay.« It acknowledges that they have thousands of emails to read, but it takes away the possibility and pressure of reading them. They never do get out of bed. The goal of the game is not to overcome depression, a common narrative arch concerning disability, but to create rituals that make life sustainable.

Fig. 3 & 4: Screenshots of a text prompt and the word scramble in #SelfCare

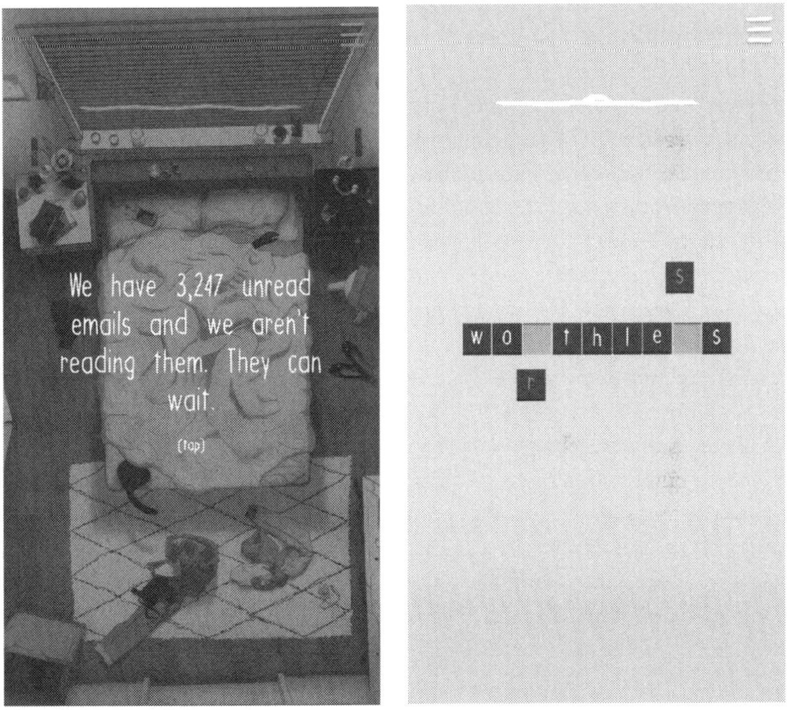

Of particular interest to me is the word scramble game. The tutorial begins, »We can't put our life in order but how about these words?« In this mini game, a word or phrase is partly filled, and the remaining letters are floating nearby. The player drags each letter into its place. It begins with words like *pessimism, loathing, self-censorship,* and *judgmental*. It states, »Sometimes we need to spell out the bad to create the good.« As the game is played, the words become less negative, but not necessarily positive either. There are words like *pause, antidote, amygdala, instant*

message, and *digital detox*. The words relate to self-care, feelings, and online culture. As *#SelfCare* is made to be played when one is feeling stressed and depressed, starting with negative feelings can be a relief, rather than an immediate pressure and expectation to feel happy. This embrace of the negative affectively pulls the player into judgment-free self-reflection and relatability. It makes the experience accessible rather than off-puttingly positive.

4. Companion Care

TRU LUV calls *#SelfCare* a companion, a new category of product. Calling it a companion situates the relationship between the piece and players differently than calling it a game, app, or artwork. It does not play into dominant views of author as *auteur* and total meaning-maker, nor the player as the source of all meaning. It also sets up different expectations for the piece; if it is called a game, one might expect (or demand) it to be winnable, competitive, and keep track of scores. Using the »companion« sets up expectations of care and conviviality, something alive or animated (Chen 2012). Code writes that under this companion framework, »I don't tell my phone what I need, and my phone doesn't tell me what I need. Instead, we work together towards shared goals« (*#SelfCare* website, 2018). In using *#SelfCare*, the player does not necessarily create a version of themselves to take care of. There is a person in bed, but we only ever see limbs. It is both representative of the player and someone else the player is to take care of.

#SelfCare's tutorial uses »we« and »us« to describe how to interact with it: »We simply listen to our feelings.« »You are welcome here with us anytime.« »Together, we make our own rituals.« In calling it a companion, it is pointing to the need for connection and community. Calling an app a companion relates to Donna Haraway's notion of the companion species (Haraway 2003), the bonding of different species that not only co-exist but whose lives are interrelated. In »Training in the Contact Zone: Power, Play, and Invention in the Sport of Agility« (2008) Haraway talks in-depth about her dog Cayenne, stating that »play is the something that is neither one nor two, which brings us into the open where purposes and functions are given a rest« (Haraway 2008, 468). Within the gameplay of *#SelfCare*, one activity is petting a digital representation of a cat. This acts as a representational parallel of a companion species, but furthermore the phone itself acts as an in-between of a companion species and a technology that makes us cyborgs. In calling itself a companion, *#SelfCare* reflects the need for connection and community while, perhaps hypocritically, reiterating self-care as an isolated and individual activity.

5. Affective Design

The majority of videogames are designed to perpetuate a cycle of frustration and monetary gratification, of work and reward, in order bring out addictive behavior in players. To be addicted to a videogame may not be the designer's actual goal, nor am I arguing that videogame addiction should be a medicalized category. However, game studios benefit when their players continue playing – and playing and playing. Players keep paying subscriptions, buying DLCs, writing (unpaid) walkthoughs, stream (unpaid advertising), buy the sequel, and more. AAA studios are capitalist industries that seek profit through creating 60+ hour experiences for 60+ dollars. To create something that is engaging for 60+ hours, most designers turn to the standard game design model of work and reward. Code describes it in terms of biochemical psychology: »Game design theory is based on an adrenaline/dopamine response to stress. Game designers aim to stress the player, and then give the player opportunities to win a challenge« (Code n.d). This style of system makes players feel as if they have accomplished something, even if in reality all they have accomplished is to sit in front of a screen for 60 hours and disassociate from their feelings – in itself not necessarily ›negative‹ but the intense desire (almost a necessity) to *feel productive* is an internalization of current neoliberal capitalist culture where one's worth is determined by productivity. Many games are designed to tap into this cultural desire, creating a cycle of work and reward that is closely planned out in order to keep the player playing for as long as possible. Notably, breaks are rarely designed into games. If a player chooses to take a break, it is a disruption to the flow of the narrative or gameplay. Short games, common in the indie and alt industry, are short because of lack of resources rather than concern over the attention economy. To keep the player engaged, games often employ a strategy of becoming more »complex« in the form of becoming more stressful as the game progresses. To grow bored – or fulfilled before the designer expects – is seen as a failure of design. For most videogame designers and studios, the only reason to stop playing a game is when that game is completed, regardless of if it is one hour or 200 hours.

This dominant mode of game design benefits from and contributes to the neoliberal capitalist directive to *always be productive*. Measurement of self-worth is often determined by productivity. Disability is most often measured through capacity for productivity; what we can or cannot *do* – not solely the experience or extremity of feelings, but what our feelings enable or disable us from doing. Take *Depression Quest* (Zoe Quinn 2013) as an example. The bulk of the story's text is about feeling bad, but all the choices are what the player character cannot do; they cannot work, go outside, or talk to their friends. The positive and productive choices are crossed out; the depressed person cannot do those things.

Fig. 5: Screenshot of the interactable hyper-text in Depression Quest

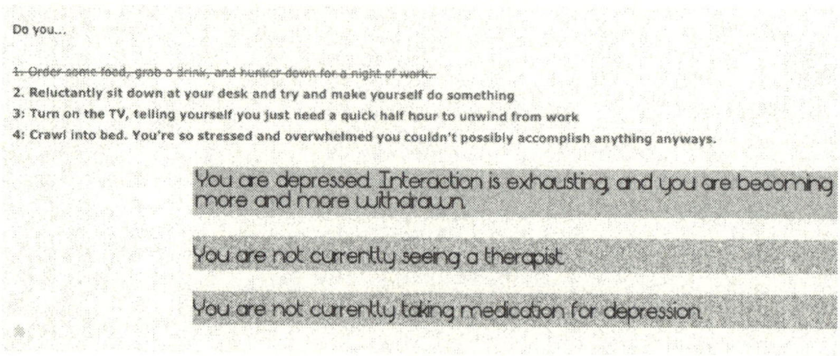

Do you...
1. Order some food, grab a drink, and hunker down for a night of work.
2. Reluctantly sit down at your desk and try and make yourself do something
3: Turn on the TV, telling yourself you just need a quick half hour to unwind from work
4: Crawl into bed. You're so stressed and overwhelmed you couldn't possibly accomplish anything anyways.
You are depressed. Interaction is exhausting, and you are becoming more and more withdrawn.
You are not currently seeing a therapist.
You are not currently taking medication for depression.

Both culturally and clinically, depression becomes legitimized, seen as a ›real‹ condition or disability, when it prevents a person from performing tasks as they should or are expected to. Emphasizing the ability for productivity transforms the depressed person into not someone with a specific set of emotional experiences, but someone who is failing to uphold their position as a subject of capitalism. Game design based on work, frustration, reward, and release tap into the cultural necessity of feeling productive to feel worthwhile.

#SelfCare has aspects that understand debility through inability: the companion character cannot get out of bed, cannot organize their drawers, cannot look at their phone or computer. But it does not enact the common narrative archetype of moving from unproductivity to productivity, or disability to ability. The aforementioned things that the companion character cannot do are not conveyed through text, but on a level of design. TRU LUV and Eve Thomas utilize a distinctly unique approach to game design that reconfigures the goal of successful design. There is no win-state in *#SelfCare*. The mini-games have no score, nor do they have a designed endpoint; the player decides when to exit each mini-game. There is no increase in difficulty. These design choices may strike some people as un-engaging and boring – and in fact, that is the whole point. Thomas and Code write, »For 3-5 minutes you can escape to a calm and soothing room, do some relaxing, meditative tasks, and return to your life refreshed and ready to face your stresses« (#SelfCare Presskit n.d.). The companion is to be played with for short bursts. It is strategically designed in order to *not* keep the player playing for as long as possible. Though the diegetic character never leaves bed, the game is not designed in a way to keep *the player* in bed playing videogames. It is meant to be played until the player feels »better,« which is unquantifiable by the designers but knowable to the players. The player and companion's »lifeforce« is measured through a sun that rises as the mini-games are played (not dependant on winning or completion, just played). Once it is full, nothing happens. There is no reward, nor does it lock

you out of playing the mini-games. Operating in a phone-addicted, goal-oriented, productivity-obsessed culture, this sun works as a nice reminder that one *can* stop looking at the screen now.

#SelfCare is the opposite of gamification, coming at a time when the gamification of self-care is the obvious way for game designers to deal with psychosocial disability and cultural experiences of debility. Jane McGonigal's *SuperBetter* (2014) is in most ways the exact opposite. Its goals are the same: to make the player feel better, but it takes an approach more dominant in game design and gamification. *SuperBetter* works like an incentivized task list, using the rhetoric of gaming such as »bad guys,« »power ups,« and »quests.« The player sets a goal for themselves and tracks progress. It is fanatically goal oriented. *#SelfCare,* on the other hand, configures wellness not as something that is *won* or *achieved*, but as a constant, never-ending process. One must engage with their feelings each day, making a mundane ritual that is not oriented toward feeling happy as an end-goal. It de-gamifies itself, taking away often definitional aspects of videogames like win conditions, progress, and challenge.

#SelfCare is a needed intervention into theories of game design that hold up systems modeling, learning through process, and safe failure as the key features that hold the power of videogames. It does not model a system with the intention of educating the player on how to understand it or intervene. There is no way to fail, so there is no »safe failure.« It is an affect-based design that is built around considering how the players feel when playing, and what feelings they have when they instigate play. It creates a space that does not repress or erase negative feelings and has an intentional yet immeasurable affective outcome.

6. But Can It Cure Me?

To return to my opening question: Are games addicting, anxiety-provoking, and manipulative, or are they calming, connecting, and healing? I have argued that the majority of videogames employ addictive tactics and utilize anxiety and frustration to manufacture release and reward. I have also argued that *#SelfCare* is structured in a way that accepts negative feelings while creating a space for calm, connection, and feeling »better,« a better that does not necessarily denote »happy« or »good,« but livable and sustainable. I want to be careful to not suggest that *#SelfCare* or any piece of media can be a singular cure for psychosocial disability and debility. I would not use the word *therapeutic,* as if a videogame or companion app is akin to therapy. The term *therapeutic* has many connotations, often used to be synonymous to *soothing,* rather than the difficult and messy work of therapy. However, *#SelfCare* does promote healing – in the sense that it is additive to a lifestyle set up with activities and behaviors that are life-sustaining rather than life-draining.

The mundane, the daily, and the ritualistic are sites of life-sustaining and life-building habits, just as they can be for life-draining work. For the debilitated, life maintenance becomes a primary focus, what Lauren Berlant calls the »ordinary work of living on« (2007, 761). She theorizes »slow death,« a phrase referring »to the physical wearing out of a population and the deterioration of people in that population that is very nearly a defining condition of their experience and historical existence« (2007, 754). It conceptualizes the gradual wearing out of people, specifically the debilitated. Slow death does not progress linearly toward an end nor does it denote advancement in a slow pace toward death. Instead, it is a lateral movement that steps outside the neoliberal understanding of the linear progression of life. Thinking in this way, life narratives are created not through events that have memorable impact but as episodes that make up day-to-day experiences while not individually changing much of anything. Debility breeds not in distinct, traumatic events such as time-framed singular phenomena but in day-to-day living, the ways in which »time ordinarily passes, how forgettable most events are, and, overall, how people's ordinary perseverations fluctuate in patterns of undramatic attachment and identification« (2007, 760). The mundane is commonly ignored and taken for granted, yet is a site of potential for healing. Cvetkovich states that healing is:

> open-ended and marked by struggle, not by magic bullet solutions or happy endings, even the happy ending of social justice that many political critiques of therapeutic culture recommend. It suggests that when asking big questions about what gives meaning to our lives, or how art or politics can promote social justice or save the planet, ordinary routines can be a resource. The revolution and utopia are made there, not in giant transformations or rescues. (2012, 80)

For many people with psychosocial disability or in other states of debility, healing is a never-ending process. Instead of orienting toward an end-goal of being healed, of winning through overcoming disability, healing is a constant activity that needs to be addressed regularly. In this way, *#SelfCare* functions not as a stand-alone piece that will revolutionize relationships with technology or cure anyone of bad feelings once and for all, but to offer a short *relief* – one that moves toward sustaining life, rather than depleting it like forms of slow death such as smoking and over-eating. It offers a moment outside the forward motion of life that slowly over time contributes to habits that help people continue the ongoing process of healing by embedding itself into one's daily mundane lives.

7. Conclusion

#SelfCare utilizes a unconventional model of game design that puts at the forefront the affective experiences of psychosocial debility while creating a ritual of relief that promotes the process of healing. Whereas the vast majority of videogames are designed to keep players engaged with no designed breaks until the end of the game, this companion is meant to be played for only a few minutes each day. This is done through allowing the player to become calm and bored, and stop playing, rather than bombarding them with adrenaline and pressure. Emotional wellness is never won or complete. It is an ongoing process that needs to be incorporated into daily life. *#SelfCare* plays with cultural notions of neoliberal self-care while also pointing to self-care's political roots of survival and community. It aims to make people ›feel better‹ while not demanding positivity from its players. On its own, *#SelfCare* will not cure anyone – but it can contribute to creating a culture more invested in creating livable affective experiences. Both self-care and *#SelfCare* are Band-Aids of sorts until collective society is set up in a way to take care of marginalized and debilitated lives.

Ludography

#SELFCARE (self-published, 2018, TRU LUV)
DEPRESSION QUEST (self-published, 2013, Zoe Quinn)
SUPERBETTER (self-published, 2014, Jane McGonigal)

References

Ahmed, Sara. 2010. *The Promise of Happiness*. Durham: Duke University Press. doi: 10.1215/9780822392781

Berlant, Lauren. 2010. *Cruel Optimism*. Durham: Duke University Press. doi: 10.1215/9780822394716

Butler, Judith. 2010. *Bodies That Matter: On the Discursive Limits of ›Sex.‹* New York: Routledge. doi: 10.4324/9780203828274

Centers for Disease Control and Prevention. 2018. »CDC: 1 in 4 US Adults Live with a Disability.« Accessed August 16, 2018. https://www.cdc.gov/media/releases/2018/p0816-disability.html

Code, Brie. n.d. ›About: How Do You Feel?‹ TRU LUV. Accessed December 10, 2018. http://truluv.ai/about-tru-luv/

Code, Brie. 2017. »Slouching Towards Relevant Video Games.« *Gameindustry. biz*. March 2017. Accessed April 1, 2019. https://www.gamesindustry.biz/articles/2017-03-08-slouching-toward-relevant-video-games

Cvetkovich, Ann. 2012. *Depression: A Public Feeling*. Durham: Duke University Press. doi: 10.1215/9780822391852

Cvetkovich, Ann. 2007. »Public Feelings.« *South Atlantic Quarterly* 106 (3), 459-468. doi: 10.1215/00382876-2007-004

Gumbs, Alexis Pauline. 2012. ›The Shape of My Impact.‹ *The Feminist Wire* (blog). October 29, 2012. Accessed April 1, 2019. https://thefeministwire.com/2012/10/the-shape-of-my-impact/

Haraway, Donna. 2007. *The Companion Species Manifesto: Dogs, People, and Significant Otherness*. Chicago: Prickly Paradigm Press.

Haraway, Donna. 2010. »Training in the Contact Zone: Power, Play, and Invention in the Sport of Agility.« *Tactical Biopolitics: Art, Activism, and Technoscience*, ed. Beatriz Da Costa and Kavita Philip. Cambridge: MIT Press.

Isbister, Katherine. 2017. *How Games Move Us: Emotion by Design*. Cambridge: MIT Press. doi: 10.7551/mitpress/9267.001.0001

Lorde, Audre. 1988. *A Burst of Light: Essays*. Ithaca: Firebrand Books.

Macklin, Colleen. 2013. *Gaming the System*. Excerpt from MA thesis, The New School.

McGonigal, Jane. 2011. *Reality Is Broken: Why Games Make Us Better and How They Can Change the World*. London: Penguin Press.

Puar, Jasbir K. 2013. »The Cost of Getting Better: Ability and Debility.« *The Disability Reader, Fourth Edition*. New York and London: Routledge.

Puar, Jasbir K. 2017. *The Right to Maim: Debility, Capacity, Disability*. Durham: Duke University Press. doi: 10.1215/9780822372530

TRU LUV. 2018. »#SelfCare Press Kit.« Accessed December 10, 2018. http://truluv.ai/selfcare-press-kit/

Wilson, Elizabeth A. 2015. »Gut Feminism.« *Next Wave: New Directions in Women's Studies*. Durham: Duke University Press, 2015. doi: 10.1215/9780822375203

List of Figures

Games for Health - Spiele der Biopolitik

Simon Ledder

Abstract: This article discusses the phenomenon of Games for Health from a perspective of biopolitical theory. Games for Health is an emerging type of digital game which has ›health‹ as its topic. This includes very different aspects, like playing while exercising, playing while learning theoretical knowledge about a healthy lifestyle, playing as a part of rehabilitative therapy, and playing while training to be a medical practitioner. While Games for Health are quite diverse, they share some features which can be analyzed more precisely with theories of biopolitics. In this article topics like disciplining, normalization, self-surveillance, immaterial labor, and the constitution of bio-citizens in relation to Games for Health are discussed.

Keywords: Games for Health; Biopolitics; Bio-Citizen; Normalization; Self-Surveillance

Schlagworte: Games for Health; Biopolitik; Bio-Staatsbürgerschaft; Normalismus; Selbst-Überwachung

1. Einleitung

Zum ersten Mal in der Geschichte reflektiert sich das Biologische im Ludischen. So ließen sich, eng an Foucault[1] angelehnt, vermutlich die Konzepte von Friedrich Ludwig Jahn (1778-1852) beschreiben, bei dem das Spiel – lat.: ›ludus‹ – einen

1 »Zum ersten Mal in der Geschichte reflektiert sich das Biologische im Politischen« (Foucault 1983, 138). Foucault macht im 18. Jahrhundert eine Zäsur im Verständnis von Politik aus, da hier ›Leben‹ als bearbeitbares Phänomen selbst zum dezidierten Bestandteil von Politik wird. Dies bedeutet nicht, dass nicht auch schon in der Antike Fragen von Leben und Tod relevant wären – nicht zuletzt beruht Agambens (2002) Verständnis von Biopolitik als Konstante von der Antike bis zum NS-Regime auf einer solchen Argumentation. Während aber Agamben nur die binäre Unterscheidung zwischen dem nackten Leben (*zoé*) und der politischen Existenz (*bíos*) als Konsequenz einer souveränen Macht erkennt, zeichnet Foucault gerade die differenzierten Zugriffe auf das Leben durch dezentralisierte Machtverhältnisse nach, die zu einem Wandel des Politischen in dessen Kern führen (Lemke 2008b). Die in diesem Artikel im ersten Satz formulierte Hypothese

neuen Stellenwert erlangte. Der als ›Turnvater Jahn‹ bekannt gewordene Pädagoge konzipierte seine Leibesertüchtigungen zu Beginn des 19. Jahrhunderts dezidiert als Formen des Ausprobierens und freien Spielens, auch unter Zunahme von diversen Turngeräten, im Unterschied zu den Disziplinartechniken des preußischen Militärs. Nationalistisch imaginierte Jahn ein organizistisch gedachtes *Deutsches Volksthum* (Jahn 1810), in dem sich die »Bürger« als »Glieder des Vaterlandes« (ebd., 168) fühlen sollten. Ihrer Aufgabe, eben dieses Vaterland zu verteidigen, würden sie am ehesten nachkommen können, wenn sie durch verschiedene Techniken angereizt würden, selbst ihre Kraft und Gesundheit zu stärken und zu intensivieren (Hollerbach 2006).

Im vorliegenden Artikel werden jedoch nicht die Spiele zu Beginn des 19., sondern die zu Beginn des 21. Jahrhunderts Thema sein. Die in diesem Artikel relevanten Spiele haben einen deutlichen Unterschied zu jenen von Jahn: Sie sind digital.

Digitale Spiele sind weltweit verbreitet und werden von Menschen verschiedenen Alters und Geschlechts gespielt. Zugleich werden digitale Spiele in der Öffentlichkeit nicht mehr so kontrovers diskutiert wie noch vor zehn Jahren. Die Entwicklung und öffentlich sichtbare Verbreitung von Serious Games, und hier besonders Games for Health, hat möglicherweise zu diesem Wandel beigetragen.

›Games for Health‹ wird als Bezeichnung für diejenigen Spiele verwendet, die auf die eine oder andere Art mit Gesundheit zu tun haben. Dazu zählen Spiele, die Informationen zu Themen von Gesundheit und Krankheit vermitteln, Spiele, die das gesundheitsbezogene Verhalten von Spieler_Innen[2] verändern sollen, Spiele, die der medizinischen Ausbildung dienen,[3] sowie Spiele, die als dezidierte Rehabilitationsmaßnahmen für spezifische Beeinträchtigungen entwickelt werden.

Zunächst wird die Entwicklung und Verbreitung von Games for Health beschrieben. Da sich hierbei eine Nähe zu Techniken der Biomacht andeutet, wird diese theoretische Grundlage knapp umrissen. Im Anschluss werden die Aspekte von Disziplinierung, Normalisierung und Selbst-Überwachung umrissen, ehe

---

ist, dass sich dies auch im Verständnis des Ludischen ausdrückt. Während Jahns Bezugnahme auf seine zeitgenössische Konstruktion griechischer Ideale ebenso ausgearbeitet wurde (Saure 2009) wie der biopolitische Gehalt der modernen Olympischen Spiele seit 1896 (Alkemeyer 2012), bleibt ein Vergleich zwischen Übungen sowie modernen Spielen und den antiken Olympischen Spielen hinsichtlich ihrer biopolitischen Aspekte bisher ein Forschungsdesiderat – und wird in diesem Artikel auch nicht weiter vertieft.

2 Zur Schreibweise: Im vorliegenden Artikel wird die Schreibweise »Spieler_In« verwendet, um eine Person irgendeines Geschlechts zu bezeichnen, die ein Spiel spielt. Sollte innerhalb eines Spiels eine Figur vorkommen, die ein ›männliches‹ oder ein ›weibliches‹ Geschlecht haben kann, wie etwa die trainierende Figur bei *Wii Fit*, wird die Schreibweise »TrainerIn« verwendet.

3 Indem etwa Chirurg_Innen in Ausbildung eine Lungenoperation simulieren können (Baranowski et al. 2016).

eine Auseinandersetzung mit dem Begriff der ›biologischen Staatsbürgerschaft‹ erfolgt. Die mit dieser Staatsbürgerschaft einhergehenden Subjektivierungsformen werden ebenfalls von Games for Health ausgeführt. Daran schließen sich spezifische Allianzbildungen an, in denen sich neue Ausbeutungsverhältnisse zwischen Unternehmen und Nutzer_Innen anbahnen.

2. Eine Annäherung an Games for Health

Der Begriff der Games for Health ist zunächst einmal aus einer Marketing-Perspektive sehr geschickt: In einer Gesellschaft, in der ›Gesundheit‹ mit einer scheinbar selbstverständlichen Positivität aufgeladen ist, werden Spiele, die ›für Gesundheit‹ sind, Teil dieser Positivität.[4] Die Definition von Games for Health kann entsprechend recht simpel lauten: »›games and game technologies [intended] to improve health and health care‹« (Games For Health Project (n.d.), zit.n. Lu/Kharrazi 2018, 2).

Eine weit ausführlichere Definition liefert die derzeit wichtigste Fachzeitschrift in diesem Feld, das *Games for Health Journal*, in einer Selbstbeschreibung:

> The Journal explores the development, applications, use and results of fixed and portable games and game-related devices and activities to directly or indirectly improve physical and mental health and well-being. Examples include simulation and training of health providers for new therapies; games and related devices to improve physical fitness, reduce obesity and overcome injuries; and behavior modification training for loved ones suffering from battlefield post-traumatic stress disorder. (Games for Health 2018a)

Mit dem Begriff sind folglich Spiele, spiel-ähnliche Produkte und Simulationen bezeichnet, die im Feld der Gesundheit verortet werden. So eine Beschreibung reicht von einem kindergerechten Quiz zur angemessenen Ernährung bis hin zum Trainingsprogramm für chirurgisches Personal; zugleich wird hierüber neu verhandelt, was zum Feld der Gesundheit gehört und was nicht.

Die Vagheit des Begriffs erschwert es, Zahlen zur Existenz oder Verbreitung anzugeben. Die umfassendste Analyse liefern bisher vermutlich Lu/Kharrazi (2018) und ihr Team. Lu/Kharazzi haben alle Spiele aufgenommen, die zwischen 2013 und 2016 in neun internationalen Datenbanken für Games for Health gelistet

4 Dieser Artikel wird sich nicht mit der Frage auseinandersetzen, ob Spiele, die einen dezidierten Zweck verfolgen, noch Spiele in einem empathischen Sinne sind.

wurden.[5] Dabei haben sie insgesamt 1.734 Games for Health identifiziert, die zwischen 1983 und 2016 veröffentlicht wurden. Sie stellen einen zunächst kleinschrittigen Zuwachs an Games for Health von 1983 bis 1998 fest, dann einen plötzlichen Anstieg im Jahre 1999: In diesem Jahr wurden 256 Games for Health publiziert. In den Jahren direkt im Anschluss stark schwankend (2001: 24 Neuerscheinungen; 2004: 228 Neuerscheinungen), zeichnen sich die Jahre 2007 bis 2013 dadurch aus, dass jedes Jahr zwischen 90 und 140 Spiele erschienen sind (ebd., 5-6). Ab 2014 stellen Lu/Kharazzi einen Rückgang der veröffentlichten Spiele fest: von 43 Neuerscheinungen in 2014 über zwölf in 2015 hin zu fünf neuen Spielen in 2016. Die 1.734 Spiele sollten zum Zwecke einer systematischen Inhaltsanalyse gespielt werden; dabei wurden 1.303 als funktionierende Spiele identifiziert.[6]

Die Mehrheit (79,2%) der 1.303 von ihnen analysierten Games for Health sind kostenlos. Die Hälfte dieser 1.303 Spiele wurden durch Forschungsmittel gefördert, wobei diese Mittel entweder vom Staat, von Non-Profit- oder von Profit-Forschungseinrichtungen stammten. Zudem sind die meisten der untersuchten Spiele auf mehreren Plattformen verfügbar; 72% sogar als Web-basierte Browser-Spiele. Nur 5,1% der Spiele setzen intensive physische Aktivität[7] seitens der Spieler_In voraus. Den größten Platz (43,5%) nehmen Puzzle-Spiele ein, danach folgen mit einigem Abstand »Simple/casual interactive apps« (17,8%) und Simulationsspiele (12,6%) (ebd., 5-11).

Nicht nur die Genres, auch die behandelten Themen sind sehr divers. Mit größtem Abstand sei kognitives Training das Ziel (37,4% der untersuchten Spiele), etwa Steigerung des Erinnerungsvermögens. Danach folgten Spiele, deren Inhalte nur indirekt in den Themenbereich ›Gesundheit‹ involviert wären, wie z.B. Müll-Management oder Luftqualitäts-Messung (13,3%). Spiele und Programme, die medi-

---

5 Diese neun Datenbanken sind *BrainPOP, Health Games Research by Robert Wood Johnson Foundation, Serious Game Classification, Games with Purpose, Games for Change-Health, Playful Learning-Health, Science Game Center, Serious Games Directory-Health Care/Medical* und *Games & Simulation for Healthcare*. Nach Einschätzung von Lu und Kharrazi wurden diese Datenbanken von qualifizierten Forschenden im Bereich Games for Health gepflegt (2018, 2-3).

6 Lu und Kharrazi (2018, 13) betonen die eigenen Grenzen der Auswahl: Erstens seien die verwendeten Datenbanken US- und europazentrisch; zweitens würden auch Spiele zum Zwecke der Gesundheitsförderung verwendet, die gar nicht als solche entwickelt wurden und daher nicht in den Datenbaken auftauchen. Beides führe dazu, dass die genannte Zahl von 1.303 funktionierenden Games for Health nur das anzunehmende Minimum der faktischen Verbreitung ist. Die Datenerhebung von Lu und Kharazzi endet zudem 2016. Seitdem wurden weitere Spiele veröffentlicht. Überdies bedarf die Aufnahme eines Spiels in eine Datenbank Arbeit und findet nur zeitverzögert statt. Es ist anzunehmen, dass die Zahl der derzeit verfügbaren Games for Health erheblich höher liegt.

7 An dieser Stelle sollte angemerkt werden, dass die Beurteilung, ab wann eine physische Aktivität intensiv sei, individuell sehr unterschiedlich wahrgenommen wird. Lu und Kharrazi (2018) nennen kein Kriterium, an dem diese Einteilung festgemacht wurde.

zinische Versorgung thematisieren und als Zielgruppe medizinisches Personal haben, sind fast genauso häufig (10%) zu finden wie Spiele, die als Gesundheitsbildung verstanden werden und die allgemeine Öffentlichkeit adressieren (9,9%). Schließlich finden sich noch vereinzelt Spiele mit ganz spezifischen Themen wie Akne, Meningitis, Gelbfieber etc. (ebd., 6-7).

Auch wenn die meisten der von Lu und Kharrazi untersuchten Spiele kostenlos sind, variiert der Preis zwischen den übrigen 304 Spielen immens. Laut Lu und Kharrazi (ebd., 5-7) werden Spiele für Patient_Innen mit spezifischen Gesundheitsanliegen zu durchschnittlich 27,41 US-Dollar, für die allgemeine Öffentlichkeit zu durchschnittlich 37,83 US-Dollar und für medizinisches Personal zu durchschnittlich 3235,53 US-Dollar verkauft. Daher lässt sich Tolks et al. (2018) zustimmen, die Games for Health als Wachstumsmarkt betrachten: Während der Games-Markt in Deutschland ›nur‹ ein Finanzvolumen von 3 Mrd. Euro umfasst, weist der Gesundheitsbereich 70 Mrd. Euro auf (ebd., 276f.). Aus diesen Gründen sind Spiele für medizinisches Personal aus einer Produktionsperspektive sehr interessant.[8]

Als ein Spezialfall der Games for Health lässt sich *Wii Fit* einordnen. *Wii Fit* und seine Fortsetzungen wurden von aufwendigen Werbekampagnen begleitet, in denen gezielt Frauen und ältere Menschen als Zielgruppe anvisiert wurden. Wie Millington (2016) ausführt, ist z.B. die 60-jährige Schauspielerin Hellen Mirren in einem Werbespot für *Wii Fit Plus* aufgetreten. In späteren Werbespots spielen das Ex-Tennis-Profi-Paar Steffi Graf und Andre Agassi, beide etwas über 40 Jahre alt, zusammen mit ihren Kindern *Wii Fit U*, *Wii Party U* (NDCube 2013) und *Wii Karaoke U* (Joysound 2013). In diesen Werbespots werden Benutzerfreundlichkeit, Spaß und vor allem die Vorteile hinsichtlich Gesundheit und Fitness angepriesen.

Mit ihrer Thematisierung von Gesundheit und Fitness, der aktiven Einbeziehung von 40- und 60-jährigen Personen in Werbespots und der Inszenierung von gemeinsamer Familienunterhaltung im Wohnzimmer werden *Wii Fit* und dessen Nachfolger damit als Unterhaltungsprodukt vermarktet, das sich nicht an das Stereotyp des männlichen jugendlichen Spielers richtet. Stattdessen wird eine breite Bevölkerungsschicht als Zielgruppe angesprochen.

Da Games for Health so divers sind, ist es nicht einfach, allgemeingültige Aussagen über sie zu treffen. Generell lässt sich formulieren, dass in Games for Health Aspekte von Gesundheit und Krankheit thematisiert werden; körperbezogene Phänomene und intendierte Verhaltensveränderungen, häufig mit den Zielen von Prävention und Anreizen zur Selbstregulierung, zum Inhalt haben; all dies gerahmt durch Spiele, die ihrer medialen Form nach von den Spieler_Innen

8 Allerdings ist momentan die Abrechnung digitaler Spiele mit Krankenkassen noch ein Problem. Siehe bezüglich eben dieser Problematik den Beitrag von Martin Thiele-Schwez und Anne Sauer in diesem Band.

ein bestimmtes Verhalten erwarten und davon abweichendes Verhalten negativ sanktionieren. Die durch Foucault inspirierte Leser_In könnte in Games for Health daher Manifestationen einer Biomacht argwöhnen.

3. Zu den Begriffen der Biomacht und der Biopolitik

›Biomacht‹ ist ein Begriff, der vor allem von Michel Foucault popularisiert wurde. Foucault beschreibt damit einen Machttyp, der sich im Zuge des 18. Jahrhunderts herausbildet und nicht zuletzt neue Subjektivierungen zur Folge hat. Foucaults diverse Analytiken der Macht zielen darauf, die Dynamik verschiedener Kräfteverhältnisse in der Gesellschaft genauer zu fassen. Zentral für das vorliegende Kapitel sind Foucaults Unterscheidungen von Disziplinar- und Biomacht, die jeweils mit verschiedenen Techniken arbeiten.

In der Entwicklung der Institutionen wie Schule, Fabrik, Armee, Gefängnis und psychiatrischer Anstalt werden im 16. und 17. Jahrhundert die jeweils auszuführenden Tätigkeiten im kleinsten Detail von den Schüler_Innen, Arbeiter_Innen, Soldat_Innen und Insass_Innen eingeübt. Sie werden physisch wie psychisch darin gedrillt, von außen gesetzte, minutiös aufgeschlüsselte Normen in ihren alltäglichen Handlungen umzusetzen. Mit dem Begriff der Disziplinarmacht fasst Foucault diese Kräfteverhältnisse, in denen vermittels der »gelehrigen Körper« (Foucault 1977, 173) normierte Subjekte hervorgebracht werden sollen.

Während damit die Disziplinierung der Individuen im Vordergrund steht, tritt im 18. Jahrhundert die Regulierung der Gesamtbevölkerung in ihrem Wachstum, ihrer Gesundheit und ihren Kapazitäten, kurz: »die sorgfältige Verwaltung der Körper und die rechnerische Planung des Lebens« (Foucault 1983 [1976], 135) hinzu. Die hier sich entwickelnde Biomacht äußert sich in den konkreten Techniken der Biopolitik (Gehring 2014, 231): auf der »biopolitischen Mikroebene« die »Politik der Beeinflussung des individuellen Körpers und des ›reproduktiven Verhaltens‹«, auf der »biopolitischen Makroebene« die »Verwaltung von Bevölkerungen« (Schultz 2012, 110). Entgegen der Orientierung der Individuen an einer präzisen Norm wird nun eine größere Spannbreite einer Normalität zum Ausgangspunkt gemacht, um die Bevölkerung insgesamt zu regulieren. Anstelle einer im Gesetz installierten Norm, die mit harten Grenzziehungen zwischen Erlaubtem und Verbotenem arbeitet, wird die Normalität nun anhand des empirisch Gemessenen konstruiert. Die Durchsetzung eines »Normalismus« als »diskursiv-operatives Netz« (Link 2009, 50) stützt sich auf die Bevölkerungsstatistik, die im 18. Jahrhundert entwickelt wird. Die durch sie quantifizierbar und damit vergleichbar gemachten Eigenschaften ermöglichen die Etablierung einer »Zone der Anormalität« bzw. »der Normalität« (ebd., 46), die mit mehr oder weniger starren Grenzen voneinander getrennt werden. Die Mechanismen der Biomacht setzen dabei auf eine »Selbst-Normalisierung« (ebd., 389) der Subjekte: Anstelle der Disziplinierung von außen wird das Individuum angeleitet, sich ›selbstbestimmt‹ so zu verhalten, dass es in der Zone der Normalität angesiedelt werden kann.

Link unterscheidet dabei idealtypisch zwei normalistische Strategien: »Protonormalismus« und »Flexibilitätsnormalismus« (ebd., 55). Während sich der Protonormalismus dadurch auszeichnet, dass die Grenze zwischen ›normal‹ und ›anormal‹ bereits vor der Messung aus tradierten Normen abgeleitet wird, wird die Grenzziehung bei flexibelnormalistischen Strategien erst anhand der faktischen Verteilung eines gemessenen Phänomens berechnet. Wie die Grenzwerte zwischen Normalität und Anormalität gezogen werden, lässt sich nicht mathematisch begründen; dafür werden »semantisch-symbolische Zusatz-Marken (Stigmata)« (ebd., 355) zur Legitimation der Grenzziehung notwendig.[9]

Die Unterscheidung zwischen Normalität und Anormalität wird seit dem 18. Jahrhundert durch verschiedene Disziplinen geleistet, nicht zuletzt durch die Medizin. Seitdem im 18. Jahrhundert die Medizin sich »anstelle einer individuellen Praxis in eine soziale Praxis verwandelte« (Foucault 2003a, 68), wird die Gesellschaft selbst »als eine medizinisch-therapeutische Realität [konstituiert]« (Laufenberg 2016, 121). Medizinische Beobachtungen konstruieren Wissen und leiten Interventionen an, die nicht länger auf die individuelle Nachfrage einer kranken Person beschränkt sind. Bereits im 18. und 19. Jahrhundert zeigt sich dies in der Bekämpfung von Pest, Cholera und Tuberkulose unter der Ägide medizinischen Handelns: »von der polizeilichen Durchsetzung der Hygiene über die Parzellierung und Überwachung des Raums bis hin zur pädagogischen und moralischen Führung der individuellen Körper und Verhaltensweisen« (ebd., 119). Schon Foucault beschreibt, dass das »Phänomen der endlosen Medizinisierung« (2003b, 62) seit der Entwicklung des Systems der Medizin beobachtbar ist. Eine Medizinisierung des Ludischen – aber auch eine Ludifizierung des Medizinischen –, wie sie derzeit in Games for Health praktiziert wird, sollte folglich nicht verwundern.

9 Allerdings führt auch eine stärkere Flexibilisierung dieser Grenzen nicht zu ihrer vollständigen Auflösung. Link betont dies am Beispiel des Phänomens Behinderung, das sich durch einen immer stärker flexibilisierten Normalismus (Waldschmidt 2003) auszeichnet: »Wo der normalistische Blick aber ›Schweregrade‹ sieht, da ordnet er die Individuen nach diesen Graden linear über- und untereinander an. In einem solchen linearen *Ranking* (Rangordnung) sind logischerweise die einen eher zu integrieren als die anderen und beißen schließlich die Letzten die berühmten Hunde« (Link 2004, 136).

4. Disziplinierung und Normalisierung

Die untersuchten Games for Health tendieren dazu, Gesundheit mit Mechanismen der Disziplinierung und Normalisierung zu koppeln. Nun zeichnen sich digitale Spiele im Allgemeinen dadurch aus, dass sie bestimmtes Handeln einfordern und positiv belohnen. Wie Rolf F. Nohr (2014) betont, bedeutet Spielen ein beständiges Handeln, das sich an den Gegebenheiten ausrichten muss; und bei jedem Scheitern muss das spielende Subjekte gemäß den Siegbedingungen besser handeln, um voranzukommen. Nur durch diese stetige »Selbstoptimierung« (ebd.) im Spielen kann die Spieler_In ein Spiel überhaupt gewinnen. Im Anschluss lassen sich, mit Verweis auf Link, Tendenzen zur Disziplinierung und zur Normalisierung voneinander unterscheiden. Dazu werden im Folgenden die Games for Health *HemoHeroes* (o.A. 2017) und *Wii Fit* einer genaueren Betrachtung unterzogen.

HemoHeroes

HemoHeroes wurde 2017 vom Pharma-Unternehmen Pfizer veröffentlicht und thematisiert Hämophilie.[10] Seit den 1990er Jahren ist es zumindest in Deutschland üblich, dass Personen mit Hämophilie prophylaktisch ein Faktorkonzentrat verwenden, das ihren Mangel am Gerinnungsfaktor substituieren soll. Dieses Faktorkonzentrat wird in der kostenlosen Smartphone-App *HemoHeroes* zum dominierenden, spielstrukturierenden Objekt. Die Spieler_In muss sich um die Hauptfigur des Spiels, einen hämophilen Jungen, kümmern, dessen Name frei gewählt werden kann – im Beispiel trägt dieser Avatar den Namen »Biobürger«.

HemoHeroes besteht aus zwei Ebenen: Auf der ersten Ebene wird der Avatar in einer zweidimensionalen Ansicht in verschiedenen Räumen wie Küche, Spielzimmer, Bad etc. gezeigt, in der die Spieler_In ihm Befehle wie ›essen,‹ ›malen‹ und ›duschen‹ geben kann. Durch diese Aktionen erhöhen sich die Ausprägungen seiner Werte »Essen«, »Spaß« und »Gesundheit«. Zudem muss der Wert des Avatars für »Energie« berücksichtigt werden; dies ist ein spezifischer Wert, der mit seiner Hämophilie in Verbindung gebracht wird. Um die Energie zu erhöhen, muss eine Spritze »Prophy-Energie« gekauft werden, die vermutlich ein prophylaktisch einzunehmendes Faktorkonzentrat repräsentiert. Diese Spritze ist in einem »Shop« ebenso erhältlich wie die verschiedenen Nahrungsmittel und Seifen. Das Kaufen

10 Hämophilie ist auch als ›Bluterkrankheit‹ bekannt und bezeichnet einen Mangel an einem – je nach Art der Hämophilie unterschiedlichen – Gerinnungsfaktor des Blutes. Dies bedeutet, dass bei schweren Verletzungen die Gefahr besteht, dass die hämophile Person verblutet, wenn sie nicht schnell mit Blutgerinnungsmitteln behandelt wird. Dem wird durch die intravenöse Einnahme von Faktorkonzentraten in Selbstbehandlung vorgebeugt.

gelingt durch Münzen, die im Spiel verdient werden – entweder durch den Sport, der auf dieser Ebene angeboten wird und in der die Spieler_In kaum handelt, oder durch die Mini-Spiele, welche die zweite Ebene des Spiels ausmachen. *HemoHeroes* enthält acht Mini-Spiele wie »Fußball« oder »Der Taucher«. Im Unterschied zu *Wii Fit* können diese Mini-Spiele häufig mit der Berührung eines Fingers gespielt werden und erfordern nicht den Einsatz des ganzen Körpers.

Nach Absolvieren eines Mini-Spiels liefert eine kleine Figur evaluative Aussagen wie »Hervorragend« oder ein »Glaubst du, dass du es beim nächsten Mal noch besser schaffst?« Damit wird die Spieler_In explizit gelobt bzw. herausgefordert. Ziel hier ist die Motivation zum Weiterspielen. Das Weiterspielen ist jedoch – im Gegensatz zu den übrigen Statuswerten – an den »Energie«-Wert gebunden. Um also beispielsweise das Mini-Spiel »Fußball« mehr als zweimal zu spielen, muss die Spieler_In zunächst auf die erste Ebene wechseln, im Shop Prophy-Energie kaufen, und kann dann wieder das Mini-Spiel »Fußball« starten. Das Mini-Spiel beginnt mit dem Anlegen der Sicherheitskleidung und ermöglicht erst danach das Bällehalten. Auch wenn das Anlegen der Sicherheitskleidung als disziplinierende Routine wahrgenommen werden kann, ist die mit Abstand häufigste Anzeige »Biobürger ist müde. Du musst Prophy-Energie aus dem Shop kaufen«; und die häufigste Handlung ist das Kaufen von Prophy-Energie. Dabei kann für den Avatar beständig Prophy-Energie gekauft werden, solange die Spieler_In weiterhin Spiele absolviert und dabei Münzen gewinnt. Das Nicht-Befolgen des Aufrufs hat zur Folge, dass nicht weitergespielt werden kann. Dies ist neben den evaluativen Äußerungen die einzige Sanktionsform, die *HemoHeroes* offensteht.

Nur unter der Bedingung des Erwerbs von Prophy-Energie ist überhaupt ein Spielen der Mini-Spiele möglich. Mit Gilles Deleuze (1993, 255) ließe sich hier eine Verschiebung von den »Disziplinargesellschaften« zu »Kontrollgesellschaften« vermuten, da nicht die Ausrichtung an einer Norm im Fokus steht, sondern vielmehr über den Erwerb von Prophy-Energie der Zugang zum Spielen selbst reguliert wird. Vermutlich ließe sich dieser Umstand jedoch dahingehend präzisieren, dass das spielende Subjekt diszipliniert werden soll, für jede der geplanten Aktivitäten – in *HemoHeroes* ebenso wie in der »wirklichen Welt« (Zitat *HemoHeroes*) – auf die Versorgung mit ausreichend Faktorkonzentrat zu achten. Dies wäre eine Form der Disziplinierung, die für *HemoHeroes*-Publisher und Faktorkonzentrat-Hersteller Pfizer eher von Interesse ist. Im Unterschied zu den Foucault'schen und Link'schen Konzepten einer minutiös präzisierten Norm bleibt die zu erreichende Norm des Energiewerts jedoch sehr unbestimmt.

Wii Fit

Wii Fit gestaltet sich weitaus aufwendiger als *HemoHeroes*. Die 2006 bis 2013 produzierte Spielekonsole Nintendo Wii zeichnet sich dadurch aus, dass sie von der Spieler_In erwartet, den eigenen Körper zur Steuerung einzusetzen – und nicht nur die Finger zum Knöpfedrücken. *Wii Fit* als ein Spiel für die Plattform Wii stellt eine Vielfalt verschiedener bewegungsbetonter Mini-Spiele zur Verfügung. Diese werden untergliedert in die Bereiche »Yoga«, »Muskelübungen«, »Aerobic« und »Balancespiele« und sind so divers wie »Ski-Slalom«, »Hula-Hoop« und verschiedene Yoga-Positionen. Durch das Absolvieren verschiedener Übungen, unter Einsatz des eigenen Körpers und durch die Akkumulation geleisteter Zeiten werden weitere Übungen verfügbar gemacht.

Zugleich bietet *Wii Fit* die Möglichkeit, spezifische körperliche Eigenschaften der jeweiligen Nutzer_In zu erfassen: So berechnet *Wii Fit* den Body Mass Index (BMI) und das »Wii Fit-Alter« der Spieler_In. Der BMI ist eine Maßzahl, die sich aus dem Quotienten von Körpergewicht und Körpergröße zum Quadrat ergibt. In Bezug auf Alter und binär konstruiertem Geschlecht bietet der BMI eine Einteilung in eine von vier Kategorien: »Untergewicht«, »Idealgewicht«, »Übergewicht« und »Adipositas« bzw. »Fettleibigkeit« (WHO (n.d.1): BMI). *Wii Fit* ordnet die Nutzer_In in Abhängigkeit von angegebenem Geschlecht, Geburtsjahr und der Gewichtsmessung durch das mitgelieferte »Balance Board« eine dieser vier Kategorien zu. Das *Wii Fit*-Alter hingegen berechnet sich durch eine Kombination aus dem BMI und einem Balance-Test auf dem Balance Board. Je nach Ausprägung des BMI und des Balance-Tests wird das *Wii Fit*-Alter deutlich über oder unter jenem Alter angegeben, das die meisten Personen als ihr ›richtiges‹ Alter verstehen (Öhman et al. 2013, 203).

Jede Spieler_In wählt mit der Erstellung eines Accounts für die Nintendo Wii einen Avatar (»Mii«), der der Spieler_In bei diversen Wii-Spielen fortan als Profilbild dient. Ein Mii ist eine cartoonhafte Darstellung eines Menschen, in der diverse Eigenschaften wie Haarfarbe, Gesicht und Kopf durch die Nutzer_In verändert werden können. Auch *Wii Fit* verwendet diesen Avatar, passt die Figur aber den gemessenen körperlichen Werten der Nutzer_In an. Sollte der BMI einer Nutzer_In als »fettleibig« gemessen werden, wird der Mii entsprechend verbreitert. Durch Trainieren und Verringern des BMI kann die als »fettleibig« kategorisierte Nutzer_In auch den Umfang des Mii reduzieren.

Wii Fit lässt sich damit als eine Technik der Disziplinarmacht beschreiben, die Subjekte »dressiert und korrigiert« (Foucault 1977, 41). Die Disziplinarmacht, so Foucault, arbeitet mit dem »Einsatz einfacher Instrumente: des hierarchischen Blicks, der normierenden Sanktion und ihrer Kombination im Verfahren der Prüfung« (ebd., 220). Wie Millington (2014, 496ff.) herausstellt, werden Techniken der Disziplinierung in *Wii Fit* durch den vom Spiel so bezeichneten »virtuellen

Trainer« bzw. die »virtuelle Trainerin« angewandt. Diese Figur, die als ›männlich‹ oder ›weiblich‹ ausgewählt werden kann und mit einem gut trainierten Körper präsentiert wird, macht die Übungen vor und animiert die Nutzer_In zum Mitmachen des Trainings. Wenn die Nutzer_In bei einer Yoga-Übung den richtigen Input liefert, kommentiert die virtuelle Trainerin: »Du machst das klasse, weiter so!«[11] Das »weiter so« ist eine relevante Äußerung, die sich auch in anderer Form findet.[12] *Wii Fit* fordert auf diese Weise ein konstantes Arbeiten an sich selbst ein.

Foucaults Beschreibung der Disziplinarmacht zielt darauf, herauszustellen, durch welche geistigen und körperlichen Techniken Subjekte normiert werden. Während im Klassenraum die Lehrkraft durch Bewerten, Anleiten und Urteilen diszipliniert, ist bei *Wii Fit* die virtuelle Trainer_In diese Instanz. Allerdings stehen *Wii Fit* außer Äußerungen keine Möglichkeiten der Sanktion offen – dies obliegt der Nutzer_In selbst. Dieser Mangel an Sanktionierungsoptionen ist ein Unterschied zu den klassischen Disziplinartechniken. Stattdessen animiert *Wii Fit* die Nutzer_In dazu, sich selbst zu disziplinieren. Die Entscheidung, überhaupt *Wii Fit* zu nutzen, und auch weiterhin zu nutzen, fällt der Nutzer_In zu. Zugrunde liegt hier weniger die geradezu erzwungene Ausrichtung an einer Norm, sondern die »Anrufung« (Althusser 1977, 142) zur selbstständigen Verortung in einem Bereich der Normalität. Diese Normalität wird in *Wii Fit* durch den BMI konstituiert.

Im BMI sind spezifische Annahmen darüber eingegangen, was einen ›normalen‹ Körper ausmacht, zugleich werden andere Varianten von Körpern als ›anormal‹ definiert. Die Grundlage ist der Quotient aus Körpergewicht und Körpergröße zum Quadrat; eine Berechnung, die zunächst Adolphe Quételet in dem nach ihm benannten Quételet-Index popularisierte.[13] Seit den 1990er Jahren verwen-

---

11 *Wii Fit* ist dabei auf den Input angewiesen, den die Hardware liefert. Dieser Input lässt sich durch die Nutzer_In teilweise auch durch weitaus weniger anstrengende Bewegungen als die vorgegebenen erreichen.

12 Andere Beispiele sind die Äußerungen »Am meisten erreichst du, wenn du jeden Tag übst.« oder »Dein Körper ist ein wenig steif, aber du kannst deine Beweglichkeit durch tägliches Yoga allmählich erhöhen!«, die im Anschluss an eine absolvierte Übung eingeblendet werden.

13 Hinsichtlich Links idealtypischer Unterscheidung von Proto- und flexiblem Normalismus ist die Konzeption des BMI schwammig. Quételet gab vor, den Index anhand empirisch erhobener Daten zu berechnen; faktisch jedoch bedurfte es »krasser Manipulation« (Link 2009, 195), damit die Daten einer statistischen Normalverteilung entsprachen. In Quételets Arbeit werden aufgrund zuvor festgelegter Werte Grenzen zwischen ›normalen‹ und ›anormalen‹ Bereichen gezogen. Diese protonormalistische Herangehensweise wird bis heute verfolgt, auch in den Schriften der WHO. So formuliert die WHO in ihrem Global Health Observatory Data ebenfalls Angaben, die sich nicht aus der empirisch gemessenen Verteilung, sondern aus spezifischen Gesundheitskonzepten ableiten: »To achieve optimum health, the median body mass index for an adult population should be in the range of 21 to 23 kg/m2, while the goal for individuals should be to maintain body mass index in the range 18.5 to 24.9 kg/m2« (WHO (n.d.2): Mean Body Mass

det auch die WHO diese Formel, die seit Keys et al. (1972) als »Body Mass Index« (BMI) bezeichnet wird. Die Berechnung eines Quotienten aus Körpergewicht und -größe zur Kategorisierung von Körpern ist eine normalistische Konstruktion des Körpers. Die Verwendung des BMI in *Wii Fit* ist ein interdiskursives Element, das dieses spezifische Verständnis eines ›anormalen‹ Körpers etabliert. Ein ›normaler‹ Körper ist folglich ein solcher, der bestimmten Werten dieser Variablen entspricht. Damit wird ein Verständnis von ›Normalität‹ hergestellt, die sich aufgrund gemessener Attribute ergibt. Dadurch wird der Körper generell als ein erfassbares Objekt bestimmt (Rich und Miah 2009, 167). Zugleich sind aber nur bestimmte Bereiche in dieser Messung erstrebenswert – die anderen werden als ›anormal‹ abgewertet.[14]

Der BMI, der für Quételet die (bio-)politische Regulierung der Bevölkerung unterstützen sollte, hat sich längst für die individuelle Beurteilung etabliert. Nicht länger auf medizinische oder volkswirtschaftliche Fragen beschränkt, wird der BMI vermehrt im Schönheitsdiskurs angewandt (Bischoff et al. 2011, 129ff.). So wird in Print-Magazinen und Ratgebern im Bereich ›Schönheit‹ immer wieder an die Leser_Innen appelliert, sich selbst zu messen; zugleich werden Ratschläge dafür geliefert, wie der ideale BMI zu erreichen sei. Wie Millington (2014, 501) betont, gehen digitale Spiele und andere Gesundheitstechnologien jedoch weiter als diese Magazine: Das Balance Board, das von *Wii Fit* genutzt wird, ebenso wie

Index). Entsprechend findet die Einteilung in »untergewichtig«, »normal« und »übergewichtig« anhand präfixierter Werte statt. Am Rande sei angemerkt, dass die WHO ausschließlich das Verhältnis von Körpergewicht und -größe als Kriterien zu einer Einteilung des BMI verwendet. Das US-amerikanische National Research Council postulierte dem entgegen schon 1989, die Einteilung des BMI in die verschiedenen Kategorien in Abhängigkeit von Alter und – binär gedachtem – Geschlecht zu treffen (National Reseach Council 1989). Zwar geht auch das NRC von präfixierten Werten aus, erweitert aber die Spannweite der Zone der Normalität mit steigendem Alter; damit wird der BMI ein Stück weit flexibilisiert.

14 Mit Verweis auf Wright/Halse (2013) und Öhman et al. (2014, 202) lässt sich in der Verwendung des BMI eine Strategie sehen, ein essenzialistisches Idealbild von Körpern zu formulieren. Dem entgegen wäre festzuhalten, dass zu unterschiedlichen Zeiten und an unterschiedlichen Orten unterschiedliche Vorstellungen davon galten, wie ein idealer Körper beschaffen sei. In der Verwendung des BMI wird auf eine zeitgenössische Konstruktion von idealen Körpern zurückgegriffen und diese zugleich reproduziert. Der BMI basiert auf einem normalistischen Verständnis von Gesundheit und wird durch die Messung von eindeutigen Werten, auf der er errechnet wird, mit den Weihen der mythischen ›Objektivtität naturwissenschaftlicher Erkenntnis‹ ausgestattet. Dabei sind alle diese Vorgänge sozio-historisch spezifisch. Der Rückgriff von *Wii Fit* auf den BMI hat Anteil an diesem Vorgehen. Der BMI, eine Operation eines wissenschaftlichen Spezialdiskurses, wird mittels *Wii Fit* – und ähnlicher Popularisierungen, etwa in sogenannten ›Frauenzeitschriften‹ – zu einem Element des *common* sense. Die kulturelle Leistung, die in dieser Konstruktion eines spezifischen Idealbildes steckt, wird nicht mehr wahrgenommen, sondern der BMI als Element eines Körperideals naturalisiert. Zugleich wird die Existenz historischer und kultureller Unterschiede von Idealbildern negiert.

die vielen anderen Messgeräte, die als *Wearables* auf dem Markt sind, nehmen der Nutzer_In die Bürde ab, selbst Maß zu nehmen. Stattdessen wird der Input registriert, ausgewertet und für die Nutzer_In in einer verständlichen Form aufbereitet. Damit, so Millington (ebd.), sind die von Foucault beschriebenen Kontrollapparate in zeitgenössische, interaktive Alltagswaren der Konsumkultur transformiert worden.

Die Entscheidung dazu, diese Messungen vorzunehmen, liegt jedoch immer noch bei der Nutzer_In. Die Alltagswaren beherrschen nicht das Mittel des unmittelbaren Zwangs. Stattdessen reizen sie die Nutzer_In an, sich selbst zu normalisieren. Anhand des BMI wird bewertet, inwiefern die Nutzer_In erfolgreich darin ist, die Zone der Normalität zu erreichen. Das Spiel spricht Lob bzw. Tadel aus, wenn die Nutzer_In entsprechende Leistungen erbracht bzw. nicht erbracht hat. Bereits visuell wird mit der Darstellung des Mii als ›fettleibig‹ dieser Prozess angestoßen. Die Berechnung des *Wii Fit*-Alters ist eine ähnliche Form der Bewertung. So kommentiert *Wii Fit*: »Die Differenz zu deinem tatsächlichen Alter beträgt *+17 Jahre*. Dein Körper ist also *deutlich schwächer*, als er sein sollte.«[15] Je nach Beurteilung würde bei den Nutzer_Innen Stolz oder Scham evoziert, so Öhman et al. (2014, 203).

Auch in der *Wii Fit*-Fortsetzung *Wii Fit Plus* wird Alter normativ aufgeladen, wenn es dort heißt: »Trainiere täglich, um dir eine jugendliche Figur zu bewahren.« Hier wird erneut eine bestimmte körperliche Form mit einem bestimmten Alter gekoppelt, wobei lediglich ein spezifischer Altersbereich, nämlich der der ›Jugend‹, erstrebenswert und durch Arbeit an sich selbst erreichbar ist. Diese Empfehlung gilt für Nutzer_innen unterschiedlichen Alters und ist als Element der Diskurse von ›healthy aging‹ bzw. ›successful aging‹ zu betrachten (Ehni et al. 2018).

Die Gleichsetzung von Gesundheit und BMI, die *Wii Fit* vornimmt (Öhman et al. 2014, 202), ist jedoch problematisch. Die Sensoren eines Balance Boards oder eines *Wearable* erfassen jeweils nur bestimmte Signale, selektieren diese entsprechend zuvor programmierter Algorithmen und interpretieren diese schließlich in einer Form, die für die menschliche Nutzer_In als Daten präsentiert werden, die etwas mit der eigenen Gesundheit zu tun hätten. An dieser Stelle lohnt es sich, Stefan Böhmes Kritik hinsichtlich Selbstvermessungs-Apps zu wiederholen: »In den Vordergrund tritt eben nicht die Verbesserung der eigenen Gesundheit, sondern die Optimierung bestimmter numerischer Werte. Diesen wird zwar ein kausaler Zusammenhang mit der eigenen Gesundheit unterstellt, nur zu oft stellt sich dieser jedoch als reines Wunschdenken heraus« (Böhme 2014, 174). Ein komplexes Phänomen wie Gesundheit auf numerische Werte zu reduzieren, ist ein

15 Im Spiel werden die Aussagen mittels roter Schriftfarbe in einem ansonsten schwarzen Text hervorgehoben.

normalistisches Unterfangen. Auf diese Art wird ein spezifisches Verständnis von Gesundheit konstruiert. Daran schließt sich – neben der gesellschaftspolitischen Dimension – auch die Frage an, wie hilfreich dies für die jeweilige Nutzer_In ist.

Zugleich, wie Öhman et al. (2014, 202) erläutern, werden Spieler_Innen rhetorische Fragen gestellt, die zur Selbstbeobachtung anhalten, z.B. inwiefern sie ungeschickt sind. Damit wird die Spieler_In zur Introspektion der eigenen Fähigkeiten und Eigenschaften aufgefordert. Öhman et al. (ebd., 203) sehen entsprechend in *Wii Fit* die Handlungsanleitungen implementiert, die Rose als Kennzeichen für zeitgenössische Formen der Subjektivierung formuliert: »through self-inspection, self-problematisation, self-monitoring and confession, we evaluate ourselves according to the criteria provided for us by others« (Rose 1999, 11).

5. Selbst-Überwachung

Bereits Rich und Miah (2009) verweisen darauf, dass digitale Technologien wie *Wii Fit* sich dadurch auszeichnen, eine neue Form der medizinischen Selbst-Überwachung zu etablieren. Im Anschluss an Armstrongs Analyse zeitgenössischer medizinischer Praktiken als »surveillance medicine« (Armstrong 1995) sehen Rich und Miah in *Wii Fit* eine Intensivierung dieser Praktiken.[16] *Wii Fit* und andere digitale Gesundheitstechnologien, auch einige andere Games for Health, sammeln konstant Daten über ihre Nutzer_Innen. Dies sind bestimmte körperliche Daten wie z.B. Puls, Herzrate und Schrittgeschwindigkeit; bei komplexeren Installationen im Rahmen medizinischer Tests wird z.B. ein Beschleunigungsmesser verwendet (Tripette et al. 2014) oder mittels eines Ergometers der Pedalwiderstand (Göbel et al. 2010) ermittelt. Digitale Gesundheitstechnologien nehmen diese Daten jedoch nicht nur auf, sondern machen sie auch für andere nutzbar. Damit werden Fragen des Datenschutzes berührt. Hier findet ein Zugriff auf Merkmale von Individuen statt, die als privat gelten und deren Preisgabe als zustimmungspflichtig gilt (Rössler 2002). Derartige Aspekte werden jedoch nicht weiter thematisiert; der Zugriff auf diese Daten erscheint als notwendige Bedingung zur Verwendung derartiger Gesundheitstechnologien. Während der Zugriff auf diese Daten in manchen Bereichen dem medizinischen Personal vorbehalten bleibt – und damit die Hierarchie zwischen Mediziner_Innen und Patient_Innen reproduziert –, werden im Bereich Games for Health schlicht Ergebnisse präsentiert, deren Zustandekommen für die Nutzer_In häufig eine intransparente Blackbox

16 Mit Verweis auf Foucault (2003a, b) wäre festzuhalten, dass Überwachung eine bestimmende Funktion der Medizin seit ihrer modernen Entwicklung im 18. Jahrhundert ist. Die formulierten Praktiken sind folglich nicht komplett neu; sie finden aber heute mit anderen Mitteln statt und werden von den Subjekten selbst durchgeführt.

bleibt. Aber auch hier werden Daten über Nutzer_Innen erzeugt, deren weitere Verwendung und Verwertung den Nutzer_innen zumeist unbekannt bleibt.

Armstrong behauptet im Anschluss an Foucault, dass sich im Laufe des 20. Jahrhunderts die Medizin weniger auf die individuellen Kranken als vielmehr auf die Gesundheit der Bevölkerung konzentriere: eine »problematisation of normality« (Armstrong 1995, 393). Eine Konsequenz davon sei eine stärkere Fokussierung auf Prävention und Risikominimierung. Dies zeige sich, so Rich und Miah (2009, 166), aktuell insbesondere im Umgang mit dem Themenkomplex Gewicht und Gesundheit. Ähnlich bewerten dies Depper und Howe (2017, 100-106), Millington (2014, 500) und Öhman et al. (2014, 206). Diese kontextualisieren die Etablierung von Games for Health im Rahmen der sogenannten ›Adipositas-Epidemie‹. Diesen Begriff verwendet unter anderem die Weltgesundheitsorganisation (WHO), um eine fortschreitende Gewichtszunahme großer Teile der Bevölkerung zu beschreiben. Die Konstruktion einer Adipositas-Epidemie führte zu diversen gesundheitspolitischen Maßnahmen. Die vorgeschlagenen Schritte der WHO seien vor allem Maßnahmen von Bildung, Überwachung und Bewertung (Rich und Miah 2009, 166). Verortet in Bezugnahme auf die ›Adipositas-Epidemie‹ versprächen digitale Technologien, dass die Individuen sich selbst überwachen könnten, um das Risiko einer Adipositas abzuwehren. Damit bieten diese Technologien an, die Schritte auszuführen, die seitens der WHO zur strategischen Bekämpfung von Adipositas vorgeschlagen werden.[17]

Im Unterschied zu Armstrong betonen Rich und Miah jedoch die technologische Vermitteltheit der Überwachung und schreiben daher von einer »*prosthetic surveillance*« (Rich und Miah 2009, 172). Millington nimmt darauf Bezug, wenn er erklärt, dass die »numerical representations of the self« (Millington 2014, 498) die Grundlage bilden, anhand derer die Individuen zugleich beobachten und selbst beobachtet werden. Auch Gard (2014) thematisiert die voranschreitende Selbst-Überwachung. Mit Bezug auf den Sicherheitstheoretiker David Lyon (2007) sei Überwachung nicht nur eine Form der Kontrolle, sondern eine Form der Teilhabe an der Gesellschaft. Individuen nehmen scheinbar freiwillig an verschiedenen Formen der Überwachung teil. Hochgradig relevant seien dafür digitale Technologien, so Lyon. Wie Millington (2014, 499) betont, führt die Freiwilligkeit dieser Selbst-Überwachung nicht zu einer verringerten Wirkmächtigkeit spezifischer Körpernormen. Diese Formen der Subjektivierung sind ein Merkmal der biologischen Staatsbürgerschaft.

17 Bröckling stellt das Drohpotenzial heraus, das in diesen Diskursen formuliert wird: »Wo Vorbeugung möglich erscheint, wie begründet oder unbegründet diese Erwartung auch sein mag, wird es riskant, darauf zu verzichten« (Bröckling 2017, 85).

6. Bio-Games als Elemente der Konstruktion biologischer Staatsbürgerschaft

Diverse Autor_Innen der Biopolitik-Debatte heben hervor, dass Gesundheit aktuell im Register des Moralischen verortet wird (Rose 2007, Pfundt 2010, Bröckling 2017). Verantwortung des Individuums in der zeitgenössischen westlichen Gesellschaft sei es, selbstständig dafür zu sorgen, gesund zu sein und zu bleiben. Ein Beispiel dafür liefern Rich und Miah, (2009), die zeigen, wie in sehr verschiedenen Diskursen erklärt wird, welche sportlichen Aktivitäten sinnvoll und welche Nahrungsmittel geeignet sind, damit das Individuum nicht krank wird, sondern sich auch weiterhin seiner Gesundheit erfreut.[18] Ähnlich gelagert analysierte Crawford bereits 1980 die verstärkte Anrufung von Subjekten, auf ihre Gesundheit zu achten, in seiner Schrift mit dem Titel »Healthism and the Medicalization of Everyday Life« (Crawford 1980).[19] Rose und Novas (2005) bezeichnen diese Subjektvorstellung in der Folge als »biological citizenship«. Während frühere Formen der Staatsbürgerschaft durch Sicherheitsdispositive die Regulierung der Bevölkerung zum Ziel hatten, setzten die aktuellen viel stärker auf den individuellen verantwortungsbewussten Umgang mit biologischen Risiken (Rose und Novas 2005, 442-446; Lemke und Wehling 2013, 43-50). Hieraus resultiere eine dezidierte Verschmelzung von politischen und ethischen Ansprüchen an das Subjekt (Rose 2007, 22).

In Erweiterung der »Bio«-Begriffe von Biopolitik, Biomacht und *bio-citizen* schlägt Millington (2014, 492) die Begriffe »Bio-Play« und »Bio-Games« vor. Das Spezifische dieser Spiele ist nicht, dass sportliche Übungen diese Spiele rahmen, sondern dass es sich um »*self-care in a game*« (Millington 2014, 500; Hervorhebung i. O.) handele. Das Spielen wird zugleich als unterhaltsame und produktive Möglichkeit vermarktet, sich um sich selbst zu kümmern. Diese Form des »bio-play« finde sich in Spielen eines Genres, für das Millington »Bio-Games« als heuristischen Begriff vorschlägt. Diese zeichnen sich vor allem durch die vier Dimensionen »risk metric, discipline, surveillance, expertise« (ebd., 496) aus. Als Resultat schaffen diese Spiele Subjektivierungen, in denen es nicht nur um die Übernahme von Verantwortung für die eigene Gesundheit geht, sondern in denen diese Spiele

18 Ein anderes Beispiel dieser Moralisierung von Gesundheit findet sich in einer Werbekampagne der Krankenkasse DAK, die im November 2018 gestartet ist. Auf großformatigen Plakaten und online unter www.gesundes-miteinander.de weist die DAK auf die ungesunden Konsequenzen von aggressivem Online-Verhalten hin. Wie auf den Plakaten erläutert wird: »Wir haten, dissen und beschimpfen uns. Und das macht krank. Dabei ist gesund sein gut – und gut sein noch viel gesünder.« ›Gesund‹ wird hier mit einem ›gut‹ im Sinne des moralisch Richtigen gleichgesetzt und mit einer Aufforderung verbunden.

19 Zum Thema der Medikalisierung von/in digitalen Spielen siehe auch den Beitrag von Arno Görgen in diesem Band.

selbst »Technologien des Selbst« (Foucault 1993) werden. So werden die Aufgaben in *Sports Active* 2 (Electronic Arts Canada 2010) explizit als »a journey to a better you« (*Sports Active* 2; zit.n. Öhman et al. 2014, 200) gerahmt. An dieser Stelle wird der Referenzpunkt der Gesundheit verlassen und das Selbstverständnis der spielenden Person in ihrer Gesamtheit angesprochen. *Sports Active* 2 gibt zwar nur Anleitungen zum Trainieren körperlicher Eigenschaften wie Ausdauer und Muskelstärke, offeriert aber zugleich einen Bewertungsmaßstab: Das Subjekt, das sich nicht auf die Reise zu einem ›besseren‹ Selbst begibt, ist offenbar nicht gut genug. Wie Öhman et al. (2014) betonen, werden in *Wii Fit Plus* und *Sports Active* 2 spezifische Wahrheiten und Normen konstruiert und die Spieler_Innen zu Formen der Selbstbewertung angeleitet, die sich alle auf »maintaining health, a fit body and a good citizen« (ebd., 206) beziehen.

Millington arbeitet heraus, dass sich diese Ansprüche nicht nur auf das Körpergewicht beziehen. Als Beispiel verweist er auf diejenigen Spiele, die das Gehirn trainieren sollen. Durch verschiedene Mechanismen werden Erinnern und logisches Denken eingeübt. Millington zufolge repräsentiert dieses Gehirn-Training »the bio-citizenship concept *par excellence*, for it is a renewed understanding of biology – namely, the brain plasticity concept – that paved the way for subsequent therapeutic interventions« (Millington 2014, 501).

Dabei ist es relevant, wie Millington (2014) im Anschluss an Rose (1999, 2007) darlegt, dass das Subjekt der biologischen Bürgerschaft zugleich ein »consumer citizen« (Millington 2014, 501) ist. Rose bezeichnet damit ein Subjekt, dass das eigene Leben und das seiner Familie als ein Unternehmen begreift, dessen Qualität durch rational abgewogenes Handeln gesteigert werden kann (Rose 1999, 164; Bröckling 2007, 60f.). Indem das Leben als eigenes Projekt betrachtet wird, obliegt es dem handelnden Subjekt, zwischen verschiedenen Angeboten dasjenige auszuwählen, was sich als effizient herausstellt. Die Anrufung dieses »unternehmerische[n] Selbst« (Bröckling 2007) findet sich auch im Kontext der Optimierung der eigenen Gesundheit (Wehling und Viehöver 2011). Games for Health werden hier als Waren offeriert, die es der Nutzer_In erlauben, sich auf vernünftige Weise den Anforderungen der biologischen Staatsbürgerschaft anzupassen. Damit, so Millington (2014, 501), sind Games for Health an der Schnittstelle zwischen *bio-citizen* und *consumer-citizen*. Damit wird impliziert, dass Gesundheit eine erwerbbare Ware ist. Gesundheit wird aus einem engen medizinischen Rahmen herausgeholt und stattdessen ein neoliberales Verständnis eines gesunden Lebens postuliert (Millington 2016, 703). Damit zeigen die Untersuchungen zu Games for Health eine Tendenz, die Lemke und Wehling bereits zuvor formuliert haben: dass das Biologische in der zeitgenössischen politischen Rationalität nicht länger als unveränderliches Schicksal verhandelt wird, sondern als »privilegiertes Interventionsfeld« (Lemke und Wehling 2013, 49). Im Unterschied zu vielen gesellschaftlichen Zusammenhängen erscheint das Biologische als objektiv messbar und damit auch kontrollierbar. Nicht zuletzt die Reduktion komplexer Phänomene auf normalistische Merkmale unterstützt eine solches Verständnis, das ein Versprechen der ›Naturbeherrschung‹ schürt.

7. Allianzen in der Spielentwicklung

Ein Aspekt dieser Perspektive auf das Biologische ist eine »›Political Economy of Hope‹« (Rose und Novas 2005, 442). Gerade die Veränderbarkeit des Biologischen führt zu neuartigen Allianzen. So haben sich Gruppen gegründet, deren Mitglieder etwa eine monogenetische Krankheit teilen – Rabinow (2014, 385) bezeichnet dies als eine Form der »Biosozialität« –, um als Kollektiv mit Pharma-Unternehmen zu interagieren. Vermittelt wird die Hoffnung, dass neue Innovationen es erlauben, die mit der jeweiligen Krankheit verbundenen Probleme zu lindern oder zu überwinden. Während diese Hoffnung selbst nicht neu ist, wird sie aber dezidiert stimuliert, um die Bio-Bürger_Innen dazu zu motivieren, direkt mit den Forscher_Innen zusammenzuarbeiten. Dabei versuchen Patient_Innen-Organisationen auf die Richtung der Forschung in ihrem Sinne einzuwirken.

Dies bedeutet nicht, dass diese Spiele schlicht abzulehnen wären, sondern ihr Kontext sollte genauer analysiert werden. Viele Menschen mit Beeinträchtigungen und chronischen Krankheiten sind insbesondere in den Bereichen von Informations- und Kommunikationstechnologien sehr aktiv, um ihre eigenen Interessen voranzubringen (Goggin und Newell 2006, 57). Diese Allianzen sind ein Kernaspekt der von Rabinow behaupteten Biosozialität. In Spielen, die sich dezidiert dem Thema Gesundheit nähern, muss sich auch das Game-Design-Personal mit den medizinischen Diskursen auseinandersetzen. Programmierer_Innen ebenso wie Marketing-Personal sind an der Umwandlung und Dissemination medizinischen Wissens beteiligt. Wie Millington (2014, 499) festhält, verweisen bestimmte Games for Health darauf, dass medizinische Expert_Innen an diesen Spielen beteiligt sind. Damit wird die Legitimität des Spiels durch eine medizinische Autorität bestätigt; zugleich wird die Annahme, dass Mediziner_Innen die Expertise über alle gesundheitlichen Belange hätten, reproduziert.

Momentan, so die Vermutung, werden Games for Health von Einzelpersonen oder kleineren Teams entwickelt. Da allerdings auch sehr finanzstarke Pharma-Unternehmen wie Pfizer mittlerweile Games for Health wie *Hemocraft* (o.A. 2017) und *HemoHeroes* (o.A. 2017) auf den Markt bringen, ist es nur eine Frage der Zeit, bis sich größere Teams bilden. Immerhin ist im Bereich der Gesundheit der mögliche finanzielle Umsatz hoch (Tolks et al. 2018, 276f.) – auch wenn mit Krankenkassen momentan noch Kompromisse gesucht werden müssen.

Die Motivation für die Entwicklung dieses Spiels ist bei einem kostenlosen Produkt nicht direkt offensichtlich. Einerseits könnte dies bereits in der Verbesserung der öffentlichen Wahrnehmung des Konzerns liegen. Zum anderen diszipliniert *HemoHeroes*, wie gezeigt, Spieler_Innen dazu, auf die regelmäßige Einnahme des – auch von Pfizer hergestellten – Medikaments zu achten. Schließlich profitiert ein Hersteller von solchen Games for Health, die Daten lesen, von den über das Spiel generierten Daten. Sofern eine App auf einem Smartphone installiert wird und die Nutzer_In entsprechende Berechtigungen freigeben muss, erhält das Unternehmen diverse Einblicke in das Nutzungsverhalten der Anwender_In.[20] Diese Daten können verwendet werden, um so maßgeschneiderte Werbungen zu schalten, Bedürfnisse für Neuentwicklungen zu prüfen und letztlich den Umsatz zu erhöhen.

Das sind jedoch nur Teilaspekte. Wie Gard (2014, 11) im Anschluss an Lanier (2013) darlegt, sind Erfassung und Verkauf von Daten eine zunehmende Einkommensquelle. Diese hier erworbenen Daten überschreiten damit die Produkte, die sonst beim Spielen in virtuellen Welten hergestellt werden. Wie Julian Kücklich bereits festgehalten hat, sind jene Inhalte in virtuellen Welten nur ein »McGuffinesque wrapper for their actual content: governmentality« (Kücklich 2009, 345). Durch Daten generierende Games for Health hingegen erhält ein Unternehmen Zugriff auf Informationen, die für die Weiterentwicklung dieses Konzerns von Vorteil sein können. Da die Datengenerierung durch das Spielen des Subjekts erfolgt, ließe sich dies mit Bezug auf Kücklich (2005) als »playbour« bezeichnen: Hier leistet die Spieler_In eine Form von Arbeit – wird dafür jedoch nicht monetär entlohnt. Hier liegt, marxistisch gesprochen, eine besonders ertragreiche Form der Ausbeutung[21] vor, da sich die Ausgaben des Unternehmens auf die Produktionsmittel beschränken und kein Lohn für Arbeitskräfte ausgegeben werden muss – was zu einer besonders hohen Mehrwertrate führt.[22]

20 Games for Health, die Daten ihrer Nutzer_Innen für Forschungszwecke auslesen, sind z.B. Spiele zur Erforschung von Demenz wie *Sea Hero Quest* (Glitchers 2016) oder diverse Spiele zur Erforschung der Niemann-Pick-Krankheit (Sinnott et al. 2018). Diese Beispiele sind jedoch – noch – nicht kommerzialisiert, sondern Forschungsprojekte in öffentlicher Hand erhalten diese Daten. Es kann davon ausgegangen werden, dass privatwirtschaftlich erstellte Spiele zu dieser Art ›crowdsourced‹ Datenerhebung bereits auf dem Markt sind oder in naher Zukunft sein werden.

21 Für Marx ist ›Ausbeutung‹ vor allem ein analytischer und kein moralischer Begriff. Marx beschreibt damit, dass die Kapitalist_In mehr Arbeitskraft von der Arbeiter_In erhält, als sie ihr an Lohn zahlt. Diese Differenz ergibt den Mehrwert (Marx 1998, 192-213). Mit dem Begriff der Ausbeutung wird daher eine spezifische soziale Beziehung beschrieben.

22 Einen Versuch, Foucaults Überlegungen zur Biopolitik in ein engeres, traditionell marxistisches Korsett zu gießen, haben Hardt/Negri (2003) geleistet. Mit diesen ließe sich das datengenerierende Spielen der Nutzer_Innen als das »schöpferische Vermögen der *Multitude*« (ebd., 13) bezeichnen, das in der aktuellen Form vom »Empire« ausgebeutet wird. Ich halte diese postoperaistische Variante einer Theorie der Biopolitik jedoch für wenig zielführend. Entgegen eines Foucault'schen, genealogischen Konzepts des ›Lebens‹ wird hier das ›Leben‹ nahezu essenzialistisch ahistorisiert; und Biopolitik als eine zu affirmierende Eigenschaft der Marginali-

Relevant sind für Pharma-Unternehmen jedoch nicht nur Informationen über Verhaltensweisen, sondern der Zugang zu Personen, die ein Interesse an den Waren des Unternehmens haben. Durch die Vermittlung von Games for Health lässt sich ein Kontakt knüpfen und eine Beziehung aufbauen. Die Nutzer_In eines Games for Health, das sich spezifischen Krankheiten widmet, ist für ein Pharma-Unternehmen eine potenzielle Kund_In. Aber nicht nur das; zugleich ist es möglich, durch diesen Kontaktaufbau Personen zu finden, die an Studien teilnehmen, die für die Entwicklung weiterer medizinischer Produkte notwendig sind. Eine derartige biosoziale Allianz verspräche dem Unternehmen wie auch der Nutzer_In einen Vorteil: Während die Nutzer_In die verbesserte Behandlung der eigenen Krankheit oder der Krankheit einer Angehörigen interessiert, ist ein Unternehmen auf die Erhöhung des Profits angewiesen. Beide Interessen überschneiden sich in der Entwicklung medizinischer Waren. Wie sich jedoch die biosoziale Allianz hinsichtlich des jeweiligen Vorteils konkret ausgestaltet, etwa unter verteilungsgerechten Aspekten, bedürfte empirischer Analysen dieser Verbindungen.

8. Fazit

In diesem Artikel wurden Games for Health als eine aktuelle Form von Spielen beschrieben, die ihre Spieler_Innen mit den jeweils eigenen Mitteln zur Selbst-Disziplinierung und Selbst-Normalisierung antreiben. Als Mittel dient bei den untersuchten Spielen vor allem die verbale und visuelle Bezugnahme auf ›Gesundheit‹ als ein erreichbarer Wert, der sich aus dem eigenen, ›richtigen‹ Handeln ergeben kann. Die Spiele fokussieren dabei unterschiedliche Ziele von präzisen Normen oder Zonen der Normalität. Damit sind diese Spiele Elemente in der Herstellung von Subjekten biologischer Staatsbürgerschaft, kurz: *bio-citizens*. In der aktuellen Gesellschaft, so wird im vorliegenden Artikel im Anschluss an Rose (2007) formuliert, nimmt die diskursive Konstruktion des Biologischen einen hohen Stellenwert ein. Dies manifestiert sich insbesondere in der Bedeutung, die Gesundheit zugeschrieben wird; diese Bedeutung von Gesundheit wird vor allem durch Bezug auf den biologischen und medizinischen Spezialdiskurs legitimiert. Digitale Spiele sind Teil dieser Diskurse, insofern sie das Wissen dieser Spezialdiskurse adaptieren und damit dem Interdiskurs zugänglich machen.

---

sierten bestimmt (Lemke 2008a). Entgegen der Marx'schen kategorialen Bestimmung von Wert und Arbeit als spezifische Formen der Verdinglichung gesellschaftlicher Verhältnisse werden Wert und Arbeit zu positiven Produkten, die die Multitude schöpft. Anstelle einer Analyse der »subjektlose[n] Herrschaft« (Kurz 1993) wird die zeitgenössische Gesellschaft auf einen Klassenkampf zwischen Empire und Multitude reduziert (Benl 2006; Gangl 2012).

In diesen Spielen ist Gesundheit jedoch nichts Gegebenes, sondern das Subjekt wird als unternehmerisches Selbst angerufen, das beständig an sich selbst arbeiten muss. In diesem Fall kann Gesundheit hergestellt werden. Games for Health vermitteln zwar verschiedene Definitionen von Gesundheit und Normalität, aber sie postulieren ein Ideal von Gesundheit und der Notwendigkeit medizinischer Praktiken. Dieses Ideal sei – so das Versprechen – erreichbar. Damit wird Gesundheit einer politischen Ökonomie der Hoffnung unterworfen, in der Games for Health als Ware zu Hoffnungsträgern werden.

Dabei lassen sich gerade durch das Spielerische neue Formen von biosozialen Allianzen zwischen Unternehmen und Nutzer_Innen von Games for Health bilden. Denn Games for Health können diversen Nutzer_Innen helfen: Games for Health können Personen ermöglichen, besser mit ihrem jeweiligen Gesundheitszustand umzugehen; als Datengeneratoren erlauben sie sogar eine präzisere Entwicklung medizinischer Produkte. Das Interesse von kranken Menschen an einer Verbesserung ihres Gesundheitszustandes überlappt sich im Mittel der Medizinproduktion, mit dem ein Unternehmen das eigene Interesse am Gewinn durchsetzen kann. Während hierbei über eine Form der Ausbeutung immaterieller Arbeit der Nutzer_Innen spekuliert werden könnte, darf eine Analyse der Subjektivierung zu Bio-Bürger_Innen nicht in den Hintergrund treten.

Dennoch wäre es verkürzt zu behaupten, dass diese Aspekte von Games for Health auch in dieser Form von ihren Nutzer_Innen aufgenommen werden. Mit der Beschreibung der medialen Mittel der Spiele ist kein Wort darüber verloren worden, wie die Spieler_Innen damit umgehen. Dabei ist der entscheidende Punkt des Foucault'schen Verständnisses von Machtbeziehungen, dass immer auch Widerstand möglich ist. Dieser Widerstand ist nicht völlig frei, sondern nur in Relation zu bestehenden Machtverhältnissen artikulierbar – aber er ist denkbar. Konkret lässt sich aufzeigen, dass Nutzer_Innen mit wenig anstrengenden Bewegungen die Plattform Wii darin getäuscht hatten, den ganzen Körper bewegt zu haben (Rich und Miah 2009, 171). Fokusgruppen-Interviews mit jungen, in extracurricularen Sportkursen engagierten Mädchen auf einer britischen Grammar School lieferten ein ambivalentes Ergebnis: So würden diese Schülerinnen, die über mehrere Wochen Games for Health ausprobieren durften, zwar Arbeit an sich selbst und einer individuellen Verkörperung von Gesundheit – auch als Beitrag zum Gemeinwohl – eine große Relevanz beimessen. Zugleich standen sie der in Games for Health formulierten Einkategorisierung von ›normal‹ und ›anormal‹ anhand des BMI kritisch gegenüber (Depper und Howe 2017, 108).

Eine Kritik an Games for Health ist aufgrund der geschilderten Aspekte zwar geboten, jedoch bei Weitem nicht ausreichend. Eine Kritik an Games for Health läuft die Gefahr einer verkürzten Medikalisierungskritik, die »sich gegen bestimmte Entwicklungen und Phänomene richtet« anstatt Medizin »als gesellschaftliche Beziehung und als strukturelles Machtverhältnis« (Laufenberg 2016,

115) zu kritisieren. Hierfür gilt es, Möglichkeiten zu entwickeln, wie Medizin und Gesundheit neu zu denken wären – auch entgegen einer Ludifizierung des Medizinischen.

Ludographie

HEMOCRAFT (Pfizer 2017, o.A.)
HEMOHEROES (Pfizer 2018, o.A.)
RE:MISSION (HopeLab 2006, Realtime/Terminal Reality)
RE:MISSION 2 (HopeLab/Cigna 2012, o.A.)
SEA HERO QUEST (Glitchers 2016, Glitchers)
SPORTS ACTIVE 2 (Electronic Arts 2010, Electronic Arts Canada)
WII FIT (Nintendo of America 2008, Nintendo EAD)
WII FIT PLUS (Nintendo of America 2009, Nintendo EAD)
WII FIT U (Nintendo of America 2013, Ganbarion/Nintendo EAD)
WII KARAOKE U (Tose/Nintendo of America 2013, Joysound)
WII PARTY U (Nintendo of America 2013, NDCube)

Bibliographie

Agamben, Giorgio. 2002. *Homo sacer. Die souveräne Macht und das nackte Leben.* Frankfurt a.M.: Suhrkamp.

Alkemeyer, Thomas. 2012. »Die olympische Neuverzauberung der Moderne. Über verkörperte Formen kollektiver Sinnstiftung.« In *Körper, Sport und Religion. Zur Soziologie religiöser Verkörperungen*, Hg. Robert Gugutzer und Moritz Böttcher, 249-269. Wiesbaden: Springer VS. doi: 10.1007/978-3-531-18976-5_11

Althusser, Louis. 1977. »Ideologie und ideologische Staatsapparate.« In *Ideologie und ideologische Staatsapparate. Aufsätze zur marxistischen Theorie*, 108-153. Hamburg: VSA.

Baranowski, Tom, Fran Blumberg, Richard Buday, Ann DeSmet, Lynn E. Fiellin, C. Shawn Green, Pamela M. Kato, Amy Shirong Lu, Ann E. Maloney, Robin Mellecker, Brooke A. Morrill, Wei Peng, Ross Shegog, Monique Simons, Amanda E. Staiano, Debbe Thompson und Kimberly Young. 2016. »Games for Health for Children – Current Status and Needed Research.« *Games for Health Journal* 5 (1). doi: 10.1089/g4h.2015.0026

Benl, Andreas. 2006. »Empire, die Multitude und die Biopolitik. « In *Das Leben lebt nicht. Postmoderne Subjektivität und der Drang zur Biopolitik*, Hg. die röteln, 35-57. Berlin: Verbrecher Verlag.

Bischof, Andreas, Mario Schulze und Hanna Steffe. 2011. »Das Individuum als Zentrum.« In *Mythos Mitte. Wirkmächtigkeit, Potenzial und Grenzen der Unterscheidung ›Zentrum/Peripherie‹*, Hg. Arbeitsgruppe »Zentrum und Peripherie in soziologischen Differenzierungstheorien«, 135-167. Wiesbaden: Springer VS.

Bröckling, Ulrich. 2007. *Das unternehmerische Selbst. Soziologie einer Subjektivierungsform*. Frankfurt a.M.: Suhrkamp.

Bröckling, Ulrich. 2017. *Gute Hirten führen sanft. Über Menschenregierungskünste.* Frankfurt a.M.: Suhrkamp.

Crawford, Robert. 1980. »Healthism and the Medicalization of Everyday Life.« *International Journal of Health Services* 10 (3): 365-388. doi: 10.2190/3H2H-3XJN-3KAY-G9NY

Deleuze, Gilles. 1993. »Postskriptum über die Kontrollgesellschaften.« In *Unterhandlungen. 1972-1990*, Gilles Deleuze, 254-262. Frankfurt a.M.: Suhrkamp.

Depper, Annaleise und Howe, P. David. 2017. »Are we fit yet? English adolescent girls' experiences of health and fitness apps.« *Health Sociology Review* 26 (1): 98-112. doi: 10.1080/14461242.2016.1196599

Dolan, Timothy E. 2015. »Does the principle of informed consent apply to futures studies research?« *Futures* 71 (2015): 114-121. doi: 10.1016/j.futures.2014.09.002

Ehlers, Nadine und Shiloh Krupar. 2014. »Hope logics: biomedicine, affective conventions of cancer, and the governing of biocitizenry.« *Configurations* 22 (3): 385-413. doi: 10.1353/con.2014.0026

Ehni, Hans-Jörg, Selma Kadi, Maartje Schermer und Sridhar Venkatapuram. 2018. »Toward a global geroethics – gerontology and the theory of the good human life.« *Bioethics* 32: 261-268. doi: 10.1111/bioe.12445

Foucault, Michel. 1977 [1975]. *Überwachen und Strafen. Die Geburt des Gefängnisses.* Frankfurt a.M.: Suhrkamp.

Foucault, Michel. 1983 [1976]. *Der Wille zum Wissen. Sexualität und Wahrheit 1.* Frankfurt a.M.: Suhrkamp.

Foucault, Michel. 1993. »Technologien des Selbst«. In *Technologien des Selbst*, Hg. Michel Foucault, Martin Rux, Luther H. Martin, William E. Paden, Kenneth S. Rothwell, Huck Gutman und Patrick H. Hutton, 24-62. Frankfurt a.M.: S. Fischer.

Foucault, Michel. 2000. »Die Gouvernementalität.« In *Gouvernementalität der Gegenwart. Studien zur Ökonomisierung des Sozialen*, Hg. Thomas Lemke, Ulrich Bröckling und Susanne Krasmann, 41-67. Frankfurt a.M.: Suhrkamp.

Foucault, Michel. 2003a. »Krise der Medizin oder Krise der Antimedizin?« In *Dits et Ecrits: Band III. 1976-1979*, 54-76. Frankfurt a.M.: Suhrkamp.

Foucault, Michel. 2003b. »Die Geburt der Sozialmedizin.« In *Dits et Ecrits: Band III. 1976-1979*, 272-297. Frankfurt a.M.: Suhrkamp.

Francis, Diane B., Maria Leonora G. Comello und Laura Heisner Marshall. 2016. »How Does Gameplaying Support Values and Psychological Well-Being Among

Cancer Survivors?« *Games for Health Journal. Research, Development, and Clinical Applications* 5 (2): 128-134. doi: 10.1089/g4h.2015.0044

Games for Health. 2018. »For Authors.« http://home.liebertpub.com/publications/games-for-health-journal/588/for-authors, letzter Zugriff: 29.04.2020.

Games for Health. 2018b. »Aims & Scope« https://home.liebertpub.com/publications/games-for-health-journal/588/overview,, letzter Zugriff: 29.04.2020.

Games for Health Project. n.d. »About The Games for Health Project. 2004-2017.« https://gamesforhealth.org/about, nicht mehr verfügbar.

Gard, Michael. 2014. »eHPE: a history of the future.« *Sport, Education and Society* 19 (6): 827-845. doi: 10.1080/13573322.2014.938036

Gard, Michael und Carolyn Pluim. 2014. *Schools and public health: Past, present, future*. Lanham, MD: Rowman and Littlefield.

Gehring, Petra. 2014. »Bio-Politik/Bio-Macht.« In *Foucault-Handbuch. Leben – Werk – Wirkung*, Hg. Clemens Kammler, Clemens, Rolf Parr und Ulrich Johannes Schneider, 203-232. Sonderausg. Stuttgart: J. B. Metzler. doi: 10.1007/978-3-476-01378-1_24

Göbel, Stefan, Sandro Hardy, Viktor Wendel, Florian Mehm und Ralf Steinmetz. 2010. »Serious Games for Health – Personalized Exergames ». In *Proceedings of the 18th International Conference on Multimedea* 2010: 1663-1666. doi: 10.1145/1873951.1874316

Goggin, Gerard und Christopher Newell. 2006. »Disabling Cell Phones: Mobilizing and Regulating the Body.« In *The Cell Phone Reader: Essays in Social Transformation*, Hg. Anandam P. Kavoori undNoah Arceneaux, 155-172. New York: Peter Lang.

Hoge, Charles W., Carl A. Castro, Stephen C. Messer, Dennis McGurk, Dave I. Cotting und Robert L. Koffman. 2004. »Combat Duty in Iraq and Afghanistan, Mental Health Problems, and Barriers to Care.« *The New England Journal of Medicine* 351 (1): 13-22. doi: 10.1056/NEJMoa040603

Hollerbach, Thomas. 2006. »Turnvater Jahn – Gouvernementalität der Ertüchtigung«. In *Gouvernementalität und Erziehungswissenschaft. Wissen – Macht – Transformation*, Hg. Susanne Weber und Susanne Maurer, 265-280. Wiesbaden: VS Verlag für Sozialwissenschaften. doi: 10.1007/978-3-531-90194-7_15

Hopelab. n.d. »Re-Mission: Where It All Began.« https://www.hopelab.org/projects/re-mission/, https://gamesforhealth.org/about

Jahn, Friedrich Ludwig. 1810. *Deutsches Volksthum*. Lübeck: Niemann u.a.

Kalender, Ute. 2011. *Körper von Wert. Eine kritische Analyse der bioethischen Diskurse über die Stammzellforschung*. Bielefeld: transcript. doi: 10.14361/transcript.9783839418253

Keys, Ancel, Flaminio Fidanza, Martti J. Karvonen, Noboru Kimura und Henry L. Taylor. 1972. »Indices of relative weight and obesity.« *Journal of Chronic Diseases* 25 (6-7): 329-343. doi: 10.1016/0021-9681(72)90027-6

Kowert, Rachel. 2015. *Video Games and Social Competence*. New York, NY/Abingdon: Routledge. doi: 10.4324/9781315753133

Kücklich, Julian Raul. 2005. »Precarious playbour: Modders and the digital games industry. »*The Fibreculture Journal* 5 (1).

Kücklich, Julian Raul. 2009. »Virtual Worlds and Their Discontents. Precarious Sovereignty, Governmentality, and the Ideology of Play.« *Games and Culture* 4 (4): 340-352. doi: 10.1177/1555412009343571

Kurz, Robert. 1993. »Subjektlose Herrschaft. Zur Aufhebung einer verkürzten Gesellschaftskritik. »*Krisis. Beiträge zur Kritik der Warengesellschaft* 13: 17-94.

Lanier, Jaron. 2013. *Who owns the future?* Chicago, IL: Simon and Schuster.

Laufenberg, Mike. 2016. »Die Macht der Medizin. Foucault und die soziologische Medikalisierungskritik.« In *Nietzsche, Foucault und die Medizin: Philosophische Impulse für die Medizinethik*, Hg. Orsolya Friedrich, Diana Aurenque, Galia Assadi und Sebastian Schleidgen, 109-130. Bielefeld: transcript.

Ledder, Simon. 2019a. »On Dis/Ability within Games Studies – The Discursive Construction of Ludic Bodies.« In *Interdisciplinary Approaches to Disability. Looking Towards The Future*. Volume 2, Hg. Katie Ellis, Rosemarie Garland-Thomson, Mike Kent und Rachel Robertson, 30-44. New York/London: Routledge. doi: 10.4324/9781351053228-4

Ledder, Simon. 2019b. »The Dis/ability of the Avatar – Vulnerability vs. the Autonomous Subject.« In *Gaming Disability. Disability perspectives on contemporary video games*. Hg. Kate Ellis, Mike Kent und Tama Leaver. New York/London: Routledge (in Vorbereitung).

Lemke, Thomas. 2008a. »Biopolitik im Empire. Die Immanenz des Kapitalismus bei Michael Hardt und Antonio Negri. » In *Gouvernementalität und Biopolitik*, 2. Aufl., 77-88. Wiesbaden: VS Verlag für Sozialwissenschaften.

Lemke, Thomas. 2008b. »Die Regel des Ausnahme – Giorgio Agamben über Biopolitik und Souveränität.« In *Gouvernementalität und Biopolitik*. 2. Aufl. 89-110. Wiesbaden: VS Verlag für Sozialwissenschaften.

Lemke, Thomas und Peter Wehling. 2013. »Bürgerrechte durch Biologie? Zur Konjunktur des Begriffs ›biologische Bürgerschaft‹.« In *Die Natur in der Soziologie. Gesellschaftliche Voraussetzungen und Folgen biotechnologischen Wissens*, Thomas Lemke, 40-63. Frankfurt a.M.: Campus.

Link, Jürgen. 2009. *Versuch über den Normalismus. Wie Normalität produziert wird*. 4. Aufl. Göttingen: Vandenhoeck & Ruprecht.

Lupton, Deborah. 2014. »Critical perspectives on digital health technologies.« *Sociology Compass* 8 (12): 1344-1359. doi: 10.1111/soc4.12226

Lyon, David, Hg. 2006. *Theorising surveillance: The panopticon and beyond*. Cullompton/Portland: Willan Publishing.

Marshall, Thomas H. 1950. *Citizenship and Social Class. And Other Essays*. Cambridge: Cambridge University Press.

Marx, Karl und Friedrich Engels. 1998 [1890]. *Das Kapital. Kritik der politischen Ökonomie.* Erster Band. 19. Aufl. Berlin: Dietz Verlag.

Mbembe, Achille. 2011 [2003]. »Nekropolitik. « *In Biopolitik – in der Debatte.* Hg. Marianne Pieper, Thomas Atzert, Serhat Karakayalı und Vassilis Tsianos, 63-96. Wiesbaden: VS Springer. doi: 10.1007/978-3-531-92807-4_3

Millington, Brad. 2014. »Amusing Ourselves to Life: Fitness Consumerism and the Birth of Bio-Games.« *Journal of Sport and Social Issues* 38 (6): 491-508. doi: 10.1177/0193723512458932

Millington, Brad. 2016. »Video games and the political and cultural economies of health-entertainment.« *Leisure Studies* 35 (6): 739-757. doi: 10.1080/02614367.2014.986511

National Research Council. 1989. *Diet and Health: Implications for Reducing Chronic Disease Risk.* Washington, DC: National Academies Press.

Nohr, Rolf F. 2014b. »Wiederaufsetzen nach dem Tod. Selbstoptimierung, Normalismus und Re-Entry im Computerspiel.« In *Trial and Error. Szenarien medialen Handelns*, Hg. Andreas Wolfsteiner und Markus Rautzenberg, 251-268. Paderborn: Fink. doi: 10.30965/9783846755877_015

Öhman, Marie, Jonas Almqvist, Jane Meckbach und Mikael Quennerstedt. 2014. »Competing for ideal bodies: a study of exergames used as teaching aids in schools.« *Critical Public Health* 24 (2): 196-209. doi: 10.1080/09581596.2013.872771

Pfundt, Katrina. 2010. *Die Regierung der HIV-Infektion. Eine empirisch-genealogische Studie.* Wiesbaden: Springer VS. doi: 10.1007/978-3-531-92130-3

Rabinow, Paul. 2014 [1992]. »Artifizialität und Aufklärung. Von der Soziobiologie zur Biosozialität.« In *Biopolitik. Ein Reader*, Hg. Andreas Folkers und Thomas Lemke, 385-410. Frankfurt a.M.: Suhrkamp.

Rich, Emma, John Evans, und Laura De Pian. 2011. »Children's bodies, surveillance and the obesity crisis.« In *Debating Obesiy. Critical Perspectives*, Hg. Emma Rich, Lee F. Monaghan und Lucy Aphramor, 139-163. Basingstoke/New York, NY: Palgrave Macmillan. doi: 10.1057/9780230304239_6

Rich, Emma und Andy Miah. 2009. »Prosthetic Surveillance: the medical governance of healthy bodies in cyberspace.« *Surveillance & Society* 6 (2): 163-177. doi: 10.24908/ss.v6i2.3256

Rose, Nikolas. 1999. *Governing The Soul. The Shaping of The Private Self.* 2. Aufl. London/New York: Free Association Books.

Rose, Nikolas. 2007. *The Politics of Life Itself: Biomedicine, Power, and Subjectivity in the Twenty-First Century.* Princeton/Oxford: Princeton University Press. doi: 10.1515/9781400827503

Rose, Nikolas und Carlos Novas. 2005. »Biological citizenship.« In *Global assemblages: Technology, politics and ethics as anthropological problems*, Hg. Aihwa Ong und Stephen Collier, 439-463. Malden, MA: Blackwell. doi: 10.1002/9780470696569.ch23

Rössler, Beate. 2002. *Der Wert des Privaten*. Frankfurt a.M.: Suhrkamp.
Ruberg, Bonnie. 2017. »Permalife: Video games and the queerness of living.« *Journal of Gaming & Virtual Worlds* 9 (2): 159-173. doi: 10.1386/jgvw.9.2.159_1
Saure, Felix. 2009. »Beautiful Bodies, Exercising Warriors and Original Peoples: Sports, Greek Antiquity and National Identity from Winckelmann to ›Turnvater Jahn‹.« *German History* 27 (3): 358-373. doi: 10.1093/gerhis/ghp031
Schultz, Susanne. 2012. »Biopolitik und Demografie – Eine staatskritische intersektionale Analyse aktueller deutscher Familienpolitik.« In *Biopolitik und Geschlecht. Zur Regulierung des Lebendigen*, Hg. Eva Sänger und Malaika Rödel, 108-128. Münster: Westfälisches Dampfboot.
Sinnott, Richard O., Jun Han, William Hu, Xiaoxiao Ma und Kuai Yu. 2015. »Application of Mobile Games to Support Clinical Data Collection for Patients with Niemann-Pick Disease.« 2015 IEEE *28th International Symposium on Computer-Based Medical Systems*. doi: 10.1109/CBMS. 2015.9
Tiessen, Matthew. 2014. »Gamed Agencies: Affectively Modulating Our Screen- and App -Based Digital Futures.« In *Rethinking Gamification*. Hg. Mathias Fuchs, Sinia Fizek, Paolo Ruffino und Niklas Schrape, 251-269. Lüneburg: meson press.
Tolks, Daniel, Kevin Dadaczynski und David Horstmann. 2018. »Einführung in die Vergangenheit, Gegenwart und Zukunft von Serious Games (for Health).« *Prävention und Gesundheitsförderung* 4 (13): 272-279. doi: 10.1007/s11553-018-0667-9
Tripette, Julien, Takafumi Ando, Haruka Murakami, Kenta Yamamoto, Kazunori Ohkawara, Shigeho Tanaka und Motohiko Miyachi. 2014. »Evaluation of active video games intensity: Comparison between accelerometer-based predictions and indirect calorimetric measurements.« *Technology and Health Care* 22 (2): 199-208. doi: 10.3233/THC-140817
Waldschmidt, Anne. 2003. »Die Flexibilisierung der ›Behinderung‹. Anmerkungen aus normalismustheoretischer Sicht, unter besonderer Berücksichtigung der ›International Classification of Functioning, Disability and Health‹.« *Ethik der Medizin* 15 (3): 191-202. doi: 10.1007/s00481-003-0242-5
Wehling, Peter und Willy Viehöver. 2011. »Entgrenzung der Medizin. Transformationen des medizinischen Feldes aus soziologischer Perspektive.« In *Entgrenzung der Medizin. Von der Heilkunst zur Verbesserung des Menschen?*, Hg. Willy Viehöver und Peter Wehling, 7-47. Bielefeld: transcript.
WHO. n.d.1. »BMI: Body mass index – BMI«. Letzter Zugriff am 15.12.2018. www.euro.who.int/en/health-topics/disease-prevention/nutrition/a-healthy-lifestyle/body-mass-index-bmi, https://gamesforhealth.org/about
WHO. n.d.2. »Mean Body Mass Index (BMI)«. https://www.who.int/gho/ncd/risk_factors/bmi_text/en/, https://gamesforhealth.org/about, https://gamesforhealth.org/about

Wiemeyer, Josef. 2016. *Serious Games für die Gesundheit: Anwendung in der Prävention und Rehabilitation im Überblick.* Wiesbaden: Springer. doi: 10.1007/978-3-658-15472-1

Wright, Jan und Christine Halse. 2013. »The Healthy Child Citizen: Biopedagogies and Web-based Health Promotion.« *British Journal of Sociology of Education* 35 (6): 837-855. doi: 10.1080/01425692.2013.800446

Zu den Autoren

Sarah Beyvers, M.A., lehrt Englische Literatur- und Kulturwissenschaft sowie Deutsche Literaturwissenschaft an der Universität Passau. Ihr Dissertationsprojekt befasst sich mit Räumlichkeit und Interaktivität in neoviktorianischen Computerspielen.

Christiane Eichenberg, Prof. Dr., ist Leiterin des Instituts für Psychosomatik der Medizinischen Fakultät der Sigmund-Freud-Privatuniversität. Sie ist auch Psychotherapeutin (Psychoanalyse). Sie hat mehr als 60 Arbeiten in Fachzeitschriften veröffentlicht, hält Vorträge auf internationalen Konferenzen und hat Bücher über e-mental health, Selbstbehandlung und Selbstmedikation, Psychotraumatologie und Online-Beratung veröffentlicht.

Heiner Fangerau, Prof. Dr. Dr., ist Leiter und Direktor des Institutes für Geschichte, Theorie und Ethik der Medizin an der Heinrich-Heine-Universität Düsseldorf. Seine Forschungsschwerpunkte sind Geschichte und Ethik der Psychiatrie und Neurologie, Forschungsethik und historische Netzwerkanalysen.

Christina Fawcett, Dr., ist Vertragsdozentin am Fachbereich Englisch an der Universität Winnipeg. In ihrer aktuellen Forschung untersucht sie bösartige und monströse Räume in Computerspielen, mit besonderem Schwerpunkt auf ludische Einflüsse auf Spielerfahrungen und Charakterartikulation.

Katharina Fürholzer, Dr., ist derzeit Postdoktorandin am Department of Comparative Literature & Literary Theory an der University of Pennsylvania. Ihre Forschungsschwerpunkte sind Medical Humanities, Ethik der Pathographie, gute wissenschaftliche Praxis und Geschichte der Psychiatrie (insbesondere Kurt Schneider).

Arno Görgen, Dr., ist wissenschaftlicher Mitarbeiter am Institute of Design Research an der Hochschule der Künste Bern. Seine Forschungsschwerpunkte sind Medizingeschichte und Bioethik in der Populärkultur sowie Medikalisierung in digitalen Horrorspielen.

Julia Hofmann, M.A., ist wissenschaftliche Mitarbeiterin an der Universität der Bundeswehr in München. Ihr Forschungsinteresse gilt der Modellierung und Simulation biologischer Systeme. Zurzeit entwickelt sie ein computergestütztes Physiologiemodell zur Simulation der taktischen Versorgung von Gefechtsverletzten in Serious Games.

Marko Hofmann, Prof., war von 2000 bis 2016 Projektleiter am Institut für Intelligente Systeme (ITIS GmbH). Seit 2012 ist er Projektleiter des Serious-Game-Projekts »SanTrain« und seit 2018 Professor an der Fakultät für Informatik an der Universität der Bundeswehr in München.

Rudolf Inderst, Dr. Dr., erwarb seinen Doktortitel in den American Studies sowie den Medienwissenschaften. Seine Forschungsinteressen sind Game Studies, politische Theorie und Ideengeschichte.

Henning Jansen, B.A., ist Student der Global History und schreibt seine Masterarbeit über Schuld in *BioShock Infinite*. Außerdem ist er Werkstudent bei der Gameforge AG, Karlsruhe, und wissenschaftlicher Mitarbeiter an der Pädagogischen Hochschule Heidelberg.

Alexandros Karagkasidis, M.A., ist wissenschaftlicher Mitarbeiter am Institut für Intelligente Systeme (ITIS GmbH) und Doktorand in der Abteilung Informatik der Universität der Bundeswehr München. Seine derzeitigen Forschungsinteressen sind die automatisierte Bewertung, Beurteilung und Feedback bei komplexen Leistungsaufgaben, wobei der Schwerpunkt auf Aspekten der algorithmischen Machbarkeit und Wiederverwendbarkeit liegt.

Cornelia Küsel, Mag.Phil., ist derzeit als wissenschaftliche Mitarbeiterin und Doktorandin an der Fakultät für Informatik der Universität der Bundeswehr in München tätig. Ihre Forschung befasst sich mit e-mental health, Online-Interventionen, PTSD und Essstörungen.

Simon Ledder, Diplom-Soziologe (Dipl.-Sozw.), ist derzeit wissenschaftlicher Mitarbeiter im DFG-geförderten Projekt »The Dispositifs of ›Dis/ability‹ in Transformation« am Lehrstuhl für Soziologie und Politik der Rehabilitation, Disability Studies an der Philosophischen Fakultät der Universität zu Köln. Seine Forschungsschwerpunkte sind Disability Studies, Gender Studies, queer-feministische Theorie und Medienwissenschaften.

Axel Lehmann, Prof. Dr., ist emeritierter Professor an der Fakultät für Informatik an der Universität der Bundeswehr in München. Seine Forschungsschwerpunkte sind quantitative Modellierung und computergestützte Simulation dynamischer Systeme, deren Verifikation und Validierung.

Nils Löffelbein, Dr., ist wissenschaftlicher Mitarbeiter des Institutes für Geschichte, Theorie und Ethik der Medizin an der Heinrich-Heine-Universität Düsseldorf. Seine Forschungsschwerpunkte sind die Geschichte des Nationalsozialismus, die Kulturgeschichte des Ersten Weltkriegs und der Weimarer Republik sowie die Geschichte der Psychiatrie.

Alan McGreevy, M.Sc., ist Dozent an der Universität Winnipeg und promoviert an der Universität Manitoba in medizinischer Mikrobiologie und Infektionskrankheiten. Seine Arbeit umfasst virale Infektionskrankheiten, Biosicherheit und Bioterrorismus sowie Darstellungen von Wissenschaft und Krankheit in der Populärkultur.

Silja Meyer-Nieberg, Dr., arbeitet am Institut für Intelligente Systemtechnik an der Universität der Bundeswehr in München. Ihre Forschungsgebiete sind Künstliche Intelligenz und Computational Intelligence mit Schwerpunkt auf dynamischen und adaptiven Systemen.

Brandon Niezgoda ist Dozent für Kommunikation an der Drexel University. Seine Forschung konzentriert sich auf die Schnittmenge von kontemporärer Kultur, Geisteswissenschaften und Medienindustrien. Er ist Mitherausgeber von *Global Perspectives on Health Communication in the Age of Social Media* (2018).

Marc A. Ouellette, PhD, lehrt Englisch und Kulturwissenschaften an der Old Dominion University in Norfolk, USA. Er ist ein preisgekrönter Pädagoge und Forschungsstipendiat der Learning Games Initiative. Derzeit arbeitet er an der Fertigstellung einer Monografie über Männlichkeit in Computerspielen.

Eugen Pfister, Dr., leitet das SNF-Ambizione-Forschungsprojekt »Horror-Game-Politics« an der Hochschule der Künste Bern. Er ist Gründungsmitglied des »Arbeitskreises Geschichtswissenschaft und Digitale Spiele«.

Manuela Pietraß, Prof. Dr., ist Professorin für Erziehungswissenschaft und Medienpädagogik an der Universität der Bundeswehr München. Sie lehrte an Universitäten in Deutschland, Österreich und der Schweiz.

Vanessa Platz, M.A., studierte Medien und kulturelle Praxis an der Philipps-Universität Marburg und ist derzeit als Content and Translation Manager im Bereich

Mobile Games tätig. In ihrer Masterarbeit beschäftigte sie sich mit Strategien des Engagements in Bezug auf die Erfahrung des Todes in Computerspielen.

Torben Quasdorf, Dipl.-Germ., studierte Germanistik mit den Schwerpunkten Literaturvermittlung und Philosophie an der Otto-Friedrich-Universität Bamberg. Seit seinem Abschluss im Jahr 2008 ist er in der Verlagsbranche tätig.

Brandon Rogers, M.A., ist derzeit Doktorand im Programm Communication, Rhetoric, and Digital Media (CRDM) an der North Carolina State University in Raleigh, USA. Seine Forschung trianguliert in erster Linie kritische Medienstudien, Health Humanities und die Rhetorik von Gesundheit und Medizin.

Elsa Romfeld, M.A., ist seit 2008 wissenschaftliche Mitarbeiterin in der Abteilung für Geschichte, Theorie und Ethik der Medizin am Universitätsklinikum Mannheim. Ihre Forschungsschwerpunkte sind Medizinphilosophie, Medizin- und Metaethik und philosophische Anthropologie.

Patrick Ruckdeschel, Dr., promovierte 2014 zum Thema »Strukturanalyse des Videospiels«. Seit 2010 ist er in der Forschung und Entwicklung von Serious Games tätig. Im Jahr 2017 war er Gastprofessor für »Interaktive Medien« an der AdBK Nürnberg.

Bernhard Runzheimer, M.A., ist wissenschaftlicher Mitarbeiter an der Philipps-Universität Marburg. Seine Forschungsinteressen umfassen digitale Spiele, Soziale Medien und Interdependenzen zwischen realen und virtuellen Räumen.

Anne Sauer, B.A., studierte Medienpädagogik an der Otto-von-Guericke-Universität Magdeburg. Sie beschäftigt sich seit über 10 Jahren beruflich mit Spielen. Seit 2009 entwickelt sie Spiele und spielerische Anwendungen zu historischen, gesellschaftspolitischen und medizinischen Themen für Museen und andere Institutionen. Sie schreibt über Spielkultur, Indie- und Serious Games und führt regelmäßig Workshops zu Computerspielen durch.

Sabine Schollas, M.A., arbeitet derzeit an ihrem Promotionsprojekt zum Thema »Kindheit in Zeiten psychischer Macht«. Zu ihren Forschungsinteressen gehören Kindheit und Marketing, Gamification, Computerspiele und Self-Tracking.

Annika Simon, M.A., studierte Medien und kulturelle Praxis an der Philipps-Universität Marburg. Ihre Forschungsinteressen sind die Entwicklung und Geschichte des Dokumentarfilms, Fotografie in Computerspielen und interaktives Storytelling.

Stefan Heinrich Simond, M.A., ist wissenschaftlicher Mitarbeiter und Dozent am Institut für Medienwissenschaft der Philipps-Universität Marburg. Derzeit arbeitet er an seiner Promotion zur Konstruktion von psychischen Krankheiten und psychiatrischen Einrichtungen in Computerspielen.

Kara Stone, M.A., ist Doktorandin im Bereich Film und digitale Medien mit einem ausgewiesenen Schwerpunkt in Gender Studies an der University of California in Santa Cruz. Als Künstlerin und Wissenschaftlerin interessiert sie sich besonders für die affektiven und geschlechtsspezifischen Erfahrungen von psychosozialer Behinderung, Schwäche und Heilung im Zusammenhang mit Kunstproduktion und Computerspielen.

Martin Thiele-Schwez, Dr., arbeitet derzeit an einem Promotionsprojekt zum Thema Spiel, Staat und Subversion an der Kunstuniversität Braunschweig. Als Medien- und Game Designer realisiert er seit über zehn Jahren spielerische Medienperformances und didaktische Spiele zur Vermittlung komplexer Inhalte.